L'EXPÉDITION

DE

CHARLES VIII

EN ITALIE

HISTOIRE DIPLOMATIQUE ET MILITAIRE

OUVRAGE PUBLIÉ

SOUS LA DIRECTION ET AVEC LE CONCOURS DE M. PAUL D'ALBERT DE LUYNES
ET DE CHEVREUSE, DUC DE CHAULNES

PAR

H.-FRANÇOIS DELABORDE

ET ILLUSTRÉ DE

3 PHOTOGRAVURES, DE 2 CHROMOLITHOGRAPHIES, DE 5 PLANCHES TIRÉES A PART
ET DE 138 GRAVURES DANS LE TEXTE

PARIS
LIBRAIRIE DE FIRMIN-DIDOT ET Cie
IMPRIMEURS DE L'INSTITUT, RUE JACOB, 56
1888
Reproduction et traduction réservées.

L'EXPÉDITION
DE
CHARLES VIII
EN ITALIE

TYPOGRAPHIE FIRMIN-DIDOT ET CIE,
rue Jacob, 56, à Paris.

CHARLES VIII.
Terre cuite du Musée National, à Florence

L'EXPÉDITION DE CHARLES VIII EN ITALIE

HISTOIRE DIPLOMATIQUE ET MILITAIRE

OUVRAGE PUBLIÉ

SOUS LA DIRECTION ET AVEC LE CONCOURS DE M. PAUL D'ALBERT DE LUYNES
ET DE CHEVREUSE, DUC DE CHAULNES

PAR

PASQUIER HORIC

ET ILLUSTRÉ DE

3 PHOTOGRAVURES, DE 2 CHROMOLITHOGRAPHIES, DE 5 PLANCHES TIRÉES A PART
ET DE 138 GRAVURES DANS LE TEXTE

PARIS

IMPRIMEURS DE L'INSTITUT, RUE JACOB, 56
1888

Reproduction et traduction réservées.

PRÉFACE.

Presque tous les historiens se sont montrés sévères envers Charles VIII, et sévères jusqu'à l'injustice. A les en croire, l'expédition d'Italie n'aurait été que le résultat des chimériques ambitions du jeune roi inspiré et poussé aux aventures par Ludovic le More. Rien de plus contraire à la vérité; l'*Entreprise de Naples* est la conséquence fatale d'une attraction qui, depuis deux siècles, s'exerçait sur la pensée de nos rois et la tenait presque incessamment tournée vers l'Italie.

C'était là ce qu'avait bien compris M. le duc de Chaulnes; c'était là ce qu'il se proposait de démontrer. « Oui, cent fois oui, écrivait-il à M. Müntz, l'expédition de Charles VIII devait se produire à l'époque où elle a eu lieu. C'était une nécessité, un besoin national ; cet événement était prévu, attendu, espéré par un nombre infini de Français et d'Italiens; enfin il était « prophétisé » avec persistance aussi bien en France qu'en Italie. »

Celui à qui ces lignes étaient adressées a expliqué mieux que je ne le saurais faire, comment M. le duc de Chaulnes avait conçu le dessein aujourd'hui réalisé par la publication successive de la *Renaissance à l'époque de Charles VIII* et de l'*Expédition de Charles VIII*. « Réunir dans un même cadre l'état des arts en France, leur magnifique épanouissement en Italie, les exploits de la nation française, les résultats, sinon matériels, du moins moraux et artistiques de l'expédition », telle avait été sa première pensée. Plus tard, lorsque la nécessité s'était imposée d'établir deux divisions de l'ouvrage, de séparer l'histoire littéraire et artistique de l'histoire diplomatique et militaire, M. le duc de Chaulnes s'était réservé la seconde partie. Quel livre excellent n'aurions-nous pas eu si l'érudit au discernement si sûr, qui avait donné sa mesure dans quelques travaux malheureusement trop rares, si le vaillant blessé de Coulmiers avait pu consacrer sa haute intelligence et son zèle sans réserve pour tout ce qui intéressait la gloire de son pays, à exposer les négociations et les intrigues diplomatiques qui précédèrent l'expédition ou à raconter la glorieuse journée de Fornoue! La mort vint le saisir avant qu'il eût pu mettre en œuvre les documents réunis par ses soins. Toutefois, préoccupé jusqu'au bout du travail qu'il avait projeté, il avait pris les dispositions les plus libérales pour assurer l'exécution et la publication des deux parties. La première, celle dont s'était chargé M. Müntz, a paru depuis bientôt trois ans ; la seconde est celle que je présente aujourd'hui au public.

Frappé, moi aussi, de l'inexactitude des récits historiques en ce qui touche les origines de l'Entreprise de Naples, j'avais, de mon côté, lorsque j'appartenais à l'École française de Rome, passé presque toute la seconde année de mon séjour en Italie à recueillir les matériaux d'une histoire des négociations diplomatiques entre Charles VIII et Ludovic le More antérieures à l'expédition (1). A mon retour, M. le duc de Chaulnes avait bien voulu, par l'intermédiaire de M. Müntz, me faire quelques ouvertures en vue d'une collaboration. C'est à ces pourparlers bientôt interrompus par le séjour en Italie auquel M. le duc

---

(1) Le résultat de ces recherches a donné lieu à un rapport présenté à l'Académie des Inscriptions et Belles-Lettres en 1879.

de Chaulnes fut obligé par l'état de sa santé, que je dus l'honneur, bien lourd, d'être appelé par les pieux exécuteurs de ses dernières volontés à accomplir la tâche dont la mort l'avait empêché de s'acquitter. Ses recherches et les miennes concordant sur beaucoup de points, elles se complétaient les unes par les autres. Toutefois, sauf pour les *Diarii* de Parenti et de Tizio, les documents amassés par M. le duc de Chaulnes s'arrêtaient, comme ceux que j'avais réunis moi-même, à l'entrée du roi en Italie. De plus, il me semblait nécessaire, pour démêler l'origine des projets de Charles VIII, d'exposer sommairement l'histoire de l'influence française dans la péninsule pendant les siècles précédents. J'entrepris de recueillir les matériaux qui manquaient encore, et j'essayai d'en tirer un livre digne de celui qui l'avait conçu et à qui il n'avait pas été donné de l'écrire.

De tous ceux qui m'ont aidé de leurs conseils et de leur savoir pendant le cours de mes travaux, l'homme à qui je dois le plus a disparu, hélas! et c'est seulement à sa mémoire qu'il m'est permis d'adresser l'hommage public de ma gratitude. Tous les amis de l'art et de son histoire ont déploré la mort du marquis Girolamo d'Adda; mais bien peu avaient autant de raisons pour le regretter que le débutant dans la carrière historique qui avait reçu de lui, pendant un long séjour à Milan, le secours quotidien de sa bonté toute paternelle et de sa libérale érudition. Grâce à lui, j'avais trouvé aux Archives de Lombardie, auprès de MM. Cesare Cantù et Ghinzoni, un accueil dont je me souviendrai toujours avec reconnaissance. A Florence, j'ai rencontré en M. Guasti, le savant surintendant des Archives de Toscane, un guide dont le bienveillant appui m'a encore soutenu depuis mon retour.

En France non plus, les secours ne m'ont pas fait défaut.

M. le duc de la Trémoïlle, toujours si généreusement empressé à mettre à la disposition des travailleurs les richesses de son chartrier, a bien voulu m'autoriser à consulter le curieux livre de comptes du maître d'hôtel de Louis de la Trémoïlle pour 1495. M. de Boislisle, de l'Institut, avec une bienveillance dont il m'a, de longue date, accoutumé à ressentir les effets, m'a permis de profiter des recherches qu'il avait faites jadis, tant aux Archives de Naples que dans nos dépôts publics sur les règnes de Charles VIII et de Louis XII. C'est par son amicale intervention que M. Pilot de Thorey a consenti à me communiquer les documents qu'il a recueillis aux Archives de l'Isère et dont on espère la publication prochaine. Bien d'autres encore ont droit à mes remerciements ; puissé-je avoir suffisamment profité de leurs bontés et réussi à remplir les intentions de M. le duc de Chaulnes, en jetant quelque lumière sur cette expédition de Charles VIII si incomplètement connue ou si mal jugée jusqu'ici !

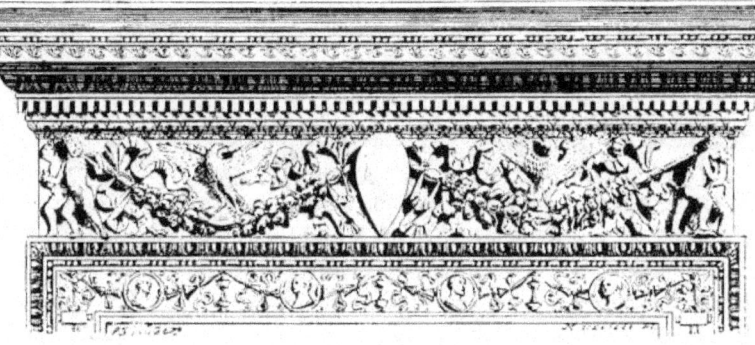

LIVRE PREMIER.

L'INFLUENCE POLITIQUE FRANÇAISE EN ITALIE
AVANT CHARLES VIII.

CHAPITRE PREMIER.

ORIGINES DE L'INFLUENCE FRANÇAISE EN ITALIE. — CHARLES D'ANJOU
LES PAPES A AVIGNON.

Déviations successives du mouvement des Croisades. — Aspirations à l'empire d'Orient de Charles d'Anjou et de Charles de Valois appelés par les papes pour défendre la cause guelfe en Italie. — Philippe le Bel et Boniface VIII. — Résidence des papes à Avignon. — Les marchands italiens en France et les aventuriers français en Italie. — Projets de Philippe VI sur l'Italie. — Acquisition de Lucques. — Royaume d'Italie projeté pour le comte d'Alençon. — Mariage de Jean-Galéaz Visconti avec Isabelle de France.

Le mouvement rétrograde d'Occident en Orient qui s'est produit dans la marche des peuples et dont la dernière conséquence a été ce qu'on appelle aujourd'hui la question d'Orient, eut, à notre point de vue national, des phases très diverses pendant lesquelles le champ principal de l'action française se déplaça singulièrement. Ce mouvement, dont les Croisades furent la première manifestation, n'avait alors qu'un but : la délivrance du Saint-Sépulcre tombé aux mains des Musulmans ; mais, même pendant la période des Croisades, le but primitif a souvent été abandonné pour un but secondaire.

Au début du treizième siècle, Constantinople fit oublier Jérusalem; Innocent III, de tous les papes le plus ardent peut-être à travailler à l'affaiblissement des Sarrasins, vit par une étrange ironie du sort s'accomplir l'événement qui rendit désormais impossible la complète libération des Lieux Saints, et cela au moyen des forces qu'il avait lui-même mises en mouvement. Par les intrigues d'une puissance italienne plus ou moins complice des Mahométans, les croisés réunis pour conquérir l'Égypte, conquête que favorisaient des circonstances exceptionnelles et qui devait assurer celle de la Palestine, s'employèrent à renverser la plus ancienne des monarchies chrétiennes. D'ailleurs l'esprit d'aventure ou, comme le dit Froissart, le « désir d'avancer son corps, » qui avait été un puissant auxiliaire de la foi religieuse dès les premières Croisades, fit accueillir facilement les propositions des Vénitiens, lorsque ceux-ci, non contents de détourner l'armée chrétienne de la route d'Égypte, la dirigèrent sur Constantinople. Le temps n'était plus où Godefroy de Bouillon refusait de porter la couronne royale là où le Sauveur avait porté la couronne d'épines, et l'exemple du comte de Flandre sacré empereur d'Orient excita, lorsque la courte domination des Latins eut été à son tour renversée par les Grecs, bien des convoitises et des tentatives d'imitation; chez plus d'un Latin l'espoir de remplacer les empereurs grecs avait détrôné le désir qu'avaient eu ses pères de vaincre les infidèles. Par une évolution analogue à celle qui avait fait que la conquête de Constantinople, au lieu d'être le préliminaire de la conquête de la Terre Sainte, était devenue le terme de la quatrième Croisade, la continuation de la lutte entre les papes et les empereurs d'Allemagne fit de l'Italie la première et même l'unique étape des princes français que le souvenir de Baudouin de Flandre attirait vers Constantinople. Par suite de l'établissement d'une dynastie angevine à Naples, Constantinople fut oubliée comme l'avait été Jérusalem : Charles d'Anjou, Charles de Valois, Louis Ier d'Anjou rêvèrent sans doute de fonder un nouvel empire latin d'Orient; mais quand Mahomet II entra triomphant dans la ville de Constantin, les derniers Angevins ne pouvaient penser qu'à reconquérir leur royaume, occupé par les Aragonais. Les papes appelèrent en vain la chrétienté aux armes; et pourtant le problème oriental s'était simplifié. C'était bien d'une Croisade qu'il s'agissait; le but, c'était encore la conquête de Constantinople, mais les ennemis à combattre n'étaient plus des chrétiens; c'étaient les infidèles que Godefroy de Bouillon était jadis allé vaincre à Jérusalem. Quelques seigneurs promirent de se croiser; les grandes puissances restèrent indifférentes. La France, qui avait jusque-là presque toujours pris l'initiative des entreprises orientales, n'avait pas trop de toutes ses forces pour achever son unification intérieure. Seule, Venise tâcha de disputer aux Musulmans les conquêtes qu'elle avait dues à sa connivence avec eux, deux siècles et demi plus tôt. Un jour vint pourtant où un roi de France recueillit, avec les droits sur Naples de la seconde maison angevine, l'héritage des aspirations de Charles d'Anjou au trône de Byzance. Charles VIII, dans son ardeur plus généreuse que réfléchie, personnifiait à lui seul toutes les phases du mouvement qui depuis quatre cents ans entraînait les Français vers l'Orient; il montrait par les titres mêmes qu'il tint à prendre, ceux de roi de Jérusalem, d'empereur d'Orient et de roi de Naples, qu'il voulait être à la fois le successeur de Godefroy de Bouillon et de Baudouin de Flandre et l'héritier des princes angevins. « L'entreprise de Naples » n'était que le prélude de « la guerre contre le Turc » qui fut l'idée dominante de sa vie, comme elle fut la perpétuelle préoccupation de son rival Maximilien; mais, tandis que cette préoccupation pouvait résulter chez l'empereur de la nécessité de défendre ses états directement menacés par les Osmanlis, les projets de Charles VIII n'étaient que le fruit d'une noble ambition et d'un sincère enthousiasme.

Baudouin de Courtenay venait d'être renversé par Michel Paléologue lorsque le frère de saint Louis, appelé par le pape contre les Gibelins, vint recevoir la couronne de Naples enlevée aux Hohenstaufen et se mettre à la tête du parti guelfe; mais une fois maître de son nouveau royaume, Charles d'Anjou, loin de se contenter d'être l'arbitre de l'Italie, manifesta d'autres visées vers la réalisation desquelles il semble que la première ne fût qu'un acheminement : il obtint de l'empereur détrôné de Constantinople la cession de ses droits à l'empire d'Orient et la suzeraineté des seigneuries latines qui existaient encore en Grèce et en Morée. Les grands projets du nouveau roi auraient été sans doute mis à exécution si l'entrée de Conradin en Italie n'avait nécessité l'emploi de toutes ses forces pour la défense de ses états. Du reste, ces guerres si peu désintéressées étaient assimilées aux Croisades, et c'était la croix blanche et vermeille sur la poitrine, que le comte d'Anjou était venu combattre les ennemis du pape. Une fois maître de son royaume, Charles essaya de relever le trône de Jérusalem : il acheta les droits d'une petite-fille de Jean de Brienne, se fit couronner par Nicolas III, et Roger de San Severino vint en son nom prendre possession d'Acre et recevoir l'hommage des barons de Syrie.

L'appât de la couronne impériale devait encore attirer au delà des monts d'autres princes français. Si « un altro Carlo (1), » Charles de Valois, gendre du dernier empereur latin, vint avec le titre de *défenseur de l'Église* chasser de Florence les Blancs, qui comptaient Dante parmi les leurs, et combattre Frédéric en Sicile, c'est qu'il avait été par avance reconnu empereur d'Orient par Boniface VIII. Cette fois le prétendant pouvait compter sur un appui qui avait manqué à Charles d'Anjou. Tandis que saint Louis n'avait autorisé qu'à regret son frère à accepter les offres d'Urbain IV, Charles de Valois se savait l'instrument des hautes ambitions de Philippe le Bel, qui l'avait marié à Catherine de Courtenay; car, rêvant une sorte de suprématie universelle, le roi de France cherchait à faire régner son frère à Constantinople, comme il s'efforça plus tard de le faire élire empereur d'Allemagne. Qui sait d'ailleurs si Philippe le Bel ne tenta pas un jour de réaliser l'un des projets que Pierre Dubois exposait dans ces écrits où il semble qu'il ait quelquefois été l'interprète des pensées intimes du roi? . Selon le hardi théoricien, le Français exalté qui prétendait indiquer à son souverain les moyens de régner sur le monde, c'était par l'Italie qu'il fallait commencer : « Il était facile d'obtenir du pape, pour le roi, la dignité de sénateur de Rome; il n'était peut-être même pas impossible d'amener le souverain pontife à céder son pouvoir temporel moyennant une forte pension. Ce traité donnerait au roi de France, non seulement Rome et les Romagnes, mais encore la suzeraineté de l'Angleterre, de la Sicile et de l'Aragon. Ce premier point obtenu, l'empereur ou les électeurs céderaient volontiers la Lombardie, riche pays qui dépendait de l'Empire, mais qui refusait de lui obéir. Si les Lombards repoussaient la domination française, on la leur imposerait par la force (2). »

En tout cas, que ce projet concordât ou non avec les visées de Philippe le Bel, il n'en est pas moins certain qu'à partir de cette époque, la conséquence de la venue des princes français en Italie fut que nos rois, se trou-

(1) Dante, *Purgatoire*, xx.
(2) Boutaric, *La France sous Philippe le Bel*, p. 411.

vant amenés bon gré mal gré à veiller aux intérêts de leurs parents et de leurs vassaux d'outre les monts, acquièrent dans ces régions une influence

Charles d'Anjou. Statue du Capitole.

qui devait aller en s'accroissant et leur créer à eux-mêmes des droits et des intérêts tels qu'ils devaient fatalement, un jour, être contraints à s'immiscer personnellement et activement dans les affaires de la péninsule. Dès le règne de Philippe le Bel, l'un des plus graves événements qui aient jamais

troublé la paix de l'Église vint donner encore à l'influence des rois de France
une nouvelle raison d'être et changer, pour un temps, le rôle qu'ils avaient
tenu jusque-là en Italie. Avant le différend de Philippe et de Boniface VIII,
les Français avaient toujours été les protecteurs naturels des Guelfes; l'indignation ne fut pas moins grande que la stupeur lorsque l'on vit un chancelier de France conduire sous la bannière des fleurs de lis, les Colonna et
les Gibelins de la Romagne à l'attentat d'Anagni; le Gibelin Dante protesta de toute la force de son génie contre le nouveau Pilate outrageant
Jésus-Christ dans son vicaire (1). Malgré l'émotion que causa partout,
même en France, l'audacieuse violation dont la majesté pontificale avait
été l'objet de la part des émissaires du roi Très Chrétien, malgré les tentatives de conciliation qui marquèrent les débuts du court règne de Benoît XI,
Philippe le Bel persistait à poursuivre la condamnation de la mémoire
de Boniface VIII. Son influence fut assez grande pour faire élire, après
la mort de Benoît, Bertrand de Goth, qui prit le nom de Clément V. La
condescendance au moins apparente du nouveau pontife, bien qu'elle
n'allât pas aussi loin qu'on l'a prétendu, acheva de diminuer le prestige
de la papauté. La lutte s'était terminée à l'avantage de la politique
française; la grande puissance qui jusque-là était à la tête de la république
chrétienne et que l'autorité spirituelle mettait encore au-dessus de l'Empire,
affaiblie par l'un des pouvoirs temporels, eut dorénavant avec les autres
des rapports plus réservés. La résidence des papes à Avignon, inaugurée
par Clément V, éloigna de leur chef naturel ceux qui combattaient en Italie
la prépondérance de l'Empire, et établit entre les rois de France et les papes des rapports plus étroits et plus fréquents que ceux que le Saint-Siège
entretenait avec les autres souverains. Grâce au voisinage de la cour pontificale, les Français obtenaient la plus grande part des dignités de l'Église;
ils arrivaient à former la majorité du Sacré Collège, et trois papes français
élus successivement, Innocent XI, Urbain V et Grégoire XI, purent faire
craindre, à un moment donné, que leurs compatriotes fussent dorénavant
seuls habiles à recevoir la tiare. Enfin les rois de France se trouvaient, par
la force des choses, devenus les médiateurs obligés des autres puissances,
et même des Italiens, auprès des papes, et comme ceux-ci restaient toujours
souverains de Rome, suzerains de Naples et chefs du parti guelfe, les

(1) *Purgatoire*, xx.

liens qui les unissaient à nos rois profitèrent à l'accroissement de l'influence politique française en Italie.

Par contre, les Italiens obtenaient en France un autre genre d'influence plus lucrative, et qui ne fut pas non plus sans effet sur les événements ultérieurs : à mesure que les rapports entre les deux nations devenaient plus fréquents, les marchands italiens étendaient en France leurs relations d'affaires, qui devaient s'accroitre elles aussi, et leur donner sur les marchés français une prépondérance absolue pour certains négoces, notamment pour les opérations de banque jusque-là presque uniquement réservées aux Juifs. L'empressement des Florentins à quitter leurs familles pour aller trafiquer en France était déjà tel au quatorzième siècle que Dante s'écriait en comparant Florence à ce qu'elle était au temps de son trisaïeul Cacciaguida :

> Non avea case di famiglia vôte
> .... ed ancor nulla
> Era per Francia nel letto deserta (1).

La spécialité des affaires d'argent, monopolisée par les marchands d'outre les monts, les fortunes qu'ils avaient accumulées, faisaient croire à nos compatriotes que les richesses italiennes étaient incalculables et elles excitèrent de dangereuses convoitises; les Français, qui suivaient leurs princes, s'habituèrent à prendre la route de ce pays riche, divisé, propice aux aventures et plus facilement accessible pour eux que la Grèce ou la Palestine, si bien que la terrible guerre de Cent ans, qui offrait aux soldats de fortune un champ si vaste et si rapproché, ne parvint pas à interrompre le courant qui les entraînait. A la fin du quatorzième siècle surtout, au moment où les seigneurs français, las de guerroyer dans leur pays, affamés d'entreprises chevaleresques, se lancent dans des expéditions lointaines en Italie, en Allemagne, en Hongrie, en Afrique, à la suite du duc de Bourbon, du comte de Nevers, de Jean d'Armagnac, du maréchal de Boucicaut, du sire de Coucy (2), on voit des troupes de ces aventuriers qui ravageaient la France suivre l'exemple donné par les seigneurs; mais, obéissant à des impulsions beaucoup moins nobles

---

(1) *Paradis*, xv.
(2) Voy. P. Durrieu, *Les Gascons en Italie*, p. 73-74.

et beaucoup moins téméraires, ils se dirigent vers le pays que l'on dit le plus riche et qui est en même temps le plus voisin, vers l'Italie. « La Lombardie, se disaient-ils, reçoit de tous côtés toute largesse de ce monde. Si sont Lombards riches et couards; nous y ferons notre profit (1). » Parmi eux il y avait sans doute des gens de toute nation : des Allemands comme Eberhard de Landau, des Anglais comme Jean Hawkwood, des Espagnols, mais surtout des Français, des Gascons et des Bretons. Bretons, Gascons ou Cahoursins, quelquefois Anglais, tel était le nom généralement donné par les Italiens aux routiers étrangers pendant le quatorzième siècle (2). Dès le commencement de ce siècle, d'ailleurs, de nouveaux événements étaient venus créer de nouveaux intérêts à la France déjà mêlée moins directement aux affaires de la péninsule, affaires que les premiers Valois ne perdaient pas de vue.

On sait quels étaient les projets de Croisade de Philippe VI; il semble que ce roi ait encore voulu profiter de la situation éminente que le pape lui avait faite en le mettant à la tête des armées croisées, pour aspirer à une monarchie européenne analogue à celle que Pierre Dubois rêvait pour Philippe le Bel. Le fils de Charles de Valois qui, dans sa jeunesse, avait conduit au secours des Guelfes une expédition infructueuse, n'oubliait point l'Italie dans ses combinaisons; c'était par des entreprises italiennes qu'il voulait, comme tant d'autres, commencer la Croisade. Nous en trouvons la preuve dans les étroites relations qu'il maintint avec le roi de Bohême, Jean de Luxembourg, et dans l'appui qu'il lui donna pendant les luttes soutenues par ce prince pour se créer un état dans la péninsule : c'est la fille du roi de Bohême que Philippe donna pour épouse à l'héritier du trône de France; c'est entouré de troupes françaises commandées par le comte d'Armagnac, le comte de Forez, le maréchal de Mirepoix, que Jean de Luxembourg fut battu devant Ferrare (3); enfin c'est à Philippe VI que, le 13 octobre 1334, le roi de Bohême, sur le point de perdre Lucques, dont il avait la seigneurie et que les Florentins assiégeaient, céda ses droits moyennant 180.000 florins (4). Sur les instances du roi Robert de Naples, qui réclamait Luc-

---

(1) Froissart, liv. IV, chap. xx; édition Buchon, t. III, p. 109, col. 2.
(2) Voy. P. Durrieu, *Les Gascons en Italie*, p. 107-109.
(3) Villani, lib. X, cap. 169, 179, 193, 211, 215.
(4) Les actes de vente originaux conservés aux Archives nationales (J 432, n⁰ˢ 6 et 7) ont été publiés par Du Puy, *Traitez touchant les droits du roy*, édit. de 1670, p. 69 et 70.

ques, que les trahisons et les révoltes d'Uguccione della Fagiuola et de Castruccio Castracani lui avaient seules fait perdre, Philippe VI, qui avait

Boniface VIII. Statue colossale en bronze, par l'orfèvre bolonais Manni. Bologne, Museo Civico.

déjà notifié aux Florentins son acquisition, consentit à ne pas prendre possession de la ville (1). Par un acte du 20 janvier 1335, les rois de

(1) Villani, lib. XI, cap. 15.

France et de Bohême convinrent de suspendre l'effet de la vente (1). Il paraît cependant que l'acquisition ne fut pas annulée, car, en 1407, Charles VI avait encore sur Lucques des droits qu'il offrait de céder au sire d'Albret, son connétable (2); mais sur le refus du sire d'Albret, la couronne de France conserva ses droits, dont Louis XI pensa plus tard à tirer parti.

Là ne s'arrêtaient pas les ambitions de Philippe VI ; ses projets, bien autrement vastes, étaient aussi beaucoup plus menaçants pour l'indépendance des peuples italiens. D'après Villani, le roi de France ne visait à rien moins qu'à faire ériger en royaume, par le pape, une partie du patrimoine de saint Pierre, et à en obtenir l'investiture pour le comte d'Alençon, son frère. L'érection de ce royaume, le rétablissement de celui d'Arles en faveur du duc de Normandie, telles étaient deux des conditions mises en 1332 par le roi de France à son départ pour la Croisade (3). Jean XXII refusa, malgré l'espèce de dépendance où le retenait Philippe, qui ne lui permettait pas de reporter en Italie le siège de la papauté (4). L'idée de créer au profit d'un prince français une seconde monarchie italienne destinée à faire contrepoids à celle de Naples, oubliée ainsi que les projets de Croisade lorsqu'éclata la guerre avec l'Angleterre, devait être deux fois reprise à la fin du quatorzième siècle, et peu s'en fallut qu'elle ne fût mise à exécution.

Cependant le roi de France intervint encore de temps en temps dans les troubles de l'Italie, soit pour favoriser ses anciens alliés les Guelfes, soit, après l'expulsion du duc d'Athènes, pour engager les Florentins à reprendre son vassal pour seigneur. Malgré l'intervention de Philippe en faveur de Gautier de Brienne, malgré les représailles rigoureuses que le roi avait autorisé le duc d'Athènes à exercer contre les marchands florentins établis dans son royaume, l'influence de la France en Italie était si considérable que Florence n'hésitait pas à recourir plus tard au roi Jean, fils de Philippe VI, pour lui dénoncer les envahissements et les méfaits de l'archevêque de Milan, Jean Visconti, et pour le supplier de refuser sa médiation sollicitée par l'archevêque auprès du Saint-Siège; c'est là

---

(1) Archives nationales, J 432, n° 8.
(2) Du Puy, *Traitez touchant les droits du roy*, p. 71.
(3) Villani, lib. X, cap. 194 et 209.
(4) Rinaldi, *Annales ecclesiastici*, V, p. 523, col. 1.

un indice de la situation privilégiée que faisait aux rois de France le séjour des papes à Avignon. Onze ans après, les seigneurs de Milan parvenaient à se rapprocher de celui-là même à qui les Florentins en avaient appelé. Galéaz Visconti, en possession, avec son frère Bernabò, d'un pouvoir que leurs cruautés avait rendu incontesté dans leur pays, comprit l'importance que lui donnerait l'appui de la France même affaiblie par ses malheurs : un présent de 600.000 florins, qui contribuèrent à payer la rançon du roi Jean, assura le mariage de la fille de ce prince avec Jean-Galéaz, fils du seigneur de Milan. C'est par suite de ce mariage que jusqu'au jour où il acheta de Wenceslas, roi des Romains, le titre de duc de Milan, Jean-Galéaz porta le titre français de comte de Vertus, que sa femme lui avait apporté en dot. Même après la mort d'Isabelle de France, survenue en 1372, le futur dominateur de l'Italie septentrionale, le politique profond qui rêvait une monarchie italienne, n'eut garde d'oublier les liens qui l'unissaient à la France et s'efforça de les resserrer.

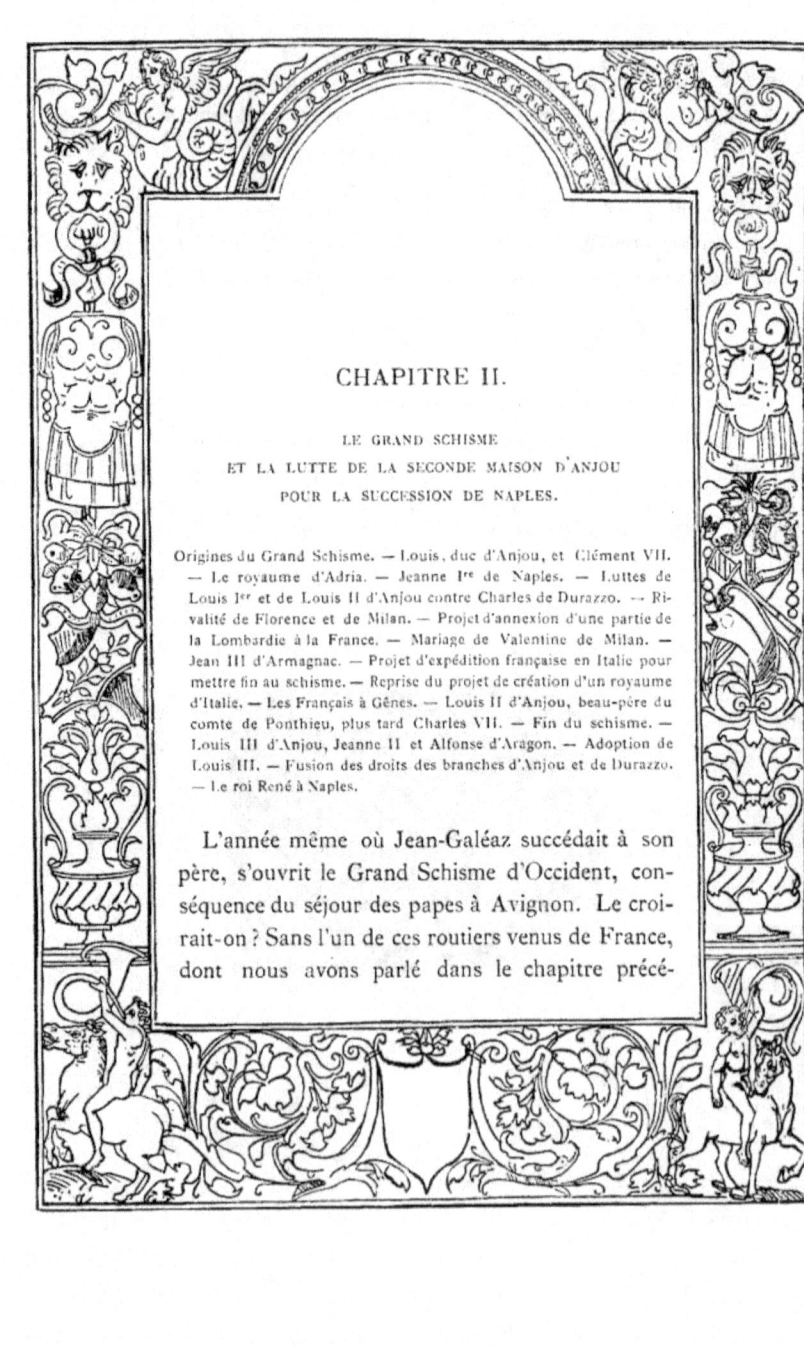

CHAPITRE II.

LE GRAND SCHISME
ET LA LUTTE DE LA SECONDE MAISON D'ANJOU
POUR LA SUCCESSION DE NAPLES.

Origines du Grand Schisme. — Louis, duc d'Anjou, et Clément VII. — Le royaume d'Adria. — Jeanne Ire de Naples. — Luttes de Louis Ier et de Louis II d'Anjou contre Charles de Durazzo. — Rivalité de Florence et de Milan. — Projet d'annexion d'une partie de la Lombardie à la France. — Mariage de Valentine de Milan. — Jean III d'Armagnac. — Projet d'expédition française en Italie pour mettre fin au schisme. — Reprise du projet de création d'un royaume d'Italie. — Les Français à Gênes. — Louis II d'Anjou, beau-père du comte de Ponthieu, plus tard Charles VII. — Fin du schisme. — Louis III d'Anjou, Jeanne II et Alfonse d'Aragon. — Adoption de Louis III. — Fusion des droits des branches d'Anjou et de Durazzo. — Le roi René à Naples.

L'année même où Jean-Galéaz succédait à son père, s'ouvrit le Grand Schisme d'Occident, conséquence du séjour des papes à Avignon. Le croirait-on ? Sans l'un de ces routiers venus de France, dont nous avons parlé dans le chapitre précédent, le compétiteur d'Urbain VI n'aurait pas pu être élu et le schisme qui divisa le monde ne se serait pas accompli. Il n'a manqué du reste au capitaine d'aventure dont la ferme contenance permit aux cardinaux de procéder à l'élection de l'antipape, que l'occasion, pour fournir une carrière aussi merveilleuse que celle d'un François Sforza. Originaire du diocèse d'Agen, il s'appelait Bernardon de la Salle (1), surnommé Chicot, et il avait acquis durant la première partie de sa vie, en guerroyant pour le compte du roi d'Angleterre ou pour le sien, un renom d'invincible courage, d'infatigable audace et d'agilité physique presque surhumaine. On va voir comment il était arrivé à servir en Italie. Depuis que les papes habitaient Avignon, leurs sujets italiens, éloignés des souverains qu'ils ne connaissaient plus, aspiraient à l'indépendance; sous Grégoire XI, le mouvement conduit par le préfet de Rome, François de Vico, encouragé par les Florentins, allait aboutir à l'insurrection ouverte. On offrit à Bernardon de la Salle d'aller réduire les mécontents. Le capitaine gascon n'avait pas eu jusque-là d'autres rapports avec le Saint-Siège qu'une tentative de mise à rançon d'Innocent VI, en 1360; mais l'un de ses complices dans cette tentative, l'Anglais Jean Hawkwood, combattait déjà en Italie les ennemis du souverain pontife; il accepta très volontiers et, dès 1375, il avait passé les Alpes. D'autres compagnies, presque toutes levées en France, vinrent le rejoindre et firent aux Florentins une guerre odieuse, toute de pillages et d'inutiles violences. Le mécontentement n'en devint que plus profond; Grégoire XI comprit que le meilleur moyen d'y mettre un terme c'était de revenir à Rome, où il mourut au bout d'un an. La foule réclamant un pape romain, les cardinaux élurent, le 9 avril 1378, au milieu des menaces et du tumulte, un prélat dépourvu du titre de cardinal, l'archevêque de Bari, qui prit le nom d'Urbain VI.

Lorsqu'au bout de quelque temps, tous les cardinaux, sauf trois d'entre eux qui restèrent fidèles au nouveau pape, se retirèrent à Anagni et déclarèrent nulle l'élection que l'émeute leur avait imposée, il leur fallait un défenseur armé qui leur permît de procéder à une nouvelle élection sans être inquiétés par les Romains et par les troupes pontificales. Bernardon de la Salle, qui avait continué à faire la guerre contre le préfet de

(1) Les détails qui vont suivre sont empruntés au curieux travail de M. Paul Durrieu sur Bernardon de la Salle, *Les Gascons en Italie*, p. 107 et suiv.

Rome pour le compte d'Urbain VI, comme il l'avait faite pour celui de Grégoire XI, était alors à Viterbe; il accepta d'aller défendre les cardinaux avec deux cents lances qu'il avait sous la main. Chemin faisant, la petite troupe passa sur le corps de cinq mille Romains qui tentèrent de lui barrer le passage au Ponte Nomentano. Protégé par Bernardon, le Sacré Collège se réunit à Fondi et proclama le cardinal de Genève. Chacun des deux papes ne pouvait plus que recourir aux armes pour enlever la tiare à son adversaire. L'élu de Fondi, Clément VII, pour qui Charles V s'était déclaré, réfugié dans les états de la reine Jeanne de Naples, vit bientôt accourir dans son parti les chefs de bandes venus de France, comme Silvestre Bude et Jean de Malestroit; et Bernardon de la Salle, l'ancien routier soldé par le roi d'Angleterre, se trouva devenu l'un des principaux soutiens du parti français en Italie, parti qui eut bientôt plus d'un prétexte d'exercer son activité.

Un frère du roi Charles V, Louis d'Anjou, à qui le hasard avait donné le même titre qu'au frère de Louis IX, s'offrit à venir en armes au secours de Clément VII; il demandait en retour que le pape créât pour lui un royaume italien relevant du Saint-Siège comme celui de Naples. L'idée n'était pas nouvelle, et le duc d'Anjou connaissait sans doute l'étrange requête adressée par Philippe VI à Jean XXII pour le comte d'Alençon. Clément accepta et constitua en 1379 le *royaume d'Adria,* qui devait comprendre « les provinces de la marche d'Ancône, de la Romagne, du duché de Spolète, de Massa Trabaria, ainsi que les villes de Bologne, Ferrare, Ravenne, Pérouse et Todi avec leurs comtés, territoires et districts (1). » La bulle par laquelle ce royaume était créé fut tenue secrète et resta sans effet; les troupes de Clément VII furent battues quelques jours après à Marino par celles du pape de Rome; leurs chefs, et parmi eux Bernardon de la Salle, tombèrent aux mains du vainqueur Alberigo di Barbiano, et le compétiteur d'Urbain VI fut contraint de fuir et d'établir son siège à Avignon. Mais si le duc d'Anjou n'eut pas à venir conquérir son futur royaume, il acquit dès l'année suivante des droits très réels cette fois sur le royaume de Naples : droits qui, rendus plus certains encore par l'adoption de son fils Louis II et par le testament de la reine Jeanne II en faveur de son autre fils René, fu-

---

(1) Voy. P. Durrieu, *Le royaume d'Adria. — Revue des questions historiques,* 1880, t. XXVIII p. 50.

rent transmis plus tard à la couronne de France et justifièrent l'expédition de Charles VIII.

En 1380, la reine de Naples, Jeanne Ire, malgré ses quatre mariages, se trouvait sans héritiers directs; elle avait bien un parent éloigné, Charles de Durazzo, dernier descendant mâle de Charles d'Anjou par un fils de Charles II; mais celui-ci, trop pressé d'arriver à la couronne, avait profité de ce que la reine protégeait Clément VII, qu'elle avait contribué à élever au trône pontifical, pour la faire déclarer déchue par Urbain VI et se proclamer roi de Sicile. Afin de priver Charles de l'héritage dont il se croyait déjà maître, Jeanne se laissa facilement persuader par le pape qu'elle soutenait, d'adopter pour son successeur son cousin Louis d'Anjou. La parenté du duc d'Anjou et de la reine de Naples n'était pas fort rapprochée et n'existait guère qu'en ligne féminine : Louis n'était que l'arrière-petit-fils de Marguerite de Sicile, fille aînée de Charles II, et Charles II était le grand-père paternel de Jeanne. En ligne masculine directe, Louis descendait de saint Louis, Jeanne de Charles d'Anjou, et l'on ne rencontrait pas d'auteur commun avant Louis VIII. Malgré le titre qu'il portait, le duc d'Anjou n'eut donc pas à la succession des rois angevins de Naples d'autres droits que ceux qui résultèrent de son adoption. En appelant le prince français à lui succéder, la reine espérait s'acquérir l'appui de la France, dont les rois avaient paru ambitionner la couronne de Naples pour un prince de leur maison. Après la mort du second mari de Jeanne, Louis de Tarente, le roi Jean s'était adressé au pape Urbain VI pour qu'il s'employât à obtenir de la reine de Naples qu'elle donnât sa main au dernier fils du roi de France, Philippe, duc de Touraine, ensuite duc de Bourgogne. Plus tard, Charles V avait essayé de faire passer dans des mains françaises l'héritage de Jeanne, tant à Naples qu'en Provence. En négociant en 1375 le mariage de son fils Louis d'Orléans, alors Louis de Valois, avec Catherine, fille et héritière du roi de Hongrie, mariage qui fut décidé mais que la mort de la fiancée empêcha de s'accomplir, il s'était engagé à soutenir les droits à la succession de Jeanne que le souverain hongrois prétendait avoir, comme descendant de Charles II. Si ces droits eussent prévalu, Catherine et son époux auraient donc hérité du trône de Naples, ainsi que des comtés de Provence, de Forcalquier et de Piémont, qui devaient rester à Louis de Valois au cas où sa femme serait morte sans enfants [1].

[1] Archives nationales, J 458, n° 8 bis. — Les documents des Archives nationales relatifs aux

Afin de justifier la légitimité de ses projets, Charles V avait fait faire une enquête tendant à prouver que le roi Robert, grand-père de Jeanne, avait laissé après celle-ci, au cas où elle s'éteindrait sans postérité, la couronne de Naples au roi de Hongrie et le comté de Provence au roi de France. Si les faits rapportés dans cette enquête n'étaient pas tout à fait exacts, Robert avait tout au moins désigné pour époux de la princesse Marie, héritière de son trône à défaut de Jeanne, soit le fils aîné, soit le second fils de Jean, duc de Normandie, c'est-à-dire Charles V ou ce même Louis d'Anjou que la reine adopta (1).

L'appui des ducs de Bourbon et de Bourgogne et de ceux qui participaient au gouvernement pendant la minorité de Charles VI ne devait pas faire défaut au duc d'Anjou; ses frères, jaloux de la supériorité que lui donnait le titre de régent, étaient trop heureux de faciliter son éloignement afin de se partager sa part d'autorité. Le régent se mit en chemin pour venir défendre sa mère adoptive, mais il perdit du temps à s'assurer la possession de la Provence et fut surpris par la nouvelle de la mort de Jeanne, étranglée par Charles de Durazzo, en 1482. Le nouveau roi de Sicile avait maintenant sa bienfaitrice à venger et ses propres droits à faire triompher; il s'assura l'alliance du seigneur de Milan et marcha sur Naples en longeant l'Adriatique, à la tête de 30.000 hommes. Comme pour mieux afficher la protection qu'il recevait de Clément VII, Louis était accompagné du comte de Genève, frère de l'antipape, et du comte de Savoie. Par une conséquence naturelle du schisme, Urbain VI s'étant déclaré pour Charles de Durazzo, les partisans des deux papes embrassèrent la cause du prétendant soutenu par le pontife qu'ils reconnaissaient, le pape de Rome et ses adhérents, « formant, ainsi que l'a dit en termes excellents M. Paul Durrieu, une sorte de ligue nationale destinée à repousser par la force les candidats de la France à la tiare ou à la couronne de Naples. C'était sous une forme nouvelle la continuation des grandes querelles entre Guelfes et Gibelins. Républiques ou petites principautés, tous les états d'Italie s'y trouvaient plus ou moins directement intéressés : tous suivirent avec attention cette mémorable guerre, qui pouvait en substituant à la descendance de Charles Ier

---

négociations de ce mariage ont été édités par M. Léopold Ovary dans les publications de l'Académie hongroise, puis dans l'*Archivio storico per le provincie napoletane*, anno II, p. 107 et suivantes.

(1) Lecoy de la Marche, *Le roi René*, I, p. 13-14.

d'Anjou une autre branche de la maison de France, terminer du même coup le grand schisme d'Occident (1). »

Une grande victoire aurait assuré le succès du duc d'Anjou; Charles le savait; aussi refusa-t-il partout le combat, laissant les Français s'épuiser en efforts inutiles. L'épidémie lui vint en aide : au bout de deux ans le malheureux Louis, privé de l'appui de Florence sur lequel il avait cru pouvoir compter, de Florence où les Albizzi alors tout-puissants avaient cherché à secourir sous main son adversaire (2), sans argent, presque sans soldats, Louis mourut le 30 septembre 1384, avant l'arrivée des renforts que ses frères lui envoyaient de France sous les ordres du vaillant sire de Coucy, Enguerrand VII (3). Mais au milieu même des luttes où se consumaient ses forces, Louis, comme jadis Charles d'Anjou et Charles de Valois, aspirait à l'empire d'Orient : en 1383, il se faisait léguer par Jacques des Baux, empereur titulaire de Constantinople, prince d'Achaïe et de Tarente, ses prétendus droits à l'empire et ses principautés (4).

Louis d'Anjou laissait un fils, Louis II, héritier de ses droits et de l'appui de Clément VII. Lorsque le petit roi, à peine âgé de sept ans, reçut à Avignon l'investiture de son royaume et le titre de gonfalonier de l'Église, celui qui portait à ses côtés l'étendard de l'Église, c'était le hardi compagnon que les routiers appelaient jadis *Chicot*; c'était Bernardon de la Salle qui, après avoir combattu pour Louis Ier, était devenu, comme Hawkwood, le gendre de Bernabò Visconti. A ce moment encore, les bandes de Bernardon occupaient opiniâtrement en Italie des châteaux où elles défendaient la cause du pape d'Avignon et des Angevins. Grâce à leur présence, pendant que le capitaine gascon commençait ses services auprès du jeune roi en lui assurant la possession de la Provence, il se produisit un événement qui aurait pu amener la fin du schisme et peut-être le triomphe de Louis II : la brouille avait éclaté entre Urbain VI et Charles de Durazzo, depuis que la mort de Louis Ier les avait délivrés du danger immédiat qui rendait leurs intérêts communs. Dès le mois de janvier 1385, le pape de Rome parlait de s'en remettre au roi de France de l'*ordenance de son estat* (5); six mois plus tard, assiégé dans Nocera par son ancien allié, Alberigo di Barbiano,

---

(1) P. Durrieu, *La prise d'Arezzo*, dans la *Bibliothèque de l'École des Chartes*, 1880, p. 164.
(2) Perrens, *Histoire de Florence*, VI, p. 22.
(3) Voyez le travail cité dans l'avant-dernière note.
(4) Lecoy de la Marche, *Le roi René*, I, p. 17.
(5) P. Durrieu, *Les Gascons en Italie*, p. 154-155.

devenu le grand connétable de Charles de Durazzo, il eut recours, afin d'assurer sa fuite, à un chef du parti angevin, Thomas de San Severino, et aux routiers venus de France qui tenaient pourtant pour Clément VII. L'appât de grosses sommes à gagner, l'espoir de voir les droits de Louis d'Anjou reconnus par les deux papes, la certitude de priver Charles de Durazzo d'un succès, décidèrent les routiers à couvrir la retraite d'Urbain VI. Il y en eut bien quelques-uns qui pensèrent à terminer le schisme par un procédé expéditif, lequel eût consisté à s'emparer du pontife trop confiant et à l'aller vendre à Clément VII; mais la pénurie du pape d'Avignon eût rendu l'opération peu avantageuse, tandis que le pape de Rome offrait de l'argent comptant à ses libérateurs. Urbain VI parvint à gagner l'Adriatique, et des galères génoises le conduisirent en Ligurie à l'abri de tout danger. Les Angevins ne purent pas profiter de la rancune du pape de Rome envers Charles de Durazzo; Charles mourut au commencement de 1386, à Bude, où il était allé revendiquer la couronne de Hongrie, et Urbain VI rendit son appui au jeune Ladislas de Durazzo. La mort des deux premiers prétendants ne mit pas fin à la lutte; un projet de conciliation, un mariage entre Louis II et la fille de Charles de Durazzo, imaginé par la seigneurie de Florence dès 1386, ne fut pas accepté (1); l'année suivante les partisans du prince angevin, sous la conduite d'Othon de Brunswick, dernier époux de la reine Jeanne, s'emparèrent de Naples, et Louis II, sacré par Clément VII en présence de Charles VI, partit en 1390 pour sa capitale où il parvint à se maintenir dix ans.

Tandis que des princes français combattaient dans le sud de l'Italie pour défendre les prétentions qu'ils devaient un jour transmettre à la couronne de France et qui furent l'origine de l'expédition de Charles VIII, une autre branche de la maison de Valois acquérait d'une façon toute pacifique, un domaine important dans l'Italie septentrionale et des droits éventuels sur la Lombardie qui motivèrent les guerres de Louis XII et de François Ier. Depuis le mariage de Jean-Galéaz avec la fille du roi Jean, les Visconti n'avaient négligé aucune occasion de soutenir en Italie les intérêts des Français : partisans, à leurs heures, du pape d'Avignon, on les avait vus s'allier à Louis Ier et lui fournir des soldats; lorsque le sire de Coucy avait amené en Italie les renforts qui devaient combattre Charles de Durazzo, Bernabò était venu le saluer en personne aux portes de Milan. C'est que

---

(1) Perrens, *Histoire de Florence*, VI, p. 39-40.

les dominateurs de la Lombardie n'ignoraient pas quelles réclamations contre leurs ambitions et leurs conquêtes, se faisaient entendre à la cour de France. Dès 1386, Philippe Corsini était envoyé par les Florentins auprès de Charles VI, pour le solliciter de mettre par la force un terme aux usurpations de Jean-Galéaz (1). Mais les Florentins tenaient toujours pour le pape de Rome, leurs sympathies étaient pour Ladislas de Durazzo, et l'on

Jean-Galéaz Visconti. Recueil Vallardi f° 67, n° 2525.

ne devait guère être disposé en France à venir en aide à ces adversaires du pape d'Avignon et de Louis II d'Anjou ; il fallait donc séduire le roi en parlant à son ambition. Un second ambassadeur reçut, le 23 juin 1389, l'ordre de porter à Charles VI une proposition qui ne tendait à rien moins qu'à faire de lui le souverain d'une partie de l'Italie septentrionale et à lui donner la suzeraineté du reste. Il s'agissait d'une ligue dans laquelle seraient entrés le roi de France, le comte de Savoie, les communes de Bologne et de Florence ; après la victoire et pour prix de son concours, outre

(1) Desjardins, *Négociations diplomatiques de la France avec la Toscane*, I, p. 27 et 29, note 1.

qu'il aurait reçu l'hommage des seigneuries et des communes dépossédées par Jean-Galéaz et désormais rétablies, Charles VI aurait réuni à son royaume les pays compris entre le Pô et la côte de Gênes depuis les Alpes jusqu'à Pavie, tandis que le comte de Savoie aurait étendu les limites de ses possessions jusqu'à celles des territoires de Côme, Milan et Pavie.

Cette proposition est un fait trop important dans l'histoire des relations de la France et de l'Italie pour que nous ne nous y arrêtions pas un moment; elle est la première en date de toutes celles dont l'attristante répétition ne nous deviendra que trop familière à la longue, et par lesquelles nous verrons les états de la péninsule, jaloux de faire servir la puissance de nos rois à leurs rancunes ou à leurs craintes, offrir tour à tour comme appât les territoires des autres états italiens. Quand Urbain IV investissait Charles d'Anjou du royaume de Naples, ou même quand Clément VII constituait pour Louis d'Anjou le royaume d'Adria, ils disposaient de fiefs dont ils étaient les suzerains; quand Boniface VIII avait appelé Charles de Valois contre les Gibelins, c'était la couronne de Constantinople et non des terres italiennes qu'il lui offrait en récompense; mais aucun de ces papes n'avait essayé de faire intervenir saint Louis ou Philippe le Bel. Avant 1389, personne en Italie n'avait proposé à nos rois de reporter les frontières de leur royaume au delà des Alpes. Peut-être pourrait-on dire, afin d'excuser les Florentins, qu'une vieille légende qui faisait de Charlemagne le restaurateur de Florence, légende habilement entretenue et exploitée par eux au profit des intérêts de leur commerce en France, leur permettait de se considérer, en quelque sorte, comme les clients des souverains français. Bien que, si l'on en croit les instructions données en 1478 par Louis XI à ses ambassadeurs auprès du Saint-Siège, chaque nouvelle seigneurie dût prêter serment de fidélité au roi de France, et que les lis d'or sur champ d'azur se voient encore aujourd'hui peints à côté de la fleur de lis rouge de Florence sur le campanile du Palais Vieux et sur les voûtes du Bargello, ce prétendu patronat était purement nominal en fait; cependant, jusqu'au seizième siècle, les Florentins affectèrent de l'invoquer et de se dire *vrais et loyaux Français* (1). Le gouvernement de la république n'écrivait pas une lettre au roi de France pour soutenir la réclamation d'un marchand malmené par les agents du fisc ou par quelque seigneur curieux de belles étoffes, mais peu empressé à les

---

(1) Desjardins, I, p. 180.

payer, sans rappeler la restauration de Florence par Charlemagne et sans protester de son propre dévouement à la couronne. Était-il question de l'entreprise d'un prince français sur Gênes, sur Milan ou sur Naples; la seigneurie se répandait en belles promesses, parlait des lis gravés sur tous ses monuments comme dans le cœur de tous les citoyens, mais au fond elle ne désirait pas du tout devenir trop voisine des Français (1). Ce sentiment, tous les Italiens le partageaient, et non seulement à l'égard des Français, mais même à l'égard de tous les ultramontains; ils voulaient bien entrer en alliance avec eux pour effrayer un rival, ils consentaient bien à les appeler en Italie pour écraser ce rival (Dieu sait s'ils s'en firent faute! car chez eux la haine salutaire de l'étranger le céda trop souvent à la haine du voisin), mais ils espéraient la plupart du temps qu'il suffirait d'une lointaine démonstration des barbares.

La seigneurie avait ordonné à Cavicciuli de n'exposer les offres séduisantes dont elle l'avait chargé que si l'acceptation en semblait à peu près certaine. Dans le cas contraire, l'orateur devait se borner à réclamer la neutralité du roi et à lui demander de permettre à quelques-uns de ses seigneurs de s'allier à la république (2). Le roi parut-il assez favorablement disposé pour que Cavicciuli risquât sa proposition? Il est permis d'en douter, car le Florentin partit sans emporter d'autre promesse que celle du prochain envoi d'une ambassade française. C'est que le comte de Vertus avait su comment annuler l'effet des plaintes de ses ennemis et se rapprocher du souverain que l'on appelait contre lui; il avait même dû prendre les devants, car, dès le 27 janvier 1386, on dressait le contrat de mariage de sa fille Valentine avec le frère de Charles VI, Louis, duc de Touraine, plus tard duc d'Orléans. Le comté d'Asti, qui, avec une somme de 45,000 florins, formait la dot de la jeune princesse, fut remis au représentant du duc de Touraine dès l'année suivante; mais le mariage ne fut célébré qu'au bout de deux ans, le 17 août 1389 (3), en même temps que Jean-Galéaz entamait avec Florence des négociations pacifiques qui aboutirent en octobre à un traité d'alliance. Par son testament rédigé vers la même époque, au cas où ses deux fils viendraient à mourir sans enfants mâles, Jean-Galéaz appelait sa fille ou ses héritiers à recueillir la suc-

(1) Buser, *Beziehungen der Mediceer zu Frankreich*, p. 33-34.
(2) P. Durrieu, *Les Gascons en Italie*, p. 46-47.
(3) Faucon, *Archives des missions*, série III, tome 8, p. 43, 80, 85.

cession de la seigneurie de Milan (1). C'est de ce mariage, dont la première conséquence fut de mettre les Français en possession d'une place au delà des monts, que datèrent les droits des Valois-Orléans sur le Milanais.

Jean-Galéaz eut bientôt à se louer de son alliance avec la maison de France; comme le comte de Vertus continuait à traiter les Florentins en ennemis, malgré le traité qu'il avait conclu avec eux, une autre ambassade florentine, dont le chef était Philippe Corsini, vint, au bout de quelques mois, présenter à Charles VI les nouveaux griefs de la république et le supplier d'intervenir. Le beau-frère de Valentine Visconti n'accorda que l'autorisation de traiter avec ses vassaux (2).

Grâce à cette autorisation, Florence espérait s'allier aux puissants ennemis que le comte de Vertus comptait à la cour de France : à la tête de ceux à qui le rapprochement du roi et du seigneur de Milan n'avait pas fait oublier leurs rancunes personnelles, on voyait la reine Isabeau de Bavière, fille de Taddea Visconti et petite-fille de ce Bernabò que Jean-Galéaz avait fait périr pour gouverner seul à Milan; dans le nombre se trouvait le comte Jean III d'Armagnac, de qui la sœur avait épousé un fils de Bernabò, Charles Visconti, seigneur de Parme. Les rapports que Jean d'Armagnac entretenait avec les bandes de routiers dont il avait entrepris de purger la France en les envoyant combattre hors des frontières, devaient rendre son amitié précieuse à la république, pour laquelle il n'aurait pas de peine à trouver une armée. D'ailleurs le nom des comtes d'Armagnac était depuis longtemps familier aux Italiens, qui avaient déjà vu l'aïeul de Jean III, Jean I, combattre pour le roi de Bohême devant Ferrare. Déjà la seigneurie, pendant qu'elle envoyait Corsini à Charles VI, s'était assurée des dispositions du comte Jean; puis, lorsque le seigneur de Milan, certain que le roi de France n'interviendrait pas, força par ses insolences les Florentins à lui déclarer la guerre, ceux-ci dépêchèrent au seigneur français un envoyé spécial. Au mois d'octobre 1390, Jean III se mit au service de la république et entreprit avec un corps nombreux qu'il conduisit en Lombardie de mettre son beau-frère en possession de Milan (3). Pour l'arrêter, Jean-Galéaz eut vainement recours à tous les moyens : les tentatives de corruption échouèrent devant la loyauté du seigneur français;

---

(1) Faucon, p. 77-78.
(2) P. Durrieu, *Les Gascons en Italie*, p. 49-50.
(3) Desjardins, p. 30-31.

les instances que le comte de Vertus adressa au propre rival de son gendre, au duc de Bourgogne Philippe le Hardi, déterminèrent celui-ci à venir passer quelques jours à Milan, sans que cette preuve de l'amitié des deux princes eût pour effet d'intimider Jean d'Armagnac. Le duc de Touraine ne restait pas non plus inactif; une démarche qu'Enguerrand de Coucy fit de sa part auprès du comte d'Armagnac, resta sans résultat. A bout d'expédients, le duc de Touraine, ou plus exactement le comte de Vertus sous son nom, retourna contre les Florentins l'arme que ceux-ci avaient voulu deux ans plus tôt diriger contre le seigneur de Milan, et sollicita l'intervention personnelle de Charles VI en Italie; plus prudent, il n'offrait pas au roi, pour prix de son intervention, de joindre au royaume les domaines de ses adversaires, mais seulement de faire triompher une idée chère à la France.

Dans notre pays, on souhaitait sincèrement la fin du schisme, mais l'opinion générale était encore favorable au pape d'Avignon. Réunir une grande armée française sous le commandement du roi, traverser l'Italie en balayant les partisans de Boniface IX, chasser l'intrus de la chaire de saint Pierre et y établir le pape d'Avignon, désormais seul chef de l'Église universelle, tel était le projet que le duc de Touraine soumit à son frère, et que Charles VI, tourmenté de la même soif d'aventures que les simples gentilshommes de son temps, accepta avec plus d'empressement que de sagesse. Le projet reçut même un commencement d'exécution : le duc de Touraine fut envoyé sans retard en Lombardie, et l'on ordonna certains préparatifs que les affaires intérieures du royaume firent bientôt abandonner.

Il n'est pas difficile de deviner quelles étaient les espérances du seigneur de Milan. Trop profond politique pour avoir des principes très fixes surtout en matière d'autorité religieuse, Jean-Galéaz reconnaissait généralement le pape de Rome pour le véritable chef de l'Église, mais il n'avait aucune répugnance à se déclarer pour Clément VII, lorsqu'une telle évolution lui semblait profitable; quant aux Florentins, ils étaient fidèles au pape de Rome, l'expédition française les eût écrasés, et l'on pouvait espérer que le comte d'Armagnac n'oserait pas rester l'allié des ennemis de Charles VI. Cependant, malgré les remontrances du roi et de Clément VII, Jean III maintint la promesse qu'il avait faite aux Florentins, et le comte de Vertus, ne pouvant plus compter sur l'armée française, dut s'assurer le concours de Bernardon de la Salle qui, après avoir défendu la cause angevine en Provence et guerroyé pendant les dernières années dans le patrimoine de saint Pierre et en Toscane pour le compte de Clément VII, ou plus exactement pour le sien propre, venait de regagner la France. Bernardon était, il est vrai, le gendre de Bernabò Visconti et le beau-frère de ce Charles Visconti que Jean d'Armagnac voulait rétablir dans ses droits usurpés par Jean-Galéaz: mais, pour un ancien routier, les liens de famille avaient moins d'importance qu'ils n'en avaient aux yeux du comte d'Armagnac. Le capitaine gascon ne fit nullement difficulté à entrer au service du meurtrier de son beau-père et du spoliateur de son beau-frère; il passait les Alpes avec ses hommes pour gagner la Lombardie lorsque Jean III, qui venait de franchir les monts tout près de là, le surprit, le battit et le fit tuer pendant sa retraite. Quelques semaines plus tard, le vainqueur de Bernardon de la Salle, vaincu à son tour et fait prisonnier devant Alexandrie, le 25 juillet 1391, mourut presque aussitôt d'une attaque d'apoplexie que les contemporains qualifièrent d'empoisonnement (1). Ce succès ne satisfit pas le comte de Vertus, ses ennemis étaient toujours debout; Bernard VII d'Armagnac avait à peine succédé à Jean III qu'il avait offert aux Florentins de prendre auprès d'eux la place qu'avait tenue son aîné, et de venger à la fois les griefs de sa sœur et la mort de son frère. Le comte de Vertus conçut alors un projet qui devait réduire à néant l'influence de ses adversaires, en lui assurant l'intervention effective de Charles VI; ce projet, beaucoup plus réalisable que celui que Jean-Galéaz avait naguères proposé au roi, devait également mettre fin au schisme, tout en faisant de son auteur l'arbitre de l'Italie et en donnant une couronne au duc de Touraine, devenu duc d'Orléans depuis le 4 juin 1491.

Le seigneur de Milan prit pour point de départ de ses nouvelles combinaisons la bulle d'inféodation du royaume d'Adria, qu'un hasard inexpliqué ou plutôt une communication du fils de Louis Ier d'Anjou, Louis II, alors maître de Naples, lui avait sans doute fait connaître. « Reprendre, dit M. Paul Durrieu, le projet abandonné, créer effectivement le royaume d'Adria, faire placer cette couronne qu'il n'osait demander pour lui sur la tête de son gendre le duc d'Orléans, ramener Clément VII à Rome et

---

(1) P. Durrieu, *Les Gascons en Italie*, p. 50-93.

affermir l'autorité du roi Louis II, telle est la conception vraiment grandiose où il pensa trouver les éléments d'une complète revanche. »

« On voit immédiatement les immenses avantages d'un pareil projet. C'était l'intervention assurée de Charles VI en faveur de son frère et par conséquent du comte de Vertus, sans compter l'appui des Italiens restés fidèles au pape d'Avignon ou décidés à respecter les dernières volontés de la reine Jeanne. C'était Florence réduite à l'inaction, contrainte à s'incliner devant le duc d'Orléans, sous peine de briser ses anciennes et étroites relations avec la France en portant un coup funeste à ses intérêts et à sa fortune commerciale. C'était Bologne rattachée au nouveau royaume et devenue incapable de seconder désormais la résistance des Florentins. C'était enfin, opposée à la ligue conclue par les ennemis de Jean-Galéaz, une seconde ligue bien autrement formidable, dont le souverain Pontife, le frère du roi de France et le roi de Naples seraient les principaux chefs, sous la direction suprême du comte de Vertus (1). »

Sûr de l'acquiescement de Clément VII et de Louis II, trop intéressés à la réalisation du projet pour que l'on pût prévoir aucune opposition de leur part, Jean-Galéaz comptait bien aussi que l'espoir de mettre fin au schisme déciderait sans peine la France à lui venir en aide; c'est en se servant habilement de ce désir qu'il eut l'adresse de faire demander à Clément VII, par le roi de France, la reconstitution du royaume d'Adria au profit d'un prince du sang, qui ne pouvait être que le duc d'Orléans. Une fois la bulle obtenue, le roi, ou le prince à qui ce royaume serait accordé passerait en Italie où, avec l'aide du comte de Vertus, il occuperait les terres à lui concédées, qui rentreraient ainsi dans l'obédience du Saint-Siège. Cette proposition fut acceptée par ceux qui gouvernaient la France, et une ambassade française fut envoyée, en janvier 1393, à Avignon, pour solliciter une inféodation calquée sur celle de 1379; mais le pape, effrayé de l'étendue des concessions que l'on réclamait de lui, fit traîner les négociations et ne se décida que vingt mois plus tard à constituer un royaume moins étendu que celui qu'ambitionnait jadis Louis d'Anjou, et qui ne porterait plus le nom mal choisi de royaume d'Adria (2). En retour il exigeait l'entrée en campagne, sous six mois, du duc d'Orléans avec un contingent considérable et des ressources que le pontife fixait lui-

(1) P. Durrieu, *Le royaume d'Adria*, dans la *Revue des questions historiques*, t. XXVIII, p. 52.
(2) *Ibid.*, p. 57 et 73.

même. Cette proposition aurait sans doute été acceptée, si la mort de Clément VII n'était venue, le 16 septembre 1394, interrompre les négociations, qui ne furent jamais reprises.

Malgré l'écroulement de ses combinaisons, le seigneur de Milan, qui tenait à afficher ses relations avec la France en réunissant, à partir de cette année, les fleurs de lis à la guivre des Visconti dans ses armoiries (1), voulut encore tenter de faire intervenir son gendre dans les affaires italiennes, en utilisant les troupes qui se trouvaient déjà rassemblées à Asti pour la conquête du nouveau royaume; il le poussa à profiter des discordes de Gênes pour joindre la Ligurie aux terres qui formaient la dot de Valentine. Soutenu officiellement par Charles VI, dont le nom suffit pour tenir en respect les Florentins et leurs alliés, le duc d'Orléans envoya, vers la fin de 1394, une armée commandée par le sire de Coucy prendre Savone et menacer Gênes (2); mais plutôt que de passer sous la domination du duc d'Orléans, ou plus exactement sous celle de Jean-Galéaz, les Génois se décidèrent à suivre le conseil de leur doge Antoine Adorno et à se donner au roi de France sous le protectorat duquel ils s'étaient déjà mis en 1392. Déçu dans tous ses projets, tout en cherchant à conserver, par un traité conclu le 31 août 1395, de bons rapports avec la France, le comte de Vertus essaya de faire échouer les négociations entre Gênes et Charles VI à l'aide d'un soulèvement provoqué contre le parti français. Cette conduite sans foi eut pour résultat de rapprocher la France des ennemis de Milan. A la fin de 1396, Charles VI conclut avec Florence et ses alliés une ligue offensive contre les Visconti, assura par un traité l'annexion de Gênes à ses domaines et se fit céder moyennant quelque argent les droits de son frère sur Savone. En outre, il semble qu'il se fût engagé à venir en personne soutenir ses alliés d'au delà des monts (3); du moins il avait autorisé la république à prendre à son service Bernard d'Armagnac, à lever dans le royaume les hommes d'armes dont elle aurait besoin et à combattre sous la bannière de France (4). Le roi paraît même avoir eu vers cette époque quelque velléité de revendiquer les droits que son bisaïeul avait acquis sur Lucques (5). Mais l'expédition du comte d'Arma-

(1) *Chronicon Placentinum*, dans Muratori, *Scriptores*, XVII, 556 D.
(2) Voy. les pièces indiquées par M. Faucon, p. 88-91.
(3) Desjardins, p. 33.
(4) *Ibidem*, p. 32.
(5) Charles VI donna l'ordre de faire une copie authentique de l'acte de cession de Lucques à

gnac, retardée d'abord par le désastre de Nicopolis, puis par les efforts du duc d'Orléans, n'était pas encore partie lorsque les Florentins, las d'attendre, firent la paix avec Jean-Galéaz.

L'annexion de Gênes est un fait capital dans l'histoire des relations de la France avec l'Italie. Saint Louis, à qui sa loyale conscience et son haut sens politique avaient fait refuser le trône de Naples offert à l'un de ses fils, n'avait autorisé qu'à regret Charles d'Anjou à l'accepter; mais ses successeurs n'avaient pas pu rester indifférents au sort des princes de leur famille attirés au delà des Alpes. Plusieurs même, jaloux d'établir richement leurs enfants, avaient recherché pour eux des héritages italiens. Le

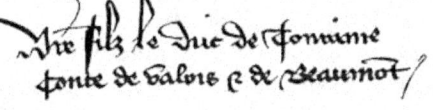

Souscription d'une lettre de Louis d'Orléans à Jean-Galéaz Visconti. Archives nationales. K 555.

Grand Schisme, en mettant les papes d'Avignon sous la tutelle des rois de France, les contraignit de veiller aux intérêts de leurs protégés en Italie et les mit en contact avec des puissances de ce pays; de là vint à quelques-unes de celles-ci l'idée de solliciter leur intervention personnelle et armée. Cette intervention, demandée tour à tour par les Florentins et par les Visconti pour se combattre les uns les autres, décidée en France pour mettre fin au schisme, mais entravée par les événements, les Génois la conquirent en se donnant à Charles VI et en le rendant ainsi souverain de terres italiennes. La cession volontaire de Gênes indique donc le moment où nos rois, entraînés peu à peu par une sorte de gravitation politique, se trouvèrent personnellement engagés dans les affaires de la péninsule.

Philippe VI par Jean de Bohême. Cette copie, exécutée le 2 mars 1398 (nouveau style) et conservée aux Archives nationales (J 990, n° 9), a été publiée par Leibniz, *Codex juris gentium*, n° LXXIII.

Les effets de la nouvelle situation de la France vis-à-vis de l'Italie ne tardèrent pas à se faire sentir. Ce furent d'abord les Guelfes d'Alexandrie révoltés contre les Visconti qui demandèrent à se soumettre au roi de France; le gouverneur de Gênes, Jean Boucicaut, leur envoya quelques secours qui ne les empêchèrent pas d'être vaincus (1). Bientôt après, ce fut Gabriel Visconti, bâtard de Jean-Galéaz et héritier de Pise, menacé par les Florentins, que l'on vit se mettre sous la protection de la France. Il fit hommage de Pise entre les mains de Boucicaut, lui remit Livourne à titre de gage, et la protection qu'il reçut en échange vint altérer pour quelque temps les bons rapports traditionnels qui existaient entre le royaume et Florence (2). Un peu plus tard, la facilité du recours à la garnison de Gênes qui, pour les états italiens, résultait du voisinage, fut cause de la perte de ce port. En 1409, le duc Jean-Marie Visconti, presque entièrement dépouillé des conquêtes de son père, Jean-Galéaz, voyant les factions guelfe et gibeline également soulevées contre lui, se laissa persuader d'appeler Jean Boucicaut au gouvernement de Milan. Celui-ci quitta Gênes à la hâte et entra dans Milan, le 29 août, à la tête de six mille chevaux. Pendant ce temps, des ennemis de Jean-Marie Visconti, Facino Cane et le marquis de Montferrat, joints aux bannis de Gênes, profitèrent de l'absence du gouverneur pour massacrer son lieutenant, Chazeron, ainsi que la garnison française, et pour s'emparer de la ville. Boucicaut quitta Milan qu'il n'avait occupé que neuf jours et tenta vainement de reprendre Gênes; il dut repasser les Alpes l'année suivante.

Même après la perte de Gênes, le roi de France ne cessera pas d'avoir en Italie des intérêts personnels; car il aura des droits à revendiquer, des injures à venger, des partisans à protéger, et toute puissance italienne qui aura besoin de son appui croira se l'assurer en lui faisant espérer de remettre la main sur Gênes. La possession de cette ville méritait d'ailleurs qu'on la regrettât; bien des souverains avaient envié au roi de France la libre disposition de l'une des premières marines du monde.

Cependant le schisme durait encore; pour essayer d'y mettre fin, le concile de Pise, après avoir déposé Grégoire XII en même temps que Benoît XIII, avait, en 1409, élu un nouveau pontife, Alexandre V. Louis II d'Anjou profita de ce que son concurrent Ladislas, roi de Naples, restait

---

(1) Muratori, *Annali d'Italia*, XVII, 20.
(2) Sur les affaires de Pise, voy. C. Cipolla, *Storia delle Signorie Italiane*, p. 216.

fidèle à Grégoire XII, pour se faire reconnaître par Alexandre V et par le concile de Pise; puis, jugeant le moment propice, il passa en Italie. Soutenu par les Florentins en guerre avec le roi de Naples, et par Jean XXIII qui avait succédé au bout de quelques mois à Alexandre V, après un premier échec qui l'avait contraint à venir chercher de nouvelles troupes en Provence, Louis, en 1411, remporta sur Ladislas, à Roccasecca, une victoire dont il ne sut pas tirer parti. Abandonné par les Florentins auxquels son concurrent céda Cortone, puis par le pape avec qui Ladislas fit la paix en abandonnant le parti de Grégoire XII, Louis dut retourner en France, et ne daigna plus faire de nouvelle tentative, même lorsque la mort de Ladislas, en 1414, semblait lui créer de nouvelles chances de succès. D'ailleurs, pendant l'intervalle, il avait pris à la cour de France une situation prépondérante dont le maintien ne devait pas lui laisser de loisir. Rival du duc de Bourgogne, il avait voulu resserrer les liens de parenté qui l'unissaient à la famille royale, et il avait obtenu de fiancer, en 1413, sa fille au jeune Charles, comte de Ponthieu, que la mort de ses frères aînés allait bientôt faire dauphin.

Charles qui n'avait que dix ans lors de ses fiançailles avec Marie d'Anjou, passa ensuite les meilleures années de son enfance auprès de sa belle-mère, la sage reine Yolande, et de son beau-père, après que celui-ci eut vainement essayé de reconquérir ce royaume de Naples jadis occupé par lui pendant dix années. Il est donc probable que ses pensées furent souvent tournées du côté de l'Italie; elles devaient encore y être habituellement ramenées par les traditions de la politique paternelle et par les événements qui s'accomplissaient sous ses yeux. Mais il fallait que bien des années d'humiliation cruelle et de guerre laborieuse s'écoulassent, avant que l'achèvement de l'œuvre commencée par notre Jeanne d'Arc eût fait du gendre du roi de Sicile, un roi maître de son royaume et capable d'employer au dehors le surplus de ses forces et de son influence. Cependant, même durant ces tristes années, Charles ne resta pas sans rapports avec l'Italie.

Le concile de Constance venait de mettre fin au Grand Schisme; le pape Martin V était reconnu par toute l'Europe, et le prestige de la papauté rétablie dans son unité était peut-être encore plus grand qu'avant le schisme; la force morale qui résultait de l'appui du pontife n'était donc point à dédaigner. Après le meurtre du pont de Montereau, des envoyés du dauphin et de la reine Yolande s'étaient rendus à Florence pour disculper l'héritier de la couronne auprès du pape, alors très favorable à l'Angleterre et aux Bourguignons qui cherchaient à lui faire croire que Charles était en rapport avec l'antipape Benoît XIII. Le pape, d'abord assez mal disposé, avait fini par prêter l'oreille aux ambassadeurs français, et le premier résultat de leur mission avait été que Martin V s'était refusé à déclarer le dauphin coupable de violation du traité de Pouilly. Bientôt il fit plus : l'odieux traité de Troyes venait de priver de son héritage le fils de Charles VI; le pape refusa d'approuver ce traité, et il essaya d'amener un rapprochement entre Henri V et le dauphin, tentative que la mort du roi d'Angleterre condamna à rester sans effet (1). D'un autre côté, Charles, régent du royaume depuis 1418, avait cherché à maintenir de bonnes relations avec Gênes, que le roi d'Angleterre s'était attachée par un traité. Malgré ce traité, les efforts du prince français avaient eu au moins ce résultat que bon nombre de seigneurs génois s'engagèrent dans son armée. Trois ans plus tard, Gênes avait dû se donner au duc de Milan, Philippe-Marie Visconti; le nouveau seigneur de Gênes pouvait prêter à la France une aide plus puissante que la république. Par quels moyens Charles parvint-il à l'obtenir, nous l'ignorons; mais, dès le mois de novembre 1421, il levait pour 6.000 écus de gens d'armes lombards sur les terres du duc, qui leur accorda le libre passage l'année suivante (2).

Un autre fait prouve la confiance que le duc de Milan inspirait au parti français. Depuis la bataille d'Azincourt, Charles d'Orléans était prisonnier en Angleterre; en 1422, les Astesans, craignant de voir les ennemis de la France profiter de cette captivité pour briser les liens qui les unissaient au neveu de Charles VI, demandèrent à Philippe-Marie de prendre temporairement le gouvernement de la ville au nom du duc d'Orléans. Plus tard, le duc de Milan parut avoir oublié quelque peu sous quelles conditions il avait reçu le gouvernement d'Asti qu'il transmit à François Sforza en 1438, au grand déplaisir des citoyens d'Asti, dont l'attachement au duc d'Orléans restait inébranlable (3).

Le fils de Charles VI aurait eu bientôt l'occasion de se mêler plus activement des affaires d'Italie s'il avait voulu intervenir dans la lutte que ses deux beaux-frères, Louis III et René d'Anjou, allaient successivement

---

(1) Du Fresne de Beaucourt, *Histoire de Charles VII*, I, p. 327-331.
(2) *Ibidem*, p. 338-342.
(3) Voy. Faucon, p. 52 à 64.

soutenir dans le royaume de Naples; mais soit qu'il eût été trop absorbé par la laborieuse conquête de son royaume occupé par les Anglais, soit plutôt qu'il eût éprouvé un légitime ressentiment en voyant le premier de ces princes, son compagnon d'enfance, l'abandonner pour aller chercher de lointaines aventures au moment où l'appui de tous les siens lui eût été le plus nécessaire, ce ne fut que lorsqu'il se trouva définitivement maître chez lui que Charles VII consentit à faire servir à sa politique les prétentions des princes angevins en Italie. Ce qui donnerait lieu de croire que ce dernier motif fut celui qui causa l'abstention du roi de France, c'est que celui-ci, une fois qu'il eut succédé à son père, ne négligea nullement d'utiliser pour son compte le bon vouloir que lui avait montré le duc de Milan pendant sa régence. Les levées de troupes lombardes, commencées en 1421, se continuèrent en 1423, et les bonnes relations du duc et du roi pendant cette triste période, relations que l'on ne peut guère expliquer que par quelque abandon des prétentions de la France sur Gênes, aboutirent, en 1424, au traité d'Abbiate Grasso, par lequel les deux princes se promettaient mutuellement l'aide de leurs armes. En même temps, Charles entretenait des relations d'amitié avec le marquis de Saluces et avec le marquis de Ferrare, Nicolas d'Este, qui devint l'un des plus influents parmi les souverains italiens; quelques années plus tard, en 1432, celui-ci prêtait serment de fidélité à la couronne et s'engageait pour lui et pour ses successeurs à venir servir gratuitement les rois de France toutes les fois qu'ils en seraient requis (1).

Il est étrange que la bonne, la sage reine Yolande n'ait pas retenu, auprès du dauphin déshérité, son fils Louis III qui, aussitôt après que le traité de Troyes eut été signé, vint renouveler à Naples les tentatives de son père et de son aïeul. Certes il semble que le jeune prince eût employé plus noblement ses armes et ses ressources à secourir son malheureux beau-frère; mais, à dix-sept ans, il ne sut pas résister à l'espoir d'une couronne. Sa mère ne fut pas écoutée ou fut séduite par les circonstances exceptionnelles qui paraissaient favoriser son fils; il partit.

Le trône de Naples était encore une fois occupé par une reine sans hé-

---

(1) Beaucourt, II, 341-342, 485-486. — Si nous ne parlons point ici des rapports de Charles VII avec Martin V et le duc de Savoie, et des longs efforts de celui-ci pour la pacification de la France, c'est que ce n'est pas en tant que princes italiens que ces souverains furent mêlés aux affaires de France.

ritiers, à qui le hasard avait donné le même nom qu'à la mère adoptive de Louis Ier; mais cette fois il n'y avait pas à craindre un nouveau Charles de Durazzo, puisque celui-ci s'était trouvé de son temps l'unique descendant mâle de Charles d'Anjou, et qu'en Jeanne II s'éteignait la race de Durazzo; après l'extinction de celle-ci, la lignée adoptive de Jeanne Ire était la seule qui pût invoquer des droits à la couronne. Reconnue d'abord par Martin V, Jeanne II s'était brouillée avec lui, de même qu'elle avait eu la maladresse de mécontenter son grand connétable, Attendolo Sforza, qui ne rencontrait qu'un rival capable de lui disputer la réputation d'être le premier capitaine italien; c'était Braccio di Montone, formé comme lui par le vainqueur de Marino, cet Alberigo di Barbiano que l'on a pu appeler « le restaurateur de l'art de la guerre en Italie (1). »

D'accord avec Martin V, Sforza leva l'étendard de Louis d'Anjou, et sans attendre l'arrivée du prétendant, il mit le siège devant Naples du côté de la porte Capouane; Louis parut bientôt dans le golfe avec une flotte, et prit Castellamare pendant que Sforza s'emparait d'Aversa. Jeanne, serrée de près, suivit l'exemple de Jeanne Ire : de même que celle-ci avait adopté Louis Ier pour se créer un défenseur contre Charles de Durazzo, elle adopta Alfonse V, roi d'Aragon, de Majorque, de Sicile et de Sardaigne, qui s'empressa de diriger sur Naples les troupes qu'il employait à tenter la conquête de la Corse. Sforza et Louis III durent se retirer devant des forces supérieures, et l'ancien rival de Sforza, Braccio di Montone, acceptant les offres de Jeanne et d'Alfonse, vint prendre, avec le titre de grand connétable qu'avait porté Sforza, le commandement de l'armée napolitaine.

« Ainsi commençait dans le royaume de Naples cette lutte sanglante et acharnée entre les Français et les Espagnols, qui, vainement assoupie, devait renaître à de longs intervalles, embraser l'Italie entière vers la fin du quinzième siècle et précipiter la ruine de ses états indépendants. La rivalité entre les deux maisons d'Aragon et d'Anjou devait introduire plus tard dans le royaume de Naples des flots de soldats étrangers; mais, au commencement, les deux prétendants à la couronne soutinrent leurs droits avec des armes italiennes, et ils profitèrent de la jalousie entre les deux grands capitaines, Braccio di Montone et Sforza, pour seconder leur ambition (2). »

(1) Sismondi, *Histoire des républiques italiennes*, V, p. 382.
(2) *Ibidem*, V, p. 363-364.

Après plusieurs mois pendant lesquels les deux chefs se firent la guerre en se débauchant mutuellement leurs soldats, Louis d'Anjou, à bout de ressources, las de cette lutte sans combats, céda au pape Aversa et Castellamare, qu'il occupait encore, et se retira à Rome. Martin V, qui craignait fort de voir Alfonse reconnaître dans ses quatre royaumes l'antipape Benoît XIII réfugié en Aragon, rendit ces deux places à Jeanne. Celle-ci d'ailleurs vivait avec son fils adoptif dans des termes de défiance réciproque. Tandis qu'Alfonse ne songeait qu'à s'assurer des places qui pussent lui servir de sûreté contre la reine, Jeanne II reprenait à son service, pour la défendre au besoin contre le roi d'Aragon, Sforza, qui, tout en acceptant, travailla secrètement à servir la cause de Louis III. De son côté, Braccio ne s'occupait que d'arrondir sa principauté de Capoue. L'anarchie était épouvantable lorsqu'en 1423 le roi d'Aragon fit arrêter l'amant de la reine, Carraciolo, et voulut même s'emparer de la personne de Jeanne. Sforza sauva la reine et la conduisit à Aversa ; Jeanne II révoqua l'acte d'adoption d'Alfonse et appela Louis III, qu'elle déclara duc de Calabre et héritier présomptif de la couronne ; Alfonse dut quitter l'Italie. Le pape, heureux du triomphe de sa politique, s'unit au duc de Milan, qui envoya une flotte génoise devant Naples, dont François Sforza, fils d'Attendolo, mort depuis peu, entreprenait en même temps le siège par terre. Jeanne rentra dans sa capitale soumise ; quant à Louis, sauf deux années passées en France et durant lesquelles il servit vaillamment Charles VII contre les Anglais (1429-1431), il ne quitta plus la Calabre. Il mourut à Cosenza en 1434, sans laisser d'enfants de Marguerite de Savoie, qu'il avait épousée en 1431.

Malgré un rapprochement douteux qui serait survenu entre Alfonse et Jeanne en 1433, rapprochement pendant lequel la reine aurait, par un acte secret, annulé l'adoption du duc d'Anjou et renouvelé celle du roi d'Aragon, René, frère de Louis, succédait à tous ses droits ; car, lorsqu'elle mourut en 1435, la vieille reine, aux termes d'un testament daté du jour même de sa mort, l'institua son héritier définitif. Désormais les droits de la première maison d'Anjou et les droits de la branche de Durazzo se trouvaient confondus en sa personne et réunis à ceux qui dépendaient de la volonté du suzerain ou qui résultaient du vœu des sujets. En effet le pape le soutenait et les Napolitains l'attendaient comme un sauveur. « Si jamais prince eut des droits certains à la couronne, dit avec raison le dernier biographe de René d'Anjou, c'était bien le nouveau roi de Sicile (1). » De plus, il semblait que le roi René pût compter sur l'appui de Charles VII, car, loin d'abandonner son beau-frère dans le malheur comme l'avait fait Louis III, le prince angevin, prisonnier du duc de Bourgogne partisan d'Antoine de Vaudémont, son concurrent au duché de Lorraine, avait profité d'une période de liberté provisoire pour prendre, en 1434, l'initiative des négociations qui aboutirent au traité d'Arras et à la pacification de la France. Mais Charles, trop occupé de conquérir son propre royaume et de ménager les autres puissances, ne fit rien pour René et persista même à entretenir de bons rapports avec Alfonse d'Aragon, lorsque celui-ci réclama le trône de Naples les armes à la main; une seule fois, en 1439, il s'entremit pour négocier une trêve entre les deux adversaires (2).

René était prisonnier, ainsi qu'on vient de le dire, lorsque s'ouvrit la succession de la reine Jeanne. Les Napolitains, séduits par la bonté et la douceur de Louis III, gardèrent à sa mémoire une fidélité qui n'était guère dans leurs habitudes. En attendant leur roi, ils constituèrent en son nom un conseil de régence; Alfonse d'Aragon, jugeant le moment propice, se fit livrer Capoue et voulut prendre Gaëte; mais, surpris par une flotte génoise que le duc de Milan, allié du roi René, avait envoyée, il fut fait prisonnier et conduit à Philippe-Marie, qui ne voyait pas sans envie le succès de ses vassaux génois. Traité généreusement par le duc, Alfonse parvint à le séduire, à lui faire rompre la ligue conclue avec René et à contracter avec lui une étroite alliance. Par cette étrange adresse le roi se trouvait plus fort qu'avant sa défaite; les Génois, indignés de voir réduire à néant le résultat de leur victoire, secouèrent le joug du duc de Milan et se déclarèrent libres.

A ce moment Isabelle de Lorraine, femme de René, entrait à Naples en compagnie de son second fils, Louis, qu'elle envoyait en Calabre avec Michel de Cotignola, pendant qu'elle combattait seule durant trois ans contre les Aragonais. La venue de René, en 1438, donna aux Napolitains les plus grandes espérances; mais, ruiné par la rançon qu'il avait dû payer au duc de Bourgogne, le roi de Sicile arrivait sans argent; aussi, malgré l'attachement réel de ses sujets à sa personne et à celle d'Isa-

---

(1) Lecoy de la Marche, *Le roi René*, I, p. 137.
(2) *Ibidem*, I, p. 181.

belle, le zèle de ses partisans commença-t-il à décroître. De plus, la mésintelligence se mit entre deux de ses alliés, Eugène IV et François Sforza. Le pape, plus préoccupé de reprendre la marche d'Ancône que de soutenir René, accepta l'offre du duc de Milan, brouillé avec Sforza, et envoya Piccinino occuper les fiefs du comte François. Celui-ci étant contraint d'aller défendre ses terres, le roi de Sicile restait privé de son meilleur allié. Naples, étroitement assiégée, résistait vaillamment, lorsqu'une trahison, qui introduisit les soldats d'Alfonse par un aqueduc, fit tomber la ville aux mains du roi d'Aragon, en 1442. René dut s'embarquer après avoir combattu avec le plus grand courage. En revenant en France, il passa par Florence où se trouvait alors Eugène IV. Le pape, qui, en retenant Sforza dans la marche d'Ancône, était la véritable cause de la chute de Naples, afin de réparer sa faute ou d'échapper aux reproches que le prince angevin eût été en droit de lui faire, lui accorda l'investiture des états qu'il avait perdus et qu'il ne devait plus revoir.

Armoiries du roi René, par Luca della Robbia.

CHAPITRE III.

L'UNION DE LA FRANCE AVEC FLORENCE ET MILAN JUSQU'A LA MORT DE CHARLES VII.

Charles VII et Philippe-Marie Visconti. — Projets du dauphin Louis sur l'Italie. — La succession du duché de Milan. — Alliance de Sforza et de Côme de Médicis. — Traité de Montils-lez-Tours. — Campagne de René d'Anjou en Lombardie. — La chute de Constantinople. — La paix de Lodi et la ligue italienne. — Retour de Gênes à la France. — Mort d'Alfonse d'Aragon. — Le bâtard Ferrand, roi de Naples. — Expédition de Jean de Calabre. — Perte de Gênes. — Mort de Charles VII.

Bien peu de temps après son retour, René prenait part à un événement qui, en assurant la paix de la France, devait avoir pour conséquence indirecte de permettre à Charles VII de tourner ses regards vers l'Italie. Henri VI, las d'une lutte constamment désavantageuse pour lui, demandait une longue trêve et la main d'une princesse française; on lui donna celle de Marguerite d'Anjou, fille de René, et la trêve de Tours fut signée en 1444. Mais Charles VII, libre pour vingt-deux mois de toute préoccupation du côté de l'Angleterre, ne pouvait pas licencier son armée, car la Guyenne et la Normandie restaient encore à conquérir; il fallait donc à la fois tenir les gens d'armes en haleine, achever de les organiser, et les éloigner du royaume où leur présence eût causé des désordres. Pour cela, on ne pouvait que suivre l'exemple de Charles V lorsque ce roi, afin d'employer les Grandes Compagnies hors de France, les envoya en Castille. Seulement, tandis que son aïeul avait dû se priver pour un temps du meilleur de ses capitaines en leur donnant pour chef Du Guesclin, Charles VII trouvait l'occasion d'occuper au loin l'activité dangereuse du dauphin Louis, qui avait déjà fait ses preuves de rebelle dans la Praguerie. En outre, le roi de France pouvait ainsi se créer des points d'appui à l'extérieur. De là résultèrent les expéditions de Lorraine et d'Alsace entreprises l'année même de la conclusion de la trêve ; de là aussi des projets sur l'Italie où le roi de France paraît n'avoir eu, pour son compte, qu'un seul but, le retour de Gênes à la couronne, mais où, trop heureux d'ouvrir un débouché à l'ambition inquiète que montrait le dauphin, il laissait son fils s'engager dans des entreprises infiniment plus vastes et dans des négociations compliquées. Malheureusement Louis trouvait dans les habiletés peu scrupuleuses des gouvernements italiens un élément trop congénial à sa nature; un jour vint où il essaya de tourner contre son père les intrigues qu'il avait nouées. Si ses desseins s'accordaient quelquefois avec ceux du roi, c'est qu'il y trouvait son intérêt; mais ils s'en écartaient encore plus souvent, et les rapports établis entre lui et les puissances italiennes ne doivent pas être confondus avec ceux qu'entretenait Charles VII. L'appui du dauphin, comme l'appui du roi, allait être promptement recherché par plus d'une de ces puissances. Quatre jours après la victoire de Saint-Jacques, Eugène IV élevait le dauphin à la dignité de gonfalonier de l'Église, espérant peut-être se servir de lui pour dissoudre le concile de Bâle (1).

Le roi Charles VII avait bien une armée, mais il n'avait pas de marine militaire pour combattre celle des Anglais ; de là des difficultés sans nombre dans l'œuvre de libération qu'il poursuivait, de là aussi des inquiétudes perpétuelles pour la sécurité des provinces maritimes récemment reconquises. C'est faute d'une marine nationale que l'expédition de Calais avait échoué en 1436; en 1451, le vainqueur de la Normandie avait l'humiliation de solliciter le prêt des vaisseaux castillans pour soumettre la Guyenne, où, faute d'une marine, il était impuissant, l'année suivante, à empêcher le débarquement de Talbot; on voit de quelle importance eût été pour le roi la possession de Gênes et surtout la disposition de sa flotte. Aussi Charles VII n'hésitait-il pas à accepter, dès 1444, les propositions des Campofregosi qui offraient de lui livrer Gênes, et s'empressait-il d'augmenter le nombre de ses partisans dans cette ville, en accordant des lettres d'abolition générale à tous les Génois qui reconnaîtraient son autorité. Grâce aux troupes françaises qui se joignirent à lui, Janus de Campofregoso parvint à chasser les Adorni en 1446; mais une fois maître de la ville, il en expulsa le bâtard de Poitiers,

(1) Rinaldi, *Annales ecclesiastici*, VIII, p. 439.

commandant des troupes françaises, et ne voulut point accepter les réclamations des ambassadeurs français auxquels il avait promis de livrer Gênes. Pendant deux ans, Jacques Cœur, chef de cette ambassade, négocia vainement avec lui; il fallait recourir à la force comme le conseillait l'argentier (1). Le roi y était résolu et il en avertit même officiellement la seigneurie de Florence en 1447 (2). Quant au consentement du duc de Milan, qui pouvait avoir encore des prétentions sur la ville dont il avait été le possesseur pendant plus de vingt ans, Philippe-Marie Visconti, pressé par ses ennemis, avait trop grand intérêt à se concilier la bonne volonté de Charles VII pour être en situation de ne pas le donner. Déjà, en février 1445, le duc, jaloux de se ménager des intelligences en France, avait fait offrir son appui au dauphin, et à Charles d'Orléans, libre depuis cinq ans, la restitution d'Asti (3), qu'il avait obstinément refusée lorsque le bâtard d'Orléans était venu la réclamer au nom de son frère en 1442 (4). Mais le duc d'Orléans, afin d'intimider le détenteur d'Asti, avait, provisoirement sans doute, cédé ses droits au roi de France; car c'est à Charles VII que le dernier Visconti offrit dorénavant Asti, et c'est au nom du roi que la ville fut plus tard occupée. Après la défaite de Casal Maggiore, où les troupes de Venise avaient battu celles de Milan, Philippe-Marie se tourna de nouveau vers la France; le roi paraissait en bons termes avec les Vénitiens, il importait de mettre fin à cette dangereuse intimité : Thomas de Bologne fut chargé d'annoncer à Charles VII et au dauphin que le duc était prêt à céder à la France Asti et son territoire, en échange d'un concours armé. Les négociations traînèrent, parce que le roi, qui voyait là une occasion de rétablir la domination française, ne voulait accorder ce concours qu'à des conditions beaucoup plus onéreuses : il exigeait que le duc l'aidât à conquérir Gênes et la Ligurie et lui abandonnât non seulement Asti, mais encore toutes les places génoises que les Milanais occupaient encore, à l'exception de Novi (5). Asti fut bien remise, le 4 mai 1447, au bailli de Sens, Renaud de Dresnay, représentant du

---

(1) Vallet de Viriville, *Histoire de Charles VII*, III, p. 128-129.
(2) Desjardins, I, p. 59.
(3) Buser, *Die Beziehungen der Mediceer zu Frankreich*, p. 15.
(4) *Chronicon Astense*, dans Muratori, *Scriptores*, XI, 277 CD.
(5) Projet de traité du 20 décembre 1446 publié par Osio (*Documenti diplomatici tratti dagli archivj milanesi*, III, n° 373). Bien qu'intitulé *Alleanza* dans ce recueil, la teneur de ce document prouve surabondamment qu'il ne s'agit que d'un projet. Voyez notamment le treizième article.

roi et du dauphin ; néanmoins les négociations avec la France étaient

Philippe-Marie Visconti. Recueil Vallardi, fol. 89, n° 2484.

encore pendantes (1). Le duc de Milan ne se décida que le 28 juin à sanctionner le traité projeté six mois plus tôt ; il supplia que le secours

(1) Faucon, p. 68.

du roi ne se fit pas attendre (1); mais, de toute façon, il était trop tard. Le 13 août 1447, le dernier des Visconti mourait à Milan, dans le château de Porta Giovia.

De son côté, l'héritier du trône de France n'était pas resté inactif; des négociations, auxquelles Guillaume Bolomier, chancelier de Savoie, eut une grande part, aboutirent à un traité conclu en 1446 entre le dauphin et le duc Louis de Savoie, qui devait un jour devenir son beau-père. Il y était stipulé que le dauphin aurait le libre passage à travers le Piémont pour aller reconquérir, avec l'appui du duc, Gênes et la Ligurie, et même s'emparer de Lucques; ces pays devaient être réunis au domaine de la couronne de France. De plus, les deux alliés se partageaient le Milanais en laissant une petite part au marquis de Montferrat, sur l'aide de qui ils comptaient. C'était de la part du dauphin faire assez bon marché des prétentions de son cousin Charles d'Orléans sur le duché de Milan, dont la succession devait se trouver vacante à la mort de Philippe-Marie Visconti, qui n'avait pas d'héritiers légitimes. Le traité ne fut sans doute jamais ratifié par Charles VII; en tout cas il resta sans effet. D'ailleurs plusieurs événements survenus la même année ont pu en entraver l'exécution : c'est d'abord le procès et la mort de Guillaume Bolomier qui paraissent, d'après quelques paroles échappées plus tard à Louis XI, avoir été le principal motif d'empêchement; puis la rupture entre le dauphin et son père, rupture suivie de la retraite de Louis en Dauphiné (2); enfin les pourparlers engagés entre Charles VII et le duc de Milan, dont il a été question tout à l'heure. Peut-être le dauphin chercha-t-il un autre moyen de se rendre maître du Milanais. Au commencement de l'année suivante, on parlait assez haut à Florence d'une convention secrète qu'il aurait conclue avec Philippe-Marie Visconti, moyennant laquelle celui-ci l'aurait appelé à la succession de son duché en lui cédant dès à présent Asti, Novi, Gavi et les châteaux que les Milanais occupaient encore en Ligurie, et en l'aidant à reprendre Gênes, à condition que Louis viendrait le défendre contre tous, sauf contre Florence et contre François Sforza (3). Mais il est possible que ce bruit ne fût qu'un écho

---

(1) Buser, p. 15-16.
(2) Mandrot, *Un projet de partage du Milanais en 1446*, dans la *Bibliothèque de l'École des Chartes*, 1883, p. 179 à 191.
(3) Desjardins, p. 60.

dénaturé et exagéré du projet de traité du 20 décembre 1446, qui devait être accepté un peu plus tard. D'ailleurs, quand l'héritage de Milan devint vacant, le dauphin ne se mit point ostensiblement sur les rangs ; il se contenta d'offrir ses services à la république milanaise qui se constitua lors de la mort du duc.

De tous les candidats à la succession des Visconti, le plus redoutable était François Sforza, non pas que ses droits fussent les mieux fondés, car il n'était que l'époux de Blanche, fille naturelle du dernier duc. Il est vrai que dans plus d'une seigneurie italienne, à Ferrare par exemple, les bâtards avaient été appelés à recueillir l'héritage paternel de préférence à la lignée légitime (1) ; mais ses chances de succès, Sforza les devait à ce qu'il était arrivé à s'assurer plus qu'aucun autre tous les avantages que pouvait réaliser la classe privilégiée des condottieri. Les condottieri, en effet, recevaient de ceux qui les employaient non seulement de l'argent, mais des terres ; comme leur profession leur créait une sorte de droit à l'infidélité et qu'ils parvenaient ainsi à posséder des seigneuries dans des régions très diverses, ils se trouvaient avoir des points d'appui de tous côtés. Traînant derrière eux leurs soldats, ils constituaient au milieu des gouvernements réguliers immobilisés dans leurs possessions, des puissances ambulantes pour ainsi dire, dont les puissances stables se disputaient la coopération, et qu'elles avaient toujours intérêt à ménager, même lorsqu'elles n'avaient pas pu réussir à se les allier. Sforza, par ses talents, ses possessions, son autorité, occupait incontestablement le premier rang parmi les condottieri. Si l'on considère qu'il joignait à ces avantages ceux qui résultent d'une conscience étrangère à tout scrupule servie par un réel génie politique, on devine qu'il devait arriver à triompher des compétitions et des difficultés pouvant faire obstacle à son ambition.

Les concurrents de François Sforza étaient nombreux : c'était d'abord le duc d'Orléans qui, en ligne légitime, se trouvait être le parent le plus rapproché du défunt. Charles VII eut-il quelque velléité de soutenir les prétentions de son cousin ? Les renseignements qui nous sont parvenus sont malheureusement trop incomplets pour que l'on puisse, quant à présent, trancher la question d'une manière définitive. Ce qu'il y a de certain, c'est que Renaud de Dresnay, qui gouvernait Asti non pas au nom du duc, mais en qualité de lieutenant général du roi, se hâta d'entrer en campagne contre les Milanais ; mais Barthélemy Colleone le battit et le fit prisonnier devant

(1) Sismondi, VI, p. 150.

Bosco Marengo (1). Quelques jours plus tard, les habitants d'Asti rentrèrent sous la domination directe de Charles d'Orléans, qui fit son entrée dans la ville le 26 octobre 1447. Après avoir vainement négocié avec les Milanais, le duc remit, au bout de neuf mois, le gouvernement d'Asti à Renaud de Dresnay, dont la captivité était terminée, et partit pour aller demander l'appui du roi de France. La réponse de Charles VII fut, au dire du duc, favorable (2), mais elle resta sans effet; le secours du duc de Bretagne et d'autres seigneurs paraissait également certain; en somme, le duc de Bourgogne fournit seul des hommes et de l'argent qui permirent à une expédition mal connue, mais certainement infructueuse, d'avoir lieu en 1449 (3). Quant aux partisans du duc en Italie, ils n'étaient pas bien redoutables. Seuls les Vénitiens se déclarèrent pour Charles d'Orléans; mais c'était là une conséquence de la lutte qu'ils soutenaient contre les Milanais et de la crainte qu'ils avaient de voir le roi de Naples devenir leur voisin en héritant de la Lombardie; les Florentins restèrent sourds aux demandes d'appui que le duc de Bourgogne leur adressa pour son cousin (4). Le dauphin Louis, que l'on disait avoir déjà passé les Alpes vers le moment de la mort de Philippe-Marie, pouvait bien venir en aide au duc d'Orléans; toutefois c'était peu de chose que l'aide personnelle du dauphin, si elle n'était pas doublée de l'aide matérielle de son père. D'ailleurs celui qui devait être un jour Louis XI avait, on se le rappelle, déjà projeté avec le duc de Savoie un partage de la Lombardie; de plus il s'était offert avec tant d'empressement à la nouvelle république milanaise pour l'aider à défendre sa liberté reconquise, qu'on aurait pu à bon droit soupçonner chez lui quelques arrière-pensées d'ambition personnelle peu conciliables avec le succès des prétentions du duc d'Orléans.

Alfonse d'Aragon avait pour lui un codicille rédigé par Philippe-Marie dans les derniers moments de sa vie (5); il avait surtout ses capacités militaires et politiques. Mais, outre que la majorité des Milanais n'était pas disposée à accepter sa domination, l'éloignement de son royaume et la guerre entreprise par lui contre Florence rendirent inutiles les démarches

---

(1) 17 octobre 1447.
(2) « De *ipsius* auxilio nobis exhibendo certi sumus, » écrivait Charles d'Orléans le 14 novembre 1448. (Faucon, p. 71.)
(3) Faucon, p. 67-68.
(4) Desjardins, p. 61-62.
(5) Candido Decembrio, dans Muratori, *Scriptores*, XX, 1020.

que le roi de Naples avait commencées pour s'assurer la possession du duché de Milan. Il est à remarquer cependant que le véritable suzerain du duché semblait considérer Alfonse comme le plus sérieux des prétendants : l'Empire réclamait Milan comme l'un de ses fiefs vacant par l'extinction de la branche mâle des Visconti, et plusieurs ambassades allemandes furent envoyées en Lombardie pour y porter ses réclamations. Le duc Sigismond d'Autriche et son cousin le duc Albert entrèrent à ce sujet en relations avec Alfonse, mais une forte armée eût seule pu faire triompher les revendications impériales (1).

Il faut encore citer, à côté des prétendants, les voisins, tels que le duc de Savoie, le marquis de Montferrat, Lionel, marquis d'Este, qui, sans autres droits que ceux que leur cupidité ou le désir de reconquérir d'anciennes possessions leur faisait inventer, espéraient s'agrandir aux dépens de la Lombardie.

Ce fut le peuple de Milan qui l'emporta d'abord, ; il rétablit la république, en dépit de quelques partisans d'Alfonse introduits dans la citadelle et le château de Porta Giovia. Mais, exposée aux mêmes dangers que sous le feu duc, — car la guerre avec les Vénitiens était toujours ouverte, — affaiblie par la séparation de plusieurs villes du duché qui, elles aussi, se déclarèrent indépendantes, la république Ambrosienne avait besoin des armes de François Sforza; elle lui offrit de maintenir le traité qui venait de le lier à Philippe-Marie Visconti. Sforza accepta, et il entama contre les Vénitiens une guerre où il allait trouver l'occasion de servir ses propres desseins. Au bout d'un an, Venise, profondément abaissée à la suite de la défaite de Caravaggio, demanda la paix. Milan ne la désirait pas moins, mais Sforza n'en voulait point : il lui fallait la guerre pour rendre profitable la trahison qu'il méditait. Un mois après sa victoire, il passait au service des vaincus, qui lui promettaient le duché de Milan comme ils l'avaient jadis offert, en 1430 et en 1431, à Carmagnola, lorsqu'ils avaient eu besoin de ses services contre Philippe-Marie Visconti (2). Malgré une défaite qu'il essuya devant Monza, malgré le secours qu'une armée envoyée par le duc de Savoie vint apporter aux Milanais, Sforza conquit presque toute la Lombardie. Il allait marcher sur Milan lorsque les Vénitiens, effrayés du redoutable voisinage que leur promettait ce trop puissant allié, si de nou-

(1) Buser, p. 27-29.
(2) Romanin, *Storia documentata di Venezia*, IV, p. 139-147.

veaux succès venaient les forcer à s'acquitter de leurs engagements envers lui, se hâtèrent de conclure à son insu un armistice qui devint bientôt une paix durable. Le comte François Sforza était maintenant de force à continuer la guerre pour son propre compte; il n'accepta pas le traité en ce qui le concernait et resta devant Milan. Bientôt le peuple, pressé par la famine, renversait le gouvernement qu'il s'était donné et se livrait à Sforza qu'il saluait du titre de duc.

Si le petit-fils du laboureur de Cotignola était parvenu à s'asseoir sur le trône ducal de Milan, c'était sans doute à ses talents diplomatiques et militaires qu'il le devait; c'était aussi à l'amitié de Côme de Médicis. Le premier homme d'état de son temps savait que rien ne pourrait résister à son union avec le plus grand homme de guerre de la péninsule, après que celui-ci serait devenu le chef de la première puissance militaire italienne, car cet homme de guerre était en outre doué d'une intelligence politique digne de comprendre la sienne. La conformité de leurs intérêts avait assuré leur concours réciproque; c'était Côme qui avait eu l'idée de rapprocher Sforza des Vénitiens; c'était lui qui avait servi d'intermédiaire lorsque Venise avait proposé au grand condottiere de passer à son service, lui permettant ainsi de déclarer et de faire aboutir ses prétentions sur le duché de Milan. Cette proposition, les deux amis l'avaient acceptée avec empressement parce qu'elle leur procurait les moyens de se passer de l'intervention française qui avait été le principal élément de leurs combinaisons antérieures. C'était sans doute chose facile que de faire intervenir les Français dans le nord comme dans le midi de l'Italie : les prétendants de notre nation ne manquaient pas. Au nord, c'était le roi qui revendiquait sur Gênes les droits qu'il tenait de son père; c'était le duc d'Orléans qui, déjà maître d'Asti, réclamait le duché de Milan. Au sud, c'était René qui n'attendait que l'occasion de rendre encore une fois effectif le titre nu de roi de Sicile qu'il continuait à porter. Enfin, c'était le dauphin qui, n'ayant droit à rien, aspirait à tout. D'ailleurs, sauf pendant de courtes périodes de refroidissement, comme celles qu'avaient amenées les représailles du duc d'Athènes, autorisées par Philippe VI, et les affaires de Pise sous Charles VI, les rapports de la France et de Florence avaient toujours été excellents. C'était même à Florence qu'on avait eu, sous Charles VI, l'idée d'inviter pour la première fois la France à s'agrandir aux dépens de l'Italie; mais, à Florence comme à Milan, on n'ignorait pas les dangers que présenterait l'union avec un aussi puissant allié que le roi de France et l'on n'y voulait recourir qu'en cas d'absolue nécessité.

Les événements qui suivirent la mort de Philippe-Marie Visconti avaient contraint les Florentins et Sforza à chercher un appui au delà des Alpes. Il est donc nécessaire que nous fassions un retour en arrière pour expliquer les intrigues embrouillées qui avaient mis Sforza en possession de Milan et donné à la France une influence considérable en Italie.

Lorsque Sforza, forcé de dissimuler pour un temps ses aspirations, dut accepter de servir la république Ambrosienne, Florence, attaquée par Alfonse d'Aragon, et privée par la guerre que le comte François soutenait contre Venise, du secours qu'elle aurait pu demander au condottiere, Florence pensa tout naturellement à se servir de l'épouvantail français. Pendant que de son côté Sforza, craignant de voir se conclure entre Venise et Milan un accord qui eût ruiné ses espérances, recherchait, d'après le conseil de sa femme, l'appui du roi de France et du dauphin, la seigneurie expédiait à René d'Anjou Antoine de' Pazzi, pour le presser de passer en Italie. Mais tandis que Côme travaillait à obtenir de Venise qu'elle contribuât aux dépenses de l'expédition de René, Venise était déjà engagée avec Alfonse dans des négociations pacifiques auxquelles, malgré la volonté contraire de Côme, s'associaient les Florentins, peu disposés à supporter seuls les frais de l'entreprise angevine. René se montra mécontent de ces procédés, qui ne s'accordaient guère avec les expressions de dévouement sans bornes que contenaient les lettres de la seigneurie; l'affaire en resta là pour cette fois.

Une autre combinaison n'aboutit pas mieux : Côme avait essayé de conclure avec Alfonse une paix dans laquelle Milan, ou plutôt Sforza, serait compris. Le roi d'Aragon, poussé par les Vénitiens, répondit en refusant tout accommodement avec le comte François, mais en proposant aux Florentins de former une ligue avec Naples et Venise. Après avoir pensé à constituer une contre-ligue dans laquelle entreraient Florence, Milan et Sforza, et que favoriserait la France, Côme offrit au comte François, afin de le mettre à l'abri du côté d'Alfonse, ses bons offices auprès des Vénitiens pour les sonder au sujet de la conclusion d'une paix avec Milan. Le comte, qui avait appris que le gouvernement de Venise était prêt à soutenir le duc d'Orléans, se hâta d'accepter; les négociations nécessaires furent entamées, mais le peu de confiance que manifestaient les Vénitiens envers Sforza en retarda les progrès. Cependant Côme poursuivait ses efforts; son but n'était pas seulement de rapprocher Sforza de Venise, mais aussi de rendre impossible toute alliance entre Venise et Alfonse. Pour y arriver il suggéra de nouveau d'appeler le roi René et de susciter un soulèvement des barons napolitains; toutefois le plus sûr moyen fut proposé par la seigneurie vénitienne elle-même qui se déclara prête à s'allier avec le général des Milanais, mais contre Milan. Ce fut Côme qui transmit à Sforza les honnêtes propositions de la seigneurie et qui lui fit connaître les conditions du marché : Venise mettait ses troupes à la disposition du condottiere pour conquérir le duché de Milan, à la condition que, cette conquête une fois faite, le nouveau duc abandonnerait en retour à ses alliés Crémone et son territoire. Quelques dates sont ici nécessaires pour jeter un peu de lumière sur les procédés diplomatiques usités alors en Italie.

Le 20 août 1448, les Vénitiens donnaient à leurs envoyés pleins pouvoirs pour conclure; le 5 septembre, le conseil des Dix, par dix voix contre quatre voix perdues, et sans qu'il y eût une seule voix opposante, acceptait la proposition de faire assassiner Sforza et recommandait la prompte exécution de sa délibération; le 15 septembre, car la guerre continuait toujours, l'armée vénitienne était battue à Caravaggio; le 25, la seigneurie de Venise pressait Côme d'user de son influence auprès de son ami pour qu'il se hâtât de conclure; le 18 octobre, le traité était signé, et le gendre du dernier Visconti se trouvait libre de déclarer les prétentions qu'il allait soutenir avec les armes de ceux qu'il venait de vaincre et qui, six semaines auparavant, avaient voté sa mort (1).

Si, grâce aux Vénitiens, Côme avait pu faire de Sforza un duc de Milan en se passant de l'intervention française, les deux alliés furent bientôt contraints d'avoir recours à cette intervention pour maintenir les résultats obtenus; car nulle part ils ne pouvaient trouver un appui. Venise craignait fort, nous l'avons déjà dit, la nouvelle puissance de son ancien allié : Sforza n'était pas encore dans Milan que, le 26 novembre 1449, le conseil des Dix avait accepté de nouveau les offres obligeantes d'un ami anonyme qui s'engageait à le débarrasser du comte François; mais cette résolution resta sans effet, comme celle que le conseil avait déjà prise l'année précédente à l'égard du comte. L'ami en question avait sans doute plus de bonne volonté que d'exactitude dans l'exécution de ses engagements; en tout cas, il ne réussit pas, bien que le conseil eût pris la peine, le

---

(1) Buser, p. 35-40.

22 avril 1450, de lui réitérer sa commande et ses promesses. Il fallut chercher d'autres procédés : le 2 juillet 1450, Venise signait avec Alfonse

Côme de Médicis. D'après la fresque de Benozzo Gozzoli, représentant la Tour de Babel, au Campo Santo de Pise.

une paix suivie, le 22 octobre, de la conclusion d'une ligue de dix ans. Comme Florence avait, elle aussi, fait la paix avec le roi de Naples, celui-ci, à l'instigation des Vénitiens qui lui avaient recommandé de négocier avec la seigneurie de Florence et non point avec Côme, essayait en vain de détacher les Florentins de l'alliance milanaise.

Venise et Alfonse tentèrent alors d'exciter l'empereur contre le nouveau duc : Frédéric III, fort mécontent de Sforza, qui avait mis la main sur un fief de l'Empire, le somma de remettre Milan sous la domination impériale. Mais le comte François entreprit de détourner la colère de l'empereur; il lui envoya une ambassade, fit habilement parler des prétentions du duc d'Orléans et de la France, donna à entendre que le déplaisir de l'empereur pourrait bien le jeter dans l'alliance française et hasarda quelques promesses d'argent. Il fut question, en avril 1451, d'une investiture qui resta à l'état de projet, mais, en somme, tout manquait à Sforza et à Côme. L'empereur, qui n'avait d'ailleurs ni argent ni armée, était plutôt favorable à leurs ennemis; Venise et le roi de Naples se montraient de plus en plus hostiles; le pape ne semblait pas disposé à accorder sa médiation; enfin l'argent dont tous deux avaient un si grand besoin et que Florence était seule à fournir, pourrait bien venir à faire défaut, car les Vénitiens menaçaient de ruiner le commerce des Florentins et ne voulaient plus permettre aux concitoyens de Côme de séjourner dans leurs possessions. Il ne restait plus qu'une ressource : recourir à la grande puissance qui venait de reprendre le premier rang dans l'Europe occidentale, à la France. C'était elle que le roi de Naples redoutait le plus, car elle pouvait à tout moment susciter contre lui les Angevins; c'était la crainte qu'elle lui inspirait qui lui avait naguères dicté les traités de février 1448 et du 25 mars 1449 avec la Savoie et les Milanais (1). Bien que Charles VII se fût d'abord abstenu de reconnaître le nouveau duc de Milan, Côme n'hésita plus : il écrivit le 3 août 1451 à François Sforza : « De la part du roi Alfonse, on ne peut, à ce qu'il me semble, espérer aucune bienveillance, car ses paroles montrent trop de haine envers Votre Altesse. Son pouvoir et celui des Vénitiens, du moment que le pape ne leur accorde que trop sa protection, sont considérables. Il me semble donc utile que nous cherchions à nouer des intelligences avec le roi de France et à former une ligue avec lui, ce qui sera grandement honorable et profitable à Votre Altesse. Je crois, si Votre Altesse partage mon avis, qu'il est utile de poursuivre ce but secrètement et d'en venir à une solution avant que l'on en sache rien (2). »

(1) Cipolla, *Storia delle signorie Italiane*, p. 436. — Buser, p. 365-366.
(2) Buser, p. 50.

Côme ne perdit pas de temps : dès le mois suivant (10 septembre 1451), la seigneurie donnait ses instructions à Agnolo Acciajuoli, ami de Côme de Médicis, dont il avait jadis partagé l'exil. Agnolo devait, avant de passer en France, se rendre auprès du duc de Milan et lui soumettre les instructions qu'il avait reçues. Ces instructions, rédigées avec une grande adresse, montrent que les Florentins demandaient beaucoup aux étrangers et ne leur offraient presque rien en échange. Elles débutent par des félicitations à Charles VII au sujet de ses victoires, par les allusions ordinaires à Charlemagne, aux lis de France figurés partout à Florence; puis, viennent des plaintes contre le roi d'Aragon qui persécute la république à cause de l'attachement de celle-ci à la France et à la maison d'Anjou; malgré tout, les Florentins ont refusé toutes ses offres d'alliance, pour ne pas s'unir au rival des Angevins. Quant aux Vénitiens, ils se sont alliés au roi Alfonse dans l'espoir de s'emparer de la Lombardie; ils ont chassé les citoyens florentins de leurs possessions et demandé au roi d'Aragon, au duc de Savoie, au marquis de Montferrat et même à l'empereur de Constantinople d'en faire autant. On recommande ensuite à Acciajuoli d'agir en sorte que ce soit le roi de France qui ait l'air de faire les premières offres. « Et si le roi vous demandait : « Quel serait votre désir ? » Vous répondrez que nous nous confions à la sagesse royale; que nous ne lui demandons pas alliance ou ligue, parce qu'une semblable demande ne nous paraîtrait pas convenable adressée à un aussi grand prince; mais que nous savons bien que sa seule autorité royale nous peut défendre contre quiconque voudrait nous attaquer, de façon que nous laissons à sa divine (sic) prudence le soin de choisir le moyen de pourvoir à notre salut, soit par un accord, soit par telle espèce d'union, de traité ou de ligue qu'il paraîtra bon à Son Altesse... (1). » Pour obtenir cette ligue, — car, malgré toutes les réticences, c'était bien une ligue qu'ils demandaient, — les Florentins, nous le répétons, n'offraient rien. Si le roi parlait d'envoyer le roi René ou d'autres princes de sa maison et s'il voulait savoir quel secours il pourrait attendre de Florence, s'il parlait même d'un nombre de gens d'armes que la seigneurie devrait lui fournir en ce cas, « nous voulons que vous lui répondiez qu'à votre départ, on ne s'imaginait pas que Sa Majesté eût de tels desseins, surtout occupée comme elle l'est à de si grandes et de si glorieuses entre-

---

(1) Desjardins, p. 67.

prises, et que, par ces raisons, vous n'avez pas commission sur ce point (1) ». Néanmoins, dans un post-scriptum qui devait rester secret, il était recommandé à Acciajuoli de s'entendre avec le duc de Milan sur le contingent d'hommes d'armes que le duc et la seigneurie fourniraient au roi, au cas où celui-ci insisterait. L'ambassadeur devait dire au duc que la seigneurie « n'y avait point encore pensé », que le peuple était épuisé par les guerres passées et les difficultés présentes, et que cette entreprise du royaume de Naples n'intéressait après tout que la France et le duc de Milan, et nullement Florence : « En conséquence, lui disait-on, s'il n'y a pas moyen de faire autrement, tâchez que nous n'ayons à fournir que le moins d'hommes possible et en tout cas pas plus de trois mille chevaux, mais que le duc en fournisse un bien plus grand nombre. » Par contre, Agnolo pouvait se répandre en protestations générales, assurer Charles VII qu'il pouvait disposer « des âmes, des corps et des biens de tout notre peuple (2) ». Il devait prier le roi d'empêcher le duc de Savoie, le marquis de Montferrat ou tout autre seigneur, d'inquiéter le duc de Milan; il ne serait pas inutile de faire chasser de France les marchands vénitiens non plus que d'amener Charles VII à molester le roi d'Aragon en Navarre *o in altre più commode parti*, c'est-à-dire évidemment en un pays autre que l'Italie (3).

Ainsi, trois mille chevaux et des protestations aussi vagues qu'obséquieuses, voilà tout ce que les Florentins offraient au roi qui aurait renversé du trône de Naples le plus cruel ennemi de Florence, non pas pour réunir ses domaines à ceux de la couronne de France, mais pour y rétablir un prince ami de Florence. Prêtaient-ils au moins ce faible secours au souverain français pour faire la seule conquête à laquelle il aspirât, celle de Gênes? Non; au moment même où les négociations avec la France étaient engagées, le 4 novembre 1451, Florence et François Sforza concluaient avec Gênes une ligue offensive et défensive pour maintenir la paix en Italie et *s'opposer aux entreprises du roi de France*, du dauphin, du duc de Savoie et des Vénitiens (4)! C'était duper ou les Génois ou Charles VII.

Le roi René, à qui les ouvertures d'Acciajuoli rendirent de nouvelles espérances, accueillit volontiers l'ambassadeur florentin et le fit accom-

(1) Desjardins, p. 72.
(2) *Ibidem*, p. 68.
(3) *Ibidem*, p. 62-72.
(4) Charavay, *Archives des missions scientifiques*, III⁰ série, t. 7, p. 439.

pagner auprès du roi de France par Jean Cossa, l'un des Napolitains qui avaient suivi le prince angevin après la chute de Naples. On pouvait craindre que Charles VII ne fût indisposé par la conclusion du traité avec les Génois; tout le monde en parlait à la cour où l'on semblait avoir cette affaire fort à cœur. Au cas où le roi aurait abordé ce sujet, Acciajuoli comptait lui proposer de faire entrer Gênes dans la ligue qu'il allait conclure avec Florence et Milan, en obtenant des Génois qu'ils lui rendissent les honneurs qu'en bon droit ils devaient à leur suzerain. En cas de refus de la part des Génois, on aurait chargé Sforza de les y contraindre par la force et de gouverner Gênes au nom du roi de France; c'eût été, moyennant une suzeraineté purement nominale, mettre Gênes sous la domination réelle du duc de Milan. Charles VII s'en rendait compte sans doute; aussi évita-t-il de rien dire qui eût rapport à Gênes lorsqu'il se déclara prêt à accepter la ligue. Il rejeta seulement, avec le mépris qu'elle méritait, la suggestion d'expulser du royaume les marchands vénitiens, disant que ce serait là une action honteuse qui entacherait son honneur (*una viltà tale che la non passerebbe con suo honore*). Quant aux hostilités à ouvrir en Catalogne contre le roi d'Aragon, il ne voulut s'engager à rien avant de voir la tournure que prendrait sa guerre contre les Anglais. En donnant ces nouvelles au duc de Milan, Acciajuoli l'assurait qu'il n'y avait rien à craindre de la part du duc d'Orléans, « lequel est un bon seigneur, » mais que, seul, le bâtard d'Orléans cherchait à renouveler les difficultés. D'ailleurs le roi paraissait disposé à arranger les choses de telle façon que les prétentions orléanistes ne seraient plus à redouter et que le dauphin, le duc de Savoie et le marquis de Montferrat seraient bien forcés de respecter l'allié de Charles VII (1). Le 21 février 1452, la ligue fut officiellement signée aux Montils-lez-Tours : Charles VII s'engageait à envoyer aux Florentins ou au duc de Milan un secours commandé par un prince de son sang ou par un autre capitaine important, s'il en était requis avant la Saint-Jean 1453, pourvu qu'il n'eût à combattre ni le pape ni l'empereur; il exprimait en outre l'espoir que les difficultés « qui touchaient les princes de son sang et d'autres en Italie » seraient accommodées d'ici là (2).

(1) Lettre du cardinal d'Angers à Sforza, 1er décembre 1451. (Bibl. nat. Ms. italien 1585, fol. 229.) — Deux lettres d'Acciajuoli à Sforza, datées de Tours, 21 décembre 1451. (*Ibid.*, fol. 232, 236.)

(2) Desjardins, p. 72.

Pendant ce temps, Alfonse et les Vénitiens cherchaient à profiter du voyage de l'empereur Frédéric III, qui venait se faire sacrer à Rome, pour l'entraîner dans leur parti et mettre à profit les excitations qu'ils lui avaient déjà adressées; mais l'appui que Frédéric pouvait leur prêter était bien peu de chose. Le pape Nicolas V était aussi l'objet de leurs sollicitations. En face de l'alliance de Florence et de Milan avec Charles VII, Venise et Naples pensaient à constituer une contre-ligue de tous les ennemis du roi de France réunis sous le protectorat du dauphin, et à s'assurer l'utile concours des Suisses. En outre, il va sans dire que, malgré les nombreux insuccès qui auraient dû la dégoûter de ces procédés, la seigneurie vénitienne ne négligeait pas de s'occuper encore, le 26 août et le 2 décembre 1450, le 16 juin et le 4 août 1451, des moyens de se défaire de Sforza par un empoisonnement ou par un meurtre (1). Mais Côme et Sforza se sentaient assez forts, grâce à l'alliance française, pour attacher peu d'importance à la perte de l'amitié impériale. D'ailleurs Frédéric III quitta l'Italie sans avoir réalisé aucune des espérances des Vénitiens et d'Alfonse, qui déclarèrent immédiatement la guerre les uns au duc de Milan, l'autre aux Florentins. L'appui du roi de France ne tarda pas à se faire sentir à ses alliés. En même temps que Charles VII donnait l'ordre au bailli de Sens, Renaud de Dresnay, qui gouvernait toujours Asti, de venir en aide à Sforza attaqué à la fois par les Vénitiens et par le duc de Savoie, il s'engageait à envoyer de France un secours important (2). Quelques semaines plus tard, le 31 août 1452, il annonçait à Sforza qu'il avait empêché l'alliance que ses ennemis cherchaient à contracter avec les Suisses; sur sa demande, ceux-ci s'étaient au contraire déclarés prêts à servir les Milanais et les Florentins. Quant au duc de Savoie, Charles avait des griefs personnels contre ce prince, qui était de moitié dans toutes les intrigues du dauphin, et qui, depuis l'année précédente, avait, contre le gré du roi, marié sa fille à l'héritier du trône. Les forces françaises réunies sur le Rhône et que le roi allait appuyer en se rendant lui-même en Forez (3), devaient suffire à mettre Louis de Savoie hors d'état de nuire; mais cette démonstration n'eut pas son plein effet. L'en-

---

(1) Buser, p. 58.
(2) Lettre du 17 juillet 1452, publiée avec des omissions par Desjardins, p. 73, complétée par Charavay, *Archives des missions*, IIIe série, tome 7, p. 469.
(3) Desjardins, p. 75-76.

trée des Anglais à Bordeaux contraignit le roi de conclure à la hâte un compromis qui eut au moins pour résultat de détacher le duc de Savoie des ennemis de Sforza (1). On voit que le duc de Milan était en droit de se féliciter lorsqu'il écrivait à sa femme : « Comme cet état lombard ne peut pas subsister sans l'appui de l'Empire ou de la couronne de France, nous avons résolu de mettre notre confiance en cette couronne de France (2). »

Mais François Sforza ne pouvait pas pressentir quelle influence sur les destinées ultérieures de l'Italie aurait un jour la ligue qu'il venait de conclure; tous les événements politiques qui se succédèrent en Italie pendant la seconde moitié du quinzième siècle ne furent, on peut le dire, que les résultats de l'alliance de la France avec Florence et Milan : alliance qui mit sans doute en péril l'indépendance des états italiens, mais qui permit aux maisons Sforza et de Médicis d'arriver, en dépit des Vénitiens, du pape et du roi de Naples, au plus haut degré de splendeur et de puissance ; alliance si nécessaire à ces maisons que, pour l'avoir rompue, l'arrière-petit-fils de Côme fut chassé de Florence et le fils de Sforza mourut prisonnier dans le donjon de Loches. Quant aux rois de France, ils allaient prendre en Italie la place qu'avaient si longtemps tenue les empereurs. Sous le règne de Louis XI, on verra la cour de France devenir comme le lieu de congrès des puissances italiennes et le roi jouer le rôle de médiateur de la péninsule. Dès l'année où fut conclu le traité de Montils-lez-Tours, dès le mois de septembre 1452, pendant que les Florentins expédient une seconde fois Acciajuoli à Charles VII pour le presser de tenter en personne l'entreprise de Naples ou d'en confier le commandement au roi René, voici déjà que les Vénitiens demandent à leur allié Alfonse s'il ne serait pas utile d'envoyer aussi une ambassade en France. « On allait recommencer vis-à-vis de la France la comédie que les états italiens avaient jouée auprès des empereurs; on était prêt à porter plainte les uns contre les autres devant le souverain étranger, à transporter la guerre du champ de bataille à la cour d'un autre pays et à faire du puissant voisin l'arbitre des affaires intérieures de l'Italie (3). »

La perte de Bordeaux, qui ouvrit ses portes aux Anglais, vint exiger l'emploi de toutes les forces de Charles VII et coupa court aux velléités

---

(1) 27 octobre 1452. Vallet de Viriville, *Histoire de Charles VII*, III, p. 226.
(2) Buser, p. 61.
(3) *Ibidem*, p. 62.

d'ambassade que manifestaient les Vénitiens. Cependant malgré ses préoccupations, le roi de France ne cessait de penser à ses alliés italiens et même de travailler pour eux; il ne pouvait leur faire espérer son concours armé avant le printemps suivant, mais il détachait, ainsi qu'on vient de le voir, le duc de Savoie des Vénitiens et s'appliquait à réconcilier le marquis de Montferrat avec Sforza (1). D'ailleurs, bien qu'il ne lui fût pas loisible dans un pareil moment d'intervenir personnellement en Italie, il pouvait toujours, comme le lui demandaient les Florentins, envoyer René d'Anjou. C'est approuvé par lui que le roi de Sicile conclut, le 11 avril 1453, avec Acciajuoli, un traité par lequel il s'engageait à venir en Italie, avant le 15 juin de la même année, suivi de 2.400 chevaux, « au service de la commune de Florence et au secours du duc de Milan, » pour faire la guerre à ses ennemis et à ceux de ses confédérés, excepté le pape et le roi de France, dans la région qui, de l'avis de deux des trois alliés, serait le plus favorable; en retour la république lui donnait un subside et le commandement de toutes ses troupes (2). Charles VII pensait faire seconder son beau-frère par le dauphin et ses troupes, ce qui avait le double avantage de ne rien distraire des forces nécessaires à la guerre contre les Anglais et d'utiliser des soldats qui auraient fort bien pu être employés à combattre le père de leur chef. Enfin, le roi de France qui n'avait guère, on s'en souvient, d'autre but en Italie que la conquête de Gênes, exigeait qu'avant tout René et Louis s'occupassent de reprendre cette ville où le dauphin était appelé par les bannis (3).

Le duc de Savoie et la république de Gênes qui, en présence de la ligue des Florentins et de Sforza, s'étaient rapprochés d'Alfonse, créèrent à René des difficultés telles qu'il dut renoncer à franchir les Alpes, au pied desquelles il se trouvait dès les premiers jours de juillet. Force lui fut de prendre la mer : au commencement d'août, il était à Vintimille et les Génois effrayés lui accordaient le passage. Pendant ce temps, le dauphin était arrivé à Asti, d'où il avait écrit à son oncle pour s'entendre avec lui au sujet de l'occupation de Gênes. Mais Sforza avait trop grand'peur de devenir le voisin des Français; Côme ne s'en souciait guère non plus; tous deux avaient, le lecteur ne l'a pas oublié, conclu avec Gênes une ligue pour s'opposer aux entreprises du roi de France et du dauphin, au

---

(1) Desjardins, p. 76-77.
(2) Lecoy de la Marche, *Le roi René*, II, pièces justificatives, n° 28, p. 265.
(3) Lecoy de la Marche, I, p. 273-274. — Desjardins, p. 77.

moment même où ils en négociaient une autre avec la France. On parvint à persuader au bon roi René que rien ne serait plus dangereux pour ses projets que l'occupation de Gênes par le dauphin et que celui-ci agissait d'après le conseil des ennemis de la maison d'Anjou : le duc de Savoie, le roi d'Aragon, les Vénitiens (1). Bref, René fit dire au dauphin de se retirer. Louis dut rentrer en France; mais il n'était que trop capable de comprendre les finesses de la politique italienne; il n'eut pas de peine à deviner qui avait inspiré René et à savoir où trouver les moyens de se venger. Quelques jours plus tard, il faisait offrir à la seigneurie de Venise de l'aider contre le duc de Milan, allié de son père, allié du reste plus intéressé que dévoué. Le refus que les Vénitiens opposèrent à ces propositions provenait sans doute du peu de confiance que leur inspirait le dauphin, lequel était toujours en rapport avec le confédéré de leurs ennemis, René, et ne cherchait au fond qu'à tirer parti des troubles de l'Italie pour faire quelque conquête qui lui profitât à lui-même (2).

Après avoir réconcilié Sforza et le marquis de Montferrat, René réunit son armée à celle du duc de Milan, et tous deux commencèrent contre les Vénitiens une heureuse campagne qui fit tomber entre leurs mains tout le pays de Brescia. La rigueur de l'hiver vint interrompre le cours de leurs succès, que le roi de Sicile ne devait jamais reprendre.

Il y avait longtemps déjà que des pourparlers en vue de la paix étaient engagés entre Florence, Milan et Venise. Florence, qui soutenait à elle seule tous les frais de la guerre, avait fait de grosses dépenses; Venise qui, par la chute de Constantinople aux mains des Turcs, voyait son domaine oriental en péril, se préoccupait plus de le sauvegarder que de conserver les territoires italiens qu'elle disputait au duc de Milan. La paix était également désirée de part et d'autre, et des ouvertures pacifiques s'échangeaient avant même que René eût mis le pied en Italie; mais, pour traiter aux meilleures conditions possible, le prestige du nom français et la présence de l'armée de René étaient nécessaires aux alliés. Aussi laissèrent-ils le roi de Sicile venir à leur secours. Quant à seconder plus tard ses projets sur Naples, Sforza était bien résolu à n'en rien faire; seulement, comme une semblable rupture de ses engagements aurait été de nature à effrayer René et à l'empê-

---

(1) Lettre de Nicolas Soderini, en date du 22 août 1453, dans Buser, p. 384.
(2) Ét. Charavay, *Lettres de Louis XI*, tome I, pièces justificatives, n° LIX. — Lecoy de la Marche, I, p. 277. — Buser, p. 66, 67, 69.

cher de prêter à ses alliés l'aide qu'ils lui avaient demandée, le duc de Milan n'eut garde de l'en prévenir. Au contraire, le 21 juillet, il l'assurait que son sang et sa vie étaient au service de la cause angevine, bien que la veille il eût envoyé à Venise son consentement aux propositions de paix, en en excluant Alfonse toutefois, « afin que la majesté du roi René ne fût pas empêchée d'aller à Naples et de conquérir son royaume ». Mais les rapides succès de René vinrent créer à Côme et à Sforza de grands embarras. Ces succès rendaient plus proche qu'ils ne le pensaient l'un et l'autre le moment où ils seraient contraints de reconnaître les services de leur allié en l'aidant à leur tour contre le roi Alfonse. Comment éviter de tenir les engagements pris envers lui sans mécontenter Charles VII? D'ailleurs Florence s'était obligée à ne pas faire la paix sans le consentement de la France; il fallait donc persuader à Charles VII qu'il ne s'agissait que d'un arrangement avec les Vénitiens, lui parler du danger que le voisinage des Turcs faisait courir à l'Italie et du désir où était le pape de voir les puissances italiennes s'unir pour les combattre. René s'était d'abord laissé prendre aux belles paroles de ses alliés; il s'était même offert à servir de médiateur entre Sforza et les Vénitiens; mais il se douta bientôt de leur double jeu et s'aperçut que, comme le dit naïvement une chronique napolitaine, Sforza « s'était moqué de lui ». Humilié du rôle qu'on lui avait fait jouer, le prince français résolut de se retirer; néanmoins, malgré la fourberie dont il avait été victime, il tenait, lui, à observer rigoureusement les termes du traité qu'il avait conclu avec Acciajuoli. Il ne partit de Plaisance (1) où il avait pris ses quartiers d'hiver, qu'après s'être fait remplacer par son fils, Jean de Calabre. Au commencement de février 1454, le roi de Sicile était de retour à Aix (2).

Pendant ce temps les Vénitiens voulurent suivre l'exemple que Sforza leur avait donné en appelant René contre eux. Ils avaient eu beau décider une *neuvième* fois l'assassinat du duc de Milan, promettre à celui qui les débarrasserait de leur ennemi cent mille ducats et la noblesse (3), Sforza était toujours en vie. L'intimider parut plus sûr. On avait sans doute eu connaissance, à Venise, du partage de la Lombardie projeté en 1446 entre le dauphin et le duc de Savoie, car la seigneurie, qui n'avait pas

---

(1) 3 janvier 1454.
(2) Buser, p. 66-71. — Lecoy de la Marche, I, p. 286.
(3) 16 septembre 1453. Buser, p. 71 et 386.

oublié les offres que le fils du roi de France lui avait adressées pendant l'été, chargeait, le 11 décembre 1453, son ambassadeur en Savoie, François Venier, de solliciter les bons offices du duc auprès de son gendre. Elle offrait à Louis, outre une somme d'argent, au cas où il passerait dans le Milanais avec huit ou dix mille hommes, la disposition de ce qu'il pourrait conquérir au delà de l'Adda, du Tessin et du Pô, sauf ce qui était déjà promis au duc de Savoie, au marquis de Montferrat et à son frère Guillaume. En outre, la seigneurie trouvait convenable que le dauphin, s'il le jugeait nécessaire, obtînt le consentement de son père. A défaut du dauphin, les mêmes offres devaient être faites au duc d'Orléans. Les négociations à cet effet s'engagèrent avec le dauphin, mais elles furent interrompues par la conclusion de la paix de Lodi (1).

L'année précédente, pendant que René d'Anjou se préparait à passer en Italie, Constantinople tombait aux mains de Mahomet II, le 29 mai 1453. Cet événement prévu depuis plusieurs années, et qui ajoutait peu de chose à la puissance matérielle des Turcs, est loin d'avoir causé en Europe une émotion aussi universelle et aussi violente que nous nous le figurons aujourd'hui. La fin de l'empire grec réduit à sa capitale et à quelques points des côtes de la mer Noire et de l'Archipel, isolé du reste de la chrétienté par suite de l'occupation de Sophia, de Philippopoli, de Thessalonique et d'Andrinople, n'avait guère qu'une importance morale ; ce n'était pas une puissance qui s'écroulait, c'était le dernier souvenir de l'empire romain qui disparaissait, en même temps que le dernier refuge de la tradition littéraire antique. C'est à ce double titre que les humanistes la déplorèrent bruyamment. Las de pleurer sur les ruines de Rome, de comparer la ville des papes à celle d'Auguste, ils mirent à profit la chute de l'empire d'Orient et le sac de Constantinople, où ils trouvaient un thème moins rebattu, mais non moins propice aux développements oratoires, pour faire retentir tout l'Occident de leurs lamentations. D'ailleurs la littérature grecque était alors bien moins répandue, partant bien plus estimée que la littérature latine; au lieu de citer Virgile, comme le faisaient vingt-deux ans plus tôt Antoine Loschi et le Pogge contemplant du haut du Capitole les ruines du forum romain (2), on trouvait

---

(1) Charavay, *Lettres de Louis XI*, tome I, pièces justificatives LX, LXI, LXII. — Buser, p. 71-72.
(2) Voy. l'anecdote rapportée dans les *Historiæ de varietate fortunæ* du Pogge, éd. de 1723, p. 5 et suiv.

l'occasion d'appeler le triomphe de Mahomet II, « la seconde mort d'Homère et de Platon (1). » Pourtant un enthousiasme sincère se cachait parfois sous ces formes ampoulées; le prélat qui employait ces termes galants pour annoncer à Nicolas V les massacres et le pillage que la chute de Byzance avait entraînés, devait être un jour Pie II et mourir au moment où il allait porter lui-même la guerre en Orient. Les exemples d'un dévouement pareil au sien furent rares : pour quiconque se piquait de culture intellectuelle, — et l'on sait combien l'humanisme était alors à la mode, — il fut de bon ton de s'associer aux plaintes des lettrés grecs réfugiés en Occident; mais toute cette agitation, dont le souvenir nous a été conservé par tant d'écrits, fut beaucoup plus littéraire que réelle et ne s'étendit point au delà d'une certaine classe. Même parmi les Grecs de Constantinople, auprès desquels les Italiens, comme François Filelfo, allaient naguères s'initier à la rhétorique et à la théologie, il s'en trouva plus d'un qui se rallia au vainqueur musulman. Tel fut Georges Scholarius qui, bien qu'il eût composé une éloquente lamentation sur la ruine de sa patrie, accepta très volontiers d'être créé patriarche par le sultan, sous le nom de Gennadius. Un autre grec, le moine Critobule, a consacré les cinq livres de ses Histoires à faire l'éloge de Mahomet II (2). Les convictions des humanistes italiens n'étaient généralement pas plus profondes. Filelfo, que nous venons de nommer, après avoir adressé au padischah une ode qui lui valut la mise en liberté gratuite de sa belle-mère, après avoir célébré l'ardeur de Pie II pour la croisade, couvrit d'injures la mémoire du pape qui ne lui avait pas continué sa pension. Sans doute, on ne doit point juger tous les humanistes d'après Filelfo, dont la vie entière n'a été qu'une suite de cyniques bassesses; mais nous ne pouvons nous empêcher de croire que, même de la part des plus sincères, les plaintes inspirées par la chute de Constantinople furent bien souvent un exercice littéraire et un sacrifice à l'engouement des contemporains pour tout ce qui touchait à l'antiquité : engouement qui parvint plus tard à son apogée, lors des ridicules parodies du paganisme auxquelles se livrèrent les académiciens du Quirinal (3). Quant aux sentiments de la majorité des Italiens, ils étaient analogues à

(1) Lettre d'Æneas Sylvius à Nicolas V, citée par Cipolla, p. 522, note 3.
(2) Voy. dans la *Revue historique* un article de M. Henri Vast, *Le Siège et la Prise de Constantinople*, t. XIII, p. 1 à 40.
(3) Voy. Müntz, *La Renaissance*, chap. IV, p. 93.

ceux de Côme de Médicis, qui protégeait magnifiquement les Platoniciens et les lettrés grecs, en même temps qu'il entravait de tout son pouvoir les projets de croisade, qui eussent servi les intérêts des Vénitiens et empêché le libre commerce des Florentins avec les infidèles.

Aux lamentations des humanistes s'ajoutaient les exhortations à la croisade d'un pape sorti de leurs rangs, qui n'oubliait pas dans ses regrets les trésors littéraires de la Grèce conservés à Constantinople, mais qui déplorait sincèrement le triomphe des musulmans. Cependant les Italiens répondirent mal au chaleureux appel de Nicolas V. Les deux puissances les plus intéressées à la guerre contre les Turcs, Gênes et même Venise, qui devait plus tard engager la lutte presque à elle seule, entamèrent alors des négociations avec le sultan pour tâcher d'obtenir de lui la libre circulation de leurs vaisseaux dans l'Archipel et dans la mer Noire (1).

Au delà des monts, la Hongrie, directement menacée, parut seule se préparer à la guerre; en Allemagne, l'empereur Frédéric III cessa de planter des jardins et de prendre des oiseaux au filet (2), et sortit pour un moment de son oisiveté politique. Il écrivit au pape une lettre par laquelle il l'engageait à se mettre à la tête de la résistance à l'invasion turque, et il convoqua en 1454 les diètes de Ratisbonne et de Francfort; mais bien peu de seigneurs se rendirent à son appel. L'autorité du pape et de l'empereur sur les puissances chrétiennes s'évanouissait. « La chrétienté, s'écriait Æneas Sylvius, est un corps sans tête, une république qui n'a ni lois ni magistrats. Le pape et l'empereur ont l'éclat que donnent les grandes dignités; ce sont des fantômes éblouissants, mais ils sont hors d'état de commander, et personne ne veut obéir; chaque pays est gouverné par un souverain particulier et chaque prince a des intérêts séparés. Quelle éloquence faudrait-il pour réunir sous le même drapeau un si grand nombre de puissances qui ne sont point d'accord et qui se détestent? Si l'on pouvait rassembler leurs troupes, qui oserait faire les fonctions de général?... (3) ». Ces fonctions de général, le duc de Bourgogne était prêt à les prendre : toujours jaloux de se mettre en avant, Philippe le Bon avait accueilli avec empressement l'idée de la croisade. En attendant le jour où il commanderait en chef les armées de la chrétienté et où il pourrait peut-être ceindre la cou-

---

(1) Cipolla, p. 521-522.
(2) Gregorovius, *Histoire de Rome*, traduction italienne, VII, p. 159.
(3) Traduit par C. Dareste, *Histoire de France*, III, p. 191, note 1.

ronne de Constantin, le duc voyait dans l'événement qui avait servi de thème aux déclamations des humanistes, un prétexte à des manifestations chevaleresques, à des fêtes somptueuses, comme celles qui accompagnèrent à Lille le célèbre *Vœu du faisan,* à des cérémonies tant soit peu théâtrales, qui lui permettaient de déployer un luxe supérieur à celui de tous les souverains. Toutefois, malgré la richesse et la puissance de Philippe le Bon, malgré ses négociations avec l'Empire, ses projets ne pouvaient aboutir qu'à la condition d'être agréés par Charles VII. La France venait de rentrer en possession de la Guyenne; les Anglais étaient définitivement expulsés; mais le prudent roi Charles ne pouvait voir sans inquiétude une agitation qui devait mettre son plus redoutable vassal en relations avec tous les souverains de l'Europe, faire de lui une sorte de gonfalonier de la chrétienté, en cas de succès un empereur d'Orient ou tout au moins, ce qui eût été encore plus dangereux, un roi de Bourgogne. Il consentit bien à laisser prêcher la croisade et à permettre de lever des décimes sur le clergé de ses états; quant à prendre une part active à la guerre contre les musulmans, à employer au loin une partie de ses forces, c'eût été compromettre l'œuvre glorieuse de la libération du royaume qu'il avait su accomplir. Philippe le Bon eut beau chercher à gagner la confiance de Charles VII, celui-ci n'accueillit point ses offres, et le duc de Bourgogne mourut sans avoir accompli son vœu.

A défaut du secours des grandes puissances, le pape regardait, non sans raison, la pacification de la péninsule et l'union de tous les états italiens comme le meilleur moyen de faire face aux Turcs. Dans ce dessein, il réunit à Rome un congrès; mais les états se refusaient à rien céder, les délibérations traînaient. Le duc de Milan et les Vénitiens, las de toutes ces longueurs, discutèrent secrètement les conditions d'un traité qu'ils publièrent à Lodi le 9 avril 1454; ils savaient que l'aspiration à la tranquillité était si générale qu'ils n'hésitaient pas à imposer la paix aux autres gouvernements italiens en les invitant à ratifier le traité de Lodi. C'était le préliminaire d'une ligue générale à laquelle adhérèrent d'abord, le 30 août 1454, Milan, Venise, Florence, Bologne et le duc Borso d'Este; la grande difficulté était d'y faire entrer Alfonse d'Aragon sans exciter le mécontentement de la France. Alfonse d'ailleurs en voulait fort aux Vénitiens, qui lui semblaient avoir tenu trop peu de compte de sa personne, et la présence de Jean de Calabre était pour Florence un grand embarras. A force de belles paroles, Côme et Sforza parvinrent à éviter tous les dangers; en 1455, le pape et le roi d'Aragon adhérèrent à la ligue, et Jean de Calabre se voyant les mains liées, rentra en France comblé d'éloges par les Florentins, qui l'avaient joué comme ils avaient joué son père (1).

Grâce à son entente avec Côme et à son alliance avec la France, Sforza était arrivé à se faire reconnaître ou du moins tolérer comme duc de Milan par toute l'Italie; mais, en poursuivant ce but, il était devenu, à son insu, le principal instrument de l'union générale des puissances italiennes. Pour la première fois depuis la chute de l'empire romain, un lien commun rattachait les uns aux autres tous les peuples de la péninsule. Que de maux eussent été épargnés, à quel degré de splendeur l'Italie ne fût-elle pas parvenue, si cette confédération eût été conclue dans un sentiment de réconciliation sincère et d'apaisement durable? Malheureusement elle ne devait son origine ni à des aspirations d'union nationale ni à un généreux désir de résistance aux infidèles menaçants, mais à la lassitude, au besoin de repos, à la peur, et les rivalités ou les haines entre les états italiens, réduites un moment au silence n'en étaient pas moins vivaces. D'ailleurs la ligue ne pouvait pas subsister sans un chef autour duquel elle pût se rallier: ce rôle, qui eût pu le remplir? Ce n'était pas l'empereur; la suzeraineté de l'Empire sur certaines parties de l'Italie n'était plus qu'un mot comme sa prétendue suprématie sur le monde; le voyage que Frédéric III avait entrepris deux ans auparavant pour venir se faire couronner à Rome en avait été la meilleure preuve. L'empereur n'avait laissé aux Italiens que le souvenir d'un personnage muet et cupide, d'une sorte d'idole impuissante, couverte d'or et de pierreries. Qui donc aurait dû être mis à la tête de la ligue si ce n'est le pape qui avait pris l'initiative du congrès de Rome? Mais pour être à la fois le chef indiscuté et le médiateur impartial de la confédération, au lieu d'un humaniste timide comme Nicolas V, qui n'avait même pas su faire aboutir le congrès convoqué par lui, et qui avait dû accepter la ligue conclue en dehors de sa propre initiative, au lieu d'un vieillard comme Calixte III, chez qui de nobles aspirations, le zèle pour la croisade par exemple, étaient contrebalancées par un népotisme outré, il eût fallu un homme doué du puissant génie d'un Grégoire VII ou d'un Innocent III, exempt en même temps de toute ambition temporelle; il eût fallu, en un mot, le pontife idéal rêvé quatre siècles plus tard par Gioberti.

(1) Lecoy de la Marche, I, p. 287-288.

A défaut du pape qui, grâce à la tradition guelfe et à sa situation de chef reconnu de la catholicité, aurait pu se mettre à la tête de la confédération sans exciter de trop grandes rivalités entre les autres puissances italiennes, quelle autre de ces puissances eût été en mesure de s'imposer par une supériorité effective? Si, comme on a lieu de le croire, Venise en travaillant à la ligue aspirait à l'hégémonie, c'était pour arriver plus tard à réduire toute l'Italie sous sa domination, à rendre l'Italie vénitienne (1); l'apparence pacifique de sa politique cachait donc un grand danger pour ses voisins. Ceux-ci le savaient, et leurs inquiétudes ne tardèrent pas à ébranler l'union qui aurait pu être si féconde en heureux résultats.

L'influence française en Italie était déjà considérable à ce point que la paix de Lodi ne put en arrêter les progrès. Du reste, Sforza ne trouvait pas dans la ligue une force suffisante pour ne pas craindre le mécontentement de Charles VII, qui pouvait à tout moment soutenir les droits du duc d'Orléans sur le Milanais. Il crut prudent de se rapprocher du dauphin, de qui la contenance envers son père devenait ouvertement hostile; mais une ambassade française vint reprocher au duc de Milan l'ingratitude d'une semblable conduite et lui enjoindre de ne pas se mêler des affaires du roi (2). Tout en répondant par ses protestations habituelles de dévouement, Sforza effrayé se rejeta dans les bras de son ancien ennemi le roi d'Aragon: ses enfants Ippolita et Sforza-Maria furent fiancés aux petits-enfants d'Alfonse, le prince de Capoue et Éléonore (3). En même temps, le fils aîné du duc, Galéaz, était chargé de rechercher l'amitié de Venise, de sorte que l'alliance entre les anciens ennemis devint complète, alliance qui n'avait d'ailleurs pas d'autre motif que la crainte des Français.

A quel point cette crainte était fondée, avec quelle facilité il se trouvait toujours quelque puissance italienne pour faire appel à Charles VII et combien était fictive la pacification apparente de l'Italie, c'est ce que nous montrent les curieuses instructions données par Sforza en novembre 1455 à son ambassadeur auprès du roi de Naples. Le duc y recommandait à Alfonse d'éviter une rupture avec Calixte III, car le pape, irrité de ses démêlés avec Naples, avait déjà chargé le cardinal d'Avignon d'offrir au roi de France son appui pour une descente en Italie. Toute dissension intérieure,

(1) Cipolla, *Fra Girolamo Savonarola e la costituzione Veneta* (Archivio storico Veneto, tome VII, p. 74).
(2) Mars 1455.
(3) Octobre 1455.

disait Sforza, aurait pour conséquence la venue des Ultramontains, qui compteraient sur l'appui de l'une des parties contre l'autre; si Alfonse se figure que les Français ne sont plus à craindre parce que tous les seigneurs italiens ont adhéré à la ligue, il se trompe; car la paix a fait perdre à ces seigneurs la solde qu'ils gagnaient en se mettant au service des grandes puissances. « Il y a lieu de croire qu'ils n'en sont point contents et qu'ils désirent voir une nouvelle conflagration en Italie pour pouvoir retrouver leurs profits (1). » En France, au seul bruit des fiançailles qui se négociaient entre Milan et Naples, René et le duc d'Orléans ont fait tous leurs efforts pour décider Charles VII à tenter quelque chose en Italie; c'est par leur influence que le roi a mandé le duc de Savoie à sa cour et qu'il se l'est si bien attaché que la Savoie est maintenant à son entière disposition. A tout prix il faut éviter de rompre l'union italienne.

Certes, c'étaient là de sages paroles; cependant le prince qui recommandait l'union avec tant d'ardeur n'était-il pour rien dans les démêlés qu'il faisait mine de déplorer (2)? En tout cas François Sforza jugea nécessaire de rechercher la protection de l'Empire; il essaya encore une fois d'obtenir la confirmation de son duché, mais les négociations ayant traîné en longueur se trouvèrent interrompues par un nouveau retour de Sforza à l'alliance française.

A Florence, l'attachement traditionnel à la couronne de France et les rancunes contre le roi d'Aragon avaient fait qu'on n'avait pas vu sans regret Sforza quitter l'alliance de Charles VII pour se rapprocher d'Alfonse. Côme toutefois considérait ce rapprochement avec moins de déplaisir que le gouvernement florentin; il ne lui déplaisait pas de voir s'élever de nouveaux obstacles à une intervention française. Le moment approchait cependant où, malgré ces obstacles, une terre italienne allait de nouveau tomber aux mains du roi de France, au grand dépit du roi d'Aragon et du duc de Milan. Lorsque Alfonse avait adhéré à la ligue qui suivit la paix de Lodi, il avait stipulé qu'il serait libre de combattre les Génois, ces « Turcs d'Europe », comme il les appelait (3), auxquels il en voulait bien plus de l'avoir fait prisonnier jadis, qu'aux Turcs d'Asie qui avaient pris Constantinople. Le résultat fut autre que celui qu'il espérait. Au bout de

---

(1) *Instructio data Antonio de Tricio*, dans Buser, p. 395.
(2) Buser, p. 86.
(3) Sismondi, *Histoire des républiques italiennes*, VI, 309.

trois ans, las des luttes incessantes qu'il soutenait à l'intérieur contre les factions rivales, à l'extérieur contre le roi d'Aragon, le doge Pierre de Campofregoso remettait à Charles VII la seigneurie de Gênes. Ce fait prévu depuis un certain temps, et dont le roi de France poursuivait l'accomplissement depuis des années, n'était pas, on s'en doute bien, de nature à satisfaire les puissances voisines. De plus, c'était Jean de Calabre que Charles VII avait chargé de prendre possession de Gênes, le 28 février 1458, et cet encouragement officiel aux Angevins devait exciter bien des inquiétudes en Italie. Les Florentins aimaient mieux sans doute que Gênes fût au pouvoir du roi de France que sous la domination d'Alfonse, mais Côme ne se sentait pas en sûreté pour l'avenir entre les Français et les Aragonais (1). Cependant il ne croyait pas à un danger immédiat, chacun de ces peuples étant alors trop occupé chez lui. Sforza, qui avait fait tous ses efforts pour empêcher Gênes de se donner à la France (2), et qui avait, lui aussi, des prétentions sur cette ville, ne manqua pas de faire savoir au roi René que « rien au monde ne pouvait lui causer plus de satisfaction, de consolation, de réconfort et de joie » que cet heureux, ce glorieux succès du roi de France (3); en même temps il priait le roi de Sicile de lui faire rendre Novi (4). Quant à Alfonse, il ne se laissa pas effrayer par la présence de Jean de Calabre et de ses soldats. Sa flotte vint bloquer le port de Gênes pendant que les Fieschi et les Adorni assiégeaient la ville par terre. Le fils du roi René leur tenait tête avec sa vaillance habituelle, lorsque la mort d'Alfonse, arrivée le 27 juin 1458, fit lever le siège et rendit aux princes angevins de nouvelles espérances.

Alfonse n'avait pas d'enfants légitimes, ses états héréditaires de Sicile et d'Aragon revenaient à son frère Jean, roi de Navarre; mais il croyait pouvoir laisser le royaume de Naples qu'il avait conquis à un bâtard, Ferrand, légitimé par Eugène IV. Calixte III se refusait à reconnaître Ferrand et paraissait bien disposé pour René d'Anjou, et ces dispositions du pape avaient une grande valeur morale, puisque le royaume de Naples était un fief du Saint-Siège. En outre, les Angevins pouvaient compter sur un appui matériel d'une importance considérable. Charles VII, maintenant

(1) Buser, p. 89.
(2) *Instructio data Antonio de Tricio*, dans Buser, p. 394.
(3) Buser, p. 89-90.
(4) Lecoy de la Marche, II, pièces justificatives, p. 284.

qu'il était maître de Gênes, avait des projets plus vastes et, dans l'entreprise même de Naples, des intérêts plus directs que par le passé. S'il

Alfonse d'Aragon à cheval. D'après un ms. de Contrarius, Bibl. nat. ms. latin 12947.

voulait bien rétablir la maison d'Anjou sur le trône, c'est qu'il espérait que le royaume qu'il aurait contribué à lui rendre, pourrait quelque jour faire retour à la couronne de France. De plus, si l'une des principales souverainetés italiennes, au lieu d'être aux mains d'une maison qui avait sur Gênes des prétentions formelles, passait à des princes français dociles et fidèles, ce changement ne pouvait que profiter au nouveau seigneur de Gênes. De leur côté, Côme et Sforza, peu soucieux de voir les Ultramontains occuper autant de place dans la péninsule, étaient d'accord pour soutenir Ferrand contre les prétentions déclarées du roi de France et contre les menaces du pape. Celles-ci cessèrent bientôt d'être à craindre ; Calixte III mourut le 6 août 1458. Quelques jours après, Æneas Sylvius Piccolomini montait sur le trône pontifical sous le nom de Pie II, et l'on savait que le nouveau pape nourrissait des sentiments diamétralement opposés à ceux de son prédécesseur. Aussi, quand les ambassadeurs de Charles VII et de René vinrent informer les Florentins de l'intention positive où était le roi de France de conquérir le royaume de Naples qui, à l'extinction de la lignée d'Anjou, devait revenir à la couronne de France, quand ils les prièrent de ne favoriser en rien le bâtard d'Aragon, ils ne reçurent d'eux qu'une réponse évasive. Les Florentins se disaient paralysés par la ligue qui les liait toujours aux autres puissances italiennes et par les intérêts de leur commerce, sauf à réitérer leurs protestations ordinaires de dévouement ; ils demandaient en somme à rester neutres (1). L'envoyé du roi de France, Miles de Liers, devait ensuite se rendre auprès du pape pour le supplier de ne pas reconnaître Ferrand. De ce côté, il n'y avait rien à espérer. Pie II, qui regardait la paix de l'Italie comme l'une des principales garanties de la guerre contre les Turcs, dont il avait fait l'objet principal de son pontificat, avait, dès le début, recherché l'amitié de l'occupant du trône de Naples. Aux réclamations de Charles VII et de René, il répondit en donnant l'investiture à Ferrand d'Aragon (2). C'était pour lui un moyen de reconquérir les terres que s'étaient appropriées les condottieri, le comte Everso, Malatesta, Piccinino ; celui-ci en particulier dut céder aux injonctions de Ferrand aussi bien qu'aux remontrances de Sforza, et vendre au pape Assise et les autres forteresses qu'il avait prises (3).

Du reste Sforza ne s'employait pas seulement à combattre l'influence française en contribuant à la pacification de l'Italie, mais aussi, malgré ses protestations et ses promesses mille fois répétées, en favorisant les entreprises des rebelles génois, et en envoyant à Ferrand des troupes

---

(1) Octobre 1458. — Desjardins, p. 82 et 89.
(2) Novembre 1458.
(3) Gregorovius, *Histoire de Rome*, édition italienne, VII, p. 195.

pour résister aux tentatives de Jean de Calabre. Charles VII le sut ; il écrivit à celui qu'il continuait à n'appeler que « le comte Francisque Sforce » une lettre très ferme et très digne par laquelle il lui reprochait ce double jeu et lui exprimait son mécontentement, « attendu, disait-il, la confiance que avions ès choses que vous avez souventes foiz escriptes et fait dire... » En même temps, il lui envoyait le bailli de Sens, ce Renaud de Dresnay, qui depuis douze ans occupait dans son gouvernement d'Asti un poste d'observation fort utile à la France, « pour vous dire sur ce nostre vouloir, écrivait le roi, et afin de savoir par effect comme vous avez entencion de vous démonstrer tel que voulez estre envers nous (1). » Sforza répondit par des protestations aussi mensongères que plates et par des explications embarrassées. Personne, disait-il, ne souhaitait plus ardemment que lui le triomphe du roi René ; car, depuis sa naissance, il était l'ami, le serviteur de la couronne de France et l'ennemi de ses ennemis. Si ses troupes avaient été à Naples, c'était le pape qui en était responsable et qui avait envoyé dans le royaume les soldats que le duc de Milan lui avait cédés pour combattre Piccinino (2). Quelques semaines plus tard, Sforza avertissait Ferrand des intrigues qui se nouaient par l'entremise du duc de Modène, l'un des intermédiaires les plus habituels des relations de l'Italie avec la France, pour faire embrasser à Jacques Piccinino le parti du duc d'Orléans ou celui du roi René ; ce qui n'empêchait pas que l'on crût en France à la possibilité d'un accord entre les ducs d'Orléans et de Milan. Durant cette même année 1459, Renaud de Dresnay engageait Sforza à demander pour son fils aîné la main de la fille aînée du prince français (3).

Le pape, on l'a déjà vu, n'était pas dans de fort bonnes dispositions à l'égard du roi de France. Le motif principal de son irritation, c'était la froideur apparente de Charles VII pour les projets de croisade auxquels Pie II avait consacré son pontificat. Mais si le roi refusait de s'associer à une entreprise qui eût sérieusement désorganisé son armée pour ne guère profiter qu'au duc de Bourgogne, s'il trouvait surtout que ses vaisseaux étaient trop nécessaires à l'indépendance de ses états pour qu'il pût les risquer dans l'intérêt d'un autre, il ne lui répugnait pas, mainte-

---

(1) 23 mars 1459. — Buser, p. 401-402.
(2) Buser, p. 93.
(3) Lettre de Renaud de Dresnay au duc de Milan en date de 1459, indiquée par M. Faucon, p. 98.

nant qu'il n'avait plus grand'chose à redouter de l'Angleterre absorbée par ses luttes intestines, d'employer le trop-plein de ses forces à l'extérieur, ainsi qu'il l'avait fait jadis après la trêve de Tours. Une expédition contre Ferrand eût été à la fois plus avantageuse pour la France et plus facile que la croisade, en prenant pour point de départ Gênes, qui se trouvait à présent, ainsi que sa flotte, sous l'autorité du roi. Peut-être aussi Charles VII en méditant cette entreprise obéissait-il vaguement à la tradition historique qui depuis Charles d'Anjou faisait de Naples la première station de ceux qui aspiraient à conquérir Constantinople. Car, au fond, l'idée de la croisade, la pensée même d'une restauration de l'empire d'Orient opérée cette fois au profit de la maison de France, n'aurait peut-être pas déplu au grand roi qui acheva l'œuvre de Jeanne d'Arc. De même qu'il avait accepté de prendre pour gendre le roi de Bohême et de Hongrie, Ladislas, sentinelle avancée des chrétiens vis-à-vis des Turcs, de même qu'après la mort de Ladislas, il n'avait pas craint de se porter candidat à la couronne de Bohême et de briguer par conséquent l'un des trônes les plus menacés par les Musulmans, trône dont le titulaire se trouvait en fait l'un des principaux défenseurs de la chrétienté (1), il eût été sans doute conforme à ses projets, qu'un prince dévoué à la France vînt occuper l'Italie méridionale, qui formait au sud l'autre poste avancé de l'Europe en face des infidèles. En tout cas, Philippe le Bon et son importance eussent été diminués d'autant.

Quand le congrès de Mantoue, convoqué par Pie II pour décider les princes chrétiens à une action commune contre les Turcs, s'ouvrit en août 1459, les envoyés du roi de France n'y prirent séance qu'après le départ des Bourguignons accueillis par le pape avec des honneurs inusités ; encore se bornèrent-ils presque uniquement à présenter les réclamations de Charles VII et du duc d'Anjou contre l'investiture donnée par le pape au bâtard d'Aragon. Le pape n'accorda aux protestations répétées des délégués français que des éloges à l'adresse de René (2). Son attitude augmenta la froideur de Charles VII, qui ne se montra nullement empressé à confirmer les levées de taxes décidées par le congrès; l'hostilité du pape s'en accrut à son tour et ne tarda pas à se manifester d'une

---

(1) Sur les rapports de Charles VII et de la Bohême, voy. Vallet de Viriville, *Histoire de Charles VII*, III, p. 405.
(2) Lecoy de la Marche, I, p. 290-292.

façon plus directe : Jean de Calabre allait trouver des troupes pontificales mêlées à l'armée de Ferrand d'Aragon.

Le roi de France ne pouvait compter sur aucune des puissances italiennes pour servir ses projets sur Naples. Florence, malgré une ambassade assez menaçante de Charles VII (1), persistait à rester neutre. Quant à Venise, bien que l'on y rendît justice à la vaillance et à la sagesse de Jean de Calabre, on ne se souciait point de lui venir en aide,

Jean de Calabre.

pas plus que l'on n'y écoutait les sollicitations du duc d'Orléans, qui demandait l'appui de la seigneurie contre Sforza (2). Il n'y avait plus à compter que sur la force des armes françaises.

René, que sa campagne de Lombardie avait probablement dégoûté des expéditions militaires en Italie, laissa au gouverneur de Gênes, à son fils Jean de Calabre, le soin de reconquérir son royaume. Jean était d'ailleurs infiniment mieux placé pour tenter une entreprise de ce genre. Déjà les barons napolitains, qui ne voulaient point reconnaître le bâtard Ferrand, avaient formé une ligue à la tête de laquelle se trouvait Jean-An-

(1) Mars 1460.
(2) Buser, p. 94-95.

toine Corsini, prince de Tarente; après avoir offert la couronne à Jean, roi de Navarre, retenu en Espagne par ses luttes contre son fils aîné, ils s'étaient adressés à Jean d'Anjou. Le prince avait, comme on le pense bien, profité de ces ouvertures; il avait obtenu du sénat de Gênes les vaisseaux et l'argent nécessaires et se préparait à partir; mais retenu par une tentative de Pierre Fregoso suscitée par Ferrand et par Sforza, il ne put se mettre en route que le 4 octobre 1459 (1). Le pape et le duc de Milan envoyèrent des troupes à Ferrand, tandis que Jean de Calabre, à qui Charles VII avait donné une aide de 55,000 livres sur les États de Languedoc, voyait se déclarer pour lui la plupart des barons napolitains. Le 7 juillet 1460, l'éclatante victoire de Sarno aurait eu peut-être pour résultat de rendre le fils de René maître du royaume; au lieu de marcher sur Naples, Jean eut le tort d'écouter les conseils du prince de Tarente, gagné, dit-on, par la reine Isabelle, sa nièce, et se laissa détourner vers la Campanie et la Pouille.

Si Sforza intervint avec autant d'ardeur pour entraver l'action des Français dans le royaume de Naples, c'est qu'il craignait, non sans raison, qu'un succès de Jean de Calabre ne fût un encouragement pour le duc d'Orléans. Le dauphin, réfugié dans les états du duc de Bourgogne, n'avait pas de bien grands moyens d'action. Toutefois le duc de Milan, espérant sans doute se servir de lui comme d'une menace, conclut avec Louis, le 6 octobre 1460, une alliance renouvelée peu de jours avant la mort de Charles VII (2); mais Sforza ne se faisait probablement pas beaucoup d'illusions sur les forces de son allié. En même temps, convaincu, comme il l'avait dit jadis, que son état ne pouvait subsister sans l'appui de la France ou de l'Empire, voyant que celui de la France lui faisait défaut, il chercha encore une fois à obtenir l'investiture impériale. Or les exigences pécuniaires de Frédéric III étaient exorbitantes et les négociations furent rompues (3). François Sforza trouva peut-être quelque compensation à cet échec dans l'événement qui affranchit de la domination française le port auquel Charles VII attachait un si grand prix : le 9 mars 1461, une révolte éclata dans Gênes. Jean de Calabre revint s'en-

---

(1) Muratori, *Annali d'Italia*, tome IX, part. II, p. 109-111.
(2) Buser, p. 96. — Charavay, *Lettres de Louis XI*, tome I, pièces justificatives, LXXX à XCII XCVII à XCIX.
(3) 24 février 1461.

fermer dans le Castelletto, où il se défendit avec son courage accoutumé, en attendant qu'une flotte envoyée par le roi de France et commandée par René vînt mettre le siège devant la ville. René, battu, fut contraint de se retirer sur Savone, puis sur Marseille, pendant que son fils retournait dans le royaume de Naples.

Cinq jours après cette déroute, le 22 juillet 1461, Charles VII expirait. Il avait trouvé la France écrasée, réduite à quelques provinces ; il la laissait à la tête des nations chrétiennes et dans un état d'indépendance absolue, indépendance qui se faisait sentir jusque dans les rapports de l'église de France avec le Saint-Siège, strictement réglés par la Pragmatique Sanction. La décadence de l'Empire avait permis à celui qu'on appelait jadis le roi de Bourges de prendre, à défaut de la suprématie officielle nominalement attachée à la couronne impériale, une prépondérance réelle en Europe, où rien ne pouvait se faire, sinon sans son consentement, au moins sans sa participation. Son prestige était reconnu partout : « Tu es la colonne de la chrétienté, disait à Charles VII l'envoyé du roi de Hongrie, Ladislas, et mon souverain seigneur en est l'élu. Tu es la maison de la chrétienté et mon souverain seigneur en est la muraille (1). » — « C'est le roi des rois disait le doge de Venise, et nul ne peut sans lui (2). » On a vu que, faute de son concours, les projets de croisade n'avaient pas pu aboutir ; mais le pays où l'influence française avait jeté les racines les plus profondes, c'était l'Italie. Sans doute, à présent que Gênes était perdue, la situation matérielle des Français au delà des monts n'avait pas beaucoup changé depuis l'avènement de Charles VII. Cependant, au nord, Savone appartenait toujours au roi, et Asti, restée entre les mains du duc d'Orléans depuis la mort du dernier Visconti, fournissait un point de départ et d'appui pour toute expédition en Lombardie ; au sud, Jean de Calabre, comme jadis Louis III d'Anjou, luttait dans le royaume de Naples. Pourtant une modification considérable s'était opérée dans la cause qu'il y défendait. Ce n'était plus seulement les droits des Angevins qu'il s'efforçait de faire triompher, c'était aussi les droits éventuels de la couronne de France hautement proclamés par Charles VII, droits qui donnaient à la France un nouveau moyen d'intimidation. D'ailleurs les armes de ce genre ne manquaient pas. Quand même les Français au-

---

(1) Dareste, *Histoire de France*, III, p. 196.
(2) Relation de Jean de Chambes, *Bibliothèque de l'École des chartes*, 1re série, tome III, p. 184.

raient perdu toute possession territoriale dans la péninsule, ils pouvaient toujours jeter le trouble en Italie en réclamant Naples pour les Angevins, Milan pour le duc d'Orléans ou Gênes pour le roi. Côme et Sforza savaient bien le danger que faisait courir à l'indépendance de l'Italie l'immixtion française dont ils avaient naguère été les principaux promoteurs; la ligue italienne s'était formée autant pour échapper à ce péril que pour résister à l'invasion turque. De son côté, Sforza avait tout fait pour s'affranchir de l'influence du roi de France : il n'avait pas trouvé dans la ligue italienne l'union et la force nécessaires. En vain avait-il cherché des appuis suffisants auprès du dauphin, du duc de Bourgogne et de l'empereur; il était fatalement ramené vers l'alliance française, lorsque mourut Charles VII. Louis XI devait, plus encore que son père, intervenir dans les affaires intérieures de l'Italie et en faire entrer les divers gouvernements dans l'orbite de la politique française.

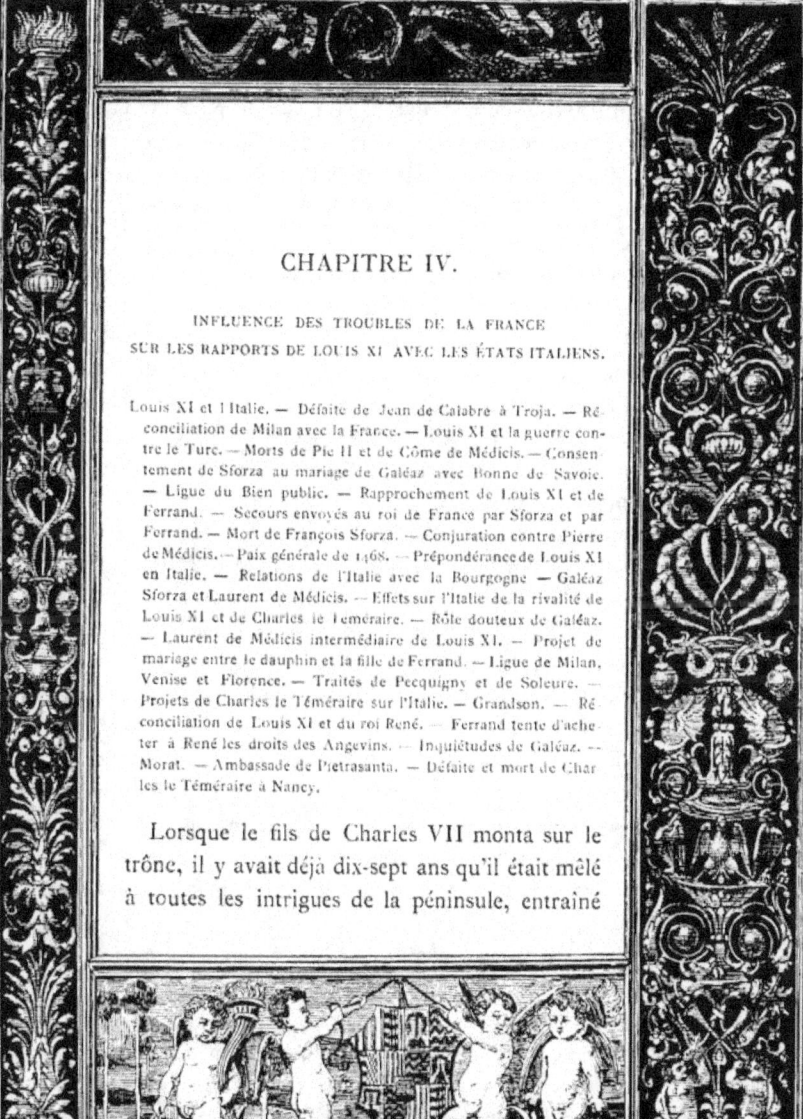

CHAPITRE IV.

INFLUENCE DES TROUBLES DE LA FRANCE SUR LES RAPPORTS DE LOUIS XI AVEC LES ÉTATS ITALIENS.

Louis XI et l'Italie. — Défaite de Jean de Calabre à Troja. — Réconciliation de Milan avec la France. — Louis XI et la guerre contre le Turc. — Morts de Pie II et de Côme de Médicis. — Consentement de Sforza au mariage de Galéaz avec Bonne de Savoie. — Ligue du Bien public. — Rapprochement de Louis XI et de Ferrand. — Secours envoyés au roi de France par Sforza et par Ferrand. — Mort de François Sforza. — Conjuration contre Pierre de Médicis. — Paix générale de 1468. — Prépondérance de Louis XI en Italie. — Relations de l'Italie avec la Bourgogne — Galéaz Sforza et Laurent de Médicis. — Effets sur l'Italie de la rivalité de Louis XI et de Charles le Téméraire. — Rôle douteux de Galéaz. — Laurent de Médicis intermédiaire de Louis XI. — Projet de mariage entre le dauphin et la fille de Ferrand. — Ligue de Milan, Venise et Florence. — Traités de Pecquigny et de Soleure. — Projets de Charles le Téméraire sur l'Italie. — Grandson. — Réconciliation de Louis XI et du roi René. — Ferrand tente d'acheter à René les droits des Angevins. — Inquiétudes de Galéaz. — Morat. — Ambassade de Pietrasanta. — Défaite et mort de Charles le Téméraire à Nancy.

Lorsque le fils de Charles VII monta sur le trône, il y avait déjà dix-sept ans qu'il était mêlé à toutes les intrigues de la péninsule, entraîné de ce côté par son besoin d'activité, par son ambition et surtout par l'affinité de son esprit avec les esprits italiens. Il n'y avait, pour ainsi dire, pas une puissance au delà des monts avec laquelle il n'eût été en rapport. Dès 1444, le pape l'avait nommé gonfalonier de l'Église; depuis, Louis avait projeté la conquête de Gênes, le partage du Milanais avec le duc de Savoie, et brigué la succession du dernier Visconti; comme Sforza, il avait offert ses services à la république Ambrosienne; lors de l'alliance conclue entre Charles VII, les Florentins et Sforza, Venise et Naples avaient pensé à former une contre-ligue dont le dauphin eût été le chef. L'héritier de la couronne de France avait voulu même essayer du métier de condottiere; il avait offert aux Vénitiens de se mettre à leur solde contre François Sforza; la paix de Lodi avait interrompu les négociations entamées à ce sujet. Malgré cela, le duc de Milan n'avait pas craint, pendant les dernières années du règne de Charles VII, de nouer des relations avec ce dangereux rival et de conclure une alliance avec lui. C'était sans doute pour se rapprocher encore de l'Italie que le dauphin avait épousé, contre la volonté de son père, la fille du duc de Savoie. Plusieurs fois, en 1453 entre autres, il avait passé les Alpes pour descendre en Italie où, sans l'intervention assez peu judicieuse du roi René, il aurait pris possession de Gênes. Il avait été en contact personnel avec les Italiens, il parlait leur langue; toutes les finesses plus ou moins avouables de leur politique, il les avait pénétrées; il en avait vu de près tous les ressorts et, devenu roi, il n'hésita pas à employer dans son propre royaume les procédés étrangers qu'il avait appris durant sa jeunesse. Cette expérience lui permit de prendre en Italie une influence plus grande encore que celle qu'y avaient exercée ses prédécesseurs; car il apportait dans ses négociations une pratique personnelle qui leur manquait et les habitudes d'une intelligence devenue presque italienne, analogie morale qui d'ailleurs frappait déjà les contemporains comme elle nous frappe nous-mêmes aujourd'hui : « Pare che questo re sia sempre stato et alevato in Italia, tanto sa de quelli fatti, » écrivait un ambassadeur milanais (1). Un Français qui n'aimait pas le roi, Thomas Basin, l'accusait d'avoir pris pour modèles Ferrand de Naples et François Sforza (2). Sans doute, c'était dans des termes d'une exagération tout italienne que Louis XI parlait, jusque dans les documents

---

(1) Maletta à Sforza, 25 décembre 1463, dans Buser, p. 419.
(2) *Mémoires de Thomas Basin*, édition Quicherat, II, p. 95.

officiels, des incomparables qualités morales, et même physiques, de son oncle bien-aimé, le duc de Milan, lorsqu'il espérait obtenir de lui un utile secours contre les princes français révoltés ; sans doute, il n'hésitait pas à se rapprocher de l'ennemi héréditaire de la dynastie angevine lorsque Jean de Calabre était au nombre des adhérents de la ligue du Bien public; mais s'il est des hommes d'état dignes d'être comparés à Louis XI, ce sont les grands fondateurs de la puissance des Médicis avec lesquels Charles VII et son fils après lui entretinrent des relations que la communauté des intérêts n'avait pas seule fait naître, mais qui résultaient aussi de la communauté des idées. Chez Louis, on trouve la même prudence politique, la même profondeur de vues, la même absence de scrupules que chez Côme de Médicis. Par contre, il ne semble pas impossible que Laurent le Magnifique ait à son tour pris le roi de France pour modèle dans plus d'une circonstance critique de sa vie : le voyage de Laurent à Naples, en 1479, n'est pas sans rapports avec la démarche hardie tentée quatorze ans plus tôt par Louis XI auprès du comte de Charolais, démarche qui amena la dissolution de la ligue du Bien public.

Si Louis XI eût été jaloux de faire des acquisitions territoriales en Italie, il eût eu nombre de fois l'occasion d'intervenir à main armée dans les affaires de la péninsule; mais tout entier à la grande œuvre d'unification de la France qu'il avait entreprise, il réglait sa politique extérieure sur les exigences de sa politique intérieure. Il ne tenait qu'à sentir l'Italie sous sa dépendance morale pour y trouver des alliés contre les princes français qui y avaient des intérêts ou pour augmenter le poids de son autorité en Europe. Le duc d'Orléans et Jean de Calabre étaient au nombre des ennemis du roi; on comprend dès lors que celui-ci ne se souciât nullement de défendre leurs droits et de donner ainsi de nouvelles forces à ses adversaires; de là un renversement complet de la politique suivie par Charles VII, au delà des monts.

Le nouveau roi ne révéla pas tout d'abord aux envoyés italiens qui, dès son avènement, affluèrent à sa cour, les combinaisons qu'il avait projetées. Pour sonder leurs dispositions, il affecta de continuer les entreprises de son père et déclara l'intention de reprendre Gênes et d'aider René à conquérir Naples. C'est qu'à cette époque les Angevins n'étaient pas encore des rebelles; d'ailleurs, Louis XI héritait des intérêts de son père en même temps que de sa couronne, et les anciens intérêts du dauphin disparaissaient devant ceux du roi de France. Sforza, que le dépit de voir les Français à Gênes, ses propres rapports avec Naples et les inquiétudes que lui causaient les prétentions orléanistes appuyées par la France, avaient amené quelques mois auparavant à conclure une alliance avec le dauphin révolté, se trouvait par cela même suspect à son allié devenu Louis XI. Aussi, dès les premiers mois de son règne, celui-ci profita-t-il de la présence des ambassadeurs florentins pour gagner leur bon vouloir et s'efforcer, par leur entremise, de détacher Sforza de Ferrand et de le rapprocher de la France. En même temps, il s'adressait à Sforza par l'intermédiaire de Jean de Croy, orateur du duc de Bourgogne. Sous prétexte de lui proposer divers moyens pour désintéresser le duc d'Orléans et pour faire cesser ses réclamations, soit par un abandon de terres ou le paiement d'une somme d'argent, soit moyennant une longue trêve, soit encore par le mariage de l'un des fils puînés de Sforza avec une fille de Charles d'Orléans qui recevrait Asti en dot, il le mettait en demeure de se déclarer pour ou contre la France, en lui demandant de travailler à faire rentrer Gênes sous la domination française et à rompre le mariage projeté entre Ippolita Sforza et Alfonse, fils de Ferrand d'Aragon. Enfin il lui offrait de le mettre au nombre des pairs de France, ce qui aurait eu pour résultat d'établir un lien permanent entre le duché de Milan et la couronne. La réponse de Sforza fut des plus habiles; il protesta de son désir de voir de nouveau Gênes aux mains de la France, et assura que le meilleur moyen d'y parvenir, c'était de lui en donner à lui-même le gouvernement au nom du roi. Selon lui, il était impossible de rompre le mariage d'Ippolita et d'Alfonse. Ippolita avait été offerte au roi René pour son petit-fils; mais René l'avait refusée, et, par son départ précipité à la suite de la campagne de Lombardie, il avait, à ce que disait Sforza, contraint le duc de Milan de chercher sa sûreté dans une alliance avec Ferrand. Le duc se trouvait forcé par cette alliance de défendre le royaume de Ferrand, aussi bien que par les injonctions du pape et, ajoutait-il non sans ironie, par les vives recommandations que Louis XI lui-même, alors dauphin, lui avait adressées à ce sujet. Il prétendait d'ailleurs que le roi Ferrand était dans les meilleurs sentiments envers le roi de France, et il terminait en s'offrant à négocier un rapprochement entre les deux souverains. Quant à la pairie française qu'on lui offrait, il la refusait, de peur de se brouiller avec l'Empire (1).

(1) Buser, p. 102 et 405.

Ferrand ne paraissait pas tout à fait rassuré par l'amitié que lui montrait le duc de Milan. Il insistait fort sur les dangers qui résulteraient pour toute l'Italie d'une nouvelle intervention française, et, pour l'empêcher, il recommandait la fidélité à la ligue italienne, et l'admission de Gênes

Louis XI jeune. Dessin de la Bibliothèque d'Arras.

dans cette ligue qui comprendrait ainsi tout le territoire de la péninsule. L'Aragonais était toujours en lutte avec Jean de Calabre, soutenu par Piccinino ainsi que par un bon nombre de barons napolitains, et son adversaire semblait, à ce moment, pouvoir compter sur l'appui du nouveau roi de France. Louis XI, en effet, négociait alors le mariage de sa fille Anne, encore enfant, avec le fils de Jean, Nicolas, marquis du Pont; de plus il s'efforçait de détacher le pape du parti de Ferrand. Il voulait en détacher aussi Sforza et obtenir de lui, pour un autre fils de Jean de Calabre, la main d'Ippolita, promise, on l'a déjà vu, au fils du roi de Naples. Afin d'y parvenir, le roi de France comptait exploiter l'amitié qui unissait Côme au duc de Milan. Il s'ouvrit aux ambassadeurs florentins le 31 décembre 1461 et les jours qui suivirent, se déclarant prêt à défendre Sforza contre Piccinino et même à conclure une alliance qui couperait court aux prétentions du duc d'Orléans. Il fit si bien que les envoyés florentins proposèrent, avec le consentement de la Seigneurie, de joindre leurs efforts à ceux des orateurs français qui allaient partir pour Milan. C'était là une imprudence que Côme blâma ; car une semblable intervention des Florentins dans les affaires du duc de Milan était de nature à altérer les bons rapports qui existaient entre Sforza et Florence, rapports au maintien desquels Côme tenait avant tout. Si Sforza refusait l'alliance avec la France et si, pour rester fidèle à son amitié, Florence prenait son parti, elle se brouillait avec Louis XI. Selon le Médicis, les ambassadeurs auraient dû diriger les vues du roi de France non pas vers le duc de Milan, mais vers le pape de qui dépendait Naples (1). Louis ne l'ignorait pas et il avait déjà engagé de ce côté une action diplomatique.

L'arme sur laquelle il comptait pour obtenir de Pie II qu'il transportât sa protection des Aragonais aux Angevins devait être puissante ; c'était l'offre du retrait de la Pragmatique. Elle resta cependant sans effet. En vain le roi usa de tous les moyens. Voulant forcer la main au pape, qui était resté insensible à ses premières ouvertures, il révoqua la Pragmatique sans attendre que Pie II eût pris aucun engagement ; en vain, il menaça de la rétablir et de donner à tous les Français qui habitaient Rome l'ordre de rentrer dans leur patrie ; en vain, il eut recours aux offres qui pouvaient le plus toucher le cœur du pontife : ses ambassadeurs parlèrent d'une partie de la Calabre qui pourrait devenir le domaine d'un neveu du pape, et firent espérer que la France prendrait les armes contre le Turc. Tout ce que cette dernière proposition permit d'obtenir, ce fut l'offre peu sincère d'une trêve entre les combattants ; encore cette trêve fut-elle révoquée une première fois par le pape lui-même, une autre fois par Ferrand. Enfin l'échec décisif de Jean de Calabre à Troja, le 18 août 1462, vint rendre superflue toute intervention en sa faveur. Le fils du roi René, abandonné par

(1) Buser, p. 104-106.

ses partisans et par Piccinino lui-même, dut se réfugier à Ischia, où il se maintint opiniâtrément jusqu'au jour où, persuadé de l'inutilité d'une lutte qu'il était maintenant presque seul à soutenir, il rentra en Provence et de là en Lorraine, au printemps de 1464 (1).

Pendant ce temps, Côme de Médicis avait rétabli les meilleures relations entre la France et Milan. L'homme d'état qui gouvernait Florence avait deux choses à cœur : c'était avant tout de rester uni à François Sforza, ensuite de ne pas encourir le déplaisir du roi de France. Soutenir le duc de Milan en lui fournissant les subsides qu'il avait pris l'habitude de demander à Florence, c'eût été, vu la nouvelle attitude de ce prince vis-à-vis de Louis XI, un acte d'hostilité dangereuse envers ces Ultramontains au milieu desquels tant de Florentins, sans oublier les agents de la maison Médicis, faisaient de si fructueuses affaires; l'abandonner, c'eût été manquer de foi à un ancien ami et rompre ce concert de Florence et de Milan, grâce auquel on avait pu tenir tête à Venise et à Naples. Il n'y avait qu'un moyen de tout accommoder, c'était de réconcilier Milan avec la France. D'ailleurs le nouveau roi, au dire des ambassadeurs, serait facilement mené avec des belles paroles et des assurances d'amitié. Onze ans auparavant, Côme avait jeté le gendre du dernier Visconti dans l'alliance française pour lui donner une protection contre ses ennemis italiens et contre la méfiance de l'Empire; contre le déplaisir de la France, il ne trouva pas de meilleure protection que celle de la France elle-même. Seulement Sforza montrait cette fois une répugnance qui n'existait nullement lors de la première alliance; mais Côme, qui le tenait par les subsides que le besoigneux duc de Milan demandait sans cesse à la Seigneurie, sut l'amener malgré lui à l'union qui devait lui valoir les plus grands avantages (2). Le Médicis eut bientôt la satisfaction d'apprendre, le 2 octobre 1462, qu'une ambassade française venait d'apporter à Milan des paroles amicales, satisfaction que rendait sans mélange la récente défaite de Jean de Calabre, à Troja. Désormais l'influence française à laquelle l'homme d'état florentin avait jadis eu recours, à laquelle il revenait encore pour protéger son alliance avec Sforza, lui paraissait avoir perdu tout ce qu'elle avait de dangereux; rien ne pouvait lui causer plus de joie que la ruine des intérêts français en Italie, et cette joie, qui eût été légitime chez tout autre, il n'eut

(1) Lecoy de la Marche, I, p. 332-342.
(2) Buser, p. 107-108.

pas honte de la manifester cyniquement à l'envoyé milanais qui avait toute sa confiance. « La politique de Côme était sage, dit M. Buser; noble, elle ne l'était pas (1). »

Les bons rapports de la France avec Milan ne tardèrent pas à s'accentuer : Louis XI, qui paraît avoir eu à cette époque des vues sur la Savoie (2), fit savoir à Sforza qu'il eût à renoncer à l'alliance de ce pays pour passer à l'alliance française; en retour il lui offrait Savone, que les Français occupaient toujours. Sforza voulut encore demander l'autorisation de s'emparer de Gênes, au nom du roi de France. René essaya en vain de profiter des nouvelles relations de Louis XI pour obtenir qu'il gagnât le duc de Milan à la cause Angevine; mais le roi se garda bien de compromettre, pour servir les intérêts de son parent, la conclusion du traité qu'il était en train de négocier et dont Sforza communiqua le projet, au commencement de juin 1463, à son allié florentin. Côme de Médicis voyait dans ce traité non seulement le salut du duc de Milan, mais celui de l'union de leurs deux états et une protection contre les dangers qui pouvaient venir de Venise. Cette ville, en effet, ne cessait pas d'aspirer à dominer le reste de l'Italie; en outre, ses intérêts commerciaux étaient absolument contraires à ceux de Florence. Tandis que Venise, qui voyait disparaître son domaine oriental, poussait à la croisade, Florence trafiquait avec les infidèles et ne se souciait nullement de voir entreprendre contre les Turcs une guerre qui eût restauré la puissance de sa rivale. Enfin, par le traité avec la France, on pourrait peut-être faire revenir en des mains italiennes les terres enclavées dans l'Italie septentrionale revendiquées par des princes français. Côme engageait Sforza, non seulement à accepter Savone, mais à obtenir Gênes de l'archevêque Paul de Campofregoso et à en demander l'investiture à Louis XI, qu'il laisserait maître de joindre le duché de Savoie à la France; de cette façon, le duc de Milan pourrait encore demander Asti et Verceil pour prix de sa neutralité (3). Les Angevins chassés de Naples, le duc d'Orléans dépouillé d'Asti et manquant d'appui pour réclamer Milan, le roi cédant ses droits sur la Ligurie, c'eût été la fin des prétentions françaises en Italie. Quant à l'annexion de la Savoie, elle eût débarrassé les Italiens d'un voisin gênant que l'impossibilité de s'agran-

(1) Buser, p. 110-111.
(2) Nicodemo à Sforza, 8 juin 1463, dans Buser, p. 415.
(3) Buser, p. 414-415.

dir du côté de la France forçait à diriger ses ambitions de l'autre côté des Alpes, et qui n'aurait d'ailleurs jamais pu suffire à arrêter une invasion étrangère. Alberico Maletta quitta Milan le 27 août 1463 avec l'ordre d'agir auprès de Louis XI conformément aux conseils de Côme de Médicis, et d'éviter tout engagement qui pût entraîner une violation de la ligue italienne ou une intervention dans les affaires de Naples.

Est-ce à l'habileté de cet ambassadeur que l'on doit attribuer les marques de bienveillance croissante que Louis XI donna dès lors à François Sforza? C'étaient des lettres affectueuses dans lesquelles le roi indiquait les moyens d'arracher au duc d'Orléans le retrait de ses prétentions sur Milan et même sur Asti; une compensation de 20.000 ducats suffirait, disait-il. C'était

Alfonse, duc de Calabre.

aussi l'envoi à Milan de Jean Balue, qui avait alors toute la confiance du roi, dont il devait plus tard s'attirer la colère. La véritable cause du penchant que Louis montrait pour le duc de Milan, au grand étonnement de sa cour, c'est que l'on commençait à pressentir la révolte des princes qui prit le nom de ligue du Bien public, et que Sforza pouvait fournir un utile secours contre les rebelles. Côme de Médicis, prévoyant les troubles de la France, ne cacha pas à l'orateur milanais Nicodemo, son confident habituel, la satisfaction qu'il en ressentait (1). Louis XI allait devenir cet allié ultramontain idéal que les Italiens d'alors cherchaient toujours, assez fort pour que l'on pût en imposer aux voisins ambitieux par un habile usage de son nom, mais suffisamment occupé chez lui pour ne pas venir porter, avec le trouble, un secours détesté de ceux même qui l'imploraient, dans

(1) Buser, p. 115.

une contrée où du reste il n'aurait plus à défendre ni intérêts personnels ni intérêts de famille.

Enfin, le 22 décembre 1463, malgré les efforts du duc d'Orléans et de Jean Cossa, l'agent de Jean de Calabre, le traité fut conclu. Maletta reçut l'investiture de Gênes pour le duc de Milan. Quant à Asti, le duc d'Orléans ne se prêtait pas aux combinaisons du roi, et il en resta maître. D'ailleurs Louis XI était-il sincère lorsque, dans ses lettres à Sforza, il semblait croire à une cession volontaire de la part du prince français? Il est difficile de le savoir, car ce roi s'entendait aussi bien qu'un Italien à leurrer avec de belles paroles ceux à qui il avait affaire, et il n'était assurément pas de bonne foi, lorsqu'il disait qu'il voudrait « mettre une couronne sur la tête de Sforza (1) ». Ce langage lui permettait, malgré ses concessions présentes, de glisser au milieu de ses promesses, de ses protestations d'amitié et de ses vœux pour la paix de l'Italie, quelques réserves vagues dont il pourrait tirer parti dans l'avenir ou quelque demande considérable qu'il rendait acceptables en les exprimant avec une sorte de bonhomie familière. C'est ainsi qu'au lendemain du jour où il avait reçu l'hommage de Gênes, Louis XI insinuait négligemment dans une conversation avec l'ambassadeur milanais qu'il espérait bien voir un jour la fille de Sforza mariée à un prince français (2). Rompre le mariage d'Ippolita avec le fils du roi de Naples eût été trop dangereux pour le duc de Milan; il fallut y renoncer; mais Louis XI, de même que tous les hommes d'état de son temps, considérait le moyen des mariages comme l'un des principaux instruments de la politique, et il tenait à s'attacher Sforza par un lien de cette nature. Il lui fit accepter un projet d'union entre la sœur de la reine de France, Bonne de Savoie, et le jeune héritier du duché, Galéaz, bien que celui-ci fût engagé de la façon la plus formelle avec la fille du marquis de Mantoue (3), et que la Savoie eût été jusque-là l'ennemie du duc de Milan. Mais le roi se plaisait à ces combinaisons : de même que Côme de Médicis, il n'aimait pas que ses alliés fussent trop puissants, et il excellait à faire naître entre eux des sujets de brouille, sous couleur de les obliger.

En annonçant aux Florentins la cession de Gênes, dont il venait de donner l'investiture au représentant de Sforza, Louis XI se croyait tenu de

---

(1) Buser, p. 116.
(2) Maletta à Sforza, 25 décembre 1463, dans Buser, p. 419.
(3) Voyez dans Buser, p. 118, les étranges détails de cet engagement.

présenter comme l'un des motifs qui l'avaient poussé à l'accorder, le désir de faciliter l'expédition contre le Turc (1), et dans ses entretiens avec l'ambassadeur milanais, il parlait d'envoyer des troupes en Orient, ce qui le débarrasserait de quelques seigneurs gênants et peu soumis (2). C'était du reste le seul avantage que le roi trouvât dans la croisade, dont il était très loin de souhaiter la réalisation et que ses amis d'Italie redoutaient tout autant que lui. Il ne faut donc voir dans l'allégation de ce motif par Louis XI qu'une hypocrisie gratuite, ou plutôt l'effet d'une obligation de convenances. Côme obéissait aux mêmes convenances lorsqu'il répondait à la lettre touchante que lui avait adressée Pie II pour l'engager à entrer dans la ligue contre le Turc, dans des termes absolument en contradiction avec sa conduite et ses désirs; tous ses efforts ne tendaient qu'à retarder la croisade ou même à la rendre impossible. Il devait du reste trouver une grande sécurité dans l'abstention du roi de France, car, sans la coopération de celui que le Milanais Maletta appelait *capo de tuti christiani* (3), rien ne pouvait aboutir. La situation du souverain de la France comme chef effectif de la chrétienté était alors si universellement reconnue que c'était à lui que le pape, afin d'entraîner l'Europe, envoyait une épée consacrée, et que les Vénitiens dénonçaient la conduite antichrétienne du duc de Milan et des Florentins, qu'ils accusaient d'intriguer auprès de lui pour qu'il empêchât le duc de Bourgogne d'accomplir son vœu. Mais, malgré le peu d'espérances que pouvait laisser l'inertie de la France et des grands souverains de l'Europe, Pie II donna le plus noble exemple et, bien qu'il n'eût à compter que sur les armes du roi de Hongrie, sur les vaisseaux de Venise et sur les troupes d'aventuriers qui venaient, sous le nom de croisés, s'engager à Rome et à Ancône, il laissa voir tout ce qui se cachait d'enthousiasme sincère sous les formes emphatiques de son langage d'humaniste. Agé, malade, sans confiance, il quitta Rome pour aller à Ancône se mettre à la tête de la flotte qui devait le conduire devant Raguse assiégée par les Turcs. Lorsqu'un autre vieillard, le doge de Venise Christophe Moro, vint le rejoindre, le pape était gravement atteint de la dysenterie, et, trois jours après, le 15 août 1464, il expirait. Avec lui disparaissait l'âme de la croisade; peu de temps après, le doge rentrait à Venise. Quant à la foule que

---

1) Desjardins, I, p. 136.
2) Buser, p. 418.
3) *Ibidem*, p. 419.

les indulgences pontificales et le vain espoir d'une solde imaginaire avaient attirée, réduite à vivre de pillages, elle s'était déjà dispersée (1).

Côme de Médicis n'avait pas vu l'événement qui, en ruinant les espérances des chrétiens d'Orient et en privant les Vénitiens d'un grand appui moral dans leur guerre contre les Turcs, eût tranquillisé ses derniers jours. Il était mort quatorze jours avant Pie II, dans sa villa de Careggi, recommandant son fils et les siens à l'amitié du duc de Milan envers lequel il avait toujours montré une fidélité inébranlable : « Bien qu'il vous regardât comme son dieu en ce monde, écrivait Nicodemo à Sforza, l'affection qu'il vous portait était toute paternelle (2). » Les effets de l'événement considérable auquel Côme et Sforza avaient été mêlés et dont ils ne soupçonnaient certainement pas les conséquences ne devaient se faire sentir que beaucoup plus tard.

Si l'influence française, qui avait depuis si longtemps jeté ses premières racines en Italie, s'est définitivement établie, si elle s'est surtout accrue pendant la seconde moitié du quinzième siècle, c'est grâce à Côme de Médicis, qui, en concluant le traité de Montils-lez-Tours, avait permis à nos rois d'intervenir effectivement dans toutes les affaires de la péninsule et mis en quelque sorte Florence et Milan sous la dépendance morale de la France. Si l'expédition de Charles VIII, à laquelle les Italiens ont voulu faire remonter tous leurs malheurs, n'est, ainsi que nous le croyons, que le résultat de la longue suite d'événements qui avait fait entrer la plupart des gouvernements italiens dans le champ de la politique française, c'est à celui que les Florentins ont appelé le *Père de la patrie,* qu'en revient la principale responsabilité. Il n'est point étonnant, du reste, qu'un Florentin se soit fait le principal instrument de l'ingérence française en Italie, puisque c'est à Florence qu'avait été conçu, soixante-trois ans avant le traité de Montils, le premier projet d'annexion de terres italiennes à la couronne de France. En outre, la morale politique était alors encore inférieure à ce qu'elle est aujourd'hui. La grande majorité des Italiens de cette époque, éblouis par la prospérité intérieure que Côme avait donnée à sa patrie, partageaient l'admiration que Machiavel, même après avoir vu les résultats de sa politique, se laissait aller à exprimer sur son compte. « En dehors des hommes de guerre, Côme fut le citoyen le plus illustre et le plus renommé que Florence ou n'importe quelle

---
(1) Gregorovius, édition italienne, VII, p. 236-241.
(2) Nicodemo à Sforza, 1ᵉʳ août 1464, dans Buser, p. 423.

autre ville ait jamais produit... parce que non seulement il dépassa tous ses contemporains en autorité et en richesse, mais encore en libéralité et en prudence. » La prudence, en d'autres termes la ruse, telle est aux yeux du sceptique secrétaire de la république Florentine la qualité maîtresse de l'homme d'état. « Machiavel, dit M. Carlo Cipolla, n'en demande pas plus ; il ne recherche pas si l'œuvre de Côme a été honnête ou non, utile ou non à sa patrie ; il trouve le personnage extraordinaire parce qu'avec une extraordinaire *prudence*, il a mis en œuvre les moyens nécessaires pour parvenir à ses fins. C'est dans l'œuvre de Côme et dans le jugement qu'en porte Machiavel qu'il faut chercher l'explication de la politique de ce temps (1). »

Pour exercer l'autorité sans titre officiel qu'il avait employée à faire de Florence l'état le plus prospère de l'Italie et peut-être le plus civilisé qu'il y eût alors au monde, Côme avait d'abord compté, non sur son fils aîné Pierre, mais sur son second fils Jean, qu'il avait perdu quelques mois avant de mourir lui-même. Ce fut donc Pierre qui lui succéda. L'amitié entre les gouvernants de Florence et de Milan continua, mais cette fois les rôles étaient renversés ; c'était Sforza qui dirigeait le fils de Côme de Médicis, tout en se ménageant des intelligences avec les mécontents florentins, Luc Pitti, Dietisalvi Neroni, Nicolas Soderini, Angelo Acciajuoli, et qui lui servait d'intermédiaire auprès du roi de France (2).

L'union entre Louis XI et le duc de Milan devenait de jour en jour plus étroite, car le roi, qui voyait monter le mécontentement des seigneurs français, attachait d'autant plus de prix à cette union. L'envoyé milanais était traité avec une confiance exceptionnelle. Devant lui le roi affectait de parler avec une entière liberté, de faire peu de cas du comte de Charolais, de se plaindre de Jean Cossa, représentant de Jean de Calabre, de se moquer du duc d'Orléans. A propos de celui-ci, Louis XI ne négligeait pas d'entretenir chez Sforza l'espérance d'un abandon volontaire d'Asti et des droits sur le duché de Milan, abandon auquel le fin politique savait bien que son cousin n'était nullement disposé. Enfin, le roi obtint du duc de Milan son consentement formel au mariage de son fils avec Bonne de Savoie (3). Sûr d'avoir ainsi conquis l'amitié de la France, Sforza n'hésita plus à prêter secrètement les mains à l'un des actes les plus odieux dont l'histoire

---

(1) Cipolla, *Storia delle signorie italiane*, p. 503.
(2) Buser, p. 125.
(3) 12 mars 1465.

d'Italie nous ait conservé le souvenir, au meurtre de son ancien rival Piccinino, le condottiere ami des Français, auquel il venait de donner la main de sa fille naturelle, Drusiana. Pendant que la sœur de Drusiana, Ippolita, était en route pour venir épouser le fils de Ferrand, le roi de Naples saisissait Piccinino, et lui faisait payer de sa vie l'attachement qu'il avait montré aux Angevins et l'appui qu'il aurait pu leur prêter encore.

Louis XI, de qui Sforza avait pris soin de connaître les sentiments à l'égard de Piccinino (1), et qui, quelques semaines après le meurtre, laissait voir à l'orateur milanais qu'il n'ignorait pas quelle part le duc de Milan y avait prise (2), n'avait aucune raison de se porter vengeur de Piccinino. En France, Jean de Calabre s'était joint aux ennemis du roi, et, par suite, celui-ci recherchait l'alliance de Ferrand. Par malheur nous ignorons complètement quelles furent les négociations entamées avec le prince aragonais; nous ne connaissons que le résultat auquel elles aboutirent, c'est-à-dire les secours envoyés de Naples à Louis XI pendant la guerre du Bien public.

Le roi de France ne tenait pas moins à maintenir ses bons rapports avec Florence; il offrait à Pierre de Médicis des secours militaires contre Venise. Côme avait toute sa vie poursuivi l'acquisition de Lucques; Louis XI proposait de céder les droits que la couronne de France prétendait avoir encore sur cette ville, soit à Sforza, soit aux Florentins qui s'entendraient plus tard entre eux; il accordait aux Médicis, en considération des services jadis rendus par Côme à la maison de France, de porter dans leurs armes trois fleurs de lis (3). Il savait qu'il aurait bientôt besoin de l'assistance de tous ses amis d'Italie; c'est à leur intervention qu'il eut recours auprès du pape lorsque les adhérents à la ligue du Bien public demandèrent à Paul II de les délier de leur serment de fidélité envers le roi. Il avait eu l'adresse de persuader à Ferrand comme à Sforza, que leurs rivaux, Jean de Calabre et le duc d'Orléans faisant partie de la ligue, celle-ci menaçait autant leurs intérêts que les siens; aussi obtint-il qu'une flotte napolitaine vînt menacer les Provençaux, qui, malgré la fidélité de René à Louis XI, regardaient le fils du roi de Sicile « comme un Dieu (4). » Quant au duc de

---

(1) Lettre de Maletta du 5 octobre 1464, dans Buser, p. 426.
(2) Lettre de Panigarola du 16 août 1465, dans Buser, p. 430.
(3) L'acte, daté de mai 1465, a été publié par Fabroni, *Laurentii Medicei vita*, II, p. 117.
(4) Lettre de Pierre Gruel en date du 14 septembre, publiée par M. Quicherat dans le t. II

Milan, il envoya en France des troupes commandées par son propre fils Galéaz, qu'accompagnait ce Trivulce qui devait un jour livrer Capoue à

François Sforza. Marbre du Musée national à Florence.

Charles VIII et conquérir sa patrie pour le compte de Louis XII. Seulement, comme Sforza, tout en donnant à Louis XI cette preuve de fidélité, n'avait pas cessé d'être en relations avec le duc de Bourgogne et le comte de Charolais, de même qu'il entretenait à Florence des rapports avec Luc Pitti et les autres ennemis des Médicis, il recommandait à son fils de

p. 382, des *Documents historiques inédits tirés de la Bibliothèque royale*, édités par M. Champollion-Figeac.

ménager les Bourguignons, de respecter leurs domaines autant que faire se pourrait, sauf à se dédommager sur les terres du duc de Bourbon, en s'arrangeant pour que les gens du roi ne le sussent pas. Mais Louis XI n'ignorait jamais rien; il donna l'ordre au jeune Galéaz, qui était déjà dans le Forez, de marcher contre les Bourguignons et de leur faire une guerre sans merci; pour plus de sûreté, et sous prétexte de lui rendre honneur, il le fit accompagner d'une suite militaire chargée en réalité de surveiller ses troupes (1). Les traités de Conflans et de Saint-Maur (2) tirèrent Sforza d'embarras en mettant fin à la guerre. Malgré le secours que lui avait prêté le roi de Naples, Louis XI dut promettre à Jean de Calabre de renoncer à l'alliance de son ennemi et lui accorder cent mille écus, expressément destinés à l'aider à reconquérir le royaume de Sicile (3); mais on sait que les promesses coûtaient peu au fils de Charles VII et qu'il renonçait difficilement aux combinaisons qui lui paraissaient profitables à sa politique. D'ailleurs le duc de Calabre eut bientôt à s'occuper de conquérir pour son père un autre trône, celui d'Aragon; on n'eut garde de le détourner d'une entreprise qui avait le double avantage de l'éloigner de France et de laisser le champ libre au rapprochement de Louis XI avec Ferrand.

Galéaz n'était pas encore de retour, et une ambassade française venait d'arriver à Milan, où elle allait presser son mariage avec Bonne de Savoie et remercier Sforza de son concours, lorsque le duc de Milan mourut, le 8 mars 1466, après deux jours de maladie. Ainsi disparaissaient coup sur coup les deux hommes qui avaient été les principaux instigateurs de l'immixtion des rois de France dans les affaires de l'Italie; tous deux en avaient profité, puisque c'était grâce à cette ingérence qu'ils avaient pu maintenir l'alliance féconde qui avait porté leurs deux pays à un si haut degré de prospérité, mais ils la redoutaient aussi, et non sans raison, car les relations de la France et de l'Italie ne pouvaient que devenir plus étroites. Louis XI comptait bien d'ailleurs que son influence ne décroîtrait pas. Il exprima très haut ses regrets, promit son appui au fils et à la veuve de son oncle bien-aimé, le duc de Milan, et affecta de se poser en protecteur du nouveau duc; on eût dit un suzerain prenant la défense de son jeune vassal (4).

(1) Buser, p. 131.
(2) Octobre 1465.
(3) Lecoy de la Marche, I, p. 364.
(4) Lettre de Louis XI aux Florentins datée d'Orléans, 19 avril 1466, publiée par Desjardins,

Pour Pierre de Médicis, la perte était très grande : le vieux condottiere, devenu souverain, avait rompu bien des engagements et, disons le mot, trahi bien des amis; mais son amitié pour Côme avait été le seul attachement réel de sa vie, et les adversaires de la maison de Médicis savaient bien que, malgré les rapports qu'il avait avec eux, il prendrait le parti du fils de son ami. Galéaz n'avait ni les mêmes motifs de reconnaissance envers la mémoire de Côme, ni le prestige militaire et politique de son père. Blanche-Marie Visconti s'efforçait de le maintenir dans les traditions paternelles, mais le jeune duc cherchait à s'affranchir de la tutelle de sa mère et à rejeter ses conseils; on pouvait craindre que l'œuvre de Côme et de Sforza, l'alliance intime de Florence et de Milan, ne fût compromise. C'était cette alliance qui jadis avait permis d'entraver les aspirations dominatrices de Venise; aussi les Vénitiens, trouvant le moment propice, s'appliquaient-ils maintenant à la rompre en favorisant les mécontents florentins qui complotaient le renversement des Médicis. Les conjurés s'appuyaient principalement sur le duc Borso de Modène, qui devait les aider de ses soldats; mais ils avaient aussi des relations à Naples, où les Acciajuoli travaillaient contre Pierre, et jusqu'au delà des frontières italiennes. Le roi René et Jean de Calabre étaient mêlés à leurs intrigues; un envoyé angevin avait reçu un accueil favorable à Venise, d'où il était venu à Florence s'aboucher avec le parti hostile aux Médicis. Le renversement de Pierre à Florence, le renouvellement des luttes des Angevins et des Aragonais à Naples, la séparation de Florence et de Milan ayant pour conséquence la prédominance vénitienne en Italie, tels eussent été les bouleversements amenés par le triomphe des conspirateurs. Il fallait donc chercher du secours du côté de ceux qui n'avaient rien à gagner à tous ces changements. Pierre chargea son fils Laurent qui, à peine âgé de dix-sept ans, avait déjà fait ses preuves comme diplomate, d'aller à Rome et à Naples. Le précoce politique était déjà en route au moment de la mort de Sforza.

Paul II, quoique Vénitien d'origine, n'était pas en fort bons termes avec ses compatriotes, auxquels il réclamait Ravenne et Cervia (1). Les Florentins pouvaient au moins compter sur sa neutralité. Quant au roi de Naples, la part que prenaient les Angevins aux menées des agitateurs faisait que

p. 138, avec la date du 18 avril. — Réponse du sénat de Venise à l'évêque d'Angoulême, en date du 23 février 1467, indiquée par Charavay, *Archives des missions*, IIIe série, tome VII, p. 454.

(1) Gregorovius, édition italienne, VII, p. 261.

ses intérêts se confondaient en cette occasion avec ceux des Médicis. Il intervint auprès de Galéaz, lui recommandant de suivre les conseils de sa mère et de ne pas abandonner l'allié de la maison Sforza, et sa voix fut entendue. Des gens d'armes milanais furent mis à la disposition de Pierre pour tenir en respect les troupes que le duc de Modène avait prêtées aux conjurés, et l'envoyé du duc de Milan à Florence profita de ses bons rapports avec les mécontents pour détacher d'eux Luc Pitti et Angelo Acciajuoli; la conspiration échoua. Louis XI approuva fort la conduite de Galéaz, qui avait sauvé l'alliance de la France avec Florence et Milan et ruiné les nouvelles espérances de Jean de Calabre (1).

Quoique Pierre fût resté maître de Florence, les difficultés n'étaient pas encore finies. Les conjurés bannis demandèrent à Venise un secours qu'elle ne voulut pas leur donner ouvertement, mais elle les laissa prendre à leur service son capitaine général, Barthélemy Colleoni, dont l'engagement expirait et qui, malgré son âge, se voyant le seul survivant des grands condottieri, rêvait encore la fortune d'un Sforza. Pour résister aux bannis, une ligue se conclut, le 8 janvier 1467, entre Florence, Milan et Naples; Florence demandait que le roi de France fût mis au nombre des protecteurs de la ligue et Pierre aussi bien que Galéaz envoyèrent à Louis des ambassadeurs chargés d'obtenir son concours. Le pape s'étant déclaré neutre, Pierre de Médicis dépêcha à Rome sa femme, Lucrezia, pour le gagner par l'intermédiaire de ses cardinaux, et, sur l'ordre de Louis XI, le représentant de la France, Valperga, parvint à concilier aux Florentins le bon vouloir du souverain pontife (2). Paul II s'entremit et la paix fut conclue après quelques combats sans conséquence, au commencement de 1468. Le roi de France avait aussi agi en faveur de Galéaz pour arrêter le duc de Savoie qui était entré dans le Montferrat et menaçait la Lombardie (3). En retour Galéaz exigea que Louis XI figurât dans le traité de paix générale comme son confédéré et son suzerain pour Gênes et Savone (4). C'était le renouvellement de la ligue conclue en 1455 après la paix de Lodi; mais, cette fois, le roi de France, bien qu'il n'apparût qu'au second plan, était l'un des inspirateurs de la ligue. Il y trouvait la réalisation des projets qu'il

---

(1) Buser, p. 135-138.
(2) Ibidem, p. 141.
(3) Sismondi, VI, p. 461.
(4) Rinaldi, Annales ecclesiastici, X, p. 459, n° XXVII.

exposait, presque au lendemain de son avènement, devant les ambassadeurs florentins, à une époque où il affectait pourtant de rester dans les traditions politiques de son père vis-à-vis de l'Italie. Son dessein, disait-il dès 1462, était de conclure avec Milan et Florence une alliance perpétuelle qui s'étendrait ensuite à toutes les puissances italiennes qui voudraient y entrer (1). On eût pu croire que l'union de tous les Italiens aurait permis aux confédérés d'échapper à l'influence étrangère; mais, outre que Louis XI se réservait une place dans la ligue, il connaissait trop bien l'Italie pour ne pas prévoir les défiances réciproques qui surgiraient entre les alliés et pour ne pas espérer que son champ d'action politique en serait accru. Si telles étaient ses prévisions, on va voir qu'il ne se trompait pas.

Malgré la paix générale, l'union des Italiens n'était qu'un mot, sauf peut-être celle qui existait entre Florence et Milan; ce n'étaient qu'accusations portées par les alliés les uns contre les autres, pourparlers inavoués et intrigues secrètes, dissimulés sous les dehors de l'amitié officielle. Vis-à-vis de Louis XI, la conduite des états n'était pas plus loyale; tous protestaient de leur attachement et de leur gratitude envers lui, mais tous étaient dans les meilleurs termes avec ses ennemis. Peut-être les alliés italiens de la France, prévoyant la dépendance morale où ils allaient se trouver, cherchaient-ils par avance à s'en affranchir en s'unissant à ceux qui combattaient l'autorité de Louis XI. Il était trop tard en ce cas; les méfiances des puissances les unes à l'égard des autres favorisaient d'autant plus l'extension de l'influence française. Lorsque le roi de Naples s'était plaint des rapports trop intimes de Galéaz avec Modène et Venise, on l'avait laissé dire: quand le roi de France parla, les puissances qui étaient déjà ses alliées, comme Milan et Florence, comprirent qu'elles étaient entrées dans sa clientèle et qu'il fallait lui obéir; les autres, comme Venise, se sentirent entraînées vers lui et lui demandèrent son appui. On n'était plus au temps des Côme de Médicis et des François Sforza. Seul Ferrand aurait eu les talents politiques nécessaires pour résister à l'attraction française, mais il ne se sentait pas assez fort pour prendre en face de Louis XI la situation d'un ennemi. Il est piquant de voir l'embarras du roi de Naples mis, probablement non sans intention maligne de la part du roi de France, dans l'obligation de se prononcer entre celui qu'il appelait *son bienfaiteur et*

(1) Desjardins, I, p. 130.

son père (1) et ses plus redoutables ennemis. Un mariage était projeté entre les cours d'Angleterre et de Bourgogne, mais les liens de parenté des futurs rendaient ce mariage impossible sans une dispense de Rome. C'était pour faire refuser cette dispense que Louis XI avait prié Ferrand de s'entremettre auprès du pape. L'Aragonais était l'allié des uns et des autres; il tâcha de s'en tirer sans mécontenter personne. « Il faudrait, écrivait-il au protonotaire Rocca, user en cela de telle cautèle et trouver tel moyen que l'une des parties fût satisfaite sans que pour cela nous déplussions à l'autre (2). » De son côté, Pierre de Médicis recommandait à Galéaz, qui en acceptait très volontiers le conseil, de s'entendre avec les princes français ligués contre leur roi. Lui-même il prêchait d'exemple : François Nori, l'agent des Médicis à Lyon, soutenait, en Savoie, la politique hostile à la France de Philippe de Bresse ; d'autres agents, ceux de Bruges et de Londres, prêtaient de l'argent au duc de Bourgogne et au roi d'Angleterre. Mais Louis XI fit entendre à Pierre qu'il ne voulait plus tolérer d'intrusion étrangère dans ses affaires intérieures ; il exigea une obéissance absolue de Galéaz qui, depuis le 6 juillet, était devenu l'époux de Bonne de Savoie et le beau-frère de la reine de France, et celui-ci laissa voir à Pierre que ses engagements envers la France devaient passer même avant sa fidélité à l'alliance de leurs maisons. D'ailleurs Louis XI prenait la défense du duc de Milan vis-à-vis de la Savoie : il enjoignait aux Vénitiens par une lettre menaçante de ne prêter aucun secours au duc de Savoie contre lequel Galéaz allait tourner ses armes, sous peine de voir la France considérer comme amis tous les ennemis de Venise ; il leur reprochait en même temps de s'opposer à ce que l'on comprît dans le nouveau traité de confédération italienne les obligations qui liaient le duc de Milan à sa couronne (3).

A quelques jours de là, Louis XI subissait l'humiliation de Péronne, mais cette humiliation, qu'il cherchait à dissimuler en présentant le traité qui en était la suite comme un résultat heureux (4), ne lui fit rien perdre de son prestige à l'étranger. Les Vénitiens, qui s'étaient déjà hâtés de répondre par des excuses aux menaces du roi de France (5), firent partir l'année

---

(1) Trinchera, *Codice aragonese*, I, n° 56.
(2) *Ibid.*, n° 342, 27 mars 1468.
(3) Lettre de Louis XI aux Vénitiens en date du 18 septembre 1468. Desjardins, I, p. 151.
(4) Lettre de Louis XI à Galéaz, 5 novembre 1468. Buser, p. 440.
(5) Lettre du sénat de Venise à Louis XI, 21 octobre 1468, indiquée par Charavay, *Archives des missions*, IIIe série, tome VII, page 454.

suivante un ambassadeur chargé de solliciter sa bienveillance (1). Sans posséder un pouce de terrain au delà des Alpes, sans qu'un seul de ses sujets combattît en Italie pour la défense des intérêts français, Louis XI avait dès lors plus d'autorité dans la péninsule que son père n'en avait jamais eu lorsqu'il était maître de Gênes, et que Jean de Calabre semblait sur le point de s'emparer du royaume de Naples.

Cependant les effets de la rivalité de la France et de la Bourgogne se faisaient sentir en Italie. Venise, Rome et Naples étaient toutes plus ou moins liées à Charles le Téméraire, tandis que Florence et Milan paraissaient fidèles au parti français. A Florence, Pierre de Médicis était mort le 2 décembre 1469, et son autorité avait passé, comme un héritage, à son fils Laurent, à ce jeune homme de vingt et un ans, initié depuis plusieurs années aux affaires politiques et qui devait tenir une si grande place dans l'histoire de sa patrie. En apparence, Laurent continua la politique de son père et de son aïeul, celle de l'alliance avec la maison Sforza; mais les rapports de Galéaz avec le nouveau chef du gouvernement florentin ressemblaient plutôt aux façons d'agir d'un précepteur envers un élève ou d'un suzerain envers son vassal qu'à celles d'un allié envers son confédéré. Dans la crainte de voir Laurent incliner du côté de Venise, Galéaz le faisait surveiller, et au besoin réprimander, par ses ambassadeurs; il allait même jusqu'à interdire à Julien, le jeune frère de Laurent, un simple voyage de plaisir à Venise (2). Laurent acceptait toutes les humiliations; il déclarait vouloir suivre la bannière des Sforza; mais, comprenant que l'alliance avec Milan ne suffisait pas au salut de Florence, il nouait, à l'insu de son mentor, des relations avec Naples, avec le pape, et même avec Venise. La haine de Venise l'emportait alors chez le duc de Milan sur tout autre sentiment. En même temps qu'il refusait de s'associer à la croisade que demandaient les Vénitiens et qui eût servi leurs intérêts, Galéaz s'efforçait de séparer le pape des Vénitiens, pour opposer à une ligue de Naples et de Venise, une alliance de Milan, Florence et Rome avec les petits états italiens, alliance dans laquelle on ferait entrer la France (3). L'amitié entre la France, Milan et Florence était du reste toujours la même. Louis XI avait, le 13 août 1470, honoré Laurent

---

(1) 18 décembre 1469. Buser, p. 145.
(2) Buser, p. 159.
(3) *Ibidem*, p. 153.

des titres de son chambellan et conseiller (1); Galéaz écrivait à son royal allié des lettres dans lesquelles il déclarait vouloir vivre et mourir français (2); il promettait d'envoyer en France, quand il en serait besoin, des secours en hommes et en argent (3). C'était là une promesse précieuse pour Louis XI, qui se préparait lentement et prudemment à reprendre la lutte contre le duc de Bourgogne.

En France, le roi faisait tout ce qui était en son pouvoir pour regagner le terrain qu'il avait perdu à Péronne. Jamais peut-être il ne donna mieux la mesure de son génie politique que pendant les années qui suivirent son humiliation. Il avait comblé de faveurs les hommes qui pouvaient lui être utiles, châtié sévèrement ceux qui le trahissaient et fait un exemple dans la personne de Balue. Enfin pour ôter aux princes le principal prétexte de leurs ligues, il était parvenu à se réconcilier avec son frère en lui faisant accepter la Guyenne pour apanage (4). Afin de le détacher définitivement des ducs de Bourgogne et de Bretagne, Louis s'efforça de le marier à une princesse de Castille. La paix était rendue au royaume; le comte d'Armagnac et le duc de Nemours, qui troublaient le midi, avaient été contraints l'un de fuir, l'autre de se soumettre. Louis XI, comptant que le caractère ombrageux de Charles le Téméraire lui épargnerait à lui-même la responsabilité d'une rupture, affectait d'observer fidèlement le traité détesté de Péronne. D'ailleurs, il fallait encore isoler le duc de Bourgogne et se créer des appuis à l'étranger. Quand l'heure fut venue, quand le duc de Bretagne eut été gagné, quand les Suisses furent devenus les alliés de la France, quand Warwick, soutenu par Louis XI, eut renversé Édouard IV et rétabli sur le trône d'Angleterre Henri VI, le roi se sentit assez fort pour demander compte à Charles le Téméraire des violations du traité de Péronne dont il s'était rendu coupable. Au bout de trois mois, le duc de Bourgogne, après avoir perdu Saint-Quentin et Amiens, avait dû s'humilier à son tour devant le suzerain qu'il avait si fort humilié à Péronne; le 4 avril 1471, une trêve vint suspendre les hostilités pendant un an (5).

Laurent de Médicis était à Rome, où il était allé porter les vœux de la

(1) Fabroni, II, p. 118.
(2) Buser, p. 445-446.
(3) Ibidem, p. 156.
(4) Août 1469.
(5) Dareste, Histoire de France, III, p. 241-250.

république au nouveau pape, Paul II, lorsqu'il reçut la nouvelle du succès de Louis XI. Il en manifesta une joie sincère, car il était plus fidèlement attaché au roi de France que son père ne l'avait été. Quant au duc de Milan, sa contenance fut à ce moment si singulière qu'il est difficile de déterminer exactement son rôle vis-à-vis du roi. Était-il l'allié de Louis XI? Lui servait-il d'espion, ou le trahissait-il? En tout cas, son nom se trouve mêlé d'une façon assez suspecte aux intrigues que le duc de Bourgogne noua en Italie, dans l'intérêt de la nouvelle ligue qu'il préparait contre son suzerain.

Le rétablissement d'Édouard IV sur le trône d'Angleterre en 1471, était une grave menace pour Louis XI. Charles le Téméraire voulut en profiter pour former contre le roi une ligue dans laquelle il sut, cette fois, faire entrer les princes français. Il voulait y associer aussi des étrangers; déjà il pouvait compter sur les rois d'Angleterre et d'Aragon, et sur la propre sœur de Louis XI, la duchesse Yolande de Savoie. Ses ambassadeurs avaient été quêter des alliances en Italie; éconduits à Florence, ils étaient partis assez mécontents pour Naples, mais il est probable que leurs promesses n'étaient pas restées sans effet sur Galéaz. Dès la fin de 1470, un envoyé napolitain avait, au nom de Charles le Téméraire, offert au duc de Milan la Toison d'or et une alliance avec la Savoie; Louis avait alors une si grande confiance en son allié qu'il lui avait donné le conseil de ne pas refuser brusquement les offres bourguignonnes et de répondre au moins par de bonnes paroles. Était-il dans les projets du roi de laisser son allié entrer en rapport avec ses ennemis afin d'avoir par lui des informations? On ne sait; toujours est-il qu'au mois de mars 1472, l'orateur vénitien près la cour de Bourgogne, Bernard Bembo, écrivait à son gouvernement que Galéaz lui-même offrait au duc Charles de conclure une alliance. Il est vrai que la seigneurie de Venise refusait de croire à la réalité de cette nouvelle et que, le 15 mai 1472, elle s'alliait elle-même à la Bourgogne, précisément parce qu'elle considérait son ennemi, le duc de Milan, comme l'ami déclaré de la France (1). La suite des événements nous fait croire que Galéaz jouait tout simplement un double jeu. En même temps qu'il croyait de son intérêt de maintenir son amitié traditionnelle avec la France, il ne jugeait pas non plus inutile d'être en bons termes avec la Bourgogne, qui pouvait un jour lui permettre d'arrondir ses états aux dépens de la Savoie.

(1) Buser, p. 157-158.

La mort inopinée du duc de Guyenne (1), qui arriva si fort à propos pour empêcher la formation de la ligue des princes, que Charles accusa Louis XI de n'y être pas étranger, fournit le prétexte de la rupture. Mais, grâce à la prudence du roi, le duc de Bretagne fut tenu en respect et le duc de Bourgogne s'épuisa en ravages et en incendies inutiles. La fortune abandonnait Charles le Téméraire : Commines, le subtil politique dont le nom reviendra souvent dans ce livre, passa du parti du duc de Bourgogne à celui de Louis XI, auquel il apporta une intelligence supérieure des affaires et une âme profondément corrompue qui ne connaissait d'autre guide que l'intérêt personnel; c'étaient là des qualités dont Louis XI savait tirer parti mieux qu'aucun autre.

Le duc fut contraint de demander une nouvelle trêve qui fut conclue le 3 novembre 1472. Louis XI ne dut pas voir sans étonnement Charles le Téméraire faire figurer, dans l'instrument de la trêve, le duc de Milan parmi ses alliés. Sforza protesta officiellement contre ce fait et affirma n'avoir aucun lien avec Charles; il attribua l'usage que celui-ci avait fait de son nom à une perfidie vénitienne qui aurait eu pour but de le brouiller avec la France. Le roi parut le croire, l'assura du maintien de son amitié et le prévint qu'il l'avait au contraire nommé dans la trêve parmi ses propres alliés. Toutefois il conservait au fond du cœur un mécontentement qu'il ne contenait pas toujours, même en présence de l'envoyé milanais Sforza Bettini. Galéaz, inquiet, eut recours à ce Laurent qu'il avait traité jusque-là plutôt en subordonné qu'en allié, mais dont il voyait grandir l'influence auprès de Louis XI. A sa requête les Florentins écrivirent au roi de France pour le remercier de l'intérêt qu'il leur avait montré dans les affaires de Volterra et attribuer le succès qui les avait terminées aux soldats milanais envoyés par Galéaz (2). Grâce aux efforts de Laurent, le roi consentit à renouveler avec le duc l'alliance existante qui impliquait l'investiture de Gênes et de Savone (3); en même temps il s'engageait à ne pas entrer en ligue avec Venise, tandis que Galéaz jura qu'il n'avait aucun lien avec la Bourgogne (4).

Peut-être ne faut-il pas attribuer le rétablissement des bonnes relations

---

(1) 24 mai 1472.
(2) Desjardins, p. 159-160.
(3) 16 janvier 1473.
(4) Buser, p. 159-162.

entre la France et Milan aux seuls bons offices de Laurent. Louis XI, en l'opérant, voulait non seulement détacher Galéaz de Charles le Téméraire, mais encore avoir dans la main les moyens de faire avorter la nouvelle confédération italienne qui était sur le point de se former, à l'avantage de la Bourgogne. C'était dans ce dessein qu'il envoyait des ambassadeurs à Rome et à Naples auprès du roi Ferrand, qu'il tenait particulièrement à s'attacher. Le roi de France était alors en guerre avec Jean, roi d'Aragon et de Sicile. Il savait que l'héritier du roi René, Nicolas, duc de Lorraine, sollicitait la main de Marie de Bourgogne; il entreprit de gagner Ferrand en lui demandant d'accepter pour gendre le dauphin à peine âgé de trois ans. Dans un rapprochement avec la dynastie aragonaise de Naples, Louis comptait trouver les moyens de tenir en respect le roi d'Aragon et de punir la maison d'Anjou de ses tendances bourguignonnes.

Laurent de Médicis jouait en Italie le rôle d'intermédiaire reconnu du roi de France. Déjà, en 1471, il avait reçu mission d'agir à la cour de Rome, pour que le duc de Guyenne ne parvînt pas à se faire relever par le pape du serment prêté naguères à son frère (1); c'était auprès de Laurent que le cardinal Bessarion, à son départ pour la France, s'informait des dispositions du roi (2); c'était à son intervention que Galéaz avait eu recours pour rentrer en grâce auprès de Louis XI. Le roi, qui venait de prouver sa satisfaction à son cousin Laurent en demandant à Rome le chapeau de cardinal pour Julien de Médicis (3), le chargea secrètement d'éblouir le roi de Naples par l'espoir de voir un jour reine de France la fille qu'il projetait alors de marier au duc Philibert de Savoie. Cette mission avait encore, aux yeux de Louis XI, l'avantage de brouiller avec le duc de Bourgogne celui qui l'acceptait. Ferrand répondit à Laurent que le soin de son honneur ainsi que ses engagements avec Charles le Téméraire l'empêchaient de porter les armes contre son oncle d'Aragon, et de consentir à une alliance qui dépassait assurément son ambition (4). Mais, malgré cette réponse officielle, le roi de Naples entamait avec Louis XI des négociations secrètes au sujet du mariage qu'il venait de refuser (5). Il est vrai que, comme on le verra plus tard et comme on peut déjà le re-

---

(1) Buser, p. 156.
(2) *Ibidem*, p. 163.
(3) Charavay, *Archives des Missions*, IIe série, t. VII, p. 450. — Desjardins, p. 155.
(4) Desjardins, p. 161 et 163.
(5) Buser, p. 164.

connaître aux termes tant soit peu ironiques de sa réponse, Ferrand se jouait complètement du roi de France. D'ailleurs les souverains d'alors promettaient volontiers la main de leurs enfants à plusieurs prétendants à la fois : le dauphin Charles avait été solennellement fiancé en 1471 à Marie de Bourgogne, que son père avait déjà offerte au duc de Guyenne et qu'il devait successivement promettre à Nicolas de Calabre, au duc de Savoie et à Maximilien.

Du reste, l'un des buts que se proposait Louis XI était déjà atteint. Le duc Charles se plaignait de la conduite de Laurent, et celui-ci, craignant pour ses comptoirs de Bruges, dut présenter des excuses que le duc accepta d'assez mauvaise grâce (1). Laurent s'était compromis; il fallait amener le duc de Milan au même point. Mais Galéaz, malgré le traité qu'il avait réellement renouvelé avec la France, penchait de plus en plus vers la Bourgogne. Afin de l'éprouver, Louis XI lui demanda d'autoriser les capitaines Robert de San Severino et Donato de' Conti à passer au service de la France. L'effet de cette demande fut de jeter Galéaz dans les bras de Venise, son ennemie, qui du moins redoutait comme lui la France, et, comme lui, recherchait l'amitié de la Bourgogne. Galéaz espérait ainsi compenser la perte de l'alliance française; mais Venise, le pape, l'empereur même, de qui il espérait obtenir la couronne de Lombardie, comme Charles le Téméraire rêvait de recevoir celle de Gaule Belgique, ne lui donnèrent que de faibles encouragements (2).

Le rapprochement du duc de Milan et des Vénitiens facilita sans doute les négociations qui eurent cours pendant l'année 1474, pour le renouvellement de la ligue italienne. Comme jadis, lors de la paix de Lodi, Milan, Venise et Florence conclurent le 2 novembre une ligue défensive de vingt-cinq ans à laquelle ils invitaient le duc de Ferrare, le pape et le roi de Naples à adhérer. Cependant Sixte IV et Ferrand, tout en assurant les confédérés de leur amitié, s'abstinrent de tout engagement. Charles le Téméraire formait alors contre Louis XI une coalition à la tête de laquelle se trouvait Édouard IV; il vit le parti qu'il pourrait tirer de la ligue des trois états. Avec l'un d'eux, l'état de Venise, il était étroitement uni; au moyen de celui-là, il crut pouvoir gagner les deux autres et fit demander soit une alliance séparée avec Galéaz et les Vénitiens, soit l'admission dans la

(1) Lettre de Charles le Téméraire à Laurent, 7 décembre 1473, dans Buser, p. 448-449.
(2) Buser, p. 164-168.

ligue des trois états, soit au moins une déclaration de neutralité de la part de Milan et de Florence. Galéaz agréa, pour ce qui le regardait, la première de ces trois requêtes; il conclut, le 30 janvier 1475, une alliance avec la Bourgogne et appuya les demandes de son nouvel allié, auprès des Florentins. Mis en demeure de se prononcer, ceux-ci se trouvaient dans l'alternative, soit de se brouiller avec la France en acceptant, soit d'offenser la Bourgogne et le duc de Milan en refusant; mais les Florentins surent échapper au piège dans lequel les Vénitiens comptaient les voir tomber. Sous prétexte d'éviter tout ce qui pourrait mettre en péril leurs établissements commerciaux à l'étranger, ils ne consentirent point à admettre Charles dans la ligue des trois états, et répondirent à la demande de neutralité en refusant de faire aucune déclaration concernant les affaires ultramontaines [1].

Le roi de France n'avait pas renoncé à détacher Ferrand de la Bourgogne en lui demandant pour le dauphin la main de sa fille Béatrice. Il est vrai que cette princesse était promise au roi de Hongrie, Matthias Corvin, mais il n'y avait là rien qui pût arrêter Louis XI. Cette fois, Laurent ayant refusé de se mêler de l'affaire, ce fut un maître d'hôtel du roi qui alla dire à Ferrand que « pour ce qu'il est sage, vaillant et le plus vertueux prince que l'on sache aujourd'hui entre les chrestiens, le roy nostredit seigneur requiert plus et desire son alliance que de nul autre [2]. » Le roi de Naples le prit sur le même ton : il n'eut garde de laisser tomber les négociations qui duraient encore lorsqu'il maria sa fille à Matthias Corvin : négociations dont il avait profité pour se faire rendre des vaisseaux saisis par l'amiral français Coulomp. Comme pour mieux montrer au roi de France à quel point il le jouait, Ferrand envoyait son fils, Frédéric de Tarente, chercher une fiancée à la cour de Bourgogne. Louis XI, que ce dénouement étonna peut-être moins qu'on ne le penserait, ne tarda pas du reste à demander pour son fils la fille d'un allié bien autrement puissant du duc de Bourgogne [3].

Le roi d'Angleterre venait de débarquer à Calais; mais on n'était plus au temps de la ligue du Bien public : Louis XI imposait ses volontés au duc de Bretagne et aux princes angevins, le duc René de Lorraine était

---

[1] Buser, p. 169-170.
[2] Instructions de Jean d'Arson, dans Buser, p. 450.
[3] Buser, p. 171-172.

son allié, la guerre de Roussillon était finie. Les espérances qu'Édouard IV avait fondées sur la jonction de ses troupes avec celles du duc de Bourgogne et sur les dispositions du connétable de Saint-Pol, qu'on lui disait prêt à livrer les places qu'il occupait, se trouvèrent déçues. Charles le Téméraire avait consumé ses forces au siège de Neuss, le connétable n'osait se déclarer ouvertement contre son maître; les Anglais, sans appui, désorientés, mécontents de leurs inutiles alliés, travaillés par les agents de Louis XI, qui répandaient l'argent à profusion parmi les conseillers d'Édouard IV, acceptèrent sans peine le traité de Pecquigny (1). Moyennant une grosse indemnité et une promesse de mariage entre le Dauphin et la fille d'Édouard, qui devait recevoir la Guyenne en dot, ils consentirent à se retirer. Le roi d'Angleterre offrit même à Louis XI de se joindre à lui pour écraser la Bourgogne, mais le roi de France tenait surtout à voir les Anglais hors du continent. Il n'accepta point et conclut quelques jours plus tard avec Charles, à Soleure en Luxembourg, une trêve de neuf ans et un traité qui permettait au duc de poursuivre ses projets ambitieux contre la Lorraine, et de se faire par la Suisse un chemin vers la Savoie et l'Italie. En retour Charles le Téméraire devait livrer au roi le connétable de Saint-Pol.

Louis XI comptait bien que le duc de Bourgogne n'obtiendrait aucun concours effectif de ses alliés italiens. Parmi ceux-ci, le plus inquiet était le duc de Milan, que le double jeu qu'il avait voulu maintenir mettait dans une situation très périlleuse. S'il avait jamais espéré profiter de la lutte entre ses amis de France et de Bourgogne pour s'augmenter aux dépens de la Savoie, il devait maintenant payer ses ambitions par de cruelles anxiétés. D'un côté, c'était Louis XI qui, tout en attendant à Lyon, avec sa belle armée, l'issue des événements, continuait à le traiter en allié, lui demandant un prêt de vingt mille ducats et lui faisant encore une fois espérer de remettre la main sur Asti; de l'autre, c'était Charles le Téméraire qui manifestait si peu de confiance dans ses alliés d'Italie qu'il n'avait nommé aucun d'entre eux, pas même Galéaz, dans le traité de Soleure. On disait même qu'il se préparait à descendre en Italie après avoir écrasé les Suisses. Le duc de Milan, éperdu, demanda conseil à Venise. Dans son désarroi, il suppliait qu'on lui prêtât dix vaisseaux pour aller en Espagne détourner de ce côté l'attention des Français déjà en lutte avec les Aragonais. Mais

(1) 29 août 1475.

la seigneurie se sentait en sûreté; elle engagea un peu ironiquement Galéaz à ne point se mêler aux guerres entre chrétiens.

Le duc de Milan se voyait contraint de continuer sa double politique. Au commencement de 1476, le duc de Bourgogne lui fit proposer d'agir en commun contre les Suisses : Galéaz essaya d'effrayer Venise afin de l'obliger à sortir de son inaction. Il prétendit que Louis XI lui offrait des troupes pour combattre les Vénitiens, que Charles le Téméraire allait bientôt faire la loi en Savoie, soit en mariant sa fille à l'héritier du duché, soit autrement; que de là, il descendrait en Italie pour contraindre le pape à convoquer un concile et pour se faire décerner la couronne impériale. La seigneurie resta incrédule; quand l'envoyé milanais revint savoir ce qu'elle avait décidé pour parer à ces dangereuses éventualités, il lui fut répondu que tout était changé et que l'on n'avait plus à s'occuper des desseins du duc Charles : c'est que, dans l'intervalle, on avait reçu la nouvelle du désastre de Grandson (1). Les chevaliers bourguignons avaient été mis en fuite par les montagnards des Alliances.

Le roi de France manifesta sa joie en comblant de marques d'amitié les envoyés des Cantons. La victoire des Suisses, en effet, était surtout une victoire pour lui : il se hâta d'en profiter. Le vieux roi René négociait avec Charles le Téméraire, qui lui demandait la cession de la Provence; la défaite du duc à Grandson était à peine connue, que le Parlement recevait l'ordre de procéder contre le roi de Sicile. Intimidé, privé de l'appui de son puissant allié, celui-ci dut venir à Lyon faire la paix avec le roi de France et lui abandonner définitivement l'héritage de l'Anjou après sa mort et celui de la Provence après celle de Charles du Maine, son neveu. Le bruit de cet accord eut le plus singulier effet : le roi Ferrand de Naples avait entendu dire que Louis XI allait immédiatement s'emparer de la Provence. La crainte de voir le roi de France maître des ports de la Méditerranée l'avait emporté sur le ressentiment de l'Aragonais contre la maison d'Anjou, et le fils de Ferrand était venu en hâte à Marseille avertir les gens de René des perfides desseins du roi de France, qu'il accusait de vouloir déposséder leur seigneur, et offrir à celui-ci le secours de son père et celui des rois de Castille et d'Aragon. Le roi René se contenta de faire connaître à Louis XI cette étrange proposition par l'intermédiaire de Commines (2). Du reste

(1) 2 mars 1476. — Buser, p. 175-176.
(2) Lecoy de la Marche, I, p. 410.

Ferrand, prévoyant que les droits des Angevins sur l'Italie méridionale allaient, dans un avenir prochain, passer à la maison royale de France, ne devait pas s'en tenir là dans ses tentatives d'accommodement avec René. A la fin de l'année suivante, il fit demander à son ancien adversaire la conclusion d'une trêve, celle d'une convention commerciale excluant les vaisseaux vénitiens des ports de Provence, et la cession aux Aragonais, moyennant une grosse somme d'argent, des droits de la maison d'Anjou au trône de Naples. René ne voulut pas répondre à l'envoyé napolitain. Il se vengea en communiquant aux Vénitiens les offres qu'il avait reçues, et déclara qu'il espérait que Dieu ferait un jour triompher ses droits, sinon de son vivant, du moins au profit de son neveu auquel il n'était nullement disposé à porter préjudice (1).

La réconciliation de la maison d'Anjou avec le roi de France était complète : le petit-fils du roi René, le jeune duc de Lorraine René de Vaudémont, était déjà l'allié de Louis XI. Dépouillé de ses états par Charles le Téméraire, il vint se joindre aux Suisses pour résister au vaincu de Grandson, qui réunissait à Lausanne une nouvelle armée.

Il semble que Commines fût devenu l'intermédiaire obligé des anciens partisans de Charles qui pensaient à se rallier au roi de France. C'est à lui que la duchesse de Savoie, Yolande de France, qui jusque-là était restée attachée au duc de Bourgogne, fit exposer les raisons qui l'avaient éloignée de la France et rapprochée de la Bourgogne. Le roi, que le sire d'Argenton s'était chargé de sonder, lui fit faire « toutes bonnes réponses (2) ».

Au dire de Commines, Galéaz ne fut pas mécontent de la défaite de son allié. Dans les premiers temps, en effet, il put lui sembler qu'il n'aurait rien à redouter des rancunes de Louis XI. Il se fiait alors aux négociations de l'envoyé impérial, qui allait, jusque dans le camp de Charles le Téméraire, conclure le mariage de l'archiduc Maximilien avec l'héritière de Bourgogne. De plus, des avis de Florence lui donnaient à espérer que les vues de Charles sur la Savoie et les tendances bourguignonnes de la duchesse Yolande allaient faire éclater la guerre entre Louis XI et le Téméraire ; c'eût été pour l'Italie la plus sûre des diversions. Le duc de Milan se vanta même auprès des Vénitiens d'avoir refusé, pour ne pas troubler la paix de l'Italie, la possession des cols piémontais et le gouvernement du

---

(1) Lecoy de la Marche, II, pièces justificatives, n° 90.
(2) Commines, éd. de Mlle Dupont, II, p. 18-19.

Piémont que lui offrait le duc de Bourgogne (1). Mais, quelques jours après, Galéaz perdait toute confiance; on lui avait parlé d'une action commune de Louis XI et de Charles le Téméraire contre la Savoie et Milan. Ses alliés, auxquels il eut aussitôt recours, se montrèrent assez peu crédules; les Vénitiens, à l'instigation du pape, profitèrent de l'occasion pour lui recommander une ligue générale comme le meilleur moyen de défense contre les ennemis quels qu'ils fussent, Turcs ou Ultramontains. Laurent de Médicis, avec son habituelle perspicacité, jugea que Louis XI ne s'associerait pas à une entreprise en Italie, mais qu'il chercherait d'un côté ou de l'autre des Alpes un champ de bataille où il pût envoyer Charles le Téméraire consumer les nouvelles forces qu'il avait réunies. « Je crois à ce projet, écri-

Maximilien, à dix-neuf ans.

vait-il à son ambassadeur à Milan, Guicciardini, le 4 mai 1476, parce que le roi n'est pas un homme d'aventures, et que, comme il n'aime ni le duc de Bourgogne ni le duc de Milan, ce serait là un bon parti pour lui. Je suis de ceux qui croient que le duc de Bourgogne, malgré toutes les promesses du monde, ne devrait jamais se fier au roi de France; il devrait le déclarer formellement; mais d'un côté la bassesse (viltà) du roi, et de l'autre, l'âme grande mais peu équilibrée du duc de Bourgogne m'en font douter (2) ». Laurent ajoutait quelques vagues promesses de secours de la part de Florence comme de celle de Naples; mais au fond, il croyait n'avoir rien à craindre. Au moment même où il qualifiait si durement les procédés de Louis XI, le banquier florentin donnait au roi de France l'hospitalité dans sa maison de Lyon.

(1) Buser, p. 178.
(2) Laurent à Guicciardini, 4 mai 1476, dans Buser, p. 454.

Cependant Galéaz poursuivit le plus longtemps possible l'inepte politique de bascule au moyen de laquelle il pensait éviter les périls, et peut-être se faire donner quelques bribes de la dépouille d'un faible ou d'un vaincu quel qu'il fût. Le duc crut un moment que l'empereur allait, pour prix de sa rupture avec les Hongrois, lui accorder l'investiture de Milan et lui laisser prendre Verceil; mais Venise le contraignit de renoncer à ses espérances en lui montrant les colères qu'il soulèverait ainsi au delà des monts. Galéaz, qui n'avait point rompu avec la Bourgogne et qui néanmoins redoutait toujours de voir se conclure la dangereuse alliance de Louis XI et de Charles, fit partir pour la France un bourgeois de Milan nommé Jean Bianco, que Commines, suivant sa coutume, se chargea de présenter. Bianco offrit au roi 100.000 ducats s'il voulait s'engager à ne pas traiter avec le duc de Bourgogne; Louis refusa l'argent, mais il consentit à recevoir de nouveau Galéaz dans son alliance (1), en même temps qu'il lui faisait proposer de joindre les troupes milanaises aux troupes françaises pour aller surprendre l'armée bourguignonne en Suisse (2). Peut-être n'était-ce là, de la part du roi, qu'un moyen d'éprouver le duc de Milan; car Louis n'avait nul intérêt à rompre la trêve de Soleure. Ainsi que le dit Commines en parlant de Charles le Téméraire, « le roy luy faisoit beaucoup plus de guerre en le laissant faire et luy sollicitant ennemys en secret, que s'il se fust desclaré contre luy: car dès que ledict duc eust veu la desclaration, il se fust retiré de son entreprinse, et tout ce qui luy advint ne luy fust point advenu (3). » En tout cas, Galéaz Sforza n'accueillit point cette proposition, car il semblait être sur le point de former avec le duc Charles une ligue contre Louis XI lorsque la sanglante déroute de Morat (22 juin 1476) vint, trois mois après Grandson, ruiner pour jamais la puissance bourguignonne.

Le vide se fit autour du malheureux duc. Le fils du roi de Naples, Frédéric de Tarente, qui était venu, comme on sait, pour solliciter la main de Marie de Bourgogne, n'avait même pas attendu le jour de l'écrasement de Charles le Téméraire pour l'abandonner. Cependant Frédéric s'était « trouvé comme homme de bien » à Grandson, il avait reçu le commandement d'un corps d'armée; mais ses espérances avaient été détruites par les

---

(1) Commines, tome II, p. 15.
(2) Kervyn de Lettenhove, *Lettres et négociations de Philippe de Commines*, I, p. 137.
(3) Commines, II, p. 37.

fiançailles de l'héritière de Bourgogne avec Maximilien d'Autriche. Parmi les étrangers attachés à la personne de Charles le Téméraire, se trouvait un compatriote du prince de Tarente; c'était un ami de Commines, Angelo Cato, astrologue de son état, médecin à ses heures, fort estimé de son maître. Profitant de ses facultés divinatoires, qui lui avaient probablement fait prévoir les libéralités de Louis XI à son endroit, Angelo n'eut pas de peine à déterminer Frédéric à se rallier au parti français. Les astres complaisants indiquèrent sans doute pour le moment de la rupture celui qui devait être le plus nuisible à Charles le Téméraire : la veille même de la bataille, le prince napolitain quitta le camp bourguignon avec quatre cents chevaux et s'en fut tout droit demander une fiancée à Louis XI. Angelo Cato ne tarda pas à le suivre; le roi sut reconnaître comme il convenait l'habileté de l'homme qui interprétait si utilement les combinaisons des étoiles : l'astrologue devint archevêque de Vienne.

Le duc de Milan, comme tous les princes de son temps, avait aussi des astrologues; mais ils devaient être moins perspicaces que le futur archevêque de Vienne, car Galéaz ne désespérait pas encore de la fortune de Charles le Téméraire. Bien qu'il fût en apparence déjà presque réconcilié avec le roi de France, il prêtait toujours l'oreille aux propositions du duc de Bourgogne qui, craignant de voir Louis XI mettre la main sur la Savoie, faisait arrêter la duchesse Yolande et offrait encore une fois au duc de Milan d'occuper les cols du Piémont. Louis envoya délivrer sa sœur captive auprès de Dijon et chargea Philippe de Savoie, comte de Bresse, de gouverner au nom de son jeune neveu, Philibert. De son côté, Galéaz, de qui la fille était fiancée à Philibert, entra en Savoie pour en chasser le comte de Bresse; mais les représentations des Vénitiens et des Florentins, qui craignaient de le voir compromettre la sûreté de l'Italie, le décidèrent à rechercher définitivement les bonnes grâces du roi de France et à lui envoyer, non plus un émissaire secret, comme Jean Bianco, mais un représentant officiel, François de Pietrasanta. Le roi accueillit d'abord sévèrement l'envoyé milanais : « Le duc Galéaz s'est joué de moi par le passé, lui dit-il. Quelle confiance puis-je avoir en ses promesses? » Cependant Commines avait répondu du succès de l'ambassade; il fit tant que, le 20 juillet 1476, Pietrasanta pouvait écrire à son maître que Louis XI avait consenti à renouveler les anciennes alliances. « Pour tout dire, Monseigneur, en ce qui se rapporte au bon succès de ces affaires, monseigneur d'Argenton a été le principe, le milieu et la fin. *Solus* il a été présent à toutes mes démarches. *Solus* il gouverne et couche avec le roi. C'est lui qui est tout *in omnibus et per omnia*. Il n'y a personne qui soit un si grand maître ni d'un si grand poids que lui. Il s'attend à ce que Votre Seigneurie, appréciant un si grand service, lui accorde quelque rémunération honorable. S'il en était *aliter*, il pourrait à coup sûr en résulter quelque grand préjudice *in futurum*. Si Votre Seigneurie dispose de lui, elle pourra dire qu'elle dispose du roi (1). »

Les desseins du roi de France sur la Savoie ne laissaient pas d'inquiéter Venise; le 1ᵉʳ août 1476 cette puissance décida de traiter avec Louis XI. Quant à Galéaz, il avait obtenu du roi d'être le protecteur et le défenseur de Yolande pour ceux de ses états qui étaient situés sur le versant italien des Alpes. Il voulut manifester sa reconnaissance en avertissant son allié que Charles le Téméraire méditait de le faire empoisonner. Mais cette marque de bonne volonté ne l'empêchait pas de faire quelques jours plus tard devant l'ambassadeur de Venise, un portrait fort peu flatté du prince auquel il venait d'offrir ses services dans les termes les plus humbles (2). Galéaz ne profita pas longtemps de la faveur que le roi de France lui avait rendue : le 26 décembre, il tombait assassiné dans une église par trois de ses courtisans, ses compagnons depuis sa jeunesse, qui poussaient la passion de l'humanisme jusqu'à se croire des émules de Brutus et de Cassius. La duchesse Bonne prit l'exercice du pouvoir au nom de son fils Jean-Galéaz, alors à peine âgé de huit ans.

Le duc de Milan était du moins mort en pleine puissance; il dut être un objet d'envie pour le malheureux Charles le Téméraire. Un jour, peu de temps après Grandson, apprenant que Galéaz lui conseillait de faire la paix avec les Suisses, et croyait le décider en lui disant qu'il occuperait encore le sixième rang parmi les princes chrétiens, « Si je pensais, s'écria Charles, que je dusse mourir le second, et non pas le premier prince de la chrétienté, je ne voudrais plus vivre (3). » La mort vint trop tard pour lui. A la faveur du désarroi qui suivit le désastre de Morat, René de Vaudémont s'était emparé de Nancy. Charles avait encore auprès de lui un certain nombre d'Italiens commandés par un Napolitain, le comte de Campo-

---

(1) Kervyn de Lettenhove, III, p. 3.
(2) Relation d'un entretien avec Galéaz adressée à la Seigneurie de Venise le 2 novembre 1476, Buser, p. 467.
(3) Buser, *ibid.*

basso, en qui il avait pleine confiance ; il réunit quelques milliers d'hommes et, malgré l'infériorité numérique de ses troupes, il vint mettre le siège devant Nancy. Mais Campobasso le trahissait : plusieurs fois il offrit à Louis XI et à René de Vaudémont de les défaire de son maître. Les encouragements qu'il reçut n'allaient pas jusque-là ; quand arrivèrent les Suisses que le duc de Lorraine amenait pour délivrer Nancy, Campobasso, suivi de ses Italiens, abandonna les Bourguignons au moment où le combat allait s'engager. Charles le Téméraire disparut dans la déroute des siens : deux jours après on retrouva, dans une mare voisine du champ de bataille, le cadavre nu et déchiré du grand duc d'Occident.

On savait que Louis XI se montrait généreux envers ceux qui lui apportaient de bonnes nouvelles : Commines et Du Bouchage avaient chacun reçu deux cents marcs d'argent pour lui avoir annoncé la victoire des Suisses à Morat. Il faisait à peine jour lorsqu'un matin M. du Lude tenant en main les lettres qui annonçaient la défaite de Charles devant Nancy, vint frapper à la porte du roi. Louis, déjà tout « surprins de joye », ne se contint plus lorsqu'il apprit, quelques jours après, la mort de son ennemi. « Là où par le passé j'ai donné des parpailloles (1), disait-il, je veux à présent donner des écus (2) ». Dès le jour où il avait reçu la première nouvelle de la bataille de Nancy, le roi avait envoyé chercher à Tours tout ce qui s'y trouvait de grands personnages et de capitaines afin de la leur communiquer lui-même : « Tous en feirent signe de grant joye, et sembloit à ceulx qui regardoient les choses de bien près qu'il y en avoit assez qui s'y efforçoient, et, nonobstant leurs gestes, qu'ilz eussent mieulx aymé que le faict dudict duc fust allé aultrement. La cause pourroit estre que le Roy estoit fort craint, et ilz se doubtoient que s'il se trouvoit tout au délivre d'ennemys qu'il ne voulsist muer plusieurs choses, et par espécial estatz et offices : car il y en avoit beaucoup en la compaignie, lesquels en la question du Bien Public et aultres du duc de Guyenne, son frère, s'estoient trouvez contre luy. Après avoir parlé une pièce aux dessusdictz, il ouyt la messe, et puis feit mettre la table en sa chambre, et les feit tous disner avec luy : et y estoit son chancellier, et aucunes gens de conseil. Et en disnant parla tousjours de ces matières, et scay bien que moy et aultres prinsmes garde comme disneroient, et de quel appétit, ceulx qui es-

---

(1) Monnaie de valeur insignifiante. Voy. le *Glossaire* de Ducange au mot *Parpaillola*.
(2) Pietrasanta au duc de Milan, Tours, 16 janvier 1477, dans Buser, p. 472.

toient en ceste table; mais à la vérité (je ne scay si c'estoit de joye ou de tristesse) ung seul par semblant ne mangea la moytié de son saoul... (1). »

On peut croire que, de l'autre côté des Alpes, les gouvernements italiens partagèrent le sentiment intime des convives du roi. La rivalité de Louis XI et de Charles le Téméraire leur avait permis jusque-là de neutraliser dans leur pays l'influence française par l'influence bourguignonne. Dorénavant l'influence française devait régner sans partage dans la péninsule; celle de l'Empire ne comptait plus depuis longtemps. Peut-être la ligue générale de toute l'Italie eût-elle permis de résister à l'ingérence française, mais l'essai tenté en 1474 n'avait pas réussi; Naples et Rome ne faisant rien pour se rapprocher de l'alliance des trois états du Nord, dont Laurent de Médicis était l'âme, les puissances italiennes restaient divisées en deux groupes. De l'antagonisme de ces deux groupes résultèrent les grands événements qui permirent à Louis XI de jouer en Italie un rôle encore plus important que par le passé.

(1) Commines, livre V, chap. x, édition Dupont, tome III, p. 73.

CHAPITRE V.

LES SUITES DE LA CONJURATION DES PAZZI. — LOUIS XI ARBITRE DE L'ITALIE.

Origines de la conjuration des Pazzi. — Attitude de Louis XI vis-à-vis des puissances italiennes. — Assassinat de Julien de Médicis. — Châtiment des conjurés. — Les Florentins attaqués par le pape et par le roi de Naples. — Insuffisance de l'appui prêté à Laurent par Venise et Milan. — Motifs de l'intervention de Louis XI. — Ambassade de Philippe de Commines. — Concile d'Orléans. — Méfiance fondée de Laurent à l'égard de Louis XI. — Envoi en Italie d'une grande ambassade française. — Aspirations de Louis XI à la suprématie en Europe. — Les ambassadeurs français à Rome. — Résistance imprévue du pape. — Réveil de l'Empire. — Isolement de Laurent. — Reconnaissance de l'indépendance de Gênes par le pape. — Arrivée à Rome d'un ambassadeur anglais. — Règlement du différend remis par le pape à l'arbitrage des rois de France et d'Angleterre. — Satisfaction peu justifiée des ambassadeurs français. — Rejet par le pape du projet d'arbitrage qu'il avait accepté. — Révolution de Milan. — Ludovic le More. — Envoi de Pierre Palmier à Naples. — Voyage de Laurent de Médicis à Naples. — Sa réconciliation avec Ferrand. — Pacification de l'Italie. — Ligue de Venise avec le pape. — Contre-ligue de Naples, Florence et Ferrare. — L'appui de Louis XI recherché par les deux ligues. — Prise d'Otrante par les Turcs. — Mort du roi René. — Charles du Maine. — René duc de Lorraine au service des Vénitiens. — Guerre de Ferrare. — Louis XI invité par Sixte IV à s'emparer de Naples. — Traité d'Arras. — René de Lorraine en Italie. — Mort de Louis XI.

La prédilection de Sixte IV pour son neveu, le comte Jérôme Riario, fut l'une des causes principales de la célèbre conjuration qui devait coûter la vie à Julien de Médicis, menacer l'Italie d'être mise sous la dépendance du pape et du roi de Naples, et n'aboutir en somme, par ses conséquences, qu'à l'accroissement de l'influence française. C'est du jour où, désirant acquérir pour son neveu la seigneurie d'Imola, il se vit refuser l'argent nécessaire par Laurent, qui aurait voulu faire cet achat pour son compte, que Sixte IV retira son appui aux Florentins; et cependant il n'y avait que bien peu de temps qu'il les avait encore aidés à soumettre Volterra.

Les Pazzi, riches banquiers florentins alliés à la maison de Médicis, ayant, en dépit des injonctions de Laurent, consenti à fournir au pape les fonds dont il avait besoin, leur complaisance avait été récompensée par la faveur pontificale que les Médicis venaient de perdre. Laurent s'était vengé par une injustice : il avait empêché Jean de' Pazzi de recueillir l'héritage de son beau-père (1). Depuis lors les rancunes s'accrurent; Sixte IV reprocha aux Florentins d'avoir aidé Fortebraccio, fils de Braccio di Montone, à s'emparer de Pérouse, terre de l'Église, et à combattre les Siennois. Les vues du pape étaient partagées par le roi de Naples, qui espérait s'assurer la possession de Sienne au prix d'une alliance avec le comte Jérôme. A la cupidité des Riario et aux prétentions napolitaines, Laurent opposait comme obstacle l'union de Venise, Milan et Florence. Maintenir cette union, tel était alors l'unique objet de sa politique; la détruire et, pour y arriver, renverser les Médicis qui en étaient l'âme, tel était le but des efforts de Sixte IV et de Ferrand. Les Pazzi ne songeaient point à se faire les émules d'Olgiati et de Lampugnani qui, en frappant Galéaz Sforza, avaient cru délivrer leur pays d'un tyran; ils ne furent que les instruments du pape et du roi de Naples, qui voulaient rompre la ligue des trois états, et faire entrer Milan et Florence dans des voies politiques conformes à leurs désirs.

C'était du côté de Milan que Laurent voyait le plus de motifs d'inquiétude. Tant que le pouvoir restait aux mains de Bonne de Savoie, secondée par l'habile ministre de son mari, Cicco Simonetta, il n'y avait pas de rupture à redouter; mais l'autorité de la duchesse était loin d'être incontestée, et un changement de gouvernement pouvait amener un rapprochement entre Milan et Naples, ou réveiller, chez les Vénitiens, le désir mal éteint de rentrer en possession des terres lombardes qu'ils avaient occupées jadis. Après la mort de Galéaz, ses frères qu'il avait bannis, Marie Sforza, duc de Bari, Ludovic le More, Ascagne et Octavien s'étaient hâtés de revenir; soutenus par Robert de San Severino, ennemi de Simonetta, ils s'efforçaient de chasser la duchesse et son conseiller. En février 1477, grâce aux efforts de Louis de Gonzague et des envoyés de Rome et de Florence, une réconciliation s'opéra : les oncles du jeune duc obtinrent chacun une pension annuelle, une forteresse en Lombardie et un palais à Milan. Ils étaient loin toutefois d'avoir renoncé à leurs prétentions.

(1) Cipolla, p. 571 et 582.

Une tentative de révolte qu'ils excitèrent avec l'aide des Génois, fut étouffée par Simonetta. Octavien, le dernier des quatre frères, s'enfuit et périt noyé peu de temps après; les trois autres se soumirent, mais quittèrent bientôt Milan. Marie Sforza fut banni dans son duché de Bari, Ludovic à Florence ou à Pise, Ascagne à Sienne ou à Pérouse. Leur complice San Severino, condamné à mort par contumace, avait eu le temps de se réfugier à Asti sous la protection française; il était en effet, ainsi que Ludovic le More, en relations avec Louis XI (1).

Pour déjouer leurs manœuvres et gagner l'appui du roi à la politique de la duchesse et de son chancelier, Laurent de Médicis se flattant sans doute d'appartenir au petit nombre de ceux qui semblaient avoir de l'influence sur Louis XI, envoya Giannetto Ballerini à la cour de France en avril 1477. Louis répondit, comme d'habitude, qu'il n'avait pas d'autre volonté que celle de son cousin Laurent; cependant, en insistant un peu, Ballerini s'aperçut que le roi était toujours mal disposé envers Bonne de Savoie, et même qu'il verrait sans déplaisir le gouvernement passer aux mains de Ludovic le More et de Robert de San Severino. C'est que le fils de Charles VII avait toujours fort à cœur les affaires de Savoie auxquelles il était mêlé depuis plus de trente ans, et qu'il ne pouvait pardonner à la duchesse de Milan d'avoir, par son amitié pour M. de Bresse, contrarié ses projets sur ce pays. D'ailleurs, par les agents à ses gages qu'il entretenait partout, par les ambassades qu'il recevait des autres puissances italiennes, il pouvait se rendre un compte exact de ce qui se passait au delà des monts, et il ne devait guère se soucier de tenir tête à l'orage qui allait éclater. D'une part, les envoyés de Rome et de Naples venaient demander à Louis XI de suivre l'exemple du pape, qui avait retiré aux Médicis le soin des affaires d'argent de la curie pour le remettre aux Pazzi, et presser la décision royale qui devait donner à Frédéric de Tarente une fiancée savoyarde; de l'autre, les Vénitiens imploraient, en termes fort humbles, la protection du roi, pour leur commerce maritime lésé par les prises du capitaine français Coulomp. Ils parvenaient même à surmonter la prévention que Louis XI nourrissait à leur égard, et à obtenir le renouvellement d'une ancienne alliance avec la France. Le roi accueillait toutes les plaintes; il pouvait, de la sorte, rester en bons termes avec chacun des états italiens; il en tenait déjà quel-

(1) Cipolla, 579-580.

ques-uns dans sa main, ce qui lui permettait, tout en les laissant croire à sa bienveillance, de les empêcher de s'allier à ses ennemis ou de se réunir en une confédération qui eût pu devenir dangereuse. Quant à des entreprises aventureuses, bien qu'on ait pu croire en Italie qu'il ait eu quelques velléités de soutenir les droits des Angevins, droits qui, depuis l'accord avec René, devaient tôt ou tard faire retour à la couronne, bien qu'il ait vaguement parlé de conduire lui-même une expédition destinée à punir les vrais auteurs de l'attentat des Pazzi, ou qu'il ait, dans certains cas, donné à entendre qu'il prendrait l'initiative d'une guerre contre les Turcs, il était trop sage pour envoyer à l'étranger les troupes dont il avait besoin pour tenir tête à Maximilien (1).

C'est à Rome et du consentement du pape que François de' Pazzi, l'archevêque de Pise, Salviati, que Laurent avait longtemps empêché de prendre possession de son église, et le comte Jérôme Riario préparèrent le renversement des Médicis. Pour eux, le seul moyen était l'assassinat de Laurent et de Julien; mais, ainsi que le prouvèrent les révélations d'un des conjurés, le capitaine Montesecco, Sixte IV ne voulait point la mort des deux frères. Les conspirateurs ne tinrent aucun compte de la répugnance du pape et choisirent pour exécuter leur dessein le moment du passage à Florence d'un neveu de Jérôme Riario, du jeune cardinal Raphaël, qui se rendait à Pérouse en qualité de légat. Le 26 avril 1478, le cardinal, accompagné des Médicis, assistait à la messe dans Santa Maria del Fiore; au moment où la cloche qui annonçait la fin de la messe, donnait à Salviati le signal d'aller occuper en force le Palais public, François de' Pazzi et ses complices se jetèrent sur Julien de Médicis qui tomba poignardé. Laurent, légèrement blessé à l'épaule, défendu par quelques-uns des Cavalcanti et par François Nori qui périt à ses côtés, put se réfugier dans la nouvelle sacristie dont les portes se refermèrent sur lui; c'étaient les portes de bronze que son père avait fait faire.

Le coup était manqué; le soir, les corps de l'archevêque de Pise et de vingt autres conjurés pendaient aux fenêtres du Palais de la Seigneurie. Toute la famille Pazzi avait trempé dans la conspiration : pendant trois jours, on ne fit que pendre ou précipiter des créneaux du palais sur le pavé de la place les complices que l'on avait arrêtés. Quant au jeune cardinal, qui protestait de son innocence, on n'osa pas, malgré les menaces du peuple

(1) Buser, p. 188-193.

florentin, le traiter comme l'archevêque Salviati : on le garda prisonnier, puis, sur le conseil des Vénitiens, on le mit en liberté dans les premiers jours de juin.

La popularité de Laurent de Médicis était plus grande que jamais; par contre, il allait avoir à traverser la plus difficile période de sa vie. Le pape venait d'excommunier les Florentins, qui avaient eu l'audace de mettre à mort un archevêque et de retenir un légat prisonnier, et les forces du comte Jérôme, de Frédéric d'Urbin et du roi de Naples, marchaient sur la Tos-

Face et revers de la médaille faite par Pollaiuolo à l'occasion de l'attentat des Pazzi.

cane. De ses alliés, Laurent n'obtint pas grand'chose; les Vénitiens, dont les meilleures troupes étaient occupées en Orient, envoyèrent quelques soldats. En outre, ils signifièrent au pape leur résolution de défendre Florence, et lui rappelèrent combien il serait utile qu'il se réconciliât avec ses adversaires afin de travailler, d'accord avec tous les Italiens, à la résistance contre les Turcs; plus tard, le 7 décembre, ils écrivirent à l'empereur et au roi de France pour les engager à réunir un concile qui réglât le différend du pape et de Florence (1), et ce fut tout. Milan fit encore moins : seuls, quelques chevaliers lombards vinrent avec Jean-Jacques Trivulce se mettre au service des Florentins. Mais Laurent fondait ses principales espérances sur l'amitié

(1) Cipolla, p. 587.

de Louis XI : six jours après l'attentat, Gianetto Ballerini recevait l'ordre de solliciter l'intervention du roi de France.

Dans sa politique extérieure, Louis XI eut toujours plutôt des aspirations que des desseins arrêtés. S'affranchir de tout ce qui contrariait ces aspirations, tel était sans doute le but qu'il poursuivait, et ce but était bien défini; cependant, par suite de l'inquiétude de son esprit et de sa prédilection pour les voies tortueuses, il ne pouvait déterminer à l'avance les moyens qu'il emploierait, et il laissait souvent au hasard le soin de les lui désigner. De là, l'attrait qu'avaient pour lui les choses d'Italie. Prompt à tirer parti des circonstances, il trouvait un plaisir de dilettante à se jouer au milieu de ces affaires fécondes en complications imprévues, et, même dans les moments où toute son attention aurait pu être absorbée par la lutte qu'il soutenait contre Maximilien, le roi était toujours prêt à écouter les vœux et les plaintes des ambassadeurs d'outre les monts. Il n'eut donc garde de négliger cette occasion de pénétrer plus intimement dans les détours de la politique italienne et de jouer un rôle qui augmenterait encore le prestige de sa couronne. Tout en rendant service en apparence à Laurent et à la ligue des trois états, il allait se trouver en contact avec leurs adversaires qu'il comptait bien ménager de façon à pouvoir, le moment venu, se les attacher par des relations d'amitié.

Louis XI avait encore un intérêt plus direct à répondre à l'appel que lui avait adressé Laurent de Médicis. On sait combien il haïssait tout ce qui pouvait faire obstacle à l'arbitraire royal; c'était sous l'empire de cette haine qu'il avait jadis si facilement aboli la Pragmatique sanction, dont les dispositions étaient parfois gênantes pour la royauté. Plus tard, les mêmes motifs lui firent adopter une ligne de conduite absolument contraire : il profita de l'opposition du Parlement, qui n'avait jamais consenti à entériner les lettres d'abolition, pour ne tenir aucun compte de la suppression décidée en 1461 et 1469. Dès cette dernière année, Louis XI avait pensé trouver une occasion d'abattre ou tout au moins de limiter la puissance pontificale. C'était lors de l'arrestation de Balue et de l'évêque de Verdun. Le roi avait cru devoir informer le pape des graves motifs qui le portaient à cette violation des prérogatives du clergé, et lui demander son approbation; mais Paul II n'était pas d'humeur à tolérer de semblables infractions aux lois ecclésiastiques. Afin de le fléchir et d'obtenir de lui la dégradation du cardinal d'Angers et l'envoi d'un légat chargé de le juger,

Louis XI fit partir pour l'Italie une ambassade à la tête de laquelle se trouvait Guillaume Cousinot. Les orateurs français s'arrêtèrent à Milan et à Florence, où ils devaient sans doute sonder Galéaz Sforza et Pierre de Médicis, relativement à l'opportunité de réunir un concile, dans le cas où le pape n'accueillerait pas les demandes du roi; opportunité sur laquelle Louis XI fit également consulter les principales puissances de l'Europe vers le commencement de 1470, après que Paul II lui eut opposé un refus formel. Le but ostensible de ce concile aurait été de mettre fin aux désordres de l'Église et aux abus de la cour de Rome, d'organiser une croisade contre les Turcs et d'étouffer les hérésies de Bohême et de Hongrie; le but réel, c'était de déposer le pape ou tout au moins de l'effrayer assez pour le faire céder aux volontés de Louis XI. Quelques souverains, le roi d'Espagne et le roi d'Écosse entre autres, plusieurs princes allemands, parurent accepter le projet d'un concile; d'autres, en plus grand nombre, reculèrent devant l'idée de se mettre en rébellion contre le chef de l'Église. Le roi de France renonça pour le moment à ses desseins, jugeant peut-être qu'il avait suffisamment montré quelles armes puissantes il avait entre les mains (1).

Une sorte de concordat relatif à la collation des bénéfices, conclu en 1472 entre le pape et la France, fut peut-être le résultat de l'attitude menaçante de Louis XI; mais cette convention imposait encore des limites à l'autorité du roi, en permettant à celle du pape de s'exercer dans une certaine mesure. Louis XI voulut s'en affranchir. En 1476, il convoqua le clergé de France à un concile qui devait se réunir à Lyon pour la réforme des simonies et des abus; il défendit aux possesseurs de bénéfices ainsi qu'aux religieux de se rendre à Rome, interdit la publication des bulles de Sixte IV, et déclara seules valables les bulles et provisions apostoliques qui auraient passé par les mains du cardinal de Saint-Pierre-ès-liens, Julien de la Rovère, tout dévoué à sa politique. C'était en somme une satisfaction absolue donnée aux remontrances présentées par le Parlement quelques années plus tôt, lorsque cette cour avait refusé d'enregistrer les lettres d'abolition de la Pragmatique. Que Louis XI voulût pousser jusqu'au schisme ses velléités d'indépendance, qu'il fût résolu à rompre complètement le lien qui unissait l'église de France au Saint-Siège comme l'ont prétendu ceux qui, prenant

---

(1) Voyez sur ces matières, dans l'*Archivio storico Lombardo* (Serie II, tomo 2, p. 17 à 31), l'excellent article intitulé *Galeazzo Maria Sforza e Luigi XI*, dans lequel M. Ghinzoni rectifie les erreurs commises par M. S. Moufflet dans une *Étude sur une négociation diplomatique de Louis XI*; Marseille, 1884.

trop au pied de la lettre certains bruits répandus en Italie (1), ont cru voir en lui un précurseur de Henri VIII : cela est douteux. Intimider le pape, lui arracher des concessions, était suffisant pour lui; or l'appel de Laurent de Médicis mettait aux mains du roi de France le meilleur des moyens d'intimidation.

D'autres motifs devaient encore porter Louis XI à intervenir. L'orgueil de ce prince était si vif qu'il souffrait même de la suprématie purement nominale de l'Empire. En jouant le rôle d'arbitre dans les dissensions de l'Italie, le roi de France prenait la place que l'empereur aurait dû occuper et il allait jusqu'à déclarer par la bouche de ses ambassadeurs que désormais « la monarchie de la religion chrétienne consistait véritablement en sa personne (2) ». Enfin Louis XI, qui était loin d'être insensible au plaisir de la vengeance, avait un motif de rancune personnelle contre les Pazzi : ceux-ci fournissaient de l'argent aux gens de guerre de Maximilien (3).

Il n'était pas facile de trouver un homme qui fût capable d'interpréter les intentions du roi, de satisfaire à la multiplicité de ses désirs et d'exprimer ses volontés avec une autorité suffisante. Le choix de l'ambassadeur montra l'importance de la mission. Le célèbre sire d'Argenton, Philippe de Commines, « l'un des hommes en qui nous avons la plus grande confiance », écrivait Louis XI aux Florentins, reçut l'ordre de partir pour l'Italie. En même temps le roi de France déclarait les Pazzi coupables de lèse-majesté, au même titre que si l'assassinat de son cousin Julien eût été commis sur sa royale personne (4).

Laurent de Médicis comptait bien exploiter les dispositions de son puissant allié à l'égard du pape; il proposa aux membres de la ligue des trois états d'envoyer en France une ambassade commune afin de demander au roi la convocation d'un concile. Mais l'accord sur ce point n'était pas encore fait

(1) Voyez, par exemple, Kervyn de Lettenhove, *Lettres et négociations de Ph. de Commines*, I, p. 170-171.

(2) Huillard-Bréholles, *Louis XI, protecteur de la confédération italienne* dans la *Revue des sociétés savantes*, année 1861, p. 320. Pour ce travail, l'auteur s'est servi d'un manuscrit de la Bibliothèque de Bourges contenant des documents sur les négociations de Louis XI en Italie pendant les années 1478 et 1479, manuscrit évidemment identique aux mss. fr. 3883, lat. 9030 et 11731 (fol. 300-381) de la Bibliothèque nationale. Les inexactitudes que présentent les citations de M. Huillard-Bréholles nous ayant fait craindre que le manuscrit de Bourges ne fût défectueux, nous avons eu recours au ms. fr. 3883 que nous citerons dorénavant.

(3) Lettre de rémission pour Denis Narsi, mars 1481 (n. st.). Archives nat. JJ. 207, fol. 33 r° n° lxvj.

(4) Buser, p. 194.

entre les trois états que Commines avait déjà passé les Alpes, et que les ambassadeurs de toutes les puissances ne pensaient plus qu'à transmettre à leurs gouvernements ses moindres propos. Les Italiens s'exagéraient peut-être encore l'importance de sa mission et celle des projets de Louis XI :

Philippe de Commines. (Réduction d'un dessin conservé au musée d'Arras.)

ils disaient que, depuis un certain temps, le roi de France nourrissait le dessein de provoquer un schisme dans l'Église, et que la part prise par Sixte IV à l'attentat des Pazzi lui en offrait l'occasion. Selon eux, Commines devait se plaindre du pape qui ne songeait pas à défendre la foi catholique contre le Turc et qui, uniquement occupé d'élever ses parents et de les enrichir, leur permettait tous les crimes et toutes les trahisons; l'un des premiers objets de sa mission aurait été d'engager les gouvernements de

Savoie, de Milan et de Venise, à ne laisser passer aucun Ultramontain se rendant à Rome; par cette sorte de blocus, on amènerait, sans prendre les armes, la papauté à se repentir de ses erreurs; le roi verrait ensuite, selon les circonstances, comment il devrait agir envers elle. Enfin on parlait aussi d'un réveil des prétentions du roi René sur Naples (1).

Commines passa d'abord par Turin où, pendant qu'il proposait à la duchesse de Savoie le mariage de son fils Charles avec une princesse milanaise, il reçut la visite de Robert de San Severino. Le complice banni des oncles du jeune duc de Milan était venu lui offrir de mettre Milan à la disposition de Louis XI, si on voulait l'aider lui-même à renverser la duchesse Bonne (2). Il paraît que le seigneur Robert ne rencontra point les encouragements qu'il espérait; car l'ambassadeur se rendit ensuite à Milan où il employa quelques jours à jeter les fondements d'une réconciliation entre Louis XI et la duchesse, à faire espérer la confirmation de l'investiture de Gênes et à insister sur la nécessité de soutenir les Florentins contre le pape : « Il est venu ici, écrivait la duchesse de Milan à ses ambassadeurs à Rome, pour engager tous nos potentats à se soustraire à l'obédience du souverain pontife, Sa Majesté jugeant nécessaire pour le bien public d'assembler un concile de toute la chrétienté aussitôt que les esprits y seront favorablement disposés. Dès ce moment Sa Majesté va convoquer un concile dans son royaume et dans ses états (3). » Louis XI proclamait en effet très haut son intention d'imposer à Sixte IV la punition des coupables. Commines était suivi d'autres ambassadeurs français qui allaient à Rome demander justice. S'ils essuyaient un refus ou s'ils ne recevaient qu'une réponse évasive, ils avaient ordre de signifier au pape le retrait de l'obédience, d'en appeler à un concile et d'intimer à tous les Français l'ordre de quitter Rome. Laurent de Médicis souhaitait que les ambassadeurs des trois puissances accrédités auprès de la Curie s'associassent à ces déclarations, sur l'effet desquelles il ne paraissait pas cependant avoir beaucoup d'illusions (4), les menées de ses adversaires ne laissant pas de l'inquiéter.

Sixte IV et Ferrand n'étaient pas restés inactifs : leurs forces réunies

---

(1) Antoine d'Appiano au duc et à la duchesse de Milan, Casal, 16 juin 1478. Dans Kervyn, I, 173-176.
(2) Du même aux mêmes, Casal, 18 juin 1472. *Ibid.*, 177.
(3) La duchesse Bonne à ses ambassadeurs à Rome, 22 juin 1478. *Ibid.*, 182.
(4) Buser, p. 194-195, Kervyn de Lettenhove, I, 183.

à celles de Frédéric d'Urbin entamèrent une guerre d'escarmouches, presque toujours malheureuse pour les troupes de Venise et de Florence, commandées par le duc de Ferrare, Hercule d'Este. Il n'y avait rien à espérer de la part des Milanais, paralysés par la révolte de Gênes. En outre, les ennemis de Laurent n'avaient pas négligé les moyens diplomatiques. De Naples et de Rome, des ambassadeurs étaient partis pour la France et pour l'Allemagne, d'autres pour Venise et pour Milan, où ils travaillaient à rompre les liens qui unissaient ces puissances aux Florentins. Laurent voyait les difficultés s'accroître, en même temps que disparaissait l'espoir de les résoudre heureusement par la guerre. C'était aux armes ecclésiastiques, c'est-à-dire au concile qu'il fallait avoir recours, et le roi de France était le seul souverain qui fût en état de le convoquer. En apparence, Louis XI avait les meilleures intentions à l'égard des Médicis; par son ordre, Commines passa deux mois à Florence où, conjointement avec Laurent, il s'employa à renouveler l'ancienne ligue, qui impliquait, d'une part, l'abandon de Robert de San Severino par la France, de l'autre la rupture des négociations de Milan avec l'Empire (1). L'ambassadeur français ne fut peut-être pas étranger à la protestation contre l'excommunication des Florentins connue sous le nom d'*Actes du synode de Florence* (2). Il visita le camp des Florentins; mais l'aide matérielle de Louis XI n'alla pas au delà. Cependant Commines quitta les bords de l'Arno beaucoup plus riche qu'il n'était arrivé, emportant une lettre pleine de remerciements si empressés à l'adresse du roi et d'éloges si chaleureux à celle de l'ambassadeur que l'on pourrait croire en la lisant que la mission du sire d'Argenton avait été bien autrement efficace qu'elle ne le fut en réalité.

Ces témoignages de reconnaissance pouvaient sembler justifiés par l'attitude résolue en apparence que Louis XI prenait personnellement vis-à-vis de Sixte IV. On colportait en Italie une lettre très sévère par laquelle le roi de France aurait répondu à celle que le pape lui avait adressée après l'attentat des Pazzi : « Plût au ciel, y était-il dit, que Votre Sainteté fût restée inoffensive pour tout le monde... qu'elle fût restée innocente de crimes aussi horribles (3). » Outre cette lettre, dont l'authenticité est loin d'être établie, des mesures énergiques prises contre la papauté donnaient

(1) Voyez Kervyn de Lettenhove, I, p. 183-191.
(2) *Ibid.*, 184. On sait que ce synode ne fut probablement jamais réuni. Voyez Cipolla, 586.
(3) Malipiero, *Archivio storico italiano*, VII, part. I, p. 247.

aux Florentins les meilleures espérances. L'un des moyens sur lesquels Louis XI comptait le plus pour paralyser l'action du pape consistait, on l'a déjà vu, à empêcher le paiement des sommes habituellement versées à Rome pour la concession des bénéfices. Dans ce dessein fut rendue l'ordonnance du 16 août 1478 (1), ordonnance aux termes de laquelle le roi n'hésitait pas à reprocher à Sixte IV l'appui qu'il prêtait aux assassins de Julien de Médicis. Par les défenses que contenait cet acte, Louis XI espérait priver le pape des ressources nécessaires à la guerre contre les Florentins, et surtout il pensait aux avantages dont profiterait son gouvernement, si ce qu'il appelait « le grant vuidange d'argent qui se tire du royaume » pouvait être arrêté.

En fait ce qui soutint le plus le courage des adversaires du pape, ce fut la nouvelle que le concile français, dont il avait été tant de fois question, s'était réuni à Orléans, le 13 septembre 1478, sous la présidence du gendre du roi, Pierre de Beaujeu. Les résolutions des membres du concile montrent qu'ils ne se bornèrent point à délibérer sur les affaires de la foi : « Le royaume de France, déclarèrent-ils, l'Italie et toutes les autres puissances confédérées avec le roi très chrétien doivent obéir aux décrets et sentences des conciles généraux de l'Église universelle, et surtout à ceux des derniers conciles de Constance et de Bâle. Lesdits décrets ayant sagement établi qu'un concile général de l'Église universelle doit être tenu et célébré au moins tous les dix ans, comme il s'est écoulé plus de quarante ans depuis qu'il n'en a été tenu, il y a lieu d'en convoquer, tenir et célébrer un, et sur ce point le souverain pontife sera requis et interpellé par une ambassade solennelle. » Afin d'empêcher la continuation de la guerre, le concile, étendant encore les défenses formulées dans l'ordonnance du 16 août, interdisait, non seulement aux Français, mais encore aux membres de la ligue italienne et aux alliés du roi, de porter de l'argent à la cour romaine pour l'obtention des bénéfices (2).

Malgré les expressions de confiance qui abondaient dans ses lettres au roi de France, Laurent de Médicis n'était pas rassuré. Il connaissait les démarches de ses ennemis auprès de Louis XI et de l'empereur, et il redoutait si fort leur influence qu'il envoyait en hâte au delà des Alpes Baccio Ugolini et François Gaddi, sans attendre le départ d'une ambassade com-

(1) *Ordonnances des rois de France*, XVIII, 425.
(2) Fr. 3883 fol. 9 r°.

mune aux trois puissances liguées dont il pressait de nouveau l'envoi (1). Il savait du reste combien Louis XI aimait à se ménager des relations dans tous les partis, et il n'ignorait rien de ce que pratiquait à la cour de France l'évêque de Fréjus représentant du pape. L'évêque flattait le roi de France en lui faisant croire que Sixte IV était prêt à se soumettre à son arbitrage pourvu que les puissances liguées y consentissent également (2). « Vous aurez su par les lettres de Giannetto du 11, écrivait le 26 septembre 1478 Lionetto de Rossi, la résolution qu'a prise le roi, à l'instigation de l'évêque de Fréjus, d'envoyer de nouveaux ambassadeurs pour la pacification de l'Italie, lesquels devront être ici (à Lyon) le 8, et le 12, être en route. Je vous envoie ci-joint la copie des instructions et des lettres qu'ils emportent, instructions auxquelles ils ont l'ordre d'ajouter ce qui vous paraîtra bon. L'évêque de Fréjus est ici et part aujourd'hui... il a bon espoir de voir les choses suivre la marche qu'il a projetée et qu'il a suggérée au roi... L'assemblée des prélats de France se tient à Orléans et il y a beaucoup de monde, mais je crois que rien ne s'y conclura; et cela à cause des espérances que cet évêque a fait concevoir au roi sur le compte du pape (3). »

Il faut convenir que la conduite de Louis XI était ambigüe. Non seulement, il était toujours en rapports secrets avec Robert de San Severino qui travaillait encore à renverser le gouvernement de la duchesse Bonne et même à séparer Gênes de Milan; mais en outre il ne craignait pas de se mettre publiquement en contradiction avec lui-même. Un jour, il faisait dire à son cousin Laurent que, si cela était nécessaire, il viendrait lui-même en Italie protéger Florence et la maison de Médicis; un autre jour, il accordait au fils de Ferrand, Frédéric de Tarente, la main d'Anne de Savoie avec une riche dot. Ailleurs, ses grands amis, les Suisses, menaçaient Milan; mais bientôt, il les amenait à un accommodement. Et cependant, comme les confédérés ne pouvaient rien espérer que du côté de la France, Laurent, malgré le peu d'illusions qu'il se faisait encore sur la sincérité de Louis XI, se voyait contraint de recommander à Milan et à Venise la confiance qu'il avait déjà perdue. Pour complaire à son puissant allié, il écouta les propositions d'un neveu du roi René, Charles, comte du Maine, son héritier désigné, qui se mettait, avec des forces, à la disposition des

---

(1) Buser, 196-197.
(2) Fr. 3883, fol. 6 v°.
(3) Lionetto de' Rossi à Laurent de Médicis. Lyon, 26 sept. 1478, dans Buser, p. 478.

trois états. Le maître de Florence eût bien mieux aimé recevoir quelques troupes royales françaises et voir le concile d'Orléans dicter ses volontés au pape. Quant aux deux ambassadeurs dont Lionetto de' Rossi lui avait annoncé le départ, leurs instructions étaient, d'après les avis qu'il recevait, tellement favorables à ses ennemis, qu'il redoutait leur venue (1). Les orateurs des trois états n'étaient pas encore arrivés en France; Laurent ne pouvait fonder son espoir que sur l'effet des nombreuses lettres qu'il adressait au roi et sur l'amitié quelque peu intéressée de Commines, revenu en France au commencement d'octobre. Le sire d'Argenton parvint à ramener son maître à des sentiments en apparence plus favorables à ses alliés; Louis XI écrivit aux cardinaux romains pour se plaindre d'avoir été trompé par les faux rapports des envoyés pontificaux. Il expédiait en même temps l'ordre de rebrousser chemin à ses ambassadeurs qui s'étaient rencontrés avec ceux de la ligue. Le bon accueil fait aux orateurs italiens, et les jugements sévères portés publiquement par le roi sur le compte de Sixte IV et de Ferrand, purent faire croire à un revirement complet en faveur des Florentins.

Six ambassadeurs français et deux secrétaires partirent avec de nouvelles instructions que Laurent pouvait encore, d'après le désir de Louis XI, corriger et modifier à son gré. Deux des envoyés devaient s'arrêter à Milan, deux, aller à Florence, tandis que deux autres continueraient leur voyage jusqu'à Rome et les deux derniers jusqu'à Naples (2). Et cependant les craintes de Laurent ne diminuaient pas. Il ne croyait guère aux intentions pacifiques de Louis XI, il jugeait dangereuse la venue des huit ambassadeurs (3); il redoutait la nonchalance de ses alliés, qui ne manqueraient pas de trouver dans les bruits de paix un prétexte pour ralentir leurs efforts; mais son devoir était de ne rien négliger. Il fit demander l'avis de ses confédérés sur les modifications que le roi l'autorisait à introduire dans les instructions de ses envoyés, et même, affectant la franchise, il n'hésita pas à faire part de ses inquiétudes à Louis XI.

A Milan, où ils arrivèrent le 27 décembre, les ambassadeurs ne firent guère que donner au gouvernement de la duchesse un aperçu de leur mission. Leurs actes pendant ce séjour furent une sorte de prologue des négo-

(1) Buser, 198-200.
(2) Buser, p. 201. — Cipolla, p. 591-592.
(3) Laurent à ses ambassadeurs à Milan, 11 décembre 1478. — Buser, p. 201-202.

ciations bien autrement graves qu'ils allaient poursuivre à Florence et à Rome. Ils proclamèrent seulement la situation à part que leur roi prétendait occuper dans la chrétienté dont, vu l'étendue des états qu'il gouvernait ou de ceux qui, gouvernés par ses parents ou ses alliés, se trouvaient indirectement soumis à son influence, Louis XI se considérait comme le chef; ils proposèrent aux Milanais de s'en remettre à la médiation du roi, ce que Cicco Simonetta accepta en principe, au nom de son gouvernement, sauf toutefois

Frédéric III. Gravure extraite du *De Cæsaribus...* de Cuspinien. Strasbourg, 1540.

l'approbation des députés de la ligue alors réunis autour de Laurent de Médicis. Le 10 janvier 1479, les ambassadeurs entraient à Florence : dès le lendemain, ils faisaient à la Seigneurie les déclarations les plus rassurantes. Le roi, disaient-ils, montre la plus grande rigueur envers le pape; il punit sévèrement les prélats qui contreviennent aux mesures prises par lui contre la cour de Rome; son projet est de réclamer la convocation d'un concile et même d'envoyer des troupes aux Florentins, si le pape et Ferrand ne cèdent pas. A ces preuves de bienveillance, les députés de la ligue répondaient qu'ils acceptaient avec reconnaissance la médiation du roi et qu'ils ne voulaient rien changer aux instructions de ses ambassadeurs. La péroraison du discours de remerciement prononcé en latin par le chancelier Barthélemy Scala dépassa en exagération les compositions du même genre que les Florentins avaient l'habitude d'adresser aux rois de France : « Allez donc, bons anges royaux, accomplir votre mission tandis que les anges de Dieu vous accompagnent. Rendez à l'Italie la paix qui lui est due, et préparez ainsi à Louis, le roi très chrétien, une gloire éternelle ici-bas et dans les cieux (1). » Mais tout cela n'était que démonstrations trompeuses; des relations beaucoup moins cordiales existaient entre Louis XI et Laurent, et celui-ci dans ses conversations particulières laissait voir quel était le véritable état des choses; il recevait de son protecteur des conseils de soumission, de déférence envers le pape, et n'étant pas en mesure de renoncer à l'appui des Français, il se déclarait prêt à obéir, pourvu toutefois que l'ensemble de la question fût soumis ensuite au jugement du roi (2).

C'est que dans tout cela, Louis XI se préoccupait moins des intérêts de son allié que de la satisfaction de son orgueil personnel. Il souhaitait sans doute que la difficulté s'accommodât, mais il tenait surtout à ce qu'elle s'accommodât par son intervention; car, pour le roi de France, le principal était de montrer l'autorité qu'il exerçait sur les autres états. Le but de ses ambitions n'était pas en somme très différent de celui qu'avaient poursuivi jadis Philippe le Bel, Philippe VI et Charles VI; seulement, tandis que ses prédécesseurs avaient cru arriver à la monarchie universelle en convoitant pour eux ou pour leurs parents de nouvelles couronnes royales ou même la couronne impériale, le roi de France, fort des triomphes de son père sur les Anglais, de la ruine de la puissance bourguignonne et de l'affaiblissement de l'Empire, fort surtout de l'unité de son royaume, savait bien qu'il était en fait le plus puissant monarque de la chrétienté. Cependant la simple possession de cette supériorité réelle, bien qu'elle eût été reconnue dès le règne de Charles VII (3), ne satisfaisait pas son orgueil; il voulait la rendre sensible à tous. D'ailleurs l'Empire pouvait sortir de l'état d'abaissement auquel il était réduit. A côté de l'inerte Frédéric III, Louis XI voyait surgir Maximilien, qu'il avait laissé devenir l'époux de Marie de Bourgogne. Louis XI comprit trop tard la faute qu'il avait commise lorsque le jeune duc d'Autriche commença ce travail de relèvement de l'Empire que devait magnifiquement achever son petit-fils, Charles-Quint.

(1) Fr. 3883, fol. 11 r°. — Buser, 203.
(2) Buser, 204.
(3) Voy. plus haut, p. 71.

Dès les premières négociations avec le Saint-Siège, le roi de France rencontra un adversaire décidé; c'était le silencieux empereur que Sixte IV et Maximilien avaient su faire sortir de sa longue inaction. Ainsi commençait la rivalité trois fois séculaire des maisons de France et d'Autriche. Il importait donc plus que jamais que Louis XI prouvât son autorité, qu'il montrât que, dans la hiérarchie des souverains, le consentement universel lui décernait la suprématie. Il ne semble pas toutefois qu'il ait jamais aspiré au titre d'empereur d'Orient ou d'Occident; son haut sens politique lui faisait prévoir que, de sa part, l'aveu d'une semblable prétention amènerait des bouleversements capables de compromettre les résultats laborieusement acquis sous le règne de son père et sous le sien. A défaut de reconnaissance officielle, il paraissait au roi de France bien plus simple, et aussi bien plus sûr, de laisser comprendre que la place qu'il prétendait occuper n'était plus à conquérir, en prouvant, ainsi que ses ambassadeurs prirent soin de le déclarer dès leur arrivée en Italie, que « la monarchie de la religion chrétienne consistait véritablement en sa personne (1) ». Pour cela, il eût bien voulu imposer à ses contemporains la reconnaissance tacite de sa prééminence en faisant croire que sa voix suffisait à apaiser les différends entre les puissances chrétiennes, sans même que ses décisions eussent besoin d'être appuyées par une démonstration armée. Mais afin que le roi pût prendre cette apparence d'arbitre souverain, il fallait que ses jugements semblassent indiscutés et, pour cela, il était nécessaire que les parties ne fissent pas trop de difficultés à se réconcilier. Louis XI savait qu'il n'avait aucune déférence à attendre de la part du pape. Bien qu'il ne l'emporte guère en vertu sur cet Alexandre VI que l'on considère ordinairement comme le plus indigne des successeurs de saint Pierre, Sixte IV avait cependant, à un très haut degré, le sentiment de la dignité pontificale. En outre, sa passion maîtresse, le népotisme, était alors en jeu; s'il eût cédé, il lui aurait fallu ruiner les espérances ambitieuses de son neveu, le comte Jérôme. Au contraire, on pouvait croire que la nécessité contraindrait Laurent de Médicis à se conformer aux volontés de Louis XI. Tandis que dans leurs déclarations officielles les ambassadeurs français parlaient, sans restrictions aucunes, de la souveraine bienveillance de leur roi envers les Florentins, Louis prêchait secrètement à Laurent la soumission aux volontés du pape.

(1) Fr. 3883, fol. 6 r°.

A peine arrivés à Rome, les ambassadeurs français obtinrent une première audience le 26 janvier 1479. Leur chef, Antoine de Morlhon, parla presque sévèrement au souverain pontife. Non content de présenter Louis XI comme une sorte d'empereur de fait, ainsi qu'il l'avait donné à entendre lors de son passage à Milan, il alla jusqu'à lui attribuer je ne sais quelle autorité quasi sacerdotale : « De même que la personne de Votre Sainteté est mixte, c'est-à dire à la fois divine et humaine, on peut dire que la personne du roi Très Chrétien est également mixte, c'est-à-dire temporelle et ecclésiastique. En effet, il est oint de l'huile sainte et il a le don des miracles; il confère de plein droit les abbayes et les prébendes de plusieurs églises ainsi que les bénéfices de celles qui sont en régale; il connaît des cas ecclésiastiques qui en dépendent. Comme il en a la juridiction, tous ses juges sont en partie ecclésiastiques, en partie laïcs (1). » Dans sa harangue, Morlhon montra l'Italie près de tomber, comme la Grèce, aux mains des Turcs par suite de ses dissensions intestines, dissensions dont la responsabilité incombait en grande partie au pontife ennemi de la ligue et du roi de France, qu'il essayait de priver de ses droits suzerains sur Gênes. Pour prévenir ce danger, le seul remède était le recours à l'arbitrage de Louis XI, que l'évêque de Fréjus avait admis au nom de Sixte IV. Le roi, en offrant sa médiation, ne faisait que suivre l'exemple de ses prédécesseurs, arbitres ordinaires des schismes ou des difficultés survenues à la suite de l'élection des pontifes. Il supposait d'ailleurs que Sa Sainteté, « appliquant tout son esprit à prier et à servir Dieu », devait ignorer les intrigues actuelles, conduites bien plutôt par quelques personnes de son entourage. Avant donc d'employer la force pour rétablir la paix en Italie et la mettre ainsi à l'abri des attaques du Turc, Louis XI, voulant encore éprouver l'effet de ses bons offices, proposait son arbitrage et la convocation d'un concile général. A leur première déclaration, les ambassadeurs ajoutèrent, quelques jours après, des plaintes sur les relations peu chrétiennes que le roi de Naples entretenait avec Mahomet II.

Chose singulière! Le pape répondit sans mécontentement apparent, en assurant les envoyés français de ses aspirations pacifiques; et comme il manifestait seulement une grande irritation contre les Florentins, Morlhon et ses collègues lui affirmèrent que le roi était dans l'intention de faire

---

(1) Fr. 3883, fol. 14 r°-v°.

réparer tout ce qui serait contraire à l'honneur de l'Église, mais ils ajoutèrent que si l'on prétendait lui « oster la seigneurie de Florence, ses hommages et droits de Gennes et de Savonne, et autres seigneuries de ses parents, alliez et confédérez à ladite illustrissime ligue, comme on avoit accoustumé de faire, le roy, nostredit seigneur, avec l'aide de Dieu, avoit délibéré de les secourir, défendre et aider comme feroit ou faire pourroit pour son propre royaume (1) ».

Est-ce uniquement à la colère excitée chez le pape par ces paroles menaçantes, qu'il faut attribuer l'éclat avec lequel Sixte IV crut devoir dissiper les espérances de succès conçues par les ambassadeurs français? Le 5 février, en plein consistoire, il déclara tout à coup qu'il n'avait jamais eu l'idée de s'en remettre au roi de France ni à personne d'autres, qu'il désavouait l'évêque de Fréjus; et, séance tenante, il obligea le malheureux prélat à reconnaître qu'il avait outrepassé ses instructions, le dépouilla de la charge de référendaire et le bannit de sa présence. Les ambassadeurs, tout en exprimant l'étonnement que leur causait ce désaveu tardif, cherchèrent à faire comprendre que Louis XI s'offrait, non comme juge, mais comme intermédiaire amical. Ils proposèrent que les Florentins demandassent publiquement pardon au souverain pontife d'avoir, de leur propre autorité, pendu un archevêque et des prêtres, qu'ils fissent détruire les peintures du Palais public dans lesquelles Botticelli avait représenté cette exécution, et qu'ils fissent célébrer tous les ans un service pour les âmes des suppliciés. Sixte IV consentit à faire examiner ces propositions par les cardinaux et promit de rendre réponse dans le consistoire du 15 février.

Dans l'intervalle, on apprit à Rome que les envoyés français avaient reçu de nouvelles instructions dans lesquelles le roi annonçait son intention d'en appeler au futur concile général si le pape lésait, en quoi que ce fût, la France ou ses alliés, et de convoquer lui-même le concile d'accord avec les autres princes catholiques, au cas où le pape se refuserait à le réunir. Les premières menaces avaient rendu l'énergie à Sixte IV; les secondes firent voir d'où lui était venue la confiance. L'Empire, tout tombé qu'il fût, relevait la tête et tentait un effort pour empêcher la France d'usurper sa propre situation à la tête des nations chrétiennes. Qui donc avait réveillé l'indolent Frédéric III? Était-ce le pape? N'était-ce pas plutôt, ainsi que nous l'avons dit, ce Maximilien qui, devenu l'époux de Marie de Bour-

(1) Fr. 3883, fol. 16 v°.

gogne, cherchait, malgré sa jeunesse, à reprendre vis-à-vis de Louis XI la place de Charles le Téméraire ? Quand vint le jour du consistoire, ce ne fut pas Sixte IV, ce fut l'ambassadeur de l'empereur et du duc d'Autriche, qui prit le premier la parole pour blâmer, en leur nom, ceux qui s'efforçaient de porter atteinte à l'honneur et à l'autorité du Saint-Siège : l'empereur, disait-il, était résolu à le défendre et repoussait toute idée de concile. Le pape, confiant dans son nouveau soutien, dit à son tour qu'il voulait bien recevoir les prières des ambassadeurs, mais non prendre ceux-ci pour arbitres; il parla encore vaguement de son désir de la paix et remit le moment de s'expliquer sur les conditions à l'arrivée des représentants de la ligue. Les Français protestèrent fièrement contre le langage des envoyés impériaux et contre le titre de duc de Bourgogne qu'ils avaient attribué à Maximilien. Ils pressèrent le pape de leur donner une réponse formelle. Mais Sixte IV avait tout intérêt à attendre; afin de mieux montrer le peu de cas qu'il faisait de leur requête, il proposa des conditions absolument inacceptables (1).

Cependant les hostilités avaient recommencé. Laurent voyait son pays ravagé et n'avait plus rien à espérer des négociations diplomatiques. L'empereur et Maximilien, à qui il avait eu recours dès le mois d'août précédent, lors de l'envoi de Baccio Ugolini, recommandaient sans doute au pape la clémence envers les Florentins; mais, à l'exemple du roi de France, ils cherchaient à se ménager de bonnes relations avec les deux partis. On vient de voir comment, en s'opposant au concile, ils avaient privé Louis XI du plus puissant moyen d'imposer la paix à Sixte IV. D'autres dangers menaçaient encore Florence : Robert de San Severino était de retour dans l'Italie septentrionale. Allié aux frères Sforza contre la duchesse Bonne et contre Cicco Simonetta, il attaquait les Florentins pour son compte et tentait de surprendre Pise. Laurent était si convaincu que Robert n'agissait qu'avec la faveur de la France, que l'envoi de l'un des ambassadeurs français à Lucques et à Gênes pour détacher ces villes du parti de San Severino, ne suffit pas pour lui rendre la confiance (2). Il aurait voulu compromettre plus formellement Louis XI; la venue d'un prince français, d'un prince angevin surtout, en même temps qu'elle l'eût aidé à atteindre ce but, lui semblait propre à jeter le trouble parmi ses ennemis.

(1) Fr. 3883, fol. 17 r°-23 v°. — Buser, 204-205.
(2) Buser, 206-207.

Laurent de Médicis, miniature du cabinet de M. Armand.

Il négocia successivement avec le duc René de Lorraine et avec le comte Charles du Maine. Tout fut en vain. Pourtant, au milieu des désespérantes nouvelles qu'il recevait de toutes parts, il recueillit une indication qui, en lui montrant où il devait chercher la paix, fut peut-être le point de départ de la conduite qu'il tint dans la suite : Alfonse de Catabre, fils de Ferrand, et Frédéric d'Urbin, las de la guerre, inclinaient à la voir finir et devaient écrire en ce sens au roi de Naples. D'ailleurs l'union entre le pape et Ferrand paraissait se relâcher; en présence même des orateurs français, Sixte IV s'exprimait sur le compte de son allié avec une liberté qui ressemblait fort à de la sévérité (1).

Le 25 février les ambassadeurs de la ligue entrèrent à Rome. Les conditions que le pape leur proposa, le 5 mars, dans un consistoire auquel assistaient aussi les ambassadeurs de France, n'étaient pas de nature à rendre beaucoup d'espoir à Laurent de Médicis : humiliation personnelle de Laurent, construction d'une chapelle expiatoire, restitution de Borgo-San-Sepolcro, paiement de 100.000 ducats pour les frais de la guerre, et reconnaissance de la liberté de Gênes. Cette dernière condition était une violation formelle des droits de la France et de Milan. De leur côté, les envoyés de la ligue déclarèrent, le 25 mars, qu'ils partiraient sous huit jours si le pape, avant toute discussion des bases de la paix, n'accordait pas un armistice et la suspension des censures ecclésiastiques. Laurent était presque à bout de confiance; ses amis lui conseillaient d'implorer son pardon. Il se recommanda à tout le monde; il écrivit au roi d'Espagne, se rapprocha de l'empereur, envoya même François Nacci à Ferrand, et donna plein pouvoir à Pandolfini pour s'entendre avec le comte Jérôme. L'injurieuse peinture de Botticelli fut effacée. En même temps l'énergique attitude des ambassadeurs français, qui épouvantaient le pape en le menaçant encore une fois du retrait de l'obédience et du concile que l'on disait près de se réunir à Lyon, lui arrachèrent la concession préalable que demandait la ligue. Seulement, pour ne pas avoir l'air de céder à Louis XI, Sixte IV prétendit plus tard qu'il avait agi « à la persuasion des députés de l'empereur et du duc Maximilien, dont l'autorité a toujours eu et aura, à juste titre, une très grande influence sur ce Saint-Siège (2) ».

(1) Buser, 206. — Cipolla, 598.
(2) Fr. 3883, fol. 37 r°.

La mauvaise volonté pontificale fut cause que les négociations subséquentes ne marchèrent pas plus vite. Une des puissances liguées, Venise, venait de traiter avec les Turcs. Le pape saisit cette occasion de montrer sa haine contre la France, chef réel de la ligue. Le 11 mai, Sixte IV annonça qu'il allait reconnaître l'indépendance de Gênes. Malgré les protestations des Français, il fit, séance tenante, introduire les députés génois et reçut leur serment, au nom de Jean-Baptiste Fregoso, « doge de Gênes par la grâce de Dieu et restaurateur de la liberté génoise ». Aux ambassadeurs qui demandaient acte de leur protestation, et accusaient le pape de compromettre la pacification générale, celui-ci répondit en rejetant la faute sur ses adversaires et en reprochant à Venise d'avoir fait un traité particulier avec les Turcs, alors que tout le monde recommandait l'union contre l'ennemi de la foi. Comme pour bien indiquer qui inspirait à Sixte IV cette conduite insultante à l'égard de la France, l'ambassadeur de l'empereur prit la parole « et dict plusieurs paroles à l'exaltation de l'empereur et de ses prédécesseurs, à la diminution et oppression de l'honneur, gloire et autorité du roi de France et de ses prédécesseurs, et entre autres que son maître se devoit et pouvoit mieux appeler Très-Chrétien que le roi de France, lequel soutenoit la ligue d'Italie à l'encontre de notre saint père le pape et de l'Église ». La séance fut levée après une dernière repartie des Français, qui énumérèrent tout ce que le Saint-Siège devait aux rois de France (1).

Un ambassadeur anglais que Louis XI avait fait accompagner de Louis Toustain, l'un de ses secrétaires, venait d'arriver; il suggéra de transporter les séances du congrès à Naples. Cette idée ne fut pas acceptée. Les représentants de la France, de l'Angleterre et de la ligue réunis, le 21 mai, chez le cardinal de Rouen, décidèrent alors de remettre, le lendemain, un ultimatum aux termes duquel le pape devait accepter sous huit jours l'arbitrage des rois de France et d'Angleterre; en cas de refus, ils menaçaient de quitter Rome immédiatement pour revenir auprès de leurs gouvernements. Sixte IV, tout en protestant contre l'inconvenance de cette démarche, promit de répondre dans le délai fixé. Le 31 mai, il fit lire une longue apologie de sa conduite depuis le début des négociations; il n'y mentionnait nullement l'arbitrage des deux rois et se contentait de déclarer les ambassadeurs libres de partir ou de rester à

(1) Fr. 3883, fol. 30 v°-34 v°.

Rome, pour y chercher avec lui quelque nouveau moyen de conciliation. Puis il leva brusquement la séance sans écouter les envoyés de la ligue qui en appelaient au concile, ni ceux de la France qui offraient une dernière fois la médiation de leur souverain, ni même les ambassadeurs impériaux qui faisaient une proposition analogue pour le compte de leur maître. Deux jours après seulement, il fit savoir qu'il s'en remettait aux rois de France et d'Angleterre du soin de terminer le différend et qu'il enverrait dans ce dessein un légat à la cour de France. En cas de divergence, il adjoignait aux arbitres l'empereur et Maximilien (1).

Les diplomates français crurent avoir tout obtenu; mais de la part de Sixte IV, une promesse de ce genre ne devenait valable que si elle était accompagnée de quelque preuve de ses intentions pacifiques, telle que la levée immédiate des censures, l'interruption des hostilités ou la restitution des places enlevées aux Florentins, toutes mesures dont il n'avait été que très vaguement question. D'ailleurs les représentants de la ligue italienne n'avaient pas voulu accepter la décision du pape. A la cour de Louis XI, on regardait la solution comme dérisoire Le roi se déclarait trop absorbé par ses propres affaires pour accepter le rôle qu'on lui attribuait; Commines, son porte-parole habituel auprès des envoyés italiens, disait que son maître, malgré le dissentiment radical dissimulé sous l'amitié qui paraissait l'unir au roi d'Angleterre, aurait peut-être, dans l'intérêt de la ligue, accepté l'arbitrage avec Édouard IV, mais qu'il ne pourrait jamais consentir à se voir associé à l'empereur et à Maximilien avec qui il était alors en guerre. Quant à Charles Visconti, un des orateurs milanais, il écrivit de Paris à son gouvernement : « Je vois que les ambassadeurs du roi penchent pour le pape, et je soupçonne que d'un côté ou de l'autre ils ont été étranglés par des promesses (2). » Laurent portait sur les envoyés français un jugement à peu près semblable. Inquiet des rapports qu'ils avaient entretenus dans les derniers temps avec le comte Jérôme et avec le représentant du roi de Naples, Anello, préoccupé aussi de l'obstination qu'ils avaient mise à ne quitter Rome qu'après le départ des députés de la ligue, il disait, lors de leur passage à Florence : « Ou ce sont de grands menteurs ou ils sont eux-mêmes trompés (3). »

(1) Fr. 3883, fol. 34 v°-39 r°. — Buser, 208-209.
(2) Charles Visconti au duc de Milan. Paris, 20 juin 1479, dans Kervyn de Lettenhove, I, 260-262.
(3) Buser, p. 210.

En revenant en France, Morlhon et ses collègues passèrent par Milan où les ambassadeurs de la ligue rédigèrent, dans les premiers jours de juillet 1479, un compromis aux termes duquel ils déclarèrent accepter l'arbitrage des deux rois et d'un légat à condition que, de part et d'autre, on rappellerait préalablement les gens d'armes et que l'on se restituerait mutuellement les conquêtes faites pendant la guerre. Si l'on avait pu amener le pape à faire une semblable promesse, il y aurait eu lieu cette fois de se réjouir.

Les ambassadeurs français étaient si convaincus du succès de leurs efforts auprès de Sixte IV qu'ils crurent pouvoir réclamer un présent pécuniaire aux membres de la ligue (1). Leur déception dut être grande lors de leur retour à la cour. Il se trouvait que, dans ce moment, Louis XI voulait sincèrement la paix; en outre il ne pardonnait guère le manque de perspicacité chez ses agents. Il reçut fort mal le pauvre Morlhon, le traita de fou, et refusa même de l'entendre expliquer sa conduite. Cependant, d'accord avec Commines et les envoyés de la ligue, il résolut d'écrire au souverain pontife qu'il acceptait la médiation pourvu que, de son côté, le pape acceptât les conditions préalables formulées dans le compromis de Milan, et que, de plus, il levât immédiatement les censures (2). Le roi avait

CICHVS SIMONETA
Sculpture de la cathédrale de Côme.

informé de sa décision Laurent et la duchesse de Milan, le 14 août (3), lorsque Sixte IV lui fit dire tout à coup qu'il refusait son arbitrage et qu'il n'accepterait point le compromis de Milan. Les nouvelles de la défaite de Guinegate et des embarras suscités à Louis par Maximilien devaient être pour quelque chose dans la brusque détermination du pape. Les conséquences de l'échec militaire qu'il venait de subir exigeaient toute l'attention du roi; il congédia l'envoyé pontifical et ne voulut plus entendre parler de nouvelles combinaisons (4). Grâce à l'appui de l'Empire, ou plutôt grâce à celui de Maximilien, le pape était sans doute par-

---

(1) Buser, p. 209-211.
(2) Cagnola au duc de Milan, 1ᵉʳ août 1479, dans Kervyn de Lettenhove, I, 73-77.
(3) Louis XI à la duchesse Bonne, 14 août 1479, dans Buser, p. 488.
(4) Buser, p. 211.

venu à résister aux volontés de Louis XI; mais ce que ses efforts réunis à ceux des Allemands n'avaient pu empêcher, et ce que montrera la suite des événements, c'est que, malgré l'échec final des dernières négociations, l'influence française en Italie s'était encore accrue.

Pendant ce temps, une révolution avait mis le gouvernement de Milan aux mains de l'homme qui devait être plus tard le principal instigateur de l'expédition de Charles VIII. Au commencement de septembre 1479, Ludovic le More, devenu duc de Bari par la mort de son frère, Marie Sforza, avait obtenu son pardon de la duchesse Bonne. Mal disposée depuis un certain temps contre Cicco Simonetta par son favori Tassini, celle-ci écrivait à son ambassadeur à Florence, dès le surlendemain du retour de Ludovic à Milan, que tous les maux de l'état étaient causés par son ministre. Quelques jours plus tard, Robert de San Severino rentrait à Milan lui aussi, et Cicco, emprisonné dans le château de Pavie, y attendait le supplice, qu'il subit au bout d'un an, après un simulacre de procès. Vers le même temps, le jeune duc, à peine âgé de douze ans, était déclaré majeur, le 7 octobre 1480; on trouvait ainsi le moyen de priver légalement Bonne de Savoie de l'autorité qu'elle avait déjà perdue en fait, car depuis un an, Ludovic était le seul véritable maître de l'état de Milan.

Cette révolution n'éveilla pas de très grandes craintes à Florence. On n'avait à ce moment que des illusions sur le compte de Ludovic le More; Laurent tout le premier le croyait « bon naturellement (1) ». On le jugeait même plus disposé à se laisser guider qu'à conduire les autres. Cependant, comme le duc de Bari devait beaucoup au roi de Naples et au pape, Laurent de Médicis lui envoya coup sur coup deux ambassadeurs pour l'empêcher de se détacher de la ligue, et les Vénitiens proposèrent à Louis XI d'envoyer dans le même dessein un représentant permanent à Milan. Ces sollicitations n'étaient pas les seules que reçût le roi de France. Comme on savait qu'il avait vu avec plaisir Ludovic le More renverser Simonetta, le pape croyait pouvoir l'engager, maintenant que Milan était rentré dans la bonne cause, à compléter l'œuvre en chassant de Florence le tyran ennemi du Saint-Siège, comme c'était son devoir à titre de souverain catholique (2). Il va sans dire que Louis XI ne satisfit pas à cette étrange requête; pour retenir Ludovic dans l'alliance des trois états,

---

(1) Laurent à Morelli, 11 septembre 1479, dans Buser, 490.
(2) Buser, p. 214.

il le menaçait au cas où Ferrand serait en droit de compter sur les Milanais, d'appuyer les prétentions du duc d'Orléans (1). Il ne voulait point que l'on touchât au gouvernement de Florence, et il répétait encore une fois qu'au besoin il le soutiendrait par les armes (2); mais c'étaient là des démonstrations auxquelles on ne croyait plus. Et cependant, malgré le peu de confiance qu'inspirait sa politique hésitante et égoïste, le roi avait atteint son but, qui était d'étendre à ce point son influence en Italie qu'aucune difficulté ne pût dorénavant s'y régler sans son intervention. Cette intervention en effet, on la sollicitait au nord comme au midi. A Rome, à Naples, on demandait l'envoi d'un ambassadeur français; à Venise, on espérait que Louis XI agirait auprès de Ludovic en faveur de Laurent; à Milan, on avait recours à sa médiation contre les Suisses. Suivant son habitude, Louis ne repoussa aucune prière : pendant qu'il expédiait à Milan l'évêque de Montauban, il envoyait à Naples, Pierre Palmier. Ce dernier contribua plus que tous ses prédécesseurs à la paix de l'Italie; car ce fut seulement après que Palmier lui eut préparé les voies, que Laurent se décida à se rendre lui-même à Naples.

Une troisième année de guerre aurait été ruineuse pour Florence; il fallait conclure la paix, et la conclure à tout prix. Depuis longtemps déjà, Laurent de Médicis avait reçu du duc de Calabre, Alfonse, le conseil de s'entendre directement avec Ferrand. A la fin de novembre 1479, Ludovic le More lui réitérait ce conseil et lui indiquait quelles devaient être, à son avis, les bases des négociations. Mais Ludovic venait d'être devancé : l'envoi de Palmier à Naples n'avait pour but que de préparer Ferrand à traiter avec Florence. Le 21 novembre l'ambassadeur français avait pu écrire de Naples au chef du gouvernement florentin que Ferrand était « disposé de complaire au roy en la requeste qu'il lui a faite par moy pour la paix d'Italye », que le pape et le roi de Naples avaient donné les ordres nécessaires pour proclamer immédiatement une trêve, et que l'on n'attendait pour traiter qu'un envoyé florentin avec de pleins pouvoirs. Dès le 24 novembre, jour où la trêve fut proclamée, Philippe Strozzi se mettait en route pour annoncer que, plutôt que de se fier à un plénipotentiaire, Laurent de Médicis venait lui-même se mettre à la discrétion du roi de Naples.

---

(1) Kervyn de Lettenhove, I, 305.
(2) Commines à Pierre Palmier. Plessis du Parc, 3 octobre 1479, dans Kervyn de Lettenhove, I, 294-295.

Cette résolution était la plus sage que pût prendre l'homme d'état florentin. Bien des gens acceptent encore la tradition établie par Laurent lui-même dans la lettre qu'il adressa le 7 décembre à la Seigneurie, lettre par laquelle il se représentait comme une victime s'offrant en sacrifice pour détourner le courroux des ennemis de sa patrie (1). Il n'en était rien; le voyage de Laurent à Naples ne rappelle que de très loin la démarche hardie de Louis XI allant à l'improviste se risquer seul au milieu de l'armée du comte de Charolais. Laurent de Médicis ne partit qu'après avoir reçu la lettre rassurante de Palmier, muni d'un sauf-conduit (2), et certain d'un bon accueil que lui garantissaient le duc de Calabre et le duc d'Urbin. S'il n'envoya pas un orateur à sa place, c'est qu'il croyait, non sans raison, qu'il obtiendrait plus de Ferrand qu'un ambassadeur si habile qu'il fût, qu'il conduirait plus facilement et plus vite les négociations de la paix, et surtout les négociations, moins avouables mais plus délicates, qui lui permettraient de gagner les conseillers du roi de Naples. C'est enfin qu'il comptait sur l'admiration inspirée par son prétendu dévouement, pour rétablir à Florence son crédit et son autorité gravement ébranlés auprès de ses concitoyens. La lettre du 7 décembre fut écrite dans ce dessein, et dans ce dessein aussi les partisans de Laurent rappelèrent la trahison dont Piccinino avait jadis été victime de la part du roi de Naples; mais les circonstances n'étaient pas les mêmes. « Piccinino, dit Sismondi, seul chef de son armée, ne laissait après lui ni états ni vengeurs. Sa mort n'avait coûté à Ferdinand qu'un crime et non des combats. La république de Florence, au contraire, aurait survécu tout entière à Laurent; elle aurait montré plus de zèle pour punir les meurtriers de ce citoyen illustre que pour le défendre et Ferdinand n'aurait recueilli d'autre fruit d'une trahison que la honte de l'avoir commise (3). » De plus Ferrand n'avait pas contre Laurent les motifs de rancune personnelle qui inspiraient Sixte IV; il ne pouvait pas croire que son ennemi fût, comme Piccinino, en état d'exciter une révolte parmi les barons napolitains; enfin il souhaitait la paix, lui aussi, et celle que l'on venait lui proposer était tout à son avantage. Il n'avait donc aucun intérêt à se défaire du négociateur. Quand Laurent quitta Naples, il était devenu l'allié de son ancien ennemi.

(1) Cipolla, p. 600.
(2) *Diarium Parmense*, dans Muratori, *Scriptores*, XXII, p. 328.
(3) Sismondi, VII, 166.

A Milan, on parut trouver que Laurent avait trop bien réussi; on n'y était pas sans inquiétude sur les résultats du rapprochement de Naples et de Florence. Cependant Ludovic s'efforça de convaincre l'ambassadeur florentin de son bon vouloir et des efforts qu'il aurait faits auprès de Ferrand pour le bien disposer en faveur de Laurent de Médicis. Louis XI partageait sans doute les sentiments du duc de Bari; bien que le roi eût contribué à la paix par l'intermédiaire de Palmier, la réconciliation entre Florence et Naples était trop complète pour lui plaire, car la division

Tombeau de Sixte IV, par A. Pollajuolo.

de l'Italie était conforme aux intérêts de la France. Du reste, nous n'avons sur son attitude à cette époque que des renseignements contradictoires; selon les correspondants des Médicis à Lyon, il tenait « à être au courant de tout ce que Laurent ferait avec Ferrand afin d'agir dans le même sens sur don Frédéric de Tarente ». Selon les ambassadeurs florentins accrédités à la cour de France, le roi désapprouvait le voyage à Naples et se trouvait, depuis qu'il l'avait su, en de moins bonnes dispositions à l'égard de Laurent (1).

Pour le pape, la déception était grande; déjà mécontent de la tournure qu'avaient prise les affaires à Milan, où Ludovic faisait arrêter son frère Ascagne, qu'il accusait de révéler à Rome les secrets de l'état, Sixte IV

(1) Buser, 216-217.

voyait annuler les effets des victoires du comte Jérôme. En outre, sa vengeance lui échappait ; Laurent restait seigneur de Florence et Ferrand manquait à tous ses engagements envers le Saint-Siège. Cependant Sixte se décida à adhérer au projet de paix générale qu'avait déjà approuvée son envoyé à Naples, Laurent Giustini. La paix fut proclamée le 17 mars 1480.

A Venise, on avait considéré le voyage de Laurent comme la conséquence très naturelle d'un accord préalable avec Ferrand. Prompte à en prévoir les conséquences, la seigneurie vénitienne prit soin de montrer à Louis XI, dès le 14 décembre 1479, le danger qui résulterait de l'importance désormais prise par le roi de Naples (1) ; elle resta étrangère à la pacification du 17 mars, bien qu'on lui eût réservé la faculté d'entrer dans sa convention, lorsque bon lui semblerait. Elle ne tarda point d'ailleurs à rendre cette pacification mensongère ; Venise en effet ne pouvait être que l'ennemie de toute puissance italienne qui paraîtrait se mettre à la tête des autres. A l'exemple de Florence, elle se rapprocha d'un adversaire de l'ancienne ligue des trois états et elle forma, le 30 avril, avec le pape une ligue destinée à contrebalancer les effets de l'alliance conclue entre Laurent et le roi Ferrand. Le choix du comte Jérôme, qu'elle prit pour capitaine de la ligue, n'était pas fait pour rassurer les Florentins. Les puissances menacées, Naples, Florence et Ferrare, formèrent nécessairement une contre-ligue qui fut constituée le 25 juillet ; de sorte que quatre mois après la prétendue pacification générale, l'Italie se trouvait encore une fois coupée en deux (2).

Comme, malgré les efforts de Frédéric et de Maximilien, l'influence française était restée intacte, le pape, qui n'avait pas trouvé auprès de l'Empire un appui suffisant, crut devoir se rapprocher de Louis XI. Dès le mois d'avril 1480, il envoya en France un légat pour mettre la paix entre le roi et le duc d'Autriche. Le choix seul de ce légat était un aveu de partialité ; car celui que Sixte IV avait désigné n'était autre que Julien de la Rovère, ce cardinal de Saint-Pierre-ès-liens, à qui Louis XI, lors de l'ordonnance de 1476, avait donné de si grandes preuves de confiance (3). Aussi Maximilien le récusa ; et la mission de Julien eut pour résultat principal la mise en liberté du cardinal Balue, fait qui ne fut pas sans influence sur les rapports ultérieurs de la France et de l'Italie.

(1) Buser, p. 216.
(2) Cipolla, 601-602.
(3) Voyez plus haut, p. 115.

Louis XI put observer, à sa propre cour, le contre-coup du mouvement produit par le nouveau groupement des puissances italiennes. Au moment où Sixte IV entra en ligue avec Venise, le légat se rapprocha de l'ambassadeur vénitien et tous deux se mirent à combattre la politique de Florence, Milan et Naples. De part et d'autre, on essaya de gagner la bienveillance des conseillers du roi : ceux-ci étaient nombreux et cupides. C'était d'abord Commines qui, depuis son retour, remplissait en quelque sorte les fonctions de ministre des affaires italiennes; puis venaient l'Italien Boffile de Juge, comte de Castres, ancien compagnon de Campobasso, Du Bouchage, Palamède de Forbin, d'autres encore. Tous mettaient à réclamer le prix de leurs services un empressement si naïvement cynique qu'il est impossible que leur maître ignorât des pratiques sur lesquelles il se contentait évidemment de fermer les yeux. Louis XI tint presque toujours la balance égale entre les deux groupes, ou plutôt il la laissa osciller de telle sorte que les uns et les autres sentissent le besoin qu'ils avaient de lui. Son seul désir était que les gouvernements italiens ne pussent se réunir de façon à former une puissance considérable; aussi laissait-il par moments éclater son mauvais vouloir à l'égard de Ferrand, qu'il appréhendait, depuis la paix avec Florence, de voir devenir le souverain de l'Italie; mais en même temps il savait tempérer ses paroles de telle façon qu'il laissait toujours place aux espérances. Refusait-il de ratifier le traité de Florence avec Naples, sous prétexte que Ferrand n'était rien moins que son ami; il ajoutait, afin de se ménager les nouveaux alliés du roi de Naples, que celui-ci n'obtiendrait jamais son amitié tant qu'il n'aurait pas rendu aux Florentins les terres qui leur avaient été accordées par le traité, et, au duc de Milan, Gênes, qui était tenue en hommage de la couronne de France (1). L'incertitude où l'on était sur les dispositions réelles du roi faisait sans cesse affluer à sa cour les envoyés de toutes les puissances italiennes, et Laurent qui, déçu dans les grandes espérances qu'il avait d'abord fondées sur l'intervention française, oubliait peut-être un peu trop les services que Palmier lui avait rendus à Naples, Laurent crut néanmoins devoir charger Vespucci de remercier le roi de ses bons offices qui avaient facilité le rétablissement de la paix en Italie (2).

La nécessité de protéger l'Europe chrétienne contre les Turcs menaçants,

(1) Cagnola et Visconti au duc de Milan, Paris, 5 juin 1480. Kervyn de Lettenhove, III, 82.
(2) Buser, 220.

prétexte toujours invoqué par Louis XI pour s'immiscer dans les affaires italiennes, allait devenir une réalité. Depuis le jour où il était entré dans Sainte-Sophie profanée, Mahomet II rêvait un bien autre triomphe : c'était de planter le croissant sur Saint-Pierre de Rome. Vingt-huit ans après la prise de Constantinople, pendant que Rhodes résistait toujours aux Musulmans, ceux-ci profitèrent des divisions italiennes pour faire une pointe hardie sur la Calabre. Comme Ferrand n'était pas en mesure de résister pendant qu'Alphonse, l'héritier du trône, était occupé à faire passer Sienne sous la domination napolitaine, Otrante tomba aux mains des Musulmans le 11 août 1480. Plus d'une voix s'éleva pour accuser Venise de complicité avec les ennemis de la foi, et le fait est que l'hostilité qui la séparait alors de Naples, la bienveillance dont elle avait, dans les derniers temps, fait preuve à l'égard des Turcs, la singulière attitude de sa flotte, qui avait suivi de loin les vaisseaux ennemis jusque dans les parages d'Otrante sans essayer de les arrêter, les fins de non-recevoir qu'elle opposa aux demandes de secours, tout paraissait justifier de semblables accusations.

Louis XI au fond se préoccupait assez peu des progrès des Turcs; mais il craignait que les puissances italiennes, en présence du danger commun, ne se réunissent et ne prissent pour chef Ferrand, qui était à la fois le plus puissant prince de la péninsule et le plus directement menacé. L'Italie mise par son union en mesure d'échapper à l'influence française, l'exaltation du roi de Naples, tels étaient les événements que Louis redoutait le plus de voir se produire au sud des Alpes. Déjà Sixte IV semblait oublier ses ressentiments envers Ferrand, à qui il avait envoyé un cardinal pour se concerter avec lui (1). Louis XI jugea que le meilleur moyen de conserver son autorité, c'était de se mettre à la tête du mouvement de résistance. Une ambassade française parcourut, à la fin de 1480, les principales villes d'Italie pour en enrôler les gouvernements dans une croisade sous la conduite du pape et du roi de France. En même temps, afin de troubler les relations de Laurent avec Ferrand, Louis XI avait chargé ses ambassadeurs de presser la restitution des places enlevées aux Florentins pendant la dernière guerre; à sa cour même, il ne parlait du roi de Naples qu'avec aigreur, ne cessant même pas, en présence de Frédéric de Tarente, d'accuser le père de son hôte d'être la cause de toutes les divisions de l'Italie. Mais les

(1) Cipolla, 604-605.

craintes de Louis XI étaient exagérées. Personne ne se souciait de la croisade; Florence et Milan restaient indifférents tandis que Venise voulait à tout prix empêcher une entreprise qui eût simplifié la situation du roi de Naples (1). Tout se réduisit à un traité conclu en 1481 entre le pape et le roi de France. Ferrand se serait trouvé gravement menacé si la fortune ne lui était venue en aide; Mahomet II mourut au mois de mai 1481. Par suite de la guerre civile qui éclata entre ses fils, Bajazet et Djem ou Zizim,

Le roi René. Médaille attribuée à Pierre de Milan.

la garnison d'Otrante ne fut pas secourue et dut se rendre, le 10 septembre, au duc Alphonse de Calabre.

Le roi de France, toujours inquiet lorsqu'il voyait les autres puissances débarrassées de leurs sujets de craintes, se prit à redouter les Vénitiens, que la guerre entre Bajazet et Djem affranchissait des dangers auxquels les Turcs les avaient exposés jusque-là : il affecta de parler moins mal de Ferrand. Avec Louis XI, on pouvait toujours compter sur des revirements de ce genre; aussi les Italiens entretenaient-ils des relations avec ses divers conseillers, afin d'être prêts à saisir les occasions d'en profiter. C'est ainsi

(1) Buser, 221-223.

que le comte Jérôme Riario parvint, par l'entremise de Du Bouchage, à entrer dans la faveur royale (1).

Un mois avant la prise d'Otrante, le 10 juillet 1480, le roi René était mort à Angers. Conformément aux dispositions qu'il avait prises quelques années auparavant, tout ce qui, dans son héritage, ne devait pas immédiatement échoir à la couronne de France revenait à son neveu Charles du Maine; mais on savait que la frêle santé de ce prince ne priverait pas longtemps Louis XI de l'entrée en possession de la Provence et, en même temps, de la réversion des droits sur Naples. Dans l'intérêt de Charles comme dans celui du roi, il importait de ne pas laisser compromettre la validité de ces droits; une ambassade alla, au nom du comte du Maine, demander au pape l'investiture du royaume de Naples. Sixte IV, ayant à redouter soit le mécontentement de Ferrand, soit celui de Louis XI qui avait fait appuyer diplomatiquement la requête de son cousin, répondit par des défaites et ne consentit même qu'avec peine à donner acte de la demande d'investiture (2). Louis XI avait alors des préoccupations suffisantes pour ne pas attacher une très grande importance à ses droits éventuels sur Naples; il se consola facilement de ne pas voir les prétentions angevines reconnues par le pape. Sixte IV lui donnait d'ailleurs à ce moment même une grande preuve de bonne volonté en envoyant Julien de la Rovère comme légat en France. Aussi tandis que le roi prenait toutes les mesures nécessaires pour rendre sûr et honorable le voyage de Julien, Charles du Maine au contraire cherchait vainement à se venger en essayant de s'emparer de la personne du légat, aux portes mêmes d'Avignon (3).

Les apparitions des Angevins avaient pourtant laissé des traces profondes en Italie; non seulement bon nombre de barons napolitains étaient restés fidèles aux princes de la maison d'Anjou, non seulement les puissances italiennes pensaient à les appeler lorsqu'elles se brouillaient avec Ferrand; mais, même en dehors du royaume de Naples, le peuple avait gardé un souvenir si vif des prouesses de Jean de Calabre et de son ami Piccinino, qu'il s'attendait toujours à les voir se renouveler. Nous en trouvons la preuve dans un passage d'une curieuse chronique parmesane. « Le

(1) Buser, 224.
(2) Bouche, *Histoire de Provence*, II, 482. — Jacques de Volterra, dans Muratori, *Scriptores*, XXIII, 124.
(3) Julien de la Rovère au pape, Orange, 17 novembre 1481, dans Moritz Brosch, *Papst Julius II, und die gründung des Kirchenstaats*, p. 280.

23 août 1480, on reçut à Parme la nouvelle que les Turcs, qui étaient entrés en Pouille, n'agissaient pas au nom du Turc, mais au nom du duc d'Anjou, fils du feu duc Jean, fils lui-même du roi René (1); que ce duc était en personne dans leur armée, que c'était pour lui que la guerre se faisait et que l'on y criait : *Angevin!* On disait qu'il y avait avec lui beaucoup des barons bannis du royaume par le roi Ferrand, ainsi que le fils du comte Jacques Piccinino. Le trône aurait dû revenir à ce duc, et c'est pour cela qu'il conquit beaucoup de terres dont les habitants lui étaient favorables à cause de l'ancienne domination de ses ancêtres. On dit aussi que, pour se venger de leurs ennemis, ils avaient demandé secours aux ennemis de la foi, c'est-à-dire aux Turcs. Le bruit court qu'il est soutenu par les Vénitiens qui se sont séparés de la ligue qu'ils avaient avec les illustrissimes ducs de Milan. Il a conquis presque toute la Pouille A cette occasion le roi Ferrand fait de grands préparatifs, mais il semble que ce soit bien tard. On soupçonne que le Turc va venir avec toute l'armée qu'il avait devant Rhodes, et que les Vénitiens, alliés aux Turcs, arment une très grande flotte contre le roi; ils ont déjà, dit-on, mis des garnisons sur les frontières du pays de Brescia, de peur que le roi ne tire quelque secours de ces régions. Comme il y a dans le royaume de Sicile deux partis : celui des Angevins et celui des Aragonais, on juge que le bannissement des barons a fort compromis la situation de ce roi (2). »

Comme dans tous les bruits populaires, quelque absurdes qu'ils soient, il y avait dans celui-ci une petite part de vérité. Sans doute, aucun prince français ne se trouvait dans l'armée turque, mais on a vu plus haut combien de gens en Italie accusaient les Vénitiens de complicité avec les Musulmans. Or les Vénitiens avaient bel et bien pris à leur service un petit-fils du roi René, non pas le fils de son fils, il est vrai, mais le fils de sa fille, le vainqueur de Charles le Téméraire, René de Vaudémont, duc de Lorraine. Lorsque le roi de Sicile avait institué pour son héritier Charles du Maine, le duc de Lorraine s'était efforcé d'amener son grand-père à modifier son testament en sa faveur; mais il échoua devant l'opposition des conseillers de son aïeul, notamment devant celle de Palamède

---

(1) Nous n'avons pas besoin de faire remarquer qu'il n'y avait plus de fils de Jean de Calabre encore vivant à cette époque. On veut sans doute parler de René de Vaudémont, petit-fils du roi René par sa fille Yolande.

(2) *Diarium parmense*, dans Muratori, *Scriptores*. XXII, 346.

de Forbin, entièrement dévoué à Louis XI. S'il eût réussi en effet, la France se serait trouvée privée de la Provence (1). Obligé de renoncer à ce comté qu'il n'osait disputer au roi de France, René avait encore l'espoir d'imposer par la force aux Italiens la reconnaissance de ses droits sur Naples; il devait donc saisir toutes les occasions de se créer un parti et des alliances en Italie. De leur côté, les puissances ennemies du roi de Naples ne devaient pas manquer de chercher à lui opposer un rival aussi redoutable que le vainqueur de Nancy. Pendant la guerre qui suivit la conjuration des Pazzi, Florence et Venise avaient déjà pensé à se servir du duc de Lorraine pour intimider Ferrand. Des pourparlers à cet effet étaient entamés depuis 1479. Abandonnés par Florence lorsque Laurent fit sa paix avec le roi de Naples, maintenus par Venise, ils n'étaient pas restés sans résultats. René de Vaudémont, arrivé à Venise dans les premiers mois de 1480, avait été créé noble vénitien et, le 17 avril, il avait conclu avec le doge Jean Mocenigo, un traité par lequel il s'engageait, moyennant 20.000 ducats par mois à venir, dès la première réquisition, servir la république avec cinq cents chevaux et mille hommes de pied (2). Il était de retour en Lorraine avant la mort de son grand-père. Les Vénitiens ne devaient avoir recours à ses services que deux ans plus tard.

La guerre de Ferrare, en mettant de nouveau l'Italie en feu, épargna à Louis XI la peine d'y entretenir la discorde. Venise avait de vieilles rancunes contre le duc de Ferrare, Hercule d'Este, qui avait épousé une fille de Ferrand. La fabrication du sel dans les lagunes de Comacchio, la mauvaise délimitation des frontières, une excommunication lancée par l'évêque de Ferrare contre le *risdomino* vénitien fournissaient les prétextes d'une rupture motivée surtout par l'ambition de conquérir Ferrare, jadis soumise aux Vénitiens, en 1308. La seigneurie pouvait compter sur l'appui du comte Jérôme, qui venait de faire une visite solennelle au doge, Jean Mocenigo; la guerre éclata en 1482. L'alliance intime entre Rome et Venise contraignant Naples, Milan et Florence à prendre la défense de Ferrare, on vit encore une fois l'Italie partagée en deux camps. Louis XI resta étranger à la lutte, et pourtant les motifs d'intervention ne lui eussent pas manqué; car Charles du Maine était mort depuis le mois de décembre 1481, et le roi de France, qui avait déjà mis la main sur la Provence, était

(1) Lecoy de la Marche, *Le roi René*, I, 424.
(2) D. Calmet, *Histoire de Lorraine*, éd. de 1728, II, 1683-1684.

maintenant l'héritier de ses droits sur Naples. Quelques mois s'étaient à peine écoulés depuis la mort de Charles du Maine, que déjà Sixte IV, serré de près par Ferrand, ne trouvait rien de mieux que de convier Louis XI à accourir pour mettre son adversaire à la raison avec l'aide du comte Jérôme, à s'emparer du trône de Naples qui lui revenait de droit, disait le souverain pontife, à rétablir en même temps l'ordre dans le reste de l'Italie, particulièrement à Milan. Profitant de la présence de Messieurs de Rochechouart et Rabot, qui s'étaient rendus à Rome pour négocier le transfert de l'évêque de Verdun à un siège italien, le pape les chargea de faire à leur roi deux propositions pour le dauphin : l'une, c'était l'offre d'une épée bénite, afin que la première épée qu'il ceindrait, il la tînt du vicaire de Dieu; l'autre, c'était celle du titre de gonfalonier de l'Église que Louis XI avait jadis porté sous Eugène IV. L'instruction remise aux orateurs montre combien était déjà profond le ressentiment du pape contre le roi de Naples et contre Ludovic le More : « Aussi lui diront, que s'il veut entendre au recouvrement du royaume de Sicile, lequel appartient au roy, que maintenant il a faculté de ce faire mieux que jamais, pour les divisions qui y sont, et sans guères de cousts; et dit le pape ces paroles : *Nunc est tempus acceptabile et tempus salutis;* et s'offre le pape d'y ayder le roy de tout son pouvoir. Pareilles offres fait ledit comte Hiérosme, qui témoigne fort desirer ladite entreprise. Toutesfois dit le pape qu'il serait besoin tant pour ce, que aussi pour le bien et honneur du duc de Milan, que Madame Bonne, mère dudit duc, laquelle à la charge et à la foule de son honneur, contre toute vérité, ignominieusement a esté déboutée du gouvernement de sondit fils, retourne audit gouvernement; ce que le roy pourra faire bien aysément, en écrivant aux seigneurs et autres de la duché de Milan, tels qu'il avisera estre à faire et aussi aux Vénitiens.

« Et est bien besoin et nécessaire qu'ainsi le fasse, pour la seureté de la personne dudit duc de Milan; car le pape a esté averty que le sieur Ludovic, oncle dudit duc, avoit entrepris de le faire mourir pour soy faire duc et seigneur; mais le pape incontinent qu'il le sceut en écrivit, et avertit ceux qui ont le gouvernement de sa personne (1). »

Bien que Louis XI fût trop occupé de sa lutte contre Maximilien pour

---

(1) *La créance que nostre Sainct Père le Pape a chargé lesdits de Rochechouart et Rabot de dire au Roy,* dans Godefroy, *Histoire de Charles VIII,* p. 312. — Vespucci à Laurent, Rome, 8 mai 1482, dans Buser, p. 502.

tenter de conquérir l'Italie méridionale, la proposition du pape ne resta pas entièrement sans effet. Quand Laurent voulut savoir quel secours il pourrait attendre de la France dans le cas d'une guerre avec le Saint-Siège, son envoyé Gaddi lui répondit, à la suite d'un entretien avec Commines, qu'il n'y avait lieu d'entreprendre aucune démarche en ce sens. D'ailleurs le comte Jérôme se vantait partout de posséder l'amitié du roi de France, et Ludovic le More, tremblant de voir Louis XI adopter à son égard les manières de voir du pape, répandait l'argent parmi les courtisans influents et sollicitait Laurent d'écrire en sa faveur au roi et au seigneur d'Argenton, qui avait *la cura di questa provincia d'Italia*. Les craintes de Ludovic étaient fondées jusqu'à un certain point; car Louis XI n'avait pas renoncé à faire du duché de Milan, comme il l'avait fait de la Savoie, une dépendance de la France, et l'ambassadeur qu'il envoya vers cette époque à Milan, reprenant les termes de l'instruction pontificale, déclarait venir pour faire rétablir la duchesse Bonne dans son autorité et pour empêcher le seigneur Ludovic de s'emparer du duché et de faire mourir le jeune duc (1).

Le duc de Bari avait trop grand intérêt à ménager le roi pour s'irriter de la franchise de ces déclarations; il donna même à espérer qu'il enverrait en France le frère cadet du duc de Milan et qu'il trouverait moyen de rompre avec Naples (2). Il comptait sans doute que le roi était alors assez absorbé par les événements qui amenèrent le traité d'Arras pour ne pas veiller de très près à ce que de semblables promesses fussent tenues.

On ne s'explique guère que Louis XI, ce grand marieur, ait, en 1477, laissé échapper la main de la fille de Charles le Téméraire. Il était le premier à comprendre sa faute et sa joie dut être grande lorsque, dans la dernière année de sa vie, il trouva l'occasion de la réparer. La duchesse Marie venait de périr d'une chute de cheval, le 27 mars 1482; les États de Flandre et de Brabant, dociles aux inspirations de Louis XI, qui comptait plus d'un pensionné dans leur sein, ne consentirent à reconnaître Maximilien pour tuteur de ses enfants qu'en lui imposant un conseil de tutelle; de plus, malgré la résistance du duc d'Autriche, ils l'obligèrent à faire la paix avec la France en prenant le dauphin pour époux de sa fille Marguerite, héritière de la Franche-Comté. Une puissante

---

1. Buser, p. 226. — *Diarium parmense*, dans Muratori, *Scriptores*, XXII, 364, D E.
2. Buser, p. 227 et 503.

démonstration militaire de Louis XI, qui fit occuper Aire par d'Esquerdes, la froideur des capitaines bourguignons, qui traitaient pour leur compte avec

Louis XI. Étude pour statue funéraire, d'après un dessin de la Bibliothèque nationale.

le roi, contraignirent Maximilien à conclure le traité d'Arras, le 23 décembre 1482. C'était l'achèvement du triomphe de la couronne sur la puissante maison issue du fils du roi Jean. Les deux Bourgognes se trouvaient maintenant réunies au domaine; la Franche-Comté, les comtés d'Artois, de Mâcon et d'Auxerre, les seigneuries de Salins, de Bar-sur-Seine et de Noyers formaient la dot de la petite princesse, qui vint, au mois de juin suivant, célébrer ses fiançailles avec le dauphin, à Paris, où elle devait résider en attendant l'âge où elle pourrait être mariée. Louis XI se souvenait-il qu'il avait jadis signé une promesse de mariage entre son fils et une fille du roi d'Angleterre? Édouard IV n'était pas assez puissant pour que son ressentiment fût à craindre, et d'ailleurs il semblait que le destin prit à tâche de faire disparaître tout ce qui pouvait entraver l'exécution des projets du roi de France : Édouard IV mourut au mois d'avril 1483.

Le pape vit qu'il n'avait rien à espérer de la France; le soi-disant concile que l'archevêque de Carinthie, André, essayait de réunir à Bâle ne laissait pas de lui donner des inquiétudes, bien qu'aucun évêque de France ou d'Allemagne n'eût pris part à cette piteuse réunion, que l'envoyé florentin à Bâle appelait un *collegio di falliti* (1). Sixte IV profita des bons offices de l'Espagne pour se rapprocher de Ferrand, conclure la paix avec lui et se mettre à la tête de la ligue, sous l'éternel prétexte que l'union de tous les Italiens était indispensable pour faire face aux Turcs. Laurent resta longtemps indécis avant d'adhérer à la nouvelle ligue, craignant par là d'offenser le roi de France. Louis XI, gravement atteint dans sa santé, tourmenté de la crainte de la mort, demandait partout qu'on lui envoyât des reliques pour prolonger sa vie. Laurent de Médicis, qui comptait alors exploiter l'influence de Louis XI sur le pape au profit de son fils Jean, le futur Léon X, qu'il destinait dès lors à l'Église, flattait la manie du roi en cherchant pour lui des moyens de guérison miraculeuse. Il crut s'être ainsi suffisamment assuré son bon vouloir, et, cédant aux instances du duc Hercule d'Este, il consentit à entrer dans la nouvelle ligue, qui fut publiée par le pape le 30 avril 1483 (2).

En face de cette puissante confédération, les Vénitiens étaient seuls à continuer la guerre contre Ferrare. Les offres de médiation de l'empereur et du roi d'Espagne étant restées sans résultat, Venise, suivant l'exemple que le pape lui avait donné quelques mois plus tôt, pensa à susciter contre Ferrand, le plus puissant de ses ennemis domestiques, le vieux parti Angevin. Comme champion de ce parti, elle avait sous la

(1) Buser, 228.
(2) Cipolla, 621.

main un prince plus jeune, plus ambitieux et plus remuant que le roi de France : c'était le duc de Lorraine que, depuis deux ans, elle s'était lié par un traité. A peine René eut-il reçu l'appel que les Vénitiens lui adressèrent par Antoine Vinciguerra, qu'il se mit en route à la tête de deux cents hommes d'armes et de mille hommes de pied. Il emmenait avec lui l'évêque de Verdun, Guillaume de Haraucourt, que Louis XI avait mis en liberté depuis peu. Magnifiquement accueilli au mois d'avril, par le doge qui alla au devant de lui sur le Bucentaure, il reçut le gonfanon de Saint-Marc et fut proclamé capitaine général le 16 mai à la place de Robert de San-Severino. Dès le mois de juin il prenait possession de son commandement.

Malgré plusieurs succès, le vaillant duc terrifia autant ceux qu'il venait défendre que ceux qu'il voulait combattre, par le genre de guerre qu'il introduisit en Italie. Les Lorrains, habitués aux combats véritables, croyaient de leur devoir de frapper de grands coups d'épées et de déconfire le plus d'ennemis possible; mais c'était là une brutalité oubliée depuis longtemps de l'autre côté des Alpes. Tuer des ennemis au lieu d'en tirer courtoisement de belles rançons, risquer de se faire tuer par représailles, tandis que l'on pouvait, en ménageant ses adversaires, s'assurer leurs bons procédés pour le cas où l'on tomberait à son tour entre leurs mains ! Il n'y avait que des Ultramontains pour commettre de pareilles sauvageries. Du reste l'épouvante des Italiens du quinzième siècle se renouvelait toutes les fois qu'ils se trouvaient en contact avec des gens d'armes étrangers : leur impression avait été la même lors de la campagne de Renaud de Dresnay, en 1447; elle devait être encore la même lors des premiers combats de l'armée de Charles VIII. Le fils de l'un des compagnons de René de Vaudemont, Richard de Wassebourg, rapporte quel fut l'étonnement causé par l'énergie des soldats lorrains : « Et eut, dit-il en parlant du duc, plusieurs rencontres contre ceulx de Ferrare desquelz il en deffit beaucoup sans les prendre à merci, dont il fut merveilleusement crainct de ses ennemis et desdictz Vénitiens. Car j'ay ouy référer à mon père, qui estoit en la compagnie dudict duc de Lorraine, qu'avant sa venue les Vénitiens et Italiens usoient plus de guerre qu'ilz appeloyent *guerroyale*, prenans prisonniers les ungs sur les aultres pour avoir rançon que de tuer les ennemis. Mais ledict duc et ses Lorrains faisoient le contraire dont lesdictz Vénitiens commencèrent à murmurer et disoient entre eulx ces

Lorrains *Amassadors* (1) et n'avoient point cela aggréable de paour que les ennemis ne fissent le semblable » (2).

Mais la coopération de René n'était qu'un pis aller ; l'alliance, ou tout au moins le bon vouloir du roi de France, aurait eu bien plus de prix aux yeux des Vénitiens. Le 4 juin 1483, Antoine Loredan partit pour la France avec la mission de montrer que Venise était innocente de la guerre de Ferrare, de se plaindre du comte Jérôme, d'attirer l'attention de Louis XI sur le triste état de l'Italie et de tâcher d'obtenir du roi cette panacée que lui seul était en mesure de donner : la convocation d'un concile. Au passage, Loredan eut la mauvaise fortune de tomber entre les mains des Suisses que, de concert avec René de Lorraine, il voulait exciter contre Sixte IV et ses alliés. Mais les Suisses étaient profondément attachés au Saint-Siège ; ils ne laissèrent l'ambassadeur continuer sa route qu'après qu'il eut juré de ne rien négocier contre le pape. Louis XI, alors mortellement atteint, vit bientôt arriver une ambassade des puissances liguées destinée à combattre l'action de Loredan. Déjà le pape avait envoyé des légats chargés de ces reliques au contact desquelles le roi pensait pouvoir ressaisir la vie qui lui échappait, et des lettres de France faisaient espérer aux confédérés que les Vénitiens ne pourraient rien obtenir. Ces espérances parurent confirmées par le départ de trois ambassadeurs que François de Paule, le saint ermite de Calabre, auquel Louis XI demandait la santé, avait déterminé le roi à envoyer mettre la paix entre les belligérants. Mais la contenance des orateurs français fit craindre que les Vénitiens ne les eussent déjà gagnés ; ils proposaient de réunir un congrès pacifique à Bologne. Les alliés, trouvant cette ville trop rapprochée de Venise, le voulaient faire convoquer à Rome, lorsque les négociations furent brusquement interrompues par la nouvelle de la mort de Louis XI, survenue le 30 août 1483. Les ambassadeurs revinrent aussitôt en France. René de Lorraine, qui préparait contre Naples une expédition pour laquelle il avait fait demander, à Zurich, le concours des Suisses, ajourna l'exécution de ses projets, et se hâta de quitter l'Italie.

Lorsque Louis XI se sentit près de sa fin, il laissa voir combien de réelle grandeur se cachait sous les petitesses de son caractère. Ce malade qui tremblait devant la mort ne la craignit plus lorsqu'il la vit en face. Pendant

---

(1) *Amazzatori.*
(2) Richard de Wassebourg, *Antiquitez de la Gaule Belgicque*, Paris, Sertenas, 1549, in-fol., livre VII, fol. 528 v°.

les six derniers jours de sa vie, il cessa de se plaindre pour ne plus s'occuper que du salut de l'état et des intérêts de son fils, « du jeune roi, » comme il l'appela lui-même à ce moment. Il mourut non pas tel qu'il avait vécu, mais tel qu'il doit vivre dans notre souvenir. Sans doute, nous n'oublions pas les immoralités de sa vie, les hésitations et les duplicités de sa politique, les actes tyranniques et les violences de son règne; mais nous devons nous rappeler avant tout qu'en abattant la féodalité apanagère, il acheva l'unification nationale que Jeanne d'Arc et Charles VII avaient si glorieusement commencée par l'expulsion des Anglais. A l'étranger, il avait porté si haut le prestige de la France que Maximilien et l'empereur n'avaient pu, malgré leurs efforts, le déposséder du premier rang parmi les princes chrétiens. « Mais tant a esté obéy qu'il semblait presque que toute l'Europe ne fust faicte que pour luy porter obéyssance (1). » Ce que Commines disait de l'Europe en général, il avait pu le constater plus d'une fois pour l'Italie en particulier, et dans ces derniers moments surtout où il avait vu les ambassadeurs de Venise et de la ligue se presser encore autour du roi expirant pour solliciter de lui un mot qui rétablît la paix dans leur pays. Tel est le vrai Louis XI, tel est le souverain passionné pour la grandeur de son trône qu'il confondait avec celle de la France, le roi digne de son rang et de sa race, qui, lorsqu'il acquit la certitude de sa fin, dépouilla toutes les faiblesses de sa vie. « Il l'endura vertueusement, dit Commines après avoir rapporté de quelle façon brutale on lui signifia de se préparer à la mort, et toutes aultres choses jusques à la mort, et plus que nul homme que j'aye jamais veu mourir (2). »

(1) Commines, II, 25.
(2) Ibidem, II, 26.

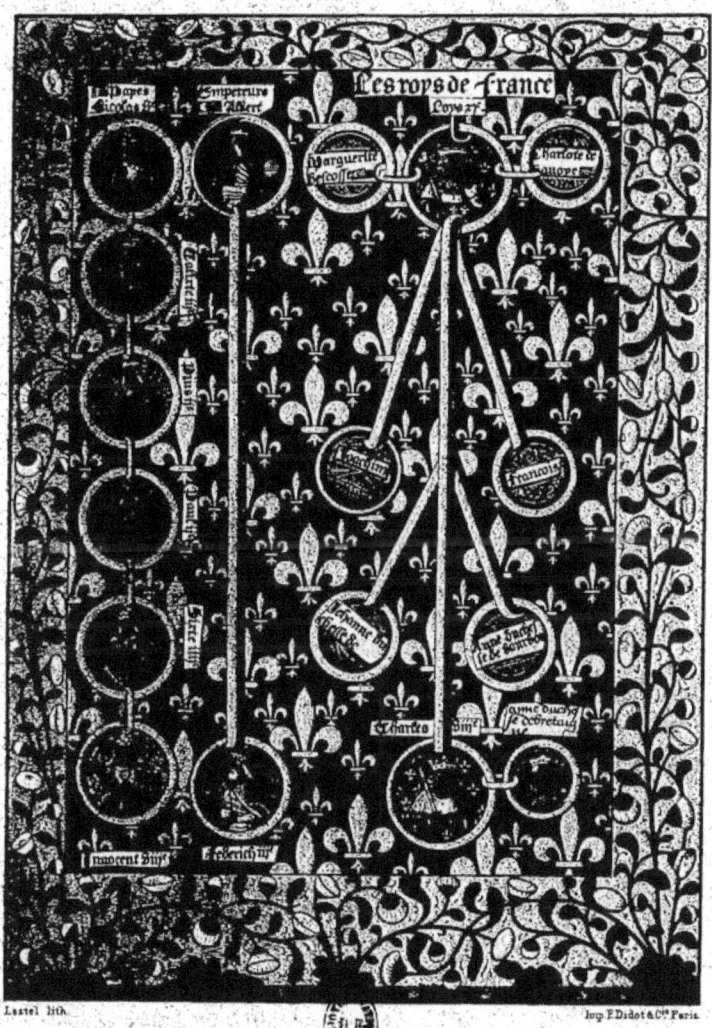

GÉNÉALOGIE DE CHARLES VIII.
Miniature tirée de LA MER DES HISTOIRES, éd. de Pierre Lerouge, exemplaire sur vélin de Charles VIII. Bibl. nat.

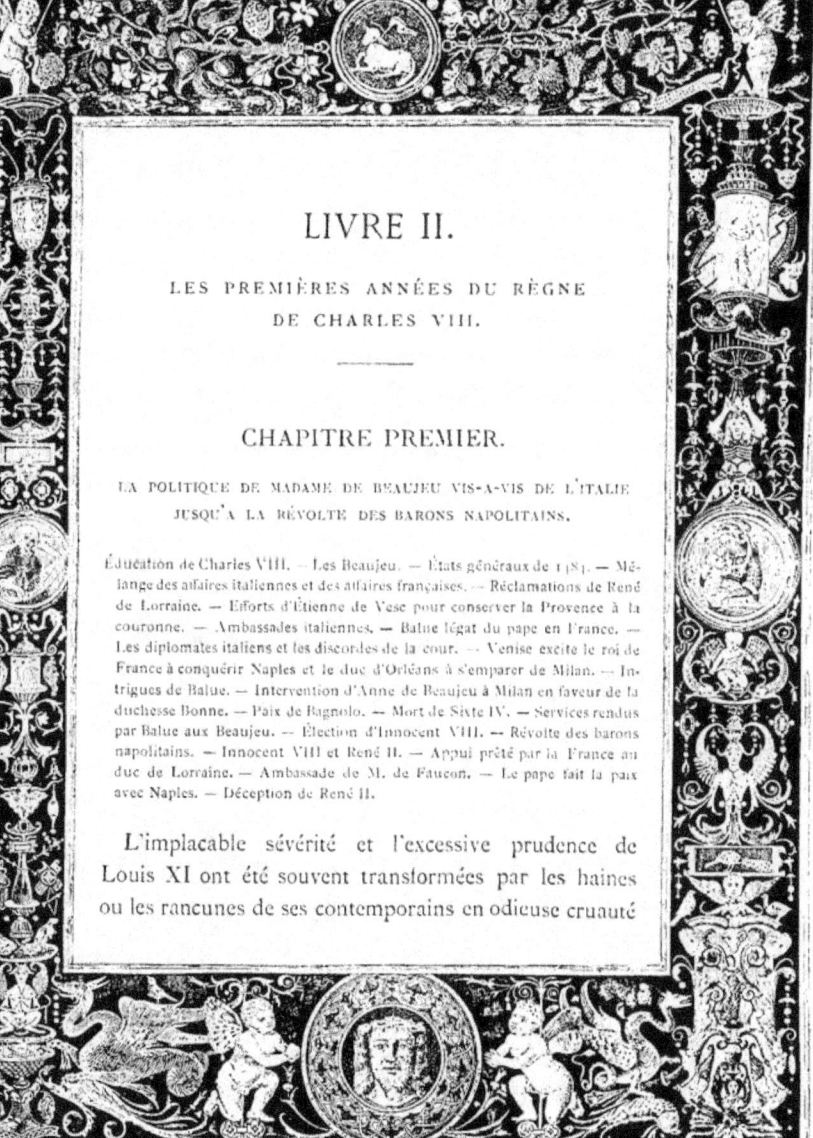

LIVRE II.

LES PREMIÈRES ANNÉES DU RÈGNE DE CHARLES VIII.

CHAPITRE PREMIER.

LA POLITIQUE DE MADAME DE BEAUJEU VIS-A-VIS DE L'ITALIE JUSQU'A LA RÉVOLTE DES BARONS NAPOLITAINS.

Éducation de Charles VIII. — Les Beaujeu. — États généraux de 1484. — Mélange des affaires italiennes et des affaires françaises. — Réclamations de René de Lorraine. — Efforts d'Étienne de Vese pour conserver la Provence à la couronne. — Ambassades italiennes. — Balue légat du pape en France. — Les diplomates italiens et les discordes de la cour. — Venise excite le roi de France à conquérir Naples et le duc d'Orléans à s'emparer de Milan. — Intrigues de Balue. — Intervention d'Anne de Beaujeu à Milan en faveur de la duchesse Bonne. — Paix de Bagnolo. — Mort de Sixte IV. — Services rendus par Balue aux Beaujeu. — Élection d'Innocent VIII. — Révolte des barons napolitains. — Innocent VIII et René II. — Appui prêté par la France au duc de Lorraine. — Ambassade de M. de Faucon. — Le pape fait la paix avec Naples. — Déception de René II.

L'implacable sévérité et l'excessive prudence de Louis XI ont été souvent transformées par les haines ou les rancunes de ses contemporains en odieuse cruauté et en sauvage méfiance : ainsi s'est formée par l'adjonction de détails imaginaires à des faits réels, ou par la substitution arbitraire des calculs les plus noirs aux sages motifs que le roi n'avait garde de faire connaître, toute une série de légendes encore accréditées de nos jours. Celle qui se rapporte à l'éducation du dauphin Charles est l'une des plus répandues.

Si l'on en croyait la tradition, Louis XI, jaloux de ce fils qu'il redoutait de se voir opposer, l'aurait fait élever dans une sorte de captivité, où des hommes de l'origine la plus vile le maintenaient, par ordre, dans une ignorance absolue, limitant l'éducation de l'héritier du trône à la stricte observation de cette seule maxime : *Qui nescit dissimulare, nescit regnare,* maxime qui par parenthèse aurait été peu propre à inspirer au jeune prince, et à lui enseigner comme un devoir, la loyauté envers son père. En réalité, les préoccupations de Louis XI à l'égard de son fils étaient loin d'être exclusivement égoïstes. Il avait ardemment souhaité qu'un dauphin vînt prendre la place de ce Joachim mort au berceau pendant son séjour en Brabant. Pour l'obtenir du ciel, il avait entrepris plus d'un pèlerinage et fait de riches promesses aux églises. Quand, le 30 juin 1470, la reine Charlotte lui donna ce fils tant désiré, la joie de Louis XI fut grande. Comment admettre que cette joie ait pu se transformer en je ne sais quelle animosité inquiète et que le roi se soit habitué, ainsi que le disait encore le dernier historien de Charles VIII, « à voir, dans le jeune dauphin, moins un fils à entourer de soins et de tendresse qu'un successeur impatient de recueillir son héritage (1) » ?

Ceux qui avaient la garde du dauphin à Amboise furent d'abord ce bailli de Meaux, si maltraité par Commines, Étienne de Vesc, plus tard sénéchal de Beaucaire, auquel on adjoignit bientôt le secrétaire du roi Jean Bourré, maître des comptes. L'enfant était débile, souffreteux. Sa petite taille, ses jambes grêles, sa tête trop grosse, ses yeux saillants, indiquaient qu'on devait lui épargner toute fatigue cérébrale, et faire dans son éducation la part plus large aux exercices du corps qu'aux études littéraires. Louis XI l'avait compris ; dans sa rare sagesse, il permit de bonne heure à son fils de se livrer à la chasse, mais il lui interdit pour longtemps jusqu'au moindre effort intellectuel. Le contemporain Nicole Gilles, que n'influençaient pas les rancunes d'un Commines contre ceux qui

---

(1) C. de Cherrier, *Histoire de Charles VIII*, I, 21.

avaient dirigé l'éducation du dauphin, a du reste fort bien exposé les motifs qui faisaient agir le roi : « Charles, dit-il en rapportant l'avènement de Charles VIII, estoit fort jeune et de petite qualité ; et, par le commandement de son père, avoit esté nourry grossement sans vouloir qu'il occupast son facil engin aux lettres ne choses subtiles, doubtant qu'il eust corrompu sa nature qu'il congnoissoit débille et délicate (1) ». C'est cette prudence paternelle que des ennemis tels que le panégyriste de Louis XII, Claude de Seyssel, ont transformée en un odieux calcul. Le roi, selon eux, aurait eu « soucy que son fils n'eust le cœur trop grand (2) ». Comment d'ailleurs admettre cette noire combinaison lorsqu'on voit Louis XI s'occuper, dans sa correspondance avec Bourré, des moindres détails touchant la santé du dauphin, se faisant informer de la façon dont l'enfant est couvert pendant la nuit (3), tenant à savoir s'il est « joyeux », s'il « dort bien et menjue bien », s'il « ne se eschauffe point » en allant « voir pestre ses oyseaux (4) » ; lorsqu'on le voit, en 1480, pendant une maladie de Charles, réclamer à tout instant de ses nouvelles (5) et faire vœu de déposer au Puy-Notre-Dame une statue d'argent du même poids que le petit malade (6) ? Après la guérison, le père laisse éclater sa joie ; il se plaît à en donner des marques à tout l'entourage du dauphin ; son médecin est anobli, Étienne de Vesc reçoit le don des revenus de la prévôté de Meaux (7). Reconnaît-on là les façons d'agir d'un père dénaturé ?

Assurément Louis XI, le seul prince, dans toute la dynastie capétienne, qui ait porté les armes contre son père, aurait pu craindre que son fils ne l'imitât. On ne voit pas cependant qu'il ait rien redouté de semblable ; croire un enfant de douze ans capable de se mettre, de sa propre initiative, à la tête d'une révolte, était une absurdité qui eût fait sourire Louis XI, même à l'époque de ses inquiétudes les plus maladives. Commines d'ailleurs dit tout autre chose dans le passage même que l'on cite souvent à l'appui de cette légende : le roi, écrit-il, craignait que le dauphin « fust

---

(1) Nicole Gilles, *Cronicques et annales de France*, éd. de 1528, in-4°, feuillet lxvij v°.
(2) Cl. de Seyssel, *Histoire de Louis XII*, éd. de 1615, p. 87.
(3) Bourré à Louis XI, s. d. « ..... Ce soir lui fismes oster une autre partie de ce que on lui mectoit la nuit, et petit à petit lui ferons le tout oster. Nous faisons faire des couvertures de gris... » Bibl. nat. Ms. fr. 20489, fol. 87.
(4) *Ibidem*.
(5) Vaesen, *Catalogue du fonds Bourré*, nᵒˢ 970, 971, 973, 976, 979, 1000, 1002.
(6) Bourré à Louis XI, Amboise, 17 février 1481. Ms. fr. 20490, fol. 46.
(7) A.-M. de Boislisle, *Notice sur Étienne de Vesc*, p. 6 ; Paris, 1884, in-8°.

veu de guères de gens, tant pour la santé de l'enfant, que de paour que l'on ne le tirast hors de là et que soubz umbre de luy, quelque assemblée ne se feist en son royaulme; car ainsi avoit-il esté faict de luy contre le roy Charles septiesme, son père, à l'heure qu'il n'avoit que unze ans, par aucuns seigneurs du royaulme, et s'apella ceste guerre la Praguerie (1). »

Certes Louis XI ne se trompait pas en croyant les princes capables de faire du pauvre petit dauphin, non pas un chef actif, mais un centre inerte, une sorte de drapeau autour duquel ils auraient rallié les mécontents. Les tentatives d'enlèvement dont Charles VIII fut l'objet sous le gouvernement d'Anne de Beaujeu, montrent combien ses craintes étaient justifiées. Les séditieux répétèrent même contre la sœur du roi les accusations qu'ils avaient déjà portées contre son père : d'après le traité conclu le 23 novembre 1484 entre les ducs d'Orléans et de Bretagne par l'entremise de Dunois, la ligue des princes avait pour but de mettre le roi « hors des mains de ceux par lesquels il est de présent détenu comme prisonnier en subjection et hors de sa liberté (2) ». Nous nous expliquons dès lors les sévères réprimandes adressées à Du Bouchage un jour que, sans l'ordre de Louis XI, il s'était permis de conduire le dauphin voler au perdreau hors des murs d'Amboise (3). Elles provenaient sans doute d'une prudence exagérée, mais nullement de la crainte qu'un semblable divertissement pût donner à Charles « cœur de sortir et congnoistre le monde ». D'ailleurs ceux qui reprochaient à Louis l'isolement dans lequel il tenait son fils, savaient bien que le Plessis ne ressemblait pas moins qu'Amboise à une prison, et que le roi ne s'accordait pas plus de liberté à lui-même. Personne ne saurait lui reprocher d'avoir pris pour la sûreté de son fils les mêmes précautions que pour la sienne propre. Charles était à peine né que déjà son père croyait l'existence du dauphin menacée par le duc de Guyenne qu'elle bannissait du trône (4). A nos yeux donc, l'espèce de captivité dans laquelle Charles VIII passa son enfance, est une preuve que son père le traitait en héritier du trône et non point en rival dangereux.

(1. Commines, II, 253. — Commines se trompe sur l'âge de Louis XI, né en 1423, et qui, par conséquent, avait dix-sept ans lors de la Praguerie, en 1440.
(2) D. Morice, *Histoire de Bretagne*, Preuves, t. III, col. 450.
(3) Claude de Seyssel, p. 88.
(4) Th. Basin, édition Quicherat, II, 279.

Enfin n'est-il pas absurde d'admettre que Louis XI ait craint que les études classiques ne fissent de son fils « un successeur impatient de recueillir son héritage », quand nous voyons le roi lui-même rappeler à Charles de la façon la plus solennelle que cet héritage doit être le sien et lui apprendre comment il devra se conduire quand il en aura le gouvernement? Il y a dans notre histoire peu de scènes plus grandioses que celle qui se passa le 21 septembre 1482, au château d'Amboise. Louis XI savait bien que l'état, tel qu'il l'avait constitué, ne pourrait subsister que sous un roi aussi puissant et aussi redouté que lui-même. Sentant sa fin approcher, au retour d'un pèlerinage à Saint-Claude, il voulut faire rejaillir sur son fils une partie de son prestige, en lui donnant en présence de toute la cour, avec les recommandations qui formèrent comme son testament politique, une sorte de royale investiture. Charles répondit de son mieux aux enseignements de son père; il leva sa petite main et prêta le serment de les suivre. Pour porter à la connaissance de tous les volontés qu'il avait exprimées et les promesses du dauphin, Louis XI fit signer aux assistants, et signa le premier, une relation officielle de l'entrevue qui fut expédiée à toutes les cours souveraines. Une telle conduite n'est-elle pas en harmonie avec la grandeur d'âme que le père de Charles VIII déploya dans ses derniers moments, lorsque, anticipant sur la mort qu'il sentait le saisir, il se dépouillait lui-même de quelques attributs de son autorité pour les envoyer à celui qu'il appelait déjà le jeune roi? Sans doute, nous ne prétendons point que ce père, qui voyait son fils seulement à de rares intervalles, ressentait cette ardente affection que la plupart des parents portent à leurs enfants : la tendresse ne passera jamais pour une des qualités de Louis XI. Mais il nous semble que les sentiments qu'il nourrissait envers le dauphin étaient précisément l'opposé de la méfiance jalouse qu'on lui attribuait jusqu'ici. L'intérêt profond, l'active sollicitude qu'atteste la correspondance de Bourré, provenaient de sa passion pour tout ce qui touchait à l'autorité royale dont le dauphin devait être un jour le dépositaire.

Lorsqu'il le crut nécessaire, Louis XI n'hésita pas à faire donner à son fils l'instruction que celui-ci était capable de supporter. Devançant en cela certains réformateurs modernes de l'enseignement classique, il proscrivit toujours les lettres latines, qu'il déclarait inutiles à un roi; il allait même jusqu'à prétendre, malgré sa propre érudition, que les connaissances littéraires n'avaient été pour lui qu'un embarras. Mais, après l'entrevue d'Amboise, jugeant que ce qu'un souverain devait connaître avant tout, c'était l'histoire de son pays et les principes du gouvernement, il mit entre les mains de son fils un manuscrit des *Grandes Chroniques de France*, ainsi qu'un recueil de préceptes politiques, moraux et militaires, le *Rosier des Guerres*, composé par Pierre Choinet. On n'avait point affaire du reste à une intelligence rebelle : Charles prit vite du goût pour « la lecture des livres moraulx et hystoriaulx en langue vulgaire » (1), et après la mort de son père, il s'efforça même d'apprendre le latin (2). Les nombreux livres latins et grecs qu'il rapporta plus tard d'Italie prouvent d'ailleurs son penchant pour les lettres.

Bien que, suivant une interprétation de l'ordonnance de Charles V qui prévalut plus tard, le roi eût atteint l'âge de la majorité, Charles VIII, à treize ans et deux mois, n'était pas en état d'exercer à lui seul l'autorité suprême. En partant pour son pèlerinage à Saint-Claude, Louis XI avait donné la garde du dauphin et la lieutenance générale du royaume à son gendre, Pierre de Beaujeu (3). A sa mort, ce fut encore au sire de Beaujeu qu'il confia « toute la charge et gouvernement dudict roy, son fils (4) ». En désignant son gendre, c'était surtout sa fille, Anne de France, que Louis XI avait voulu mettre à la tête des affaires. Anne n'avait que vingt-deux ans, mais elle était la digne héritière des traditions et du génie paternels. Déjà le roi, qui l'estimait « la moins folle femme du monde », l'avait chargée de l'éducation de la dauphine Marguerite d'Autriche ; il comptait que Pierre de Beaujeu, qui avait donné les plus tristes preuves de dévouement dans le procès du duc de Nemours, serait un fidèle exécuteur des desseins de sa femme. Il savait en outre que tous deux suivraient autant que possible la principale des recommandations qu'il avait faites à Amboise : celle de conserver les mêmes hommes aux affaires. Là n'était pas d'ailleurs la partie la moins difficile de la tâche que les Beaujeu allaient avoir à remplir.

A la mort de Louis XI, les mécontentements et les haines qu'il avait

---

(1) Nicole Gilles, éd. de 1528, f° lxvij v°.

(2) Gaguin, *Compendium supra Francorum gestis*; Paris, 1511, in-8°, fol. 290 v°. — Il ne pouvait pas comprendre sans assistance les pièces diplomatiques en latin, qu'il tenait pourtant à lire lorsqu'elles étaient importantes. (Le comte de Cajazzo à Ludovic le More, Moret, 6 mai 1492, Archives de Milan, *Potenze estere, Francia*.)

(3) *Chronique scandaleuse*, édition Petitot, p. 345, col. 1.

(4) Commines, II, 255.

Pierre de Beaujeu. Fragment d'un triptyque
de la cathédrale de Moulins.

su réduire à l'impuissance éclatèrent. Les princes matés par lui, tout le bas clergé encore irrité de la suppression de la Pragmatique, la noblesse appauvrie par les convocations multipliées de l'arrière-ban, le Parlement que le feu roi avait blessé, le peuple qu'il avait écrasé de nouvelles tailles, tous réclamaient une amélioration de leur état et le châtiment des favoris de bas étage qu'il avait admis dans son intimité. Les Beaujeu devaient suivre le courant sous peine d'être emportés par lui et de perdre la situation qu'ils tenaient d'une simple parole de Louis XI; car le nouveau roi étant sur le point d'être majeur, il n'y avait pas eu de régent désigné, et la tutelle que sa sœur exerçait sur lui, les princes pouvaient à tout moment pousser l'inoffensive Charlotte de Savoie à la réclamer. Anne fit ce que son père eût fait à sa place; elle céda avec une bonne grâce apparente ce qu'elle espérait bien regagner plus tard. Les princes virent le duc d'Orléans appelé aux fonctions de président du Conseil et au gouvernement de Paris, de l'Ile-de-France, de la Champagne et de la Brie; le duc de Bourbon pourvu de l'épée de connétable, du titre de lieutenant général du roi, et du gouvernement du Languedoc; Dunois, nommé gouverneur du Dauphiné; le comte du Perche tiré de prison; le prince d'Orange rappelé; les enfants du duc de Nemours autorisés à réclamer leur héritage; le duc de Lorraine remis en possession du Barrois et admis à faire examiner ses droits sur la Provence. Le peuple fut gratifié d'une remise partielle de la taille; on réduisit l'armée et l'on révoqua les aliénations excessives du domaine. Olivier le Daim fut pendu par arrêt du Parlement; Jean Doyat battu de verges, l'oreille coupée, la langue percée, exposé à Paris et en Auvergne, fut chassé du royaume; Jacques Coittier, comblé des prodigalités de Louis XI, se vit contraint de rendre gorge. Mais ces mesures ne pouvaient amener qu'un apaisement momentané; pour flatter toutes les espérances et pour gagner du temps en ajournant les réclamations à un terme fixe, Madame de Beaujeu convoqua les États généraux. Grâce à des habiletés que le feu roi n'aurait pas reniées, grâce à l'utile intervention de ce Philippe Pot qui n'était, comme le démontre avec beaucoup de vraisemblance M. Pélicier, que l'agent du parti des Beaujeu (1), les États, sur la faveur desquels les princes avaient cru pouvoir compter pour le triomphe de leur cause, donnèrent à l'autorité de la sœur du roi la sanc-

(1) Pélicier, *Essai sur le gouvernement de la dame de Beaujeu*, p. 73.

tion qui lui manquait. Confirmée par les États dans la place qu'elle occupait auprès de son frère, sûre d'un Conseil dont la nomination avait été laissée au bon plaisir du roi, Madame de Beaujeu se sentait assez forte pour gouverner et même pour imposer silence à ceux qui tenteraient de troubler la paix du royaume, à l'intérieur ou à l'extérieur.

La paix, tel était l'objet de tous les vœux. Le roi mourant l'avait recommandée (1); c'était elle qui devait permettre à la noblesse de réparer les brèches que les convocations de l'arrière-ban avaient faites dans son épargne; aux gouvernants, de licencier l'armée et par suite de diminuer les tailles qui pesaient sur le peuple; aux gens des campagnes, d'être délivrés des exactions des gens de guerre. Le chancelier, lors de l'ouverture de États, se fit l'écho de ces vœux en saluant le roi du titre de *pacifique*. Mais l'enfant dont Jean de Rély, dans la réponse qu'il fit au nom de l'assemblée, croyait devoir louer l'apparence impassible (2), cachait sous de froids dehors une imagination ardente, passionnée pour les grandes entreprises guerrières; dès ce moment, des voix italiennes l'entretenaient de ces « fumées et gloires » qui devaient dix ans plus tard lui faire ouvrir la période des guerres d'Italie.

On se plaît trop souvent à chercher de petites causes aux plus grands événements. Selon Commines, ce serait l'espoir d'un duché napolitain qui aurait fait d'Étienne de Vesc l'instigateur de l'Entreprise de Naples (3); d'après l'opinion courante, la lecture des romans de chevalerie aurait inspiré à Charles VIII l'amour des aventures. On prend ainsi l'effet pour la cause. S'il se trouvait des romans parmi ces « livres moraulx et hystoriaulx en langue vulgaire » qui plaisaient au jeune roi, c'est qu'ils satisfaisaient chez lui un penchant inné. D'ailleurs, à défaut de vaines fictions, de très réelles et très directes provocations furent adressées au fils de Louis XI longtemps avant qu'il eût atteint l'âge d'y donner suite par lui-même. Si on avait mieux connu les rapports incessants de la France et de l'Italie sous les règnes précédents, les efforts persévérants de nos rois qui, depuis deux siècles, aspiraient à la suprématie en Europe, on aurait moins facilement accepté les insinuations de Commines, qui paraît faire de l'Entreprise de Naples, une conception à peu près inopinée de Ludovic le More, imposée

---

(1) Commines, II, 260-261.
(2) Masselin, *Journal des États de 1484*, publié par A. Bernier, p. 609.
(3) Commines, II. 312.

tout à coup par l'entremise d'Étienne de Vesc à l'esprit chimérique de Charles VIII.

En admettant que le château d'Amboise eût été assez bien gardé pour que le dauphin n'eût rien su des propositions faites par le pape en 1481 (1), Charles, tout étranger qu'il restât encore à la pratique réelle du gouvernement, ne put manquer de s'apercevoir combien les affaires de l'Italie étaient parfois confondues avec celles de la France. Le peuple lui-même ne se préoccupait guère de la politique extérieure que pour demander la paix; pourtant les cahiers des États de 1484 contiennent plusieurs articles relatifs à l'Italie. Ce sont des plaintes contre la cour de Rome qui tirait de France force grosses sommes d'argent, et contre les marchands italiens qui accaparaient le numéraire français pour l'exporter au delà des Alpes (2). Aussi le chancelier, dans le discours qu'il prononça lors de l'ouverture des États généraux, se hâta-t-il d'annoncer que les princes avaient jugé à propos d'envoyer sans retard des ambassadeurs en Italie et particulièrement à Rome (3).

Les affaires italiennes étaient si intimement mêlées aux affaires intérieures de la France que la question des droits du roi sur Naples allait se trouver soulevée par les rapports de Madame de Beaujeu avec un des princes français qu'elle cherchait à gagner. On se rappelle qu'à la mort de Louis XI, René de Lorraine s'était hâté de rentrer en France, où il venait réclamer ceux de ses fiefs sur lesquels le feu roi avait mis la main. Ses réclamations furent portées devant les États et devant le Conseil (4); mais Madame de Beaujeu agit de telle façon que tout en ne cédant que le Barrois et en conservant au roi l'Anjou et la Provence, elle amena le duc de Lorraine à entrer en confédération avec elle. En cela elle avait été secondée de la manière la plus efficace par Étienne de Vesc. Celui-ci, que Commines semble accuser de n'avoir agi que parce qu'il avait déjà « acquis quelque chose en Provence, et avait en fantaisie ce fait de Naples (5) », fit donner par le roi lui-même à plusieurs membres du Conseil l'ordre de veiller à ce que ce beau comté ne fût pas séparé du domaine. Les arguments ne manquaient pas pour démontrer combien étaient mal fondées

(1) Voyez ci-dessus, p. 146.
(2) Appendice du *Journal* de Masselin, p. 669-671, 700, etc.
(3) Masselin, p. 50-51.
(4) *Ibidem*, p. 394-399.
(5) Commines, II, 294.

Cest lordre qui a este gardee a tours pour appeller deuant le roy nostre souuerain seigneur ceulx des troys estatz de ce royaume.

Et premierement.

Monseigneur le cardinal de Bourbon arceuesque & conte de lyon
Monseigneur le cardinal arceuesque de tours
Messeigneurs les princes & ceulx du sang, en ce comprins monseigneur le connestable

<small>Premières et dernières lignes d'une impression gothique sans lieu ni date, conservée à la Bibliothèque nationale et relative aux États généraux de 1484.</small>

Le chapitre du conseil.

Response aux articles du conseil. Touchant tous les articles contenuz en ce present chapitre de conseil, qui sont huit articles, & des personnages qui en labsense du roy president. Cest assauoir mõseignent dorleans premier. monseigneur de bourbon connestable de france apres. et apres monseigneur de beauieu son frere. Le roy en sa pleine assemblee desditz estatz en sa grant salle de larceuesque de tours en fist sa response de bouche & par monseigneur le chancelier de frãce, en leur ottroyant & accordant lesditz articles & requestes.

Collacion par nous faicte auec loriginal en ceste forme en papier signe. J. Robertet. le xxiiii. iour de mars. Mil quatre cens quatre vingtz et troys auant pasques. Ainsi signe. P. Delmaye. et P. Des moulins.

les revendications du duc de Lorraine, et, dans l'exposé de ces arguments, la régente sut trouver un moyen d'action assez puissant pour réduire René II à devenir son allié.

Les aspirations et les espérances qui avaient amené le duc de Lorraine à se mettre au service des Vénitiens, n'étaient ignorées de personne. Or le testament de Charles du Maine, qui instituait la couronne de France sa légataire universelle, assurait à Charles VIII non seulement la possession de l'Anjou, du Maine et de la Provence, mais aussi l'héritage des droits des Angevins au trône de Naples. Justifier l'exclusion du duc de Lorraine par son grand-père maternel au profit de Charles du Maine, c'était prouver du même coup la validité des droits de la couronne de France. Sous l'inspiration d'Étienne de Vesc, des clercs de Provence composèrent un mémoire pour démontrer que le roi René et Charles du Maine n'avaient fait que se conformer à l'ordre de succession établi par les testaments de Charles Ier d'Anjou et de sa femme, qui n'appelaient leur descendance féminine à hériter du royaume ou du comté qu'à défaut de tout hoir mâle (1).

Madame de Beaujeu était présente lorsque Étienne de Vesc recommandait aux membres du Conseil de tenir la main à ce que la Provence n'échappât plus au roi; elle approuvait certainement ces démarches. Trop fidèle aux traditions paternelles pour jamais rechercher ce qui pourrait entraîner des expéditions lointaines, si elle consentait à faire affirmer les droits du roi sur Naples à un moment où elle avait à tenir tête en France aux princes mécontents, c'est qu'elle pensait trouver ainsi un moyen de faire ajourner les réclamations de René II et d'acheter son alliance en lui offrant en échange la cession tacite des droits de Charles VIII. Cela semble résulter de la simple succession des faits : le mémoire des clercs de Provence est apporté à la Chambre des Comptes en juillet 1484; le 7 août, le Conseil statue sur les demandes du duc de Lorraine; le 24 septembre un traité d'alliance est signé entre le duc et Madame, et, à partir de cette époque, les agents politiques français en Italie soutiennent ouvertement les prétentions de René au trône de Naples.

Outre la démonstration théorique des droits du roi, Anne aurait pu se faire également une arme des offres qui lui étaient venues d'Italie.

Louis XI avait été, jusqu'au bout, considéré comme le médiateur de la péninsule, dont les habitants avaient compté sur lui pour mettre un terme à la guerre de Ferrare. Tandis que le duc de Milan lui écrivait

---

(1) Godefroy, *Histoire de Charles VIII*, Preuves, p. 476.

en son nom et au nom du pape, les Vénitiens lui expédiaient Antoine Loredan ; on a vu que celui-ci fut longtemps arrêté par les Suisses, qui ne le laissèrent aller que sous la promesse de ne rien pratiquer contre le pape. Lorsqu'il arriva, Louis XI était déjà mort, et tous les Italiens envoyaient en France des ambassadeurs chargés de transmettre leurs condoléances au nouveau souverain. Bientôt Charles VIII vit se présenter à sa cour les envoyés de Florence et de Milan, le légat du pape et le représentant du roi de Naples, Camille Pandone, qui devait profiter de son séjour en France pour tenter de négocier un mariage entre Frédéric de Tarente et Anne, héritière du duché de Bretagne.

Ludovic le More craignait beaucoup que son ambassadeur ne fût pas reçu par le roi. Louis XI avait plusieurs fois manifesté le mécontentement que lui causait le traitement infligé à la duchesse Bonne ; Madame de Beaujeu, plus encore que son père, devait trouver fort mauvais le renversement des régences féminines ; le duc d'Orléans, émancipé de la surveillance jalouse de Louis XI, ne serait-il pas tenté de faire valoir sur le Milanais les droits qui lui venaient de Valentine Visconti ? L'orateur milanais osait à peine se présenter, et sa piteuse contenance n'eût guère permis de supposer que le prince dont il était l'agent, serait, quelques années plus tard, l'allié, l'inspirateur, le guide docilement suivi du roi de France. Mais Commines tenait encore le rôle d'intermédiaire entre la France et l'Italie qu'il avait joué sous Louis XI ; les Florentins continuaient de régler sur ses conseils leur conduite à la cour. Le sire d'Argenton se rendait volontiers à certains arguments dont les princes italiens étaient assez prodigues : l'ambassadeur fut reçu (1).

Quelque grandes qu'aient été les difficultés rencontrées par l'orateur milanais, elles ne sont pas à comparer avec celles qui retardèrent l'admission du légat. Celui-ci n'était autre que le fameux cardinal d'Angers, Jean Balue. Nous n'avons pas à raconter ici le procès ni la captivité de l'ancien favori de Louis XI. En 1480, le roi avait consenti à le remettre à l'envoyé pontifical, le cardinal de Saint-Pierre-ès-Liens, mais en lui interdisant de rentrer dans le royaume. L'accueil du pape fut tel que devait l'attendre le prélat qui avait procuré l'abolition de la Pragmatique. On ne s'étonnera donc pas que, quelques semaines après la mort de Louis XI, le 8 octobre 1483,

(1) Buser, p. 238.

Sixte IV ait fait à Balue l'honneur de le nommer légat en France; il le chargeait non seulement de veiller à diverses réformes ecclésiastiques, mais aussi d'apaiser les différends qui pouvaient exister avec les puissances voisines, et de maintenir la bonne harmonie entre le roi et les princes de son sang (1). Jean Balue, à qui sa mission procurait une occasion de reprendre dans sa patrie le rang qu'il avait tenu jadis, devait avoir hâte de regagner la France; mais arrivé au Pont-de-Beauvoisin, il dut attendre quatre longs mois avant qu'on lui permît de franchir la frontière.

Les Français de cette époque n'étaient pas très bien disposés envers les légats; ils s'étaient habitués, à tort ou à raison, à regarder leur venue comme un moyen d'absorber l'argent de l'Église de France au profit de Rome. Dans les documents contemporains, il y a un mot qui revient presque toujours dans le voisinage du mot *légat;* c'est celui d'*évacuation de la pécune*. L'idée qu'il éveillait déplaisait fort à nos pères; aux États généraux de 1484, ils réclamèrent de toutes leurs forces contre ces légats « qui ont donné de merveilleuses évacuations à ce povre royaume, et veoit l'en mener les mulets chargez d'or et d'argent (2). » C'est tout haut qu'ils se plaignirent de l'Église romaine, plus haut encore que des banquiers et des marchands italiens qui, par un autre canal, faisaient passer l'argent français au delà des monts. Il est certain que cette *évacuation de la pécune* n'a pas peu contribué au développement des idées gallicanes exprimées par les États, de même que les spéculations florentines et génoises furent pour quelque chose dans l'expédition d'Italie, que certaines gens en France n'étaient pas loin de considérer comme un moyen de rentrer dans leurs déboursés.

C'est pour ces raisons que, malgré la clémence dont profitèrent plusieurs des victimes du règne précédent, malgré ce fait que le choix de Sixte IV eût été d'abord agréé par le fils de Louis XI et qu'il eût même, si l'on en croit les brefs pontificaux, été déterminé par une demande expresse de Charles VIII, ce choix parut inadmissible au Conseil du roi. Une nouvelle lettre fut donc adressée au pape pour lui demander le rappel du légat, dont la venue « serait une grande incommodité et un grand préjudice pour

---

(1) Nous avons raconté avec plus de développements les faits qui vont suivre, dans un article intitulé : *La légation du cardinal Balue en 1484 et le Parlement de Paris*. (Bulletin de la Société de l'Histoire de Paris, année 1884, p. 36-51.)

(2) Bernier, Appendice au *Journal des États généraux* de Masselin, p. 671.

le roi et pour le royaume »; et, le 27 octobre, ordre était donné aux officiers royaux d'empêcher le cardinal d'Angers de dépasser la frontière (1). En cela, le Conseil était assuré de l'approbation générale. Les États allaient encore plus loin; dans la crainte de revoir encore une fois les terribles mulets qui leur semblaient inséparables de tout légat *a latere,* ils étaient d'avis « que le Roy ne doit recevoir le cardinal d'Angiers, ne permettre que luy ou autre légat entre en ce royaume; car, Dieu mercy, cedit royaume est en si bon estat, union et disposicion, qu'il n'a besoing de légat pour le présent, et pour aucunes causes justes et raisonnables que l'en pourroit alléguer en ceste partie (2). » Le pape s'étonna fort de cette mesure si injurieuse pour le Saint-Siège et si contraire à la première attitude de Charles VIII; il se plaignit d'abord au duc de Bretagne, qu'il pria d'intervenir, puis au roi lui-même et ses instances finirent par triompher de la résistance du Conseil. Avant de quitter le Pont-de-Beauvoisin, on fit jurer à Balue qu'il n'userait pas de ses pouvoirs de légat; sous cette condition, on consentit à lui rendre les honneurs dus à son titre.

Le cardinal avait sans doute plus à cœur ses intérêts personnels que ceux de l'Église romaine, qu'il était pourtant venu défendre. D'ailleurs les autres cardinaux français, les hauts prélats et les princes avaient agi de telle sorte aux États généraux que sa mission devenait en partie inutile; les demandes des cahiers relatives au rétablissement de la Pragmatique étaient restées sans réponse du roi, ou du moins cette réponse avait été indéfiniment ajournée. Rentrer en France était le principal pour l'ancien banni de Louis XI. Il consentit à tout, scella un engagement écrit et fit son entrée à Lyon. Le 8 mai, il était à Corbeil, et le Conseil l'admettait, « pour honneur du Saint-Siège, » à venir le lundi suivant à Vincennes faire la révérence au roi « et lui dire sa créance de nostre Saint-Père ». Mais l'assemblée pensait qu'il serait bon que le roi l'engageât à se retirer dans ses bénéfices « sans consentir qu'il use de sa légacion, considéré le préjudice que ce serait ou royaume tant en l'évacuation des pécunes que autrement (3) ». Avec la même docilité, Balue se dirigea vers la Bretagne et l'Anjou.

(1) Arrêt du Conseil rendu à Blois le 27 octobre 1483, d'après une traduction italienne conservée aux archives de Milan. (*Carteggio de' Principi, Carlo VIII.*)
(2) Bernier, Appendice, loc. citat.
(3) Valois, *Le Conseil du roi et le Grand Conseil pendant la première année du règne de Charles VIII*, dans la Bibliothèque de l'École des chartes, t. XLIV, p. 434, n° 31.

Nous n'avons malheureusement aucun renseignement positif sur les pratiques auxquelles se livra le légat pendant son séjour dans l'ouest de la France ; mais il nous paraît à peu près certain qu'il fut mêlé à quelque intrigue entre le duc de Bretagne et le duc d'Orléans. En tout cas, il sut gagner la faveur du premier et rechercha celle du second. Les efforts qu'il faisait en ce sens n'étaient un mystère pour aucun des orateurs italiens en France. Toutes les puissances de la péninsule, épuisées par la guerre de Ferrare, s'ingéniaient à trouver les moyens d'intéresser la France à y mettre fin. Les unes s'adressaient à Madame de Beaujeu ; les autres cherchaient un appui auprès de ses ennemis. Tandis que Florence ne semblait pas éloignée d'accepter la médiation de Charles VIII si les autres états ligués y paraissaient disposés (1), le gouvernement de Venise, las de tenir tête à l'Italie entière, sollicita l'intervention armée de la France. En même temps qu'il excitait les Turcs contre Ferrand, il chargeait Antoine Loredan d'engager le roi à s'emparer du royaume de Naples, *quod jure pertinet isti corone Francie*, et de lui démontrer, comme le pape l'avait fait trois ans plus tôt, qu'il ne pourrait trouver un moment plus favorable (2). C'était là faire bon marché des espérances que le duc de Lorraine avait été autorisé à concevoir en se mettant à la solde des Vénitiens. Cette terre de France était d'ailleurs précieuse pour les Italiens ; ils y trouvaient toujours quelque prétendant en situation d'être opposé à ceux de leurs princes dont ils avaient à se plaindre. Contre le duc de Milan, par exemple, n'avait-on pas le duc d'Orléans? La seigneurie de Venise ne pouvait pas l'oublier, et dans la dépêche même par laquelle elle chargeait Loredan de proposer Naples à Charles VIII, elle donnait à son ambassadeur l'ordre de faire appel aux convoitises toujours éveillées de Louis d'Orléans.

Balue se garda de laisser échapper une aussi belle occasion de se pousser dans les bonnes grâces de Charles VIII et du premier prince du sang ; il seconda les propositions de Loredan avec une ardeur qui non seulement parut dangereuse à la plupart des Italiens, mais qui excita les craintes de Madame de Beaujeu. Pendant que les uns s'adressaient au pape pour lui demander la révocation de cet *huomo diavoloso, schandaloso e passionato*, Madame écrivait à Laurent de Médicis pour le prier

---

(1) Desjardins, I, 204, *Mandata secretiora*.
(2) Lettre du 16 janvier 1484, dans Buser, p. 509.

Anne de Beaujeu et sa fille Suzanne.
Fragment d'un triptyque de la cathédrale de Moulins.

de s'associer à leurs démarches. Malgré tout ce qu'avait d'étrange la conduite du cardinal, représentant du chef nominal de la Ligue italienne, Sixte IV n'avait probablement pas tout à fait oublié les ouvertures qu'il avait fait faire trois ans auparavant à Louis XI, et les pratiques de son ambassadeur lui paraissaient sans doute avoir quelque bon côté. En effet, bien qu'il écrivît au légat des brefs très énergiques par lesquels il lui ordonnait, sous peine d'excommunication et de révocation, de faire connaître à toute la France sa fidélité et sa bonne volonté envers la Ligue et surtout envers l'état de Milan, bien qu'il mandât au cardinal de Bourbon de faire expulser ou excommunier l'orateur vénitien, il se refusait obstinément à rappeler Balue. On croyait à Rome que l'influence du duc de Bretagne, pour qui Sixte IV avait de grands égards, n'était pas étrangère à la conduite du pape en cette circonstance (1).

Les Italiens ne se trompaient pas sur les bons rapports qui existaient entre le duc de Bretagne et le cardinal d'Angers. Celui-ci, qui était entré en France comme légat du Saint-Siège, qui devait en sortir comme ambassadeur français, revenait entre temps à Paris, chargé par le duc d'une mission auprès du roi. Quelle était cette mission? Nous l'ignorons. Toujours est-il que le 5 août, l'évêque de Coutances annonçait au Conseil que Balue était à cinq ou six lieues avec le cardinal de Foix, qu'il devait entrer sans bruit dans la ville le soir même, mais qu'au cas où l'on serait résolu à lui rendre les honneurs dus à un légat, il retarderait son entrée jusqu'au lendemain. L'évêque prit soin de rappeler que ce singulier légat s'était précédemment engagé à ne pas user de ses pouvoirs de légat « fors selon le bon plaisir du Roy... comme celui qui ne veut évacuer de ce royaume la pécune. » Le roi l'avait déjà fait traiter en légat lors de son entrée à Lyon, il l'avait lui-même accueilli comme tel à Vincennes; on ne devait pas le moins bien recevoir maintenant qu'il apportait un message du duc de Bretagne. De plus le pape le pressait de revenir à Rome, et il importait de bien disposer le souverain pontife pour les ambassadeurs français qui allaient prochainement lui porter l'obédience filiale; toutes ces considérations, qui sont indiquées dans le journal de la séance, décidèrent le Conseil à accorder l'entrée solennelle. Par une coïncidence étrange, pour régler cette cérémonie, on prit modèle sur

(1) Buser, p. 240 et 241. Voy. aussi la dépêche de Vespucci à Laurent de Médicis, Rome, 8 juillet 1484. *Ibidem*, 510-512.

celle de l'entrée du cardinal de Saint-Pierre-ès-Liens, c'est-à-dire du légat à qui Louis XI avait jadis remis son ancien favori au sortir de prison (1). Balue n'attendit point l'entrée officielle que lui promettait la décision du Conseil; le jour même où cette décision fut prise, Ugolini écrivait à Laurent de Médicis que les cardinaux d'Angers et de Foix s'étaient introduits dans Paris à la tombée de la nuit pour y conclure l'accord entre les ducs de Bretagne, d'Orléans et de Bourbon (2). C'était donc à cet accord que Balue avait travaillé pendant son séjour dans l'Ouest, c'était la coalition des ennemis de la dame de Beaujeu qu'il avait négociée; mais, lorsque cette coalition porta ses fruits, le rusé cardinal et son principal soutien, le duc de Bourbon, l'avaient abandonnée et Madame de Beaujeu les comptait parmi ses partisans.

L'entrée solennelle eut lieu malgré l'entrée clandestine des deux cardinaux; elle excita même des protestations, auxquelles le Conseil s'attendait, car, dans sa séance du 5 août, il avait chargé le chancelier de prévenir le Parlement et la ville de Paris des engagements pris par le légat. Malgré cette précaution, le Parlement réclama hautement contre les honneurs rendus à l'homme qui naguère avait été condamné pour lèse-majesté; il lui refusa le titre de légat et lui en interdit les fonctions par un arrêt publié dans Paris et signifié au cardinal le 17 août (3).

La lutte était ouverte; le jour même où l'arrêt du Parlement avait été crié à son de trompe dans les carrefours de Paris, le Conseil du roi maintint que le cardinal continuerait à faire porter la croix devant lui et à donner la bénédiction au peuple; mais, par une résolution qui semblait confirmer la légitimité des réclamations du Parlement, il arrêta que les lettres de légation de Balue seraient soumises à une commission composée en partie de gens du Parlement. Le chancelier, l'évêque de Lombez, M. de Torcy et Pierre d'Oriolle, président des Comptes, durent communiquer le lendemain à la Cour tout ce qui avait été dit là-dessus pendant la séance du Conseil (4). La réponse à cette communication fut le maintien pur et simple de l'arrêt rendu la veille; on y joignit même

(1) Bernier, *Journal du Conseil de Charles VIII*, p. 18-21.
(2) Dépêche du 5 août 1484, Buser, p. 241.
(3) Voyez les pièces que nous avons publiées dans le *Bulletin de la Société de l'Histoire de Paris*, 1884, p. 42-45.
(4) Bernier, *Journal du Conseil*, p. 58 à 61.

à l'adresse du roi un avertissement peu déguisé de n'avoir plus à entretenir de rapports avec le cardinal.

Devant cette opposition, le légat crut prudent de quitter Paris. Le duc de Bourbon le fit sortir de son hôtel par une porte de derrière qui donnait sur la Seine, et, pour mieux veiller à sa sûreté, il le conduisit lui-même en barque jusqu'à deux milles de Paris. Balue s'arrêta à Saint-Cloud, où une très curieuse lettre de Robert Gaguin nous le montre, un peu plus tard, recevant les visites du duc de Bourbon et présidant des réunions de courtisans.

Anne de Beaujeu avait-elle dès lors compris quels services pourrait lui rendre cet homme remuant, peu scrupuleux, mêlé à toutes les intrigues de ses ennemis? Nous inclinerions à le croire, car dès le moment où Balue dut fuir de Paris, la bienveillance royale s'accentua pour lui de plus en plus. D'ailleurs, bien que Madame, le duc d'Orléans, et même le duc de Lorraine eussent trop de préoccupations en France pour se mêler activement aux affaires de la péninsule, la régente tenait cependant à ne pas perdre la situation que son père avait prise en Italie, et le cardinal pouvait utilement servir ses desseins à Rome.

Nous avons dit plus haut que, peu de jours avant sa mort, Louis XI avait été sollicité par le pape et par le duc de Milan de s'entremettre pour rétablir la paix dans leur pays. Ce fut son fils qui répondit à sa place. Dans la première lettre que Charles VIII adressa au duc de Milan, le nouveau souverain de la France se déclarait disposé à travailler à une pacification conformément aux vues du pape et du duc (1). Au mois de juillet suivant, des instructions dans le même sens furent données aux ambassadeurs qui devaient partir pour Rome (2). Mais ces démonstrations demeuraient toutes platoniques; lorsque les envoyés français se mirent en route, la paix était faite depuis longtemps. Les autres ambassades qui passèrent les Alpes pendant l'année 1484 ne furent chargées que de porter des messages de courtoisie en réponse à ceux que le nouveau roi avait reçus. Personne en Italie ne croyait alors qu'on pût avoir de sérieuses inquiétudes du côté de la France. Sixte IV avait beau chercher à intimider les Florentins en leur révélant les intelligences des Génois avec les ducs d'Orléans et de Lorraine;

---

1) Charles VIII au duc de Milan. Amboise, 21 septembre 1483. Archives de Milan, *Potenze estere, Corrispondenze diplomatiche*.
2) Baluze, *Miscellanea*, éd. Mansi, I, 363, col. 1.

on avait beau prévenir Ludovic le More des offres dont Loredan avait été chargé, Florence restait dans les mêmes rapports avec Gênes, et le régent de Milan se riait de l'épouvantail imaginé par les Vénitiens (1). Et pourtant Madame de Beaujeu ne restait pas indifférente à ce qui se passait à Milan. Le sort de Bonne de Savoie l'intéressait à ce point que, sans attendre le départ des ambassadeurs auprès du pape qui devaient en passant s'arrêter à Milan, elle expédia le 2 août un envoyé spécial, Jean Cloppet, chargé de faire une enquête sur le traitement de la duchesse douairière et de remettre au duc une lettre très sévère de la part de Charles VIII (2). Le ton de la réponse, dans laquelle on ne trouve que de vaines dénégations, montre que le duc de Bari redoutait peu le mécontentement de Madame de Beaujeu (3).

Pendant ce temps, la guerre de Ferrare avait pris fin. La lassitude des puissances liguées avait mieux servi les Vénitiens que les sollicitations adressées au roi de France ou que le concours de René II : la paix conclue à Bagnolo, le 7 août 1484, attribua définitivement à Venise le Polésine, tandis que ses adversaires ne gagnaient rien. Sixte IV souffrait de la goutte au moment où il apprit la signature de la paix, qui laissait sans résultats les efforts qu'il poursuivait depuis deux ans. Il en conçut un si violent dépit que son mal empira subitement et l'emporta au bout de deux jours (4).

A la nouvelle de la mort du pape, le cardinal d'Angers déclarait, le 23 août, au Conseil que cet événement lui faisait un devoir de retourner à Rome, mais que sa venue en France lui ayant occasionné de grands frais qu'il n'avait pu compenser par aucun profit, puisqu'il s'était engagé à ne pas user de ses facultés de légat, il demandait au roi soit la permission d'aller chercher de l'argent dans ses bénéfices, soit le don d'une somme suffisante pour les frais de son voyage. Le Conseil lui accorda 1.000 écus d'or en lui recommandant de prendre congé du roi le jour même et de se mettre en route sous deux ou trois jours. Balue prit bien congé du roi dès le lendemain, mais revenir légat, fût-ce légat agréé par le roi qui avait d'abord

---

(1) Buser, p. 242-243.
(2) Charles VIII au duc de Milan, Paris, 2 août [1484]. Arch. de Milan, *Carteggio de' principi, Carlo VIII*.
(3) Le duc de Milan à Charles VIII, 30 novembre 1484, *ibid*.
(4) Cipolla, p. 624-625.

refusé de le recevoir, ce n'était pas assez ; il resta, et bien lui en prit comme on va le voir. Au milieu de septembre, il était encore à Saint-Cloud, et ceux mêmes qui n'étaient pas initiés aux secrets des gouvernants redoutaient de le voir s'insinuer dans les bonnes grâces des Beaujeu. Ces craintes devaient se réaliser lorsque le duc d'Orléans et le duc de Bretagne crurent le moment venu d'entrer en action et d'enlever Charles VIII à la tutelle de sa sœur; leur courroux fut grand en apprenant qu'ils ne devaient plus compter sur celui-là même avec qui ils avaient fait alliance par l'intermédiaire de Balue et que Louis d'Orléans considérait depuis longtemps comme son complice, sur le duc de Bourbon. Mais le vieux connétable n'avait pas été seul à se rapprocher de Madame ; le cardinal le suivit, si même il ne lui donna pas l'exemple. Les immenses faveurs dont nous voyons Balue désormais comblé nous porteraient à le supposer, car elles ne s'expliquent que si elles ont été le prix d'un grand service.

C'est à Montargis, où Madame de Beaujeu avait dû mettre son frère à l'abri, que nous le retrouvons le 2 octobre; en une seule séance le Conseil du roi pourvoit à la restitution des biens de Balue confisqués sous Louis XI, évoque au Grand Conseil le procès pendant contre Auger de Brie au sujet de l'évêché d'Angers, met le cardinal à la tête de l'ambassade chargée d'aller porter au nouveau pape l'obédience filiale, ambassade déjà nommée du vivant de Sixte IV et dont les instructions avaient été rédigées dès le 21 juillet 1484; enfin, malgré l'intérêt qu'avaient les Beaujeu à ménager le Parlement qui se montra toujours fidèle à leur cause, on accorda l'entrée au Conseil à celui que les magistrats parisiens avaient si ardemment combattu, et cela « pour réparation lui estre faicte de son honneur et à ce qu'il lui fut derrenièrement fait à Paris ». Balue, devenu agent de Charles VIII, se souvint pourtant qu'il avait jadis reçu du pape la mission d'aller en Flandre et en Allemagne; mais cette mission eût été difficilement conciliable avec ses nouveaux devoirs, et il suffit d'un simple avis du Conseil pour l'y faire renoncer. C'était, on l'avouera, une étrange manière d'entendre ses obligations de légat ; elle était cependant conforme aux façons d'agir du cardinal depuis son entrée en France.

Un semblable dévouement méritait une récompense encore plus haute ; au titre temporaire d'ambassadeur vint s'ajouter le titre perpétuel de « procureur, directeur et entremetteur des affaires du Roy en court de Romme ». A ce titre était jointe, outre deux mille livres de frais de voyage, une pension de trois mille livres, qui devait durer jusqu'à ce que le titulaire fût pourvu de bénéfices français produisant un revenu équivalent. Le 5 février 1485, Balue, tout chargé d'honneurs par le souverain de son pays, rentrait presque triomphalement à Rome, où de nouvelles distinctions l'attendaient (1).

Le successeur de Sixte IV, François Cybo, cardinal de Molfetta, régnait déjà depuis cinq mois sous le nom d'Innocent VIII. D'une moralité à peine supérieure à celle du dernier pape, jusque-là presque entièrement étranger aux affaires d'état, assez peu lettré pour un prélat de son temps, il devait son élévation à Julien de la Rovère.

Innocent VIII.
Gravure attribuée à Marc-Antoine Raimondi.

Au cardinal de Saint-Pierre-ès-Liens s'étaient ralliés Barbo, cardinal de Saint-Marc, qui désespérait de sa propre élection, et le frère de Ludovic le More, Ascagne Sforza, qui se voyait hors d'état de faire réussir celle du vice-chancelier, Rodrigue Borgia. La douceur et l'universelle bienveillance dont Cybo avait fait preuve jusque-là, donnaient lieu d'espérer que l'Italie n'aurait rien à redouter de son pontificat ; les sentiments qu'il manifesta d'abord confirmèrent ces espérances. A peine couronné, il réunit autour de son trône les ambassadeurs des puissances italiennes pour leur recommander de maintenir la paix en général, et en particulier, d'empêcher que les Génois ne nouassent quelque intrigue avec les ducs d'Orléans et de Lorraine pour résister aux Florentins (2). Mais le

(1) *Bulletin de la Société de l'histoire de Paris*, 1884, p. 47-48.
(2) Cipolla, p. 626 et 633.

sceptique Pandolfini, en annonçant à Laurent de Médicis les espérances que Ludovic le More fondait sur le nouveau pontife ne se trompait pas lorsqu'il ajoutait prudemment : « Cependant l'expérience a démontré que ces prêtres changent de nature en même temps que de situation (1). » Innocent VIII devait, presque autant que son prédécesseur, prendre part aux discordes de l'Italie.

L'organisation du royaume de Naples, a dit M. Cipolla, « bien que monarchique en apparence était féodale en fait ». A peine les barons considéraient-ils que l'hommage qui les liait à la personne du souverain dût mettre quelques limites à leur indépendance. Les efforts tentés par les Aragonais afin de réduire cette indépendance, furent pour beaucoup dans l'attachement que la plus grande partie de la noblesse napolitaine conserva pour la dynastie angevine. La tyrannie et la cupidité de Ferrand, la dureté de son fils Alfonse, qui exerçait comme vicaire du royaume une autorité illimitée, ravivèrent à ce point les regrets de ceux que l'on continuait à appeler les seigneurs angevins, qu'ils résolurent de secouer le joug auquel on prétendait les soumettre. A la tête des mécontents qui se réunirent à Melfi, se trouvaient le prince d'Altamura, grand connétable du royaume; l'amiral Antonello de San Severino, prince de Salerne, Jérôme de San Severino, prince de Bisignano et grand chambellan, le grand maréchal Pierre de Guevara, marquis del Vasto. La présence parmi eux du frère du cardinal de Saint-Pierre-ès-liens, Jean de la Rovère, préfet de Rome et duc de Sora, leur faisait espérer l'appui du pape. Comme Génois, comme partisan de la politique française dont il avait été quelque peu l'instrument sous Louis XI, Julien de la Rovère haïssait les souverains aragonais. Son influence sur le nouveau pontife était connue; il ne lui fut pas difficile d'amener Innocent VIII, dont le père avait jadis combattu sous le roi René, à rompre avec Ferrand (2). Lorsque, le 29 juin 1485, le roi de Naples, en faisant présenter au pape la haquenée blanche qui était le signe de sa dépendance féodale, demanda l'exemption du tribut qui aurait dû y être joint, Innocent VIII repoussa sa requête, refusa la haquenée, et bientôt après les barons, entrant en révolte, levaient l'étendard du Saint-Siège. Le pape et le roi trouvèrent chacun des appuis en Italie; Gênes et Venise firent cause commune avec le pontife, Milan et Florence se rapprochèrent de Naples.

(1) Buser, p. 244.
(2) Cipolla, p. 626, note 5.

A Rome même, les deux grandes familles qui se disputaient la suprématie trouvèrent chacune dans la guerre un moyen de servir leur rivalité. Tandis que les Colonna soutenaient le parti pontifical, les Orsini se mettaient à la solde de Ferrand, si bien qu'Innocent VIII se trouva menacé en même temps par eux et par Alfonse de Calabre. A celui-ci il opposa les troupes que commandaient Jean de la Rovère et Robert de San Severino, à qui Venise venait de rendre sa liberté tout en lui conservant sa solde; mais craignant que le roi n'obtînt les secours qu'il avait demandés à ses alliés de Florence et de Milan et même à l'Espagne, Innocent VIII tenta, de son côté, des démarches auprès de l'Empire, chez les Suisses, et surtout en France.

De ce côté-ci des Alpes, la *Guerre folle* était à peine terminée que le duc de Lorraine allait pouvoir réclamer le prix de sa fidélité et de l'utile appui qu'il avait prêté aux Beaujeu. Les agents de la banque des Médicis à Lyon écrivaient à Florence que l'ambassade vénitienne venue en France au mois d'octobre 1485, était chargée d'engager René II à tenter quelque chose contre Naples; on ajoutait même que le prince français avait envoyé au pape un messager secret (1). Quelle que fût l'origine des négociations, un secrétaire pontifical, Jacques Andrea vint bientôt faire à René des propositions formelles (2). Le moment était arrivé pour madame de Beaujeu de tenir les engagements qu'elle avait dû prendre l'année précédente envers le duc de Lorraine. Elle sut montrer qu'elle ne les avait pas oubliés, sans compromettre pour cela les intérêts ou la sécurité du royaume : René reçut quelque argent et la permission d'emmener les cent lances qu'il tenait du roi. C'est à cela que se borna l'aide matérielle accordée au prétendant, mais le concours diplomatique de la France ne fut pas épargné. « Toutesfois, ajoute Commines, qui semble s'étonner de voir Charles VIII favoriser les prétentions de son parent, le roy estoit ja de dix-neuf ans ou plus (3) nourry de ceux que j'ay nommez qui luy disoient journellement que ledit royaume de Naples luy debvoit appartenir (4) ». Le seigneur d'Argenton n'était pas assez des amis d'Étienne de Vesc pour savoir à quel prix le duc de Lorraine avait consenti à laisser ajourner plus ou moins indéfiniment la restitution de la Provence.

(1) Buser, p. 246.
(2) Rinaldi, *Annales ecclesiastici*, année 1486, n° VIII.
(3) Le roi n'avait alors que quinze ans.
(4) Commines, II, 298.

En France, les ennemis de René ne virent pas sans jalousie leur rival en passe de conquérir un trône. Le duc de Bretagne, pour lui enlever l'occasion d'intervenir en Italie, s'efforça d'engager Innocent VIII à faire la paix avec Ferrand, mais ce fut en vain (1). Outre que le moment n'était pas encore venu, l'influence de Julien de la Rovère sur le pape était trop puissante. Jusqu'à cette époque, toutefois, Innocent n'avait pas encore avoué ses rapports avec le duc de Lorraine, rapports qu'il ne lui fut bientôt plus possible de cacher.

Le cardinal de Saint-Pierre ès liens était activement secondé dans ses desseins contre Naples par Balue, qu'il avait fait nommer légat à la guerre (2). En se dévouant à son protecteur, celui-ci trouvait un moyen de satisfaire sa passion dominante : le désir d'être mêlé aux grandes affaires politiques. Il semble que pour lui l'objet d'une négociation n'eût qu'un intérêt secondaire; le principal, c'était d'y avoir part, et ce genre de vanité l'emportait même en certains cas sur ses rancunes personnelles (3). On juge avec quelle ardeur il soutint la candidature du prince français, et combien il devait lui coûter de dissimuler longtemps le rôle considérable dont il était investi. Le consistoire du 6 mars 1486 lui fournit l'occasion de s'en parer ouvertement devant tout le sacré-collège.

Après avoir lu une lettre de Charles VIII remerciant le pape de lui avoir communiqué la bulle lancée contre le roi de Naples et ses partisans, le cardinal d'Angers en lut une autre que le roi de France lui adressait à lui-même pour le féliciter de ce qu'il avait fait dans l'intérêt du duc de Lorraine et lui annoncer les secours que le gouvernement français allait prêter à René II, ainsi que les démarches qui allaient être faites à Milan et à Florence pour détourner ces puissances de soutenir Ferrand contre le pape. De plus, Balue déclarait avoir reçu de René une lettre dans le même sens. Comme ces communications n'avaient pu être faites que du consentement du pape, elles constituaient une sorte d'aveu de la part d'Innocent VIII. Le frère de Ludovic le More, le cardinal Ascagne Sforza, protesta hardiment; jusque-là, disait-il, il avait considéré la guerre comme juste, parce que les bulles pontificales donnaient à entendre qu'elle n'était entreprise que pour ramener

---

(1) Rinaldi, année 1486, n° III.
(2) *Diario del notajo di Nantiporto*, dans Muratori, *Scriptores*, III, 1096 B.
(3) Voy. *Bulletin de la Société de l'histoire de Paris*, 1884, p. 40-50.

René II, duc de Lorraine. D'après une miniature du Ms. de la Nancéide.

le roi Ferrand à l'obéissance féodale; mais, puisqu'elle avait pour but de renverser du trône une famille alliée à la sienne, il allait en écrire à toutes les puissances liguées pour qu'elles s'opposassent à cette tentative. Le pape répondit évasivement qu'il fallait que justice se fît. Ascagne ayant répliqué que, si l'on réussissait à chasser le roi Ferrand au profit du duc de Lorraine, « ce ne serait pas par la volonté de Dieu, mais bien par les intrigues de monseigneur d'Angers », il en résulta, entre les deux cardinaux, une altercation fort peu digne de deux princes de l'Église, altercation à laquelle la levée de la séance ne suffit pas pour mettre un terme. Car, une fois dehors, Balue ayant voulu s'excuser en disant à Ascagne qu'il n'avait sans doute pas bien compris ses lettres, celui-ci s'emporta jusqu'à lui répliquer que l'état de Milan n'était point « fondé sur l'échine des grenouilles »; que l'on savait à quoi s'en tenir sur les menaces françaises qui ne se réalisaient jamais, et que d'ailleurs les gens d'armes ultramontains n'avaient qu'à se montrer, ils trouveraient à qui parler. Les dispositions du cardinal milanais paraissaient si belliqueuses que le pape crut bon de le mander auprès de lui afin de lui montrer une lettre par laquelle le duc d'Orléans se déclarait tout disposé à tenter quelque entreprise sur le duché de Milan. Mais, loin de se laisser effrayer, Ascagne fit à Innocent VIII une réponse qui ne différait de celle qu'il avait faite à Balue que par la modération dans les termes (1).

Malgré les bravades du cardinal Sforza, la lettre qu'il écrivit à Alfonse de Calabre jeta celui-ci dans les plus grandes inquiétudes. Il pensa à chercher un appui dans une étroite union avec Laurent de Médicis (2). Laurent se trouvait fort embarrassé; pendant qu'Alfonse lui faisait écrire par Pierre Capponi, que les Napolitains sauraient reconnaître le secours qu'ils auraient reçu de Florence, Côme Sassetti, le directeur de la banque des Médicis à Lyon, lui rendait compte de quelques entretiens qu'il avait eus avec M. de Faucon, chef de l'ambassade que Charles VIII envoyait en Italie pour y soutenir les droits de René. On continuait, paraît-il, en France, à faire de l'homme d'état florentin le cas qu'en avait fait Louis XI. Le prince lorrain lui demandait son concours presque en même temps que le duc de Calabre. Or, personne ne redoutait plus que Laurent une intervention

---

(1) Ascagne au duc de Milan, Rome, 6 mars 1486. Cette lettre a été publiée dans l'*Archivio storico italiano*, IV, 2ᵉ partie, p. 66-71, d'après une copie envoyée à Laurent de Médicis par Pierre Capponi; mais nous en avons vu l'original aux Archives de Milan, *Potenze estere, Roma*.

(2) Pierre Capponi à Laurent, 30 mars 1486, cité par Buser, p. 247.

française en Italie : d'autre part, les lettres de Sassetti ne lui laissaient pas oublier que le duc René jouissait d'un grand crédit à la cour, et que les affaires de la banque de Lyon se ressentiraient de la réponse que les ambassadeurs recevraient à Florence. Pour concilier ses intérêts commerciaux avec ses devoirs envers son pays et ses obligations envers Ferrand, Laurent de Médicis s'arrangea de façon à être malade lors du passage de l'ambassade française. Il laissa la Seigneurie faire une réponse insignifiante qui ne pouvait brouiller Florence ni avec la France ni avec Naples (1).

La banque de Lyon n'était pas seulement un des principaux instruments de la fortune des Médicis, elle était, en même temps, une sorte de bureau de renseignements politiques sur les affaires de France, et l'intermédiaire obligé de tous ceux qui avaient à correspondre avec Laurent. Commines était en rapports constants avec elle. Depuis près d'un an, le seigneur d'Argenton, mêlé aux coupables intrigues des princes mécontents, devenu non sans raison l'objet des soupçons de la régente et du déplaisir de René de Lorraine, avait cru bon de s'éloigner de la cour. Pendant qu'il continuait à faire cause commune avec les rebelles, il jugea qu'il n'était pas inutile d'avoir quelque soutien à l'étranger, et dès le mois d'octobre 1485, réfugié auprès du duc de Bourbon, il demandait par l'intermédiaire de Laurent s'il pourrait, en cas de besoin, trouver un asile à Florence (2). Un peu plus tard, Madame de Beaujeu inquiète de voir un homme de la valeur de Commines au service de ses ennemis, lui fit offrir de le réintégrer dans les charges qu'il avait perdues et dans les biens que le Parlement venait de confisquer, s'il consentait à accompagner le duc de Lorraine en Italie. Commines soumit le cas, à son ami Laurent : si la ligue italienne le croyait nécessaire, il se chargeait, grâce à ses intelligences avec les mécontents, d'empêcher le départ de René pourvu qu'on lui envoyât un homme intelligent muni de force lettres de change. « Si, au contraire, écrivait Spinelli de Lyon, le 13 mai 1486, vous vouliez embrasser le parti du duc, M. d'Argenton désirerait que ce fût par son intermédiaire. Il vous conseille en effet de ne pas vous fier à ce Lorrain qui n'est pas de la prudence que vous lui attribuez peut-être, mais qui est même de qualité à ne pas inspirer confiance, à moins qu'il n'ait avec lui quelque

(1) Buser, p. 249.
(2) *Ibid.*, p. 513.

homme de bon conseil habitué au gouvernement des affaires (1). » On ne sait quelle fut la réponse de l'homme d'état florentin; quant à Commines, loin d'être envoyé en Italie, il était, le 10 juin 1486, décrété de prise de corps, et ses biens étaient déclarés confisqués s'il s'obstinait à ne pas rendre le château de Talmont aux La Trémoïlle (2).

L'expédition projetée par le duc de Lorraine semblait devoir se réaliser. Le 23 mars, le cardinal de Saint-Pierre ès Liens avait quitté son château

Julien de la Rovère, cardinal de Saint-Pierre ès-Liens. Médaille de Sperandio.

d'Ostie pour aller à Avignon, disait-on, donner à René l'investiture de Naples (3); mais, arrivé à Gênes, il s'y arrêta pour conférer avec un envoyé du duc (4). Quelques jours plus tard un écuyer de Charles VIII, Perron de Baschi, qui avait jadis accompagné Commines en Italie, se mettait en route pour aller, au nom du roi, engager Laurent de Médicis et Ludovic le More à se séparer de Ferrand (5), et vers le même temps, la grande ambassade de M. de Faucon quittait Florence pour se rendre à Rome. Vir-

(1) Buser, p. 514-515.
(2) Kervyn de Lettenhove, II, 46.
(3) Buser, p. 514.
(4) Cipolla, p. 637.
(5) Buser, p. 514.

ginio Orsini fit offrir à Faucon un sauf-conduit dans le cas où il consentirait à plaider sa cause auprès du pape et du roi de France; les ambassadeurs lui répondirent qu'ils n'avaient rien à démêler avec un brigand de son espèce; quant à son sauf-conduit, ils lui prouvèrent qu'ils n'en avaient que faire. Une bande d'Orsini ayant tenté de leur barrer le passage, les Français et leur suite les taillèrent en pièces et firent leur entrée dans Rome, le 30 mai, en traînant derrière eux plus de quatre-vingts prisonniers (1).

Revers de la médaille du cardinal Julien de la Rovère.

Leur venue intimida sans doute les adversaires d'Innocent VIII, qui tâchèrent de s'accorder avec le Saint-Siège avant l'arrivée du duc de Lorraine. Au consistoire qui eut lieu dans la première semaine de juin, le vice-chancelier Rodrigue Borgia, le cardinal Savelli et quelques autres cardinaux demandèrent au pape de faire la paix, annonçant que Ferrand était disposé à rendre Aquila, l'Abruzze et les terres des barons partisans du Saint-Siège, aussi bien qu'à payer le tribut qu'il devait à l'Église. Balue se leva et maintint que le souverain pontife ne pouvait songer à la paix, maintenant que toute la France s'était mise en mouvement pour soutenir le duc René, que de grandes dépenses et de

(1) Infessura dans Muratori, *Scriptores*, III, 2ᵉ partie, col. 1203-1204.

grands préparatifs avaient été faits et qu'il serait indigne de jouer ainsi Charles VIII, le duc, les barons qui s'étaient donnés à l'Église et les Génois qui se préparaient à soutenir l'entreprise. Le vice-chancelier, hors d'état de réprimer sa colère, éclata en injures contre Balue, disant que l'on ne pouvait point attacher d'importance aux paroles d'un ivrogne tel que lui. Son interlocuteur, pour ne point être en reste, répondit plus grossièrement encore, *videlicet illum esse maranum, et filium meretricis, et vitam suam inhonestam*. Les deux cardinaux menaçant d'en venir aux mains, la séance fut levée au milieu du tumulte sans que l'on eût rien conclu (1). Quelques jours après, on répandit dans Rome une lettre de Charles VIII énumérant les secours qu'il comptait donner au duc de Lorraine pourvu que le pape ne fît pas la paix. Mais les adversaires de la guerre prétendirent que cette lettre avait été supposée par Balue (2).

Tout le monde en Italie s'attendait à voir arriver le duc de Lorraine; le duc de Savoie, craignant que le prétendant ne tentât au passage quelque entreprise sur ses états, avait même fait demander secours aux Milanais (3) lorsque l'entrée en Picardie des troupes de Maximilien, en interdisant à ceux qui gouvernaient la France toute velléité de prêter à René un concours armé, rendit courage aux partisans de la paix. Perron de Baschi, qui passa en juillet par Milan et par Florence, ne reçut que des réponses fort peu encourageantes. Le pape, serré de près dans Rome par le duc de Calabre, n'avait plus auprès de lui le belliqueux La Rovère; des conseils pacifiques lui venaient de Milan et de Castille, les Romains murmuraient. Il engagea des pourparlers secrets avec les généraux ennemis, et le 11 août la paix fut signée. Toutefois le souverain pontife avait tenu à conserver une certaine liberté vis-à-vis du duc de Lorraine; on prétendait même qu'en cas de guerre engagée par René ou par les Français contre Ferrand, il se réservait le droit de leur donner les vivres et le passage sur les terres de l'Église (4).

Au fond Madame de Beaujeu ne devait pas tenir beaucoup au succès du prétendant; tout ce qu'elle souhaitait, c'était que l'entreprise de Naples l'absorbât suffisamment pour qu'il ne pût s'opposer sérieusement à la réunion de la Provence au domaine royal. Depuis plusieurs mois déjà, il s'était

---

(1) Infessura dans Muratori, *Scriptores*, III, 2ᵉ partie, col. 1204-1205.
(2) *Ibidem*, 1206.
(3) E. de Levis, *Antiqua Cisalpinæ reipublicæ monumenta*, Turin, 1801, p. 46-47.
(4) Infessura, 1211.

produit dans le comté une agitation qui semblait sur le point d'aboutir. La réunion ne fut prononcée qu'en octobre ; mais dès le 27 juillet 1486, René, en se mettant en route, avait cru devoir rédiger une protestation platonique (1) qui n'altéra guère ses rapports avec la cour, puisque, quelques jours après, Charles VIII rendait une ordonnance par laquelle il autorisait ses sujets à servir le duc de Lorraine dans son entreprise de Naples (2). Pourtant, lors de son passage à Moulins, René se réconcilia avec Commines qui s'y trouvait réfugié auprès du duc de Bourbon et se plaignit quelque peu de ceux qui gouvernaient (3). Une amère surprise l'attendait à Lyon : la veille du jour où il devait faire son entrée dans la ville, on apprit que le pape avait conclu la paix. Le duc de Lorraine jugea que cette pacification entraînait la soumission des barons révoltés; que pourrait-il faire isolé au milieu de l'Italie avec les quelques milliers d'hommes qu'il amenait de France? Sous le coup de sa déception, il revint sans plus tarder sur ses pas, le cœur plein de rancunes contre les Italiens « en qui, écrivait Spinelli, je ne crois pas qu'il ait dorénavant grande confiance (4) ».

A Rome même, le traité du 11 août ne plaisait pas à tous ceux qui entouraient le pape. Julien de la Rovère, revenu de Gênes, exprimait très haut le dépit qu'il en ressentait; il refusa même d'aller, au nom du souverain pontife, réconcilier avec le roi de Naples les barons révoltés, et se retira dans sa forteresse d'Ostie (5). Balue écrivait en France que « la paix a esté acceptée du pape par faute de bons capitaines et que, si Monsieur de Lorraine y allait, encore ferait-il quelque chose ». Quant à Robert de San Severino, licencié par Innocent VIII, il chargea l'un de ses secrétaires d'aller dire à René que « hardiment pouvoit aller ledit duc de Lorraine à Rome, et combien que la paix fust faite, que sondict maistre, sieur Roberto, luy promettait le mettre dans le royaume de Naples lequel il auroit en peu de temps ». Le duc était déjà à Montargis lorsqu'il reçut le message de San Severino (6) ; il ne se décida pas à tenter l'entreprise, mais ses espérances se réveillèrent. Elles ne devaient jamais se réaliser.

(1) D. Calmet, *Histoire de Lorraine*, II, 1004.
(2) Senlis, 4 août 1486, Bibliothèque nationale, Portefeuille Fontanieu 146, p. 55.
(3) Commines, II, 299.
(4) Buser, p. 251.
(5) Cipolla, 639.
(6) Angelo Cato, archevêque de Vienne, à M. de Langeac Paris, 8 septembre 1486. Commines, preuves, III, p. 359.

CHAPITRE II.

LE DÉCLIN DE L'INFLUENCE DE MADAME DE BEAUJEU.

Affaires de Saluces. — Déloyauté de Ferrand. — Les réfugiés napolitains en France. — Efforts de Laurent de Médicis pour éviter l'intervention étrangère. — Laurent se rapproche d'Innocent VIII. — Préparatifs de la France pour reconquérir Gênes. — Gênes se donne au duc de Milan. — Conférence du Pont-de-Beauvoisin. — Ludovic demande l'investiture au roi de France. — Guerre de Bretagne. — La Trémoïlle. — Saint-Aubin du Cormier. — Charles VIII commence à gouverner. — Sa loyauté et sa modestie. — Ambition personnelle de Madame de Beaujeu. — Sa cupidité. — Remise de Djem au pape. — Étienne de Vesc et le parti des chambellans se substituent à Madame de Beaujeu. — Discordes d'Innocent VIII et de Ferrand. — Le pape a recours à la France. — Premiers symptômes des projets de Charles VIII. — Craintes de Laurent de Médicis. — Ambassade de M. de Clérieux. — Intrigues de Balue. — Laurent offre d'accommoder le différend du pape et de Ferrand. — M. de Faucon à Milan, à Florence et à Rome. — La France se prépare à soutenir René II. — Mariage par procuration de Maximilien avec Anne de Bretagne. — Mariage de Charles VIII et d'Anne de Bretagne.

Le roi de France avait au delà des Alpes des intérêts de plus d'une sorte. Outre ses prétentions sur Naples, son titre de Dauphin de Viennois lui donnait des droits de suzeraineté sur certaines terres italiennes contiguës à ses possessions françaises ; cependant ceux qu'il avait sur la mouvance du marquisat de Saluces étaient depuis longtemps contestés par les comtes, puis par les ducs de Savoie. Malgré divers arrêts du Parlement de Paris dont les plus anciens remontaient au quatorzième siècle, malgré la reconnaissance formelle de la suzeraineté du dauphin par Frédéric de Saluces en 1385, la question n'avait pas été définitivement tranchée et les marquis en profitaient pour incliner suivant leurs besoins, vers l'un ou vers l'autre (1).

(1) Pour tout ce qui se rapporte à l'affaire de Saluces, nous renvoyons le lecteur au chapitre XI de l'intéressant ouvrage de M. B. de Mandrot, *Ymbert de Batarnay, seigneur du Bouchage* ; Paris, Picard, 1886, in-8°.

En 1486, des réfugiés savoyards déterminèrent Louis II de Saluces à envahir les domaines du duc Charles de Savoie qu'ils croyaient hors d'état de résister. Mais celui-ci ayant obtenu des Milanais, des Bernois et des Fribourgeois un puissant concours armé, chassa les troupes du marquis et s'empara de quelques places dépendant de Saluces. Louis II, menacé à son tour, en appela au roi de France à qui il offrit de faire hommage par procureur, espérant de la sorte obtenir le secours qu'un suzerain devait à son vassal.

Madame de Beaujeu tenait peu aux agrandissements extérieurs du royaume. Outre que, cette fois, il ne s'agissait à vrai dire que de préserver l'intégrité de la domination royale, on sait combien de Dauphinois figuraient parmi ces conseillers de la couronne qu'Anne de France avait dû laisser autour de son frère après la mort de Louis XI et dont le concours, ou tout au moins la bonne volonté était indispensable aux gouvernants. Or tous les Dauphinois tenaient fort à cet hommage de Saluces dont ils n'étaient pas médiocrement fiers. L'année précédente, le Parlement et la Chambre des comptes de Grenoble avaient même supplié le roi de la réclamer énergiquement : « Pour Dieu, Sire, écrivaient-ils le 15 septembre 1485, entendez-y et ne le laissez plus ainsi aller; car c'est la plus belle rose qui soit en votre noble seigneurie de Dauphiné, et vous peult venir grans biens et honeur d'avoir ung tel et si noble vassal que nous trouvons estre très bon françois. Vous aurez par ledit hommaige, actandu le pertuys que nous avons fait faire de la montaigne du Mont-Visol (1), l'entrée és Ytalies; et passerez par vostre païs, sans emprunter passaige d'autruy, jusques ès limites de la duché de Milan et de Gênes. Et pourrez par ce moyen acquérir et faire de grans choses et faire actes glorieux comme vos prédécesseurs ont fait (2). » Il ne fallait pas, en blessant les Dauphinois, risquer de les envoyer grossir le nombre des seigneurs mécontents qui formaient à ce moment même une nouvelle ligue contre le gouvernement des Beaujeu. Madame fit demander au Parlement de Paris si le marquis de Saluces pourrait être admis à faire hommage par procureur. Celui qu'elle chargea de soumettre au nom du roi, la question au

---

(1) Le tunnel de la Traversette, la plus ancienne des percées des Alpes, venait d'être ouvert depuis quelques années.

(2) Le Parlement et la Chambre des comptes de Dauphiné à Charles VIII; Moirans, 15 septembre 1485. Transcription insérée dans le registre des Archives de l'Isère (B. 2905), intitulé *Deuxième generalia*. (Document communiqué par M. Pilot-Dethorey.)

Parlement, fut le président des Comptes de Dauphiné. En même temps elle désigna un autre Dauphinois, Ymbert de Batarnay, seigneur du Bouchage, pour aller signifier au duc de Savoie qu'il eût à cesser ses incursions sur le territoire de Saluces.

Le Parlement ayant déclaré que l'hommage devait en principe être prêté personnellement par le marquis, celui-ci se hâta de venir à Amboise; il était en route au moment où Du Bouchage se dirigeait vers la Savoie. En échange de cette marque de déférence, il demandait d'ailleurs non seulement le concours armé de Charles VIII, mais encore l'ordre de Saint-Michel et quelque bon établissement en France, sous prétexte de compenser, disait-il, les dommages qu'avaient subis ses ancêtres à cause de leur fidélité aux ancêtres du roi. On ne sait ce qu'il obtint; toujours est-il qu'il fit hommage à Charles VIII le 5 février 1487. Les représentations d'un envoyé savoyard, arrivé à la cour en même temps que lui, étaient restées sans effets. Ce résultat ne dut pas beaucoup étonner le duc de Savoie. Ce prince avait si peu de confiance dans le succès des démarches de son ambassadeur, que tout en écrivant à Du Bouchage des lettres trompeuses où il lui faisait espérer qu'il donnerait satisfaction au roi, il recommençait les hostilités et assiégeait étroitement Saluces.

Madame de Beaujeu avait espéré que l'action de la France pourrait rester toute diplomatique. Elle avait même donné pour instructions à Du Bouchage « d'arrêter les progrès du duc de Savoie dans le marquisat sans rompre ouvertement avec lui, d'apaiser les hostilités et surtout de gagner du temps afin de ménager l'avenir (1) ». Anne avait alors besoin de toutes les troupes royales pour faire face aux rebelles, mais devant la conduite insolente du duc de Savoie, elle n'hésita pas. Il s'agissait de l'honneur de la couronne dont elle avait la garde; il s'agissait surtout de montrer à Charles Ier qu'on ne se jouait pas d'elle impunément. Ymbert de Batarnay reçut l'ordre de faire tout ce qui serait en son pouvoir pour sauver Saluces que le roi déclarait vouloir « garder et deffendre aussi soingneusement que l'une des villes de son royaume (2) ». A Philippe de Bresse qui, bien qu'il fût l'oncle du duc de Savoie, remplissait les fonctions de gouverneur du Dauphiné, Charles VIII, écrivait qu'il était décidé à sévir contre le duc. Le gouverneur dut mettre les places

---
(1) B. de Mandrot, *Ymbert de Batarnay*, p. 438.
(2) *Ibidem*, p. 143.

frontières en état de défense (1), et les francs-archers du Graisivaudan et du Viennois se tinrent prêts à passer les Alpes, qu'une bande d'aventuriers conduite par un parent du marquis de Saluces, Jacques de Sassenage, avait déjà franchies.

Il semblait que tout se réunît alors pour attirer vers l'Italie l'attention de Charles VIII. Au moment où ses soldats allaient vraisemblablement être appelés à intervenir, il voyait arriver à sa cour quelques seigneurs du parti angevin fuyant les cruautés du roi de Naples.

Une parole donnée n'avait rien qui pût retenir le meurtrier de Piccinino; ceux des barons napolitains qui, se fiant aux stipulations du traité du 11 août 1486, crurent pouvoir faire leur soumission à Ferrand, furent saisis et jetés en prison. Devant ce manque de foi, les autres résolurent de résister, chacun dans son propre château, et reprirent leurs relations avec René de Lorraine. Gênes, de son côté, n'avait pas interrompu les siennes; Venise, heureuse de tout ce qui pouvait compromettre la puissance de Ferrand et prolonger la lutte entre Gênes et Florence, appuyait ces négociations auxquelles le pape ne dut pas rester longtemps étranger. Quant à Laurent de Médicis, il avait d'abord recommandé la clémence au roi de Naples; mais la crainte de voir ses ennemis, les Génois, rendus plus audacieux par la venue de René, lui fit conseiller des mesures de rigueur (2). Toutefois nous ne pouvons croire qu'il pût approuver les cruautés au moyen desquelles Ferrand et Alphonse de Calabre cherchèrent à éteindre les sympathies françaises, cruautés qui ne cessèrent que faute de victimes. Au bout de quatre ans, on se débarrassa des prisonniers qui survivaient encore, en les égorgeant en masse le jour de Noël 1491.

Quelques-uns des seigneurs révoltés, et parmi eux le prince de Salerne, Antonello de San Severino, avaient pu s'échapper dans les premiers temps de la répression. Avec les fils du prince de Bisignano, ses parents, le prince parvint à gagner Venise. Là les réfugiés demandèrent à la Seigneurie quel était celui des prétendants au trône de Naples auprès duquel il valait mieux chercher une retraite définitive; ils hésitaient entre le duc de Lorraine, le roi de France ou le roi d'Espagne. « Il me dict, écrit Commines qui tenait ses informations de la bouche même du prince

---

(1) Archives de l'Isère. *Deuxième generalit.*, cahier IIIʳᵉ IX. Document communiqué par M. Pilot-Dethorey).

(2 Buser, 252. — Cipolla, 639.

de Salerne, qu'ils luy respondirent que le duc de Lorraine estoit un homme mort et qu'il ne les sçauroit ressourdre. Le roi d'Espagne seroit trop grand, s'il avoit le royaume, avec l'isle de Cecile, et les autres choses qu'il avoit en ce gouffre de Venise, et qu'il estoit puissant par mer; mais qu'ils luy conseilloient d'aller en France, et qu'avec les roys de France qui avoient esté audit royaume, ils avoient eu bonne amitié et bon voisin. Et croy qu'ils ne pensoient point que ce qui en advint après, deut advenir. Ainsi vindrent ces barons dessusdits en France, et furent bien recueillis, mais pauvrement traitez de biens. Ils firent grande poursuite environ deux ans : et du tout s'adressoient à Estienne de Vesc, lors sénéchal de Beaucaire et chambellan du roy. Un jour vivoient en espérance, autre au contraire; et faisoient diligence en Italie et par espécial à Milan... (1). »

La présence des barons napolitains à la cour fut incontestablement une des causes déterminantes de l'expédition de Charles VIII; mais pendant plusieurs années les dangers qui menacèrent la France ne permirent pas au roi de suivre leurs inspirations. Les réfugiés d'ailleurs virent souvent leur action neutralisée par la prévoyance de Laurent de Médicis. Bien qu'il eût jadis sollicité Louis XI et négocié avec Charles du Maine et René de Lorraine pour obtenir d'eux un concours armé contre Sixte IV et le roi de Naples, Laurent redoutait plus que personne les dangers qui pouvaient résulter de l'intervention française; maintenant qu'il ne croyait plus en avoir besoin, il s'efforçait de faire disparaître tout ce qui tendrait à y donner prétexte en Italie. Atteindre ce but tout en conservant vis-à-vis de la France les apparences de la traditionnelle fidélité florentine et en ne perdant pas la situation personnelle qu'il avait su prendre sous Louis XI, ménager les intérêts de la banque de Lyon sans nuire à ceux de sa patrie, pousser la fortune des Médicis en même temps que celle de Florence de façon à prouver à ses concitoyens qu'elles étaient inséparables l'une de l'autre, telle fut la tâche de ses dernières années.

La principale des aspirations florentines, c'était alors de reprendre Sarzana aux Génois. Par suite de l'alliance des Génois avec le duc de Lorraine, les intérêts de Laurent et de Ferrand se rencontraient sur un point commun, et pour faire échec aux vainqueurs de Sarzana, le Médicis se trouvait amené à faire échec au prince français. Celui-ci d'ailleurs cherchait toujours des

(1) Commines, II, 301.

appuis en Italie ; il était resté en rapport avec Venise et s'efforçait de se maintenir dans la faveur du pape. On croyait même à l'existence d'une ligue réunissant René, Gênes, Venise, le pape et Maximilien. Bien que les énergiques dénégations d'Innocent VIII eussent dû le rassurer, Laurent trouva prudent de s'attacher le souverain pontife. Il y réussit sans beaucoup de peine en

Ferrand, roi de Naples. Buste en bronze conservé au musée national à Naples.

s'employant aux négociations par lesquelles on mit fin à la tyrannie du rebelle Boccolino Gozzoni, qui menaçait d'appeler les Turcs à Osimo, et en fiançant sa fille Madeleine au fils du pape, François Cybo. C'est en grande partie grâce à l'influence qu'il dut à ce mariage que Laurent de Médicis obtint un peu plus tard le chapeau de cardinal pour son jeune fils Jean, celui qui devait être un jour Léon X (1).

Le maître de Florence avait si prudemment exercé son action préser-

(1) Buser, p. 255-256.

vatrice et toujours pacifique, afin d'empêcher une rupture entre le pape et Naples, qu'il était parvenu à ne pas donner d'ombrage à la France où l'on ne cessait pas de le considérer comme une sorte d'agent général auprès des puissances italiennes et particulièrement auprès du Saint-Siège. Ce fut à lui que le gouvernement français s'adressa en 1486 pour obtenir que le pape ne ratifiât point le titre de roi des Romains que les électeurs de l'Empire venaient de donner à Maximilien. D'autres faits encore montrent quelle confiance Laurent continuait à inspirer, et cependant sa politique à l'égard de Gênes était, nous l'avons déjà dit, directement opposée à celle de la France. Pour arrêter la guerre que lui faisaient les Florentins, le cardinal Campo-Fregoso, qui réunissait les titres de doge et d'archevêque de Gênes, fit proposer à Charles VIII de remettre Gênes sous la domination de la France.

Toutefois, dans l'entourage de Laurent de Médicis, on ne jugeait pas que le rétablissement de l'autorité française en Ligurie dût avoir des conséquences très redoutables : « Quand même, écrivait Laurent Spinelli, le roi, ainsi qu'on en a le projet, se mettrait en possession de Gênes, je ne crains pas néanmoins qu'il apporte la guerre en Italie; car *ceux qui gouvernent* ne chercheront qu'une chose, c'est à maintenir la paix jusqu'à ce que le roi soit en âge de gouverner lui-même. Il leur semble qu'ils possèdent assez de terres sans chercher à faire des conquêtes étrangères (1). »

Depuis la mort de Louis XI, *ceux qui gouvernaient la France*, c'est-à-dire les Beaujeu, ne s'étaient occupés des affaires d'Italie que lorsqu'ils y avaient trouvé un avantage pour leur politique intérieure; au temps où le duc de Lorraine était leur allié, ils avaient secondé ses projets sur Naples afin d'ajourner ses réclamations sur la Provence; encore leur action avait-elle été presque uniquement diplomatique. Cette fois ils n'hésitaient pas à intervenir activement. D'où vient que Madame ait paru déroger aux règles habituelles de sa conduite en engageant le gouvernement français dans une entreprise de ce genre? L'explication sera sans doute bien près d'être trouvée si l'on se rappelle que René II comptait maintenant parmi les mécontents, qu'il était l'ami des Génois, que ceux-ci étaient voisins de la Provence, enfin qu'il importait de priver un adversaire du concours de semblables alliés et de leur puissante flotte.

(1) Spinelli à Laurent de Médicis, Lyon 22 février 1487, dans Buser, 257.

D'ailleurs en acceptant les propositions du doge, on trouvait moyen de faire échec au plus puissant des alliés du duc de Savoie. Parmi les troupes qui avaient permis à Charles Ier de reprendre l'offensive contre le marquis de Saluces au moment où celui-ci semblait devoir l'écraser, figuraient les gens d'armes que le régent de Milan avait envoyés sous la conduite du comte Borello et de Charles de Belgiojoso (1). Nul n'ignorait avec quelle ardeur Ludovic le More souhaitait faire rentrer Gênes sous la domination milanaise. Le projet d'occupation de Gênes par la France en 1487 fut donc en partie une conséquence des affaires de Saluces.

Les pourparlers avec le cardinal Campo-Fregoso avaient d'abord été conduits par l'intermédiaire de M. de Bresse. Quand il s'agit d'organiser l'expédition, Ymbert de Batarnay, qui se trouvait encore à Grenoble, fut désigné pour aller prendre possession de Gênes avec le sénéchal de Provence, Saint-Vallier. Le général de Languedoc, Guillaume Briçonnet, chargé de la partie financière, devait les accompagner.

Cependant, vers les derniers jours de mars 1487, Saluces était tombé aux mains du duc de Savoie. Celui-ci, fort de sa prise de possession, proposait maintenant à Charles VIII de soumettre leur différend à un arbitrage. Tandis qu'un ambassadeur français, Mortillon, allait lui porter la réponse du roi, on poussait vigoureusement l'affaire de Gênes. Les deux agents que le roi entretenait dans cette ville, Morellet Clavel, seigneur de Montfort, et Jean Matheron, président des Comptes de Dauphiné, reçurent l'avis de l'occupation prochaine des places de Ligurie par des troupes françaises. Au-dessus de Saint-Vallier et de M. du Bouchage, Charles VIII chargeait le comte de Bresse de diriger l'expédition, voulant, disait-il, « besongner en ladite matière de Gennes comme il appartient, en manière qu'il n'y convendra point aller à deux fois (2) ». On s'imagine facilement le dépit du duc de Savoie en voyant le doge sur le point de livrer la Ligurie aux Français; il tenta de l'en détourner en lui écrivant des lettres « très mal sonnantes », dans lesquelles il menaçait de former une coalition assez puissante pour résister aux prétentions du roi de France. Clavel et Mathe-

---

(1) Guichenon, *Histoire de la maison de Savoie*, II, p. 153.
(2) Instructions à Morellet Clavel et à Jean Matheron, 24 juin 1487. Bibl. nat., ms. français 2923, fol. 49. — Guillaume Briçonnet à Du Bouchage, 8 avril, 15 juin et 2 août [1487]. *Ibidem* fol. 42, 44 et 45. — Commission à M. du Bouchage pour, avec le seigneur de Saint-Vallier, aller prendre possession des places de l'état de Gênes, 24 juin [1487]. *Ibidem*, fol. 4.

ron n'eurent pas de peine à détruire l'effet de ces lettres en faisant connaître aux anciens de Gênes les succès de Charles VIII en Flandre et en Bretagne, succès qui devaient lui faciliter l'exécution de ses promesses.

Un événement imprévu vint rendre inutiles tous les préparatifs de la France; on apprit tout à coup la prise de Sarzana par les Florentins. Les Génois, qui avaient amené onze galères à Antibes pour y prendre des gens d'armes français, refusèrent dès lors de les embarquer; bientôt après, on apprit, non sans surprise, que les étendards milanais flottaient sur le Château, sur les palais et jusque sur les vaisseaux de Gênes. Épouvanté de la chute de Sarzana, le doge, d'accord avec les principaux de ses concitoyens, afin d'arrêter au plus tôt la marche des Toscans, s'était résolu à mettre de nouveau son pays sous la domination du duc de Milan. Ludovic le More, qui craignait fort de voir Gênes aux mains des Français, avait déjà tâté le terrain auprès des Florentins, ses alliés (1); il était donc tout prêt à accepter les offres du doge.

On juge de l'étonnement qu'une semblable nouvelle dut causer à M. de Bresse; ceux qui la lui avaient apportée cherchaient à en diminuer l'importance : « Toutefois, écrivait-il au roi, lesdits messire Pelegrino et seigneur de Montfort sur ce baillent de grans excuses; et veulent donner à entendre que, ce nonobstant, lesdiz Jenevoiz ont meilleur moyen et vouloir envers vous, et pour vous reduire ledit Jennes en vos mains que jamais; qui me semble estre fort difficile (2). » Il paraît cependant que les engagements de Gênes envers Milan n'étaient pas aussi formels que M. de Bresse le pouvait croire, car Ludovic cherchait une occasion de les rendre définitifs.

Le succès de son allié n'avait pas suffi à rendre confiance au duc de Savoie; le 20 août 1487, ses envoyés concluaient avec Charles VIII la convention de Châteaubriand, suivant laquelle on décida de soumettre le règlement de la question de Saluces à une commission qui se réunirait le 25 septembre suivant au Pont-de-Beauvoisin. En attendant la décision, qui devait être rendue avant la fin de novembre, la garde de Saluces fut confiée à Pierre de Beaujeu. Mais de part et d'autre on laissa traîner l'affaire; le délai fut prolongé jusqu'au mois de janvier 1488. Entre temps du Bouchage

---

(1) Pierre Alamanni à Laurent de Médicis, 19 juin 1487. Archives de Florence, *Carteggio mediceo*, filza 50, n° 14.

(2) Philippe de Bresse à Charles VIII, Grenoble, 28 juillet [1487]. Bibl. nat., ms. français 15541, fol. 20.

et Briçonnet durent se rendre aux États de Languedoc pour soutenir les demandes d'argent du roi. Malgré les efforts des Suisses qui cherchaient vainement à amener une conciliation, on n'arrivait à rien; en dépit de la trêve, le duc, jugeant le roi assez occupé en France, continuait à ravager le marquisat sous les yeux du gouverneur, Maraffin, que Beaujeu avait mis dans Saluces. Se croyant sûr de l'impunité, il écrivait des lettres insolentes pour les envoyés français; enfin il rappela ses représentants à la conférence du Pont-de-Beauvoisin. Après avoir protesté en termes dignes, Du Bouchage et son collègue, l'archevêque de Narbonne, qui avait remplacé Briçonnet, se retirèrent et les conférences furent interrompues. Un voyage du duc de Savoie à Tours ne paraît pas avoir eu de résultats. Charles Ier mourut peu de temps après son retour et la question de l'hommage de Saluces resta en suspens.

A Gênes, l'occasion que recherchait Ludovic le More se présenta dès l'année 1488. Soit que des influences extérieures eussent soulevé les Génois contre leur doge, soit que la conduite de celui-ci eût éveillé leur méfiance, une sédition éclata; une surprise mit la ville aux mains des Fiesque et des Adorni, leurs rivaux, coalisés avec Baptistin Fregoso, neveu exilé du cardinal. Paul Fregoso n'eut que le temps de se réfugier au château; son énergique résistance et les combats livrés autour de son refuge réduisaient la ville à la désolation et à la guerre en permanence. Pendant que les magistrats s'adressaient au pape, leur compatriote, pendant qu'ils imploraient aussi le roi de France pour les supplier de rétablir l'ordre dans leur état, le doge déchu appelait le duc de Milan à son aide. On n'obtint rien du pape si ce n'est peut-être un peu d'argent; le roi de France, occupé ailleurs, ne pouvait pas envoyer des secours en temps utile et tardait à répondre. Pourtant, le 7 octobre 1488, il annonçait aux anciens de Gênes l'envoi de son chambellan Gui de Loisières, sénéchal de Quercy [1]. Il semble d'ailleurs que la domination française eût encore des chances réelles de s'établir; le pape aurait bien voulu joindre Gênes au patrimoine de saint Pierre, il n'était même pas étranger, croyait-on, aux menées des Fiesque; mais connaissant trop bien les difficultés que rencontrerait la réalisation de ses désirs, il engageait ses concitoyens à se donner à la France plutôt qu'à Milan. C'est sans doute par crainte de voir Charles VIII maître d'un port d'où il eût été facile de

(1) Bibliothèque nationale, ms. français 15541, fol. 183 v°.

menacer Naples, que le roi Ferrand chargea son ambassadeur à Milan, Belprato, de profiter de ses relations avec les Adorni pour les pousser à livrer Gênes au duc de Milan (1).

Ludovic, de qui les rapports avec le jeune roi avaient été assez tendus jusque-là, redoutait fort que les Français prissent pied dans la péninsule; il savait que Laurent de Médicis partageait ses craintes et faisait tous ses efforts pour montrer au pape à quels dangers il exposait l'Italie en appelant les Ultramontains. Sans inquiétude du côté de Naples et de Florence, il se hâta de répondre à l'appel des assiégés du Château en envoyant à leur secours des troupes que commandait le comte de Cajazzo, fils de Robert de San Severino. Las du désordre au milieu duquel ils vivaient, intimidés probablement par la marche du comte de Cajazzo, Fiesque et Adorni, sans écouter les conseils de ceux qui proposaient d'attendre la réponse de Charles VIII, n'hésitèrent pas à entrer en pourparlers avec l'allié de leur ennemi. A l'envoi de Thomas Giustiniani, Ludovic répondit par l'envoi de Conrad Stanga et de Branda Castiglione. Les Milanais négocièrent si bien qu'ils obtinrent l'exil de Baptistin Fregoso dont la personne était suspecte à Ludovic le More; à ce prix, ils assuraient à Augustin Adorno le gouvernement de Gênes au nom du duc, maintenaient les Fiesque dans leurs honneurs et leur autorité; enfin ils admettaient les troupes du comte de Cajazzo dans la ville pour assiéger le Château, où tenait toujours ce Paul Fregoso qu'elles étaient venues défendre. Une ambassade solennelle alla vers la fin d'octobre 1488 porter au duc de Milan le serment de fidélité des Génois. Le Château dut capituler; quant au cardinal Fregoso, refusant la pension que lui offraient les Milanais, il partit pour Rome qu'il ne quitta plus jusqu'à sa mort.

Pendant que les ambassadeurs étaient à Milan, l'envoyé français, Gui de Loisières, arrivait à Gênes. On le reçut fort bien; mais, sous prétexte de lui faire honneur, on lui donna quatre compagnons chargés à la fois de l'espionner et de l'isoler; en même temps, on refusa d'aborder avec lui d'autres sujets que les plus frivoles. Il dut se retirer très irrité (2).

Craignant sans doute les revendications de la France, Ludovic annonça tout aussitôt à Charles VIII que, loin de nier la suzeraineté royale sur

(1) François de' Gaddi à Laurent de Médicis, 18 septembre 1488. Archives de Florence, *Carteggio medicео*, filza 50, n° 21.
(2) Barth. Senarega, *De rebus Genuensibus*, dans Muratori, *Scriptores*, XXIV, 519 A.

Gênes, le duc de Milan lui demanderait l'investiture telle que jadis François Sforza l'avait reçue de Louis XI. C'était à la fois reconnaître les droits de la couronne et consacrer l'annexion. Après quelques pourparlers avec Madame de Bourbon, un plénipotentiaire habile, Jean-François Marliano, fut envoyé en France au mois de mai 1489 (1), mais on le fit repartir sans lui donner de réponse, en lui assurant toutefois que le roi ferait plus tard connaître ses volontés au duc de Milan par un ambassadeur (2). Plusieurs

Vue de Gênes, d'après le *Liber Chronicorum* de Hartmann Schedel.

mois se passèrent sans qu'aucun ambassadeur français annonçât son entrée à Milan.

Malgré tout, les affaires de Gênes ne présentaient alors qu'un intérêt

---

(1) Instruction donnée à Jean-François Marliano, Vigevano, 12 mai 1489. Archives de Milan, *Potenze estere, Francia, Istruzioni*. — D'après cette instruction, dont les termes sont assez vagues, il y aurait eu déjà un échange de lettres, et même des agents envoyés d'une cour à l'autre. Il y est aussi fait mention d'un orateur français expédié à Gênes, et que les Milanais auraient arrêté à Vintimille.

(2) Pandolfini à Laurent de Médicis, 22 janvier 1489 (v. st.). Archives de Florence, *Carteggio mediceo*, filza 50, n° 200.

secondaire, tandis que de la partie qui se jouait en Bretagne pouvait dépendre le sort de notre pays. Outre que ce duché était le refuge des princes mécontents, un corps anglais y était descendu et Maximilien recherchait la main de l'héritière de François II, Anne de Bretagne. Que serait-il advenu de la France si son plus grand ennemi eût pu la menacer au nord, à l'est et à l'ouest ? Il fallait frapper vite et écraser les rebelles avant que le roi des Romains pût leur venir en aide. Madame avait su deviner dans un tout jeune homme l'étoffe de celui que Guichardin appela *le plus grand capitaine de son temps ;* nommé lieutenant général des armées du roi, Louis de la Trémoïlle conquit par une marche rapide les principales villes de Bretagne. Au bout d'un mois, le 28 juillet 1488, la glorieuse journée de Saint-Aubin du Cormier ruinait les espérances des rebelles : le duc d'Orléans et le prince d'Orange tombaient aux mains des Français et François II était réduit à implorer la paix de la clémence du vainqueur.

Si Madame de Beaujeu avait eu le mérite de reconnaître les talents militaires de la Trémoïlle, le roi était pour quelque chose dans le succès de son lieutenant, qu'il avait secondé de tout son pouvoir. Sa correspondance pendant cette période en fait foi ; bien qu'une seule de ses lettres soit autographe, dans toutes on peut reconnaître une originalité, voire même par moments une gaillardise qui ne peut pas provenir des inspirations personnelles d'un secrétaire. Non seulement Charles y fait preuve d'un réel sens politique en prenant soin de *toujours se mettre en son devoir* (1) afin de laisser tous les torts du côté de ses ennemis ; mais encore on l'y voit s'occuper lui-même des moindres détails de discipline ou d'approvisionnement en vivres, en matériel et en munitions, relevant jusqu'aux petites négligences du secrétaire de la Trémoïlle (2), avec une minutie bien contraire à la réputation d'imprévoyance que Commines et les auteurs italiens se sont plu à lui faire. Tout en suivant avec soin la marche des armées et en donnant au général les avis qu'il pensait pouvoir lui être utiles, le roi n'avait point la prétention de le diriger, et il s'exprimait à cet égard avec une confiance et une modestie que l'on ne s'attendrait guère à trouver chez un souverain de dix-huit ans : « Vous estes beaucoup de gens de bien ensemble, écrivait-il le 26 mars, et qui congnoissez le fait de la guerre ; par quoy vous povez

---

(1) Angers, 19 juin. *Correspondance de Charles VIII avec Louis de la Trémoïlle...*, publiée par M. le duc de la Trémoïlle. Lettre 128.
(2) *Ibidem*, lettres.

mieulx veoir les choses faisables que ne les vous saurions deviser de si loing. Nous vous escripvons sur le tout ce qu'il nous en semble affin que de notre advis vous en prenez ce que y trouverez de bon (1). »

Cette confiance est d'autant plus significative qu'elle se manifestait au moment même où Charles VIII commençait à faire acte de roi. Sans rejeter entièrement la tutelle de sa sœur, il aimait à prendre par moments l'initiative. C'est ainsi qu'il ne demanda conseil à personne pour répondre aux envoyés du duc de Bretagne chargés de solliciter la paix et qu'il n'hésita pas à se prononcer en plein Conseil contre l'avis de Madame. Celle-ci, en digne fille de Louis XI, soutenait qu'on devait, sans plus tarder, achever la conquête de la Bretagne. Charles, toujours attentif à ne pas donner prise aux reproches de ses adversaires, adopta l'opinion du chancelier, qui conseillait de vérifier auparavant si les droits du roi sur le duché étaient fondés (2).

Anne comprit que le pouvoir allait lui échapper si elle s'obstinait à le garder tout entier. Bien que son influence se soit fait sentir encore pendant trois ans dans les conseils du roi, elle eut la sagesse de laisser son frère plus libre de décider et d'agir. D'ailleurs sa passion maîtresse avait toujours été l'ambition personnelle et, maintenant que la mort de son beau-frère avait fait de Madame de Beaujeu la duchesse de Bourbon, ses intérêts ne se confondaient plus toujours avec ceux de la couronne. Jusque-là, travailler à abattre les adversaires de son gouvernement, c'était du même coup travailler au maintien de l'unité du royaume; pour se grandir elle-même, Anne n'avait d'autre moyen que de grandir celui au nom de qui elle exerçait l'autorité. Toutefois cette autorité, elle prévoyait le moment où il faudrait l'abandonner, et la conduite qu'elle tint dorénavant pour s'assurer un autre genre de puissance, révèle quels calculs personnels la faisaient agir lorsqu'elle achevait l'œuvre de son père. En continuant par la réunion de la Bretagne, ce que Louis XI avait si bien commencé par l'écrasement de la maison de Bourgogne, en abattant les derniers champions de la haute féodalité, elle rêvait de reconstituer au profit de la seule maison de Bourbon une grande souveraineté féodale dont elle serait le chef réel. C'est dans ce dessein que, même avant la mort du duc de Bourbon, en 1487, Madame de Beaujeu craignant, au cas où elle resterait veuve et

(1) *Correspondance de Charles VIII avec Louis de la Trémoille...*, lettre 24.
(2) Pélicier, p. 145-146.

sans enfants, de voir un jour cette souveraineté lui échapper, obtint de son frère des lettres l'autorisant ainsi que son mari à se faire telles donations que bon leur semblerait. Cet acte étrange n'avait d'autre but que d'empêcher la couronne de recouvrer les fiefs apanagers de la maison de Bourbon et de méconnaître absolument les droits des Montpensier (1). Plus tard le bruit courut que la duchesse de Bourbon convoitait le comté de Nantes; plus tard encore elle ne se faisait point scrupule de mettre obstacle aux projets avoués de Charles VIII sur Naples et d'essayer de ravir la Provence à la couronne, en cherchant à renouveler avec le duc de Lorraine l'accord qu'elle avait dû conclure en 1484. Seulement, cette fois, en échange du concours qu'elle promettait à René II pour soutenir ses prétentions au trône de Sicile, elle réclamait la cession des droits sur la Provence, non plus pour le roi comme jadis, mais pour le duc de Bourbon, son mari (2). Un acte de faiblesse commis par Louis XII à son avènement pourrait bien avoir été le prix exigé par Madame de Bourbon pour mettre fin aux séditieuses rumeurs qui couraient dans son entourage; ses amis disaient que, par sa rébellion, le duc d'Orléans s'était rendu indigne de la couronne. Le nouveau roi annula, au profit de Suzanne, unique héritière du duché de Bourbon, « les contrats et traités anciens » qui faisaient rentrer ce duché dans le domaine royal, à défaut d'héritiers mâles (3).

Malgré tout ce qu'elle devait à la couronne de France, peu de temps avant sa mort, la fille de Louis XI, jalouse de conserver intacte la fortune de sa maison, donnait sans remords au mari de Suzanne, le connétable de Bourbon, ce conseil trop bien suivi : « Je vous prie et vous commande que vous preniez l'alliance de l'empereur (4). »

Par cette coupable ambition comme par ses talents politiques, Anne justifie le jugement que Brantôme a porté sur son compte : « Elle était, dit-il, le vray image en tout du roi Loys son père ». C'est seulement en effet tant qu'ils exercèrent l'autorité royale que Louis XI et Madame de Beaujeu travaillèrent dans l'intérêt de la France; le père avant d'en être investi, la fille quand elle dut l'abandonner, eurent une conduite également déloyale et anti française.

---

(1) Pélicier, 210-211.
(2) Fabroni, *Laurentii Medicis vita*, II, 352-353.
(3) Henri Martin, *Histoire de France*, VII, 299-300.
(4) Mignet, *Rivalité de François Ier et de Charles-Quint*; Paris, Didier, 1875, in-8°, tome I, 384.

Cependant l'ambition de Madame avait un caractère plus bas que celle de son père, car elle allait jusqu'à prendre la forme de la plus vulgaire cupidité, cupidité dont l'on rencontre bien des preuves (1). Elle se manifesta surtout lors des négociations qui de 1487 à la fin de 1488 eurent pour but de faire sortir de France, où il était gardé depuis plusieurs années par les hospitaliers de Saint-Jean de Jérusalem, le malheureux Djem, frère et rival de Bajazet. On estimait en effet qu'en cas de menaces de la part des Musulmans, il suffirait de débarquer Djem sur un point quelconque de l'empire turc pour y faire éclater la guerre civile et créer ainsi la plus efficace des diversions. Plus d'un prince tâcha d'obtenir que Charles VIII lui fît céder le précieux prisonnier des chevaliers de Saint-Jean : Mathias Corvin, tout le premier, que favorisait Madame de Beaujeu ; puis le pape, enfin les Vénitiens, qui proposaient à Innocent VIII de se réunir pour offrir à la régente un présent supérieur à celui qu'avaient promis les Hongrois. « Car, disait un envoyé de Venise, Madame de Beaujeu est fort avare ; elle fait tout pour de l'argent et ne se soucie pas plus de la gloire de Dieu que de l'honneur de la couronne » (2). La mesure la plus avantageuse aux intérêts généraux de la chrétienté, c'était assurément que Djem fût remis au pape, qui pourrait ensuite le prêter, selon les besoins, à telle puissance qu'il lui conviendrait. Tel était l'avis du soudan d'Égypte qui, en sa qualité d'ennemi de Bajazet, approuvait fort ce parti; tel était aussi celui de Bajazet lui-même qui, d'accord avec Ferrand, promettait de grosses sommes d'argent si le roi de France gardait Djem ou le confiait au roi de Naples; tel fut enfin l'avis de Charles VIII. En dépit des efforts de Madame, qui paraît être restée fidèle à ses engagements envers Mathias Corvin, Djem partit pour Rome. Peut-être le jeune roi comptait-il déjà l'y retrouver un jour pour le faire servir aux vastes projets de conquêtes orientales qui commençaient à occuper son imagination. On pourrait le croire en le voyant exiger que le pape ne puisse disposer de son prisonnier sans sa propre autorisation.

Si la décision de Charles VIII peut passer pour le premier indice de ces projets, elle se trouve coïncider avec les premiers symptômes du décroissement que l'influence de sa sœur commençait à subir; le roi, qui, la même année, pendant la campagne de Bretagne, avait donné, à l'égard de la duchesse de Bourbon, les signes d'indépendance que l'on sait, allait suivre

---

(1) Pélicier, 152, 156, 208-210, 282.
(2) Buser, 518 et 519.

les conseils d'Étienne de Vesc, son ancien gouverneur resté son compagnon assidu, et de ceux que Commines appelait le *parti des chambellans*. Cependant on se tromperait fort si l'on croyait qu'il y eût, entre ce parti et Madame de Bourbon, un antagonisme déclaré; leur rivalité se dissimulait sous de bons rapports apparents. Balue, dans les lettres mêmes qu'il écrivait à Étienne de Vesc, ne craignait point de charger le bailli de Meaux de transmettre « à Monsieur et à Madame » l'obséquieuse expression de son dévouement (1). Mais, au même moment, on agissait secrètement auprès du roi pour le brouiller avec sa sœur, et celui-ci, tout en se refusant à une rupture complète (2), aimait à s'entourer des amis de M. de Vesc. Il rencontrait chez eux des dispositions plus conformes à ses vues. A mesure que va croître leur faveur, on verra se dessiner les projets de Charles VIII, projets au développement desquels l'état des affaires de la péninsule n'était que trop favorable, car la possibilité d'une intervention française occupait dans les combinaisons des politiques italiens une place de plus en plus grande.

Malgré le traité du 11 août 1486, Ferrand n'avait pas plus observé ses promesses envers le pape que ses promesses envers les barons, et ses relations avec Innocent VIII n'avaient pas tardé à être de nouveau troublées. Le roi de Naples refusait toujours de payer le tribut féodal à l'Église et de mettre en liberté les barons prisonniers; de plus, il avait fait occuper Aquila. Le pape avait d'abord cherché des appuis en Italie. Il pouvait compter sur celui des Vénitiens, et sur celui de Laurent de Médicis, qui avait la promesse d'un chapeau de cardinal pour son fils et dont la fille était devenue la femme de François Cybo: mais ce concours était un concours purement moral. En 1488, las de protester platoniquement, Innocent VIII s'adressa au dehors; il fit faire secrètement des ouvertures à Charles VIII et sans doute aussi à Maximilien. Le prétexte qui servit à masquer les intentions du pape était tout trouvé; la rébellion de Boccolino Gozzoni à Osimo venait de montrer une fois de plus l'imminence du péril turc, et l'appel à la croisade avait été déjà plus d'une fois invoqué lorsqu'il s'était agi de motiver une immixtion étrangère en Italie. Quant aux intermédiaires, ils n'étaient pas plus difficiles à découvrir. Balue se tenait toujours prêt à jouer un rôle dans une intrigue politique; il est donc probable qu'il accepta sans peine,

---

(1) Balue à Étienne de Vesc. Archives nationales, K 73, n° 1 et 1 *bis*. (Musée, n° 522.)
(2) Godefroy, *Histoire de Charles VIII*, Preuves, p. 598.

lors des négociations relatives au sort de Djem, d'inviter le roi de France à venir en aide au Saint-Siège (1). Malgré le secret qui entoura ces premières

Portrait de Djem, d'après un dessin conservé à la Bibliothèque d'Arras.

pratiques, le bruit courut en Italie, dès 1488, que Charles avait menacé Ferrand de venir en personne délivrer les barons captifs (2).

Toutefois, au printemps suivant, on ne croyait guère qu'à une entreprise du duc de Lorraine, et Laurent de Médicis s'efforçait de démontrer au

1) Lanfredini à Laurent, Rome 1ᵉʳ septembre 1489, *Carteggio mediceo*, filza 58, fᵒ 166.
(2) Malipiero, part. I, p. 309.

pape les dangers qui résulteraient infailliblement du triomphe comme de la défaite de René II (1). Mais, si Anne de France avait pu, quelques années plus tôt, profiter de la jeunesse de son frère pour sacrifier les prétentions de la couronne de France sur Naples aux intérêts de son gouvernement, Charles VIII n'avait jamais abdiqué ses droits, et ceux dont il aimait à s'entourer désormais, Étienne de Vesc tout le premier, ne cessaient de les lui rappeler. Autour du bailli de Meaux « faisaient grant poursuite » le prince de Salerne et ses parents, qui, conformément aux conseils des Vénitiens, avaient abandonné le duc de Lorraine pour suivre le parti du roi. Des pensions et des places à la cour étaient les témoignages de la faveur dont ils jouissaient. Encouragé par leurs excitations, pressé de mettre à profit la part de liberté que sa sœur lui laissait prendre, Charles VIII entrevit la réalisation des projets qu'il rêvait; il accueillit les ouvertures d'Innocent VIII.

Un petit fait, qui passa inaperçu à l'époque où il se produisit, montre quel était, en les acceptant, le fond de la pensée du roi : le 3 juillet 1489, les testaments de Charles et de René, rois de Sicile, ainsi que celui de la reine, femme de René, furent remis à la Chambre des Comptes pour y être enregistrés (2). Les ordres nécessaires avaient été donnés par celui qui, dès 1484, avait fait démontrer la légitimité des prétentions royales à l'héritage entier des Angevins, par Étienne de Vesc. Pour nous, il n'est pas douteux que, dès cette époque, le bailli de Meaux avait l'espoir de voir un jour la couronne de Naples unie à celle de France. On sait qu'il était originaire du Dauphiné, et, l'on a déjà fait remarquer combien l'entraînement vers l'Italie était général « dans ces provinces méridionales qui fournirent tant d'agents actifs à nos légations et à nos armées d'outre-monts, tant de jurisconsultes pour établir les droits de Charles VIII (3) ».

Comment ajouter foi désormais aux imputations intéressées de Commines, qui fait d'Étienne de Vesc un instrument de Ludovic le More, séduit par l'appât d'un duché napolitain, lorsqu'on le voit s'ériger en avocat des droits de son maître à une époque où Ludovic était bien loin de penser à appeler les Français en Italie? A ce moment c'était le pape qui

---

(1) Laurent à Lanfredini, 24 mars 1489 (n. st.); dans Fabroni, *Laurentii Médicis vita*, II. 360.
(2) Étienne de Vesc à la Chambre des Comptes; Amboise, 17 juin 1489. Bibliothèque nationale, Portefeuilles Fontanieu 147-148.
(3) A. de Boislisle, *Notice sur Étienne de Vesc*, p. 35.

jouait le rôle tenu quelques années plus tard par le duc de Bari, avec cette différence néanmoins qu'Innocent VIII semblait vouloir préparer réellement une croisade. Mais en convoquant Charles VIII, Maximilien et les Espagnols, à faire la guerre aux Turcs, le souverain pontife comptait bien utiliser d'abord les forces réunies de la chrétienté pour intimider Ferrand et le réduire à l'obéissance (1).

Chose étrange! le chef d'état italien qui redoutait le plus ces dangereuses pratiques était précisément Laurent de Médicis : « Il ne me plaît pas, écrivait-il avec une rare sincérité, que les Ultramontains et les barbares commencent à se mêler des affaires d'Italie. Nous ne sommes nullement unis et si fourbes que nous en souffrons dommage et honte, et la dernière expérience peut nous servir pour l'avenir (2). » Et pourtant l'excellent état de ses relations avec tous les intéressés aurait dû rassurer Laurent sur sa situation personnelle : depuis 1479, il était resté l'ami de Ferrand, il avait donné sa fille au fils du pape; enfin il avait su conserver la confiance du gouvernement de Charles VIII, et tout récemment encore l'influence française ne s'était pas épargnée en faveur de l'élévation de Jean de Médicis au cardinalat. Or de toutes les puissances ultramontaines, la France paraissait la plus capable de venir en aide au Saint-Siège. « La France est le gouvernail du Saint-Siège, disait François Cybo, c'est elle qui lui peut faire du bien ou du mal à son gré (3). » La paix de Francfort venait à peine d'interrompre les hostilités entre Charles VIII et Maximilien qu'Innocent VIII déclarait déjà que les deux princes étaient prêts à lui porter secours contre le roi de Naples : « Ce sont les cardinaux d'Angers et de Saintes qui doivent mener ces pratiques, écrivait Lanfredini à Laurent, car ce sont des cerveaux capables de ces intrigues, lesquelles à mon avis n'existent qu'en paroles (4). » Laurent ne devait pas partager la sécurité de Lanfredini ; grâce à la confiance plus ou moins méritée qu'il inspirait en France, c'était toujours à lui que les ambassadeurs envoyés par Charles VIII à Rome ou à Naples allaient demander des conseils et des renseignements. Il savait donc mieux que personne qu'un ambassadeur français, Guillaume de Poitiers, seigneur de

---

(1) Fabroni, *Laurentii Medicis vita*, II, 366-367.

(2) Buser, 268-269.

(3) François Cybo à Laurent de Médicis; Rome, 10 mars 1489 (n. st.) ; dans Fabroni, II, 335, n° 197.

(4) Lanfredini à Laurent ; Rome, 27 août 1489. Archives de Florence, *Carteggio medicco*, filza 58, n° 163.

Clérieux (1), était déjà en route. Clérieux entra dans Rome le 13 septembre (2), deux jours après qu'Innocent VIII avait protesté publiquement contre les infractions de Ferrand à la paix du 11 août 1486, infractions qui pouvaient suffire à entraîner la déchéance du roi de Naples (3).

L'influence de Madame de Bourbon avait sans doute repris le dessus au moment où les instructions de l'ambassadeur avaient été rédigées; car on ne trouve nulle part qu'il ait eu pour mission de réclamer la couronne au nom de Charles VIII, et Laurent lui-même semblait croire que le seul prétendant français était René II; il redoutait même moins à ce moment l'intervention de la France que celle de l'Espagne (4). L'action de M. de Clérieux paraît ne s'être exercée qu'au profit de la croisade et de la pacification entre Ferrand et Innocent VIII. Une semaine après son arrivée à Rome, il annonçait à Laurent son départ pour Naples (5). Il ne fut pas d'ailleurs le seul agent chargé des intérêts français : on parlait déjà de la venue d'un nouvel ambassadeur que l'on croyait chargé d'une mission plus importante, ce même M. de Faucon qui était déjà venu trois ans plus tôt défendre les prétentions de René II. En outre Balue avait la haute main sur l'ensemble de la politique française en Italie.

Au milieu de toutes ces intrigues, le cardinal d'Angers était dans son élément. Tout en travaillant à faire revenir Gênes sous la domination française (6), il s'occupait activement du projet de croisade et de la réunion préliminaire des délégués des puissances, il appuyait la mission pacificatrice de Clérieux; mais au fond il aurait mieux aimé voir Charles VIII prendre la place du vassal révolté. Un passage d'une de ses lettres à Étienne de Vesc autorise à croire qu'il alla jusqu'à faire quelque suggestion de ce genre (7). Le pape prétendait ne provoquer en rien les offres de service qui lui venaient de l'étranger; mais, en secret, il menaçait de donner l'investiture de Naples

---

(1) M. Buser a fait de cet ambassadeur deux personnages différents, M. de Clari (sic) et M. de Poitiers; par suite il a cru à deux ambassades successives. (Buser, p. 277.)

(2) *Burchardi diarium*, éd. Thuasne, I, 365.

(3) Fabroni, II, 340-344.

(4) *Ibid.*, 366-367.

(5) Buser, 522.

(6) Lanfredini à Laurent de Médicis, Rome, 8 septembre 1489. Archives de Florence, *Carteggio mediceo*, filza 58, n° 170.

(7) « ... Ce que je vous dy que ce seroit réputacion, au roy, se par sa main l'accord se faisoit, vous entendez bien que je l'entens au cas que le roy totalement seroit délibéré de le favoriser, et qu'il ne vouldroit entendre de ce que j'ay escript. Je tiendray la main à dissimulacion jusques à la venue de Monsieur de Faucon... » Archives nat. K. 73, n° 1 bis.

soit au fils du roi de Hongrie, soit même à Ludovic le More, et il ajoutait que des barons napolitains avaient pensé aux souverains espagnols (1). On croira donc difficilement qu'il désapprouvât les menées de Balue. En tout cas, il ne les ignorait pas, car, peu de jours après que le cardinal d'Angers avait écrit la lettre que nous venons de mentionner, Innocent VIII parlait pour la première fois des prétentions du roi de France et des testaments sur lesquels elles étaient fondées (2).

Charles VIII s'abstint pour le moment de faire valoir ses droits et M. de Clérieux ne reçut pas de nouvelles instructions. Cependant il se produisit vers

Vue de Naples. Reproduction d'une gravure du *Supplementum Chronicorum*. Venise. 1490.

cette époque dans les conseils du roi une oscillation dont nous ignorons du reste la raison d'être; il fut question de remplacer Clérieux par l'abbé de Saint-Denis. On envoya même à l'ambassadeur l'ordre de rester à Rome; mais la lettre arriva trop tard. Clérieux était déjà à Naples, où il croyait persuader à Ferrand de rentrer dans le devoir vis-à-vis de l'Église. Celui-ci fit mine d'entrer dans ses vues et lui soumit des propositions que l'envoyé français se hâta d'aller porter au pape; puis quand, au bout de quelques jours, Clérieux revint à Naples pour discuter les conditions de la paix, de grandes

---

(1) Pandolfini à Laurent de Médicis. Rome, 7 octobre 1489. *Carteggio mediceo*, filza 58, n° 176.

(2) Lanfredini à Laurent; Rome, 23 octobre 1489. Cité par A. Gelli dans l'*Archivio storico Italiano*, 3ᵉ série, XVI, p. 386.

difficultés furent soulevées. Malgré les efforts d'un ambassadeur espagnol, l'accord ne parvenait point à s'établir entre Innocent VIII et son adversaire. Laurent de Médicis n'eut garde de laisser échapper une semblable occasion de se débarrasser de l'immixtion étrangère : il proposa de se charger du règlement définitif de la question, et son offre fut acceptée par le pape, par Ferrand et par Clérieux (1). C'était assurément un coup de maître, mais le danger de l'intervention française n'était écarté que pour un temps.

Ludovic le More avait aussi agi auprès du pape pour l'engager à laisser à Florence et à Milan le soin de le réconcilier avec Ferrand. Il avait en effet ses raisons pour craindre de voir la France mêlée aux affaires de l'Italie. De l'accueil fait à Marliano au printemps précédent, on pouvait conclure que le roi n'avait pas renoncé à rentrer en possession de Gênes, et le mauvais traitement infligé à la duchesse Bonne, tante de Charles VIII, pouvait à tout moment fournir un prétexte aux réclamations de la France. Aussi crut-on Ludovic en danger lorsqu'on apprit en Italie que M. de Faucon avait reçu, par lettres du 6 novembre 1489, l'ordre de s'arrêter à Milan avant de se rendre à Rome. On connaissait cet ambassadeur pour l'avoir vu trois ans auparavant, lors des tentatives de René de Lorraine ; on le tenait pour dévoué à Balue. On pouvait croire qu'il apportait à Milan des paroles menaçantes ; mais la mission de M. de Faucon n'était pas aussi redoutable qu'on se l'imaginait probablement : il s'agissait tout simplement de discuter avec Ludovic les conditions de l'investiture de Gênes ; en un mot, c'était l'ambassade annoncée à Marliano.

A la fin de janvier 1490, Faucon était reçu par le duc de Milan sans autres témoins que le duc de Bari et Galéaz de San Severino (2). Le roi le chargeait, dit-il, de savoir comment les Génois acceptaient la domination milanaise ; au cas où ils paraîtraient s'en accommoder volontiers, Sa Majesté verrait ce qu'elle aurait à faire. De ces termes assez vagues, Ludovic concluait que Charles VIII accorderait sans aucune difficulté l'investiture si les Génois se déclaraient satisfaits. Il fit remettre à l'ambassadeur une longue réponse écrite toute remplie de protestations de respect envers le roi ; à l'entendre, Gênes, confiée au duc de Milan, serait entièrement à la disposition de la France, qui pourrait y armer des flottes ; les lys seraient

---

(1) Buser, 275 et 278.
(2) Pandolfini à Laurent de Médicis, 30 janvier 1489 (n. st.), *Carteggio mediceo*, filza 50, n° 201.

peints sur les édifices, les amis de la France réputés les amis de Milan, et le fils de Louis XI ne compterait pas d'allié plus fidèle que le petit-fils de François Sforza (1).

L'orateur français n'avait pas abordé un sujet que le duc de Bari, d'après des avis de Rome, s'attendait à le voir toucher : celui du traitement de la duchesse Bonne (2). L'ambassadeur dont il s'agissait dans ces avis était, non pas l'ambassadeur qui arrivait, mais M. de Clérieux, parti de Rome au commencement de 1490, pour regagner la France. Suivant une communication confidentielle du pape à Laurent de Médicis, les remontrances dont Clérieux était chargé auraient eu la plus grande importance, car elles auraient été l'indice que Charles VIII cherchait un prétexte pour tenter quelque entreprise contre le gouvernement de Milan (3). Peut-être ne faut-il voir dans les paroles d'Innocent VIII qu'un procédé d'intimidation. Le pape soupçonnait Ludovic de s'entendre avec le roi de Naples (4); il espérait peut-être se le rallier par la peur, ou tout au moins l'empêcher de rien tenter contre le Saint-Siège. En tout cas, nous n'avons aucun renseignement sur le passage de M. de Clérieux à Milan. Quant à M. de Faucon, « le seigneur Ludovic l'a beaucoup caressé, écrivait Pandolfini, et se montre très satisfait de lui, disant qu'il l'a mis en mesure de rester en bonne intelligence avec la France. Un neveu de l'ambassadeur, qui est venu avec lui, repart demain pour la France avec l'accommodement qui a été conclu sur les affaires de Gênes (5). » Cet accommodement ne devait exister alors qu'en projet, car il ne fut définitivement conclu que l'année suivante.

De Milan, Faucon se rendit à Florence, d'où il partit pour Rome le 22 février. Conformément aux avis qu'il avait reçus, Laurent de Médicis gagna sans peine la confiance de l'ambassadeur. Au lieu du « cerveau inquiet » que lui avait décrit Tornabuoni, il trouva un homme aussi bien disposé à le servir qu'à servir le pape, bref, ainsi qu'il l'écrivait à Michelozzi, « un personnage excellent, zélé et intelligent » (6). La sécurité

---

(1) 26 janvier 1490. Archives de Milan, *Potenze estere, Francia*.
(2) *Ibidem*.
(3) Buser, 278.
(4) Pandolfini à Laurent, Rome, 28 juillet 1490, dans Fabroni, *Laurentii Medicis vita*, II, 355-357.
(5) 25 janvier 1489 (v. st.). *Carteggio mediceo*, filza 50, n° 202.
(6) Buser, 280.

de Laurent étonne lorsqu'on voit, par la suite de sa lettre, qu'il connaissait l'objet de la mission de Faucon, mission qui consistait à demander à Innocent VIII l'investiture de Naples pour René II; il comptait sans doute que les instances de l'ambassadeur ne seraient pas bien pressantes. Quant à Ferrand, toutes les ambassades étrangères ne parvenaient pas à l'émouvoir, du moins en apparence : il en prenait occasion pour reprocher hypocritement au pape de soumettre leur différend à des Ultramontains, alors qu'ils eussent pu l'accommoder si facilement par l'intermédiaire de deux cardinaux (1).

L'appui que Madame de Bourbon accordait au duc de Lorraine était, comme celui qu'elle lui avait prêté en 1486, le résultat d'un marché; mais, cette fois, le marché ne tendait à rien moins qu'à priver Charles VIII et de ses espérances sur Naples et de la possession de la Provence. Le pape, en effet, révélait à Pandolfini que la sœur du roi lui avait fait demander s'il consentirait à donner à René II l'investiture de Naples. « Il paraît, ajoutait-il, qu'on négocie avec le duc de Lorraine pour qu'il cède à Monseigneur de Bourbon ses droits sur la Provence et sur je ne sais quel autre état, et qu'on lui promet l'appui du roi pour la conquête de Naples. M. de Faucon est dans toutes ces pratiques (2). » Innocent VIII déclarait d'ailleurs qu'il avait évité jusqu'alors de donner une réponse formelle. Peut-être Madame espérait-elle ainsi tirer parti d'un mouvement vers l'Italie qu'elle ne pouvait plus maîtriser. Une guerre contre Naples semblait imminente; pendant que le pape protestait auprès des Florentins de son amour pour l'Italie et de son désir d'éviter une invasion étrangère (3), ses agents en France, le protonotaire Florès surtout, poussaient à la guerre de tout leur pouvoir. Des armements se faisaient sur les côtes de Provence; à la cour, les émigrés napolitains étaient pleins d'espérance, on les voyait souvent conférer avec Monsieur et Madame de Bourbon ou avec le seigneur d'Esquerdes. Le prince de Salerne proposait des plans de campagne; il avait même dressé une carte du royaume de Naples (4). Ce mouvement fut arrêté par la gravité des événements de Bretagne, qui absorbèrent toute

---

(1) Florès à Innocent VIII. Moulins, 18 février 1490, dans Rawdon Brown, *Venetian calendar*, I, n° 560.

(2) Buser, 279-281.

(3) Pandolfini à Laurent de Médicis. Rome, 8 juin 1490, dans Fabroni, *Laurentii Medicis vita*, II, 352-353.

(4) *Ibidem.* — Voyez aussi *Archivio storico italiano*, III° série, t. XV, 296, note 3.

l'attention des hommes d'état français et immobilisèrent toutes les forces dont ils pouvaient disposer.

Le traité de Francfort et la convention de Montils-lez-Tours restaient à peu près sans effet. La guerre active ne reprenait pas; mais l'accord avec l'Espagne et l'Angleterre était impossible et la duchesse Anne s'obstinait à ne pas renvoyer les auxiliaires qu'elle avait reçus de ces deux pays. On conçoit que ce ne fût pas le moment pour le roi de France, d'envoyer ses gens d'armes en Italie. Ailleurs, la mort de Mathias Corvin permettait à Maximilien de reconquérir l'Autriche et de prétendre à la couronne

Armoiries de France et de Bretagne,
d'après les *Illustrations de Gaule et singularite de Troye*, par Jean Lemaire de Belges,
Paris 1523. Bibl. nationale.

de Hongrie. Le pape, craignant de se voir sans aucun appui à l'étranger, essaya en vain de s'interposer entre Henri VII et le roi de France (1). Laurent de Médicis dut se sentir en sûreté : pour le moment, il n'y avait rien à craindre de la part des Ultramontains; car, ainsi que le lui écrivait son ami Commines, récemment remis en liberté : « Conquérir Honguerie et recouvrer Bertaingne est grant emprinse... Je croy que, selon la profécie du roy Louis, à qui Dieu face pardon, que Italie demorra encore en pès aucuns ans (2) ».

(1) Florès à Innocent VIII. Tours, 6 mai 1490. *Ibidem*, n° 567.
(2) 21 avril 1490; Kervyn de Lettenhove, II, 79.

Cependant, malgré tout ce qui le retenait en Autriche, Maximilien avait de nouveau formé une coalition avec la Bretagne, l'Espagne et l'Angleterre; il se crut en mesure de jeter à Charles VIII un grave défi. Vers la fin de l'année, on apprit que le roi des Romains venait d'épouser la duchesse Anne par procureur. Ce coup, qui aurait pu être ruineux pour la France, se trouva tourner à son avantage : Alain d'Albret, l'un des prétendants évincés à la main de la duchesse, se vengea, en livrant Nantes aux Français; le duc d'Orléans, que Dunois avait toujours projeté de marier avec l'héritière de Bretagne, cessait de pouvoir être dangereux. Madame de Bourbon, par rancune personnelle, l'eût maintenu en prison, mais Charles VIII, profitant de l'absence de sa sœur alors en couches, mit son beau-frère en liberté et s'en fit un utile allié. Maximilien, arrêté par une nouvelle révolte des Flamands, ne pouvait porter secours à la prétendue reine des Romains; les Espagnols ne faisaient rien; seuls les Anglais auraient pu prêter à Anne une aide efficace. Aussi est-ce du côté de l'Angleterre que le roi de France dirigea les efforts de sa diplomatie. Une grande ambassade française, dont faisaient partie François de Luxembourg, Wallerand de Sains, seigneur de Marigny, et Robert Gaguin, se mit en route vers la fin de décembre 1490 (1). Elle ne parvint pas à détacher Henri VII de l'alliance bretonne; cependant celui-ci avait trop mauvaise opinion de la situation de ses alliés pour aller risquer en pure perte ses forces à les défendre. Il permit seulement à quelques seigneurs anglais de conduire en Bretagne des secours peu considérables, qui arrivèrent le 30 mai 1491.

De toutes les grandes villes du duché, Rennes était la seule qui tînt encore; abandonnée par ses principaux partisans, Anne, qui s'y était enfermée, se vit assiégée par le roi de France en personne. Le 15 novembre 1491, les défenseurs de Rennes étaient réduits à capituler, et Anne, mise dans l'alternative d'aller rejoindre Maximilien ou de perdre son duché, préféra le garder en partageant le trône de Charles VIII (2). C'était là une solution de la question bretonne que l'on avait proposée depuis longtemps à Madame de Beaujeu (3); elle avait l'avantage de rendre irrévocable l'an-

---

(1) Le sauf-conduit des ambassadeurs est daté du 10 décembre 1490. Rymer, *Fœdera*, 1re édition, t. V, part. 2, p. 26.
(2) Pélicier, 173-183.
(3) Voy. J. Havet, *Mémoire adressé à la dame de Beaujeu sur les moyens d'unir le duché de Bretagne au domaine du roi de France*, dans la *Revue historique*, t. XXV, p. 278.

nexion du duché, mais elle lançait la France dans de nouvelles difficultés et de nouvelles guerres. On ne pouvait pas s'attendre, en effet, à ce que Maximilien acceptât, sans chercher à s'en venger, le double affront que lui faisait Charles VIII en lui enlevant sa femme et en répudiant sa fille. Mais ces difficultés, Madame de Bourbon ne fut plus là pour aider Charles à les vaincre; bien que le mariage de son frère ait été, en grande partie, le résultat de sa politique, son rôle était désormais fini, il n'y avait plus de place pour son influence entre celle de la reine et celle du parti qui avait fait mettre en liberté le duc d'Orléans.

CHAPITRE III.

CHARLES VIII ET LUDOVIC LE MORE JUSQU'A LA MORT DE LAURENT DE MÉDICIS.

Projets de Charles VIII. — Son caractère réservé. — Caractère de Ludovic le More. — Béatrice d'Este. — Intervention de Ludovic dans les affaires du Piémont. — Demande d'explications de la France. — Envoi d'Erasme Brasca. — Les favoris de Charles VIII soudoyés par Ludovic le More. — Une ambassade française va porter à Milan l'investiture de Gênes. — Désappointement d'Innocent VIII, qui fait la paix avec Ferrand. — Conduite ambiguë de Laurent de Médicis. — Traité des droits de Charles VIII sur Naples par Liénard Baronnat. — Renouvellement de l'ancienne ligue de la France avec Milan. — Effet produit par cette alliance à Venise, à Naples et à Florence. — Mort de Laurent de Médicis.

Depuis le jour où Pierre Dubois eut proposé à Philippe le Bel les moyens de constituer au profit de la France une monarchie universelle, tous ceux de nos rois qui aspirèrent à conquérir la prépondérance en Europe et à effacer la suprématie nominale des empereurs, crurent devoir commencer leur œuvre par l'Italie. Louis XI en bornant sagement son ambition à jouer de ce côté, le rôle de médiateur, s'était plus rapproché du but qu'aucun de ses prédécesseurs; ce rôle ne devait pas suffire à son fils. Il fallait à Charles VIII non seulement l'autorité, mais encore les manifestations extérieures du pouvoir suprême : les conquêtes éclatantes et les titres fastueux. Traverser l'Italie entouré d'un brillant appareil militaire, entrer en vainqueur dans Naples, gagner la Grèce, en chasser les Turcs qui depuis deux siècles faisaient trembler la chrétienté; enfin, laissant à l'empereur la couronne de Charlemagne, recevoir dans Sainte-Sophie l'antique diadème de Constantin, tel était le rêve éblouissant auprès duquel de monotones campagnes sur les confins de la Franche-Comté et de la Flandre paraissaient bien ternes. Sous Louis XI et sous Madame de Beaujeu, la politique étrangère de la France n'avait guère été que l'auxiliaire de la politique intérieure; Charles VIII, au contraire, n'attachait pas moins d'importance à ses projets de conquêtes extérieures qu'aux intérêts particuliers du royaume.

Il ne faudrait pas se figurer toutefois que Charles VIII fût assez vain pour sacrifier des réalités à des chimères et pour se lancer à la légère dans des entreprises hasardeuses. Ne le vit-on pas lorsqu'il apprit le mariage de Maximilien avec Anne de Bretagne, couper court aux espérances des émigrés napolitains, repousser les excitations que le pape lui adressait par la bouche du protonotaire Florès, et interrompre les armements qui se faisaient en Provence, afin d'achever sans retard la soumission de la Bretagne ? Il est vrai que l'entreprise dont il s'agissait était faite pour séduire le jeune roi. Conquérir, à la pointe de l'épée, la main d'une princesse au moment même où elle venait de tomber au pouvoir d'un rival, n'était-ce pas un de ces exploits chevaleresques qu'il rêvait depuis son enfance ? Infliger la plus amère des humiliations au roi des Romains, qui avait entrepris le relèvement de l'Empire, n'était-ce pas encore continuer l'œuvre traditionnelle de ses ancêtres en plaçant le trône de France plus haut que le trône impérial ?

Cependant, même en de pareils moments, Charles VIII ne cessait pas de penser au grand projet auquel il s'était voué. Suivant une tradition généralement acceptée jusqu'ici, il en aurait dès ce moment fait part à Henri VII. Bacon rapporte, en effet, que lors de l'ambassade française qui se présenta en Angleterre au commencement de 1491 (1), Robert Gaguin aurait, dans une longue harangue, exposé devant le souverain anglais l'intention où était Charles VIII de faire valoir par les armes les droits évidents qu'il avait sur le royaume de Naples. Le roi de France ne considérait cette conquête que « comme un pont jeté devant lui pour le mener en Grèce », sa volonté formelle et principale étant d'expulser les Turcs de l'Europe (2). On pourrait admettre à la rigueur que, pour montrer à Henri VII combien les desseins de Charles VIII étaient loin de menacer l'Angleterre, les ambassadeurs eussent fait en termes généraux quelque allusion aux projets du roi sur l'Italie et sur l'Orient; mais le discours mis, plus d'un siècle après, par le philosophe anglais dans la bouche de Gaguin ne présente aucun caractère d'authenticité (3). Sans doute, l'opiniâtreté paraît avoir été le trait

(1) Voyez plus haut, p. 212.
(2) Bacon, *Historia Henrici VII*, édition de 1629, p. 81 - 93.
(3) Bacon a, sur cette époque, des notions si peu précises qu'il se figure qu'Alexandre VI était déjà sur le trône pontifical. *Historia Henrici VII*, p. 94.

dominant du caractère de Charles VIII, et ceux mêmes qui le croyaient soumis à l'influence de son entourage étaient contraints de le reconnaître (1). Il n'avait garde toutefois de compromettre par des confidences intempestives le succès de ses combinaisons. Son impassibilité habituelle, le silence qu'il observait ordinairement ont été remarqués plus d'une fois par ses contemporains. Il savait garder secrets ses desseins les plus chers, et même à l'époque où tout le monde parlait de l'Entreprise de Naples, le roi ne s'ouvrait là-dessus qu'à ses conseillers les plus intimes (2).

D'ailleurs, si l'on avait eu la faiblesse de faire au roi d'Angleterre de formelles communications, ce prince en eût certainement informé tous ceux qu'elles pouvaient toucher, les souverains espagnols surtout, que les affaires de Naples intéressaient fort. Or, dans les négociations relatives au traité d'alliance conclu peu de temps après avec l'Espagne, on ne rencontre aucune allusion aux visées de Charles VIII (3). On n'en trouve pas davantage dans une lettre écrite au pape à la fin de 1491, lettre qui débute par un résumé des dernières négociations entre la France et l'Angleterre. Loin d'y dénoncer en termes précis les projets de Charles sur l'Italie, Henri VII exprime seulement d'une façon générale la crainte que « l'ambition et l'insolence des Français, si elles ne sont pas matées, ne risquent de s'accroître, peut-être au détriment de certains potentats italiens, et ne causent en même temps des dommages et des embarras à Sa Sainteté et au Saint-Siège apostolique par le moyen de la Pragmatique Sanction que le roi d'Angleterre a toujours condamnée (4). » Il est à croire que Henri VII, s'il eût connu les intentions du souverain français, n'eût pas manqué de s'en servir pour formuler contre lui des accusations plus précises.

A ce moment, du reste, Naples semblait tenir moins de place que Gênes dans les préoccupations du roi de France, et Ludovic le More était en droit de se croire plus exposé que Ferrand. Le duc de Bari s'en rendait compte; les menaces du pape, qui avait parlé des dangers que l'on pouvait redouter

---

(1) Cajazzo à Ludovic. Saint-Jean de Maurienne, 2 mars 1492. Arch. de Milan, *Potenze estere, Francia.* — Desjardins, 397 et 403.

(2) Commines, II, p. 321.

(3) Bergenroth, *Calendar of state papers relating to the negotiations between England and Spain*, t. I, p. 37, n° 61.

(4) Rawdon Brown, *Calendar of state papers.... existing in the archives... of Venice*, I, p. 208.

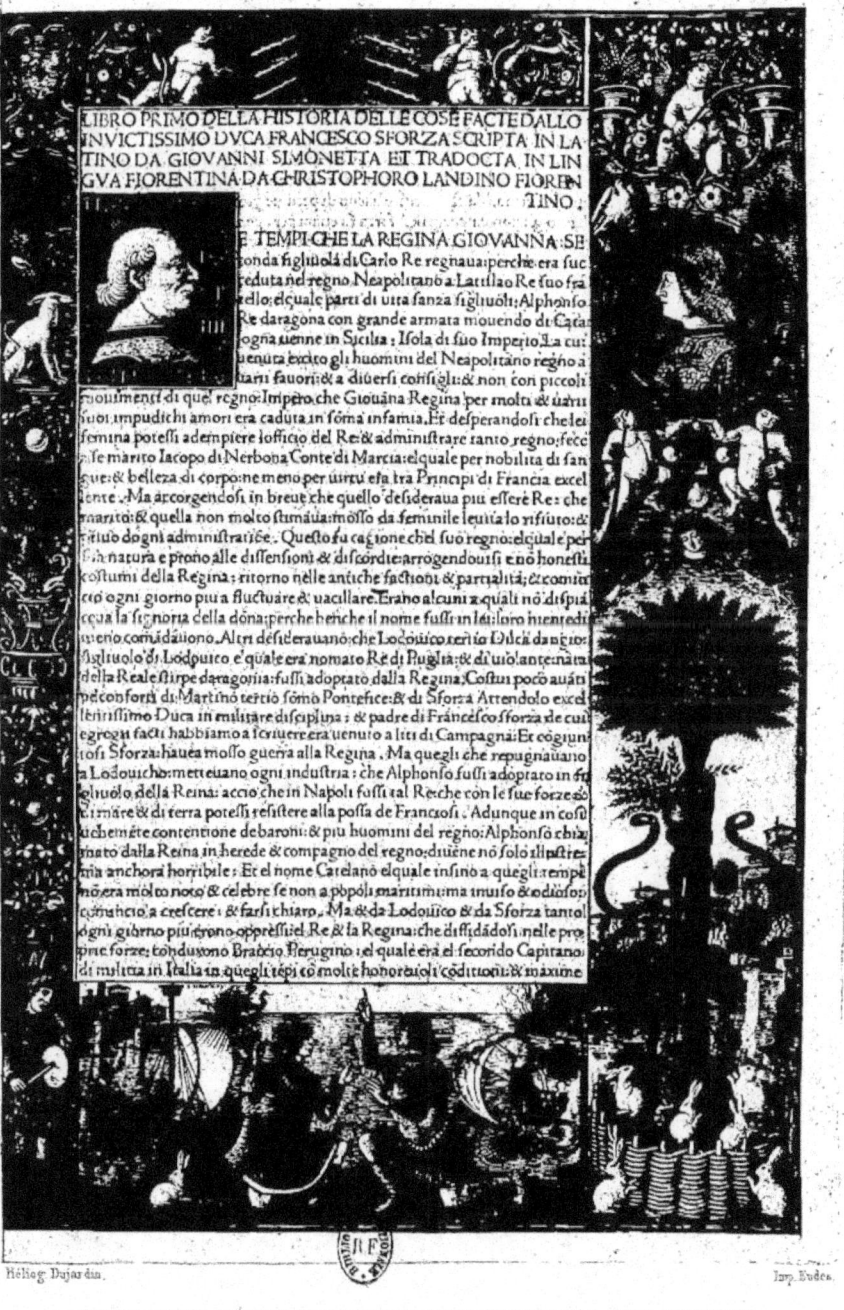

FRONTISPICE DE L'HISTOIRE DE FRANÇOIS SFORZA PAR JEAN SIMONETTA.
Traduite par Chr. Landino. Milan, Zarotto, 1490.
Portraits de F. Sforza, de Jean-Galéaz-Marie et de Ludovic le More
(Bibl. Nationale, Vélins 724.)

du côté de la France et du roi des Romains, l'annonce de la venue de M. de Faucon qui semblait les confirmer, avaient excité chez lui de grandes craintes. On sait combien son caractère était naturellement inquiet; il y a même une phrase de Commines que l'on est presque sûr de retrouver sous la plume de tous les historiens qui se sont occupés de Ludovic le More : « Homme très sage, mais fort craintif et bien souple lorsqu'il avait peur (1). » Le mot est juste et la haine du sire d'Argenton l'inspirait cette fois bien à propos, mais le jugement n'est pas complet. Un autre mobile a dirigé la conduite politique du duc de Bari. A la peur il faudrait joindre l'ambition, et une ambition que modéraient peu de scrupules ; encore les seuls qu'il ait connus n'étaient-ils peut-être éveillés que par la crainte. Certes, c'est bien la peur qui le jeta dans les bras de celui-là même que le pape menaçait d'appeler contre lui. C'est la peur encore, et non pas je ne sais quel scrupule de patriotisme italien, qui le fit retarder de tout son pouvoir l'exécution des projets du roi de France lorsque les plaintes qu'il lui adressait contre le roi de Naples eurent hâté le moment de réaliser ces projets. Enfin, de même que la peur de Charles VIII l'avait porté à s'allier à ce prince, la peur de partager avec Charles VIII le fardeau des vengeances italiennes le fit entrer en ligue avec ceux qu'il commençait à redouter.

Mais la pensée dominante de sa vie était une pensée d'ambition. Remplacer son neveu sur le trône ducal de Milan, tel était le but qu'il se proposait depuis le jour où il avait arraché la régence à Bonne de Savoie ; but caché d'abord, mais plus tard cyniquement dévoilé, lorsque Ludovic crut n'avoir plus rien à craindre. Ses visées allaient même encore plus haut. Dans son orgueil, il souffrait sans doute de voir le roi de Naples porter un titre supérieur à ceux des autres potentats italiens, supérieur au sien surtout; le bruit de ses aspirations à un royaume d'*Insubrie et Ligurie*, qui avait déjà couru pendant l'été de 1494, se répandit de nouveau après la mort de Jean-Galéaz (2).

Il semble étonnant que le tout-puissant Ludovic ait consenti au mariage de son neveu. Les enfants de celui-ci pouvaient, en effet, ruiner toutes les espérances du régent en faisant pour toujours obstacle à ses prétentions. Mais

---

(1) Commines, II, 311.
(2) P. Alamanni à Pierre de Médicis. Milan, 18 juillet 1494. Archives de Florence, *Carteggio mediceo*, filza 50, n° 327. — Carlo Magenta, *Gli Visconti e gli Sforza*, II, 464. — Desjardins, I, 585.

deux dépêches florentines permettent d'expliquer cette apparente anomalie : Jean-Galéaz passait, paraît-il, pour ne pouvoir donner aucune inquiétude de ce genre à son oncle. Celui-ci n'avait donc pas de raison de rompre une union décidée depuis longtemps avec la petite-fille de Ferrand, Isabelle d'Aragon. Onze mois plus tard, on avait encore de tels doutes sur la consommation du mariage que deux ambassadeurs et deux matrones étaient expédiés de Naples pour faire une enquête à ce sujet (1). Pendant leur séjour, Ludovic, causant avec le Florentin Pandolfini, prétendait que ces ambassadeurs l'avaient engagé, de la part de leur maître, à enlever tout à la fois à son neveu la seigneurie de Milan et la princesse, qui n'était encore son épouse que de nom. « Si j'étais capable d'accepter, disait-il, je me rendrais infâme aux yeux du monde entier (2). » Trois ans plus tard, il sollicitait de Maximilien l'investiture du duché de Milan au détriment de Jean-Galéaz !

La pauvre Isabelle n'eut bientôt plus que son titre de duchesse de Milan. Les honneurs qui auraient dû l'entourer allaient bientôt passer à une autre. Au mois de janvier 1491, Ludovic épousa la fille du duc de Ferrare, Béatrice d'Este. L'ambition de Béatrice n'était pas moindre que celle de son mari. L'éclat de la puissance souveraine ne lui suffisait pas; il lui fallait le titre qu'Isabelle portait encore. Nul doute que la duchesse de Bari n'ait été pour beaucoup dans les démarches que son époux entreprit auprès du roi des Romains pour se faire donner l'investiture de Milan.

Bien que Ludovic se fût déclaré satisfait des rapports qu'il avait eus avec M. de Faucon (3), l'attitude de Charles VIII ne tarda pas à lui donner de nouveaux motifs d'inquiétude. On a vu quels résultats avait amenés la récente intervention des troupes milanaises en Piémont, à l'occasion des troubles suscités par les desseins ambitieux du marquis de Saluces. Ces troubles intéressaient doublement le roi. Depuis Louis XI, en effet, la Savoie était entrée sinon dans la dépendance, du moins dans la zone d'action de la France; de plus, l'enfant qui régnait alors à Turin était le petit-cousin de Charles VIII. Quant à Saluces, nous n'avons pas à revenir sur les contestations auxquelles la mouvance de ce marquisat donnait lieu entre la France et la Savoie. Après la mort du duc, le marquis de Saluces avait

---

(1) Archives de Florence. *Carteggio mediceo*, filza 50, n°ˢ 193, 197, 200.
(2) Pandolfini à Laurent de Médicis, 25 et 27 janvier 1490 (n. st.). *Ibidem*, n°ˢ 202 et 203.
(3) Voy. plus haut, p. 209.

profité de la minorité du jeune Charles II pour envahir de nouveau le Piémont. Mais cette fois, loin d'avoir à combattre les troupes milanaises, il obtint de Ludovic le concours des soldats qui, deux ans auparavant, défendaient la Savoie contre lui. Ceux-ci ne se retirèrent qu'après que la duchesse régente se fut engagée à rendre au marquis celles de ses places qu'elle occupait encore (1). Peut-être le duc de Bari espérait-il gagner ainsi la faveur du prince qui se trouvait être à la fois le suzerain de Gênes et le suzerain de Saluces. Il n'y réussit pas, paraît-il, car l'ingérence du duc de Milan entre le cousin et le vassal de Charles VIII provoqua, de la part du roi, une demande d'explications. Ludovic s'y attendait, et même, pour faire disparaître le principal prétexte à une intervention française dont il aurait sans doute ressenti le premier les effets, on le savait disposé à favoriser de tout son pouvoir un accord entre le pape et Ferrand (2). Il répondit, au nom de son neveu, qu'en prenant part aux affaires de Savoie, il n'avait pas eu d'autre but que de rétablir la paix et qu'il s'était hâté de retirer son armée le plus tôt possible. Au milieu des protestations de dévouement dont sont remplies les lettres qu'il écrivit à ce sujet, il lui échappe quelques reproches exprimés dans des termes assez hautains qui ne sont point dans ses habitudes. « Je ne rappellerai qu'une chose à Votre Majesté, fait-il dire par le jeune duc, c'est qu'il est temps qu'Elle prenne plus de souci de mes affaires et de ma dignité et qu'Elle ne permette pas que toute amitié et toute sollicitude semblent oubliées et interrompues entre Elle et le prince dont les aïeux ont paru plus dignes que tous les autres potentats italiens de l'affection, des bienfaits et même de l'alliance des rois très chrétiens. » Puis, comme Charles VIII avait encore une fois exprimé quelque inquiétude sur le sort de la duchesse Bonne, « c'est ma mère et votre tante, écrit Jean-Galéaz; à ce double titre, mes soins et ma tendresse ne lui manqueront jamais (3) ». Le duc se plaignit aussi de la méfiance du roi à son égard, de l'emploi que faisaient du nom de la France ceux qui conspiraient contre la domination milanaise; enfin il déclara qu'il renonçait à envoyer les ambassadeurs qui devaient demander l'investiture de Gênes, tant qu'il ne serait pas fixé sur les dispositions du roi en ce qui le concernait (4).

(1) Guichenon, *Histoire de la Maison de Savoie*, II, 160-161.
(2) Lanfredini à Laurent de Médicis, 14 juillet 1490. *Carteggio mediceo*, filza 53, n° 80.
(3) Le duc de Milan à Charles VIII. Vigevano, 15 août 1490. Archives de Milan, *Potenze estere, Francia*.
(4) Du même au même. Gropello, 30 août 1490. *Ibidem*.

Pour que Ludovic employât un langage aussi net, il fallait qu'il se crût bien garanti contre le déplaisir du roi de France. Il commençait cependant à ne plus compter beaucoup sur l'alliance du roi des Romains. Le traité qu'il conclut le 4 octobre 1490 avec l'Angleterre montre d'où lui était venue la confiance (1), confiance qui dura peu, paraît-il, car trois semaines

Médaille de Charles VIII, attribuée à Niccolo Fiorentino.

plus tard, le duc de Bari jugea prudent de rentrer en grâce auprès de Charles VIII. Afin de tâter le terrain et pour rendre l'affront moindre au cas où le roi refuserait d'accueillir les propositions milanaises, Ludovic envoya un simple secrétaire, Érasme Brasca, solliciter l'investiture de Gênes et le renouvellement de l'ancienne ligue jadis contractée sous Louis XI (2). Un Italien établi en France, qui avait été au service de la Savoie, Amé de

---

(1) Buser, p. 384.
(2) *Instructio Herasmi Brasche*. Vigevano, 24 octobre 1490. — *Instructio secretior*, Vigevano, 25 octobre 1490. Archives de Milan, *Francia, Istruzioni*.

Valperga, s'était vanté d'avoir des relations avec plusieurs seigneurs de l'entourage immédiat du roi. Érasme avait l'ordre, avant toute chose, d'aller lui demander quel appui l'on pourrait obtenir de ses amis. « Il m'assura, raconta, deux ans plus tard, l'envoyé milanais à Ludovic, que, moyennant 10.000 ducats, ils feraient expédier complètement l'affaire du

Revers de la médaille de Charles VIII.

renouvellement de l'investiture et de l'ancienne ligue. Je fis aussitôt part de la chose à Votre Excellence, qui me répondit qu'Elle consentait à promettre cette somme. Néanmoins, bien que j'eusse commission pour 10.000 ducats, je n'en offris, par l'intermédiaire de messire Amé, que 8.000, et seulement au cas où l'affaire de l'investiture et de la ligue réussirait (1). »

L'offre était suffisante, paraît-il; Brasca et Valperga furent admis à faire

---

(1) Érasme Brasca à Ludovic. Paris, 31 mars 1492. Archives de Milan, *Potenze estere, Francia*.

hommage de Gênes au nom du duc (1), et le roi de France décida qu'une ambassade plus importante que toutes celles qu'il avait envoyées jusque-là irait à Milan discuter les conditions de l'investiture et de la ligue (2).

Au fond, Charles VIII était toujours dans les mêmes sentiments à l'égard de Ludovic. Il était le premier à déclarer que, pour gagner ce nouvel allié, il n'entendait point perdre ceux qu'il avait déjà en Italie. « Je ne veux pas, disait-il, perdre un coursier pour avoir un bidet (3). » Mais, vu les circonstances, il ne pouvait prendre un plus sage parti que celui d'accepter les propositions d'Érasme Brasca. On venait d'apprendre le mariage de Maximilien avec l'héritière de François II; il s'agissait de sauver la France en conquérant la Bretagne, et le roi n'avait pas trop pour cela de toutes ses ressources et de tous ses soldats. Mis dans l'alternative de compromettre le succès de son entreprise ou de laisser les Milanais occuper Gênes au mépris de ses droits, il aima mieux accorder une investiture qui sauvegardait sa suzeraineté et qui lui permettait de demander en échange un concours militaire ou tout au moins financier. De là, entre Charles VIII et Ludovic le More, le rapprochement qui devait un jour faciliter l'Entreprise de Naples; et cependant, au moment où nous sommes arrivés, le duc de Bari, loin de penser à appeler les Français en Italie, n'avait pas d'autre objet en demandant l'investiture de Gênes que de les priver d'un prétexte à intervention.

Les ambassadeurs, l'Écossais Béraud Stuart d'Aubigny, chambellan du roi, et Charles de la Vernade, maître des requêtes, étaient accompagnés de deux Italiens, Théodore Gaynier de Pavie, médecin du roi, qui suivit plus tard son maître en Italie, Jean Roux de Visques, chambellan du roi, appartenant à la famille des San-Martino du Montferrat, et d'un secrétaire du roi, Jacques Dodieu. De plus, Érasme Brasca revint avec eux à Milan (4). Le 28 janvier 1491, ils passaient par Lyon, où Spinelli apprit d'un de leurs serviteurs les conditions qu'ils allaient proposer au duc de Milan. Charles VIII demandait le rappel des bannis génois, la faculté d'armer

---

(1) Cet hommage fut prêté à Moulins peu de temps avant le départ des ambassadeurs français pour Milan.

(2) *Mandatum oratorum regiorum...* Moulins, 21 janvier 1491 (n. st.). Bibliothèque nationale, ms. latin 10133, fol. 459-460. — Buser, 525.

(3) Buser, 286.

(4) Brasca à Ludovic le More. Paris, 31 mars 1492. Archives de Milan, *Potenze estere, Francia*.

une flotte à Gênes et l'engagement de la part du duc de lui fournir dans toutes ses guerres quelques centaines de lances. Lors de la discussion des articles, Ludovic, à cause des inquiétudes qu'il avait du côté de Venise, obtint de remplacer le concours armé par un prêt annuel de 60.000 à 80.000 ducats, et pour parfaire le premier versement de cette somme, il pria son frère, le cardinal Ascagne, de lui avancer 6.000 ducats (1). Le 11 avril, les ambassadeurs remirent provisoirement au duc l'investiture de Gênes (2); comme ils voulaient soumettre au roi la solution de certaines difficultés de détail qui s'étaient élevées pendant les négociations, le duc prit l'engagement de ne pas se considérer comme investi du fief jusqu'à ce qu'il eût reçu la ratification de Charles VIII, ratification qui fut d'ailleurs expédiée le 25 mai (3).

Mais, outre l'investiture, Ludovic avait demandé le renouvellement de l'ancienne alliance, telle qu'elle avait existé avec Louis XI; malgré les bonnes dispositions que rapportaient les ambassadeurs, dans les mains desquels Ludovic avait répandu l'argent à profusion (4), malgré les efforts du plus important d'entre eux, Stuart d'Aubigny, désormais vendu au duc de Bari, le roi ne donna sa ratification, sur ce point, qu'au bout d'un an. La difficulté provenait de ce que Charles VIII exigeait que le marquis de Montferrat, qui s'était mis sous sa sauvegarde, fût compris dans l'alliance et rentrât en possession de trois places indûment occupées par les Milanais (5).

Le refus d'accepter l'inclusion du marquis faillit fournir au duc d'Orléans, au prince de Salerne qui croyait avoir à se plaindre de Ludovic (6), et aux autres ennemis de la ligue avec Milan, l'occasion de la faire avorter. Louis d'Orléans avait déjà soulevé quelques difficultés en reprochant au duc de Milan de protéger les marquis de Ceva qui s'étaient emparés de deux places dépendant du comté d'Asti (7). Érasme Brasca, revenu en

---

(1) Ludovic à Ascagne, 28 février 1491. Archives de Milan, *Potenze estere, Roma*.

(2) Bibl. nat., ms. lat. 10133, fol. 455.

(3) *Ibidem*, fol. 460 et 462.

(4) Buser, p. 287.

(5) Charles VIII au duc de Milan. Laval, 11 octobre 1491. Traduction italienne aux archives de Milan, *Potenze estere, Francia*. — Ludovic au cardinal Ascagne, Milan, 24 juin 1491. *Ibidem, Roma*.

(6) Brasca au duc de Milan, Laval, 3 novembre 1491. Archives de Milan, *Potenze estere, Francia*.

(7) Brasca à Ludovic. Laval, 27 octobre 1491. *Ibidem*.

France à cette époque, voulut recourir aux procédés qui lui avaient déjà réussi. Comme il avait traité à forfait avec les personnages influents qu'il avait gagnés lors de son premier voyage, la ligue n'étant pas encore conclue, les 8.000 ducats promis l'année précédente se trouvaient encore dans le trésor de Milan. D'Aubigny affirmait qu'en les payant immédiatement, on obtiendrait le renouvellement de l'ancienne ligue sans l'inclusion du marquis de Montferrat. Ludovic craignait sans doute de dépenser en pure perte une somme de cette importance. Il fit simplement renouveler la promesse de 8.000 ducats payables en un an à partir de la conclusion de la ligue. Les difficultés augmentant, il écrivit même à Brasca et à d'Aubigny de ne plus donner d'espérances de ce genre. Mais la promesse était déjà communiquée aux intéressés (1). Elle resta d'ailleurs inefficace; car, lorsque l'alliance se conclut, le duc de Bari fut contraint d'y admettre le marquis.

Laurent de Médicis avait reçu du roi de France la notification officielle des négociations avec Milan, et il avait été chargé d'en faire part au pape (2). Le désappointement fut grand à Rome lorsqu'on apprit que le prince sur lequel on comptait le plus venait de donner Gênes à l'un de ceux qu'il devait servir à intimider. De dépit, Innocent VIII se laissa peu à peu réconcilier avec le roi de Naples. Balue n'était sans doute plus en état de l'en détourner; le trop zélé défenseur des intérêts français expirait en décembre 1491, au moment même où l'accord devenait complet entre le pape et Ferrand. Un mois plus tard, le 28 janvier 1492, la paix était officiellement proclamée (3).

Quant à Laurent de Médicis, il prévoyait mieux que personne les dangers que l'immixtion de Charles VIII ferait courir à l'Italie; mais ses intérêts particuliers, ceux de sa famille et de son commerce étaient trop puissants à ses yeux pour qu'il rompît avec le souverain qui avait fait nommer Jean de Médicis cardinal, et qui pouvait encore l'investir de bénéfices et d'évêchés français. Il persévéra dans des relations qui n'étaient guère qu'un mutuel échange de bons offices. Pour les maintenir, il avait retrouvé un utile auxiliaire dans la personne de Commines. Celui-ci, qui avait avec la banque de Lyon des rapports de plus d'une sorte, rentrait

---

(1) Brasca à Ludovic. Paris, 31 mars 1492. *Ibidem.*
(2) Buser, 286.
(3) Cipolla, 659-660.

petit à petit à la cour; on l'y accueillait volontiers, « car, disait Sassetti, on manque d'hommes et surtout de sa valeur. » Outre qu'il donnait de précieuses informations politiques, Commines ne dédaignait point d'espionner, pour le compte de Laurent, la conduite des agents de la maison Médicis (1).

Le plus effrayé, c'était encore Ludovic le More. Il l'était à ce point que, même à ce moment, il hésitait entre l'alliance de la France et celle de l'Allemagne. L'envoyé milanais, qui négociait à Nuremberg pour obtenir l'investiture impériale que les Sforza n'avaient jamais reçue, démentit, en présence de Frédéric III, les bruits d'accord avec Charles VIII (2). C'était malgré tout du côté de la France, que le duc de Bari croyait avoir le plus de motifs d'inquiétude. On l'avait averti que le prince de Salerne excitait le duc d'Orléans à faire quelque entreprise en Italie (3). La question du Montferrat s'envenimait; M. de Myolans, dont l'autorité était alors considérable à la cour, en faisait grand bruit (4). Deux ambassadeurs français, Jean Roux de Visques, l'un de ceux qui étaient déjà venus porter l'investiture de Gênes, et Pierre de Courthardi, partaient pour Milan (5). Mais leur mission eut une issue tout autre que celle qu'on redoutait.

A Florence, on avait reçu de Commines des communications qui faisaient croire à une prochaine entreprise française contre Milan ou du moins contre Ludovic. On savait déjà que le duc d'Orléans avait essayé de nouer à cet effet une alliance avec Venise que la Seigneurie avait eu la sagesse de refuser. On disait maintenant, à la cour de France, que, dans un délai plus ou moins long, le duc d'Orléans passerait en Lombardie avec des troupes royales, qu'il comptait sur l'appui de Maximilien et de Laurent et que des appels pressants lui venaient de Milan même. Mais les renseignements fournis par Commines n'étaient pas plus exacts que les accusations qu'il porte dans ses mémoires contre les hommes qui entouraient le roi. Madame de Bourbon donnait à Sassetti des informations absolument contraires : les finances, disait-elle, étaient épuisées par

---

(1) Buser, 291-292 et 526. — Kervyn de Lettenhove, II, 68.
(2) Buser, 288.
(3) Érasme Brasca au duc de Milan. Laval, 3 novembre 1491. Archives de Milan, *Potenze estere, Francia*.
(4) Il avait été rétabli dans sa charge de gouverneur du Dauphiné le 30 octobre 1491.
(5) Leurs lettres de commission, en date du 1ᵉʳ décembre 1491, se trouvent au fol. 473 rᵒ du ms. latin 10133, de la Bibliothèque nationale.

la guerre de Bretagne. Loin de se lancer dans de nouvelles aventures, on ferait plutôt des sacrifices pour assurer la paix (1). L'événement prouva que la sœur de Charles VIII disait vrai.

En réalité le jeune roi ne voulait rien tenter en Italie avant d'en avoir fini avec les ennemis qui menaçaient son royaume. Il ne devait pas se soucier d'ailleurs de compromettre le salut de ses états pour une entreprise qui ne servirait qu'à donner au duc d'Orléans une puissance dangereuse. Mais il ne négligeait pas pour cela de préparer l'exécution des grands projets auxquels il avait voué sa vie. Il faisait rédiger par un compatriote d'Étienne de Vesc, Liénard Baronnat, un traité affirmant les droits de la couronne sur Naples et sur la Sicile (2). Ses pensées se portaient déjà vers l'Orient : dans les instructions de l'ambassade qu'il envoyait au pape en septembre 1491, en même temps qu'il ordonnait de signifier à Innocent VIII combien la conquête de la Bretagne était légitime, il recommandait de lui rappeler quelle importance avait la possession de la personne de Djem, si les princes chrétiens entreprenaient une guerre contre les infidèles, déclarant « que à luy ne tiendra que ainsi n'en adviendra, estans les autres princes de ce vouloir » (3). Dès cette époque, Charles avait certainement en vue le relèvement de l'empire grec, lorsqu'il faisait venir à ses frais de Constantinople, André, le dernier des Paléologues, « pour aucuns ses grans affaires touchant le bien du royaume » (4). On peut juger, par ces exemples, de quelle fermeté dans ses résolutions était doué ce roi de vingt et un ans que l'on a coutume de représenter comme un esprit faible, variant au gré de ses favoris.

Les ambassadeurs français étaient déjà en route que les craintes de Ludovic n'étaient pas encore dissipées (5). Mais la nouvelle du mariage de Charles VIII avec Anne de Bretagne lui rendit bientôt le calme : « Le duc estime, écrivait Pandolfini, que le roi, maintenant qu'il s'est brouillé avec Maximilien en renonçant à sa fille, consentira plus facilement à renouveler l'ancienne ligue... En outre, depuis qu'il a appris l'accord

---

(1) Buser, 296-297.
(2) Godefroy, p. 675.
(3) Ibidem, p. 619.
(4) Paiement de 143 l. 15 s. fait par ordre du roi à André Paléologue, 31 octobre 1491. — Tardif, Cartons des rois, n° 2735.
(5) Pandolfini à Laurent de Médicis. Vigevano, 10 décembre 1491. Carteggio Mediceo, filza 50, n° 210.

conclu entre Maximilien et le nouveau roi de Hongrie, il a pris courage et ne montre pas autant de peur de la France qu'il en laissait voir naguère. Il suppose, en effet, qu'une grande guerre va éclater entre la France et le roi des Romains (1). » De son côté, Charles VIII avait lieu de craindre qu'une puissance comme Milan ne se jetât dans les bras de ses adversaires. On ne saurait donc s'étonner que, vu les circonstances, il n'ait plus fait diffi-

Anne de Bretagne, jeune. D'après une ancienne peinture appartenant au comte de Lagrange.

culté de renouveler avec elle une alliance qui pouvait lui valoir le concours des soldats ou des finances milanaises.

A peine arrivés en Lombardie, dans les premiers jours de janvier 1492, les ambassadeurs déclarèrent très franchement à l'envoyé florentin quel était l'objet de leur mission. Ils devaient faire de la reddition des places confisquées au marquis de Montferrat une condition *sine qua non* du renouvellement de la ligue. « Quant à ce renouvellement, écrivait Pandolfini, le seigneur Ludovic prétend qu'on suivra les anciens articles. Mais un des ambassadeurs français m'a dit qu'il est question d'y mettre un

(1) Du même au même. Milan, 17 décembre 1491. *Ibidem*, n° 214. — Voyez aussi n°s 216 et 223.

article nouveau qui pourrait soulever des difficultés. *C'est que le seigneur Ludovic voudrait que le roi de France s'obligeât à le maintenir au gouvernement de cet état, comme il prétend que l'ont fait les Vénitiens dans la ligue qu'ils ont conclue avec lui* (1). Les ambassadeurs ne croient pas que cet article soit approuvé par la Majesté de leur roi, *mais ils acceptent de nommer dans la ligue le duc de Milan et le seigneur Ludovic, celui-ci avec le titre du gouverneur*. Le seigneur Ludovic *se montre tout fier (si fa molto bello)* disant que l'on voit en quelle estime le roi tient l'état de Milan, puisque, à peine délivré des affaires de Bretagne, il envoie jusqu'ici pour renouveler la ligue... Je crois que la venue de ces ambassadeurs a eu lieu principalement *à la requête du marquis de Montferrat*; c'est d'ailleurs ce qu'affirme l'ambassadeur du marquis (2). » L'accord était fait le 13 janvier; Ludovic devait être nommé à côté du duc comme « son oncle, curateur, lieutenant et capitaine général (3) », mais le roi ne s'obligeait point du tout à le maintenir à la tête du gouvernement.

Les astrologues avaient désigné le 16 janvier comme le jour le plus favorable à la signature de l'instrument de la ligue; néanmoins, par une précaution qui montre à la fois le peu de confiance qu'inspirait Ludovic et l'importance que l'on attachait à l'affaire du Montferrat, les ambassadeurs, déclarèrent ne vouloir signer qu'après s'être assurés que les châteaux indûment occupés par les Milanais avaient été rendus au marquis. La signature fut remise au 24 (4). Cependant Ludovic triomphait; il lui semblait que la ligue devait le mettre à l'abri de tout danger. Sur la demande des orateurs français, il n'hésitait pas à libérer un prisonnier qu'il gardait depuis longtemps à la requête du roi de Naples. Mais sa tranquillité ne fut pas de longue durée.

Il avait eu la vanité de faire visiter le trésor ducal aux envoyés de Charles VIII (5). Ceux-ci, encore éblouis sans doute de l'éclat des richesses qu'ils y avaient vues, furent désagréablement surpris de ne recevoir à leur départ qu'un présent assez maigre; Ludovic, qui n'hésitait point or-

---

(1) Les mots en italiques sont en chiffres dans l'original.
(2) Du même au même. Milan, 6 janvier 1492 (n. st.). *Ibidem*, n° 227.
(3) Bibl. nat., ms. latin 10133, fol. 471 r°.
(4) Pandolfini à Laurent. Vigevano, 13 et 14 janvier 1492. *Carteggio Mediceo*, filza 50, n°ˢ 230 et 231.
(5) Du même au même, 18 janvier 1492 (n. st.). *Ibidem*, n° 232.

dinairement à répandre l'argent parmi ceux qui pouvaient le servir, s'était peut-être cru suffisamment assuré de leur appui pour réaliser une économie. Mal lui en prit : les Français eurent à peine quitté Milan qu'ils donnèrent libre cours à leur mécontentement. Ils ne dissimulèrent pas que si Charles VIII avait consenti à cette ligue, ce n'était que parce qu'il voulait sauver le marquis de Montferrat et qu'il n'était pas possible à ce moment d'envoyer des troupes françaises protéger le marquis contre Ludovic. Le duc de Bari s'inquiéta de ces propos (1); mais il était désormais trop avancé pour reculer; il ne se sentait pas en Italie un seul allié sur lequel il pût compter. Ses craintes se traduisirent par une application d'autant plus grande à plaire au roi de France.

Ainsi que le révélèrent les ambassadeurs au milieu des plaintes que le dépit leur arracha, les affaires du Montferrat avaient déterminé la conclusion de l'alliance avec Milan qu'elles avaient failli faire avorter. Grâce à cette circonstance, Charles VIII complétait une œuvre déjà commencée par ses prédécesseurs. Depuis longtemps, en effet, les souverains français s'attachaient à étendre leur influence sur les états italiens limitrophes, de façon à s'assurer les passages des Alpes et à créer, au delà de leurs frontières, une zone de petits états plus ou moins dépendants. Le premier territoire qui s'y trouva englobé fut le comté d'Asti, devenu le domaine des ducs d'Orléans. Puis Gênes se donnait à nos rois qui y conservèrent de tels droits que, trente ans après la seconde expulsion des Français, les ducs de Milan n'avaient pu trouver de plus sûr moyen d'y établir leur domination que de demander l'investiture à Louis XI et à Charles VIII. Louis XI avait réussi à mettre la Savoie sous le patronage de la France, et son fils travaillait à l'y faire rentrer de nouveau. Le marquis de Saluces s'était déclaré vassal du Dauphiné; enfin le marquis de Montferrat avait mis ses terres et sa personne sous la protection du roi. Prouver à la fois la réalité comme l'efficacité de cette protection, forcer les Milanais à la respecter, rendre plus étroits les liens qui unissaient le seigneur de Gênes à la France en se l'alliant comme duc de Milan, tel était le résultat que l'on avait obtenu sans risquer un homme d'armes, sans débourser un écu, en offrant à Ludovic le renouvellement de la ligue en échange de la restitution des places du Montferrat.

(1) Du même au même. Milan, 26 janvier 1492 (n. st.). *Ibidem*, n° 233.

Pendant que le duc de Bari se préparait à consacrer l'alliance de Milan avec Charles VIII en envoyant en France une ambassade solennelle, les Vénitiens, pour ne pas lui laisser le monopole de cette précieuse amitié, pensèrent à envoyer aussi une ambassade au roi sous prétexte de le féliciter à l'occasion de son mariage et de ses succès en Bretagne. Ils risquaient, disaient-ils, d'offenser ainsi Maximilien, qui n'avait caché ni son mauvais vouloir à leur égard ni l'intérêt qu'il prenait aux choses d'Italie; mais peu leur importait pourvu qu'ils fussent assurés de la bienveillance de Charles VIII. En faisant part à Pandolfini des projets de son gouvernement, l'orateur vénitien à Milan insinuait que les Florentins feraient bien de suivre cet exemple (1).

A Naples, on s'efforça de laisser croire que la conclusion de la ligue n'était pas un danger sérieux pour Ferrand. Alfonse de Calabre, afin de ne pas paraître intimidé par les forfanteries de Ludovic, affectait de répéter que le duc de Bari, maintenant surtout que ses fautes avaient jeté la Savoie, Saluces et le Montferrat dans les bras de la France, ne trouverait pas dans sa nouvelle alliance des garanties suffisantes contre les prétentions du duc d'Orléans et contre les dispositions, au fond peu favorables, de Charles VIII (2). Ferrand lui-même était moins tranquille que son fils ne prétendait l'être. Bien qu'il chargeât son représentant à Milan de féliciter Ludovic dans les termes les plus exagérés (3), il essayait de se servir contre Ludovic des armes que celui-ci employait contre lui. Un de ses chambellans partit pour la France, sous prétexte d'aller acheter des chiens, et vint proposer à Charles VIII de délivrer le duc de Milan de l'oppressive tutelle de son oncle (4).

Les efforts de l'agent napolitain restèrent sans résultat, et il repartit vers la fin de février, au moment même où son souverain, par acquit de conscience sans doute, faisait engager le duc de Bari à rompre avec la France. Ferrand ne dut pas être étonné en recevant la réponse de Ludovic,

---

(1) Du même au même. Milan, 27 janvier 1492 (n. st.). *Ibidem*, n° 234.
(2) Buser, 530.
(3) Trinchera, *Codice aragonese*, t. II, n° XXXV.
(4) *Instructio particularis comitis Cajacii*, Milan, 22 février 1492. — Cajazzo à Ludovic. Saint-Jean de Maurienne, 2 mars 1492. — Érasme Brasca à Ludovic. Paris, 26 février 1492. Archives de Milan, *Potenze estere, Francia*. — Voyez aussi Desjardins, I, 542, et une lettre de Pierre Martyr citée par Bergenroth, *Calendar of state papers relating to the negotiations between England and Spain*, I, n° 77.

qui se déclarait hors d'état de le satisfaire sur ce point (1). Cependant deux circonstances étaient de nature à rendre quelque confiance au roi de Naples; il recevait de Laurent la nouvelle que la France semblait être pour le moment dans les dispositions les plus pacifiques, et il était complètement réconcilié avec Innocent VIII.

Le pape était devenu tout Aragonais. L'accord entre Charles VIII et le duc de Milan venait à peine d'être signé qu'il proclamait solennellement la

Savonarole prêchant. Tiré des *Illustrations des écrits de Savonarole*, par G. Gruyer.

paix avec Ferrand, à qui il s'engageait à donner l'investiture du royaume. En vain les ambassadeurs français venus pour solliciter à Rome la dispense nécessaire à la validité du mariage d'Anne de Bretagne protestèrent contre cet engagement contraire aux droits de leur maître, le pape répondit par des défaites (2). La nouvelle de la prochaine arrivée d'un habile agent français, Perron de Baschi, venant ostensiblement pour acheter des chevaux, mais en réalité chargé de protester contre l'investiture, ne réussit pas à l'ébranler. Innocent VIII, à l'exemple de son allié Ferrand, affectait

---

(1) Ludovic à Benoît Spinola. Vigevano, 26 février 1492. Archives de Milan, *Potenze estere, Napoli*.

(2) Pandolfini et Valori à Laurent. Rome, 31 mars 1492, dans Desjardins, p. 384, où cette pièce est faussement datée de 1493. Voyez Buser, 531.

de n'avoir aucune crainte sérieuse du côté de la France. Deux mois plus tard, le jeune prince de Capoue venait en grande pompe recevoir au nom de son père, Alfonse de Calabre, l'investiture anticipée de la couronne de Naples, pour le jour où la mort de Ferrand la laisserait vacante, acte d'autant plus significatif que le duc de Calabre passait pour vouloir ressusciter les prétentions qu'Alfonse le Magnifique, son aïeul, avait jadis tenté de faire triompher à la mort de Philippe-Marie Visconti (1).

Si Laurent de Médicis avait quelque temps partagé la sécurité de Ferrand et d'Innocent VIII, la nouvelle de la mission de Perron de Baschi dut facilement la lui faire perdre. C'était le prince de Salerne et Étienne de Vesc qui, en apprenant que le pape était disposé à donner l'investiture au duc de Calabre, avaient inventé ce moyen d'empêcher la ruine des prétentions de Charles VIII. Comme toujours, ils pensaient pouvoir compter sur le concours fidèle de l'homme d'état florentin; Perron de Baschi avait ordre de se rendre d'abord à Florence, d'y exposer sa mission et de se guider uniquement d'après les conseils de Laurent. Sassetti écrivait de Lyon que cette affaire était de celles qui naissent et meurent en un moment; il croyait aussi que l'ambassade milanaise à Paris ne pourrait rien conclure de nuisible à l'Italie, ou du moins que, lorsqu'on en viendrait à l'exécution des promesses, tout s'évanouirait en fumée (2). Il ignorait combien était immuable l'idée que Charles VIII nourrissait depuis son enfance. Quand l'heure fut arrivée pour le roi de tenir ses engagements envers Ludovic, ce ne fut pas Charles, ce fut celui-là même qui les avait provoqués qui s'efforça d'en retarder l'exécution. Cette heure, Laurent le Magnifique ne devait pas la voir. Perron de Baschi venait de quitter Paris, lorsque le 8 avril 1492, le petit-fils de Côme expirait dans cette villa de Careggi où son aïeul avait jadis rendu le dernier soupir.

A son lit de mort, il voulut être assisté par le prieur des Dominicains de San-Marco, frère Jérôme de Ferrare, le grand Savonarole. Depuis deux ans, un parti se groupait autour du moine ferrarais, qui, dans des sermons « enflammés, hardis, furibonds, inspirés (3), » flétrissait la corruption du clergé, l'orgueil des princes et dénonçait Laurent comme le destructeur de la liberté florentine, le spoliateur des pauvres, le protecteur de ces hu-

---

(1) Voy. plus haut p. 42.
(2) 3 avril 1492. Buser, 531-532.
(3) Cerretani, cité par Cipolla, 668.

manistes, qui substituaient les vices païens aux vertus chrétiennes. Peut-être le père de Pierre de Médicis espérait-il réconcilier au gouvernement de son fils les partisans de Savonarole. Ceux-ci, les *Piagnoni*, comme on les appelait, firent longtemps après courir le bruit que le Frère aurait profité de ce moment suprême pour sommer Laurent de rendre la liberté à sa patrie, et que, sur son refus, il serait parti sans l'absoudre. Bien que ce dernier trait soit plus que douteux, on ne peut se figurer sans émotion quel fut le dernier entretien de l'austère réformateur avec l'homme qui par ses talents, par ses qualités, par ses vices même, reste la personnification la plus complète de l'Italien de la Renaissance. Malgré les contrastes que présentaient le pénitent et le confesseur, il est un point sur lequel l'un et l'autre sont également coupables devant l'histoire : tous deux eurent recours à l'étranger. Seize ans après que Gianetto Ballerini, au lendemain de l'attentat des Pazzi, était allé solliciter l'intervention de Louis XI, Savonarole saluait avec enthousiasme Charles VIII, qu'il regardait comme l'instrument de la justice divine.

Les temps qui suivirent la mort de Laurent ont été si sombres pour l'Italie que, par l'effet du contraste, la postérité fut peut-être trop disposée à s'exagérer et la splendeur de l'époque qui les avait précédés et la gloire de l'homme qui la personnifiait. Qui ne se rappelle, par exemple, la magnifique description de l'état de l'Italie en 1490 par laquelle commence l'histoire de Guichardin? Partout la paix la plus complète, la tranquillité absolue; partout une éclatante richesse, le commerce le plus florissant, la culture universelle; nulle part les Italiens ne sont soumis à un maître étranger. Mais la majesté de la religion dont l'Italie est le centre, la magnificence des princes secondés par de sages politiques et entourés par de nobles génies, font l'honneur du pays auquel ne manque même pas le prestige de la gloire militaire. Ce tableau, décrit dans cette belle langue italienne qui ne cesse de nous charmer, est si séduisant que l'on est tout prêt à se laisser éblouir par l'historien florentin, et que l'on ne peut se défendre d'un sentiment de tristesse en découvrant que presque tous les traits en sont faux.

Était-ce la tranquillité que l'état de désordre de Rome, où chaque jour l'annaliste Infessura avait à enregistrer des luttes armées, des homicides? Était-ce la tranquillité que les jalousies qui divisaient les puissances, que la trahison perpétuelle, que l'appel à l'étranger devenu la ressource usuelle de la politique ? Français, Impériaux, Turcs même, furent appelés tour à tour. Était-ce des Italiens que les Aragonais de Naples? Subsistait-elle la majesté de la religion, lorsque la tiare était le prix d'un marché et lorsque le souverain pontife était un Sixte IV ou un Alexandre VI ? Quant à la gloire militaire, sauf l'expulsion des Turcs d'Otrante et la révolte de Gênes en 1461, combien aurait-on pu, dans les cinquante dernières années, citer de victoires italiennes, y compris celles des Aragonais sur les Angevins, qui n'eussent pas été remportées sur des Italiens? Outre que dans ce genre de guerres entre gens du même pays, chaque bataille gagnée par les uns était compensée par une défaite subie par les autres, qu'était-ce que de semblables combats en comparaison des grandes guerres de nation à nation qui venaient de changer la face de l'Europe?

Ce qui est vrai dans le récit de Guichardin, ce sont les efforts tentés par Laurent, depuis 1479, pour maintenir l'équilibre entre les états italiens et surtout pour les détourner d'avoir recours à une intervention étrangère. L'action salutaire du plus illustre des Médicis lui valut l'honneur d'être appelé de son vivant « la balance de l'Italie (1) », et l'on prétend qu'en apprenant sa mort, le roi Ferrand se serait écrié qu'il avait beaucoup vécu pour sa gloire, mais trop peu pour l'Italie (2). Toutefois, depuis quelque temps, Laurent avait perdu de l'influence prédominante qu'il exerçait. Il n'avait pas su empêcher l'alliance de Charles VIII avec Ludovic le More; il n'aurait pas été plus capable, s'il eût vécu, d'empêcher l'expédition de 1494.

Sans doute, tout en conservant l'apparence de la fidélité à la France, il aurait profité de la confiance que Charles VIII lui témoignait, pour faire avorter ou tout au moins traîner les négociations préliminaires, pour essayer surtout de détacher Ludovic de l'alliance française. Mais le beau temps de l'union intime de Florence et de Milan qui avait été la force de Côme et de François Sforza, était passé pour toujours. Mis dans l'alternative de choisir entre Ferrand et le roi qui avait fait obtenir le chapeau à Jean de Médicis et qui pouvait d'un mot ruiner la banque de Lyon, Laurent n'aurait pas osé se prononcer contre Charles VIII. Le roi n'aurait reçu nulle part une plus magnifique hospitalité qu'au palais Médicis, et l'on peut être assuré qu'il n'aurait jamais permis à Pise de secouer le joug des Florentins, et que le cardinal Jean aurait été investi de quelques nouveaux

---

(1) Gino Capponi, *Storia della repubblica di Firenze*, II, 164, note.
(2) Fabroni, *Laurentii Medicis Magnifici vita*, I, 212.

bénéfices français. Ne pouvant empêcher le mal, Laurent se fût appliqué à le modérer. Sauf les prêts d'argent qu'il n'aurait pu refuser au roi, il se fût sans doute arrangé pour ne fournir à l'expédition aucun concours matériel. On n'eût pas vu des gens d'armes florentins suivre l'armée française à Naples, pas plus qu'on n'en eût vu parmi ceux qui lui barrèrent le passage à Fornoue. Nous croyons, du reste, que l'influence que Laurent aurait certainement gardée sur Charles VIII, se serait exercée de façon à rendre la marche de l'armée française à travers la péninsule, aussi peu nuisible que possible, et qu'on aurait encore pu porter sur son compte le jugement prononcé par l'auteur de la plus florentine des histoires de Florence : « Ce fut un cœur d'artiste, une âme de prince, la dernière grandeur d'une époque splendide qui finit avec lui (1) ».

(1) Gino Capponi, II, 193.

CHAPITRE IV.

L'ALLIANCE DE LA FRANCE ET DE MILAN EN 1492. — TRAITÉS D'ÉTAPLES ET DE BARCELONE.

Ambassade milanaise de 1492. — Objet de l'ambassade. — Vénalité des conseillers de Charles VIII. — Séjour des ambassadeurs à Paris. — La cour de France. — Le roi. — La reine. — Le duc et la duchesse de Bourbon. — Le duc d'Orléans. — Les favoris. — Myolans. — Admission de Ludovic le More dans la ligue entre Charles VIII et le duc de Milan. — Le duc de Ferrare. — Retour des ambassadeurs milanais. — Mort d'Innocent VIII. — Alexandre VI. — Projet d'obédience collective des puissances italiennes. — Ludovic le More et Pierre de Médicis. — Affaire de l'Anguillara. — Ambassade vénitienne à Paris. — Attitude de René de Lorraine. — Nouvelle coalition du roi des Romains, de l'Espagne et de l'Angleterre contre la France. — Traité d'Étaples. — Traité de Barcelone. — Ludovic continue à redouter la France. — Jean Cloppet à Milan. — Première mention de l'Entreprise de Naples. — Ludovic entraîné malgré lui dans le mouvement français. — Ligue entre Milan, Rome et Venise (22 avril 1493).

Moins d'un mois après la conclusion de la ligue du 24 janvier, une fastueuse ambassade milanaise prenait le chemin de la France. Elle avait pour chef un San-Severino, le comte de Cajazzo, cousin du prince de Salerne; les autres envoyés étaient le comte Charles Barbiano de Belgiojoso, qui devait rester auprès de Charles VIII en qualité d'ambassadeur permanent, Jérôme Tuttavilla et Galéaz Visconti. Augustin Calco, fils du chancelier de Milan, remplissait les fonctions de secrétaire.

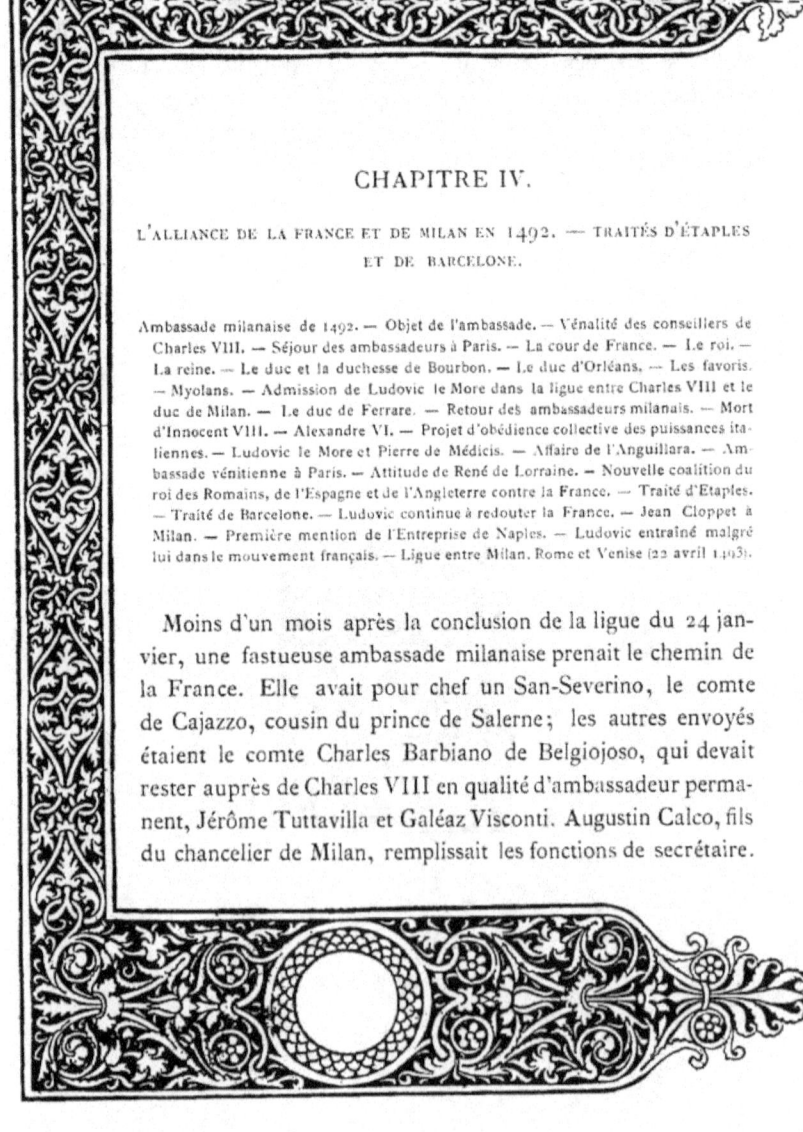

La confiance que l'on a, jusqu'à ces derniers temps, accordée à Commines, explique la méprise où l'on est tombé quant à la mission de ces ambassadeurs : « Leurs parolles en public n'estoient que visitations et parolles assez généralles..... et ayant parlé en général, parla à part avec le roy ledict comte de Cajazze (qui estoit en grant crédit à Millan et encores plus son frère, messire Galleasche de Sainct-Severin) et par espécial sur le faict des gens d'armes : et commencea à offrir au roy grans services et aydes tant de gens que d'argent; car ja povoit son maistre disposer de l'estat de Millan comme s'il eust esté sien, et faisoit la chose aysée à conduire (1). »

On trouve bien dans les instructions officielles de Cajazzo et de ses collègues un passage dont les termes se rapprochent quelque peu des expressions de Commines : « En nous investissant de Gênes, y est-il dit, et en renouvelant la ligue, S. M. s'est attaché l'état de Milan pour tous ses desseins, comme par deux chaînes indestructibles. Vous lui offrirez notre état avec toutes nos ressources, nos gens d'armes et jusqu'à notre personne et celle de notre illustrissime oncle, en lui affirmant qu'elle en peut disposer à son plaisir comme des autres parties de son propre royaume. » Mais ce sont là de ces offres dont l'exagération égale l'inanité et qui faisaient habituellement partie de la phraséologie diplomatique italienne; offres sans portée d'ailleurs, car, dans les instructions secrètes qui nous ont toutes été conservées (2), rien de près ou de loin ne se rapporte à l'Entreprise de Naples.

(1) Commines, II, p. 312 à 314. — Renchérissant encore sur le texte de Commines, où l'on remarquera que le nom de Naples n'est pas même prononcé, M. de Cherrier assure que ces envoyés, ne s'en tenant pas à la lettre écrite de leurs instructions, « applaudissaient aux projets de Charles VIII sur le royaume de Naples, et l'excitaient même à en venir promptement à l'exécution... Ils se disaient assurés du concours des Vénitiens; ils parlaient même de celui du nouveau pape, Alexandre VI, qui avait succédé à Innocent VIII, le 11 août 1492. » L'auteur ne s'est pas aperçu que la dépêche florentine d'après laquelle il donne ces détails (Desjardins, I, 331) est postérieure d'un an. Comment d'ailleurs les ambassadeurs auraient-ils pu parler à Charles VIII du pape Alexandre VI, puisque le prédécesseur de celui-ci, Innocent VIII, ne mourut que deux mois après qu'ils eurent quitté la cour de France?

(2) Nous avons pu nous en assurer en examinant une liste des pièces remises aux ambassadeurs; on lit, en effet, dans cette liste dressée par la chancellerie ducale et que possèdent encore les archives de Milan :

« Instructiones tres secretiores nomine ducis Barri in comitem Cajacie tantum. »

« Item additio ad instructiones suprascriptas nomine ducis Barri. »

« Alia etiam additio ad instructiones comitis Cajacie. »

Non seulement toutes ces pièces existent encore, mais on trouve même une quatrième instruction secrète qui ne figure pas sur la liste. Elle fut en effet abandonnée, comme le prouve la mention : *Non habuit locum*, inscrite en marge; c'est cette instruction que M. de Cherrier a néanmoins analysée, p. 236-237.

On y voit tout au contraire, que, loin d'être chargés d'offrir effectivement le concours des troupes milanaises, les ambassadeurs avaient ordre de répondre par des défaites aux demandes de ce genre que Charles VIII, menacé par l'Espagne, l'Angleterre et le roi des Romains, aurait pu leur adresser (1). On ne peut nier qu'en les voyant arriver au moment où il chargeait Perron de Baschi de protester contre l'investiture donnée par le pape au duc de Calabre, le roi de France ait pu prendre l'alliance qu'ils lui demandaient pour un encouragement à la conquête de Naples; mais cette conquête, ils ne firent rien pour la provoquer. Ludovic disait vrai lorsque, deux ans plus tard, il déclarait nettement n'avoir pas été l'instigateur de l'Entreprise de Naples, assurant que le roi de France en avait pris l'initiative et qu'il s'était borné à le « réchauffer selon ses besoins (2) ».

D'après les instructions officielles, le prétexte de l'envoi des ambassadeurs milanais était de remercier le roi de l'investiture de Gênes et du renouvellement de la ligue, ainsi que de le féliciter sur son mariage et sur ses succès en Bretagne (3). Mais le but véritable était de consacrer l'amitié nouvellement contractée et de la rendre plus étroite en faisant sentir à Charles VIII quel était le prix de l'alliance milanaise. Pour cela Ludovic comptait beaucoup sur une lettre qu'il venait de recevoir du roi d'Angleterre. Henri VII y dépeignait les dangers que l'ambition des Français faisait courir à tous les états voisins, en particulier à l'état de Milan, qu'il prétendait réclamé par Charles VIII pour le duc d'Orléans, et il proposait à Ludovic de prendre part à la nouvelle guerre que, conjointement avec les rois des Romains et d'Espagne, il allait entreprendre contre la France (4). Par une instruction particulière, Cajazzo avait reçu l'ordre de montrer secrètement cette lettre à Charles VIII afin de lui prouver combien l'alliance milanaise était recherchée en Europe (5).

On espérait aussi, en donnant au roi ce gage de la fidélité de Ludovic,

---

(1) Cherrier, p. 237-238.
(2) P. Alamanni à Pierre de Médicis. Vigevano, 5 mai 1494. *Carteggio mediceo*, filza 50, n° 304.
(3) Ces instructions ont été résumées par M. de Cherrier, I, 236.
(4) Cette lettre était datée de Shene, 10 janvier 1492. Rawdon Brown, *Calendar of state papers...... in the archives of Venice*, I, p. 211, n° 617.
(5) *Instructio particularis comitis Cajacie in legatione Gallica*. Milan, 22 février 1492. Archives de Milan, *Potenze estere, Francia*.

lui faire rompre toute pratique avec les ennemis du duc de Bari. Ne savait-on pas, en effet, que le roi de Naples avait prié Charles de s'employer à délivrer le duc de Milan de la tyrannique tutelle de son oncle ? En fait, Ludovic aurait bien voulu que le roi de France s'engageât plus ou moins formellement à le maintenir à la tête du gouvernement milanais. Il n'y était pas parvenu l'année précédente et il se croyait si peu sûr d'obtenir cet engagement qu'il n'avait pas osé s'en expliquer en termes précis dans les instructions de ses ambassadeurs. Néanmoins son véritable désir s'y laissait soupçonner si clairement que le comte de Cajazzo, après avoir relu ses instructions, crut devoir demander à son maître quelles étaient ses intentions sur ce point (1). Il paraît que cette fois Ludovic fut moins timide. Ses envoyés étaient à peine arrivés à Paris qu'Étienne de Vesc déclarait au Florentin Sassetti qu'ils étaient venus savoir quelles espérances on pouvait fonder sur Charles VIII, et si ce prince, quand l'occasion se présenterait, serait disposé à prendre parti pour les Milanais, ou plus exactement pour Ludovic le More, contre le roi de Naples et ses alliés, c'est-à-dire le pape et Laurent de Médicis. En cas de réponse favorable, le duc de Bari demandait à conclure en son nom personnel une ligue particulière et secrète avec la France (2).

Comptant que le bruit seul de sa bonne intelligence avec un aussi puissant allié suffirait à tenir en respect ses ennemis, il chercha tous les moyens de la rendre plus manifeste ; de là ses efforts pour que l'entrée de ses ambassadeurs fût entourée d'honneurs exceptionnels. Mais il espérait bien que l'alliance resterait purement défensive. Tout en profitant de l'équivoque qu'il laissait subsister dans l'esprit du roi, il ne souhaitait en aucune façon que Naples tombât aux mains des Français, et si Charles prenait la demande d'alliance pour un encouragement à tenter quelque entreprise offensive, Ludovic se flattait de pouvoir l'arrêter. Connaissant mal l'indomptable résolution de Charles VIII, que l'on disait entièrement dominé par son entourage, le duc de Bari se croyait maître de le gouverner à son gré en achetant ses favoris. De là, pour le comte de Cajazzo, une mission assez délicate et qui n'était pas la moins importante aux yeux de son maître.

Les *amis*. — c'est le terme général par lequel sont habituellement dési-

(1) Cajazzo à Ludovic, Lyon, 9 mars 1492. *Ibidem*.
(2) Buser, p. 532.

gnés dans les dépêches milanaises les personnages de la cour de France soudoyés par Ludovic, — attendaient toujours les 8.000 ducats que Brasca leur avait promis (1). La ligue étant conclue, le moment était venu d'acquitter les promesses que d'Aubigny avait faites à plusieurs personnages influents, surtout à M. de Myolans et à Étienne de Vesc, alors sénéchal de Carcassonne, que l'on considérait en ce moment comme jouissant de toute la faveur de Charles VIII (2). Bien que Ludovic sentît qu'il n'y avait plus moyen d'ajourner l'accomplissement de ses engagements, bien qu'il eût remis à Cajazzo neuf billets en blanc signés de sa main sur lesquels il n'y avait plus à inscrire que le chiffre de la somme à payer, bien qu'il lui eût ouvert le crédit nécessaire sur les banques lyonnaises des Médicis, des Martelli et de Pascal Santi (3), il lui recommandait de ne pas dépasser les 8.000 ducats promis, de tâcher même de satisfaire les *amis* à meilleur compte, et, si cela était possible, d'obtenir que les paiements ne fussent exigibles qu'au bout d'un an (4). Quel que fût le secret apporté par les ambassadeurs milanais dans leurs transactions pécuniaires avec les courtisans de Charles VIII, l'affaire des 8.000 ducats s'ébruita. Commines sut qu'Étienne de Vesc y avait eu part (5); le sénéchal avait en effet reçu 2.000 ducats. Myolans, d'Aubigny lui-même et un autre seigneur en avaient chacun touché autant (6). Sans ces présents, paraît-il, la mission milanaise n'aurait pas reçu, à Paris, le brillant accueil sur lequel comptait Ludovic pour montrer à ses rivaux le prix que Charles VIII attachait à son alliance.

Au moment où le comte de Cajazzo quitta Milan, cet accueil n'était rien moins qu'assuré. Partis le 23 février (7), les ambassadeurs, après avoir salué au passage la duchesse de Savoie, arrivaient à Saint-Jean

---

(1) Voyez plus haut, p. 221.

(2) Cajazzo à Ludovic, Saint-Jean de Maurienne, 2 mars 1492. Archives de Milan, *Potenze estere, Francia*.

(3) Du même au même, Lyon, 9 mars 1492. — *Additio* alle instructione *magnifici comitis Cajacie*. Milan, 23 février 1492. *Ibidem*.

(4) Deux lettres de Ludovic à Érasme Brasca, Milan, 23 février 1492. — Ludovic à Cajazzo, Cusago, 24 février 1492. *Ibidem*.

(5) Commines, II, p. 314.

(6) Desjardins, I, 307. — Buser, p. 540.

(7) On ne sait sur quoi se fonde M. de Cherrier pour déclarer que « désignés pour cette mission, dès le mois de février, leur départ fut longtemps retardé, et ils ne se présentèrent qu'en septembre à la cour de France » (I, 235). Les ambassadeurs arrivèrent à Paris le 26 mars, repartirent le 15 mai et rentrèrent à Milan en juin.

de Maurienne lorsqu'ils rencontrèrent un émissaire qu'Érasme Brasca

Portrait de Charles VIII. D'après un calque de M. de Bastard. Bibliothèque nationale.

dépêchait à leur rencontre pour insister sur la nécessité de tenir au plus tôt les promesses faites aux *amis*. « Si vous n'en apportez pas les moyens, leur dit-il, vous aurez d'abord cette première humiliation que, lors de votre entrée, personne ne viendra à votre rencontre; puis on ne vous donnera que des logements indignes de vous, et le roi vous recevra sans les honneurs dus au prince que vous représentez. Dès le premier entretien, on vous demandera de fournir les 400 hommes d'armes exigibles en vertu de l'hommage de Gènes, et cela afin d'en imposer la dépense au duc et de le brouiller avec Maximilien. Par dérision, on s'arrangera pour que le roi vous demande si votre maître a l'habitude de tenir ses promesses. En outre, le résultat sera que Charles VIII, conformément aux prières du roi Ferrand, insistera pour que le gouvernement de Milan soit rendu au duc, son cousin, que l'on dit être âgé de vingt-cinq ans et être père d'un fils. » Le cynique d'Aubigny faisait même dire que, si Ludovic violait ses engagements, il se verrait, à son grand regret, contraint de se montrer, du moins en apparence, hostile aux projets du duc de Bari (1). Celui-là pourtant n'avait pas lieu de se plaindre; on n'oubliait pas ses services à Milan, et les ambassadeurs devaient remettre à sa femme une lettre flatteuse qu'accompagnait un riche collier (2).

Ludovic, prévenu à temps, écrivit à d'Aubigny et chargea Brasca de donner aux intéressés les assurances les plus formelles. Les Milanais n'étaient plus qu'à quatre journées de Paris que l'on n'avait encore rien décidé relativement aux honneurs qui leur seraient rendus à leur entrée; mais les efforts et les paroles rassurantes d'Érasme produisirent leur effet (3). Quand, le 26 mars, les ambassadeurs arrivèrent à Villeneuve-Saint-Georges, ils rencontrèrent une première troupe de près de deux cents cavaliers parmi lesquels se trouvaient d'Aubigny, MM. de Piennes et de la Vernade, le bailli de Senlis et d'autres encore. Une seconde troupe de plus de cinq cents personnes conduites par le marquis de Rothelin, MM. de Candale et de Nevers, l'archevêque de Sens, l'évêque de Châlons et par divers magistrats du Parlement, les attendait au delà du pont de Charenton (4); et l'entrée dans Paris, qui se fit par la porte Saint-Antoine, fut des plus ma-

---

(1) Cajazzo à Ludovic, Saint-Jean de Maurienne, 2 mars 1492. Archives de Milan, *Potenze estere, Francia*.

(2) Le duc de Milan à Madame d'Aubigny, Milan, 23 janvier 1492. *Ibidem*.

(3) Érasme à Ludovic, 31 mars 1492. *Ibidem*.

(4) Les quatre ambassadeurs au duc de Milan, Paris, 29 mars 1492. *Ibidem*.

gnifiques. Les envoyés et leur suite, revêtus d'habillements somptueux (1), se formèrent en cortège et défilèrent sous les fenêtres du roi pour se rendre au logis qui leur avait été préparé à l'hôtellerie de la Cloche. L'audience solennelle ne fut pas moins brillante : elle eut lieu le 29 mars en présence du duc de Bourbon, de MM. de Bresse, de Montpensier et de Foix, du cardinal de Lyon, de quatre évêques et d'une foule de seigneurs qui se pressaient dans une salle à peine assez grande pour les contenir. Charles les attendait assis sur une estrade et sous un dais fleurdelisé, les mains chargées de bagues à presque tous les doigts, la tête couverte d'une barette noire. Sur un justaucorps de brocart d'or à fond noir, il portait un vêtement de velours ras de Lyon doublé de damas jaune. Après un discours déclamé en latin par Galéaz Visconti, et une réponse prononcée au nom du roi par le chancelier, les ambassadeurs se retirèrent. Le lendemain, ils furent admis à présenter leurs hommages à la reine (2).

Il est singulier que ni Augustin Calco, qui s'est attaché à rapporter minutieusement les costumes du roi et de la reine, ni aucun des autres ambassadeurs n'aient pensé à décrire leur personne ou à donner une idée de leur caractère. Plusieurs témoignages contemporains permettent heureusement de se représenter ce qu'était la cour de France à cette époque.

A cause de sa laideur et de sa taciturnité, Charles VIII produisait à ceux qui le voyaient pour la première fois l'impression que nous cause encore le buste si frappant du Bargello : il semblait aussi faible d'esprit que de corps. Cette impression paraissait confirmée par une habitude qui provenait sans doute de sa difficulté à s'exprimer : celle de ne traiter presque jamais directement une affaire avec les intéressés. Suivant en cela, du reste, un exemple que son père avait souvent donné, il chargeait un de ceux qui possédaient sa confiance d'entendre ce que les ambassadeurs

---

(1) Ces vêtements sont décrits dans une lettre d'A. Calco à Ludovic, Paris, 29 mars 1492. *Ibidem*.

(2) Du même au même, 30 mars 1492. *Ibidem*. — La description du costume de la reine mérite d'être citée : « Non ometterò de scrivere in che modo era vestita epsa regina. Haveva indosso una veste de cangiante in oro, et un'altra de sopra de pelo de liono fodrata de citonino cremesile, con una scuphia in testa de citonino negro con l'orlo de cernete d'oro inverso sopra el fronte piu de uno dito. Et sopra aveva uno certo capuzo alla francese de veluto negro con l'orlo davanti et pendente dreto alle orechie et fin su le spalle, carico de diamanti, et doi grossi in pecto.... » — La description de la coiffure d'Anne de Bretagne plut si fort à Ludovic qu'il pria Calco de lui en envoyer un dessin afin de la mettre à la mode parmi les dames milanaises. (Ludovic à Augustin Calco, Vigevano, 8 avril 1492. *Ibidem*.)

avaient à lui exposer. Aussi les étrangers le croyaient-ils hors d'état de se former une opinion. Le Florentin Della Casa, parlant des affaires politiques, le déclarait « absolument incapable par lui-même de se livrer à ces pratiques. Il y entend si peu de choses et il y prend si peu de goût que j'ai honte à le dire... N'allez pas croire qu'il puisse être utile de nous le rendre favorable; chaque jour il se laisse tirer de mille côtés et guider par le premier venu (1) ». Commines, qui avait souvent rempli sous Louis XI le rôle d'intermédiaire que Charles VIII confiait maintenant à Étienne de Vesc ou à d'autres, en jugeait tout autrement. Bien qu'on ne puisse l'accuser de partialité pour le jeune roi, il se laissait aller à reconnaître dans une lettre à Laurent de Médicis, qu'il « se faisait sage » (2). Sous sa plume le mot *sage* n'est pas moins significatif que l'épithète de *prudent* sous celle de Machiavel.

Tout en ayant éprouvé une impression analogue à celle de François della Casa, l'envoyé vénitien Zacharie Contarini, qui vit Charles quatre mois après Cajazzo, rapporte dans un morceau fréquemment cité de sa relation au Sénat, le jugement de ceux qui partageaient l'opinion de Commines : « Le roi de France, dit-il, est âgé de vingt-deux ans, petit et mal fait de sa personne, laid de visage avec de gros yeux blancs beaucoup plus aptes à voir mal que bien, le nez aquilin également grand et gros plus qu'il ne convient; les lèvres aussi sont grosses et il les tient continuellement ouvertes; il a dans la main certains mouvements nerveux qui semblent fort laids à voir (3), et il est lent à s'exprimer. » Complétons tout de suite ce portrait si réel en ajoutant que Charles avait la barbe rare et tirant sur le roux (4). « Selon mon opinion, laquelle pourrait très bien être fausse, ajoute Contarini, je tiens pour certain que de corps comme d'esprit il vaut peu de choses. Cependant tout le monde à Paris le loue pour sa très grande adresse à la paume, à la chasse, aux joutes, exercices auxquels, soit bien soit mal, il consacre beaucoup de temps. On le loue aussi de ce que, bien que, par le passé, il ait abandonné la charge et le gouvernement de ses affaires à quelques-uns du conseil secret, il ne veut maintenant laisser à personne le

---

(1) Desjardins, I, 227.
(2) Kervyn de Lettenhove, *Lettres... de Commines*, II, 84.
(3) L'effet de ces mouvements nerveux est visible dans les signatures de Charles VIII reproduites ci-contre.
(4) *Memoriale de Giovanni Portovencre*. Archivio storico italiano VI, 2ᵉ partie, p. 288.

soin d'en délibérer et d'en décider. On dit que, dans ses décisions, il fait preuve d'une haute intelligence. »

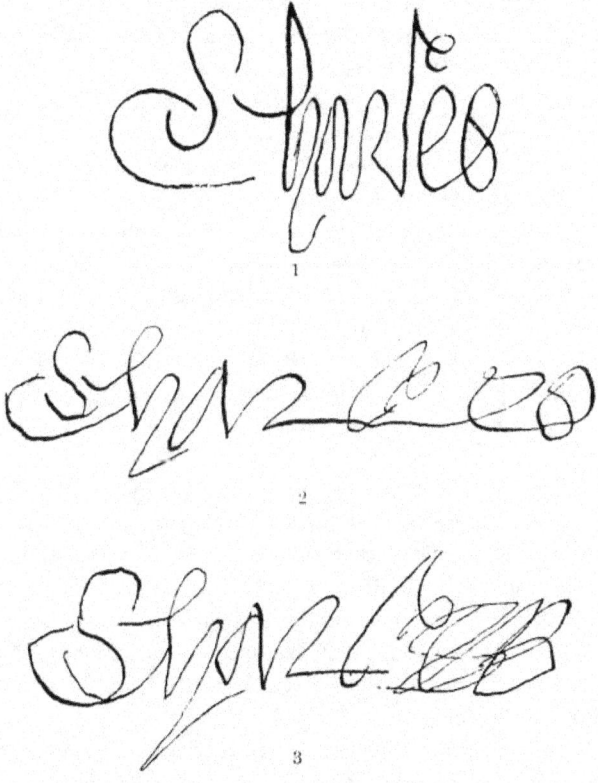

1. Signature de Charles VIII, exécutée par un secrétaire de la main.
2 et 3. Signatures autographes dans lesquelles on peut voir l'effet des mouvements nerveux observés par Zacharie Contarini. (Archives nationales X1ª 9321, fol. 191, 180, 190.)

« La reine a dix-sept ans; elle est petite elle aussi et maigre de sa personne, visiblement boiteuse d'un pied bien qu'elle se serve de patins, très avisée pour son âge, si bien que, ce qu'elle s'est mis dans la tête, soit par les sourires, soit par les larmes, à tout prix il faut qu'elle l'obtienne. Elle est excessivement jalouse du roi, à ce point que, depuis qu'elle est sa femme, il s'est passé fort peu de nuits qu'elle n'ait dormi avec Sa Majesté. En cela elle a bien agi, car elle se trouve grosse de huit mois (1). »

Le duc et la duchesse de Bourbon tenaient toujours le premier rang à la cour. L'audience solennelle des ambassadeurs milanais avait été retardée pour attendre le retour du duc, qui était allé chasser pendant quelques jours (2); lors de la visite à la reine, la duchesse se tenait auprès d'Anne de Bretagne et celle-ci ne répondait qu'après avoir conféré avec elle (3). Cependant le temps du pouvoir du duc et de la duchesse était passé; malgré leurs dispositions peu favorables aux Milanais, ceux-ci étaient accueillis par Charles VIII avec une faveur marquée.

Vis-à-vis du duc d'Orléans, la situation de Cajazzo et de ses compagnons était assez délicate. Ils savaient bien que ce prince conservait toutes ses prétentions sur leur pays, et ils ne durent pas s'étonner de ne le point voir lors de l'audience royale. Il était parti quelques jours auparavant pour la Normandie afin d'y organiser la défense au cas où les Anglais menaceraient cette province (4). Il revint le mois suivant, et les ambassadeurs purent s'acquitter auprès de lui de la mission dont ils étaient chargés. Ils avaient ordre de le remercier de certains bons procédés dont il avait usé envers Brasca lors des difficultés soulevées par l'affaire du Montferrat. Ils devaient aussi lui rappeler l'empressement que Ludovic avait mis à faire rendre au gouverneur d'Asti deux châteaux qu'il réclamait; ils devaient enfin l'assurer de la sincère amitié des ducs de Milan et de Bari, amitié qui était telle qu'elle doit être « entre des amis et des parents (5) ». Mais ce langage produisit peu d'effet sur le duc d'Orléans qui, vers ce moment même, prêtait l'oreille aux excitations que le roi Ferrand lui adressait secrètement contre Ludovic le More (6).

Les Milanais avaient encore des lettres de créance pour divers personnages de la cour. Il est étrange que dans la liste de ces personnages (7), on trouve le nom du marquis de Rothelin et même celui de Théodore Gaynier,

---

(1) Alberi, *Le relazioni degli ambasciatori Veneti*, IV, 15-16.
(2) Les quatre ambassadeurs au duc de Milan, Paris, 29 mars 1492. Archives de Milan, *Potenze estere, Francia*.
(3) A. Calco à Ludovic, Paris, 29 et 30 mars 1492. *Ibidem*.
(4) Brasca au duc de Milan, Paris, 11 mars 1492. *Ibidem*.
(5) *Instructio magnifici comitis Cajacie*, au nom de Ludovic, Milan, 22 février 1492. *Ibidem*.
(6) Belgiojoso à Ludovic, Paris, 13 mars 1493. *Ibidem*.
(7) Une liste générale des pièces diplomatiques remises aux ambassadeurs se trouve sous la date du 21 février 1492, aux archives de Milan. *Ibidem*.

le médecin de Charles VIII, tandis qu'on y cherche en vain ceux des favoris que Brasca disait être les plus puissants, Étienne de Vesc et le chambellan Myolans. Les instructions aussi ne contiennent rien sur la conduite à tenir envers le sénéchal de Carcassonne. Par contre on y voit que Ludovic considérait alors M. de Myolans comme celui des favoris qui « de jour en jour prenait plus d'importance » et qu'il recommandait par suite à Charles de Belgiojoso de renouer les anciennes relations qu'il avait eues, paraît-il, avec lui (1). Après avoir montré de la bonne volonté pour Milan, Myolans avait beaucoup fait pour envenimer la question du Montferrat; Cajazzo devait se plaindre auprès de lui du changement de ses dispositions, changement que l'on pouvait attribuer aux largesses du marquis de Montferrat (2). Les 2.000 ducats dont l'envoyé milanais remit la cédule au chambellan suffirent pour regagner momentanément sa bienveillance (3). Du reste la corruption était universelle autour de Charles VIII. On a vu ailleurs quels étaient les pensionnés de Ludovic. Florence avait aussi les siens : Commines continuait toujours à faire payer ses services à la maison de Médicis. Enfin le roi de Naples avait acheté les bons offices de ce M. de Clérieux qui était venu naguère en ambassade à Naples (4). Outre les efforts qu'il faisait à la cour de France pour combattre l'union avec Milan ou plutôt avec Ludovic, il tâchait de négocier un mariage entre sa petite-fille Charlotte et le jeune roi d'Écosse (5). Sur ce point encore, le duc de Bari était en rivalité avec Ferrand, et il s'adressait à l'Écossais Stuart d'Aubigny pour faire offrir à Jacques IV la main de Blanche Sforza (6).

Les ambassadeurs n'eurent qu'à se louer de l'accueil qu'ils reçurent du roi. Non seulement il les emmenait à la chasse (7), non seulement il prenait plaisir à les voir jouter (8), mais il leur donnait de bien autres marques

(1) Ludovic à Cajazzo, Vigevano, 24 février 1492. *Ibidem.*
(2) *Instructio secretior comitis Cajacie* au nom de Ludovic, 21 février 1492. *Ibidem.*
(3) Brasca à Ludovic, Paris, 31 mars 1492. *Ibidem.*
(4) Pirovano au duc de Bari, Amboise, 24 septembre et Tours 29 septembre 1493. *Ibidem.*
(5) Trinchera, *Codice aragonese*, II, n° CIV.
(6) *Instructio magnifici comitis Cajacie*, au nom du duc de Bari. Milan, 22 février 1492. Archives de Milan, *Potenze estere, Francia*.
(7) A. Calco goûtait peu nos rudes chasses à courre où l'on forçait le cerf au lieu de le prendre au filet ou par quelque artifice de ce genre. « On ne sort de là, disait-il, que les chevaux fourbus et les personnes écorchées. » (Paris, 15 avril 1492. *Ibidem.*)
(8) Les quatre ambassadeurs au duc de Bari, Paris, 13 avril 1492. *Ibidem.* — A. Calco au duc de Bari, Paris, 15 avril 1492. *Ibidem.*

de faveur en accédant aux demandes qu'ils étaient venus lui présenter.

Nous avons dit que le but de Ludovic était d'intimider ses adversaires en faisant montre des bons rapports qui existaient entre la France et Milan. Dès le 14 avril, il obtenait que le roi écrivît à ses ambassadeurs à Rome pour les charger d'annoncer au pape le renouvellement de l'investiture de Gênes et de l'ancienne alliance, et de lui signifier « que tout ce qui serait fait contre l'état de Milan, S. M. le réputerait fait contre elle-même (1) ». Enfin, le 29 avril, Charles VIII admettait le duc de Bari *en son nom personnel* dans la ligue conclue le 16 janvier précédent avec le duc de Milan (2). La situation illégale de l'oncle de Jean-Galéaz-Marie se trouvait désormais garantie par la France. Malgré la joie qu'il en ressentait et l'empressement qu'il mit à faire part de son succès aux orateurs italiens résidant auprès de lui, Ludovic ne voulait pas avouer que la peur de se voir chasser du gouvernement de Milan par le duc de Calabre fût le vrai motif qui lui avait fait solliciter son inclusion dans la ligue. « Si j'ai été amené à la demander, disait-il au Florentin Niccolini, ce n'est pas que j'eusse aucun sujet de craintes; mais c'est que je voulais couper court aux faux bruits. On disait que le roi de France était mal disposé contre moi. Les amis du roi de Naples ne manquaient pas de le répéter, et ces bruits étaient de nature à diminuer mon crédit en Italie (3). »

Le duc de Ferrare, Hercule d'Este, beau-père de Ludovic, avait voulu, lui, aussi, se rapprocher de la France ; il fit demander à Charles VIII de prendre auprès de lui son second fils Don Ferrand. Cajazzo s'était chargé d'appuyer cette requête qui fut accueillie sans difficultés (4). Quant aux accusations de Sanudo, qui place Hercule parmi les principaux instigateurs de l'expédition de Charles VIII (5), elles reposent peut-être sur l'empressement incontestable que ce prince mit à seconder les vues du roi de France lorsqu'il fut officiellement question de les faire suivre d'effet, empressement que les rancunes très naturelles d'un Vénitien contre le duc de Ferrare ont pu facilement amener à interpréter de la sorte.

---

(1) Cajazzo à Ludovic, Paris, 14 avril 1492. *Ibidem*.
(2) Texte français vidimé dans les *Litteræ patentes comitis Cayacii quibus acceptavit inclusionem... de ill. D. Ludovico in liga...* Paris, 4 mai 1492. Bibliothèque nationale, ms. latin 10133, fol. 478 r°. — Traduction italienne aux archives de Milan, *Potenze estere, Trattati*.
(3) Desjardins, I, 546.
(4) *Instructio comitis Cajacie*, Milan, 22 février 1492. Archives de Milan *Potenze estere; Francia*. — Charles VIII au duc de Ferrare, Paris, 4 mai [1494]. Archives de Modène.
(5) *Espedizione*, p. 31.

Portrait d'Anne de Bretagne. D'après un calque de M. de Bastard.
Bibliothèque nationale.

On se rappelle d'ailleurs que la maison d'Este entretenait avec la maison de France des relations d'amitié qui remontaient à Charles VII (1).

L'œuvre des ambassadeurs était achevée. Le 5 mai ils quittèrent Paris pour regagner Milan; Érasme Brasca les suivit, tandis que le comte Charles de Belgiojoso restait pour veiller au maintien des bons rapports et pour ne pas laisser sans profit le succès obtenu par la diplomatie milanaise. Du côté de l'Italie, la fortune paraissait également favorable au duc de Bari. Ludovic n'avait pas dû voir sans un secret plaisir Pierre de Médicis remplacer son père à la tête du gouvernement de Florence. Au lieu d'un allié qui n'était souvent qu'un rival trop clairvoyant, tout lui faisait espérer qu'il trouverait un instrument docile dans ce jeune homme de vingt-deux ans. A Paris comme à Milan, on ne s'imaginait pas que le fils de Laurent fût jamais assez fou pour sacrifier à une autre alliance la traditionnelle amitié de sa famille pour la France ou le salutaire accord avec la maison Sforza qui avait fait la force de son aïeul Côme. Aussi Ludovic se posat-il d'abord en protecteur de Pierre comme jadis Galéaz à l'égard de Laurent. Quelques mois ne s'étaient pas encore écoulés qu'il commençait à consulter les astrologues pour savoir si son protégé « ne portait pas malheur (2) ». Bientôt, il avait les plus sérieux motifs de lui retirer sa confiance.

Il semble que cette année 1492 dût voir disparaître tout ce qui, hommes ou choses, avait entravé l'ambition de Ludovic. Le 25 juillet, le pape qui avait essayé d'appeler contre lui Charles VIII et Maximilien, Innocent VIII, succombait à une attaque d'apoplexie. Grâce à l'influence du cardinal Ascagne Sforza, qui joua dans le conclave un rôle prépondérant, le vice-chancelier Rodrigue Borgia fut élu, le 11 août. Le peuple de Rome accueillit avec joie l'élévation de celui qui allait être Alexandre VI.

On doit sans doute attribuer l'horreur qu'inspire le nom de Borgia au hasard malheureux qui a mis un pape de cette maison sur la chaire de saint Pierre pendant l'une des périodes les plus importantes de l'histoire de l'Europe. Par suite, ses faiblesses, ses crimes et ceux de sa famille ont paru plus éclatants. Comment expliquer autrement qu'Alexandre VI ait plus mauvaise réputation que tel ou tel pontife du quinzième siècle? Son élection fut-elle plus entachée de simonie que celle d'Innocent VIII? Les mœurs du cardinal Cybo étaient-elles plus pures que celles du cardinal

---

(1) Voy. plus haut, p. 31.
(2) Buser, p. 354.

Borgia ? L'affection paternelle du père de César Borgia fut-elle plus déréglée que le népotisme de l'oncle de Jérôme Riario ? Encore l'ambition du comte Jérôme ne présentait même pas ce caractère de grandeur qui valut à César Borgia l'admiration de Machiavel. Les criminels projets qu'Alexandre approuva chez ses fils sont-ils plus épouvantables que la conjuration des Pazzi conçue dans le palais et avec la connivence de Sixte IV ? Et si nous jetons les yeux sur quelques-uns des princes qui régnèrent en Italie, les Borgia furent-ils plus sanguinaires que les Visconti ?

Quant à la personne même d'Alexandre VI, elle commence à être mieux connue ; sans prétendre en aucune façon réhabiliter un de ces papes dont l'histoire prouve « combien la faiblesse de l'homme est distincte de la sainteté impersonnelle de l'Église », M. Cipolla porte sur son compte un jugement auquel on ne peut que s'associer. « Rodrigue Borgia, dit-il, ne fut que trop le fils de son temps. Comme prince on doit reconnaître qu'il ne fut pas plus vicieux que tant d'autres de ses contemporains ; il ne ravit point, comme Laurent de Médicis, la liberté d'une ville ; il ne trahit point son peuple, comme le sanguinaire Ferrand de Naples. Sa politique, si elle fut intéressée et changeante, ne fut pas pire que celle des autres ; s'il ne montra point l'énergie et la sagesse du Magnifique, il est juste de reconnaître que Rome ne fournissait point les moyens d'action que l'on pouvait trouver à Florence. Comme pontife, il ne trahit pas son mandat ; aucun de ses accusateurs ne lui a reproché d'avoir, sur les points de foi, dévié de la ligne à laquelle ses prédécesseurs étaient restés fidèles. Par la célèbre bulle de 1494, qui mit fin à de longues, délicates et périlleuses controverses entre les Castillans et les Portugais au sujet des limites de leurs conquêtes en Orient, il semble avoir voulu s'élever au rôle d'arbitre suprême dans les questions européennes. Mais le chapeau cardinalice, la triple couronne qui couvrirent successivement son front, voilà ce qui aggrave ses fautes à nos yeux (1). »

Malgré son alliance avec l'étranger, Ludovic pensait sans doute qu'une union avec toutes les puissances italiennes le rendrait plus fort. C'est peut-être afin de connaître leurs dispositions à cet égard qu'il fit proposer à Ferrand que tous les ambassadeurs de la ligue se réunissent à Rome pour faire en commun l'acte d'obédience au nouveau pape. C'eût été là un premier pas vers cette confédération générale qui était, il n'y

(1) Cipolla, p. 671.

a pas encore longtemps, l'idéal de bien des Italiens, et qui aurait certainement rendu plus difficile l'accomplissement des projets de Charles VIII. Acceptée déjà par le roi de Naples, la proposition du duc de Bari aurait probablement réussi sans la vanité de Pierre de Médicis, qui ne voulut pas se résoudre à jouer un rôle secondaire alors qu'il comptait briller au premier rang d'une ambassade florentine. Devant cette attitude des Florentins, ayant appris d'un autre côté que le pape verrait sans déplaisir que chacun des états fît séparément acte d'obédience, Ferrand revint sur sa première décision (1).

A partir de ce moment, Ludovic soupçonna que Pierre était ligué avec ses ennemis. Il trouvait d'ailleurs une confirmation de ses soupçons dans un événement qui devint considérable par suite des interprétations auxquelles il donna lieu. A la mort d'Innocent VIII, Virginio Orsini avait acheté de François Cybo les châteaux de l'Anguillara et de Cervetri, dans la campagne de Rome. Or Virginio était à la solde du roi de Naples et l'on disait que l'argent nécessaire à ses acquisitions lui venait de Pierre de Médicis. Le pape et le duc de Bari se crurent également menacés (2). Malgré les avertissements de son ambassadeur en Lombardie, Agnolo Niccolini, qui lui rappelait que la bonne intelligence avec Milan était pour Florence « la voie naturelle » du salut, le fils de Laurent resserrait de plus en plus ses relations avec Naples. Il semblait ne pas se douter que, s'il irritait Ludovic, il était maintenant au pouvoir de celui-ci de le brouiller avec le roi de France.

Charles VIII parut d'abord avoir reporté sur le fils la confiance qu'il avait donnée au père. Au moment de la mort d'Innocent VIII, il s'adressait à lui, comme à l'homme qui « à lui seul lui inspirait plus de confiance que tout le reste de l'Italie », pour faire prier les cardinaux de ne pas disposer de Djem d'une manière qui ne serait pas conforme aux volontés de la France. Pierre se croyait en état de conserver la bienveillance de Charles en lui donnant le change sur ses rapports avec Naples par des présents et par de vaines marques de respect; mais, outre qu'il ne possédait pas au même degré que son père l'art d'endormir les gens avec de belles paroles, il comptait sans le duc de Bari (3).

(1) Trinchera, *Codice aragonese*, II, n°° 148, 211, 223, 225.
(2) Cipolla, 674.
(3) Buser, 312-315.

Les Vénitiens avaient, dès le mois de janvier (1), parlé d'adresser une ambassade à Charles VIII. Les envoyés dont ils firent choix, Zacharie Contarini et François Capello, n'eurent pas d'autre mission que de féliciter le roi sur ses succès en Bretagne et sur son mariage. On les autorisa d'ailleurs à faire toutes les protestations de dévouement qu'ils jugeraient nécessaires; mais on leur recommanda de se maintenir toujours dans des termes généraux et d'éviter tout ce qui présenterait l'apparence d'un engagement, surtout vis-à-vis du duc d'Orléans, qui serait peut-être tenté de profiter des ouvertures que la Seigneurie lui avait fait faire en 1484. « Comme il pourrait arriver, lisait-on dans les instructions, que Monsieur le duc d'Orléans, en raison des choses auxquelles il aspire en Italie, vous sondât sur les chances d'un traité avec nous, nous voulons, le cas échéant, que vous vous efforciez de ne rien répondre d'explicite aux demandes qu'il pourrait hasarder, prenant soin d'éviter tout ce que vous pourrez ne pas dire, en restant polis... Vous prendrez ainsi congé de Monsieur le duc d'Orléans en le laissant bien édifié et persuadé de l'attachement que nous avons pour lui; et ce autant que vous le pourrez, car nous désirons nous conserver ce duc comme ami en raison de son influence auprès du roi Très-Chrétien. » Le vrai motif de l'envoi de Contarini, c'était que le gouvernement vénitien, en présence de l'alliance avec Milan, jugeait, non sans raison, que la France, une fois en paix avec ses voisins, allait être en mesure d'intervenir dans les affaires d'Italie; il voulait du même coup maintenir les bons rapports qu'il entretenait avec elle, et surtout savoir quelle était au juste la force de ce puissant état. Les ambassadeurs avaient en effet reçu l'ordre exprès de revenir à Venise « parfaitement instruits de tout ce qui est digne d'être connu en ces pays (2) ».

On peut juger de l'exactitude avec laquelle les orateurs s'acquittèrent de leur tâche par la relation qu'ils lurent devant le Sénat à leur retour, et qui est la plus ancienne qui nous ait été conservée (3). Ils y racontèrent l'honorable accueil qu'ils avaient reçu à Paris, les marques de bienveillance que leur avait données le duc d'Orléans, les distinctions que Charles VIII avait daigné accorder à Contarini. Après avoir fait du roi

---
(1) Voyez plus haut, p. 230.
(2) A. Baschet, *La diplomatie vénitienne*, 312-313.
(3) Elle a été publiée par Alberi au tome IV de ses *Relazioni degli ambasciatori veneti*: Firenze, 1860, in-8°.

et de la reine deux fidèles portraits (1), ils s'étendirent longuement sur la description du pays, l'énumération de ses ressources et de ses forces militaires. Ce dernier chapitre n'était pas, on s'en doute bien, le moins important vu les circonstances. Il semblerait même, à le lire, que la Seigneurie eût eu l'intention de prendre à son service quelques-uns des capitaines français. « Parmi les seigneurs pensionnés par le roi, il y en a beaucoup qui sont des hommes d'importance et de bon gouvernement. D'après ce que nous avons pu induire de leurs paroles *et etiam* de celles d'autrui, chacun d'eux se verrait volontiers au service de Votre Sublimité. Il y a d'abord le duc de Lorraine que nous n'avons pas vu, mais qui nous l'a fait dire expressément par un de ses secrétaires (2). » En cela du reste René de Lorraine aurait simplement repris la place qu'il avait tenue dix ans plus tôt à la tête des armées vénitiennes. Bien qu'il n'eût plus à compter sur l'appui du roi de France devenu son rival, il n'avait pas encore renoncé à l'espoir de se substituer à Ferrand. Vers le même temps il protestait à Rome contre l'investiture donnée au duc de Calabre (3). Le prince de Salerne, dans un moment de dépit, aurait bien pu aussi chercher auprès des Vénitiens des soldats pour combattre le roi de Naples; mais que d'Esquerdes, Gié, M. de Baudricourt ou M. de Candale aient laissé voir, ainsi que le prétend Contarini, qu'ils aimeraient mieux servir Venise que la France, quitter leurs rudes soldats et les guerres glorieuses pour les condottieri dégénérés et les inoffensives chevauchées italiennes, il est impossible de l'admettre.

On avait d'ailleurs encore besoin d'eux en France. Le mariage de Charles VIII avait provoqué une nouvelle coalition de Maximilien avec l'Espagne et l'Angleterre. Les effets ne s'en firent sentir qu'au bout de quelque temps. L'Angleterre fut la première en état de commencer la lutte; encore Henri VII ne l'engageait-il qu'à son corps défendant, après avoir entamé au mois de juillet des pourparlers en vue d'une paix avec Charles VIII (4). Cependant il mit l'embargo sur la flotte vénitienne de Flandres qu'il contraignit à le transporter de l'autre côté de la Manche. Les Vénitiens se plaignirent au roi de France, qui pro-

---

(1) Ce sont ceux que nous avons cités plus haut, p. 244 et 245.
(2) *Ibidem*, p. 21.
(3) 21 juin 1492. Bibliothèque nationale. Collection de Lorraine, 240, n° 7.
(4) Le Père Daniel, *Histoire de France*, édition de 1755, VIII, p. 114.

Buste d'Alexandre VI. (Musée de Berlin.)

fita de leur mécontentement pour leur proposer un nouveau traité d'alliance; mais ceux-ci, fidèles à leur politique réservée, éludèrent ses propositions (1). Au moment même où le Sénat délibérait sur la réponse à faire à Charles VIII, la guerre était déjà finie. Au mois d'octobre, le roi d'Angleterre avait mis le siège devant Boulogne. Mais l'armée française était puissante; Maximilien n'avait ni argent ni troupes pour soutenir son allié; les Espagnols négociaient déjà pour leur compte. Henri VII fut contraint de signer, le 3 novembre 1492, le traité d'Étaples. Moyennant 745.000 écus d'or, il promit de laisser le roi de France en paisible possession de la Bretagne; les deux souverains s'engageaient en outre à maintenir la paix entre leurs royaumes pendant la durée de leur vie.

Ferrand était assez perspicace pour comprendre qu'il resterait en sûreté tant que la France serait en guerre avec ses voisins; aussi n'épargnait-il pas ses efforts pour déterminer le roi d'Espagne et le roi des Romains à faire ensemble la guerre à Charles VIII (2). Mais en France on se doutait de ses intrigues, et deux de ses courriers avaient été arrêtés à Perpignan (3). En dépit de ses menées, la paix, qui se traitait depuis longtemps, se conclut à Barcelone le 3 janvier 1493.

Il y avait plus de trente ans que le Roussillon et la Cerdagne avaient été remis à Louis XI par le roi Jean d'Aragon en gage d'un prêt de 300.000 écus d'or. Comme le prêt n'avait jamais été remboursé, les gages étaient restés entre les mains des rois de France. En les rendant et en abandonnant sa créance, le fils de Louis XI ne crut pas acheter trop cher une paix qui privait Maximilien de son dernier allié, au moment même où cet allié était rendu plus redoutable par l'expulsion définitive des Maures de Grenade. Toutefois cette restitution excita en France des désapprobations et des étonnements auxquels on doit sans doute attribuer les retards que subit l'exécution du traité. Par l'une des conditions le roi de Castille s'engageait à ne pas contracter de relations de famille avec le roi des Romains et se déclarait l'ennemi de quiconque serait en guerre avec Charles VIII, ce qui l'empêchait de donner son appui à Ferrand le jour où l'Entreprise de Naples deviendrait possible. Maximilien était désormais isolé en face de la France (4).

(1) Rawdon Brown, *Calendar of state papers... existing in the archives... of Venice*, I, 622 à 625.
(2) Lettre de Pierre Martyr déjà citée, p. 230, note 4.
(3) Trinchera, *Codice aragonese*, II, n°˚ 134 et 150.
(4) Ulmann, *Kaiser Maximilian I*, p. 164. — Cherrier, 243.

Il n'y avait pas à s'y tromper; l'empressement que Charles VIII apportait à se mettre en paix avec ses voisins était la preuve qu'il voulait se rendre libre de tourner le plus tôt possible ses armes vers l'Italie. Ludovic ressentait quelque émoi à l'idée de voir commencer une entreprise qu'il se trouvait avoir indirectement encouragée. Ce n'était pas qu'il souhaitât réconcilier le roi de France avec Ferrand : il s'attachait au contraire à entretenir l'irritation de son allié contre le monarque napolitain, en le mettant en garde, par exemple, contre ceux de ses courtisans à qui le roi de Naples avait envoyé l'habit de son ordre de l'Hermine (1). Mais il avait espéré pouvoir laisser subsister plus longtemps l'équivoque qui existait entre lui et Charles VIII ; et voici qu'il allait être prochainement appelé à se prononcer formellement pour ou contre l'Entreprise, avant d'en savoir les préparatifs assez avancés pour le mettre à l'abri d'une attaque soudaine du duc de Calabre, ou bien avant d'avoir eu le temps de la rendre impraticable si elle avait paru présenter quelque danger. Ceux des seigneurs de la cour qui étaient hostiles au duc de Bari venaient déjà de suggérer au roi une démarche qui excita de grandes inquiétudes à Milan. Le duc de Bourbon, ou plutôt sa femme, qui s'était toujours intéressée au sort de Bonne de Savoie, faisant appel à ce sentiment d'équité si manifeste dans la plupart des actes de Charles VIII, le détermina à essayer de tirer la duchesse douairière de Milan de l'humiliante retraite où la reléguait Ludovic. Charles prit prétexte de la grossesse de la reine et demanda au duc Jean-Galéaz d'envoyer sa mère assister aux couches d'Anne de Bretagne (2). De son côté la duchesse se déclarait prête à se rendre au désir de son royal neveu. Mais Ludovic ne l'entendait point ainsi ; il écrivit à Charles au nom du duc de Milan que « Madame Bonne (3) » ne pourrait quitter sa fille nubile, sa bru et sa jeune belle-sœur enceintes, son petit-fils au berceau, ni s'exposer aux dangers qui résulteraient pour sa santé de la fatigue du voyage. Belgiojoso recevait en même temps l'ordre d'agir auprès des *amis* et surtout auprès de l'amiral, de MM. de Beaucaire et de Myolans, pour faire renoncer le roi à ce projet, « qui pourrait donner à croire, écrivait le duc de Bari, ou que Madame Bonne est mal traitée ou

---

(1) Ludovic à Belgiojoso, Milan, 14 juin 1492. Archives de Milan, *Potenze estere, Francia*.
(2) Charles VIII au duc de Milan. Saint-Germain, 15 mai 1492. Archives de Milan, *Carteggio de' principi*. — Belgiojoso au duc de Milan, Paris, 7 février 1493. *Potenze estere, Francia*.
(3) Les mots « *Madonna Bonna* » ont été substitués dans la minute à ceux de « *duchessa Bona* ». Milan, 15 juin 1492. Archives de Milan, *Potenze estere, Francia*.

que nous manquons envers elle de l'amour et du respect qui lui sont dus (1) ». Se fiant peu aux assurances de Ludovic, le roi chargea le président des Comptes de Grenoble, Jean Cloppet, qu'il envoyait à Milan traiter diverses questions résultant de l'alliance précédemment conclue, de constater par lui-même la manière dont Bonne était traitée.

Le résultat de l'enquête fut satisfaisant, paraît-il ; mais après s'être acquitté de sa mission officielle, Cloppet eut encore avec Ludovic de secrets pourparlers. Il offrait d'abord de s'employer à rendre plus étroite l'alliance avec Charles VIII ; il proposait en second lieu de marier Blanche Sforza au comte de Ligny. Mais un dernier point était le plus important : « Il nous a ensuite dit un mot de l'Entreprise du royaume de Naples, et il nous a averti qu'il y avait à la cour plusieurs personnes qui nous voulaient du mal. Mais il se fait fort de les gagner et de nous les rendre favorables (2). » Tels sont les termes laconiques dans lesquels l'Entreprise de Naples se trouve mentionnée pour la première fois dans une lettre de Ludovic le More. Il est vrai que la réponse toute évasive faite à cette partie des offres de Cloppet n'est pas moins brève. « Sur ce point, dit le duc de Bari, je n'ai rien de particulier à proposer (3). » Ce n'est certes pas ainsi qu'il eût répondu s'il avait été dès cette époque l'ardent promoteur de l'expédition de Charles VIII.

Celle-ci cependant paraissait de jour en jour plus près de se réaliser. Bientôt après, Belgiojoso en parlait comme de l'un des sujets traités dans les négociations avec les souverains espagnols. « Tout le monde croit, disait-il, que Leurs Majestés n'apporteront aucun trouble dans les affaires de l'Entreprise (4). » En même temps, on préparait en France de grands armements. Tout cela n'avait rien de rassurant pour Ludovic ; mais, dans l'impossibilité où il se trouvait de rompre l'union avec Charles VIII qui faisait sa force en Italie, le duc de Bari était contraint d'observer un silence qui pouvait passer pour une adhésion aux projets de son allié. Il n'osait pas protester lorsque les Français, en calculant les forces dont ils pouvaient disposer, faisaient entrer en ligne de compte les cinq cents

---

(1) Ludovic à Belgiojoso, Pavie, 19 juin 1493. Archives de Milan, *Potenze estere, Francia*.
(2) Du même au même, 24 septembre 1492. *Ibidem*.
(3) *Responsum factum magnifico presidi Gratianopolis...* Bibliothèque nationale, ms. latin 10133, fol. 480 r° - v°.
(4) Belgiojoso à Ludovic, Angers, 1ᵉʳ janvier 1493. Archives de Milan, *Potenze estere, Francia*.

lances dues pour l'hommage de Gênes (1). De peur de voir confier à un maître qui lui serait hostile, deux gros vaisseaux que le roi venait de faire construire, il consentit à ce que Belgiojoso en acceptât la propriété (2). En vain croyait-il faire dévier vers l'Orient les préparatifs de la France, en parlant à Charles VIII des dangers que les Turcs faisaient courir à l'Italie; le roi, qui considérait très réellement la conquête de Naples comme un premier pas vers Constantinople, répondait que, pour sa part, il ne manquerait pas d'y pourvoir et prenait cette défaite pour un encouragement (3).

Si l'union avec la France servait à augmenter le prestige du duc de Milan en Italie, elle était onéreuse par de certains côtés. Milan, étant un fief d'Empire, ne pouvait être légitimement possédé que par une investiture impériale. Cette investiture, les Sforza l'avaient sollicitée sans l'avoir jamais reçue, et Ludovic tentait de nouveau des démarches en ce sens auprès du roi des Romains. Maximilien avait grand besoin d'argent pour soutenir sa lutte contre Charles VIII; il promit l'investiture en échange de 100.000 ducats. Mais, sur des observations venues de France, où l'on ne se souciait point de laisser un allié fournir à l'ennemi les moyens de continuer la guerre, il fallut renoncer à profiter, au moins pour le moment, des bonnes dispositions du roi des Romains. Le duc de Bari avait déjà envoyé 25.000 ducats en Allemagne, mais il craignait trop Charles VIII pour ne pas s'exécuter. Il fit hautement valoir la preuve de dévouement qu'il donnait au roi de France et demanda que celui-ci s'engageât à ne pas faire la paix avec Maximilien sans exiger que son adversaire expédiât les privilèges d'investiture moyennant les 75.000 ducats qui restaient à payer. Le roi refusa de prendre à cet égard un engagement formel et se borna, lors de la conclusion de la paix, à autoriser Ludovic à réclamer l'investiture (4).

Quel que fût le prix qu'elle lui coutât, Ludovic ne pouvait se passer de l'alliance française. Il recevait de Rome des nouvelles alarmantes : non seulement Virginio Orsini était en possession des fiefs qu'il avait achetés de François Cybo, mais le cardinal de Saint-Pierre ès Liens s'était retiré

---

(1) Ludovic à Belgiojoso, Milan, 19 février 1494. Archives de Milan, *Potenze estere, Francia*.
(2) Belgiojoso à Ludovic, Paris, 21 janvier 1493. *Ibidem*.
(3) *Loco citato*.
(4) Ludovic au prince de Salerne. Milan 19 janvier 1493. Archives de Milan, *Potenze estere, Napoli*. Cette pièce devrait évidemment se trouver dans le dossier *Francia*. — Ludovic à Belgiojoso, Cusago, 27 février 1493. *Ibidem, Francia*. — Buser, 542.

à Ostie, où il se fortifiait, avec l'appui du roi de Naples, de façon à provoquer quelque scission dans le Sacré-Collège, scission qui permettrait à Ferrand de faire la loi au pape. « Notre influence ne suffit plus, écrivait Ludovic à Belgiojoso, il faut que le roi Très-Chrétien interpose la sienne (1). » Au même moment Ferrand apprenait que le pape se tournait du même côté (2) : au nom et avec l'approbation officielle d'Alexandre VI, le cardinal Savelli écrivait à Charles VIII pour l'exhorter à tenter l'Entreprise de Naples. Ludovic ne devait pas ignorer cette démarche ; en tout cas il ne l'avait pas déconseillée. Sans doute il partageait les sentiments du pontife : « Si Alexandre avait fait écrire en ce sens, dit un contemporain, ce n'était pas qu'il espérât la venue du roi Charles ; mais il pensait mettre à profit la terreur du nom français, comme l'avaient fait beaucoup d'autres papes, entre autres le très prudent Paul II (3). » En France, on prit naïvement la chose au pied de la lettre ; le roi résolut d'envoyer encore une fois Perron de Baschi en Italie demander sans plus tarder l'investiture au pape (4).

Ludovic s'aperçut bientôt que ses excitations, jointes à celles qui venaient de Rome, avaient dépassé le but. Déjà Charles VIII lui demandait d'envoyer en France son gendre, Galéaz de San-Severino, commandant des troupes milanaises, qu'il voulait sans doute consulter au point de vue militaire. Le duc de Bari refusa sous un prétexte et fit tout ce qu'il put pour enrayer le mouvement qu'il avait provoqué (5). Le prince de Salerne étant l'homme dont l'opinion avait le plus de poids, en ces matières, auprès du roi et de ses conseillers ordinaires, Belgiojoso reçut l'ordre d'agir auprès de lui pour empêcher le départ de Perron, et pour lui démontrer l'impossibilité d'obtenir l'investiture dans les circonstances présentes. Mais le prince ne voulait entendre parler de rien qui pût retarder l'Entreprise. Il répondait que si le pape se croyait trop directement exposé aux violences de Ferrand pour donner publiquement l'investiture avant de se sentir sous la protection des armes françaises, il n'avait qu'à la donner secrètement ; que d'ailleurs le roi n'était pas fort bien disposé envers Alexandre VI et qu'au besoin, il n'hésiterait pas à employer la contrainte pour obtenir de lui ce

---

(1) Ludovic à Belgiojoso, Milan, 7 février 1493. Archives de Milan, *Potenze estere, Francia*.
(2) Trinchera, *Codice aragonese*, II, n° 325.
(3) Sigismondo dei Conti, *Storia de suoi tempi*, II, 60. Roma, 1883, in-4°.
(4) Belgiojoso à Ludovic, Paris, 24 février 1493. Archives de Milan, *Potenze estere, Francia*.
(5) Ludovic à Belgiojoso, Vigevano, 6 mars 1493. *Ibidem*.

qu'il désirait (1). Un appel à la prudence de Charles VIII réussit mieux. Le duc de Bari tout en assurant la France de son concours auprès du pape, fit observer que les hostilités avec Maximilien durant encore, il serait plus sage d'attendre le jour où le roi, débarrassé de ses autres guerres, se trouverait avec son armée toute prête dans une région voisine de l'Italie, de façon à assurer la liberté du Saint-Siège et à tenir en respect le roi de Naples (2).

La situation de Ludovic à cette époque était loin d'être enviable; il ne cessait de passer d'une crainte à une autre et d'osciller entre la peur que lui causait le roi de Naples et la peur que lui causait le roi de France. De quel redoublement de frayeur ne dut-il pas être saisi lorsqu'il crut possible de voir Ferrand et Charles VIII s'unir contre lui !

Le plénipotentiaire français chargé de régler l'exécution du traité de Barcelone était ce M. de Clérieux qui avait été ambassadeur en Italie en 1489. Depuis ce temps, Clérieux était resté en relations avec le roi de Naples, dont il servait publiquement les intérêts à la cour de France. A son retour d'Espagne, il fit un rapport si favorable des dispositions du roi de Castille que Charles VIII prit le parti de ne plus retarder la restitution du Roussillon et de conclure une alliance intime avec son voisin. Belgiojoso, bien que moins maladivement inquiet que son maître, n'était pas moins prompt à prévoir les dangers les plus éloignés. Des mariages étaient projetés entre les familles royales d'Espagne et de Naples; n'y avait-il pas lieu de craindre que les souverains espagnols profitassent de leur nouvelle amitié avec Charles VIII pour le réconcilier avec Ferrand? D'ailleurs Clérieux avait été déjà l'intermédiaire du roi de Naples auprès du duc d'Orléans; on disait encore que, pendant son dernier voyage, les rois catholiques l'avaient chargé d'offrir au duc leur appui dans les entreprises qu'il voudrait tenter. Ne pouvait-il pas résulter de l'ensemble de ces circonstances une grave menace pour Milan? Il fallait à tout prix empêcher les mariages hispano-napolitains. Belgiojoso eut recours, comme d'habitude, au prince de Salerne et à Étienne de Vesc. Ceux-ci agirent auprès du roi, ils lui montrèrent que ces mariages compromettraient le succès de l'expédition de Naples. Grâce à cet argument ils triomphèrent des répugnances que Charles laissa voir d'abord. « J'ai déjà, disait-il, défendu au roi d'Espagne de s'unir par des mariages avec les maisons d'Angleterre et d'Autriche; si je lui interdis en-

(1) Belgiojoso à Ludovic, Paris, 24 février 1493. Archives de Milan, *Potenze estere, Francia.*
(2) Voyez la pièce citée dans l'avant-dernière note.

core la maison du roi Ferrand, il pourra m'accuser de ne vouloir point qu'il marie ses enfants. » Il fut décidé qu'on exigerait tout au moins du roi Ferdinand de Castille le serment de ne pas s'opposer à l'Entreprise de Naples (1).

Belgiojoso en communiquant ces nouvelles à son gouvernement ajoutait encore un détail assez inquiétant. Le roi catholique avait demandé à son voisin, sous prétexte de manifester publiquement leur nouvelle amitié, d'attendre pour envoyer à Rome l'obédience française, qu'il fût prêt à envoyer la sienne. Or Charles n'avait déjà que trop tardé. Un rapprochement menaçait de se produire entre le pape et Ferrand : un envoyé napolitain venait d'arriver à la cour pontificale pour accommoder l'affaire de l'Anguillara, et les Florentins secondaient sa démarche. Craignant que le pape, faute de se sentir soutenu, ne passât au roi de Naples, Ludovic fit supplier Charles VIII de hâter l'envoi de l'obédience (2); en même temps il cherchait à entraîner le pape dans une ligue de puissances italiennes assez forte pour résister à Ferrand. Sur ce point, ses efforts réussirent. Le 22 avril 1493, une alliance de vingt-cinq ans était signée entre Milan, Rome et Venise; Belgiojoso se hâta d'en donner la nouvelle afin de démentir par là les bruits d'entente entre Ludovic et Ferrand qui avaient couru dans l'entourage du roi de France (3).

De l'autre côté des Alpes, le duc de Bari avait été moins heureux; il semble que Charles VIII se soit, malgré ses conseils, obstiné à demander au pape l'investiture de Naples. Alexandre VI avait répondu qu'il ne prendrait pas de décision avant d'avoir reçu l'obédience. Ce fut pour Ludovic une nouvelle occasion d'insister sur la nécessité de l'envoyer. Le roi d'Espagne venait d'adresser la sienne. Ses ambassadeurs étaient encore à Rome. Belgiojoso fut chargé de dire au roi qu'ils allaient peut-être faire porter devant l'arbitrage de leur maître cette affaire de l'Anguillara que le duc de Bari aurait voulu, disait-il, faire soumettre à celui de Charles VIII (4). Tel était en effet l'usage que le More aurait voulu faire de son alliance avec le fils de Louis XI. Il avait cru s'unir à un prince assez docile pour servir ses desseins, assez puissant pour en assurer la réussite, assez confiant et assez naïf

---

(1) Belgiojoso à Ludovic, Paris, 13 mars 1493. Archives de Milan, *Potenze estere, Francia*.
(2) Ludovic à Belgiojoso, Vigevano, 21 mars 1493. *Ibidem*.
(3) Du même au même, Vigevano, 29 avril 1493. *Ibidem*.
(4) Du même au même, Ferrare, 19 mai 1493. *Ibidem*.

pour ne pas exiger des marques compromettantes de dévouement. Le jour allait venir où ce serait lui qui se verrait irrésistiblement entraîné à la suite de cet allié qu'il prétendait conduire.

CHAPITRE V.

LE TRAITÉ DE SENLIS. — LA MISSION DE PERRON DE BASCHI EN 1493.

Le traité de Senlis. — Circonstances dans lesquelles il fut conclu. — État des partis à la cour de France. — Avantages du traité de Senlis. — Communauté d'aspirations entre Charles VIII et Maximilien. — Ludovic obtient de Maximilien l'investiture de Milan. — Mariage de Blanche Sforza. — Ambassade milanaise à Venise. — Charles VIII veut tenter l'Entreprise de Naples. — Voyage précipité de Belgiojoso. — Ludovic accepte les propositions de Charles VIII. — Béatrice d'Este à Venise. — Attitude de Ludovic vis-à-vis des puissances italiennes. — Perron de Baschi à Milan, à Venise, à Ferrare et à Bologne. — Son arrivée à Rome. — Rapprochement d'Alexandre VI et de Ferrand. — Encouragements indirects donnés par le pape à Perron de Baschi. — Conseil des affaires d'Italie. — Briçonnet. — Dépit de René de Lorraine. — Pirovano chargé de l'intérim de Belgiojoso en France. — Accueil qu'il reçoit en France. — Les ambassadeurs napolitains sont congédiés. — Retour de Perron de Baschi et de Belgiojoso.

Il est bien peu d'historiens qui n'aient pris texte du traité de Senlis pour accuser Charles VIII d'avoir sacrifié à de folles ambitions l'honneur de sa couronne et la sûreté de ses états. Pour être libre de conquérir avec « une témérité d'enfant (1) » un royaume qu'il ne pouvait garder, le jeune roi aurait abandonné des terres déjà réunies à la France, et encore « actuellement occupées par les troupes françaises (2) ». On se fût sans doute montré moins sévère si l'on avait examiné de plus près les circonstances dans lesquelles la paix fut signée.

Le sort n'avait point favorisé nos armes. Au nord, d'Esquerdes était

---

(1) H. Martin, *Histoire de France*, VII, 266.
(2) Cherrier, *Histoire de Charles VIII*, I, 247.

maître de Hesdin, d'Aire et de Béthune; mais il n'avait pu reprendre Saint-Omer et Arras, tombés aux mains du roi des Romains dès le lendemain du traité d'Étaples. En Franche-Comté, la situation était encore moins favorable; l'esprit des populations se montrait hostile à la France et par une campagne d'hiver dont le combat de Dournon (1) fut le principal épisode, Maximilien avait reconquis la plus grande partie de la dot de sa fille. Les cantons suisses dont les enfants avaient combattu dans les deux armées, offrirent leur médiation : une trêve de quatre mois fut conclue en mars 1493 (2) et l'on s'occupa de négocier une paix définitive.

La cour était divisée, mais l'opinion du plus grand nombre était favorable à la paix. « D'un côté, écrivait Belgiojoso au duc de Milan, il y a les ducs d'Orléans et de Bourbon ainsi que le prince d'Orange qui s'entendent fort ensemble, qui sont très unis et qui entraînent avec eux la plus grande partie de la cour. Ceux-ci veulent la paix et s'y emploient de toutes leurs forces, disant que tel est l'intérêt du roi très chrétien et de tout son royaume. Ils démontrent que les finances sont épuisées par les dernières grandes guerres, et que l'on a besoin de repos. En outre, ils déclarent que la Majesté du roi ne peut, sans blesser l'honneur, garder plus longtemps la fille du roi des Romains ni les terres qui constituent sa dot... et par ce moyen ils prêchent fort la paix au roi. Par contre, l'amiral de Graville n'épargne aucun effort pour faire obstacle à la paix. Il lui semble en effet que, tant que l'on sera en guerre, il restera en grand crédit; car c'est un homme d'une valeur et d'un génie réels, et dès qu'il y a quelque chose à faire, il faut bien que l'on ait recours à lui. Si au contraire la paix se concluait, comme le prince d'Orange, qui en a été le principal négociateur, est l'un des plus grands ennemis de l'amiral, celui-ci souffrirait de voir le prince acquérir par là une très grande gloire tandis que lui-même en resterait privé... Il n'y a que le cardinal de Bordeaux, Louis Monsieur (3) et le maréchal de Gié qui suivent le parti de l'amiral. Tout cela jette le roi dans une grande perplexité (4). » L'ambassadeur milanais ajoutait en terminant que selon toute vraisemblance la paix se ferait.

(1) 19 janvier 1493.
(2) Ulmann, *Kaiser Maximilian I*, tome 1, p. 166-172; Stuttgart 1884, in-8°.
(3) Louis de Clèves, frère d'Engilbert comte de Nevers. — Sur cette appellation de *Monsieur*, après le prénom, voyez Ét. Pasquier, *Recherches de la France*, éd. de 1511, p. 825. Voyez aussi Decrue, *Anne de Montmorency*, 128.
(4) Belgiojoso au duc de Milan, Senlis, 4 avril 1493. Archives de Milan, *Potenze estere, Francia*.

Le comte de Belgiojoso ne se trompait pas ; les vœux des ducs d'Orléans et de Bourbon étaient conformes aux idées d'équité suivant lesquelles le roi avait coutume de régler sa conduite. De la part d'un prince préoccupé, comme il l'était toujours, de « rester en son devoir », le fait d'avoir retardé aussi longtemps la restitution des biens dotaux de Marguerite d'Autriche, et d'avoir eu la prudence de garder en ôtage la fille de Maximilien pendant qu'il était en guerre avec son père, ce fait, à nos yeux, est une preuve que Charles VIII savait au besoin sacrifier ses préférences personnelles aux nécessités de la politique. D'ailleurs, lors du mariage d'Anne de Bretagne avec Maximilien, le roi n'avait-il pas montré qu'il n'hésitait nullement à ajourner la réalisation d'espérances longtemps caressées, lorsque l'intérêt de son royaume l'exigeait? La paix qu'on lui offrait mettait fin aux protestations du roi des Romains contre le second mariage d'Anne avec Charles VIII; elle assurait par suite la réunion de la Bretagne à la France. Les conditions acceptées furent que Marguerite serait rendue à son père et que chacun garderait ce qu'il occupait au moment de la cessation des hostilités. Ainsi Maximilien et son fils, l'archiduc Philippe, gardaient la Franche-Comté et l'Artois; cependant le jour où Philippe aurait atteint l'âge de vingt ans, Arras devait être rendu à la France en échange de Hesdin, d'Aire et de Béthune conservés jusqu'à la même époque par les Français qui les avaient conquis. Bien plus, les comtés de Mâcon, d'Auxerre et de Bar-sur-Seine, c'est-à-dire une partie assez considérable de la dot de Marguerite, restaient à la France en attendant que l'on en réglât l'attribution définitive. Charles VIII n'abandonnait donc en réalité que ce qu'on lui avait déjà repris.

On ne sait rien des négociations du traité de Senlis ; mais il est vraisemblable que le roi des Romains prit, dès cette époque, l'engagement de ne pas mettre obstacle aux desseins de Charles VIII sur Naples. D'une part, en effet, le consentement de Maximilien est aujourd'hui un fait prouvé (1); de l'autre, un engagement analogue ayant été demandé au roi d'Espagne lors du traité de Barcelone, on a lieu de croire qu'une pareille demande fut adressée au prince dont la neutralité était une condition indispensable à toute expédition hors de France. D'ailleurs le roi des Romains, que la paix allait laisser maître de se consacrer à cette lutte contre le Croissant qui

---

(1) C'est à M. Ulmann que revient le mérite de l'avoir démontré dans sa belle histoire de Maximilien, *Kaiser Maximilian I*, tome I, p. 270.

fut la grande affaire de sa vie, n'avait aucune raison de répondre par un refus. On sait que Charles ne souhaitait guère moins que son rival de se mesurer avec les Infidèles. Peut-être même les deux rois pensaient-ils à reprendre contre les Turcs un projet d'action commune qui remontait à 1490, projet abandonné par suite des guerres qu'avaient amenées les deux mariages successifs d'Anne de Bretagne (1). Aucun d'eux n'avait renoncé aux espérances dont la réalisation s'était trouvée forcément ajournée. Au plus fort de sa lutte contre la France, pendant l'année 1492, Maximilien promettait aux Hongrois de venir à leur secours, aussitôt qu'il aurait fait la paix. A peine assuré que sa fille allait lui être rendue, il faisait offrir au roi Ladislas de devenir son gendre, puis de s'établir à Augsbourg ou à Nuremberg, afin d'y prendre en qualité de *statthalter* le gouvernement du Saint-Empire et des terres de la maison d'Autriche, ainsi que la garde de l'archiduc Philippe et de ses domaines, tandis que Maximilien, pour être plus rapproché des avant-postes turcs, irait prendre au nom de Ladislas le gouvernement de la Hongrie. Cette étrange proposition n'eut pas de suite (2). Elle montre que le fils de Frédéric III méritait, bien plus que Charles VIII, le reproche de sacrifier de solides réalités à de vaines espérances.

La guerre contre les Musulmans n'était pas le seul objet des aspirations communes aux deux anciens ennemis. L'un et l'autre souhaitaient une réforme de l'Église et s'efforçaient de provoquer la réunion d'un concile général (3); l'un et l'autre enfin avaient des vues sur l'Italie. Maximilien, en effet, était fort en droit de se plaindre des empiétements des Vénitiens dans le comté de Goritz et de leur hostilité sourde contre la maison d'Autriche, devenue leur voisine. A un moment que l'on ne saurait encore préciser, le roi des Romains proposa même une action commune contre Venise et contre Naples (4). Bien que Charles VIII qui considérait alors les Vénitiens comme ses alliés, n'y ait pas voulu consentir, il est probable que la question dut être agitée à l'époque de la paix de Senlis; car, avant même que les négociations du traité fussent terminées, Ludovic le More parlait aux Vénitiens des entreprises que le roi de France et le roi des Romains pour-

---

(1) Ulmann, 208.
(2) *Ibid.*, 209-211.
(3) Schneider, *Die kirchliche und politische wirksamkeit des legaten Raimund Peraudi*, p. 32. — Voyez aussi Romanin, V, 33.
(4) Kervyn de Lettenhove, *Lettres et négociations de Ph. de Commines*, p. 192 et 194.

raient désormais tenter en Italie (1). Ce n'était donc pas seulement la liberté d'aller conquérir Naples que Charles VIII achetait en rendant deux provinces déjà sorties de ses mains et sur lesquelles il n'avait aucun droit ; c'était encore le consentement de Maximilien à ses lointaines expéditions, qui perdaient ainsi ce qu'elles auraient pu avoir d'aventureux ; c'était une longue paix pour la France dont le plus puissant ennemi aurait désormais assez à faire en Orient pour ne plus jamais s'occuper d'elle ; c'était surtout la reconnaissance implicite du mariage d'Anne de Bretagne et de l'annexion de son duché à la couronne, puisque Maximilien avait consenti à traiter non seulement avec Charles VIII, mais avec le dauphin Charles-Orland.

A partir du traité de Senlis, l'attitude que Ludovic avait gardée jusque-là se trouva subitement changée. Depuis l'alliance de 1492, le duc de Bari, tout en se servant du roi de France comme d'un épouvantail pour tenir Naples en respect, s'ingéniait à écarter tout ce qui pouvait faciliter la réalisation des desseins de Charles VIII. En février 1493, il avait même été jusqu'à parler aux ambassadeurs de Florence et de Ferrare d'un projet de ligue italienne qui eût rendu cette réalisation tout à fait impossible (2). En outre, il cherchait ailleurs de nouveaux appuis. La cessation des hostilités le laissait libre de se rapprocher de Maximilien sans que Charles VIII pût en prendre ombrage. Jugeant que le roi des Romains avait trop grand besoin d'argent pour se montrer très délicat sur certaines matières, il lui fit demander l'investiture du duché de Milan, non plus pour son neveu, mais pour lui-même. Par un raffinement de trahison dont on trouverait malaisément un second exemple, c'était de la main de la sœur qu'il prétendait payer la spoliation du frère. Bien plus, c'était au nom du malheureux Jean-Galéaz, intermédiaire inconscient de sa propre ruine, qu'Érasme Brasca allait offrir au roi des Romains 400.000 ducats et la main de Blanche Sforza. Le besoin d'argent pour faire la guerre aux Turcs, la certitude de s'attacher comme allié le voisin des Vénitiens, l'espoir d'obtenir des Milanais un concours armé, telles étaient les raisons qui déterminèrent Maximilien à prendre pour fiancée l'arrière-petite fille du laboureur de Cotignola. Le 24 juin 1493, il promit de remettre au duc de Bari les privilèges d'investiture aussitôt qu'il serait revêtu de la dignité impériale. Un an plus tard, le 5 septembre 1494, il tenait parole. La préférence donnée à Ludovic

---

(1) Instruction du 10 mai 1493. Romanin, V, 21-22.
(2) Cherrier, I, 353.

au détriment de son neveu n'avait rien que de strictement légal au point de vue du droit, puisque, depuis l'extinction des Visconti, le fief aurait dû faire retour à l'Empire, les Sforza ne l'occupant que par une acclamation populaire que l'empereur n'avait jamais confirmée (1).

Ludovic savait bien à quoi s'en tenir sur l'effet que son usurpation produirait à Naples; de ce côté, il était décidé à braver le danger. Naples, d'ailleurs, était à l'autre bout de la Péninsule; mais il ne voulait pas se brouiller avec l'état le plus puissant et le plus voisin de Milan, avec Venise. Le 10 mai 1493, le jour même où Érasme Brasca recevait l'ordre de se rendre en Allemagne, le duc de Bari dictait l'instruction pour les ambassadeurs qu'il envoyait aux Vénitiens. En prévision des entreprises que l'Italie pouvait maintenant redouter de la part du roi de France ou du roi des Romains, disait-il, la nécessité s'imposait de rendre plus étroits les liens que la ligue récemment formée avait établis entre Venise et Milan et de conclure à cette effet une alliance défensive (2). A la tête de l'ambassade, le duc de Bari avait placé sa jeune femme, Béatrice d'Este : « En envoyant, le duc de Milan sa tante, le duc de Bari son épouse, qui est ce qu'il a de plus cher au monde, afin de se féliciter avec vous de la conclusion de la ligue, disait-on dans l'instruction, nos seigneurs ont prétendu montrer que la joie qu'ils en ressentaient dépassait les bornes ordinaires (3). »

Ce n'était là qu'un prétexte. De moitié dans tous les secrets comme dans toutes les ambitions de son mari, la duchesse seule pouvait s'acquitter, avec le tact d'une femme et la prudence d'une intéressée, de la délicate mission que celle des autres ambassadeurs servait à dissimuler : il s'agissait de savoir dans quelles dispositions la Seigneurie accueillerait le changement de gouvernement qui se préparait. Ludovic n'ignorait pas que les Vénitiens redoutaient de voir Ferrand le remplacer dans l'autorité qu'il exerçait au nom du duc de Milan. Il espérait que ce motif, qui avait été assez puissant pour provoquer leur adhésion à la ligue du 22 avril, les déterminerait cette fois encore à se montrer favorables. Dans ce cas, assuré de l'alliance de Maximilien et de Venise, légitimement investi d'un titre que le duc d'Orléans n'aurait plus le droit de réclamer, il se serait sans doute cru assez fort pour braver les Napolitains et pour quitter, vis-

---

(1) Ulmann, 219-226.
(2) Romanin, V, 18 à 22.
(3) *Ibid.*, V, p. 19.

à-vis de Charles VIII, cette équivoque attitude que le roi interprétait dans le sens d'un encouragement (1). Quelques jours plus tard, par suite d'une circonstance imprévue, tout projet de ce genre était abandonné et Ludovic avait accepté la direction politique des affaires de Charles VIII en Italie.

« J'ai appris, écrivait de Milan, le 6 juin 1493, Guicciardini à Pierre de Médicis, que le comte Charles de Belgiojoso, ambassadeur de cet état auprès du roi de France, est passé mystérieusement près d'ici il y a deux jours et qu'il est allé trouver le seigneur Ludovic. Il était venu de la cour de France à franc étrier en sept jours et en se cachant. Je ne puis vous donner aucun détail, mais on suppose qu'il a fallu pour cela un motif de haute importance (2). »

Le fait était vrai. Le 15 mai, au moment où l'on arrêtait les dernières conditions du traité de Senlis, l'ambassadeur milanais communiquait de graves nouvelles à Ludovic. Maintenant que la paix était rétablie, le roi se trouvait fermement décidé à conquérir à tout prix la couronne de Naples. Dans ce dessein, il avait nommé une commission dont faisait partie Commines, commission spécialement chargée de lui donner des avis sur les affaires relatives à son projet. De plus, il avait exprimé le désir de faire de Ludovic le chef et le directeur de l'Entreprise en Italie, promettant de lui abandonner telle partie du royaume de Naples que bon lui semblerait : Perron de Baschi devait aller sous peu de jours prendre l'avis du duc de Bari, avant d'aller communiquer aux Vénitiens les intentions de Charles VIII. De Venise, Perron irait sommer les Florentins de prendre la défense du Saint-Siège contre les Napolitains; enfin il devait terminer sa mission en offrant au pape le secours du roi et en lui demandant l'investiture de Naples. Quant à l'acte d'obédience qui n'avait pas encore été fait au nom de la France, des ambassadeurs spéciaux allaient être désignés avant le départ de Perron. L'orateur milanais ajoutait que ce qui avait surtout déterminé le roi, c'étaient les facilités que présentait l'occupation de l'Italie méridionale pour une guerre contre les Turcs, « à laquelle Sa Majesté paraît toute disposée », disait-il (3).

---

(1) A. Gelli, *Archivio storico italiano*, 3ᵉ série, XVI, 390-391.
(2) P. Guicciardini à Pierre de Médicis, Milan, 6 juin 1493. Archives de Florence, *Carteggio Mediceo*, filza 50, n° 242.
(3) Buser, 541-542.

Le temps pressait; Béatrix était déjà partie pour Venise. Son mari, feignant le désir de se féliciter avec le duc de Ferrare de l'adhésion que

Buste de Béatrice d'Este, au musée du Louvre.

celui-ci avait donnée à la ligue du 22 avril (1), s'était rendu à Ferrare pour y attendre la réponse des Vénitiens. Sous prétexte de porter à Ludovic le témoignage formel des intentions de Charles VIII, le comte de Belgiojoso se mit lui-même en route, devançant Perron de Baschi. Peut-être jugeait-il

(1) Ludovic à Charles VIII, Colorno, 11 juin 1493. Archives de Milan, *Potenze estere, Francia*.

que son expérience des choses de France ne serait pas inutile à son maître (1)?

Toujours à cheval malgré le mauvais état de sa santé, s'arrêtant à peine pour avaler à la hâte les aliments les plus rapidement préparés, Belgiojoso franchit en six jours les six cents milles qui séparaient Senlis de Torgiara dans le Parmesan, où il retrouva Ludovic le 4 juin au soir. L'excès de la fatigue le rendit gravement malade (2).

Le duc de Bari avait déjà pris son parti au reçu de la lettre du 15 mai. Un refus, sans le mettre à l'abri des rancunes de Ferrand, devait l'exposer à celles de Charles VIII, et peut-être à celles de Maximilien, devenu l'allié de la France. S'il acceptait, au contraire, fort de l'amitié du roi de France et du roi des Romains, il pouvait se substituer sans crainte à son neveu.

(1) D'après le langage mis par Corio dans la bouche de Belgiojoso, l'ambassadeur milanais aurait détourné Ludovic d'accepter les propositions de Charles VIII. (*L'Historia di Milano*, édition de Venise, 1565, p. 1046.) La conduite de Belgiojoso en France rend bien peu vraisemblable le langage que lui attribue Corio.

(2) Ludovic à Antoine Stanga, Torgiara, 5 juin 1493. Archives de Milan, *Potenze estere, Napoli*. — On trouve les renseignements les plus détaillés sur le voyage de Belgiojoso dans la consultation écrite des médecins qui le soignèrent à son arrivée. Cette pièce, datée de Parme (10 juin 1493), se trouve aux Archives de Milan, *Potenze estere, Francia*.

La plupart des historiens, et le dernier biographe de Charles VIII en particulier, ont expliqué la hâte extraordinaire du comte de Belgiojoso en le supposant porteur d'un traité secret qu'il aurait conclu avec Charles VIII, au nom de Ludovic. Les éditeurs du tome XX des *Ordonnances des rois de France* ont même cru devoir mentionner (p. 435) ce traité, qu'ils placent, on ne sait pourquoi, en mars 1494 (n. st.), peut-être parce qu'ils rapportent à l'année 1493 l'ambassade de Cajazzo, qui eut lieu en 1492. Ce traité n'a certainement pas existé à cette époque. On a vu que Ludovic cherchait alors des appuis autre part qu'en France et que l'ambassade qu'il venait d'envoyer aux Vénitiens avait précisément pour but de former une ligue contre les entreprises étrangères. C'est même à cause de cette disposition peu favorable que le comte de Belgiojoso se sera si fort pressé. Il fallait devancer Perron, afin que Ludovic eût le temps de prendre une décision. Il fallait aussi arriver à temps pour que le duc de Bari, dans le cas où sa décision serait conforme aux désirs de Charles VIII, pût avertir sa femme avant qu'elle eût fait au sénat de Venise des offres compromettantes. — Il est vrai que M. de Cherrier parle d'une lettre du 29 avril 1493 par laquelle Belgiojoso aurait reçu de son maître « l'ordre de lever les obstacles qui s'étaient opposés jusqu'alors à la conclusion d'une étroite alliance avec le roi, et de faire cet accord tant au nom du duc Jean-Galéaz qu'à celui de Ludovic » (I, p. 350-351). Cette lettre, Romanin l'a vue aux Archives de Milan, et il l'a interprétée d'une façon un peu différente : « *Lodovico*, dit-il, *incaricava il Barbiano di restringere in nome proprio e del duca suo nipote la pace col re di Francia, togliendo qualunque ruggine che pare ancora tra loro esistesse* » (V, p. 15). Nous l'avons vue aussi aux mêmes archives ; elle est de plus transcrite dans le registre de la chancellerie milanaise aujourd'hui conservé à notre Bibliothèque nationale (ms. latin 10133, fol. 489 r°). C'est une simple procuration pour l'inclusion des ducs de Milan et de Bari, comme alliés de Charles VIII, dans la paix conclue à Étaples entre la France et l'Angleterre, « *pro inclusione Ill. Dominorum ducis Mediolani et D. Ludovici in pace quam Ser. et Chr. Francorum rex cum rege Anglie contraxit.* »

Ne serait-il pas à même de retarder l'Entreprise ou de la rendre inoffensive, puisque la direction lui en serait confiée? Enfin sa nouvelle situation n'allait-elle pas faire de lui le véritable maître de la Péninsule entière? Lui-même le dit quelques jours plus tard : « Le temps est venu que, de toute l'Italie, on devra s'adresser à moi pour porter remède aux maux que

Vue de Venise, tirée du *Supplementum Chronicarum*, édition de 1490.

nous voyons se préparer (1). » Il jugea possible de jouer entre les Français et les Italiens un rôle tel que les uns et les autres se crussent ses obligés. Peut-être entrevoyait-il déjà ce trône de Lombardie qui était le but suprême de ses ambitions? Son parti fut bientôt pris, car il fallait se hâter. Le 27 mai, la duchesse de Bari avait fait son entrée à Venise; il était indispensable que Ludovic parvînt à la prévenir avant l'audience particulière qu'elle avait dû demander au Sénat.

La situation du More se trouvait renversée. Jusque-là, il s'était attaché

(1) A. Gelli, *Archivio storico italiano*, IIIe serie, XVI, 393, note 1.

à maintenir de bons rapports avec la France, tout en travaillant en secret à empêcher l'exécution des projets de Charles VIII ; dorénavant il dissimulera vis-à-vis des Italiens les encouragements qu'il adressait aux Français. Lorsqu'il communiquait à ses alliés les copies des dépêches de Belgiojoso, il faisait supprimer avec soin tout ce qui pouvait trahir l'action qu'il exerçait sur le roi. Dans les premiers temps, pour ne pas exciter de dangereuses rancunes, il affecta l'incertitude, et prétendit demander conseil à la Seigneurie de Venise ; plus tard, lorsqu'il n'y eut plus moyen de cacher le concours qu'il prêtait aux desseins de Charles VIII, il se donna l'apparence d'avoir la main forcée, déclarant avec ostentation que l'aide en hommes et en argent qu'il avait promise à la France, restait strictement dans les limites des obligations féodales que lui imposait l'investiture de Gênes, et donnant même à entendre que, s'il s'était senti soutenu, il n'aurait pas craint de la refuser.

Quand, le 1er juin 1493, Béatrice rendit compte à trois délégués du Sénat de la mission dont elle était chargée, elle tint un langage tout différent de celui que lui dictait l'instruction reçue à son départ (1). Il ne fut plus question d'une alliance contre les Ultramontains. La duchesse exposa, tout au contraire, le bon état des relations de son époux avec le roi de France ainsi qu'avec le roi des Romains, qui allait lui accorder l'investiture de Milan. Elle communiqua la dépêche de Belgiojoso et demanda quel était l'avis de la Seigneurie sur la réponse à faire à Perron de Baschi (2). Il lui fut répondu quelques jours plus tard que, la chose étant grave, il importait de consulter avant tout le pape, chef de la Ligue. Comme Béatrice avait insisté sur la puissance absolue que son mari exerçait à Milan, afin sans doute de savoir comment les Vénitiens accepteraient la substitution de Ludovic à son neveu, on lui fit sur ce point une réponse non moins évasive que la première (3).

Dans sa communication, la duchesse tint à rappeler que son mari avait toujours pris soin jusque-là de détourner Charles VIII de l'expédition de

---

(1) Cette instruction non datée avait probablement été rédigée en même temps que celle des autres ambassadeurs. Elle se trouve à la Bibliothèque nationale, ms. italien 1610, fol. 381.

(2) Buser, 540-543.

(3) Romanin, V, 24. — Faute de s'être rendu compte de la succession des faits, M. de Cherrier (I, 254) et après lui, M. Cipolla (681, note 1) ont cru que Ludovic connaissait déjà la dépêche de Belgiojoso et qu'il avait accepté les offres de Charles VIII lorsqu'il dicta les instructions de ses ambassadeurs à Venise. Or les instructions sont datées du 10 mai et la lettre de Belgiojoso ne partit de Senlis que le 15 mai.

LUDOVIC LE MORE ET SA FAMILLE À GENOUX DEVANT LA MADONE
Tableau attribué à Zenale. Musée Brera à Milan.

Naples (1). Elle disait vrai ; les faits précédemment rapportés sont là pour le prouver. D'ailleurs, dans une lettre écrite un an plus tard à son frère Ascagne, à qui il ne cachait jamais la vérité, Ludovic résumait ainsi la conduite qu'il avait tenue vis-à-vis de Charles VIII pendant les années 1492 et 1493 : « Il n'est pas vrai que tout ce mouvement procède de moi. C'est le roi Très Chrétien qui, de lui-même, en a pris l'initiative, comme le démontrent les demandes d'investiture qu'il a jadis adressées par Perron de Baschi et par d'autres ambassadeurs au feu pape Innocent, et comme le prouvent encore les lettres qu'il m'a plus tard écrites de sa propre main... » Après avoir rappelé qu'il était parvenu à retarder la mise à exécution des projets de Charles VIII sous divers prétextes, entre autres en lui montrant que toute expédition de ce genre serait fort périlleuse si le roi l'entreprenait avant d'être en paix avec ses voisins, le duc de Bari ajoutait que, lors du traité de Senlis, Charles lui avait fait dire sans retard que, la paix se trouvant maintenant rétablie, le moment était venu et qu'il n'entendait plus admettre aucun délai. « Pour me mieux expliquer ses volontés et ses intentions sur ce point, il m'envoya d'abord le comte Charles de Belgiojoso, puis Perron. A ce moment je ne nierai point que, vu les mauvais procédés du roi de Naples envers notre Saint-Père, il ne me déplut pas de trouver cette occasion de venir en aide à Sa Sainteté. Je cessai donc de dissuader le roi Très Chrétien de son entreprise ; j'approuvai même sa résolution, et depuis il y a persisté avec tant de chaleur que le voici aujourd'hui à Lyon, aux confins de son royaume du côté de l'Italie, pour veiller à son entreprise (2). »

L'arrivée inattendue de Belgiojoso fut bientôt connue dans toute l'Italie. Ferrand n'eut pas de peine à en pénétrer les motifs. Craignant que Ludovic ne s'employât à obtenir du pape l'investiture de Naples pour Charles VIII, il s'efforça de lui faire comprendre à quels dangers une invasion française exposerait la Lombardie et l'adjura de ne pas « laisser les choses s'avancer à ce point qu'il ne fût plus en son pouvoir de les arrêter (3) ». Il était d'ailleurs le premier à reconnaître qu'il trouverait dans une prompte réconciliation avec le Saint-Siège le remède le plus efficace (4). Pour mieux

---

(1) Buser, 541.
(2) Ludovic au cardinal Ascagne Sforza, Vigevano, 10 mars 1494. Archives de Milan, *Potenze estere, Roma*.
(3) Trinchera, *Codice Aragonese*, t. II, part. 2, n°ˢ CDXLIX et CDXLII.
(4) *Ibidem*, CDLX, p. 90.

cacher les engagements qu'il venait de prendre avec Charles VIII, le duc de Bari, dans ses entretiens avec l'envoyé napolitain, ne craignait pas d'insinuer qu'il ne consentirait jamais à laisser les Français entrer en Italie et que, s'il était sûr de ne pas être seul, il serait prêt à leur résister (1). Ferrand faisait semblant de croire à ces déclarations ; il s'adressait au duc de Ferrare pour qu'il déterminât son gendre à se charger d'accommoder ses différends avec Alexandre VI (2).

Au fond, le roi de Naples ne partageait guère les illusions de Pierre de Médicis qui croyait encore à la possibilité d'une alliance entre Milan, Florence et Naples. Cependant il comprenait qu'en servant les intérêts de la France, le duc de Bari cédait plutôt aux nécessités de son ambition qu'à ses préférences naturelles. « Ce duc, écrivait-il à Antoine di Gennaro, son ambassadeur à Milan, a la bouche toute pleine des affaires de France. Il les représente comme très effrayantes; à d'autres moments, il dit qu'elles ne seraient plus à craindre si les affaires de Cervetri s'accommodaient. Il s'attribue le rôle le plus important *in utramque partem*. Et bien que la venue de l'homme du roi de France soit fort dangereuse pour nos intérêts, il nous semble néanmoins que, dans les paroles comme dans les manières du seigneur Ludovic, il apparaît comme des étincelles d'une âme qui ne nous est pas véritablement ennemie, mais qui plutôt serait désireuse de s'unir à nous (3). »

L'homme du roi de France, c'était Perron de Baschi, ce Provençal issu d'une famille italienne de tout temps dévouée aux Angevins (4), qui, après avoir suivi Jean de Calabre dans sa rébellion contre Louis XI, s'était rallié à la cause royale en 1474 (5). Attaché à l'ambassade de Commines en 1478, il avait depuis été chargé de diverses missions importantes en Italie (6). On le disait très cupide, et Ludovic ne manqua pas de profiter de cette disposition pour gagner sa bonne volonté par les moyens qui lui avaient déjà tant de fois réussi (7).

---

(1) Trinchera, *Codice Aragonese*, t. II, part. 2, n° CDLXII, p. 97.
(2) *Ibidem*, CDLXVII, p. 102.
(3) *Ibidem*, CDLXXXIII, p. 125.
(4) Voy. Durrieu, *les Gascons en Italie*, p. 180.
(5) Lettre de rémission pour Perron *de Basche*, Senlis, février 1474 (n. st.). Archives nationales, JJ 234, fol. 1, pièce 1.
(6) Voy. plus haut.
(7) Desjardins, I, 230.

Bien que Perron se fût mis en route presque en même temps que Belgiojoso, il n'avait pas les mêmes raisons de se hâter. Arrivé à Lyon le 11 juin, il n'était pas encore parvenu à Milan le 21 (1).

Ludovic, qui d'ailleurs n'avait pas attendu la venue de l'ambassadeur français pour assurer Charles VIII de son concours (2), répondit aux premières déclarations de Baschi « qu'il voulait être avec le roi », spécifia sans plus tarder l'aide qu'il s'engageait à fournir et se dit prêt à la donner sur l'heure si l'on jugeait bon de tenter l'entreprise le jour même (3). Selon le désir de Charles, le duc de Bari s'occupa de munir l'envoyé français des instructions qui devaient régler sa conduite auprès des autres puissances italiennes; il lui remit à cet effet un mémoire et le fit accompagner à Venise par un secrétaire (4).

Dès le lendemain de son arrivée, le 8 juillet, Perron se présenta devant la Seigneurie. Il exposa les desseins de son maître, et demanda, en son nom, le concours et les conseils de la république. Suivant l'habitude vénitienne, on lui fit quelques jours plus tard une réponse dont le sens évasif était habilement dissimulé sous de vagues protestations d'amitié (5). Baschi fut plus heureux à Ferrare et à Bologne. Hercule d'Este était le beau-père de Ludovic; Bentivoglio était encore à la solde du duc de Milan; tous deux promirent de seconder le roi de France.

Le duc de Bari n'avait pas manqué d'avertir le roi de France des bons rapports qui existaient entre Ferrand et Pierre de Médicis, et Charles VIII en avait éprouvé un mécontentement si vif que Pierre était le seul potentat italien à qui Perron de Baschi n'eût pas à remettre une lettre royale. L'envoyé français avait néanmoins l'ordre de faire au gouvernement florentin les mêmes communications et les mêmes requêtes qu'aux autres

---

(1) Ludovic à Perron de Baschi, Milan, 21 juin 1493. Archives de Milan, *Potenze estere, Francia*.

(2) Ludovic à Charles VIII, Colorno, 11 juin 1493, *ibidem*.

(3) Ludovic à Maffeo Pirovano, Pavie, 23 août 1493, *ibidem*.

(4) Ludovic à Corneille de Nibbia, S. Angelo, 10 juillet 1493, *ibidem*. — Maffeo Pirovano à Ludovic, Escrennes, 16 août 1490, *ibidem*. (Dépêche dont Romanin, V, 32, n'a analysé qu'une partie.) — Desjardins, I, 235. — Induit en erreur par les informations inexactes du Florentin La Casa (Desjardins, I, 243), M. de Cherrier croit que Ludovic voulut éviter de répondre à Perron et qu'il ne céda qu'effrayé par son insistance (I, 358-359). — Ce n'est pas la seule fois que nous aurons à constater que la plupart des ambassadeurs florentins de cette époque, quels que soient d'ailleurs le charme et la vivacité de leurs dépêches, n'étaient guère plus clairvoyants que Pierre de Médicis.

(5) Sanuto, p. 31. — Cherrier, I, 259.

états de l'Italie. Qu'allait faire le fils de Laurent? Un ambassadeur florentin, François della Casa, séjournait depuis quelque temps à la cour de France; mais il était trop tard pour gagner par des présents quelques-uns des conseillers du roi déjà vendus à Ludovic. Amener le roi à renoncer à ses projets, on n'y pouvait penser. Il n'y avait plus qu'à se déclarer pour Charles VIII ou pour Ferrand. Tandis que La Casa cherchait à jus-

Hercule Ier d'Este, duc de Ferrare. Médaille de Sperandio.

tifier son gouvernement par de vagues explications, Pierre se figura que de simples marques de courtoisie suffiraient pour calmer la colère du roi de France : il lui envoya les plus beaux faucons du monde et promit de lui adresser bientôt une nouvelle ambassade (1).

Ludovic le More ne s'était pas trompé sur les véritables dispositions de Pierre de Médicis : « Les Florentins vous répondront probablement, avait-il dit à Perron, qu'ils remettront à des ambassadeurs le soin de porter en France la réponse à vos propositions. Déclarez-leur qu'ils doivent se

(1) Buser, 317-319.

en être éclairci, il voulait savoir comment Alexandre répondrait aux requêtes de Perron de Baschi.

A Rome, l'envoyé français devait naturellement se guider d'après les directions du frère de Ludovic, le vice-chancelier Ascagne Sforza. Ce cardinal et celui de Monreale assistaient à la première audience que Perron obtint d'Alexandre VI, audience à laquelle furent également admis les ambassadeurs de France en résidence permanente auprès du Saint-Siège. Dès le début, le pape demanda que Perron lui laissât copie de ses instructions. C'était évidemment pour les communiquer à Don Frédéric et aux Napolitains alors présents à Rome. Perron avait prévu le cas, il l'avait discuté avec Ascagne; il refusa. Afin sans doute d'avoir des témoins, Alexandre VI appela quelques prélats qui s'étaient jusque-là tenus à distance, et l'ambassadeur exposa devant eux l'objet de sa mission.

« Sa Sainteté répondit, écrivit Ascagne à son frère, que ce n'était pas Elle qui avait donné l'investiture au roi Ferrand, bien que celui-ci la lui eût instamment demandée; mais que c'étaient les papes Pie II et Innocent VIII. Quant au pontife actuel, trouvant ce roi en possession pacifique, il ne pouvait, en sa qualité de pasteur suprême, que suivre la voie de la justice. Si tel était le bon plaisir de l'ambassadeur, il se disait disposé à soumettre la question au prochain consistoire, lorsque les cardinaux seraient de retour; pour le moment ils étaient trop peu nombreux. S'il était reconnu que le roi de France avait droit à l'investiture, Sa Sainteté ne manquerait pas de se conformer à la justice, surtout pour un aussi grand prince, auquel Elle était profondément affectionnée, le tout accompagné d'autres assurances générales. » Perron, voyant que le pape ne sortait pas des généralités, lui adressa cette question : « Si le roi envoie ses troupes faire l'Entreprise de Naples, Votre Sainteté leur donnera-t-elle le passage et les vivres? » Sa Sainteté répliqua que la seconde question était subordonnée à la première; qu'il faudrait voir d'abord où était le droit et que sa réponse en dépendrait. » Reconnaissant que le pape n'osait, à cause des témoins, sortir des généralités, Perron demanda et obtint une audience secrète.

Seul avec Alexandre VI, l'envoyé français lui répéta ses requêtes. « Si le roi demande l'investiture, dit-il, ce n'est pas pour se créer des droits; car ces droits, il les a, mais c'est pour les faire confirmer et pour montrer qu'il reconnaît votre suzeraineté sur le royaume de Naples. Quant au passage et aux vivres, ce n'est pas au pontife qu'il les demande, c'est au souverain italien, comme il les a déjà demandés aux Vénitiens, au duc de Milan et aux Florentins. J'ai souhaité parler en particulier à Votre Sainteté pour qu'elle pût me répondre plus librement. »

Le pape répondit à peu de choses près dans les mêmes termes que lors de l'audience précédente. « Néanmoins, disait Perron en racontant cette

Jean II Bentivoglio. Médaille de Sperandio.

entrevue au cardinal Ascagne, des yeux, de la bouche, de toute la physionomie, le pape, bien qu'il ne me le dît pas, me faisait signe que le roi devait tenter l'Entreprise, envoyer des troupes et compter sur son concours. » Et comme le négociateur insistait, le pape ajouta en le congédiant : « Allez donc parler au cardinal Savelli; nous avons longuement discuté ces matières avec lui. »

Perron se rappelait certainement que Savelli avait été déjà chargé par Alexandre VI d'exciter Charles VIII à la conquête de Naples (1). L'en-

(1) Voy. plus haut, p. 260.

prononcer dès à présent, car telle est la volonté du roi, qui ne vous a envoyé auprès d'eux que pour cela (1). » Cependant Perron n'obtint pas d'autre réponse qu'une protestation de bonne volonté conçue dans les termes les plus généraux. Par contre, il put s'assurer que le peuple florentin était loin de partager les sentiments de son chef, et que même des membres de la famille de Médicis restaient fidèles aux sentiments traditionnels d'attachement envers la France (2).

Revers de la médaille d'Hercule d'Este.

Se fiant aux assurances contenues dans la lettre que le cardinal Savelli lui avait écrite quelques mois plus tôt, Charles VIII devait compter sur le concours du pape (3). Ferrand, de son côté, croyait Alexandre VI favorable à son rival. Cependant, sur les injonctions de Venise et même de Milan qui menaçaient de prendre contre lui la défense du Saint-Siège, et lui montraient les Français prêts à marcher sur Naples, il se décidait à

(1) Ludovic à Corneille de Nibbia, S. Angelo, 10 juillet 1493. Archives de Milan, *Potenze estere, Francia*.
(2) Cherrier, I, 361. — Buser, 324.
(3) Voyez plus haut, p. 260.

envoyer son second fils, Don Frédéric, d'abord à Ostie pour amener le cardinal de La Rovère et Virginio Orsini à se prêter à un arrangement avec le pape, puis à Rome pour y traiter directement avec Alexandre VI. En même temps, il sollicitait l'appui de l'Espagne (1). Dès le 22 juillet les bons rapports étaient rétablis à ce point que Ferrand se croyait en droit de conseiller au pape d'imiter, dans sa réponse à Perron, celle qu'Innocent VIII avait faite jadis lors des protestations contre l'investiture du duc de Calabre (2). Bientôt les Florentins demandèrent à être admis dans la réconciliation qui se préparait (3). La Rovère et Virginio Orsini rentrèrent triomphalement dans Rome, et malgré les efforts du cardinal Ascagne Sforza, l'accord ne tardait pas à se faire. Orsini gardait ses fiefs en versant au trésor pontifical une somme égale à celle qu'il avait déjà payée à Franceschetto Cybo; le fils du pape, Don Geoffroi, épousait Sanche, fille naturelle d'Alfonse de Naples, qui lui apportait en dot la principauté de Squillace et le comté de Cariate. Enfin le pape prenait Naples et Florence sous sa protection (4).

Charles VIII doutait si peu des dispositions favorables d'Alexandre VI, qu'il songeait à faire suivre Perron du maréchal d'Esquerdes, chargé de demander officiellement l'investiture et de traiter diverses questions relatives aux préparatifs militaires que l'on devrait faire en Italie (5). On juge de son irritation lorsqu'il apprit que le pape était sur le point de confirmer Ferrand dans la possession du trône de Naples. « Mes droits sur cet état ne sont pas moindres que ceux que j'ai sur la France », disait-il à La Casa (6). Ces droits il déclarait que, pour rien au monde, il ne renoncerait à les faire valoir, et qu'il saurait en assurer le triomphe, dût-il se passer de l'investiture (7). Ludovic l'encourageait dans cette voie avec plus de résolution qu'il n'en avait montré jusque-là (8). Cependant le roi de France avait peine à croire que le pape se décidât à lui faire injure, et pour

---

(1) Trinchera, *Codice Aragonese*, II, part. 2, n^{os} CDLXXIX et DII. Voyez aussi DIII et DVII.
(2) *Ibidem*, DXVI, p. 165.
(3) *Ibidem*, DXXI, p. 172.
(4) *Ibidem*, p. 271.
(5) Ludovic à Matteo Pirovano, Belreguardo, 23 juillet 1493. Archives de Milan, *Potenze estere, Francia*.
(6) Corneille de Nibbia au duc de Milan. Paris, 2 juillet 1493, *ibidem*.
(7) Du même à Ludovic. Corbeil, 15 juillet 1493, *ibidem*.
(8) Ludovic à Matteo Pirovano. Belreguardo, 25 juillet 1493, *ibidem*.

tretien qu'il eut avec lui ne fut pas moins encourageant. « Le nouveau pontife a déclaré, lui fut-il dit en propres termes, que si le roi Très Chrétien tentait l'Entreprise, Sa Sainteté se montrerait favorable à ses desseins. » Ascagne fit prudemment remarquer à M. de Baschi que, malgré tout, il n'avait pas arraché la moindre promesse au pape, et que, quelle que fût la bonne foi du cardinal Savelli, le pape pourrait toujours nier les propos

Revers de la médaille de Jean II Bentivoglio.

que celui-ci avait répétés. Le 9 août, l'ambassadeur reprit le chemin de la France; il devait d'abord s'arrêter à Milan pour rendre compte de sa mission à Ludovic (1).

En France, on n'était pas resté inactif. Dès le mois de mai, Charles VIII avait nommé un conseil des affaires d'Italie composé de quatre membres : le maréchal d'Esquerdes, Jean de Beaudricourt, gouverneur de Bourgogne, Commines et Étienne de Vesc (2). A ces quatre personnes se joi-

---

(1) Ascagne à Ludovic. Rome, 13 août 1493. Archives de Milan. *Potenze estere, Roma.*
(2) Buser, 541. — Desjardins, p. 225.

gnait souvent une créature d'Étienne de Vesc qui n'apparaît dans les correspondances diplomatiques qu'au moment où elle parvint à s'élever dans la faveur de Charles VIII à une situation égale sinon supérieure à celle de son ancien patron. C'était ce Guillaume Briçonnet que Commines a confondu dans une même haine avec le sénéchal de Beaucaire.

Briçonnet était un riche bourgeois de Touraine, devenu général des finances pour le Languedoc. Veuf et père de plusieurs enfants, il pensait alors à se faire homme d'église afin d'arriver à la pourpre cardinalice (1), et l'on était en instance à Rome pour que l'évêché de Saint-Malo lui fût conféré avec d'autres bénéfices ecclésiastiques (2). A ce sujet, il pria l'envoyé milanais de solliciter l'intervention de son maître en sa faveur. « Le général, écrivait Pirovano, est peut-être le premier de cette cour pour l'autorité et la gravité du conseil en même temps que pour la vivacité de l'esprit... Il a en outre l'oreille et toute la confiance du roi, et M. de Beaucaire prend rarement une décision sans son conseil et sans sa participation. Ce sont ces deux hommes qui, sans aucune comparaison, ont le plus d'influence sur le roi (3). » On voit combien est fausse l'allégation de Commines suivant laquelle ce serait le duc de Bari qui aurait « conseillé audit Briçonnet de se faire prêtre et qu'il le ferait cardinal (4) ». Ce qui est vrai, c'est que l'histoire des prétentions de Briçonnet au chapeau se trouve intimement mêlée à celle des préliminaires de l'expédition d'Italie et que le général paraît avoir souvent conformé sa conduite aux nécessités de cette ambition particulière. On se figure facilement d'ailleurs l'irritation que devait ressentir le sire d'Argenton lorsque, du rang secondaire où il était relégué, il voyait des hommes nouveaux occuper la place éminente qu'il avait tenue sous Louis XI.

Toute proportion gardée, René de Lorraine éprouvait vis-à-vis du roi un sentiment de jalousie analogue. En voyant se manifester les prétentions du roi de France au trône de Naples, le duc proclama de nouveau les siennes. Il prit aussitôt le titre de roi de Sicile (5) et crut obtenir la

---

(1) Desjardins, I, 343.
(2) Belgiojoso à Ludovic. Post-scriptum d'une lettre datée de Tours, 1ᵉʳ octobre 1493. Archives de Milan, *Potenze estere, Francia*.
(3) Pirovano à Ludovic, Escrennes, 14 août 1493. Archives de Milan, *Potenze estere, Francia*.
(4) Commines, II, 312. — On a pu voir plus haut qu'il n'y a pas plus de vérité dans l'accusation portée par Commines contre Étienne de Vesc, qui se serait laissé séduire par l'appât d'un duché napolitain.
(5) *Codice Aragonese*, t. II, part. 2, nᵒ CDXXX.

renonciation de son puissant rival, en lui offrant en échange l'abandon de ses droits sur la Provence (1). Se flattant que les Italiens l'accepteraient plus volontiers qu'un souverain aussi redoutable que Charles VIII, il fit demander l'appui de Ludovic le More (2). Mais ses tentatives échouèrent des deux côtés : le Parlement de Paris protesta non seulement contre le titre de roi de Sicile, mais même contre le titre de comte de Provence que René persistait à s'attribuer (3). De dépit, René se rapprocha de Maximilien et, deux ans plus tard, lors de la ligue de Venise, il s'offrit encore à Ludovic pour aller occuper le trône de Naples (4).

Le duc de Bari ne voulait pas que ses ennemis profitassent de l'absence de Belgiojoso pour le déposséder de la situation qu'il occupait désormais à la cour de France. Les Florentins entre autres envoyaient de nouveaux orateurs. Comme Belgiojoso n'avait laissé derrière lui qu'un chancelier, Corneille de Nibbia, un agent plus considérable, Maffeo Pirovano, alla prendre l'intérim de l'ambassade. Il devait répéter les assurances que Ludovic avait déjà données à Perron de Baschi et prévenir secrètement le roi des manœuvres au moyen desquelles le roi d'Espagne s'efforçait de le brouiller avec le pape.

Charles VIII le reçut à cheval au moment où il se mettait en chasse, le 3 août 1493. Le prince de Salerne servit d'interprète. Tous trois s'étant éloignés afin de ne pas être entendus, le duc d'Orléans essaya en vain d'interrompre l'entretien en venant annoncer que le gibier était déjà levé. On juge de son dépit lorsqu'il vit le roi se retirer un peu plus loin sans daigner l'écouter et répondre d'un air riant aux paroles de l'envoyé milanais. Charles chargeait en effet Pirovano d'exprimer à Ludovic sa confiance et sa satisfaction, et de le remercier des informations qu'il lui avait données sur les intrigues espagnoles. « Sa Majesté secoua la tête, écrivit l'ambassadeur au duc de Bari, et dit en se tournant vers le prince de Salerne : « Le roi d'Espagne me promet de s'obliger à ne nuire en rien à mon Entreprise contre Naples, et voilà comme il me trompe ! *Bien, bien,* j'y pourvoirai. » Alors le prince dit à S. M. qu'elle ferait fort bien

---

(1) Desjardins, I, p. 236.
(2) Pirovano à Ludovic, Escrennes, 16 août 1493. Archives de Milan, *Potenze estere, Francia*.
(3) 11 décembre 1493. — Archives nationales, X¹ᵃ 1501, fol. 15 v°.
(4) Ulmann, *Kaiser Maximilian I*, p. 234. — Sanuto, *La Spedizione di Carlo VIII*, 321.

et que le meilleur moyen d'y pourvoir serait d'ajourner la restitution de Perpignan (1). »

Discutant quelques jours plus tard la nouvelle attitude du pape avec Pirovano, le sénéchal de Beaucaire, Briçonnet et le prince de Salerne ne lui cachèrent pas que pour amener Alexandre VI à se montrer favorable à la France, ils comptaient sur deux moyens : l'un était le refus de l'obédience et la libre disposition des bénéfices sans le consentement du Saint-Siège; l'autre, l'appel à un concile auquel Maximilien et l'empereur étaient déjà tout disposés, disaient-ils. On peut juger par là qu'un accord quelconque entre la France et l'Empire était, sinon conclu, du moins en train de se conclure. L'ambassadeur milanais obtint de Briçonnet des informations encore plus précises, d'où il résultait en outre que le roi désirait commencer sans retard les préparatifs de l'Entreprise. « Si le pape pourvoit aux bénéfices actuellement vacants en France, lui dit le général de Languedoc, le roi veut m'envoyer au seigneur Ludovic pour mieux décider quels sont les moyens d'exécuter l'Entreprise de Naples et pour refaire la tournée de Perron de Baschi, de manière à ne laisser, dans l'esprit des potentats italiens, subsister aucun doute sur ses intentions. Avec moi partira M. d'Esquerdes, muni d'une grosse somme d'argent pour commencer les premiers préparatifs de l'Entreprise. Toutefois, comme je suis personnellement en jeu dans l'affaire de la collation des bénéfices, je crois que je resterai; mais, de toute façon, M. d'Esquerdes ira... Du reste nous n'attendons pas seulement une réponse de Rome; d'un autre côté nous en attendons encore une qui n'est pas moins importante. » Ce qui me fit croire, ajoutait Pirovano, qu'il voulait désigner ainsi l'empereur et le roi des Romains, c'est qu'il ne le nia ni ne l'affirma quand je lui parlai à ce propos du voyage du prince d'Orange en Allemagne. Il se contenta de me dire en souriant que le roi Très-Chrétien et le seigneur Ludovic feraient de grandes choses avec leurs amis communs. »

Ces confidences, Briçonnet les avait faites sous le sceau du secret et dans l'entraînement d'une conversation particulière; dans la réponse officielle qui fut remise à Pirovano, il était dit seulement que le roi ne pou-

---

(1) Pirovano à Ludovic, S. Mathurin, 3 août 1493. Archives de Milan, *Potenze estere, Francia* — Cité en partie par Romanin, V, 29. Les mots en italiques sont en français dans l'original.

vait prendre aucune résolution avant d'avoir reçu les lettres de Perron et d'autres lettres que l'on attendait « d'un certain côté (1) ».

Dans de pareilles circonstances, on ne peut s'étonner que le roi de France

Une chasse à la fin du XVe siècle. — Tapisserie du château d'Haroué. D'après Jubinal.

ait bien accueilli la nouvelle du mariage de Blanche Sforza avec Maximilien (2). Une alliance entre des princes, qu'il considérait comme ses propres alliés, n'avait rien qui pût lui déplaire. Il ne dut pas non plus s'in-

(1) Pirovano à Ludovic, Escrennes, 16 août 1493. Archives de Milan, *Potentie estere, Francia.* — Romanin (V, 32) n'a donné que des extraits de cette longue dépêche que, trompé par l'ancienne forme du nom de lieu *Acrenes*, il a cru datée d'*Avènes*.
(2) Pirovano à Ludovic, Escrennes, 17 août 1493, *ibidem.*

quiéter en voyant le roi des Romains arriver au trône impérial rendu vacant le 9 août par la mort de Frédéric III.

Pirovano n'oubliait pas que le principal objet de sa mission était de combattre les influences hostiles à Ludovic le More. Il mettait Charles VIII en garde contre la duplicité des Florentins, qui, tout en laissant croire qu'ils se déclareraient pour lui lorsqu'il paraîtrait en Italie, comptant que cette éventualité ne se produirait jamais, restaient en bonne intelligence avec Ferrand et fournissaient l'argent nécessaire au second rachat des fiefs romains par Virginio Orsini (1). Les ambassadeurs napolitains qui résidaient en France comprirent que leur présence était désormais inutile. Clérieux leur ménagea une dernière audience dans laquelle ils firent allusion à leur départ. Charles saisit la balle au bond, les congédia d'un mot et leur tourna brusquement le dos (2).

Le suppléant de Belgiojoso s'était acquitté de son rôle de manière à satisfaire pleinement son maître. Agissant d'après ses ordres, il avait si fort excité les esprits contre les Florentins qu'on avait discuté au conseil l'expulsion en masse des marchands de cette nation. Cependant les ambassadeurs annoncés, Gentile Becchi, évêque d'Arezzo, et Pierre Soderini, étant déjà dans les murs de Lyon, on prit le parti d'ajourner toute résolution sur ce point (3). Les deux ambassadeurs arrivèrent en Touraine au commencement de septembre; mais le roi refusa de leur donner audience avant le retour du comte de Belgiojoso, retour qui n'allait pas tarder du reste; le 17 septembre, on vit paraître Perron de Baschi, précédant le comte de quelques jours (4).

---

(1) Ludovic à Pirovano, Pavie, 23 et 25 août 1493. Archives de Milan, *Potentie estere, Francia*.
(2) Pirovano à Ludovic, Amboise, 24 septembre 1493, *ibidem*.
(3) Desjardins, I, 326-328.
(4) *Ibidem*, 258.

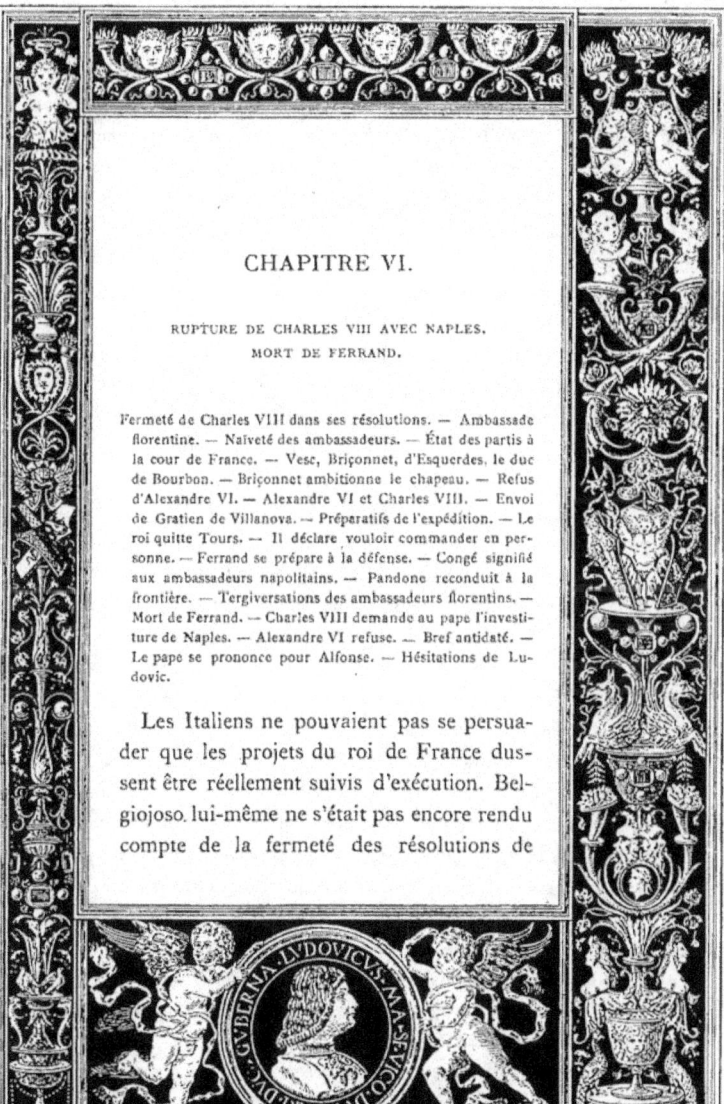

CHAPITRE VI.

RUPTURE DE CHARLES VIII AVEC NAPLES.
MORT DE FERRAND.

Fermeté de Charles VIII dans ses résolutions. — Ambassade florentine. — Naïveté des ambassadeurs. — État des partis à la cour de France. — Vesc, Briçonnet, d'Esquerdes, le duc de Bourbon. — Briçonnet ambitionne le chapeau. — Refus d'Alexandre VI. — Alexandre VI et Charles VIII. — Envoi de Gratien de Villanova. — Préparatifs de l'expédition. — Le roi quitte Tours. — Il déclare vouloir commander en personne. — Ferrand se prépare à la défense. — Congé signifié aux ambassadeurs napolitains. — Pandone reconduit à la frontière. — Tergiversations des ambassadeurs florentins. — Mort de Ferrand. — Charles VIII demande au pape l'investiture de Naples. — Alexandre VI refuse. — Bref antidaté. — Le pape se prononce pour Alfonse. — Hésitations de Ludovic.

Les Italiens ne pouvaient pas se persuader que les projets du roi de France dussent être réellement suivis d'exécution. Belgiojoso lui-même ne s'était pas encore rendu compte de la fermeté des résolutions de

Charles VIII à cet égard; mais il perdit toute incertitude dès les premières paroles qu'il échangea avec le roi lors de son retour en France.

A peine avait-il salué Charles VIII qu'il lui posa nettement la question : « Votre Majesté est-elle, oui ou non, décidée à faire l'Entreprise? Le seigneur Ludovic désire être éclairci sur ce point, car il n'ignore pas que lorsqu'il s'agit de choses de cette importance, on parle souvent beaucoup sans en venir à l'exécution. » On sait que, d'habitude, Charles VIII restait froid et écoutait patiemment tout ce qu'on avait à lui dire. Cette fois, il perdit contenance et coupant la parole au Milanais : « Quoi! s'écria-t-il avec emportement, j'ai mille fois, et par des ambassadeurs et par des lettres, communiqué au seigneur Ludovic mes intentions relativement à cette Entreprise; je les lui ai confirmées en vous envoyant et en envoyant Perron, et l'on vient encore me demander quelle est ma volonté! En vérité, je m'attendais au contraire à ce que le duc de Bari se déclarât prêt à remplir ses obligations envers moi. » Il affirma ensuite que, si Ludovic venait à lui manquer, il lui serait facile de le faire repentir par le moyen du duc d'Orléans, et que le roi de Naples lui avait déjà proposé son concours. Quant au pape et aux Florentins, il savait aussi comment les mettre à la raison. Du côté de Venise, Perron lui avait donné de sérieuses espérances. D'ailleurs n'était-il pas en paix avec le roi des Romains et avec les souverains espagnols, qui lui avaient promis de l'appuyer en cas de besoin? Pour ce qui était de l'argent, il n'ignorait pas qu'il en faudrait beaucoup. Dans ce dessein, il avait déjà mis de côté cinq à six cent mille ducats pour les premiers frais, afin de prendre à sa solde des troupes italiennes. A Noël il comptait commencer à mettre sur pied ses gens d'armes, et pour cela, il avait décidé de se rendre en Provence ou à Lyon. Il conclut en donnant sa parole royale qu'il voulait tenter l'Entreprise. Belgiojoso, stupéfait en découvrant combien était inébranlable la résolution du jeune roi, parvint à le calmer en l'assurant des bonnes dispositions de Ludovic. « S'il en est ainsi, reprit Charles, je le traiterai comme un père, et je prendrai ses avis. Sinon, il sera le premier à se repentir (1). »

Les menaces que Charles VIII venait de prononcer montrent à quel point il avait été blessé de voir Ludovic tenir aussi peu de compte des

---

(1) Belgiojoso à Ludovic, Amboise, 28 septembre 1493. Cité par Romanin, V, 36-39.

marques de confiance qu'il lui avait données jusque-là. Tout récemment encore, cédant à une simple requête de Pirovano, n'avait-il pas refusé d'entendre les ambassadeurs florentins avant l'arrivée de Belgiojoso? Cependant celui-ci sut bien vite regagner le bon vouloir du roi, et son autorité à la cour fut bientôt plus grande que jamais.

La première audience des Florentins n'eut lieu que le lendemain de l'entrevue avec Belgiojoso. L'évêque d'Arezzo prononça un discours qui passa pour un modèle d'éloquence, et le roi voulut bien témoigner par un assez mauvais jeu de mots (1) le plaisir que lui avait causé le talent de l'orateur; mais que pouvaient les discours du moment que Pierre de Médicis était résolu à ne pas se déclarer pour la France? Au fond, les ambassadeurs s'en rendaient compte : malgré des alternatives d'aveuglement pendant lesquelles ils s'imaginaient que les projets d'Entreprise tomberaient d'eux-mêmes, que le roi ne les avait conçus que pour connaître quels genres de chasse on pratiquait en Italie et qu'il ne serait pas capable de sacrifier à ses ambitions un seul de ses plaisirs (2), ils disaient eux-mêmes à Pierre de Médicis qu'il n'avait plus qu'à se rallier au parti de la France ou bien à gagner Ludovic et à s'unir à Maximilien de façon à créer une diversion du côté des Suisses et de la Bourgogne (3). Ils proposaient encore un autre moyen de salut qui n'était rien de moins qu'une déloyauté; ce fut le seul dont Pierre de Médicis voulut essayer. Il s'agissait de demander à Ferrand la permission de s'engager envers Charles VIII en prévenant le roi de Naples que l'on était résolu à ne donner aucune suite à cet engagement (4). Ferrand jugea sans doute qu'un allié aussi facilement disposé à manquer à sa parole pourrait tout aussi bien s'en dégager vis-à-vis de lui-même. Il ne voulut point accueillir cette combinaison, et Becchi et Soderini en furent réduits à tâcher d'amener le roi à se contenter de la neutralité de Florence.

Comme ils ignoraient quel rapprochement les aspirations communes de Charles VIII et du roi des Romains avaient amené entre ces deux princes, ils n'avaient plus d'espoir que du côté de Maximilien. Par suite de la même erreur, les ennemis de Ludovic crurent avoir trouvé dans le

---

(1) « Je n'ai jamais entendu meilleur *bec*, » aurait dit Charles VIII après la harangue de Gentile Becchi (Desjardins, I, 338).
(2) *Ibidem*, 338, 339, 340, 342.
(3) *Ibidem*, 328, 341, 350.
(4) *Ibidem*, 327.

mariage de Blanche Sforza une occasion de démasquer l'infidélité du duc de Bari envers le roi de France. Leur désappointement fut grand lorsque Charles VIII répondit tranquillement que ce mariage se faisait avec son consentement et qu'il y avait beau temps qu'on l'en avait informé (1). Toutefois l'ambassadeur du Montferrat, qui s'était fait le propagateur de cette nouvelle, fit courir le bruit que le duc de Bari était au fond d'accord avec le roi Ferrand, qu'il était l'âme d'une ligue générale italienne, et que l'on devrait diriger contre lui les armes françaises. Quant à l'Entreprise contre Naples, il la disait anéantie. Les ambassadeurs florentins acceptèrent ce faux bruit avec une facilité qui fait peu d'honneur à leur perspicacité diplomatique. Ils jugèrent leur mission finie et demandèrent à Briçonnet s'ils ne pourraient pas se retirer maintenant qu'ils voyaient que l'expédition était tombée dans l'eau. La verte réponse qu'ils s'attirèrent leur montra que le roi faisait peu de cas de leur gouvernement et qu'il n'était pas la dupe du double jeu de Pierre de Médicis.

Tout ce que l'on tentait pour brouiller Ludovic avec Charles VIII ou pour retarder l'Entreprise restait sans effets. En vain Ferrand faisait répandre de nouveau en France que le duc de Bari était d'accord avec lui; en vain Myolans affirmait que ce duc cherchait à former avec la Savoie et le Montferrat une ligue défensive contre la France et qu'il refuserait l'Ordre que le roi lui destinait (2); les projets du roi restaient inébranlables. Son intention était même de prendre personnellement part à l'expédition, afin d'être tout porté pour passer sans retard en Turquie. « La question de l'Entreprise prime aujourd'hui toutes les autres en France, écrivait Belgiojoso à Ludovic. La cour entière est divisée en deux partis : l'un en votre faveur, l'autre contre vous. Tous deux cherchent à l'emporter par tous les moyens; car on croit que celui qui sera vainqueur dominera dorénavant sans partage dans cette cour (3). » Il va sans dire que le duc d'Orléans était à la tête du parti hostile, qui prétendait que le meilleur moyen de faire réussir l'Entreprise était de commencer par

---

(1) Il y avait en effet plus de trois mois que Pirovano le lui avait appris sous le sceau du secret. (Pirovano à Ludovic, Amboise, 17 août 1493 et 27 novembre 1493. Archives de Milan, *Potenze estere, Francia.*)

(2) Belgiojoso à Ludovic, Amboise, 1er décembre 1493. Archives de Milan, *Potenze estere, Francia.*

(3) Du même au même. Tours, 27 novembre 1493, *ibidem.*

renverser Ludovic le More (1). Dans un dessein facile à deviner, Louis cherchait à se faire donner le commandement supérieur des forces qui devaient agir en Italie; mais le roi n'avait garde d'y consentir (2).

Vesc et Briçonnet étaient toujours les deux chefs du parti favorable du duc de Bari. D'accord avec le roi, qui ne parlait jamais de ses projets qu'à ceux qu'il savait disposés à les servir (3), ils s'occupaient dès cette époque de réunir les sommes nécessaires à l'exécution de l'Entreprise (4). Pour les préparatifs militaires, le roi avait appelé auprès de lui M. d'Esquerdes qui, contrairement à l'opinion acceptée par la plupart des historiens, n'aspirait qu'à illustrer son nom en Italie (5). Un fait d'ailleurs montre mieux qu'aucun autre quels étaient sur ce point les sentiments du maréchal.

Le roi ne se préoccupait pas moins que ses deux favoris de gagner des adhérents au parti de la guerre. Le duc de Bourbon, qui était resté éloigné de la cour depuis quelque temps, fit sa rentrée à la fin de novembre. Afin de s'assurer son concours avant que les ennemis de l'Entreprise eussent eu le temps de le séduire, Charles dépêcha au-devant de lui d'Esquerdes lui-même accompagné du sénéchal de Beaucaire et de M. de Lille, et plus tard Belgiojoso et le prince de Salerne, chargés de lui démontrer l'opportunité de l'expédition et les facilités que donnait l'alliance avec Ludovic. Le duc de Bourbon se laissa conquérir (6). « Désormais, écrivait Belgiojoso au duc de Bari, il est tout en faveur de l'Entreprise; il loue hautement les bonnes dispositions de Votre Excellence, et les choses en sont venues à ce point que personne n'ose plus prétendre que l'Entreprise ne se doive pas faire. » Toutefois quelques mécontents murmuraient encore qu'il ne fallait point se fier aux promesses de Ludovic. Afin de leur imposer silence, le roi demanda que le duc de Milan mît entre ses mains quelques places comme gage de ses promesses. Les termes dans lesquels il commu-

(1) Du même au même, Tours, 30 septembre 1493. Archives de Milan, *Potenze estere, Francia*.
(2) Ludovic à Belgiojoso, Cusago, 17 octobre 1493, *ibidem*.
(3) Belgiojoso à Ludovic, Tours, 30 septembre 1493, *ibidem*.
(4) Du même au même. Tours, 1er octobre 1493, *ibidem*.
(5) « Monsignore de Cordes quale non aspira ad altra cosa che ad exaltare el nome suo in Italia. » (Belgiojoso à Ludovic, Tours, 30 septembre 1493, *ibidem*.)
(6) Le duc de Bari attachait sans doute de l'importance à l'appui du beau-frère de Charles VIII, car il avait pensé à demander la main de Suzanne de Bourbon pour un prince de sa maison. Ce projet ne fut même pas soumis au roi. Mme de Bourbon, qui n'oubliait point le sort de Bonne de Savoie, avait répété souvent « que la dernière chose qu'elle ferait serait de marier sa fille en Lombardie. On y traitait trop mal les femmes qui épousaient des seigneurs de ce pays. » (Belgiojoso à Ludovic, Amboise, 1er décembre 1493, *ibidem*.)

niqua cette proposition à Belgiojoso étaient d'ailleurs si amicaux que l'ambassadeur milanais ne pouvait s'empêcher de s'écrier : « En vérité, ce roi est l'un des meilleurs et des plus aimables princes du monde (1)! »

Briçonnet et Vesc ne montraient pas moins que leur maître des dispositions favorables à Ludovic. Comme preuve de leur bonne volonté, ils parlaient de le faire grand connétable des royaumes de France et de Sicile (2). Peut-être espéraient-ils par là s'assurer l'appui de Ludovic et de son frère Ascagne pour obtenir du pape ce chapeau de cardinal qui venait d'échapper à l'évêque de Saint-Malo (3). La déception de Briçonnet avait été amère en apprenant que, non seulement il n'était pas compris dans la dernière promotion qui avait ajouté douze cardinaux au Sacré-Collège, mais que le pape refusait de confirmer sa nomination à l'évêché de Saint-Malo et aux bénéfices français qu'on lui avait déjà donnés (4). Dans les premiers moments de dépit, il prétendait que le cardinal Ascagne était l'un de ceux qui avaient combattu son élévation. Belgiojoso parvint à le calmer si bien que, quelques semaines plus tard, Briçonnet lui-même s'employait à procurer à Ascagne des lettres de naturalité française (5) qui devaient sans doute rendre sa situation à Rome plus indépendante.

Ceux qui étudient l'histoire des rapports entre la France et le Saint-Siège à cette époque voient cette affaire du chapeau de Briçonnet apparaître à tout instant. Elle ne fut pas sans influence sur les événements qui suivirent, mais, pour le moment, elle n'avait d'importance que parce qu'elle était un symptôme des dispositions peu favorables du pape envers l'Entreprise. C'est à ce point de vue que le roi se montra fort irrité du refus d'Alexandre VI, et qu'il déclara une fois de plus ne vouloir faire acte d'obédience que lorsque le pape se serait montré nettement favorable à ses desseins (6). Celui-ci voyait bien d'où venait le péril. Afin d'y porter remède, il tentait d'amener Ludovic, sinon à une alliance, du moins à une entente avec Ferrand, et il le consultait sur les moyens de parer aux dangers qui résulteraient de la venue des Français. Ludovic répondait,

---

(1) Du même au même, Tours, 27 novembre 1493. Archives de Milan, *Potenze estere, Francia*.
(2) Du même au même, 1er décembre 1493, *ibidem*.
(3) Du même au même. Post-scriptum daté de Tours, 1 octobre 1493. — Lettre datée d'Amboise, 20 novembre 1493, *ibidem*.
(4) Du même au même. Post-scriptum du 29 septembre 1493, *ibidem*.
(5) Du même au même, Tours 27 novembre 1493, *ibidem*.
(6) Du même au même, Amboise, 20 novembre 1493, *ibidem*.

comme toujours, que l'investiture de Gênes lui créait envers la France, certaines obligations qu'il ne pouvait rompre, mais que nul n'était plus que lui dévoué aux intérêts communs de l'Italie. Son alliance avec le roi des Romains, disait-il, lui permettrait peut-être de tenir en respect Charles VIII, au cas où il deviendrait trop dangereux. Il prétendait aussi que si le pape et le roi des Romains interposaient leur autorité, ils pourraient sans doute tourner contre les Infidèles les préparatifs de la France (1). Alexandre VI savait bien que ces moyens n'auraient point d'efficacité; cependant il essaya du dernier et convoqua une fois de plus la chrétienté à une croisade contre les Turcs menaçants. Charles VIII répondait sans se troubler que le péril turc était pour lui une raison de plus de hâter son Entreprise, préliminaire obligé de la Croisade, et il écrivait que si Briçonnet avait été promu cardinal, il l'enverrait immédiatement à Rome seconder les projets de Sa Sainteté (2). Alexandre VI offrit alors, par un bref, de donner la pourpre à l'évêque de Saint-Malo, si celui-ci venait lui apporter l'obédience et la promesse, au nom de Charles VIII, de prendre la défense du Saint-Siège. Mais comme le bref ne contenait rien qui se rapportât ni à l'investiture de Naples ni à l'aide que le pape pourrait prêter à l'Entreprise, le roi refusa (3).

Au fond, le pape se trouvait dans une situation plus embarrassée que ne l'était celle de Ludovic. Il lui répugnait d'accepter les conditions des Napolitains qui, grâce à leur alliance avec les Orsini, le tiendraient, pour ainsi dire, entre leurs mains et pourraient l'écraser en un moment, s'il adressait aux Français le moindre encouragement (4). D'un autre côté, Alexandre VI se disait que le mécontentement de Charles VIII n'était pas moins à redouter, et que le fils de Louis XI, réconcilié avec Maximilien, était assez puissant pour en appeler à un concile. Afin de n'avoir pas à se prononcer, il fallait rendre l'Entreprise impossible. On croyait qu'elle dépendait de l'alliance entre Ludovic et Charles VIII, et comme le pape n'aurait pas réussi à rompre cette alliance en rapprochant le duc de Bari de Ferrand, il voulut brouiller le roi de France avec Ludovic. Pour y parvenir sans se compromettre, le plus sûr était de bercer le jeune

---

(1) Ascagne Sforza à Ludovic, Viterbe, 5 novembre 1493. Archives de Milan, *Potenze estere*, *Roma*.
(2) Belgiojoso à Ludovic, Amboise, 30 novembre 1493. Archives de Milan, *Potenze estere*, *Roma*.
(3) Du même au même, Nantes, 28 décembre 1493. *Ibidem*.
(4) *Codice aragonese*, II, 2ᵉ partie, p. 424.

souverain par de belles promesses; puis, celui-ci une fois mis en confiance, on lui ferait entendre que Ludovic le tromperait dès que les Français seraient en Italie.

Un carme espagnol, Gratien de Villanova, à qui Alexandre VI s'en remit pour l'accomplissement de cette mission, paraissait avoir toutes les qualités requises. Il passait pour « un homme savant, très avisé, double et expert en fraudes (1). » Mais il tenta si maladroitement d'effrayer Ludovic en faisant à Belgiojoso des confidences menaçantes, que celui-ci l'eut bientôt percé à jour. Pour regagner quelque crédit auprès de MM. de Saint-Malo et de Beaucaire, Villanova dut exagérer les dispositions de son maître à favoriser Charles VIII et à donner le chapeau à Saint-Malo (2). Il partit au bout de quelques jours chargé d'offrir au pape les plus riches établissements pour ses fils s'il se déclarait en faveur du roi de France (3). En outre, Saint-Malo pensait à le suivre à Rome où, disait-il, il ferait plus en un jour qu'un autre en un mois. Charles VIII, pour rassurer Alexandre VI du côté du roi de Naples, demandait à Ludovic de lever sans plus tarder des troupes italiennes, auxquelles MM. d'Esquerdes et de Baudricourt iraient porter l'argent nécessaire dès que le roi serait à Lyon (4). Il avait aussi chargé Villanova d'annoncer au pape que le roi des Romains et les souverains espagnols étaient favorables à l'Entreprise de Naples (5).

On s'occupait déjà de commencer les préparatifs matériels de l'expédition. Le duc de Bari, qui ne se sentait pas en sûreté tant que l'armée française ne se serait pas interposée entre Milan et les troupes napolitaines, les pressait de tout son pouvoir. Il avait même voulu détourner le roi de faire le court voyage en Bretagne que celui-ci entreprit à la fin de décembre 1493, voyage que l'on aurait pu interpréter comme un mouvement en arrière (6). Mais il n'y avait rien de semblable à redouter; depuis plus d'un mois, le roi avait fait reconnaître et publier ses droits à la couronne de Naples par une commission tirée du parlement. Il avait donné ordre à

---

(1) Villanova entra le 13 janvier 1494 à Tours. Desjardins, I, 269.
(2) Voyez trois dépêches de Belgiojoso à Ludovic datées de Tours; deux sont du 18 janvier, la troisième est du 20 janvier 1494. Archives de Milan, *Potenze estere, Francia*.
(3) Post-scriptum non daté d'une lettre de Belgiojoso qui doit appartenir à la fin de janvier 1494, *ibidem*.
(4) Belgiojoso à Ludovic, Tours, 20 janvier 1494, *ibidem*.
(5) Du même au même, Tours, 28 janvier 1494, *ibidem*.
(6) Du même au même, Tours, 16 décembre 1493, *ibidem*.

d'Esquerdes de dresser un état des troupes, des engins, des vaisseaux, des provisions de toutes sortes qui seraient nécessaires à l'Entreprise, ainsi qu'une estimation des dépenses (1). Quant à l'argent, ainsi que Charles VIII l'avait dit à Belgiojoso, on pouvait employer déjà un premier fonds de 600.000 ducats que Briçonnet aurait, à ce que prétendait Commines, avancés au roi et qui auraient été l'origine de la faveur du général de Languedoc (2). Quelle qu'en fût la source, cet argent était prêt, et l'on comptait d'ailleurs tirer du peuple 800.000 ducats, outre les revenus ordinaires. Un parent de Briçonnet partit pour Gênes, afin de noliser des vaisseaux et de faire construire des galères (3). Enfin, le 23 janvier, après un retard de quelques jours causé par une maladie du dauphin, le roi quitta Tours pour Amboise, d'où il devait se rendre à Lyon sans rentrer à Tours (4).

L'importance de ce mouvement vers l'Italie n'échappait à personne, pas même aux Florentins, qui ne savaient pourtant rien des préparatifs déjà commencés (5). D'ailleurs quelques jours après, le 30 janvier 1494, ils recevaient une seconde nouvelle plus significative encore. Charles VIII déclarait l'intention de conduire en personne ses troupes en Italie (6); il en avait parlé à Belgiojoso dès le 16 décembre (7) et Ludovic l'y avait fort encouragé (8). On ne pouvait plus douter que l'Entreprise se fît et Belgiojoso s'écriait à bon droit : « Nul n'a été aussi ardent et constant dans une entreprise que le roi en celle-ci (9). »

Le roi Ferrand ne partageait pas l'aveuglement de son allié Pierre de Médicis. Très bien renseigné sur tout ce qui se passait à Milan par sa fille, la duchesse de Ferrare, mère de la duchesse de Bari (10), il n'avait pas attendu les dernières preuves de résolution données par Charles VIII pour

---

(1) Desjardins, I, 261-262.
(2) Belgiojoso à Ludovic, pièce sans date, mais qui doit être du 19 janvier 1494. Archives de Milan, *Potenze estere, Francia*.
(3) Du même au même, Tours, 20 janvier 1494, *ibidem*.
(4) Desjardins, I, 272.
(5) *Ibidem*, I, 356-357.
(6) *Ibidem*, 361.
(7) Belgiojoso à Ludovic, Tours, 16 décembre 1493. Archives de Milan, *Potenze estere, Francia*.
(8) Du même au même, Tours, 20 janvier 1494, *ibidem*.
(9) Post-scriptum d'une lettre non datée de Belgiojoso à Ludovic, lettre qui paraît répondre à une dépêche écrite par Ludovic le 19 janvier 1494, *ibidem*.
(10) Ascagne à Ludovic, Rome, 29 janvier 1494. Archives de Milan, *Potenze estere, Roma*.

préparer la défense de son royaume. Il ne négligea aucun moyen d'éloigner le péril qui devenait de jour en plus menaçant : il avait levé 3.000 hommes d'armes et prétendait équiper une flotte de cinquante galères (1) Voyant qu'il n'en pourrait mettre en ligne plus de trente (2), effrayé de tout ce qu'on lui rapportait sur les immenses préparatifs maritimes de la France, le roi de Naples pensait à renoncer à toute défense par mer. Partageant l'erreur commune qui faisait de Ludovic le principal auteur de l'Entreprise (3), il s'occupait peut-être aussi des moyens de faire disparaître le duc de Bari. L'ambassadeur milanais près la cour napolitaine, Stanga, donnait avis que plusieurs hommes vigoureux appartenant au plus bas peuple avaient reçu très secrètement d'assez grosses sommes d'argent et qu'on les avait envoyés sans bruit hors du royaume. On murmurait dans les rues de Naples que la mort de quelqu'un viendrait bien à propos. Stanga recommandait à Ludovic de faire surveiller les étrangers, d'interdire les masques et de se garder des poisons, « car, disait-il en termes passablement mystérieux, ceux qui passent pour être maîtres en cet art et pour y avoir déjà eu recours, pourraient bien aujourd'hui s'associer à d'autres pour renouveler ce qu'ils ont fait jadis... (4) ».

Ferrand avait déjà sollicité les souverains espagnols de prendre sa défense contre Charles VIII, mais ceux-ci n'avaient pas encore oublié les engagements pris lors du traité de Barcelone, ils répondirent très froidement à l'ambassadeur napolitain (5). Cependant, comme Alexandre VI saisissait tous les prétextes d'éluder l'exécution du traité récemment conclu avec le roi du Naples, celui-ci, désespérant de conserver l'alliance pontificale, supplia les rois catholiques d'intervenir en sa faveur auprès du pape; il comptait en même temps sur Maximilien pour agir auprès du duc de Bari; il réclamait aussi les bons offices de Venise (6), et l'on disait qu'il avait eu recours à ceux de l'Angleterre (7). Enfin il s'adressait directement à Ludovic, à qui il envoyait Marino Brancaccio, et même à

---

(1) Belgiojoso à Ludovic, Tours, 14 janvier 1494. Archives de Milan, *Potenze estere, Roma*. — *Codice aragonese*, II, 2ᵉ partie, p. 409.
(2) Stanga à Ludovic, Naples, 16 janvier 1494. Archives de Milan, *Potenze estere, Napoli*.
(3) *Codice aragonese*, II, 2ᵉ partie, p. 379.
(4) Stanga à Ludovic, Naples, 16 janvier 1494. Archives de Milan, *Potenze estere, Napoli*.
(5) Çurita, *Historia del rey Don Hernando I*, fol. 29 à 30. Çaragoça, 1580, in-fol.
(6) *Codice aragonese*, II, 2ᵉ partie, nᵒˢ DCCXVIII et DCCXXII.
(7) Desjardins, I, 275.

Charles VIII, à qui il dépêchait Camille Pandone (1). Celui-ci était porteur d'une grosse somme d'argent qu'il devait employer à gagner les conseillers du roi (2).

Les ambassadeurs napolitains, qui étaient venus quelques mois plus tôt sous prétexte de négocier un mariage entre la fille de Don Frédéric et le

Une flotte au XVᵉ siècle, d'après le *Vergier d'honneur*.

roi d'Écosse, étaient encore en France. Pour rompre publiquement avec Ferrand, Charles VIII leur fit signifier leur congé. En vain sollicitèrent-ils une dernière audience; le roi ne consentit qu'à grand'peine à charger MM. d'Aubigny et de Lille de les entendre. Dans ce dernier entretien, les ambassadeurs prétendirent que Louis XI avait jadis prêté secours à Ferrand contre Jean de Calabre; ils déclarèrent qu'ils ne pouvaient croire que Charles VIII, assez soucieux de ne pas garder le bien d'autrui pour

---

(1) Ludovic à Belgiojoso, Vigevano, 3 janvier 1494. Archives de Milan, *Potenze estere, Francia*. — *Codice Aragonese* II, 2ᵉ partie, p. 379.

(2) Ascagne à Ludovic, Rome, 29 janvier 1494. Archives de Milan, *Potenze estere, Roma*.

restituer les territoires qui venaient d'être rendus aux rois des Romains et de Castille, pût prétendre au royaume de Naples qui ne lui appartenait pas. Ils le supposaient donc poussé par d'autres qui tâchaient de lui faire servir leurs ambitions désordonnées. Enfin ils s'efforçaient de démontrer que la puissance de leur maître rendrait toute agression vaine et que tous les Italiens s'uniraient pour repousser les étrangers.

Le roi voulut que la réponse fût donnée en plein Conseil, en présence des ambassadeurs de Milan et de Florence. Par la bouche du chancelier, il déclara fausses les allégations relatives aux secours que Louis XI aurait prêtés à Ferrand contre Jean de Calabre, et il affirma qu'il ne tenait pas moins à conserver ses droits qu'à respecter ceux des autres. Ces droits, il annonçait l'intention de les faire examiner, et, si on les trouvait fondés, il se disait résolu à les faire valoir non par haine contre le roi Ferrand, mais par devoir envers lui-même. Les ambassadeurs suggérèrent alors que le pape serait le meilleur juge à qui l'on pût soumettre cet examen. Mais le roi était déjà édifié sur la validité de ses droits, et le chancelier n'avait tenu ce langage que pour faire croire aux Napolitains qu'ils n'avaient pas lieu de presser leurs préparatifs. Le chancelier termina la séance en signifiant brusquement aux orateurs qu'ils eussent à quitter le royaume (1).

Quant à Pandone, lorsqu'il arriva, quelques jours plus tard, à Moulins, il y trouva un secrétaire du roi chargé de le reconduire immédiatement à la frontière. Son instruction, qu'il obtint d'envoyer à Charles VIII, était conforme aux paroles déjà tenues par les autres ambassadeurs. Force lui fut de se retirer sans accomplir la double mission qui lui avait été confiée (2). Brancaccio n'avait pas été plus heureux à Milan, où Ludovic l'avait congédié sans consentir à le recevoir (3).

La situation une fois éclaircie vis-à-vis de Naples, il importait d'être fixé sur l'attitude des Florentins. Les ambassadeurs de Pierre de Médicis s'étaient efforcés de conformer leur conduite à ses volontés. Souvent pressés par Briçonnet de se déclarer, ils avaient toujours répondu que le soin de leur sûreté ne leur permettait pas de se prononcer dès à présent, mais que, lorsque le roi serait en état de commencer l'Entreprise, ils fourniraient

---

(1) Belgiojoso à Ludovic, Tours, 14 janvier 1494. Archives de Milan, *Potenze estere. Francia*.

(2) Du même au même, Tours, 4 février 1494, *ibidem*.

(3) Ludovic à Belgiojoso, Vigevano, 3 janvier 1494, *ibidem*.

300 hommes d'armes, des vaisseaux et de l'argent. C'était là un expédient dilatoire qui les laissait libres de reculer indéfiniment l'exécution de leurs promesses.

Las de les voir esquiver ainsi une réponse formelle, poussé d'ailleurs par Ludovic, qui connaissait tous les mauvais bruits que les ambassadeurs florentins répandaient sur son compte, Charles VIII fit appeler, le 3 février 1494, les envoyés de Florence, et, sans autres témoins que Briçonnet et Vesc, il les mit en demeure de se prononcer. Becchi et ses collègues, croyant inutile de se mettre en frais d'imagination, répétèrent, pour la vingtième fois, la réponse qu'ils avaient si souvent faite à Briçonnet, ajoutant que, de leur part, une déclaration en faveur de la France pourrait jeter le pape dans les bras de Ferrand, et mettant le roi en garde contre les excitations de Ludovic, qui, disaient-ils, pourrait bien faire tout manquer lorsqu'on en viendrait à l'exécution. Comme Charles VIII insistait sur ce point que la résolution qu'il avait annoncée de diriger l'armée en personne était la meilleure preuve de l'imminence de l'Entreprise, les Florentins s'avisèrent d'un autre expédient : « Que Votre Majesté, proposèrent-ils, envoie cent ou deux cents lances et 400 hommes d'Infanterie à Rome; que le seigneur Ludovic envoie aussi 500 fantassins de manière à faire, entre Rome et Naples, un rempart qui mette le pape et nous-mêmes à l'abri du roi Ferrand. Que les Génois mettent un terme aux offenses qu'ils ne cessent de nous faire, et nous déclarerons vous fournir trois cents lances jusqu'à la fin de la campagne. — Deux cents lances! dit le roi, j'en enverrai quatre cents, et cela dès demain, si vous vous déclarez ce soir. Le seigneur Ludovic expédiera non pas 500 hommes, mais 2.000. Quant à vos difficultés avec les Génois, je suis prêt à les accommoder. »

« A ces mots, écrit Belgiojoso, les ambassadeurs restèrent stupéfaits et morts comme si un couteau leur eût traversé le cœur (1); car ils ne s'attendaient pas à ce que l'on fît aussi vite droit à leur demande, et ils avaient espéré gagner du temps par ce subterfuge. » Ils furent réduits à dire qu'ils n'avaient pas les pouvoirs nécessaires, mais qu'ils allaient en écrire à Pierre de Médicis et que, dans quinze jours, ils auraient une réponse. « Ah! s'écria Charles VIII en se tournant vers ses deux conseillers, mon cousin le duc de Bari avait raison. Voilà bien la preuve de leur malignité! » Devant la colère du roi et devant les reproches de Briçonnet, qui leur rappelait les

(1) «... *Attenti et morti et parse che un cortello li havesse passato el core...* »

promesses qu'ils lui avaient faites, les ambassadeurs finirent par protester que, pour leur part, ils ne demanderaient pas mieux que de promettre les trois cents lances et les six galères dont ils avaient parlé, et ils s'engagèrent même à faire ratifier cette promesse par leur gouvernement. Ils purent se retirer là-dessus, sous condition de se retrouver le lendemain avec MM. de Saint-Malo et de Beaucaire pour rédiger un engagement écrit.

Dans l'intervalle, Briçonnet et le sénéchal firent à Belgiojoso le récit de l'entrevue et lui demandèrent s'il croyait utile de rompre avec les Florentins ou de temporiser jusqu'à ce que Ludovic eût donné son avis. Le Milanais conseilla ce dernier parti et promit d'assister à la conférence du lendemain.

N'étant plus contenus par la présence du roi, Becchi et ses collègues parlèrent, suivant l'expression de Belgiojoso, « avec une grande arrogance, » rappelant les services que leurs ancêtres avaient rendus à la couronne de France et prétendant ne pas voir que Charles VIII eût encore fait aucun des préparatifs nécessaires en hommes ou en argent. L'évêque de Saint-Malo repartit que, quant aux hommes, l'armée ayant été maintenue sur le pied de guerre, elle était prête à se mettre en marche au premier signal. Quant à l'argent, tous les moyens de s'en procurer avaient été arrêtés entre le roi et ses conseillers; les aides extraordinaires suffiraient à couvrir les dépenses, et, si Charles VIII ne voulait pas avoir recours à ce procédé, il se trouvait dans le royaume douze hommes dévoués tout prêts à débourser la somme nécessaire à l'Entreprise.

Mis au pied du mur, les ambassadeurs répondirent comme la veille qu'ils n'avaient pas reçu de pouvoirs pour conclure une alliance. En vain Saint-Malo leur reprochait une obstination qui, loin d'être « d'accord avec le sentiment de la majorité des Florentins, n'était conseillée que par quelques partisans du roi Ferrand »; en vain Perron de Baschi, qui assistait à la séance, leur objectait qu'ils ne pouvaient pas ne pas avoir d'instructions sur ce point puisqu'ils n'étaient venus en France que pour porter la réponse aux propositions qu'il était lui-même allé faire à Florence. Ils répétaient comme un refrain qu'ils n'avaient pas de pouvoirs, mais que lorsque l'armée française serait en Italie, les Florentins se comporteraient de telle façon que le roi serait satisfait. « Le beau mérite! dit Perron, et qui donc pourra faire autrement quand nous en serons là? » Enfin, après de longs débats, les Toscans promirent, comme la veille, de remettre sous quinze jours une réponse de la part de Pierre de Médicis. Avant de les congédier, Saint-Malo les avertit que, quelle que fût leur réponse, le roi exécuterait toujours son Entreprise (1).

Longtemps avant l'expiration du délai demandé, on apprit que Ferrand de Naples était mort le 25 janvier. Une courte maladie l'avait emporté en trois jours, au moment même où il méditait un hardi coup de main qui eût rendu beaucoup plus difficile l'exécution des projets de Charles VIII. Avant que l'armée française eût passé les monts, il voulait se transporter en Romagne, de manière à cerner les États pontificaux et à contraindre le pape à s'unir à lui. De là, Ferrand comptait passer en Lombardie, et, fort du concours moral et matériel de Florence, chasser Ludovic de la place qu'il avait usurpée (2).

Lorsque l'on considère l'activité sans relâche, les efforts incessants déployés par le vieux roi pendant ses derniers jours, on ne peut se défendre de quelque commisération, sinon de quelque sympathie, pour cet homme qui, après trente-cinq ans de lutte, après avoir repris Naples au roi René, après n'avoir reculé ni devant la trahison ni devant les massacres pour s'assurer la couronne, voyait cette couronne menacée de nouveau par le plus puissant prince de l'Europe. On oublie que Ferrand n'était qu'un bâtard élevé au trône contrairement à toutes les lois divines et humaines; on oublie Piccinino assassiné, les survivants de la révolte des barons égorgés en masse après cinq ans de captivité, pour admirer l'opiniâtre énergie de ce vieillard. Il ne faut pas néanmoins se laisser aller à voir en lui le champion de l'indépendance italienne menacée par les étrangers. Sans doute, Ferrand d'Aragon parlait de l'Italie dans les appels qu'il adressait aux autres chefs d'état de la Péninsule; mais qui pouvait prendre au sérieux un semblable langage dans la bouche du souverain qui avait eu avec les Turcs les rapports que l'on sait (3) et qui avait, plus que personne peut-être, excité les Italiens les uns contre les autres?

Au moment où l'on allait recevoir en France la nouvelle imprévue de la mort du vieux roi, Ludovic venait de faire représenter à Charles VIII les périls auxquels son attachement à la politique française l'exposerait du

(1) Belgiojoso à Ludovic, Tours, 4 février 1494. Archives de Milan, *Potenze estere, Francia*. — Desjardins I, 361-363.
(2) Post-scriptum d'une lettre de Belgiojoso à Ludovic. Amboise 8 février 1494. Archives de Milan, *Potenze estere, Francia*.
(3) Voyez plus haut, p. 126 et 201.

côté des Napolitains, si la France ne se hâtait pas de venir à son secours. Charles avait répondu qu'il comprenait la nécessité de faire un grand effort et cela le plus tôt possible. Il voulait, disait-il, former une puissante flotte qui ne comprendrait pas moins de 25 à 30 vaisseaux et de 50 galères, portant quinze à seize mille combattants. Puis, après la défaite de la flotte ennemie, il viendrait lui-même joindre ses troupes de terre à celles de mer, de manière à conquérir rapidement le royaume de Naples. Ce but une fois atteint, avec ses forces grossies de celles du vaincu, le roi passerait incontinent en Turquie, ce qui aurait le double avantage de délivrer les malheureux chrétiens soumis aux Musulmans et de faire sortir du pays tous les gens d'armes français et napolitains, qui l'eussent sans cela vite épuisé. Pendant ce temps, Ludovic resterait en Italie pour veiller à l'envoi des secours et des convois nécessaires à l'expédition. Comme Charles tenait à profiter sur toutes choses des conseils du duc de Bari, il faisait partir son chambellan Georges Tiercelin, pour le prier instamment d'envoyer à Lyon Galéaz de San-Severino, afin de régler avec lui certains détails importants, tels que le nombre des soldats français et italiens à enrôler, celui des pièces d'artillerie, — pour son compte le roi souhaitait en amener environ cent pièces, — les moyens de les transporter, l'itinéraire à suivre. Il exprimait d'ailleurs une entière confiance en Ludovic, dont il ménageait à ce point les susceptibilités qu'il ordonna au duc d'Orléans de ne point passer par la Lombardie et d'accompagner l'armée de mer. Enfin, si le duc de Bari se croyait menacé par Ferrand, du côté de la Romagne, le roi se déclarait prêt à lui envoyer trois ou quatre cents lances, mille Suisses et mille arbalétriers qui lui permettraient d'attendre en sûreté le gros de l'armée française (1).

Alfonse de Calabre n'avait que les vices de son père sans en avoir les talents. Cependant la mort de Ferrand devait mettre dans l'organisation de la défense un trouble dont il importait de profiter et qui devait être pour le roi de France un nouveau motif de presser les préparatifs de l'Entreprise : « Mon cousin, écrivait Charles VIII au duc de Bari le 8 février, j'ay esté adverty du trespas du roy Ferrand, et avecques la voulenté que j'avoye de poursuivre l'Emprise de mon royaume de Naples

---

(1) Belgiojoso à Ludovic, Amboise, 8 février 1494. Archives de Milan, *Potenze estere, Francia*. — Bien que cette lettre soit datée du même jour que celle de Charles VIII dont il va être question, on a pu voir par son contenu que, lors de son entretien avec Belgiojoso, Charles VIII ignorait encore la mort de Ferrand.

moyennant votre bonne aide, conseil et conduite, elle m'est à cueur de augmenter en telle manière que j'espère en deux ou trois jours de avoir donné ordre en mes affaires de par deçà et le plus diligentement que pourray m'en aller à Lyon...... Et afin que n'y aie faulte à la dite Emprise et que plus brief elle puisse estre exécutée à votre désir et intencion et au mien, suis délibéré y aller en personne, vous priant que semblablement de votre part le vueilliez faire pour estre ensemble participans audit affaire, en déliberacion que ce sera pour aller plus avant et faire quelque grant service à Dieu, à l'Église et à l'exaltacion de la foy catholicque, qui est la chose en ce monde que plus j'ay à cueur et me semble que quant nous serons assemblés, que le tout ne pourra que bien aller (1). »

En même temps Charles VIII communiquait à son allié les instructions qu'il adressait à ses ambassadeurs à Rome, pour signifier au pape « son vouloir et intencion de ladite Emprise ». Outre ses agents permanents, il faisait partir l'évêque de Fréjus et maître Benoit de Saint-Moris. Une fois arrivés, ceux-ci devaient demander à être entendus en consistoire et proclamer l'intention où était leur maître de rendre à la foi chrétienne les terres occupées par les Turcs, moyennant le concours de tous ses amis et alliés, notamment du Saint-Siège. « Pour sa part, portaient les instructions, ledit seigneur est décidé à risquer sa personne, son royaume et tous ses biens. » Loin d'obéir à un motif d'ambition qui eût été après tout légitime, jugeant que la possession du royaume de Naples était le plus sûr moyen de mener à bien son entreprise, Charles VIII s'était arrêté à la résolution de reconquérir ce royaume qui lui appartenait de droit. En conséquence, comme le fils du roi Ferrand allait peut-être réclamer l'investiture pontificale, le pape et les cardinaux étaient priés de la lui refuser en attendant que Charles vînt lui-même à Rome visiter Alexandre VI et lui faire connaître ses droits. « Enfin, si ce fils du roi Ferrand tentait, comme c'est son habitude, de faire violence à la sainte Église et si celle-ci se trouvait contrainte d'opposer la force à la force, les ambassadeurs devaient faire entendre au Saint-Siège que le roi viendrait en personne et avec si bonne et si grosse compagnie que ledit fils ne pourrait user ni de force ni de violence (2). » Mais comme Charles VIII prévoyait qu'Alexandre VI

---

(1) Charles VIII à Ludovic, Montils-lez-Tours, 8 février [1494]. Archives de Milan, *Potenze estere, Francia*.
(2) Instructions de l'évêque de Fréjus et de Lodève et de maître Benoit de Saint-Moris,

pourrait bien se montrer favorable à Alfonse, il avait muni ses ambassadeurs d'une seconde instruction très menaçante, qu'il avait tenu à signer de sa propre main : « En ce cas, disait-il, appelez-en pour nous et en notre nom à ceux à qui nous devons avoir recours, c'est-à-dire au concile général de l'Église universelle (1). » En même temps, le roi envoyait un de ses écuyers, Denis de Vicariis, protégé du prince de Salerne, nouer des relations entre ses ambassadeurs à Rome et le cardinal de La Rovère (2). Malgré le semblant d'accord conclu l'année précédente, celui-ci était de nouveau renfermé dans sa forteresse d'Ostie, et la position qu'il occupait à l'embouchure du Tibre, son union avec les Savelli, les Colonna et Virginio Orsini, faisaient de lui un adversaire redoutable du Saint-Siège.

Sur la question du trône de Naples, Alexandre VI avait déjà pris son parti. En vertu de l'hommage reçu par Innocent VIII, Alfonse se trouvait *ipso facto* investi du royaume, et le pape ne ressentait point, à s'accommoder avec le fils, les répugnances qui lui faisaient éviter jadis un accord avec le père. S'allier à Ferrand, c'eût été se donner un maître; se réconcilier avec Alfonse, c'était, — du moins le pape l'espérait, — trouver un instrument docile. Uni à Naples et à Florence, le Saint-Siège formerait le noyau d'une ligue à laquelle Milan et Venise seraient sans doute forcés de se rallier. En tout cas, il n'y avait plus lieu de leurrer Charles VIII en lui laissant croire que le Saint-Siège soutiendrait un jour ses droits, ni d'encourager chez lui des espérances dont le pape était le premier à redouter la réalisation. Il fallait se hâter d'y mettre un terme (3). Dès les premiers jours de février, Pierre Alamanni écrivait de Rome à Pierre de Médicis que le souverain pontife inclinait à s'accorder avec Alfonse (4); quelques jours plus tard, Alexandre VI adressait à Charles VIII une longue bulle dans laquelle il exprimait l'étonnement qu'il ressentait

---

Amboise, 10 février 1494 (n. st.). — Copie contemporaine. Archives nationales, K 1710. — Traduction italienne. Archives de Milan, *Potenze estere, Roma*.

(1) Seconde instruction aux mêmes. Même date. — Traduction italienne. Archives de Milan, *Potenze estere, Roma*.

(2) Charles VIII au duc de Bari, Amboise, 10 février et 14 mars [1494]. Archives de Milan, *Potenze estere, Francia*.

(3) Tous les historiens d'Alexandre VI et de Charles VIII parlent d'une bulle que le pape aurait adressée, le 1er février 1494, au roi pour l'autoriser à venir en Italie, bulle qui eût été en contradiction complète avec la conduite alors adoptée par le Saint-Siège vis-à-vis de Naples. Nous avons prouvé ailleurs que cette bulle appartenait à l'année 1495. Voyez *Bibliothèque de l'École des chartes*, année 1886, p. 512.

(4) Cité par A. Gelli, *Archivio storico italiano*, 3e série, XVI, p. 398, n° 4.

à voir le roi de France sur le point d'attaquer une puissance chrétienne, tandis que l'union de tous les princes n'était pas de trop pour faire face aux Turcs menaçants. Ne pouvait-on pas craindre que le roi de Naples ne fût réduit à demander secours aux Infidèles? Si Charles se croyait des droits sur Naples, il n'avait qu'à les soumettre au pape, qui offrait son arbitrage. En terminant, Alexandre VI le mettait en garde contre ceux qui lui conseillaient l'Entreprise en vue de l'affaiblir et qui pourraient bien le trahir « ainsi que cela arrive souvent parmi les Italiens, lorsqu'ils changent leurs batteries (1) ».

Tout Espagnol qu'il fût, le pape donnait en ce moment même l'exemple d'un de ces revirements subits qu'il reprochait aux Italiens. Pour justifier la contradiction qui existait entre les termes de la bulle et le langage récemment tenu aux ministres de Charles VIII par Gratien de Villanova, langage qui ne pouvait passer que pour un encouragement à l'Entreprise, on s'avisa d'un subterfuge plus ingénieux que légitime : ce fut d'antidater la bulle. Bien qu'elle n'ait été expédiée que le 10 février, époque à laquelle l'envoyé pontifical était déjà de retour à Rome, on l'adressa à Villanova comme s'il se fût encore trouvé en France, et on affecta d'y parler du roi Ferrand comme s'il eût été vivant. On donnait à croire ainsi que maître Gratien avait agi sans instructions et que les véritables intentions du pape avaient toujours été conformes à la bulle. Le messager avait ordre de faire toute diligence, de feindre l'étonnement en apprenant le départ de l'envoyé pontifical et de remettre le document dont il était porteur à l'évêque de Saint-Malo. On croyait en effet qu'il serait facile d'amener Briçonnet à faire différer l'Entreprise en lui donnant l'espoir d'obtenir enfin le chapeau, « Sa Sainteté jugeant que cet évêque a un tel désir de devenir cardinal qu'il ne manquera pas de la satisfaire sur ce point (2) ». Tout cela avait été fait dans le plus grand secret, pour que Ludovic le More n'en eût pas connaissance. Mais le cardinal Ascagne avait des moyens d'informations particuliers : quatre jours après le départ du courrier, il savait déjà les détails de l'intrigue, et il pouvait même expédier à son frère une copie de la bulle antidatée. Ludovic se hâta de tout révéler à Charles VIII. Il l'avertit en même temps que Gratien de

---

(1) «... *Ut sæpenumero apud Italos accidit mutata velificatione...* » — Cette bulle est évidemment la pièce sans date publiée par Baluze, *Miscellanea*, édit. Mansi, III, 122.

(2) Ascagne à Ludovic, Rome, 14 février, 15 et 18 mars 1494. Archives de Milan, *Potenze estere, Roma.* — Desjardins, I, 280.

Villanova avait ordre de revenir sur ses pas demander l'envoi de Briçonnet à Rome sous prétexte d'y porter l'obédience. Une fois qu'Alexandre VI aurait eu l'évêque de Saint-Malo sous la main, il comptait bien que l'attrait du chapeau l'aurait fait agir à sa guise. Afin de tenir le pape en respect, Ludovic recommandait de mettre sans retard les troupes françaises en mouvement (1).

Le roi de France était déjà fort mécontent de la lettre du pape, qui, disait-il, n'aurait pu être plus favorable au roi de Naples si c'eût été ce prince lui-même qui l'eût composée. Il avait été particulièrement irrité en lisant le passage où le pape le mettait en garde contre ceux qui lui conseillaient l'Entreprise (2). Ce fut bien pis lorsque l'on connut le détail de l'antidate. Gratien, de retour en France, paya d'audace et prétendit que Ludovic et Ascagne étaient au fond de l'affaire. Les amis des Milanais lui dirent sans détours qu'il en avait menti, et la manœuvre du pape produisit un effet tout contraire à son dessein (3). Une « aigre réponse » fut expédiée, par le retour du courrier, à Rome, où elle parvint le 9 mars (4).

Alexandre VI était déjà un peu moins résolu. Afin sans doute de tempérer quelque peu le mécontentement de Charles VIII, il lui décerna la rose d'or le 9 mars (5). En outre, bien qu'il eût d'abord refusé d'entendre les ambassadeurs français (6), il leur avait permis quelques jours après d'exposer l'objet de leur mission en consistoire. Toutefois il déclara ne vouloir leur répondre qu'une fois qu'il saurait comment Charles VIII aurait accueilli son bref. Le lendemain du jour où il reçut la lettre du roi de France, il lui adressa un simple accusé de réception par lequel il ajournait une réponse définitive, lui conseillant de méditer encore les avis contenus dans son bref ainsi que les communications que lui ferait Villanova (7). Cette réponse définitive, qui fut lue dans le consistoire du 22 mars, n'était, pour la plus grande partie, qu'une répétition du premier bref du Saint-Père; on y avait seulement ajouté, sur la question de l'investiture,

---

(1) Ludovic à Belgiojoso, Vigevano, 1ᵉʳ mars 1494. Archives de Milan, *Potenze estere, Francia.*

(2) Belgiojoso à Ludovic, Moulins, 22 février 1494. Archives de Milan, *Potenze estere, Francia.*

(3) Du même au même, Moulins, 28 février 1494, *ibidem.*

(4) Desjardins, I, 280.

(5) *Diarium Burchardi*, édition Thuasne, II, 93.

(6) Gregorovius, VII, p. 398.

(7) Alexandre VI à Charles VIII, Rome, 10 mars 1494. Archives nationales, K 1710, n° 10.

que celle-ci ayant été déjà donnée par Innocent VIII à Alfonse lorsqu'il était duc de Calabre, le pontife actuel n'avait pas le droit de la lui retirer. Alexandre VI se déclarait donc à peu près formellement en faveur des Aragonais, puisqu'il ne proposait plus à Charles VIII d'examiner ses droits au trône de Naples (1). Néanmoins, le cardinal de Naples, ne trouvant pas encore ce langage assez ferme, proposait de menacer le roi de France des censures ecclésiastiques. C'est que l'accord n'était pas encore conclu. Quatre ambassadeurs napolitains étaient arrivés à Rome depuis le 14 mars (2); mais Alfonse, qui n'avait qu'une confiance limitée dans la fidélité de son ancien adversaire, voulait pour ôtage l'un des fils du pape; il demandait aussi la remise de plusieurs forteresses entre ses mains ou entre celles du cardinal de La Rovère (3). De son côté, Alexandre VI exigeait pour ses fils, le duc de Gandia et Don Geoffroi, des établissements si exorbitants que les pourparlers engagés par l'intermédiaire de Virginio Orsini et du cardinal de Valence n'avaient pas encore abouti (4). Peut-être Charles VIII aurait-il pu profiter de ce délai pour reconquérir le pape en offrant à ses fils des établissements encore supérieurs. Ludovic semble l'avoir souhaité un moment. Gratien de Villanova était toujours en France, où le roi refusait de le recevoir; bien qu'il tînt les plus mauvais propos sur le compte de Belgiojoso, celui-ci, feignant de les ignorer, renoua des relations avec lui. Gratien, à qui les mensonges ne coûtaient guère, lui jura que, loin de travailler à empêcher l'Entreprise, le pape ne cherchait qu'un moyen honorable de rester neutre. De concert avec Briçonnet, l'ambassadeur milanais triompha des répugnances de Charles VIII : il obtint de lui une audience pour Gratien et la promesse d'accorder au pape tout ce qu'il demanderait pour ses fils (5); mais les choses en restèrent là. Alfonse se soumit aux exigences d'Alexandre VI; le 18 avril, dans un consistoire qui dura plus de huit heures, le souverain pontife le proclama roi de Naples, et, malgré les protestations des envoyés français qui en appelaient

---

(1) Ascagne à Ludovic, Rome, 22 mars 1494. Archives de Milan, *Potenze, estere, Roma*. Un extrait de cette lettre a été donné par Rosmini, *Dell'istoria... di Gian-Iacopo Trivulzio*, II, 201.
(2) *Diarium Burchardi*, édition Thuasne, II, 97.
(3) Jérôme Stanga au marquis de Mantoue, Loreto, 26 mars 1494. Archives de Mantoue, E, XXV, 3.
(4) Du même au même, Rome, 17 mars 1494, *ibidem*.
(5) Belgiojoso à Ludovic, Vienne, 30 mars et 5 avril 1494. Archives de Milan, *Potenze estere, Francia*.

au futur concile, il chargea le cardinal de Monreale, Jean Borgia, d'aller couronner Alfonse en son nom (1).

Avant d'en venir là, le pape s'était adressé au duc de Bari lui-même; le 11 mars il avait réclamé ses bons offices pour faire renoncer le roi de France à une expédition qui aurait rendu impossible le projet de croisade des princes chrétiens contre les Turcs (2). Cette tentative venait plus à propos qu'on ne le pourrait croire. Bien que Ludovic pensât, au fond, qu'il ne pouvait plus guère rompre avec la France, il eut après la mort de Ferrand un moment d'hésitation. Pour se donner le temps de prendre un parti, il mit une étrange lenteur à faire part à Charles VIII de la fin du roi de Naples. Le 28 février, aucune nouvelle officielle n'était encore parvenue à la cour de France, et Charles VIII se demandait si le bruit que les Florentins avaient répandu n'était pas faux. On en concluait déjà autour de lui que le duc de Bari se rapprochait d'Alfonse (3). Cette hésitation ne pouvait paraître que très naturelle à ceux qui connaissaient Ludovic. Ascagne l'admettait si bien qu'il se bornait à donner à son frère des conseils conditionnels « pour le cas où il prendrait le parti de consentir à l'Entreprise ». Il recommandait surtout de rassurer Maximilien, qui pouvait craindre que la disparition du roi Ferrand ne fût trop favorable aux projets français. « Il serait bon, écrivait-il à son frère, que vous fissiez comprendre au roi des Romains, outre les motifs qui vous contraignent à consentir à l'Entreprise, quelles sont la puissance et l'autorité du nouveau roi. Vous lui donneriez à entendre que les Florentins et d'autres pourraient se déclarer en sa faveur. Enfin vous n'oublieriez pas de lui montrer quelles difficultés rencontrera l'Entreprise, et quels seraient les remèdes si les succès des Français dépassaient les prévisions (4). »

Belgiojoso, qui, par sa situation, se rendait mieux compte de la puissance et de l'état des forces françaises ainsi que de la fermeté des résolutions de Charles VIII, ne devait pas comprendre ces hésitations. Il déclarait qu'il n'était plus temps de reculer, que l'Entreprise, si on la poussait, ne pourrait que tourner au profit de Ludovic et de toute la chrétienté. Enfin,

---

(1) Infessura, dans Muratori, III, part. 2, col. 1251-1252.
(2) Alexandre VI à Ludovic le More, 11 mars 1494. Archives de Milan, *Potenze estere, Francia*.
(3) Desjardins, I, 277.
(4) Ascagne à Ludovic, Rome, 29 janvier 1494. Archives de Milan, *Potenze estere, Roma*.

quand le duc de Bari lui eut écrit qu'il refusait d'envoyer Galéaz à Lyon, il se décida, après une conférence avec ses amis de l'entourage du roi, à n'en rien dire à Charles VIII avant d'avoir supplié Ludovic de revenir

Vue de Moulins, d'après un dessin du Cabinet des Estampes. (*Topographie de l'Allier*, tome I.)

sur une décision qui risquait de rendre vraisemblables les mauvais propos des Florentins à son endroit (1).

La cause de ces hésitations comme de presque toutes les actions de Ludovic, c'était la crainte. Il tremblait que le projet de Ferrand ne se réalisât, que, le pape étant contraint d'accepter une ligue avec Naples et

(1) Belgiojoso à Ludovic, Moulins, 22 février 1494. Archives de Milan, *Potenze estere, Francia*

Florence, Alfonse ne fût en état d'entrer en Lombardie avant l'arrivée des secours de la France. Afin d'empêcher la formation de cette ligue, il pressait Charles VIII de soudoyer les Colonna, ennemis d'Alexandre VI, et de se concerter avec La Rovère pour tenir le souverain pontife en respect (1); afin d'éviter de jeter les Florentins dans les bras du pape et d'Alfonse, il recommandait de ne pas prendre contre les marchands de cette nation établis en France, les mesures violentes qu'il était loin de déconseiller quelque temps auparavant (2).

Faut-il voir un effet des représentations de Ludovic dans l'exceptionnelle longanimité que Charles VIII montra envers les Florentins? Trois semaines s'étaient écoulées et l'on attendait encore la réponse que les ambassadeurs avaient promise dans un délai de quinze jours. Néanmoins, malgré un mécontentement tel que M. de Vesc lui attribuait la pensée de vouloir préluder à son expédition en mettant Florence sous la domination de Ludovic (3), Charles eut assez d'empire sur lui-même pour accueillir sans colère la nouvelle que les Florentins allaient, conformément aux usages italiens, envoyer deux ambassadeurs complimenter le nouveau roi de Naples. « C'est maintenant ou jamais que je verrai si vous me voulez servir, » se borna-t-il à dire à La Casa. Celui-ci, du reste, constatait lui-même que les préparatifs étaient poussés avec une grande activité, qu'on sortait enfin du silence observé jusque-là relativement à l'expédition, que l'on dirigeait l'artillerie sur Lyon et que l'on hâtait l'armement de la flotte (4). D'ailleurs, ne voyait-on pas le roi déjà rendu à Moulins? Quelques jours plus tard, le 6 mars, il faisait son entrée à Lyon. Ce mouvement vers l'Italie était à lui seul plus significatif que tout le reste. Amis et adversaires se trouvaient tous contraints de reconnaître avec Belgiojoso que « c'était vraiment un miracle que le roi, jeune comme il l'était, eût persévéré dans son dessein, malgré toutes les oppositions qu'il avait rencontrées ».

(1) Ludovic à Belgiojoso, Vigevano, 13 février 1494. Archives de Milan, *Potenze estere, Francia*.
(2) Du même au même, Milan, 1ᵉʳ mars 1494, *ibidem*.
(3) Belgiojoso à Ludovic, Moulins, 23 février 1494, *ibidem*.
(4) Desjardins, I, 277, 279.

CHAPITRE VII.

CHARLES VIII A LYON.

Les prophéties de l'Entreprise de Naples. — Saint François de Paule. — Savonarole et la réforme de l'Église. — Prophéties excitatoires de Jean Michel, de Guillaume Guilloche et de saint Cataldus de Tarente. — Présages observés en Italie. — Charles VIII déclare ses intentions aux Français. — Il prend le titre de roi de Sicile et de Jérusalem. — Assemblée des seigneurs et des prélats à Lyon (17 mars 1494). — Assemblée des députés des villes (7 avril). — Charles VIII annonce ses intentions aux Italiens, à Maximilien et aux souverains espagnols. — Instructions de ses ambassadeurs auprès du Pape. — Briçonnet et D'Esquerdes reçoivent l'ordre d'activer les préparatifs. — Composition de l'armée et de la flotte. — L'argent commence à faire défaut. — Déloyauté de Briçonnet et de la plupart des ministres de Charles VIII. — Infidélité, disgrâce et mort de D'Esquerdes. — Ludovic se décide à envoyer en France son gendre Galéaz de San-Severino.

Les vastes projets de Charles VIII ne devaient pas causer à ses contemporains tout l'étonnement qu'on pourrait supposer, car, depuis le moyen âge, chacun considérait les rois de France comme les libérateurs désignés du Saint-Sépulcre. Cette tradition, dont on trouvait l'écho dans les nombreuses prophéties qui venaient de temps à autre réchauffer l'enthousiasme des Occidentaux pour la croisade, avait encore été entretenue par les appels réitérés que les papes adressaient toujours aux souverains français de préférence aux autres princes de la chrétienté. Pie II n'écrivait-il pas à Louis XI que l'honneur de combattre les Turcs et de recouvrer la Terre Sainte revenait de droit aux rois de France (1)? Et Louis XI lui-même ne disait-il pas, en 1478, aux envoyés de la Ligue italienne : « Je ne cesse de rendre grâces au Dieu tout-puissant des hauts faits de mes prédécesseurs, et je supplie humblement la glorieuse vierge Marie d'accorder un grand honneur à mon très cher fils : ce serait de lui donner l'occasion,

(1) Mémoires de l'Académie des Inscriptions, XVII, 546, note m.

le pouvoir et les moyens d'aller de sa personne, avec sa noblesse et la chevalerie de France, combattre le détestable Turc et les autres infidèles, et de défendre et d'augmenter la foi catholique et la religion chrétienne ainsi qu'avec l'aide de Dieu j'avais l'intention de le faire... (1). » Or on sait que, depuis la chute de l'empire d'Orient, la conquête de Constantinople était regardée comme le préliminaire obligé de celle de Jérusalem. Charles VIII, qui avait reçu dès son enfance le titre de gonfalonier de l'Église, croyait de bonne foi que le rôle de libérateur des chrétiens d'Orient lui était réservé. Seulement, à ses yeux, la guerre contre les Turcs ne devait être engagée qu'autant qu'elle aurait été précédée de la conquête de Naples; il prenait d'ailleurs soin de l'expliquer lui-même dans le préambule de toutes les demandes d'argent qu'il adressait à ses sujets : « Pour myeulx et plus aisément faire... et à moindres fraiz et mises pour l'avenir, écrivait-il aux élus de Mantes, nous deussions recouvrer et mectre en notre obéissance le royaume de Naples qui est assis sur la frontière desdits infidèles. Lequel royaume fut usurpé à noz prédécesseurs de la maison d'Anjou... (2) ». Ainsi, dans sa pensée, ce projet n'avait rien que de conforme aux traditions prophétiques qu'il croyait réaliser (3).

Quels que fussent, d'ailleurs, ses sentiments sur cette question, Charles VIII ne s'y fiait pas uniquement : il avait ordonné dans tout le royaume des processions et des prières publiques (4) pour obtenir de Dieu qu'il daignât lui inspirer le meilleur parti : ou de venir en Italie, ou de diriger ailleurs ses vues. « Mais il paraît, dit Sanuto, que toutes les prières et ceux qui priaient, *surtout certains ermites*, l'encourageaient de toute manière à tenter cette entreprise (5). » Les « Hermites Saint-François », tel était le nom porté par les austères religieux qui,

(1) Bibliothèque nationale, ms. français, n° 3863, f° 15.
(2) Lettre de Charles VIII aux élus de Mantes pour asseoir une aide de 1.500 livres tournois sur leurs administrés. Lyon, 11 avril 1494. Bibliothèque nationale, Portefeuille Fontanieu, 149-150, où cette pièce est faussement datée du 11 août 1493. — Voyez aussi les cédules des États de Languedoc du 11 avril et du 11 mai citées par M. de Boislisle, *Étienne de Vesc*, p. 80, note 4.
(3) Desjardins, I, 256.
(4) Fragment historique écrit par Jean Baudequin, chanoine de Laon, sur les derniers feuillets d'un Commentaire de Cassiodore sur les Psaumes, aujourd'hui conservé à la Bibliothèque de Laon sous le n° 33. Ce fragment a été cité par Foncemagne, *Mém. de l'Acad. des Inscriptions*, XVI, 542, note g. — Voyez aussi la *Prophétie* de Guilloche, p. 47.
(5) Sanuto, *Spedizione di Carlo VIII*, p. 29-30.

sous la discipline de François de Paule, habitaient, aux portes mêmes du château des Montils, un monastère fréquemment visité par le fils de Louis XI. On sait quelle influence le saint homme de Calabre avait gardée au milieu même de la cour jeune et brillante de Charles VIII. « Je l'ay maintes foys ouy parler devant le roy qui est de présent, où estoient tous les grans du royaulme, dit Commines,... mais il sembloit qu'il fust inspiré de Dieu des choses qu'il disoit et remonstroit ; car autrement n'eust sceu parler des choses dont il parloit (1). » Le roi, qui avait tenu à ce que le Dauphin reçût le baptême de la main de François de Paule, recourait aux conseils de celui-ci dans tous les cas difficiles (2). Or l'ermite calabrais avait été jadis protégé par le prince de Bisignano, l'un des chefs du parti angevin ; il avait souffert les persécutions de la cour aragonaise ; il avait tenu devant Ferrand et devant son fils le langage le plus sévère, les accusant d'amasser des trésors qui n'étaient que « le prix du sang de leur peuple » et leur prédisant la punition qui les attendait. Enfin il s'intéressait à ce point à l'expédition de Charles VIII que, lors de la journée de Fornoue, miraculeusement informé du danger que courait alors le roi, il passa tout le temps que dura la bataille sans prendre d'aliments, absorbé dans ses prières (3). De tous ces indices, on est vraiment en droit de conclure que saint François de Paule a encouragé le roi de France à la conquête de Naples. N'est-ce pas lui d'ailleurs que le chroniqueur Alexandre Benedetti avait en vue, lorsqu'il rapportait que des songes avaient permis au fils de Louis XI d'aspirer à l'empire du monde « pourvu qu'il obéît aux exhortations d'un certain religieux (4) » ?

Qui sait si cet ascète, qui prêchait aux rois et aux courtisans la réforme des mœurs, n'aspirait pas en même temps à une réforme de l'Église dont Charles VIII aurait été l'instrument ? Plus d'un poursuivait alors le même rêve, et surtout un autre religieux, un Italien, lui aussi, Jérôme Savonarole. L'épouvantable corruption de la cour romaine, la démoralisation gé-

---

(1) Commines, II, 231.
(2) *Acta Sanctorum*, avril, t. 1, 115 E et 210.
(3) *Ibidem*, 204 A, 112 E, 113 A, 116 A.
(4) *Alexandri Benedicti diaria de bello Carolino*, lib. I. L'original latin, daté de 1496, est à la Bibliothèque Laurentienne (*Volume Delciano* I, 4, 106, in-8°). Une traduction italienne par Louis Domenichi a été publiée à Venise en 1549 par Gabriel Giolito. Cette traduction, devenue rarissime, a été rééditée, en 1863, à Novare, par MM. Crosa et Moscotti, sous ce titre : *Il fatto d'arme del Tarro... insieme con l'Assedio di Novarra*.

nérale qui résultait comme toujours du raffinement même des mœurs, raffinement dont la Renaissance était la plus complète expression, avaient suscité au propre foyer du mal, en Italie, un mouvement de réforme ou plutôt de réaction dont quelques nobles esprits s'étaient faits les instigateurs. Le plus ardent était Savonarole; à ses yeux, le mal semblait si profondément enraciné déjà qu'un bouleversement par la violence pouvait seul y porter remède, et ce bouleversement, il l'annonçait depuis longtemps. Dès 1486, à Brescia, il prophétisait la venue du vainqueur étranger; depuis, en 1492, dans sa célèbre vision de l'épée, l'Italie et l'Église lui apparurent à la fois châtiées et purifiées par le glaive; plus tard, à Florence, ses prédictions devinrent plus explicites encore, et dans ses sermons sur l'Arche de Noé, qu'il commença au carême de 1494, au moment même où un autre religieux, prêchant à Novare, annonçait le siège que cette ville allait subir (1), Savonarole s'écriait en parlant d'un nouveau Cyrus : « Un homme va venir qui envahira l'Italie en quelques semaines, sans tirer l'épée. Il passera les monts et les rochers, et les forteresses tomberont devant lui (2). »

Le prieur de San-Marco ne voyait en Charles VIII que l'agent de la colère divine; mais les espérances de réforme qu'il fondait sur sa venue étaient partagées par d'autres esprits moins généreux et moins oublieux des intérêts temporels. Julien de la Rovère, par exemple, comptait sur le roi de France pour rentrer en maître dans Rome, pour faire la loi au Pape et pour le déposer au besoin. L'évêque de Gürck, Raimond Péraud, que son origine française rendait un intermédiaire naturel entre Charles VIII et Maximilien, parlait déjà en 1493 de projets de concile, de réforme générale entreprise sous l'influence commune des deux souverains. A la même époque, le Parlement et l'Université de Paris émettaient des vœux en faveur d'une réforme de l'église gallicane, prélude d'une réforme de l'Église universelle. La menace du concile était depuis longtemps l'une des armes que les rois de France employaient contre le Saint-Siège. Charles VIII y avait déjà eu recours et la réforme ecclésiastique s'associait dans ses desseins à la conquête de Naples et à l'abaissement de la puissance musulmane.

Ce triple objet de l'ambition du roi de France se trouve indiqué dans

---

(1) *Il fatto d'arme del Tarro*, p. 18.
(2) Villari, *Jérôme Savonarole et son temps*, traduit par G. Gruyer, Paris, Didot, I, 192 et 226.

deux prophéties, auxquelles l'inspiration surnaturelle paraît d'ailleurs faire complètement défaut. L'une, qui émanait d'un médecin du roi, Jean Michel, est le récit assez peu intelligible d'une vision ; Charles VIII y était salué des titres de vainqueur de Jérusalem, de « très loyal réformateur de tout le siècle, de souverain et dominateur de tous les dominans et unique monarchie du monde (1) ». L'autre avait été mise en vers par un certain Guilloche de Bordeaux, et semble, à en juger par le style, s'adresser aux classes populaires (2). Elle rappelle certaines poésies composées dans le même dessein à l'époque de la guerre de Bretagne (3). Comme celles-ci d'ailleurs, l'une et l'autre paraissent avoir été destinées à exciter l'opinion en faveur de l'Entreprise. On doit sans doute rattacher à la même catégorie diverses autres prophéties qui avaient cours en Italie. L'une d'entre elles, attribuée à saint Cataldus, jadis évêque de Tarente, et que l'on disait découverte dans cette ville, entre la base et le fût d'une colonne, aurait même été présentée au roi de Naples (4).

Quelle que fût la créance que l'on accordât à ces oracles, il est certain qu'au début de 1494 il régnait en Italie une sorte de mystérieuse anxiété. Le Siennois Tizio nous en a conservé l'impression dans ses mémoires, partout il croyait voir des présages néfastes. C'étaient d'abord des orages et de sinistres conjonctions astrologiques ; c'étaient des enfants chantant la nuit des litanies lugubres ; un jour, c'étaient des oiseaux d'une espèce inconnue volant autour du campanile du Palais public ; un autre jour, c'était un pèlerin silencieux, une croix de bois sur l'épaule, s'arrêtant au milieu de la campagne déserte pour menacer Sienne du geste. « Tant d'éclipses, dit-il, tant de conjonctions d'astres, de dissensions parmi les cardinaux, de rumeurs d'invasion française enlevaient tout bon espoir et excitaient plutôt la crainte (5). » En plusieurs lieux des images de saints avaient paru se couvrir de sueur ; près d'Arezzo, au milieu d'un grand

(1) Elle a été publiée par M. de la Pilorgerie, *Campagne et bulletins de la grande armée d'Italie*, p. 431-433.
(2) Elle a été publiée par le marquis de La Grange. Paris, Académie des Bibliophiles, 1869.
(3) Voyez La Pilorgerie, 427.
(4) On trouve le texte complet de cette prophétie dans l'*Historia Senensium* de Sigismond Tizio, restée manuscrite (Bibliothèque Chigi, G II 36, t. 6, f° 204-205). D'ailleurs ce texte contient des allusions si précises à la mort de Ferrand et au renversement de son successeur qu'il pourrait bien avoir été complété après coup. Un texte plus restreint a été donné dans la *Cronica di Napoli di Notar Giacomo*, éditée par P. Garzilli, Naples, 1845, gr. in-4°, p. 173.
(5) Tizio, f° 208-210.

fracas de tambours et de trompettes, on avait vu des fantômes armés parcourir les airs, sur des chevaux gigantesques (1). Enfin des prédictions relatives à la chute prochaine de l'Islamisme et à la fin de l'empire turc s'étaient répandues jusque parmi le peuple de Constantinople (2).

Il y avait donc longtemps déjà qu'il était bruit dans toute l'Europe des visées de Charles VIII sur Naples et sur l'Orient. Toutefois, malgré les négociations plus ou moins secrètes auxquelles elles avaient déjà donné lieu, malgré les préparatifs commencés, malgré le congé signifié aux orateurs napolitains, le roi n'avait pas, jusqu'à son arrivée à Lyon, officiellement avoué ses projets, et certains esprits se refusaient à les croire réalisables. Après cette époque, le doute ne fut plus possible. On vit en effet le roi demander à tout le clergé les prières publiques dont il a été question plus haut, et faire solennellement part de ses intentions à ses sujets et aux gouvernements italiens.

Nous avons eu plusieurs fois déjà l'occasion de faire remarquer combien Charles VIII tenait à se maintenir toujours « en son devoir ». C'était pour satisfaire à cette préoccupation que le traité de Liénard Baronnat avait été composé; c'était en vue des mêmes résultats, qu'une commission tirée du Parlement de Paris avait déclaré les droits du fils de Louis XI aussi bien fondés que ceux qu'il avait sur le royaume de France (3), et le premier effet de cette reconnaissance officielle avait été la protestation du procureur du roi, Christophe de Carmonne, contre les titres de roi de Sicile et de comte de Provence que s'arrogeait le duc de Lorraine. Mais Baronnat comme Carmonne confondaient dans leurs revendications le comté de Provence et la souveraineté de Naples, de sorte que tous deux semblaient plutôt avoir en vue René II, que le roi Ferrand. Le moment était venu de s'attaquer directement aux Aragonais. A peine arrivé à Lyon, Charles VIII avait pensé à envoyer un héraut porter une déclaration de guerre à Alfonse de Naples, et il n'avait ajourné cette déclaration que sur l'avis de son conseil (4). En revanche, il prit ouvertement, dans les actes relatifs à son entreprise, les titres de roi de Sicile et de Jérusalem, que portaient les souverains de Naples depuis que Charles d'Anjou avait acquis, en 1277, les droits de la

---

(1) Guichardin, liv. I.
(2) Benedetti, *Il fatto d'arme del Tarro*, p. 18.
(3) Desjardins, I, 262.
(4) Belgiojoso à Ludovic le More, Lyon, 11 mars 1494. Archives de Milan, *Potenze estere, Francia.*

« damoisièle d'Antioche (1) ». Il montra, dit Belgiojoso, une joie inexpri-

Vue de Lyon au début du XVIᵉ siècle. Tapisserie de Beauvais, publiée par Jubinal.

mable à porter ce titre de roi de Jérusalem, qu'il considérait comme de bon augure pour ses projets sur la Terre Sainte (2). Mais il ne suffisait pas à

(1) Voyez plus haut, p. 4.
(2) Du même au même, Lyon, 14 mars. 1494. *Ibidem*.

Charles d'être édifié sur la validité de ses droits : il voulait que tout le monde en fût également convaincu.

Une grande assemblée de seigneurs et de prélats fut tenue à Lyon, le 17 mars, en présence des princes du sang et de Belgiojoso spécialement convoqués par Charles VIII. « Le roi y fit déclarer par quelques seigneurs du Parlement, écrivit l'ambassadeur milanais, que le roi Alfonse n'a aucun droit au trône de Naples, mais que ce trône appartient légitimement à Sa Majesté Très Chrétienne. Après cette déclaration, le chancelier (1) dit que Sa Majesté avait voulu faire connaître qu'elle défendait une cause juste en entreprenant l'expédition de Naples, et qu'elle n'y pourrait renoncer sans charger sa conscience et sans s'exposer à tous les mépris. Tout cela n'a d'autre but que d'encourager ses sujets à le seconder, et l'on ne doute pas qu'ils le fassent, dussent-ils pour cela vendre jusqu'à leurs habits (2). »

L'enthousiasme faisait défaut cependant, et Charles VIII, qui n'avait pas plus sur ce point que sur d'autres les illusions que lui attribuent la plupart des historiens, reconnaissait franchement que la plus grande partie de son peuple ne se montrait pas favorable à l'Entreprise. C'était même là le motif qui le décidait à prendre le commandement en chef de son armée. « Dès que j'aurai fait connaître que telle est ma volonté, disait-il à Belgiojoso, personne n'osera plus mettre obstacle à l'expédition (3). » Aussi n'avait-il eu garde de demander l'avis de l'assemblée des seigneurs. Son intention en les convoquant avait été « non de les appeler à se prononcer sur la convenance qu'il pourrait y avoir à tenter l'Entreprise, mais de les faire concourir aux moyens de la réaliser (4) ».

Il agit avec la même adresse vis-à-vis des représentants des bonnes villes appelés à Lyon quelques jours après la noblesse. En prévision des demandes d'argent qu'ils s'attendaient à subir, les délégués tinrent une réunion préliminaire et résolurent prudemment « que, quant la matière leur seroit mise en termes de par le roy, que ils feroient response que ils n'avoient par les lettres du roy envoiées ausdites villes synon charge de oyr et rappor-

---

(1) Le personnage dont il est ici question est Adam Fumée, garde des sceaux; la chancellerie resta vacante depuis le 12 août 1492 jusqu'en 1495.
(2) Belgiojoso à Ludovic, Lyon, 26 mars 1494. Archives de Milan, *Potenze estere, Francia*.
(3) Du même au même, Lyon, 6 mars 1494. *Ibidem*.
(4) Desjardins, I, 283.

ter (1) ». Mais Charles VIII ne se souciait pas plus de laisser discuter ses projets par des bourgeois que par des seigneurs. Il n'avait nullement entendu convoquer des États généraux ; la royauté était redevenue assez forte pour ne point recourir à ce suprême expédient. Il voulait seulement communiquer à ses sujets son intention de faire la guerre aux Turcs, les convaincre de la légitimité de ses droits sur Naples, leur donner un témoignage de sa confiance en mettant la personne du dauphin et la sûreté du royaume sous la sauvegarde de la nation entière ; enfin les associer aux traités qu'il avait conclus avec les rois d'Espagne et des Romains, en exigeant d'eux l'engagement de les observer.

Tout cela ne demanda pas beaucoup de temps. Dans une séance d'ouverture tenue à l'archevêché, le lundi 7 avril, et présidée par le roi en personne, le garde des sceaux, Adam Fumée, réitéra les déclarations qu'il avait déjà faites devant l'assemblée des nobles. Il assura que la conquête de Naples serait le meilleur préliminaire d'une croisade réclamée par le Pape et rendue nécessaire par l'audace croissante des Turcs. Le lendemain, il réunit les députés dans sa maison, résuma son discours de la veille et parla de l'obligation où étaient les bonnes villes de confirmer les traités de paix. Enfin, le même jour, « ung nommé Palain de Pournechal » exposa longuement les droits du roi à l'héritage des souverains napolitains ; et comme c'était là le véritable objet de la réunion des députés, on congédia l'assemblée dès le mercredi. Quant à des demandes d'argent, il n'en avait pas été question. Tout au plus avait-il été dit d'une façon générale que le roi comptait sur le concours de ses sujets (2). Néanmoins, comme il fallait bien trouver les ressources nécessaires, Charles se réservait de réclamer plus tard des subsides ou des prêts dont il fixerait lui-même le montant. En attendant, Briçonnet et ses collègues s'efforcèrent, dans des entretiens particuliers, de disposer les députés des villes à les fournir de bonne grâce.

Vis-à-vis de l'étranger, le roi ne fut pas moins explicite dans la déclaration de ses projets. Le Pape, vers le temps où il avait adressé à Charles VIII la bulle antidatée que l'on sait, avait envoyé des brefs aux rois des Romains et d'Espagne, ainsi qu'à la Seigneurie de Venise, pour les engager à détourner

---

(1) Rapport des députés d'Amiens, dans Champollion-Figeac, *Documents inédits tirés de la Bibliothèque royale*, II, 478.

(2) *Ibidem*, 477-478. — Desjardins, 292.— Belgiojoso à Ludovic, Lyon, 11 avril 1494. Archives de Milan, *Potenze estere, Francia*.

le souverain français de son entreprise sur Naples. Mais avant même que ces puissances eussent eu le temps de prendre une décision, Charles VIII annonçait à Ludovic le More qu'il venait de leur expédier un double de la réponse faite à la bulle pontificale avec un exposé des motifs qui le déterminaient à tenter son entreprise; dans la même lettre il annonçait l'envoi de toute une série d'ambassadeurs aux puissances italiennes (1). D'autres agents diplomatiques recevaient des missions auprès de Maximilien et du roi d'Espagne. L'envoi des ambassadeurs en Italie avait été décidé le 27 février dans un conseil extraordinaire. Outre Du Bouchage, qui se rendrait à Milan, pendant que MM. de Morvilliers et de Cytain iraient à Venise, quatre envoyés royaux, D'Aubigny, Perron de Baschi, le président Matheron et le général des finances Bidan, étaient désignés pour aller « remontrer au Pape les droits du roi sur Naples, conformément aux instructions déjà expédiées à Rome ». Ils devaient visiter d'abord Ferrare, Mantoue, Bologne, Florence, Sienne et s'aboucher avec les barons romains et le cardinal de Saint-Pierre ès liens; mais avant tout, ils avaient ordre d'aller à Milan assurer le duc de Bari que la volonté du roi était de se conformer à son opinion et à ses conseils pour tout ce qui touchait à l'Entreprise; de s'entendre avec lui sur les mesures à prendre relativement aux troupes lombardes, au duc d'Urbin et aux Colonna, que l'on devait soudoyer en Italie; enfin, ils lui annonceraient que le roi faisait partir incontinent 300 hommes d'armes, qu'un second corps, s'ébranlant en avril, serait au delà des monts en mai, suivi de près d'un troisième corps dans lequel se trouverait Charles VIII en personne. Si le roi ne partait pas plus tôt, c'était que Maximilien et lui avaient résolu d'avoir une entrevue « pour le bien de la chrétienté, d'eux, de leurs seigneuries, terres, royaumes et amis (2). »

Les ambassadeurs ne se hâtèrent point de se mettre en route; ils étaient encore en France lorsque, le 9 mars, on vit revenir ce Denis de Vicariis que Charles VIII avait envoyé à Rome un mois plus tôt (3). Le compte qu'il rendit de sa mission et les lettres qu'il rapportait de divers personnages déterminèrent le roi à agir vigoureusement. Il donna sur-le-champ à D'Au-

(1) Charles VIII à Ludovic le More, Lyon, 7 mars 1494. Pièce publiée dans la *Revue des documents historiques* de M. Étienne Charavay, 2ᵉ année, p. 172-175.
(2) Traduction italienne des instructions des quatre ambassadeurs à Rome. Sans date. Archives de Milan, *Potenze estere, Francia. Istruzioni dal 1452 al 1500*.
(3) Voy. plus haut, p. 306.

bigny et à Perron de Baschi l'ordre de partir sous deux jours (1). Le général Bidan et Matheron devaient emporter l'argent nécessaire à l'engagement des gens d'armes italiens, et D'Aubigny serait suivi au delà des Alpes d'une avant-garde de deux ou trois cents lances. Quant à Denis, à peine arrivé, on le fit repartir en toute hâte muni d'une protestation en forme que les ambassadeurs déjà présents à Rome devaient publier, au cas où le Pape procéderait à l'investiture d'Alfonse d'Aragon (2), protestation où Charles VIII prenait le titre de roi de Sicile et de Jérusalem. Dans une autre lettre écrite le même jour au Pape, Charles, sans faire la moindre allusion à ses projets sur Naples, déclarait inébranlable sa résolution de faire la guerre aux Turcs. En conséquence, il souhaitait se retrouver à Rome avec le grand maître de Rhodes dont la compétence pour tout ce qui touchait à l'Orient lui serait précieuse. Afin sans doute de donner à réfléchir à Alexandre VI, le roi mentionnait son entente complète avec Maximilien, qu'il allait rencontrer en Bourgogne, et avec le roi d'Espagne, qu'il espérait bien voir ensuite à Rome même (3).

Le moment était venu d'employer d'autres armes que celles de la diplomatie. Au reçu des nouvelles apportées par Denis de Vicariis, Charles VIII avait ordonné à l'évêque de Saint-Malo de ne rien épargner pour presser l'armement de la flotte. A D'Esquerdes, il avait reproché son peu de diligence à mettre les troupes en état de franchir les monts. Le vieux maréchal reconnut sa négligence; pour la réparer, il promit de passer la nuit à expédier les ordres de départ. Ce fut alors que, tout en insistant sur la nécessité de se hâter, le roi, pour parer au plus pressé, voulut que D'Aubigny emmenât deux ou trois cents lances, et qu'il le chargea de remplir à Milan la mission qui avait dû primitivement être confiée à D'Esquerdes (4). Puis il demanda quand il pourrait partir lui-même. Sur la réponse que la flotte et l'armée seraient prêtes vers la fin d'avril, « Je veux, dit-il, passer les monts au temps marqué, dussé-je ne le faire qu'avec trois courtauds pour toute suite (5). »

(1) Belgiojoso à Ludovic, Lyon, 11 mars, et Vienne, 28 mars 1494. Archives de Milan, *Potenze estere, Francia*.
(2) Charles VIII à Ludovic, Lyon, 14 mars [1494]. *Ibidem*.
(3) Charles VIII à Alexandre VI, Lyon [1494]. Archives nationales, K 1710, n° 11.
(4) Voy. plus haut, p. 280.
(5) Belgiojoso à Ludovic le More, Lyon, 11 mars 1494. Archives de Milan, *Potenze estere, Francia*.

Dans les instructions remises à ses ambassadeurs, Charles VIII exprimait la volonté d'être rendu en Italie au mois de mai. Mais il se trompait étrangement sur la durée des préparatifs qui lui restaient à faire et sur les difficultés de toute sorte qui allaient entraver l'expédition.

La force de l'armée de Charles VIII en Italie est restée très imparfaitement connue jusqu'ici. Le seul auteur qui se soit préoccupé d'en supputer le nombre (1), accepte sans les discuter les données d'un texte évidemment écrit à Bologne, texte fondé sur des ouï-dire et dans lequel les bravades se mêlent aux exagérations (2). Il y est question d'une cavalerie de 14.000 lances (3) et d'une infanterie de 46.000 hommes, ce qui ne donnerait pas moins de 130.000 combattants. Enfin l'artillerie se serait composée de 700 pièces de dimensions prodigieuses : les moindres, en effet, auraient eu seize pieds de longueur, les autres vingt-quatre. Au milieu de tous les documents qui ne fournissent que des renseignements insuffisants ou contradictoires, il s'en rencontre cependant quelques-uns qui permettent d'arriver à une approximation satisfaisante.

La première pensée du roi avait été de réunir 21.000 hommes à répartir entre l'armée de terre et l'armée de mer (4). Les ordres nécessaires étaient même déjà donnés lorsque, vers la fin de mars, le prince d'Orange revint de son ambassade en Allemagne. Au dire de Belgiojoso, ce seigneur « ne goûtait pas fort l'Entreprise de Naples. C'est, je crois, écrivait l'orateur milanais, qu'il est fort adonné à ses plaisirs et qu'il ne voudrait pas quitter la France; c'est peut-être aussi qu'il a prêté l'oreille à quelques offres florentines. Comme il sait qu'il ne pourra parvenir que par des voies

---

(1) M. Boutaric, dans son *Histoire des Institutions militaires de la France*, Paris, 1863, p. 369.
(2) *Descriptio apparatus bellici regis Francie Caroli* publié à la suite du *Voyage littéraire de deux bénédictins*, éd. de 1724, p. 379.
(3) La lance française se composait alors de six hommes (Sanuto, *Vite di duchi di Venezia*, dans Muratori, *Scriptores*, XXII, p. 1226 D). La lance italienne n'en avait que quatre. (*Diario ferrarese*. Ibidem, XXIV, 303 E.)
(4) Voici quel était le détail des troupes suivant ce premier projet :

Armée de terre : 1.000 lances françaises........	6.000 hommes.	
Armée de mer : 500 — —	3.000 —	
A diviser entre l'armée de terre { Suisses.......	4.000 —	
et l'armée de mer.......... { Arbalétriers..	8.000 —	
Total....	21.000 hommes.	

Ces renseignements ainsi que ceux qui vont suivre sont empruntés à une importante dépêche de Belgiojoso à Ludovic (Lyon, 26 mars 1494. Archives de Milan, *Potenze estere, Francia*).

indirectes à faire rompre l'Entreprise, ... il a dit que, puisque le roi y allait de sa personne, il fallait un nombre d'hommes d'armes bien supérieur à celui que l'on avait arrêté d'abord. Il croyait de la sorte faire tout retarder ou tout manquer par la grande dépense que cela nécessiterait, ou par le défaut de vivres suffisants pour une grande foule. » Le Conseil obéissait peut-être à des motifs analogues à ceux qui faisaient agir le prince d'Orange. En vain Belgiojoso objecta l'énorme dépense qu'entraînerait un armement plus considérable. « L'argent ne manquera pas », fut-il répondu, et l'on porta le chiffre total des deux armées à 41.900 hommes, dont 31.500 pour l'armée de terre et 10.400 pour l'armée de mer (1).

Ces chiffres furent, à très peu de chose près, réalisés; car si l'on additionne les nombres portés dans une pièce qui donne l'état des différents corps opérant en Italie à la fin de novembre 1494, on retrouve, pour les troupes se dirigeant vers Naples, ce nombre de 31.500

Canon donné par Charles VIII à Barthélemy, seigneur de l'Ins. (Musée d'Artillerie.)

---

(1) On trouve, dans la même dépêche et dans une autre lettre du comte de Belgiojoso datée du 28 mars, la composition détaillée des deux armées :

ARMÉE DE TERRE.

1.500 lances françaises à 6 hommes par lance...	9.000	hommes.
1.500 lances italiennes à 4 hommes par lance.	6.000	—
Arbalétriers à cheval	1.200	—
Génétaires (troupes légères armées de javelines)	300	—
Infanterie ultramontaine :		
Picards	1.000	—
Normands	1.000	—
Arbalétriers gascons et dauphinois	6.000	—
Suisses	3.000	—
Fantassins italiens : 2.000 ou 3.000, soit	3.000	—
Total	31.500	hommes.

ARMÉE DE MER (NON COMPRIS LES ÉQUIPAGES DES NAVIRES).

400 lances françaises à 6 hommes par lance	2.400	hommes.
Infanterie	8.000	—
Total	10.400	hommes.

hommes (1). Si l'on y joint les soldats du duc d'Orléans, primitivement destinés à servir par mer, mais restés dans le nord avec leur chef, et qui constituaient un effectif d'environ 8.600 hommes, on arrive à un total de 40.100 hommes, inférieur seulement de 1.800 hommes au chiffre arrêté au mois de mars (2).

Les troupes françaises avaient été convoquées les premières; mais on a déjà vu que la mise en mouvement en avait été si lente que le maréchal D'Esquerdes s'était attiré les reproches du roi (3). Le 13 avril les hommes d'armes de Picardie et de Normandie n'étaient pas encore arrivés à Lyon (4). L'armée toutefois ne devait pas se composer uniquement de Français : outre les Écossais de la garde du roi, il fallait enrôler encore des lansquenets allemands et cinq à six mille Suisses. Ceux-ci ne furent engagés qu'au mois d'avril par le bailli de Dijon. De plus, sur le conseil de Ludovic, on devait joindre aux 500 lances dues par le duc de Milan en vertu de l'hommage de Gênes, 500 autres lances levées en Lombardie aux frais de la France. On comptait aussi soudoyer le duc d'Urbin et les Colonna dans les États Romains (5), mais on repoussa les offres de quelques princes albanais, qui, par l'intermédiaire de l'évêque de Durazzo, proposaient au roi trois mille de ces cavaliers que l'on appelait alors des Estradiots, et cinq ou six mille piétons (6). Comme ces milices étrangères n'avaient guère de préférences pourvu qu'on les payât, il n'est pas impossible que les mêmes Albanais se soient retrouvés, l'année suivante, parmi les Estradiots de l'armée vénitienne qui se ruèrent sur les bagages de Charles VIII, à Fornoue.

Quant à l'artillerie, bien qu'on ne connaisse pas exactement le nombre des pièces qui la composaient, Charles VIII avait exprimé l'inten-

---

(1) La Pilorgerie, p. 86-87.

(2) Sanuto (*Spedizione di Carlo VIII*, p. 103), à qui nous empruntons le chiffre de l'armée du duc d'Orléans, ne garantit pas l'exactitude absolue de la liste communiquée à la Seigneurie par la chancellerie milanaise. Il est donc possible que cette armée fût plus forte et que l'écart fût encore inférieur à 1.800 hommes.

Les chroniqueurs italiens évaluent presque tous l'armée française à une quarantaine de mille hommes. C'est ainsi que Raphaël de Volterra (cité par Rinaldi, XI, 232-233) parle de 25.000 cavaliers et de 15.000 fantassins, etc.

(3) Voy. plus haut, p. 323.

(4) Belgiojoso à Ludovic, Lyon, 13 avril 1494. Archives de Milan, *Potenze estere, Francia*.

(5) Instructions aux ambassadeurs déjà citées, p. 305, note 2.

(6) Belgiojoso à Ludovic, Vienne, 30 mars 1494. Archives de Milan, *Potenze estere, Francia*.

tion d'emmener cent pièces de siège, et tous les Italiens étaient d'accord pour la déclarer « étonnante » (*stupenda*). A quelques-uns même elle paraissait si formidable qu'ils ne croyaient pas que moins de 25.000 chevaux fussent capables de la traîner (1).

La flotte se préparait en même temps. Elle devait comprendre 50 galères, 24 gros navires et 12 galions. Sept des navires seraient armés en Normandie et en Bretagne, six autres à Marseille et six caraques à Gênes. Quant aux galères, Charles VIII en avait déjà deux en Normandie et six à Marseille, Ludovic le More lui en fournissait douze autres. Le reste devait être construit ou nolisé en Provence et à Gênes. Mais l'agent que l'on avait expédié dans cette ville au commencement de janvier se trouvait, non sans raison, tout désespéré de n'avoir rien pu faire au bout de deux mois, faute d'argent (2). Ce ne fut qu'au mois de mars que l'évêque de Saint-Malo lui fit parvenir les sommes nécessaires (3). Comment, dans ces conditions, être prêt à la fin d'avril, ainsi qu'on en avait eu l'intention ?

Les retards n'avaient pas pour unique cause les difficultés financières; ils provenaient surtout de la mauvaise volonté qui régnait dans l'entourage de Charles VIII. Sans doute, l'argent était rare en France; mais le roi partageait les illusions répandues dans le peuple sur les trésors accumulés par les Italiens (4). Il se figurait évidemment que, l'armée une fois mise en état, les richesses de l'Italie suffiraient non seulement à l'entretenir, mais encore à rembourser les avances déjà faites. Peut-être aussi François della Casa avait-il deviné juste lorsqu'il écrivait à Pierre de Médicis : « Comme au début de ces affaires, le seigneur Ludovic avait promis au roi non seulement son propre concours, mais encore celui du Pape et le nôtre, je crois que les gens d'ici se seront imaginé que, du moment que nous serions embarqués avec eux, ils feraient cette guerre plutôt à nos dépens qu'aux leurs; et avec cette confiance, ils n'auront pas fait grande provision d'argent (5). » Charles VIII

---

(1) F. Cantelmo au marquis de Mantoue, Lyon, 12 avril 1494. Archives de Mantoue, E, XV, 23.

(2) Ludovic à Érasme Brasca, Vigevano, 3 et 13 mars 1494. Archives de Milan, *Potenze estere, Germania*.

(3) Belgiojoso à Ludovic, la Pacaudière, 3 mars 1494 et Lyon, 9 mars 1494. Archives de Milan, *Potenze estere, Francia*.

(4) Voyez *La Prophétie de Guillaume Guilloche*, p. 560.

(5) Desjardins, I, 294.

ne manquait pas, en effet, de parler des quinze à seize cent mille livres de revenus du royaume de Naples, qui diminueraient d'autant les dépenses de la France dans l'entreprise contre les Turcs (1).

Mais ces revenus, il fallait se mettre en état de les conquérir; pour porter l'armée expéditionnaire au chiffre que le prince d'Orange avait proposé, les ressources que l'on avait réunies ne suffisaient plus. En outre, le roi était jeune et galant; il ne manquait pas de gens autour de lui pour l'encourager à des plaisirs dans lesquels ils espéraient le voir oublier ses visions guerrières (2). Le duc d'Orléans, « homme jeune et beau personnage, mais aimant son plaisir (3) », inventait chaque jour des fêtes, des tournois. De nouvelles mesures financières étaient indispensables : un conseil spécial fut constitué pour y aviser (4) et Briçonnet se fit fort de pourvoir à tout. On établit de nouvelles aides (5), on imposa des prêts obligatoires à certaines provinces (6); on fit sur toutes les pensions une retenue de six mois; on parla de tirer de l'argent du clergé et de ceux qui tenaient des offices dans le royaume. Tout le monde se sentant menacé, le mécontentement devint universel. « Néanmoins, disait François della Casa, pour satisfaire le roi et pour lui obéir, chacun consent à se laisser mener (7). »

La volonté de Charles VIII était tellement inébranlable, en effet, que ceux-là mêmes qui travaillaient à faire échouer l'Entreprise affectaient vis-à-vis de lui les apparences de la soumission. Ils parvenaient de la sorte à conserver sa confiance et à empêcher que l'exécution de ses ordres fût livrée à des mains plus fidèles que les leurs. Quand le roi avait ordonné au lieutenant de Dauphiné, M. de Rivière, de prendre des mesures en vue du passage des troupes destinées à l'Italie, celui-ci s'étant trouvé arrêté par « un accès de goutte et des douleurs de colique » (*infirmitas guttæ et colicæ passio*), le Parlement de Grenoble avait pris sur lui de donner

---

(1) Charles VIII aux élus de Mantes, Lyon, 11 avril 1494. Bibliothèque nationale, Portefeuille Fontanieu, 149-150. Cette pièce y est faussement datée du 11 août.
(2) Cherrier, I, 292.
(3) Commines, II, 327.
(4) Belgiojoso à Ludovic, Lyon, 26 mars 1494. Archives de Milan, *Potenze estere, Francia*.
(5) Voyez la lettre de Charles VIII aux élus de Mantes citée plus haut.
(6) Charles VIII aux États de Languedoc. (A. M. de Boislisle, *Étienne de Vesc*, p. 80, note 4.)
(7) Desjardins, I, 292-294.

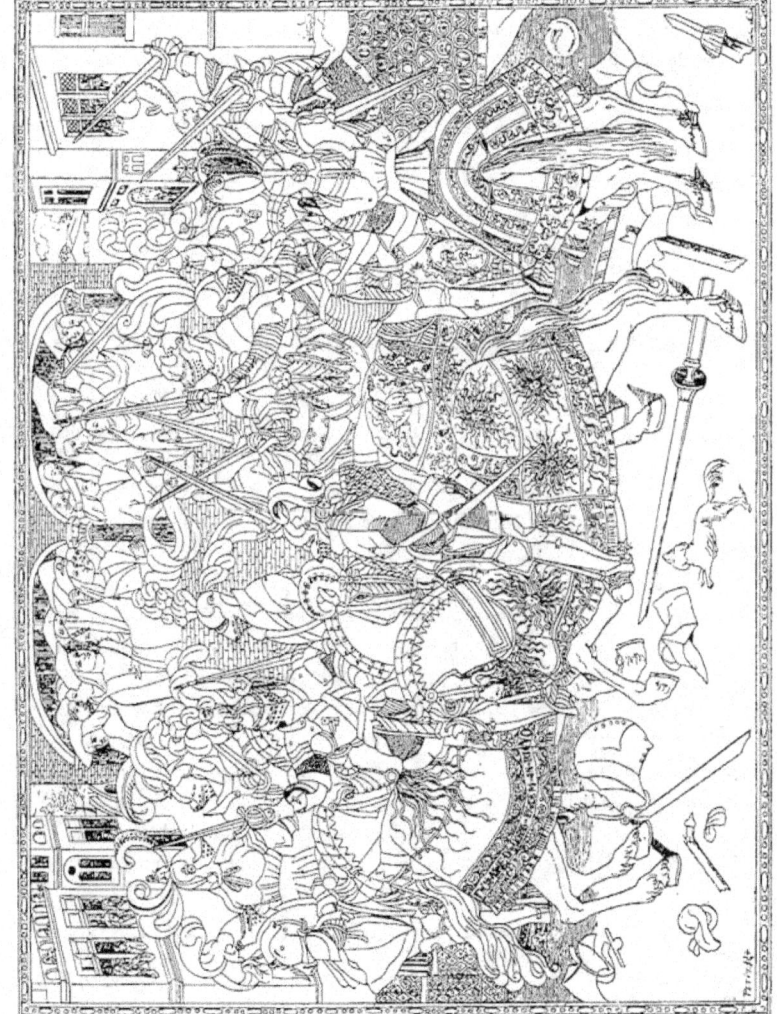

Un tournoi vers 1500. D'après une tapisserie de Valenciennes publiée par Jubinal.

les ordres nécessaires (1). Mais la plupart des agents de Charles VIII n'avaient ni le zèle des magistrats dauphinois, ni les trop légitimes excuses de M. de Rivière. « A dire le vrai, écrivait Belgiojoso le 20 avril à Ludovic, sauf M. de Saint-Malo, le sénéchal de Beaucaire, le gouverneur de Bourgogne et le grand écuyer, je ne crois pas qu'il y ait, à cette cour, un homme qui n'ait fait tous ses efforts pour ruiner l'Entreprise; » et dans un post-scriptum chiffré, il ajoutait : « Encore sur ces quatre n'y a-t-il que le sénéchal de Beaucaire qui y aille vraiment de bon pied (*che vada in tutto de bon pede*) (2). »

Rien n'était plus vrai. Depuis la grande promotion de douze cardinaux faite au mois de septembre précédent, l'évêque de Saint-Malo avait gardé, à Ludovic et au cardinal Ascagne, une rancune que Belgiojoso se flattait à tort d'avoir apaisée (3). Son échec n'avait fait qu'accroître son désir du chapeau, et dans tout ce qui pouvait activer l'Entreprise, il craignait de voir un nouvel obstacle à la réalisation de ses vœux les plus passionnés. Il avait avoué à l'évêque d'Arezzo les craintes que lui causait l'intention exprimée par le roi de venir en personne en Italie (4); le Pape, profitant de ses nouvelles dispositions entretint avec lui des rapports secrets (5). Peu à peu l'ambition et l'espoir de se venger de Ludovic amenèrent chez lui un revirement complet. Toutefois, soit qu'il n'osât pas se prononcer devant le roi, qui continuait à le charger de transmettre tous les ordres relatifs aux préparatifs financiers ou militaires, soit qu'il voulût profiter de cette situation exceptionnelle, il se bornait à faire traîner les choses de telle sorte que les projets d'entreprise, rendus inexécutables, auraient fini par tomber d'eux-mêmes (6). Cependant son double jeu faillit le perdre avant même que l'on fût arrivé à Lyon. Ayant appris que, malgré ses ordres exprès, rien n'avait encore été fait pour l'armement des galères, Charles VIII entra dans la plus violente colère. M. de Saint-Malo parvint à s'excuser en rejetant la faute sur certains

---

(1) Ordre du parlement de Grenoble; Grenoble, 26 mars 1494. Archives de l'Isère, B., 2092. (Communiqué par M. Pilot de Thorey.)
(2) Belgiojoso à Ludovic, Lyon, 20 avril 1494. Archives de Milan, *Potenze estere, Francia*.
(3) Voyez plus haut, p. 294.
(4) Desjardins, I, 361.
(5) Ascagne Sforza à Ludovic le More, Rome, 14 février 1494. Archives de Milan, *Potenze estere, Roma*.
(6) Belgiojoso à Ludovic, Lyon, 3 juillet 1494. *Ibidem, Francia*.

marchands. La chose n'était rien moins que vraie, « mais, disait Belgiojoso à Ludovic, le personnage étant des amis de Votre Excellence, je n'y ai point contredit; sans quoi il ne serait guère resté dans la faveur du roi (1) ».

D'Esquerdes ne trompait pas moins que Saint-Malo la confiance de son souverain. On se plaît à raconter que le vieux maréchal était un des rares conseillers de Charles VIII qui osassent lui faire entendre la voix de la raison en l'engageant à diriger ses efforts vers les frontières de Flandre plutôt que vers l'Italie (2). La vérité, c'est que tant qu'il avait cru avoir le commandement en chef du corps expéditionnaire, D'Esquerdes avait été l'un des plus chauds partisans de l'Entreprise (3). Le roi, dans sa confiance, l'avait chargé de ce qu'on appellerait aujourd'hui la mobilisation des troupes. Malheureusement l'ancien transfuge bourguignon n'était pas plus que son compatriote Commines à l'abri de certaines tentations : une fois qu'il sut que Charles devait se mettre à la tête de ses soldats, « il se refroidit complètement, écrit Belgiojoso, et il retarda le plus qu'il put la venue des gens d'armes, dans l'espoir de faire rompre ou différer l'Entreprise. *Il y a d'ailleurs été encouragé par les grandes promesses que lui ont faites, en cas de succès, le Pape, le roi Alfonse et les Florentins* (4). » Le roi s'était aperçu déjà de la mollesse apportée par le maréchal dans l'exécution des ordres qu'il lui donnait, mais l'idée d'une déloyauté formelle n'était pas entrée dans son esprit.

Cependant le temps s'écoulait; les troupes n'arrivaient pas, et il devenait urgent d'en faire passer quelques-unes en Italie pour protéger Ludovic contre les menaces d'Alfonse de Naples. Charles VIII ne s'expliquait pas ces lenteurs : ce fut Belgiojoso qui lui ouvrit les yeux. « Lorsque je lui eus fait entendre qu'on le jouait, dit-il, il s'emporta si fort contre M. D'Esquerdes, qu'il a effrayé tous ceux qui cherchaient à faire manquer l'affaire. » L'émotion causée par la colère du roi amena peut-être chez le maréchal une crise fatale; il mourut quelques jours après, le

---

(1) Du même au même, la Pacaudière, 3 mars 1494. *Ibidem.*
(2) Voyez Cherrier, I, 393.
(3) Belgiojoso à Ludovic, 30 septembre 1493. Archives de Milan, *Potenze estere, Francia.* Voy. aussi Desjardins, I, 261, et plus haut, p. 293
(4) Du même au même, Lyon, 13 avril 1494. *Ibidem.* Les bonnes dispositions de D'Esquerdes envers Florence sont également constatées dans Desjardins, I, 281.

22 avril, à l'Arbresle, aux portes de Lyon. Sa disgrâce rejaillit jusque sur ses amis. L'un d'eux, Morvilliers, désigné pour aller à Venise de concert avec M. de Cytain, se vit retirer sa mission, tandis que son collègue restait seul chargé de l'ambassade. Charles se mit alors à diriger lui-même ses affaires. « Jusqu'ici Sa Majesté s'en remettait aux siens de l'exécution de ses ordres. Maintenant elle surveille tout par elle-même et les choses vont avec la plus grande activité. Plût au ciel que l'on eût fait semblable diligence dans le passé! Le roi attend avec beaucoup d'impatience la venue du seigneur Galéaz, laquelle fera certainement accélérer encore les préparatifs (1). »

« La venue du seigneur Galéaz » était réclamée depuis longtemps. Le personnage en question appartenait à cette maison de San-Severino dont le prince de Salerne était le chef et dont plusieurs membres se trouvèrent mêlés aux préliminaires de l'expédition de Naples. Il était le frère du comte de Cajazzo, et tous deux avaient grandement contribué à faire du duc de Bari le véritable maître de l'état de Milan; mais Galéaz était peut-être encore plus avant que son frère dans la faveur de Ludovic. Commandant en chef des troupes lombardes, « gendre très aimé » du régent, il était, dit Sanuto, « le premier après lui » (2). D'ailleurs assez peu susceptible de reconnaissance pour accepter, en 1505, la charge de grand écuyer de France de la main du prince qui tenait son beau-père prisonnier dans le donjon de Loches, il était persuasif, élégant dans son langage comme dans ses habitudes, expert dans les choses de la guerre (3), et passait pour le plus habile jouteur qu'on pût voir. Sa réputation en ce genre était peut-être pour quelque chose dans l'ardeur avec laquelle Charles VIII, passionné pour tous les exercices guerriers, désirait sa venue. Cependant le jeune roi avait pour cela des motifs bien autrement sérieux. Personne en effet n'était plus que Galéaz en état de lui transmettre les conseils et les avis de Ludovic en même temps que de le renseigner sur les mesures à prendre pour une campagne en Italie. Néanmoins,

---

(1) Voyez deux dépêches du même au même, Lyon, 13 avril 1494. *Ibidem.*
(2) Sanuto, *La Spedizione di Carlo VIII*, p. 48.
(3) Il ne se faisait pas d'illusions sur la valeur des soldats italiens; lors de la coalition contre Charles VIII, il disait à l'ambassadeur vénitien que, dans l'armée qu'on allait former, « il serait nécessaire de mettre quelque bon chef allemand et aussi de l'infanterie allemande, qui, à cause de la lâcheté (*viltà*) de l'infanterie italienne, sera beaucoup plus efficace contre les Français ». Dépêche de Badoer en date du 2 mai 1495, citée par Brosch, *Papst Julius II*, p. 314, note 13.

aux instances de Charles VIII, le duc de Bari répondait par des défaites : la présence de son gendre à Milan, disait-il, était indispensable pour l'organisation des troupes lombardes qu'il devait fournir au roi, et aussi pour recevoir et diriger les troupes françaises attendues en Lombardie. Le prétexte était valable ; mais, dans une lettre à Belgiojoso, Ludovic avouait la véritable cause de son refus. « L'opinion commune des potentats italiens est que ce roi très chrétien ne se lance pas de son propre mouvement dans cette Entreprise, mais qu'il y est poussé par d'autres. Si donc nous lui envoyions le seigneur Galéaz, tout le monde croirait certainement que nous ne l'aurions envoyé que pour mendier l'exécution de cette Entreprise. Nous devons donc nous mettre à l'abri de cette calomnie, et conserver à la Majesté Royale la réputation de n'avoir engagé l'affaire que sur sa propre initiative (1). »

Bien qu'il traitât de calomnies les bruits répandus sur son compte, bien qu'il n'eût pas en réalité suggéré au roi de France l'Entreprise de Naples, le duc de Bari, qui craignait à tout instant de voir une armée napolitaine envahir la Lombardie par les Romagnes, ne cessait de presser Charles VIII d'en venir à une prompte exécution. Mais beaucoup de renseignements indispensables faisaient encore défaut, et seul Galéaz pouvait les donner. Aussi le roi avait-il fait partir pour Milan, Georges Tiercelin, l'un de ses chambellans, avec ordre de ne pas revenir sans avoir obtenu de Ludovic la promesse d'envoyer son gendre. Belgiojoso, avait sagement dissimulé le refus de son maître (2) ; toutefois devant une nouvelle lettre du duc de Bari, il dut présenter à Charles VIII des excuses que celui-ci reçut assez mal. A Tiercelin, Ludovic offrit d'envoyer Galéaz au bout de deux mois, comptant sans doute qu'à cette époque, les troupes françaises seraient en état de le protéger contre l'armée napolitaine. Charles ne consentit pas davantage à accepter ce délai ; les ennemis du duc de Bari croyaient déjà pouvoir profiter de ces circonstances pour le brouiller avec le roi de France, lorsque l'on apprit au commencement de mars que Galéaz allait arriver (3). Ludovic venait de recevoir des nouvelles qui avaient mis fin à ses répugnances.

(1) Ludovic à Belgiojoso, Vigevano, 6 février 1494. Archives de Milan, *Potenze estere, Francia*.
(2) Voyez plus haut, p. 311.
(3) Belgiojoso à Ludovic, Lyon, 8 mars 1494. Archives de Milan, *Potenze estere, Francia*.

CHAPITRE VIII.

LE PROJET D'ENTREVUE DE CHARLES VIII AVEC MAXIMILIEN.

Ambassade du prince d'Orange. — Motifs de l'entrevue. — Consentement de Maximilien. — Satisfaction de Ludovic. — Desseins de Maximilien. — Ludovic et le roi des Romains. — Accord de Naples, Rome et Florence. — Sentiment d'Ascagne Sforza. — Attitude de Ludovic vis-à-vis de l'Italie. — Choix du lieu de l'entrevue. — Arrivée de Galéaz de San-Severino. — Mauvais vouloir des ministres de Charles VIII. — Mission de Du Bouchage à Milan. — Briçonnet démasqué par Galéaz. — Arrivée du cardinal de la Rovère. — Ambassade de la Trémoille et de l'archevêque de Reims en Allemagne. — Refroidissement de Maximilien. — Abandon du projet d'entrevue. — Voyage de Charles VIII en Bourgogne. — Ambassade de Vespucci et de Pierre Capponi. — Expulsion des ambassadeurs florentins et des agents de la banque des Médicis. — Fin de la mission de Galéaz. — Montpensier, capitaine général. — Le duc d'Orléans, commandant de la flotte.

Dans la lettre même où il s'excusait encore une fois de ne pas envoyer Galéaz, le duc de Bari donnait à espérer qu'il ne verrait plus les mêmes inconvénients à l'envoi de son gendre, si les préparatifs étaient à peu près achevés, ou bien s'il se produisait, dans la situation générale, quelque changement de nature à mettre sa responsabilité à l'abri. Une communication de son envoyé auprès de Maximilien permettait, disait-il, de prévoir un changement de ce genre. « Érasme Brasca nous ayant fait savoir que l'on négocie une entrevue entre le sérénissime roi des Romains et ledit seigneur Très Chrétien, afin d'établir entre Leurs Majestés une véritable et plus solide amitié, nous ne vous tairons pas que cela nous plairait fort. En ce cas nous enverrions d'autant plus volontiers messer Galéaz qu'il pourrait dans le même voyage faire visite en notre nom à deux aussi grands rois (1). » Bien que Ludovic eût eu connaissance des projets conçus par les deux souverains lors du traité de Senlis (2), il paraissait ne

---

(1) Ludovic à Belgiojoso, Vigevano, 6 février 1494. Archives de Milan, *Potenze estere, Francia.*
(2) Voy. plus haut, p. 270.

pas attacher de confiance aux bruits d'entrevue et il chargeait Belgiojoso de rechercher ce qu'ils pouvaient avoir de fondé. Rien n'était plus vrai cependant : l'ancien négociateur du traité de Senlis, Jean de Chalon, prince d'Orange, était parti pour l'Allemagne avec l'ordre de proposer une entrevue à Maximilien (1).

Charles VIII prenait fort au sérieux l'accord établi par le traité de Senlis entre lui et le roi des Romains. Il avait pensé que le moment était venu où cet accord devait produire ses effets. Sur le point de commencer l'expédition qui devait passer par Naples, mais pour arriver à Constantinople et s'achever à Jérusalem, il fallait bien qu'il s'assurât le concours des autres princes chrétiens et surtout celui du plus puissant après lui. Une entrevue des deux rois était le meilleur moyen de rendre effective l'alliance contre les Infidèles déjà projetée en 1490, puis sans doute ébauchée lors du traité de Senlis (2). Pour Charles VIII, la guerre d'Orient devait être une véritable croisade internationale. Dans une lettre où il exprimait au Pape le désir de recevoir les avis du grand maître de Rhodes, il annonçait l'intention de se rencontrer non seulement avec Maximilien, mais aussi avec le roi d'Espagne qui pourrait bien aussi, disait-il, se rendre à Rome si besoin en était (3). A ses yeux les mesures à prendre en commun concernant cette guerre étaient donc le principal objet de l'entrevue. Toutefois le désir de se garantir contre une attaque de Maximilien sur les frontières de Picardie, au moment où les troupes françaises seraient occupées en Italie, pouvait bien la lui faire également rechercher.

Les intérêts du roi des Romains se rencontraient sur plus d'un point avec les visées de Charles VIII. Sans parler de leurs communes aspirations à l'anéantissement de la puissance turque, ainsi qu'à la réformation de l'Église par un concile qui ne pouvait aboutir que de leur mutuel consentement, on avait lieu de croire en France que Maximilien verrait volontiers le fils de Louis XI marcher contre Naples, pourvu que ce prince coopérât à l'expédition que lui-même méditait contre les Vénitiens (4). Son ambition allait plus haut encore; il crut à un certain moment pouvoir faire acheter

---

(1) La proposition était assez imprévue pour que Brasca écrivît à Belgiojoso afin de lui demander si le prince d'Orange avait été réellement autorisé à offrir l'entrevue à Maximilien. Brasca à Belgiojoso, Salzbourg, 5 mars 1494. Archives de Milan, *Potenze estere, Germania*.

(2) Voyez plus haut, p. 267.

(3) Charles VIII à Alexandre VI, Lyon, 14 mars 1494. Archives nationales, K 1710, n° 11.

(4) Belgiojoso à Ludovic, Amboise, 10 février 1494. Arch. de Milan, *Potenze estere, Francia*.

son concours en exigeant la cession de la Bourgogne. Enfin, la conquête de Naples aurait rendu le roi de France trop grand; pour lui enlever le prestige de la victoire, pour ne lui permettre que des succès modérés, le roi des Romains espéra trouver dans l'entrevue une occasion de retenir Charles en France, en se faisant remettre la direction de l'Entreprise et le commandement des troupes françaises (1). C'était là une étrange manière de répondre à la confiance de son nouvel allié. Connaissant ces secrets motifs, on ne peut s'étonner que Maximilien ait accepté avec empressement l'offre de Charles VIII. Bientôt il fut question entre eux de commencer l'action commune en passant tous deux ensemble en Italie (2). Dès le 10 mars, le prince d'Orange rentrait à Lyon avec la réponse du roi des Romains.

Quant à Ludovic, la nouvelle du projet d'entrevue le remplit de joie. L'union des deux souverains était une force devant laquelle l'Europe entière devait plier. Allié de l'un et de l'autre, invité par eux à prendre part à leur entrevue, le duc de Bari se sentait à l'abri de toutes les attaques. Il comprit aussitôt le parti qu'il pourrait tirer de sa nouvelle situation. Jusque-là ses craintes avaient été de plus d'une sorte : il redoutait d'abord quelque soudaine attaque de la part du roi de Naples ou d'un autre potentat italien; mais, dernièrement, une nouvelle inquiétude était venue s'ajouter aux premières. Le roi de France, une fois maître de Naples, ne serait-il pas trop puissant, et le dangereux voisinage des Aragonais ne serait-il pas remplacé par un voisinage plus redoutable encore? Désormais toute crainte disparaissait; personne ne serait assez audacieux pour s'attaquer au protégé de la double alliance, et l'association de Maximilien à Charles VIII fournissait le moyen d'enrayer, comme il conviendrait, la marche victorieuse du roi de France. Dans ces conditions, l'envoi de Galéaz ne présentait plus d'inconvénients. D'après les instructions que Ludovic remit, dès le 3 mars, à son gendre, celui-ci devait, quelques jours avant l'entrevue, obtenir de Charles VIII la permission de se rendre au-devant de Maximilien, pour lui exprimer l'entier dévouement du duc de Bari, à qui l'état des affaires en Italie ne permettait pas de se joindre à la conférence (3). Vis-à-vis des Italiens, il donnait à entendre que les

---

(1) Ludovic à Érasme Brasca, 13 mars 1494. Archives de Milan, *Potenze estere, Germania.*
(2) Du même au même, 3 mars 1494. *Ibidem.*
(3) Instructions de Ludovic à Galéaz, Vigevano, 3 mars 1494. *Ibidem.*

négociations relatives à l'entrevue se faisaient par son intermédiaire, s'attribuant ainsi l'honneur d'une invention qui permettrait, disait-il, de détourner les Ultramontains en les dirigeant contre les Turcs (1).

Dès le début, Ludovic entra dans toutes les vues du roi des Romains : « Quant à ce que t'a dit Maximilien, sur ce qu'il ne voudrait pas voir la ruine du roi de Naples, écrivait-il à Érasme Brasca, tu lui déclareras que notre dessein a toujours été conforme au sien. Il suffira que ce roi soit abaissé et que le roi Très Chrétien se trouve empêché de conquérir le royaume de Naples (2). » Le projet qu'avait Maximilien d'obliger Charles VIII à rester en France, en se faisant donner le commandement des troupes françaises, coïncidait à merveille avec les efforts que Ludovic avait déjà tentés pour empêcher le roi de France de venir en Italie. Au cas où Charles VIII s'opiniâtrerait à diriger lui-même l'expédition, le duc de Bari recommandait une mesure très efficace pour parer aux dangers qui pourraient en résulter : c'était que Maximilien obtînt que les troupes françaises ne fussent qu'en petit nombre dans l'armée ; le reste se composerait de troupes italiennes que Ludovic se chargeait « de tenir bride en main (3) ». Pour attirer le roi des Romains en deçà des Alpes, il ne cessait de lui répéter qu'il voulait consacrer sa personne et ses ressources à rétablir l'ancienne autorité de l'Empire en Italie, et à faire de lui « le plus glorieux empereur qui eût jamais été (4) ». Il le disait même aux ambassadeurs napolitains venus pour implorer ses bons offices auprès de Maximilien, qui « d'un mot, disaient-ils, pouvait faire rester chez lui le roi de France ». Comme ils n'offraient au roi des Romains que de l'aider contre les Turcs, Ludovic leur suggéra qu'il vaudrait mieux proposer quelque chose qui fût dans l'intérêt de l'Empire : « Voulez-vous donc, s'écrièrent-ils, en faire un empereur d'Italie ? — Mais il l'est, répondit le duc de Bari, et non seulement de l'Italie, mais de toute la Chrétienté (5). »

Les avantages que Ludovic comptait retirer de l'entrevue des deux rois se trouvent exposés dans une lettre qu'il écrivit, vers cette époque, au car-

---

(1) Alamanni à Pierre de Médicis, 14 et 31 mars 1494. Archives de Florence, *Carteggio Mediceo*, filza 50, n⁰ˢ 256 et 274. — Ludovic à Ascagne, Vigevano, 19 mars 1494. Archives de Milan, *Potenze estere, Roma*.
(2) Ludovic à Érasme Brasca, Vigevano, 3 mars 1494. Archives de Milan, *Potenze estere, Germania*.
(3) Du même au même, 13 mars 1494. *Ibidem*.
(4) Du même au même, Vigevano, 19 et 26 mars 1494. *Ibidem*.
(5) Ludovic à ses orateurs auprès du roi des Romains, Vigevano, 19 mars 1494. *Ibidem*.

dinal Ascagne : « Il y aurait de grandes difficultés à empêcher la venue des Français; et quand même il n'y en aurait pas, je vous avoue que je crois nécessaire de les faire venir, non que je désire ni que je cherche la ruine du roi Alfonse, envers lequel j'ai de bons sentiments (*allo quale ho bon risguardo*) ainsi que vous le verrez bientôt; mais je veux le faire descendre à un point tel que cette grandeur immodérée où nous l'avons porté ne lui fasse plus oublier, comme jadis son père l'a oublié pour son propre compte, qu'il doit se conduire en égal, et non en supérieur, envers les autres potentats italiens et surtout envers nous. Pour cela, il faut lui donner assez à penser à ses propres affaires pour qu'il n'étende pas la main vers celles d'autrui; il faut donc que les Français descendent en Italie. Mais pour que les résultats de leur venue ne dépassent pas nos besoins et n'aboutissent pas à la ruine complète du roi de Naples, j'ai entrepris ce que vous savez, c'est-à-dire que le roi des Romains passe également les Alpes. Un tel contre-poids empêchera les Français de s'emporter jusqu'à se faire plus grands qu'ils ne le sont déjà. Ce prince ne se soucie pas plus que nous de voir les Français plus puissants; il est notre allié par son mariage; il tient fort à recouvrer dans les affaires d'Italie la supériorité qui revient de droit à l'Empire. Il sera donc facile de mettre un terme aux progrès des Français. » Au cours de la même lettre, le duc de Bari engageait le Pape à ne pas se prononcer contre Charles VIII avant de connaître le résultat de l'entrevue : « On y discutera en effet s'il convient que le roi de France vienne de sa personne ou se contente d'envoyer ses troupes, si le roi des Romains devra venir lui aussi, et, au cas où cela serait possible, si l'on remettra tout le soin de l'Entreprise au roi des Romains (1). » Mais les conseils de Ludovic ne furent pas écoutés : quelques jours après, on apprenait que le Pape, le roi de Naples et les Florentins s'étaient unis pour résister en commun aux Français, déclarant ouvertement qu'ils ne voulaient pas d'immixtion étrangère, ce qui, selon le duc de Bari, n'était pas moins dirigé contre Maximilien que contre Charles VIII. Quant aux Vénitiens, on les croyait, à Milan, résolus à aider secrètement Alfonse, et Ludovic en profitait pour demander au roi des Romains de venir les mettre à la raison (2).

---

(1) Ludovic au cardinal Ascagne, Vigevano, 18 mars 1494. Archives de Milan, *Potenze estere, Roma*.

(2) Voy. deux dépêches de Ludovic à Érasme Brasca, Vigevano, 26 mars 1494. Archives de Milan, *Potenze estere, Germania*.

A Rome, le cardinal Ascagne Sforza ne se rebutait pas : au sortir même du consistoire où Alexandre VI s'était prononcé en faveur des Aragonais (1), il prêchait encore la neutralité au Pape. Il marchait d'ailleurs de concert avec son frère dont il partageait presque toujours les vues. Comme lui, il travaillait à tenir les états italiens divisés; comme lui, il souhaitait voir abaisser ceux qui pouvaient l'emporter en puissance sur l'état de Milan; comme lui enfin, il jugeait nécessaire d'attirer le roi des Romains en Italie. Toutefois une récente démarche de Ludovic lui paraissait périlleuse. Celui-ci avait encouragé Maximilien à tomber tout d'abord sur Venise. L'effet inévitable ne serait-il pas de jeter les Vénitiens dans les bras du roi Alfonse. La flotte napolitaine étant insuffisante, les vaisseaux de Venise, en prenant la défense des côtes de Naples contre la flotte française, rendraient Alfonse libre de diriger ses forces terrestres sur Bologne et la Lombardie. Il valait mieux, au dire du cardinal, exciter Maximilien contre ceux qui occupaient des terres d'Empire, contre les Florentins, par exemple; puis, Naples et Florence une fois réduites à l'impuissance, on serait libre de concentrer ses efforts sur Venise. En tout cas, si le mal était sans remède, si l'expédition immédiate contre Venise était décidée dans l'entrevue des deux rois, il faudrait tenir la décision très secrète, au moins jusqu'au jour où l'armée française, ayant passé les frontières, serait en mesure de protéger le duc de Milan (2).

Dans ses rapports officiels avec les puissances italiennes, la conduite de Ludovic variait à l'infini. Selon que la crainte ou la vanité l'emportait, il se montrait tour à tour menaçant ou doucereux. Il voulait à la fois étaler le crédit dont il jouissait auprès de Maximilien et de Charles VIII, faire sentir de quel pouvoir il était armé, et se poser en défenseur de l'Italie contre les prétentions de ces rois. « Outre nos propres forces, écrivait-il à Ascagne, nous avons entre les mains les clefs des Alpes du côté de l'Allemagne, et nous pouvons disposer de celles des passages par où l'on vient de France. Que le Pape et le roi Alfonse réfléchissent, qu'ils se rappellent les inondations humaines qui jadis se sont répandues sur l'Italie par ces passages, et qu'ils ne nous donnent pas prétexte à ouvrir la porte... Si l'on nous y force, nous n'hésiterons pas à échanger le titre de conservateur du salut de

---

(1) Voy. plus haut, p. 309.
(2) Ascagne à Ludovic, dépêche chiffrée du 31 mars 1494. Archives de Milan, *Potenze estere, Roma*.

l'Italie que nous avons mérité jusqu'ici contre celui de destructeur (1). » Un jour, il disait aux Florentins que c'était lui qui avait empêché Charles VIII de confisquer les biens de leurs compatriotes établis en France (2); un autre jour, il prétendait que le même roi lui avait offert la Toscane. Il leur déclarait que l'Entreprise serait formidable tandis qu'il assurait les Napolitains qu'elle se réduirait à rien (3). Devant ceux-ci, il avait prétendu qu'il espérait profiter de l'entrevue projetée entre les deux rois pour rendre un grand service à Alfonse (4). « Cet homme est un Protée », s'écriait à bon droit l'ambassadeur florentin, Pierre Alamanni (5).

Dès le retour du prince d'Orange à Lyon, on s'occupa de fixer le lieu et la date de l'entrevue. Le prince, qui n'était pas partisan de l'expédition de Naples (6), proposa que les deux souverains se rencontrassent en Champagne ou dans quelque ville peu éloignée de Paris. Mais le roi, soupçonnant que l'on voulait par là retarder son entrée en campagne, déclara que, pour rien au monde, il ne retournerait aussi loin sur ses pas. Il fit offrir à Maximilien de se retrouver avec lui en Bourgogne vers le 20 avril (7); son projet était d'aller à Dijon pendant que le roi des Romains se rendrait à Besançon. De là il serait facile de choisir pour l'entrevue un endroit intermédiaire (8). Un secrétaire que Charles avait expédié à Maximilien rapporta les meilleures assurances : celui-ci, disait-il, devait se trouver à Besançon le 25 avril, il était prêt à conclure « une bonne et véritable alliance et fraternité », et parlait d'envoyer une ambassade auparavant (9). Cependant, comme il souhaitait particulièrement que Ludovic le More prît personnellement part à la conférence, il désirait que celle-ci eût lieu à Genève (10). Mais le duc

---

(1) Ludovic à Ascagne, 2 avril 1494. Archives de Milan, *Potenze estere, Roma*.

(2) Pierre Alamanni à Pierre de Médicis, Vigevano, 17 mars 1494. Archives de Florence, *Carteggio Mediceo*, filza 50, n° 260.

(3) Du même au même, Vigevano, 8 avril 1494. *Ibidem*, n° 279.

(4) Du même au même, Vigevano, 21 et 31 mars 1494. *Ibidem*, n°ˢ 289 et 273.

(5) Du même au même, Vigevano, 8 avril 1494. *Ibidem*, n° 277.

(6) Voyez plus haut, p. 324.

(7) Belgiojoso à Ludovic, Lyon, 13 et 26 mars 1494. Archives de Milan, *Potenze estere, Francia*.

(8) Instructions de Charles VIII à ses ambassadeurs, D'Aubigny, Perron de Baschi, Matheron et Bidan. Traduction italienne sans date. *Ibidem*.

(9) Belgiojoso à Ludovic, Lyon, 10 avril 1494. *Ibidem*.

(10) Ludovic à Ascagne, Milan, 6 avril 1494. Archives de Milan, *Potenze estere, Roma*. — Pierre Alamanni à Pierre de Médicis, Vigevano, 5 avril 1494. Archives de Florence, *Carteggio Mediceo*, filza 50, n° 276.

de Bari ne se souciait guère de se trouver en tiers entre ses deux alliés, exposé à prendre parti pour l'un d'eux en cas d'avis contraire et, par suite, à s'attirer le mécontentement de l'autre. La présence de Galéaz de San-Severino lui permettait d'exercer sur tous deux une influence suffisante pour l'accomplissement de ses desseins. A un certain moment toutefois, il parut vouloir se faire représenter par le cardinal Ascagne Sforza, mais c'était là sans doute un prétexte pour rappeler son frère dont la situation à Rome menaçait de devenir périlleuse (1).

Il y avait déjà près d'un mois que Galéaz avait reçu ses instructions. En France, on l'attendait de jour en jour; ses logements étaient préparés depuis le commencement de mars. Enfin, le 1ᵉʳ avril, le duc de Bari, effrayé par la nouvelle de l'accord définitif conclu entre le Pape et le roi de Naples, supplia que l'on pressât le plus possible les préparatifs de l'Entreprise et annonça le départ de son gendre (2). Trois jours après, celui-ci se mit en route, « n'emportant pas ses armes de joute, mais seulement ses armes de guerre » ; il était accompagné de ce Georges Tiercelin que Charles VIII avait envoyé, depuis deux mois, solliciter sa venue (3).

L'entrée de Galéaz à Lyon fut fixée au 16 avril. Comme les astrologues milanais avaient désigné la veille, Galéaz, afin de profiter des conjonctions favorables des astres, résolut de faire à cette date une première et secrète entrée. Couvert d'un déguisement allemand, escorté seulement de quatre cavaliers, il pénétra dans la ville et en sortit après un entretien particulier avec Charles VIII (4). Le lendemain, l'entrée officielle se fit au milieu d'honneurs presque sans exemple : de nombreux archers, les gentilshommes de la garde du roi, MM. de Foix, de Ligny, le comte de Nevers, l'archevêque de Narbonne, le gouverneur de Bourgogne, le prince de Salerne, et maint autre des plus grands seigneurs, conduisirent directement le gendre de Ludovic au logis royal, honneur qui n'avait encore été accordé qu'aux ducs d'Orléans et de Bourbon. Galéaz, vêtu cette fois à la française ainsi que toute sa maison, fut mené chez la reine par le roi lui-même, et, immédiatement après, on tint une première confé-

---

(1) Ludovic à Ascagne, Vigevano, 9 avril 1494. Arch. de Florence, *Cart. Med.*, filza 50, n° 276.
(2) Voy. deux lettres de Ludovic à Belgiojoso datées de Milan, 1ᵉʳ avril 1494. Archives de Milan, *Potenze estere, Francia*.
(3) *Instructio Ill. D. Galeatii Sfortiæ Vicecomitis Sanseverini ituri in Galliam*, Vigevano, 3 avril 1494. Ludovic à Belgiojoso, Vigevano, 4 avril 1494. *Ibidem*.
(4) Desjardins, I, 290.

rence (1). De la part de Charles VIII, les témoignages de bienveillance ne devaient pas en rester là.

Ludovic avait envoyé au roi des présents faits pour le toucher; c'étaient des coursiers, des genêts, des armures, des bardes pour les chevaux, de ces parfums dont Charles VIII raffolait (2), et, pour la reine, un vêtement à l'espagnole d'une grande magnificence (3). Mais le charme personnel de son ambassadeur était plus puissant que tous les présents du monde. Bientôt le Conseil des affaires d'Italie reçut l'ordre de se réunir à son logis. C'était là un honneur que l'on n'avait jamais rendu à aucun autre ambassadeur; mais ce fut bien autre chose lorsque Galéaz eut couru la lance devant le roi de manière à mériter l'admiration des meilleurs juges de la cour. Quant à Charles, qu'il fût au chevet du duc de Bourbon malade de la goutte, en promenade ou en affaires, il ne cessait de vanter l'adresse du cavalier milanais; il en parlait encore en se mettant au lit. Dorénavant il voulut avoir Galéaz pour compagnon de ses plaisirs les plus intimes. « Le roi Très Chrétien s'étant retiré dans son particulier avec quelques-uns des siens et plusieurs de ses maîtresses, il fit introduire le dit seigneur Galéaz. Après quelques propos agréables, il prit par la main une de ces demoiselles, disant qu'il voulait la lui donner pour maîtresse; puis il en choisit lui-même une autre, et chacun d'eux resta en conversation avec la sienne pendant deux heures (4). » Tels sont les termes employés par Belgiojoso pour faire part à Ludovic de l'étrange marque de faveur dont son gendre avait été l'objet. Au reste les mœurs de ce temps étaient si peu sévères que le beau-père ne vit là qu'un heureux augure pour le succès de sa diplomatie. « D'après ce que nous apprennent beaucoup de lettres et en particulier la vôtre du 24, les grands honneurs que le roi Très Chrétien fait chaque jour à messer Galéaz, notre gendre et fils, tels que de l'introduire dans ses appartements et de l'associer à tous ses plaisirs domestiques, bien qu'ils ne dépassent pas notre attente, n'en sont pas moins de nature à nous causer la plus grande satisfaction et à

---

(1) Cantelmo au marquis de Mantoue, Lyon, 19 avril 1494. Archives de Mantoue, E, XV, 3. Belgiojoso à Ludovic, Lyon, 17 avril 1494. Archives de Milan, *Potenze estere, Francia*.
(2) Le roi aimait à faire semer son lit de roses. Voy. Jal, *Dictionnaire critique*, au mot *Sybaritisme*.
(3) Desjardins, I, 298.
(4) Belgiojoso à Ludovic, Lyon, 24 avril 1494. Archives de Milan, *Potenze estere, Francia*.

exciter chez nous une reconnaissance infinie, car ce sont autant de preuves de la singulière bienveillance et de l'amitié qu'il nous porte (1). »

Quant à l'Entreprise, Charles était toujours dans les mêmes dispositions. Il s'était empressé de déclarer à Galéaz qu'il persistait à vouloir se conformer entièrement aux avis du duc de Bari. Par contre, le nouvel envoyé milanais n'eut pas de peine à s'apercevoir que les ministres étaient loin de partager les sentiments de leur maître. Quelques-uns d'entre eux avaient été chargés de régler avec lui les détails de l'Entreprise; dès la première conférence, il laissèrent paraître leur mauvaise volonté. Il y avait déjà un certain temps que, sur le conseils de Ludovic, le roi s'était résolu à lever des troupes en Lombardie (2); il avait même donné l'ordre d'envoyer l'argent nécessaire à Milan. Toutefois, lorsque Galéaz en vint à parler des condottieri italiens que son beau-père proposait d'engager, les délégués royaux affectèrent de considérer la chose comme toute nouvelle. « Le roi juge avantageux à l'expédition, disaient-ils, de prendre à sa solde les Colonna et les seigneurs dont les terres sont limitrophes du royaume de Naples; quant aux condottieri lombards, ils ont été jusqu'ici amis du duc de Bari, qui pourrait fort bien les entretenir encore, sans qu'il en coûtât rien au roi. D'ailleurs l'éloignement où ils sont des possessions napolitaines rendrait leurs services de peu d'utilité pour l'Entreprise. » Se fondant sur la faiblesse de la flotte napolitaine, les délégués prétendaient encore réduire l'armée de mer à un chiffre fort inférieur à celui dont on était convenu.

Le malheureux Belgiojoso ne revenait pas de son étonnement, en présence de ces désaveux formels des engagements pris envers lui. Déjà malade, en proie à une irritation facile à comprendre, « Je tiens pour certain, s'écriait-il, que j'en serais mort d'anxiété et de déplaisir ». Mais Galéaz avait assez de présence d'esprit pour confondre ses adversaires; assez d'adresse pour leur prouver que de pareilles manœuvres équivalaient à dire que l'on ne voulait pas tenter l'Entreprise, ou que l'on se préparait à la faire de manière à n'en retirer que de la honte; assez d'autorité enfin, pour leur arracher la promesse d'en référer au roi et d'exécuter ses décisions sans retard. « Si c'eût été moi, disait Belgiojoso

---

(1) Ludovic à Belgiojoso, Vigevano, 1ᵉʳ mai 1494. *Ibidem.*
(2) Voy. plus haut, p. 326.

avec franchise, ils m'auraient promené d'ici à demain pendant un mois avant de prendre une résolution (1). »

Dans leur mauvais vouloir, les ministres de Charles VIII s'ingéniaient sans cesse à susciter de nouveaux incidents capables d'altérer les bons rapports de leur maître avec Ludovic. Celui-ci ne savait pas encore quelles difficultés son gendre avait eu à vaincre dès l'abord, qu'il éprouvait lui-même une surprise analogue à celle qu'avait éprouvée Belgiojoso. Le 22 avril, M. du Bouchage arrivait à Vigevano; annoncé depuis un mois déjà, attendu avec impatience, ce seigneur devait apporter l'argent nécessaire aux engagements de troupes italiennes, et résider auprès du duc de Bari pour surveiller avec lui tous les préparatifs qui devaient se faire de ce côté des monts (2). A peine descendu de cheval, il annonça l'intention où était le roi d'avoir une conférence personnelle avec Ludovic et de passer, dans ce dessein, en Lombardie, aussitôt après son entrevue avec Maximilien. Le duc devait prévoir cette communication; mais il ne s'attendait certainement pas à celle qui suivit : « En dernier lieu, écrivit-il à Galéaz, M. du Bouchage nous a montré à quelles dépenses militaires le roi Très Chrétien se trouvait obligé pour maintenir la tranquillité intérieure de son royaume et pour mettre ses frontières à l'abri d'un coup de main, pendant que lui-même serait occupé à l'Entreprise de Naples. En conséquence il nous a prié de venir en aide à Sa Majesté en lui prêtant 200.000 ducats sous telles garanties qu'il nous plairait (3). »

On devine facilement dans quelle anxiété cette requête imprévue dut plonger l'esprit inquiet de Ludovic. Jamais rien de semblable n'avait été annoncé par Belgiojoso ni par les ambassadeurs français qui avaient passé par Milan. Que penser maintenant des mesures financières que l'on disait avoir prises, des sommes que l'on prétendait avoir déjà envoyées, des fonds que l'on assurait avoir en réserve toutes les fois que le duc de Bari demandait comment le roi se procurerait de l'argent? Dans le premier instant de trouble, Ludovic crut à quelque négligence de son ambassadeur (4); il ne tarda pas toutefois à reconnaître d'où venait le coup. Galéaz et Belgiojoso allèrent demander des explications

---

(1) Belgiojoso à Ludovic, Lyon, 20 avril 1494. Archives de Milan, *Potenze estere, Francia*.
(2) Du même au même, Vienne, 28 mars, et Lyon, 13 avril 1494. *Ibidem*.
(3) Ludovic à Galéaz, Vigevano, 23 avril 1494. *Ibidem*.
(4) Du même à Belgiojoso. Autre dépêche du même jour. *Ibidem*.

à l'évêque de Saint-Malo. Celui-ci, au milieu du flot de paroles qui lui servait habituellement à éluder une réponse positive, feignit de ne plus se rappeler s'il avait parlé ou non à l'ambassadeur milanais du prêt de 200.000 ducats, et prétendit que la demande d'emprunt n'était qu'un moyen de rendre service au duc. Ne lui avait-on pas offert, en retour, de mettre Florence sous la domination des Sforza? Du moment que la proposition ne lui agréait point, il n'en serait plus question. Sans être dupes des protestations de dévouement de Briçonnet, les Milanais ne découvrirent pas encore à Charles VIII la manœuvre qui avait failli troubler si profondément son union avec Ludovic (1).

Leur demande d'explications avait d'ailleurs produit son effet. Du Bouchage, sa requête une fois présentée, avait annoncé l'intention de quitter Milan comme s'il n'avait eu plus rien à y traiter (2). Un courrier du roi partit de Lyon en toute hâte pour lui signifier l'ordre de rester auprès du duc de Bari et de rebrousser chemin, dans le cas où il eût été déjà en route pour revenir. Dans le même paquet se trouvaient incluses les lettres de change nécessaires pour engager les troupes lombardes et les barons romains que Charles VIII prenait à sa solde (3). Mais, tout en cédant, Briçonnet avait l'art de créer de nouvelles difficultés. Les deux lettres de change envoyées à Du Bouchage devaient être de 50.000 francs chacune; celle qui était destinée à payer les condottieri lombards se trouva n'être que de 20.000 ducats larges (4). En vain, on tâcha de s'adresser à son ambition; en vain Belgiojoso eut ordre de lui démontrer que le plus sûr moyen d'obtenir le chapeau de cardinal serait de rendre la puissance française formidable sur terre et sur mer; la peur ou la nécessité de plaire à Charles VIII contraindrait bien alors Alexandre VI de satisfaire à toutes les demandes que le roi lui adresserait (5). Rien n'y fit; le Conseil des affaires d'Italie avait beau prendre des décisions; au moment de les exécuter, l'évêque de Saint-Malo, sous prétexte de suggérer un meilleur parti, faisait une nouvelle proposition qui annulait ou retardait les effets de la première décision. A bout de patience, Galéaz révéla tout au roi.

Celui-ci ne s'emporta pas aussi fort que lorsqu'on lui avait appris la

---

(1) Belgiojoso à Ludovic, Lyon, 28 avril 1494. Archives de Milan, *Potenze estere. Francia*.
(2) Ludovic à Belgiojoso, Vigevano, 24 avril 1494. *Ibidem*.
(3) Belgiojoso à Ludovic, Lyon, 3 mai 1494. *Ibidem*.
(4) Ludovic à Belgiojoso, Vigevano, 6 mai 1494. *Ibidem*.
(5) Du même au même, autre dépêche du 6 mai 1494. *Ibidem*.

perfidie du maréchal d'Esquerdes; néanmoins, devant son indignation, Briçonnet resta comme « frappé de la foudre », balbutia des excuses que Charles VIII n'accepta pas, protesta qu'il avait fait de son mieux, mais que dorénavant il s'efforcerait de faire mieux encore. Bref, il conserva ses fonctions. On devait croire que, surveillé de près par le roi qui avait maintenant appris à le connaître, il ne s'exposerait plus à encourir son déplaisir (1). Il ne devait pas néanmoins rester toujours fidèle à ses nouveaux engagements.

Cependant le parti opposé à l'expédition ne se releva pas du coup que Galéaz lui avait porté en dévoilant les manœuvres de Briçonnet. Ce parti était bien autrement puissant qu'on ne se le figurait. Belgiojoso lui-même s'y était trompé. « Sans la venue du seigneur Galéaz, déclarait-il au duc de Bari avec son habituelle sincérité, l'Entreprise serait aujourd'hui ruinée ou tout au moins extrêmement compromise. Votre Excellence s'étonnera peut être de m'entendre tenir ce langage, après que je lui ai toujours donné à espérer que l'Entreprise se ferait. C'est que les gens du parti contraire, c'est-à-dire le plus grand nombre des seigneurs et des peuples de ce royaume, ne croyant pas que l'on en viendrait jamais à l'exécution ne faisaient pas d'opposition violente, comme si la chose n'eût mérité que des railleries. Pour moi donc, considérant d'une part la mollesse de l'opposition, de l'autre la fermeté du roi dans ses projets, j'en concluais que l'expédition aurait lieu. » Subitement convaincus par l'arrivée de Galéaz que les projets du roi étaient sur le point de se réaliser, les adversaires avaient réuni tous leurs efforts pour les faire échouer. Mais le gendre du duc de Bari avait su profiter de la confiance qu'il inspirait à Charles VIII pour déjouer toutes leurs machinations. « Sans lui, disait Belgiojoso, l'Entreprise aurait été mise à néant (2). »

Vers la même époque, le parti de la guerre reçut un puissant renfort. « Si l'on pouvait attirer en France le cardinal de Saint-Pierre *ad vincula*, avait dit l'agent de Ludovic à Rome, Étienne Taberna, on disposerait contre le Pape d'une arme formidable (3). » Au mois de janvier 1494, Julien de la Rovère était encore en alliance étroite avec Ferrand, et il s'efforçait

---

(1) Galéaz de San-Severino à Ludovic, Lyon, 25 mai 1494. Archives de Milan, *Potenze estere, Francia*.
(2) Belgiojoso à Ludovic, Lyon, 3 juillet 1494. *Ibidem*.
(3) La métaphore italienne est presque intraduisible : *Saria uno grande bastone al Papa*. Dépêche chiffrée d'Étienne Taberna, Rome, 2 mai 1494. Archives de Milan, *Potenze estere, Roma*.

de maintenir les barons romains dans des sentiments de dévouement au roi de Naples (1); mais il était avant tout l'ennemi du Pape. On le savait bien en France, et lorsque le fils de Ferrand se rapprocha d'Alexandre VI, Charles VIII dépêcha un émissaire au cardinal, toujours réfugié à Ostie. Il paraît que les ouvertures du roi de France ne furent pas complètement repoussées, car le cardinal ne tarda pas à répondre par l'intermédiaire d'un certain *messer Bartolommeo* (2). Cependant, le 5 avril, Charles considérait encore le cardinal comme un ennemi de la France et croyait qu'il suivait Alfonse de Naples, dans son rapprochement avec le Saint-Père (3). Au

Médaille du cardinal de la Rovère.

fond, il n'en était rien. Des troupes napolitaines unies aux troupes pontificales marchaient sur Ostie. La Rovère, croyant sa vie menacée par le Pape (4), s'échappa sous un froc de moine et gagna Civita Vecchia, d'où il s'embarqua pour Savone (5).

Quelques jours après, il se rendit dans son archevêché d'Avignon, où le

---

(1) Sigismond Golfo à la marquise de Mantoue, Urbin, 22 janvier 1494. Archives de Mantoue, E, XXV, 3.
(2) Belgiojoso à Ludovic, Vienne, 30 mars 1494. Archives de Milan, *Potenze estere, Francia*. Voyez plus haut, p. 306.
(3) Du même au même, Vienne, 5 avril 1494. *Ibidem*.
(4) Voyez à ce sujet le récit de Sanuto, p. 42.
(5) La date de la fuite de La Rovère doit être antérieure à celle que l'on trouve dans Sanuto et dans la plupart des historiens. Elle était, en effet, déjà connue de Ludovic le More le 23 avril. Ludovic à D'Aubigny et aux autres ambassadeurs français, Vigevano, 23 avril 1494. Archives de Milan, *Potenze estere, Francia*.

sénéchal de Beaucaire vint le prendre avec une escorte de trente archers pour le conduire à Lyon. L'entrée dans cette ville eut lieu le 1er juin au milieu d'honneurs plus grands encore que ceux qui avaient signalé l'entrée de Galéaz (1). C'était le duc de Bari qui avait conseillé de faire à La Rovère cet accueil presque triomphal (2). Pensant, comme Taberna, mettre aux mains du roi de France une arme terrible contre le Pape, et sans tenir compte de l'inimitié qui existait entre Ascagne Sforza et le cardinal de Saint-Pierre ès liens, il avait employé tous ses moyens d'action pour décider celui-ci à venir en France (3). De son côté, Charles VIII n'accueillit pas son nouvel hôte avec moins de faveur que Galéaz; il savait en effet que personne ne connaissait mieux que lui les secrets intimes, *l'intrinseco* d'Alfonse. Dès les premiers entretiens, il déclara au cardinal qu'il tenait à l'avoir auprès de lui lors de l'entrevue où il comptait décider avec Maximilien la réforme de l'Église (4).

Depuis quatre mois déjà, il était question de cette entrevue. Mais malgré la bonne volonté manifeste de Charles VIII, les choses en étaient à peu près au même point que lors de l'arrivée de Galéaz. On commençait même à douter que l'entrevue eût jamais lieu; le roi, disait-on, se bornerait à se faire représenter auprès de Maximilien par trois grands seigneurs de sa cour qu'accompagnerait le seigneur Galéaz (5). Ce qui avait pu donner lieu à ce bruit, c'était que Robert Briçonnet, archevêque de Reims, et Louis de la Trémoïlle venaient en effet de partir pour l'Allemagne et que le prince d'Orange devait bientôt les suivre; mais leur mission n'avait au contraire pour objet que de préparer l'entrevue, et le 6 mai, Charles VIII écrivait encore au duc de Ferrare : « Dedans huit ou dix jours, mon bon frère le roy des Romains et moy nous devons trouver ensemble tant pour le bien de la chrestienté et de l'Église que aultres bonnes et grandes matières. Et incontinent passeray les monts et espère y estre environ le XV de juing (6). »

La certitude que témoigne ici Charles VIII peut paraître extraordinaire, car le lieu de la conférence n'était pas même encore fixé. Maximilien par-

---

(1) Desjardins, I, 310.
(2) Galéaz à Ludovic, Lyon, 1er juin 1494. Archives de Milan, *Potenze estere, Francia*.
(3) Du même au même, Mâcon, 13 juin 1494. *Ibidem*.
(4) Desjardins, I, 494.
(5) F. Cantelmo au marquis de Mantoue, Lyon, 23 avril 1494. Archives de Mantoue E, XV, 3.
(6) Charles VIII au duc de Ferrare, Lyon, 6 mai [1494]. Archives de Modène.

lait toujours de se retrouver à Lausanne ou à Genève, et Ludovic avait fort insisté pour que l'on cédât, en France, au désir du roi des Romains (1). Les ambassadeurs français, La Trémoïlle et l'archevêque de Reims, s'étaient arrêtés à Bâle et attendaient qu'on leur apprît où ils pourraient se présenter à Maximilien. Mais la marche de celui-ci restait incertaine; le bruit courut même à un moment que, loin de venir à la rencontre du roi de France, il se rendait en Esclavonie. Le prince d'Orange, qui était le principal agent dans ces négociations, alla rejoindre les deux autres envoyés (2). Quant à Galéaz, il était peut-être mieux informé que la cour de France de ce qui se passait dans l'entourage du roi des Romains, car il recevait secrètement des lettres de l'ambassadeur milanais près Maximilien, Érasme Brasca. Au reçu d'une de ces lettres, dans les premiers jours de mai, il avait même demandé la permission de partir tout aussitôt pour l'Allemagne; mais Charles VIII n'avait jamais voulu l'autoriser à se mettre en route avant le milieu du mois (3). Le résultat fut que Galéaz ne quitta pas Lyon. Le 4 juin, il y recevait les confidences du roi sur le refroidissement de Maximilien. Charles ne s'expliquait pas que ce prince, qui lui avait offert, quatre mois auparavant, de venir jusqu'à Paris pour s'y rencontrer avec lui, eût ensuite refusé de venir en Bourgogne où les frontières de leurs deux royaumes se touchaient, et proposé Genève que le roi ne pouvait accepter : cette ville, en effet, était hors de France, sujette de l'Empire et entourée de terres d'Empire. Chacun d'eux persévérant dans son refus, il fallait attendre le résultat de l'ambassade du prince d'Orange. Charles allait d'ailleurs se rendre en Bourgogne, où il passerait une quinzaine de jours, afin de recevoir l'hommage de ce pays qu'il n'avait pas encore visité. Si, pendant ce voyage, il plaisait à Maximilien de se rapprocher de la frontière, on ne lui refuserait pas l'entrevue; sinon on aviserait à trouver un autre moyen d'établir une entente sincère entre les deux rois (4).

Le refroidissement de Maximilien remontait déjà loin. Dès le 19 avril, il faisait dire au Pape qu'il espérait décider Charles VIII à conclure la paix avec Alfonse de Naples. « De la sorte, écrivait-il, le différend de ces deux princes cessera d'être un embarras pour nous et un obstacle à la

---

(1) Ludovic à Belgiojoso, 10 et 24 mai 1494. Archives de Milan, *Potenze estere, Francia*.
(2) Desjardins, I, 303, 307 et 308.
(3) Galéaz à Ludovic. Lettre signée d'un chiffre « .63. » Lyon, 7 mai 1494. Archives de Milan, *Potenze estere, Francia*.
(4) Du même au même, Lyon, 4 juin 1494. *Ibidem*.

guerre contre les Turcs (1). » Ce qui avait pu l'amener là, c'était d'abord le refus formulé par le roi de France de s'associer à une attaque contre les Vénitiens, ses alliés (2); c'était encore la perte d'une espérance caressée depuis les premières ouvertures du prince d'Orange. La guerre contre les Turcs, la réforme de l'Église, l'expédition contre les Vénitiens n'étaient pas les seuls fruits que le roi des Romains comptât retirer de l'entrevue. Il espérait en profiter pour obtenir de Charles VIII l'abandon total de la Bourgogne; la facilité avec laquelle il avait vu le roi de France consentir à rendre le Roussillon et la Cerdagne à Ferdinand le Catholique, contribua peut-être à encourager cet espoir (3), mais elle ne dut pas suffire à le faire naître. Qui donc le lui avait suggéré? Était-ce Ludovic? En Italie, quelques-uns le croyaient : « D'après les bruits qui nous parviennent, écrivait le marquis de Mantoue, l'envoi de messer Galéaz à Maximilien aurait pour but d'encourager ce prince à rentrer en possession de cette partie de la Bourgogne que le roi de France détient encore, et cela pour détourner le roi de l'Entreprise de Naples. Mais comme il y a des indices contradictoires, nous ne savons guère ce qu'il en faut penser (4). » Si le marquis de Mantoue avait pu lire certaines lettres de Ludovic à son frère Ascagne, dans lesquelles il insistait sur la nécessité de l'entrée des Français en Italie et sur l'importance de la venue des deux rois, il n'eût pas hésité à déclarer une telle supposition entièrement inadmissible. D'ailleurs on ne trouve pas, dans toutes les dépêches milanaises, un seul mot qui puisse se rapporter à la cession de la Bourgogne.

Devrait-on penser que Charles VIII eût été assez fou pour sacrifier ce

---

(1) Buser, p. 330.

(2) Des allusions très claires à ce refus furent faites plus tard par les représentants de Charles VIII à Venise, après la conclusion de la ligue de 1495. (Voyez les pièces publiées par Kervyn de Lettenhove, II, 192 et 194.) Le « grand personnage que le roi de France pouvait regarder comme son égal » n'est assurément pas le duc de Milan, comme le croyait M. Kervyn de Lettenhove. Ces termes ne peuvent désigner que le roi des Romains. — M. Ulmann, qui ne paraît pas avoir tenu compte de ces pièces, a supposé que les propositions d'alliance contre les Vénitiens étaient venues de Charles VIII. Mais les propos tenus par Maximilien, en 1496, au doge de Venise et à ses envoyés, propos sur lesquels M. Ulmann fonde son argumentation (Kaiser Maximilien I, t. I, p. 271, note 2), s'appliquent à des négociations postérieures à la ligue de Venise, lorsque Charles VIII, se voyant délié de tout engagement par l'infidélité des Vénitiens et de Ludovic, se déclara prêt à accepter les anciennes propositions de Maximilien.

(3) G. Çurita, Historia del rey don Hernando I, Çaragoça, 1580, fol. 40, col. 1-2.

(4) Le marquis de Mantoue à Antoine Salimbene. Gonzague, 5 mai 1494. Archives de Mantoue, F II, 9.

qu'il avait su garder lors du traité de Senlis? L'ambassadeur florentin, François della Casa, se figurait que, pour acheter le consentement de Maximilien, le roi de France était prêt soit à payer chaque année une forte somme, soit même à abandonner la Bourgogne (1). Mais comment concilier ce fait avec l'assurance mainte fois répétée par Charles VIII lui-même qu'il voulait aller recevoir personnellement le serment de fidélité des Bourguignons (2)? Cependant le prince d'Orange avait positivement parlé au roi des Romains de lui faire rendre la Bourgogne; mais on peut croire que cette proposition n'émanait que de son initiative. En mettant sur le tapis une rétrocession qu'il savait certainement ne devoir jamais être approuvée par Charles VIII, Jean de Chalon n'avait peut-être pas d'autre objet que de faire naître entre les deux rois un motif de désaccord qui eût empêché l'envoi des forces françaises dans la Péninsule. D'Esquerdes, lui aussi, jugeait un puissant effort sur la frontière nord-est du royaume préférable à toutes les tentatives de conquêtes italiennes. Or le prince d'Orange appartenait au même parti que le maréchal (3) et les manœuvres détournées lui étaient familières : on a déjà vu comment il s'efforça de retarder l'Entreprise en feignant d'en vouloir rendre les préparatifs plus complets (4). Quoi qu'il en soit, la proposition fut loin d'être approuvée en France; l'amiral de Graville se distingua parmi ceux qui la condamnèrent le plus hautement, et Maximilien, déçu dans son espoir, laissa tomber le projet d'entrevue que l'on avait cru si près de se réaliser. Il se dirigea vers la Flandre où l'appelaient les intérêts de son fils; dès le 7 juin, on savait à Lyon qu'il était déjà rendu à Spire (5).

Cependant l'abandon du projet d'entrevue n'avait pas, comme on pourrait le supposer, entraîné la rupture de l'accord conclu lors du traité de Senlis, et récemment confirmé dans les conférences des ambassadeurs français avec Maximilien. Ceux-ci, après être restés quelque temps incertains sur la direction qu'ils devaient prendre, étaient parvenus à le rejoindre (6). Le roi des Romains les avait fort bien accueillis et leur avait

(1) Desjardins, I, 294.
(2) Galéaz à Ludovic, Lyon, 4 juin 1494. Archives de Milan, *Potenze estere, Francia*. — Desjardins, I, 311 et 403.
(3) Desjardins, I, 386.
(4) Voyez plus haut, p. 324.
(5) Desjardins, I, 311.
(6) M. Ulmann (*Kaiser Maximilien I*, t. I, p. 269) avait déjà conjecturé ce fait positivement prouvé désormais par les dépêches citées dans la note suivante.

tenu le langage le plus propre à les satisfaire. Toutefois l'un d'eux, La Trémoïlle, conservait une certaine méfiance : « Il m'a semblé, disait-il, que le sentiment intime était bien différent des paroles. » Néanmoins son collègue, l'archevêque de Reims, ne laissait pas paraître les mêmes soupçons (1). Bien que des événements ultérieurs aient donné raison à Louis de La Trémoïlle, nous ignorons ce qui pouvait dès lors autoriser ses craintes, car nous n'avons aucun renseignement sur les questions agitées dans les entretiens des envoyés français avec Maximilien. On peut cependant supposer à bon droit que l'on y toucha celles que les deux rois auraient dû régler ensemble : la guerre contre le Turc, la réforme de l'Église au moyen d'un concile et l'expédition de Venise. On sait, tout au moins, qu'ils recueillirent, pendant leur séjour auprès du roi des Romains, une indication précieuse : Maximilien était résolu à favoriser les tentatives de l'imposteur Perkin Warbeck pour détrôner Henri VII. Cette nouvelle, communiquée plus tard par Charles VIII au roi d'Angleterre, en même temps que des offres de secours, lui gagna la reconnaissance de ce prince qui fut longtemps avant d'adhérer à la ligue de Venise (2).

Le bon accord subsista encore pendant plusieurs mois; il y a lieu même de se demander si l'on avait renoncé en France à tout espoir de voir l'entrevue se réaliser. Lorsque Charles VIII quitta Lyon pour se rendre en Bourgogne, il emmenait avec lui La Rovère et Galéaz de San-Severino. La présence de ces deux personnages eût été assurément fort inutile, s'il ne se fût agi, comme on le disait, que de recevoir l'hommage des Bourguignons. Galéaz surtout semblait ne plus rien avoir à faire en France; il avait même déjà renvoyé le plus grand nombre de ses gens et l'on avait annoncé qu'il partirait pour Milan au moment où le roi se dirigerait vers la Bourgogne (3). Allait-on donc régler durant ce voyage quelques-unes des questions qui auraient dû être discutées dans l'entrevue, celle du concile, par exemple? On inclinerait d'autant plus à le croire que cette entrevue pourrait bien avoir été remplacée par une conférence entre des

---

(1) Ludovic à Belgiojoso, Alexandrie, 13 juillet 1494. — Belgiojoso à Ludovic, Lyon, 24 juillet 1494. Archives de Milan, *Potenze estere, Francia*.
(2) J. Gairdner, *Letters and papers illustrative of the reigns of Richard III and Henry VII*, II, p. 292.
(3) Desjardins, I, 403-405.

Maximilien Ier. Dessin au fusain d'Albert Dürer. Collection Albertine, à Vienne.

représentants de la France et de l'Empire, tenue pour ainsi dire sous les yeux de Charles VIII.

Sanuto, ordinairement bien informé, rapporte en termes exprès que les deux rois après s'être approchés en même temps de la Saône, frontière de leurs états du côté de la Bourgogne, se seraient arrêtés chacun sur leur territoire, dans des endroits peu éloignés l'un de l'autre qui doivent être Auxonne et Biarnes (1). Une fois là, ils auraient communiqué par des ambassadeurs. Sans doute ce récit ne peut pas être accepté dans son détail principal : Maximilien était alors fort loin de la Franche-Comté (2). Mais pour que l'annaliste vénitien ait pu prendre le change, encore faut-il qu'il y ait eu des apparences suffisantes.

Or, Charles VIII s'arrêta en effet quelque temps à Auxonne, vers la fin de juin; il est même à noter que, ce séjour une fois terminé, loin de suivre le roi dans le pèlerinage qu'il entreprit à Saint-Claude avant de revenir à Lyon, Galéaz le quitta subitement, comme si sa présence était devenue tout à coup inutile (3). Ce sont là, on en conviendra, autant d'indices qui rendent très vraisemblable l'hypothèse proposée tout à l'heure.

Pendant son voyage en Bourgogne Charles VIII mit à exécution une mesure arrêtée depuis longtemps dans son esprit : il chassa de ses états les ambassadeurs florentins et les agents de la banque des Médicis à Lyon. On comprend d'ailleurs que sa patience fût à bout. Le 12 mars, cinq semaines après que Becchi et Soderini avaient promis de donner, sous quinze jours, une réponse définitive à ses demandes (4), il n'avait pu obtenir d'eux que cette même défaite par laquelle ils avaient jusque-là évité de se déclarer : « Quand les troupes françaises seront en Italie, nous nous prononcerons en leur faveur. » C'eût été le moment de mettre en pratique les anciens conseils de Ludovic, si tant est qu'ils dussent être suivis, en chassant sur l'heure tous les Florentins établis en France et en saisissant leurs biens. Les marchands et les banquiers de Lyon avaient grand'peur (5); mais le

---

(1) Sanuto, *Espedizione*, p. 48. — Çurita (*Historia del rey don Hernando I*, Çaragoça, 1580, fol. 40, col. 2) n'est pas moins formel : « ... y llegaron cerca de las ruberas de Sona donde parte a Borgona de Francia, y estuvieron a dos leguas el uno del otro ».

(2) Il était, dès le 13 juin, à Worms. Chmel, *Urkunden zur geschichte Maximilians I*, Stuttgart, 1845, in-8°, n° XLIII.

(3) Charles VIII à Ludovic, Auxonne, 23 juin 1494. — Galéaz à Ludovic, *Ex Sequano* (?) 24 juin 1494. — Belgiojoso à Ludovic, Lyon, 3 juillet 1494. Archives de Milan, *Potenze estere, Francia*.

(4) Voyez plus haut, p. 302.

(5) Desjardins, I, 284.

roi hésitait, convaincu que le peuple de Florence ne partageait en aucune façon les sentiments de ses gouvernants (1). Il fallut de nouvelles instances de Ludovic, qui trouvait désormais inutile de ménager Pierre de Médicis, pour décider le roi à prendre une pareille mesure. Toutefois Briçonnet parvint à en faire remettre l'exécution à la seconde semaine après Pâques, époque de la foire de Lyon, pendant laquelle les Florentins auraient plus d'argent chez eux, disait-il (2). Ce fut alors que l'idée vint à Charles VIII de mettre la Toscane sous la domination de Ludovic le More (3); le duc de Bari fut si fier de cette offre que le jour même où il l'apprit, il ne put résister au plaisir de s'en vanter devant les agents de Pierre de Médicis (4). Pour faire tête à l'orage qui le menaçait, et quoique sa nouvelle ambassade n'eût pas mieux réussi que la première auprès du roi de France, l'incapable fils de Laurent n'imagina rien de mieux que d'en envoyer une troisième. Les instructions dont il la munit, le 30 mars 1494, ne différaient point des précédentes, comme si le même langage tenu par de nouveaux interprètes eût dû, par cela seul, paraître plus acceptable (5).

Peu s'en fallut du reste que les nouveaux ambassadeurs, Guidantonio Vespucci et Pierre Capponi, ne reçussent, avant même d'être arrivés en France, l'avis de ne pas franchir la frontière. On connaissait maintenant dans leurs détails les intelligences qui existaient entre Alfonse de Naples et Pierre de Médicis. Les prières du duc de Bourbon parvinrent cependant à apaiser le roi. Becchi et Soderini quittèrent Lyon le lendemain même de l'entrée solennelle de Galéaz de San-Severino (6) et, quelques jours après, leurs successeurs étaient reçus par Charles VIII.

A peine arrivés, ceux-ci comprirent d'eux-mêmes que le temps des vaines paroles était passé et qu'il importait au salut de Pierre de donner des preuves formelles de bonne volonté. Ils n'hésitèrent pas à lui conseiller d'accorder enfin le passage et les vivres qu'on lui demandait (7). Mais Pierre de Médicis restait sourd à tous les conseils : il ne craignait pas d'augmenter l'irritation du roi en faisant arrêter dans des circonstances

---

(1) Belgiojoso à Ludovic, Lyon, 15 mars 1494. Archives de Milan, *Potenze estere, Francia*.
(2) Du même au même, 26 mars 1494. *Ibidem*.
(3) Du même au même, Vienne, 5 avril 1494. *Ibidem*.
(4) Voyez plus haut, chapitre VI.
(5) Desjardins, I, 369.
(6) *Ibidem*, I, 288-289.
(7) Dépêche du 1ᵉʳ mai 1494. *Ibidem*, 379.

particulièrement injurieuses pour la France, ses cousins Jean et Lorenzino de Médicis, chefs du parti français à Florence. Condamnés à l'impuissance par son obstination, les ambassadeurs se virent réduits à observer en silence les symptômes de mécontentement du roi. L'un d'eux, Capponi, qui appartenait à une famille hostile au chef de l'état de Florence et dont les agents commerciaux à Lyon étaient en rivalité journalière avec ceux des Médicis, reçut même de Briçonnet des offres d'hommes et d'argent, s'il voulait susciter à Florence une révolution conforme aux intérêts de la France. Il eut d'ailleurs la loyauté d'en informer Pierre de Médicis (1).

Le séjour des ambassadeurs en France serait resté complètement inutile et ceux-ci l'auraient fort abrégé s'ils n'avaient voulu poursuivre une négociation entamée dès leur arrivée. « Il y a ici, écrivaient-ils le 1er mai, un homme qui offre de mettre entre les mains du roi l'ancien acte d'investiture des rois Angevins. Il y est mentionné expressément qu'aucun roi de France ne pourra jamais être roi de Naples. Celui qui a cette pièce en demande un grand prix et son intermédiaire n'en demande pas moins. » — « Il la vendra aux enchères et ce sera à qui en offrira plus que nous. Afin d'en tirer tout le parti possible, il faut que, le Pape et nous, nous fassions réitérer aux gens d'ici leur déclaration que le roi ne veut que ce qui lui appartient. Puis avec cet *introïbo*, on pourra tout sauver (2). » C'était bien juger du caractère de Charles VIII et de son souci de la légalité que de le croire capable d'être ébranlé dans ses projets par la publication d'un document de ce genre. La pièce en question n'était autre que la bulle d'investiture accordée à Charles d'Anjou en 1265, bulle dont les termes pouvaient être interprétés de manière à interdire toute adoption et à ne permettre la succession au trône de Naples qu'en ligne soit directe, soit collatérale. La négociation resta sans résultats pour cette fois ; cependant la bulle de 1265 parvint plus tard entre les mains des Aragonais, car elle donna lieu à un mémoire rédigé à Naples en 1497, l'année même du couronnement de Frédéric III, mémoire qui forme comme la contre-partie de celui de Liénard Baronnat (3).

L'arrivée du cardinal de Saint-Pierre ès liens, qui pouvait faire de com-

---

(1) Desjardins, I, 291, 393-394. — Commines accuse à tort Capponi d'avoir écouté les propositions de Briçonnet (II, 340).

(2) *Ibidem*, 382 et 388.

(3) Voyez un article de M. Ph. Van der Haeghen intitulé *Examen des droits de Charles VIII sur le Royaume de Naples*, dans la *Revue historique*, tome XXVIII, p. 89 et suivantes.

promettantes révélations sur les rapports de Pierre avec le roi de Naples, constituait un nouveau danger. Aussi les ambassadeurs florentins jugeaient-ils nécessaire de le ménager et conseillaient-ils à leur gouvernement de lui laisser la jouissance des bénéfices qu'il possédait en Toscane (1). Mais tout effort était maintenant superflu : une seule réponse aurait satisfait Charles VIII, et, cette réponse, Pierre était résolu à ne pas la donner. Vers le milieu de juin, pendant qu'il était en Bourgogne, le roi envoya au duc d'Orléans l'ordre de signifier leur congé aux ambassadeurs florentins et de prononcer en même temps l'expulsion de tous les agents de la maison de Médicis. Cette mesure ne s'appliquait pas aux représentants à Lyon des autres maisons florentines, le roi déclarant en toute occasion qu'il ne confondait point le peuple de Florence avec ses gouvernants (2). Galéaz n'était pas resté étranger à l'expulsion des ambassadeurs, mais il avait intercédé en faveur des employés de la maison de banque (3). C'était là une faiblesse que son beau-père eût difficilement pardonnée à tout autre. Belgiojoso se méprenait moins sur les intentions de son maître, lorsque, apprenant que les directeurs de la banque s'étaient transportés à Chambéry, il demandait s'il ne serait pas bon d'employer l'influence de Charles VIII pour arriver à les faire chasser par la duchesse de Savoie (4).

La mission du gendre de Ludovic était terminée et, sur presque tous les points, elle avait été couronnée de succès. Galéaz avait déjoué les intrigues des adversaires de l'Entreprise et dévoilé leur double jeu; il avait cru décider irrévocablement le roi à prendre la voie de mer (5). Toutefois, sur la question du commandement de l'armée de terre, il avait complètement échoué. Charles tenait à donner ce poste à Gilbert de Montpensier, qu'il voulait faire seconder par MM. de Baudricourt et de la Trémoïlle. Or ce prince avait épousé la sœur du marquis de Mantoue, alors général des Vénitiens et que l'on avait dit sur le point de quitter

(1) Desjardins, I, 392-399.
(2) *Ibidem*, 313, 314, 406, 407. — Buser, 548.
(3) *Ibidem*, 315. — Galéaz à Ludovic, Auxonne, 24 juin 1494. Archives de Milan, *Potenze estere, Francia*.
(4) Buser, 550.
(5) Galéaz à Ludovic, Lyon, sans date. Archives de Milan, *Potenze estere, Francia*. — Dans les instructions données le 4 mai 1494 au grand écuyer, Pierre d'Urfé, qui allait à Gênes avec Jean de la Primauldaye mettre la flotte en état, on trouvait encore l'ordre « de préparer la galéace et une gallée pour la personne du Roy, se besoing est ». (Commines, édit. Dupont, III, 374.)

le service de la république pour celui de Naples (1). Il n'en fallait pas plus pour rendre le beau-frère de François de Gonzague suspect au duc de Bari, qui fit proposer M. de Vendôme. Le roi resta inébranlable. En vain Étienne de Vesc, sollicité par Galéaz, avait promis d'employer tout son crédit auprès de Charles VIII (2); à la fin du mois de juin, Montpensier était déclaré capitaine général (3). Mais le principal résultat de la mission de Galéaz, c'est que l'Entreprise, si compromise au moment de son arrivée, était désormais assurée. Le lendemain même du jour où, comblé d'honneurs, il prenait le chemin de Milan, le duc d'Orléans, accompagné du prince de Salerne, du comte de Chiaramonte et de quelques autres seigneurs, quittait Lyon pour aller prendre le commandement de la flotte, à Gênes (4). Déjà les Suisses du bailli de Dijon étaient en route; M. de Guise partait aussi pour diriger les gens d'armes d'ordonnance; Gilbert de Montpensier venait d'arriver à Lyon, d'où il devait aller se mettre à la tête de l'armée de terre. L'expédition de Naples était enfin sur le point de commencer.

(1) Réponse de Ludovic à M. de Cytain, Vigevano, 24 avril 1494. Archives de Milan, *Potenze estere, Francia*.

(2) Galéaz à Ludovic, Lyon, 5 juin 1494. *Ibidem*.

(3) Alexandre de Baesio au marquis de Mantoue, Lyon, 25 juin 1494. Archives de Mantoue, EXV, 3.

(4) Galéaz partit le 24 juin; le duc d'Orléans le 25. Belgiojoso à Ludovic, Lyon, 3 juillet 1494. Archives de Milan, *Potenze estere, Francia*.

CHAPITRE IX.

LES ÉTATS ITALIENS PENDANT LES PRÉPARATIFS DE L'EXPÉDITION.

Ambassade de Stuart D'Aubigny, Matheron, Perron de Baschi et Bidan auprès des puissances italiennes. — Du Bouchage à Milan. — M. de Cytain à Venise. — Le marquis de Mantoue refuse de passer au service de la France. — Les ambassadeurs français à Ferrare et à Bologne. — Arrestation de Lorenzino et de Jean de Médicis. — Séjour des ambassadeurs français à Florence. — Leur passage à Sienne. — Leurs négociations à Rome avec le Pape et avec les Colonna. — Retour de Matheron à Florence et de D'Aubigny à Milan. — Attitude d'Alfonse de Naples. — Plan de défense. — Rupture avec Milan. — La flotte napolitaine prend la mer. — Entrevue de Vicovaro. — Retraite des Colonna dans leurs châteaux. — Les troupes pontificales et napolitaines marchent sur Bologne. — Négociations avec Bentivoglio et avec la dame de Forli. — Ambassade napolitaine à Venise. — Négociations avec le roi de Castille. — Relations d'Alfonse et du Pape avec les Turcs.

Tandis que Galéaz rentrait en Lombardie, D'Aubigny revenait à Milan, après avoir achevé sa mission auprès des cours italiennes. La tournée que les ambassadeurs français venaient de faire ne différait guère de celle que Perron de Baschi avait accomplie à lui seul un an auparavant. C'étaient en somme les mêmes questions qu'ils étaient allés poser aux mêmes puissances, et les réponses qu'ils avaient reçues étaient, à peu de choses près, conformes aux précédentes. Et cependant les circonstances avaient changé: l'expédition de Naples était au moment de se réaliser; les réponses des souverains italiens pouvaient avoir dans un bref délai de terribles conséquences. A ceux qui ne se déclareraient pas pour Charles VIII, il ne restait qu'un parti à prendre : recourir à cette politique fédérative, à cette ligue que les Italiens sentaient instinctivement devoir être leur salut, et qui, sortie quelquefois du domaine théorique, pendant les derniers siècles, n'avait jamais réussi néanmoins à devenir une réalité. Il fallait conclure une alliance étroite, mettre en commun toutes les forces dont on pourrait disposer, et agir de concert en toutes choses. Sans doute, la ligue se forma entre Rome, Naples et Florence; mais à voir les hésitations, le manque de suite qui régnaient dans les rapports des puissances liguées, on reconnaît facilement que le roi de Naples était seul préparé à la résistance et qu'il n'y pourrait suffire.

Le rendez-vous des quatre ambassadeurs français qui devaient parcourir ensemble l'Italie était à Milan (1). Sur leur chemin, ils avaient ordre de remercier la duchesse de Savoie du passage qu'elle avait accordé aux troupes françaises et de l'assurer que l'on veillerait à ce qu'il n'en résultât pour elle aucun dommage (2). D'Aubigny et Perron se rendirent les premiers dans la capitale de la Lombardie, en même temps que le grand écuyer, Pierre d'Urfé, chargé d'aller à Gênes veiller aux préparatifs de la flotte jusqu'au jour où le duc d'Orléans irait en prendre le commandement (3). Matheron, qui avait fait un détour en Provence pour y recueillir tous les documents propres à démontrer la réalité des droits de Charles VIII sur Naples (4), arriva le 16, et, le 18, tous se mirent en route. En partant, le général des finances, Bidan, annonça que, pour le détail des questions militaires, un commissaire spécial allait apporter en Lombardie l'argent qui servirait à les régler sous la haute surveillance de Ludovic (5).

Ce commissaire spécial n'était autre que Du Bouchage, qui arriva quatre jours après que les autres ambassadeurs eurent quitté Milan. On sait qu'au lieu d'apporter de l'argent, Ymbert de Batarnay commença par en demander : on se rappelle comment il y seconda au début les intrigues de Briçonnet (6). Mais celles-ci une fois déjouées par Galéaz, l'agent français fut bien obligé d'accomplir sa mission. Un trésorier du roi, Pierre Signac, vint enfin apporter le complément de la somme destinée à solder

---

(1) On ne doit accorder aucune créance au document publié en dernier lieu par Godefroy (p. 238-251) sous le titre de *Legatio Gallicana de expeditione italica regis Francorum Caroli VIII*. C'est un recueil des discours censés tenus par D'Aubigny et ses collègues aux différentes puissances qu'ils auraient visitées et des réponses qui leur auraient été faites. Discours et réponses ont été évidemment composés à plaisir; toutes les dates sont fausses; la tournée aurait commencé le 5 avril à Venise, pour s'achever le 12 juillet, à Naples, où les ambassadeurs n'allèrent pas.

(2) Ces faits nous sont connus par la traduction italienne d'une lettre de Charles VIII en date de Lyon, 1er mai [1494], conservée aux archives de Milan, *Potenze estere, Francia*. La date du 1er mai doit être inexacte; à cette époque les ambassadeurs étaient déjà sur le territoire bolonais.

(3) Commines, III, p. 174.

(4) Desjardins, I, 377.

(5) Ludovic à Belgiojoso, 18 avril 1494. Archives de Milan, *Potenze estere, Francia*.

(6) Voyez plus haut, p. 344.

les gens d'armes lombards (1), et le 8 juin le roi envoyait à Du Bouchage les pouvoirs nécessaires pour en disposer (2). Trois jours plus tard, la levée des soldats lombards était chose faite. Les quatre chefs devaient être le comte de *Cajazzo et son frère, Galéaz de San-Severino, Rodolphe de Gonzague, oncle du marquis de Mantoue, et Galeotto de la Mirandole. Ils reçurent une avance de solde, et, sans attendre Galéaz, qui se trouvait encore auprès de Charles VIII, les trois autres capitaines prêtèrent au roi de France un serment de fidélité dont Ludovic se portait le garant (3).

On avait cru d'abord en Italie que D'Aubigny et ses collègues iraient à Venise (4), mais un autre ambassadeur, M. de Cytain, spécialement chargé de cette mission (5), arrivait à Milan quelques jours après leur départ. Comme eux, il communiqua ses instructions au duc de Bari. « Le roi, devait-il dire, demande le concours des Vénitiens contre Naples et contre les Infidèles; en retour, il promet de leur abandonner certains ports de la Pouille, et sur les côtes de Grèce, Négrepont et Scutari (6). » Tel fut le langage qu'il tint le 3 mai devant le sénat de Venise. Mais ses auditeurs, soit qu'ils eussent déjà quelque soupçon des dangers qui les menaçaient du côté de l'Empire, soit qu'ils ne crussent pas encore à la réalisation de l'Entreprise, se tinrent sur la réserve, de manière à sauvegarder, en tout cas, leur neutralité. Ils prétendirent que le voisinage immédiat des Turcs, qui venaient de ravager la Croatie, ne leur permettait de rien distraire de leurs forces de terre et de mer. Tout ce que l'on put obtenir d'eux, ce fut la promesse de fournir des vivres contre paiement, lorsque l'armée française traverserait leur territoire (7).

D'après le conseil de Ludovic, Cytain était resté muet sur un point que touchait la seconde partie de ses instructions; au mois de mars, le marquis de Mantoue, général des troupes vénitiennes, avait été sollicité

1) Alamanni à Pierre de Médicis, Vigevano, 25 mai 1494. Archives de Florence, *Carteggio mediceo*, filza 50, n° 313.

2) B. de Mandrot, *Ymbert de Batarnay, seigneur du Bouchage*; Paris, Picard, 1886, in-8°. Pièce justificative n° XXXVI. — Le véritable nom du trésorier du roi est bien *Signac* et non *Signar*, comme le lit de M. de Mandrot; il est appelé *Signaccho* dans les textes italiens.

3) B. de Mandrot, *ibidem*, p. 181-182.

4) Le marquis de Mantoue à Antoine Salimbene, 18 août 1494. Archives de Mantoue F II, 9.

5) Voyez plus haut, p. 322.

6) Ludovic à Galéaz, Vigevano, 24 avril 1494. Archives de Milan, *Potenze estere, Francia*.

7) 9 mai 1494. Cherrier, I, p. 400-401.

par Alphonse II de passer au service de Naples. La Seigneurie l'y avait autorisé et lui-même, dans une lettre à son ambassadeur à Rome, Brognolo, s'y déclarait tout prêt (1). Le bruit s'en était répandu à Rome et ailleurs. Charles VIII, informé par Ludovic, en ayant pris de l'ombrage, les Vénitiens craignirent de s'être compromis. Ils signifièrent au marquis de Mantoue qu'il eût à démentir le bruit mis en circulation par Brognolo en y substituant une version suivant laquelle il n'aurait demandé qu'à aller porter au roi Alfonse ses condoléances personnelles à l'occasion de la mort de son père (2). Ce démenti n'étant pas encore connu en France lors du départ de M. de Cytain, l'ambassadeur avait ordre de demander des explications à la Seigneurie. Mais le duc de Bari l'en empêcha. « J'ai tenu, dit-il, à m'en éclaircir moi-même par l'entremise de mon ambassadeur à Venise, et il m'a été répondu que, non seulement la permission d'aller à Naples n'avait pas été donnée au marquis, mais qu'elle n'avait même jamais été demandée (3). »

Ludovic avait aussi fait part à D'Aubigny de la réponse plus rassurante que sincère qu'il avait reçue de Venise; cependant il n'avait pas cru devoir le détourner de la délicate mission qu'il allait remplir en quittant Milan. Il s'agissait d'offrir au marquis de passer au service de Charles VIII, en lui promettant la restitution des terres usurpées par les Vénitiens sur ses ancêtres, mille hommes d'armes, l'ordre royal, la charge de grand chambellan, enfin le commandement en chef de l'expédition avec le titre de capitaine-général. On ne l'obligeait même pas à devancer le terme de son engagement avec Venise, qui devait échoir dans quelques mois. Gonzague, sur cette question comme sur celle du passage et des vivres qu'on lui avait également posée, déclara ne pouvoir agir que du consentement de la République dont il était le serviteur (4). Des lettres pressantes du comte et de la comtesse de Montpensier, beau-frère et sœur du marquis, vinrent appuyer bientôt les instances des ambassadeurs (5). Rien n'y fit et

---

(1) Le marquis de Mantoue à Georges Brognolo, Marmirolo, 28 mars 1494. Archives de Mantoue, F, II 9.
(2) Salimbene au marquis de Mantoue, Venise, 19 avril 1494. Archives de Mantoue, E. XLV, 3.
(3) Réponse officielle de Ludovic à M. de Cytain, Vigevano, 24 avril 1494. Archives de Milan, *Potenze estere, Francia.*
(4) Le marquis de Mantoue à Antoine Salimbene, Mantoue, 21 avril 1494. — Le même à Isabelle de Gonzague, Marmirolo, 23 avril 1494. Archives de Mantoue, F, II, 9.
(5) Claire de Gonzague, comtesse de Montpensier, au marquis, Lyon, 25 avril 1494. *Ibidem.*

Charles VIII devait retrouver à la tête des troupes qui tentèrent de lui barrer le passage à Fornoue, l'homme dont il avait pensé faire son capitaine-général.

Après deux jours passés à Ferrare, où le duc leur réitéra les promesses qu'il avait déjà faites l'année précédente à Perron de Baschi (1), les ambassadeurs arrivèrent à Bologne. Bentivoglio, à qui la situation de ses états entre ceux de Milan et de l'Église donnait alors une importance plus grande que ne le comportait son pouvoir particulier, était vivement sollicité par les ennemis de Ludovic. Il répondit en termes assez ambigus qu'il accorderait le passage aux Français pourvu qu'ils se présentassent en amis (2), réponse dont les envoyés se contentèrent. Les graves nouvelles qu'ils venaient de recevoir de Florence absorbaient alors toutes leurs pensées.

Les chefs du parti français à Florence, parti qui, à vrai dire, comprenait tout le peuple, étaient deux membres d'une branche cadette de la maison de Médicis, Lorenzino et Jean, fils de Pierfrancesco. Tous deux avaient été l'objet des munificences de Charles VIII, qui les avait décorés, l'un du titre de chambellan, l'autre de celui de maître d'hôtel. Ils ne négligeaient aucune occasion de manifester leurs sympathies pour la France. Vers le 20 avril, l'évêque de Lodève, fils de Briçonnet, traversait la Toscane. A l'une de ses étapes, à San Pietro-a-Sieve, les jeunes Médicis, qui lui faisaient escorte depuis Florence, l'emmenèrent passer la nuit dans leur villa toute voisine de Caffagiolo, au lieu de le laisser coucher à l'hôtellerie où la Seigneurie lui avait fait préparer des logements. A leur retour, Pierre de Médicis prétendit ne pouvoir tolérer que, sans en avoir reçu commission publique, ils se fussent permis d'attirer chez eux un ambassadeur étranger, et jugeant qu'il y avait là-dessous autre chose qu'un simple acte de courtoisie, il ordonna qu'on les sommât d'expliquer leurs intentions. » Ceux-ci firent valoir que les charges qu'ils tenaient du roi de France, et dont ils montraient les provisions, leur imposaient des obligations envers ses représentants, et ils ne craignirent pas de déclarer qu'ils recevaient chacun de Charles VIII une pension de deux mille écus. Outré, Pierre soumit le cas au Conseil des Soixante-dix, fit arrêter ses

---

F, II, 6. — Gilbert de Montpensier au marquis de Mantoue, Lyon, 26 avril 1494. *Notices et documents* publiés à l'occasion du cinquantenaire de la Société de l'histoire de France, p. 288.

(1) 24-26 avril 1494. Voyez *Diario ferrarese*, dans Muratori, *Scriptores*, XXIV, 288, D.

(2) Isabelle de Gonzague au marquis de Mantoue, Bologne, 30 avril 1494. Archives de Mantoue, F II, 6.

cousins et les accusa d'être les instruments d'un complot dirigé par le roi de France, Ludovic et le marquis de Mantoue, complot dans lequel auraient encore trempé plusieurs autres citoyens de Florence (1).

Si la stupeur fut grande à Florence, l'étonnement des ambassadeurs français ne fut pas moindre en apprenant l'insulte faite à leur maître. Ne devait-on pas la considérer comme une rupture formelle? D'Aubigny fit demander à Ludovic s'il croyait que les ambassadeurs dussent encore se rendre à Florence. Le duc de Bari répondit affirmativement et ne manqua pas de s'en faire un titre à la reconnaissance des Florentins (2). Au fond il n'était pas fâché de voir Pierre de Médicis se brouiller de plus en plus avec Charles VIII et il était impatient de savoir quel serait, à Lyon, l'effet de cette nouvelle faute (3). De son côté, Alfonse II ne négligea pas cette occasion d'offrir sa protection à son allié (4).

Pendant ce temps, les Soixante-dix avaient achevé leur procédure. Lorenzino et Jean s'étaient entendu condamner à la prison perpétuelle et à la confiscation de leurs biens. On pensait qu'épouvantés par cette terrible sentence, les deux frères solliciteraient leur pardon en offrant de se rallier au maître de Florence. Pierre, effrayé peut-être de l'audace qu'il avait eue en les faisant arrêter, avait été lui-même leur en porter la proposition. « Mais ceux-ci persistant à dire qu'ils étaient hommes du roi de France et qu'ils lui devaient fidélité, ne consentirent à rien. Bien plus, ils engagèrent Pierre à changer de politique et à revenir à la France, bienfaitrice de la cité en général et de Pierre en particulier. » Quant à eux, ils demandaient qu'on soumît leur cas aux ambassadeurs du roi, leur seigneur, et promettaient de régler leur conduite d'après ses décisions. Le chef de l'état florentin, irrité de cette réponse hautaine, n'osant pas exaspérer Charles VIII en abandonnant ses cousins au rigoureux châtiment qui les attendait, prit un moyen terme. Le 29 avril, la Seigneurie fit mettre Lorenzino et Jean en liberté, mais en les bannissant pour toujours à une distance d'un mille de la cité. Défense leur était faite en outre de sortir du territoire

---

(1) Ms. de Parenti, fol. 33 v° -34.
(2) D'Aubigny à Ludovic, Bologne, 28 avril 1494. Copie contemporaine, Archives de Florence, *Carteggio Medicco*, filza 50, n° 303. — Alamanni à Pierre de Médicis, Vigevano, 30 avril 1494. *Ibidem*, n° 302. — Ludovic à D'Aubigny et à ses collègues, Vigevano, 1ᵉʳ mai 1494. Archives de Milan, *Potenze estere, Francia*.
(3) Ludovic à Belgiojoso, Vigevano, 6 mai 1494. Archives de Milan, *Potenze estere, Francia*.
(4) *Archivio storico italiano*, I, 343.

soumis aux Florentins; afin de rendre efficace cette dernière disposition, qui avait sans doute pour but de les empêcher de passer en France, on prenait en otages les enfants de Lorenzino. Pierre se donna le beau rôle; il fit savoir qu'il avait intercédé pour ses parents auprès de la Seigneurie; il sortit avec eux du Palais et les emmena dans sa propre maison. Toutefois les Florentins ne s'y trompaient pas : « On pensa, dit le contemporain Parenti, que l'inquiétude et la crainte de dangers imminents furent cause de l'allégement de la peine, bien qu'on en fît honneur à l'humanité de Pierre de Médicis (1) ».

Les orateurs français étaient restés sur le territoire bolonais en attendant qu'il fût statué sur le sort des deux frères. Le 4 mai, ils franchirent les frontières florentines et, le lendemain, ils furent reçus par la Seigneurie. Ils demandèrent le passage, les vivres et un subside pour la guerre aux Turcs, « ajoutant que, s'il se trouvait en Italie quelque royaume appartenant légitimement à la couronne de France, » Charles VIII avait l'intention de s'en rendre maître; ils exigeaient une réponse écrite et offraient un secours de 1.500 lances soldées, pour le cas où les Florentins redouteraient d'être envahis par des troupes napolitaines (2). Le 6 mai, le gouvernement leur fit sa réponse officielle. Elle était rédigée suivant le style habituel de la chancellerie florentine dans ses rapports avec nos rois. On y rappelait que le serment des magistrats de la ville contenait une obligation spéciale envers la France, mais on pouvait la résumer en deux mots : la République ne peut en rien s'affranchir du traité d'alliance qu'elle a jadis conclu avec Naples au vu et au su du roi Louis XI (3).

Dans leurs entretiens particuliers avec Pierre de Médicis, les ambassadeurs eurent la sagesse de n'apporter aucune violence afin de ne pas l'exaspérer. Mais il n'y avait plus rien à gagner de ce côté; le jour même où ils reçurent la réponse de la Seigneurie, Pierre écrivait à Naples qu'il espérait que cette réponse était de nature à satisfaire Alfonse (4). Aux orateurs français, il répéta le contenu de la réponse officielle, tout en les comblant d'assurances générales de dévouement à leur maître.

Quant au peuple, il n'était pas difficile de voir que ses préférences étaient toutes françaises; il réprouvait la réponse de la Seigneurie, qu'il

---

(1) Ms. de Parenti, fol. 34-35 rº.
(2) *Ibidem*, fol. 36 rº.
(3) Desjardins, I, 411.
(4) Pierre de Médicis à Denis Pucci, 6 mai 1494. *Archivio storico italiano*, I, 346.

jugeait avoir pour conséquence la ruine de la cité, « mais, dit Parenti, les gouvernants, se souciant plus de leurs propres intérêts que de ceux des autres, conclurent ainsi, et il en résulta une grande confusion dans le pays (1) ».

De Florence, les ambassadeurs allèrent à Sienne. Au mois de mars précédent, un certain messer Emmanuel, franciscain espagnol, assez triste personnage au dire de Ludovic, était venu assurer Charles VIII que les Siennois mettaient leur état et leurs personnes à sa disposition (2). Peut-être l'envoyé avait-il outrepassé ses instructions, car les ambassadeurs français trouvèrent les Siennois prêts à leur donner toutes les marques de courtoisie possible, mais peu disposés à prendre des engagements capables de les compromettre vis-à-vis de leurs puissants voisins. Tout ce qu'ils purent obtenir, ce fut une promesse verbale que, si le roi venait en personne, on ne lui refuserait ni les vivres ni le passage. Néanmoins, ainsi que le dit le Siennois Tizio, à Sienne comme à Florence, les sentiments de la plupart des citoyens étaient favorables aux Français (3).

A Rome, les orateurs avaient pour mission de demander l'investiture de Naples, et Matheron était spécialement chargé de justifier cette demande en exposant à Alexandre VI les droits de Charles VIII. C'était donner une marque de grande déférence au Pape, qui avait jadis conseillé au roi de lui soumettre ses droits plutôt que de recourir à la violence (4). Quant à la réponse, elle n'était pas douteuse. Lorsque d'Aubigny et ses compagnons entrèrent à Rome, le 16 mai (5), il y avait déjà huit jours que le cardinal de Monreale avait, au nom du Pape, procédé au couronnement d'Alfonse. Lorsqu'il avait reçu l'évêque de Lodève et maître Benoît de Saint-Moris, Alexandre VI n'avait déjà plus parlé de discuter les droits de Charles VIII. Devant d'Aubigny, il ne fit que répéter les excuses données aux précédents ambassadeurs, disant qu'il n'avait pu disposer de l'investiture déjà donnée à Alfonse du vivant de son père, surtout avant que les droits de Charles n'eussent été juridiquement démontrés; que sa situation entre Florence et Naples, et sous la main des barons vassaux d'Alfonse, ne lui

---

(1) Parenti, fol. 36 v°.

(2) Belgiojoso à Ludovic, Vienne, 30 mars 1494. — Ludovic à Belgiojoso, Vigevano, 5 avril 1494. Archives de Milan, *Potenze estere, Francia*.

(3) Le séjour des ambassadeurs à Sienne dura du 9 au 11 mai 1494. Tizio, fol. 212 v° 215 r°. — *Diario di All. Allegretti*, dans Muratori, *Scriptores*, XXIII, p. 829-830.

(4) Voyez plus haut, p. 307.

(5) *Diarium Burchardi*, II, 178.

permettait guère d'agir autrement. Néanmoins, suivant son habitude, il s'efforça de laisser quelque espérance aux ambassadeurs : il alla même jusqu'à offrir d'examiner de nouveau les droits de Charles VIII (1). Devant les orateurs vénitiens ou florentins, Alexandre VI tenait un tout autre langage ; il parlait de l'opportunité d'une ligue générale contre Charles VIII et Ludovic, et de sa volonté bien arrêtée de faire cause commune avec Naples (2). C'étaient là ses réels sentiments.

Les ambassadeurs français ne devaient pas se faire beaucoup d'illusions sur la sincérité du souverain pontife. Un propos de Ludovic le More tenu quelques semaines plus tard donnerait à penser qu'ils furent sur le point d'en appeler immédiatement du Pape à un concile et qu'il aurait fallu tous les efforts d'Ascagne pour les en empêcher (3). Mais ce propos était sans doute destiné à montrer aux Florentins, devant lesquels il fut tenu, que le duc de Bari jouait auprès de Charles VIII le rôle de modérateur.

Les ambassadeurs n'avaient pas seulement affaire au Pape : ils devaient conclure définitivement l'engagement des Colonna, au nom du roi de France. Trois mois auparavant, comme le roi de Naples cherchait à prendre ces seigneurs à sa solde, Ascagne avait eu l'adresse de persuader au Pape de les engager à frais communs avec Ludovic. C'était un moyen de les enlever à Alfonse et de les réserver pour Charles VIII. Ludovic avait approuvé cet arrangement ; mais il entendait bien n'être en cela que le prête-nom du roi de France et n'avoir pas à lui avancer un seul ducat » (4). Le général des finances, Bidan, et Perron de Baschi sortirent donc de Rome pour se rendre auprès de Prosper et de Fabrice Colonna déjà préparés par Ascagne à passer au service de la France. Moyennant 30.000 ducats, les deux Colonna et quelques autres condottieri, tels que Jérôme Tuttavilla, Antonello et Trojano Savelli, s'engagèrent en secret à fournir 500 lances. Ils ne devaient se déclarer que lorsque les troupes françaises paraîtraient. Ludovic aurait voulu que le versement immédiat des 30.000 ducats eût rendu cet engagement irrévocable. Il lui semblait que les Colonna ne pourraient résister aux offres que leur faisaient le Pape et le roi de Naples

---

(1) Guichardin, liv. I.
(2) Cherrier, I, 404.
(3) P. Alamanni à Pierre de Médicis, Vigevano, 4 juillet 1494. Archives de Florence, *Carteggio Mediceo*, filza 50, n° 265.
(4) Ludovic à Belgiojoso, Vigevano, 20 février 1494. Archives de Milan, *Potenze estere, Francia*.

pour les entraîner dans leur parti. Mais l'argent était ce que l'on obtenait le plus difficilement des ministres de Charles VIII. En juillet, les ambassadeurs se plaignaient de n'avoir rien reçu, alors qu'ils allaient avoir à faire certaines autres dépenses jugées opportunes par le cardinal Ascagne (1). Néanmoins les seigneurs romains ne se laissèrent pas séduire, bien que leur solde ne leur ait été payée intégralement qu'au mois de janvier suivant, pendant le séjour de Charles VIII à Rome (2).

Pendant ce temps Matheron et D'Aubigny étaient repartis pour Florence où ils arrivèrent le 28 juin. Tandis que D'Aubigny continuait son chemin vers Milan, le président de Provence restait dans la capitale de la Toscane, où il devait faire une nouvelle tentative auprès de Pierre de Médicis, déclarer que le roi ne pouvait croire que Florence se séparât de lui au mépris de toutes les anciennes traditions, et le sommer de s'expliquer ouvertement (3). Tel fut en effet le langage tenu le 4 juillet devant la Seigneurie par l'orateur français. En terminant, il adjura les Florentins de se concerter longuement avant de lui répondre et de ne pas se hâter de prendre un parti. En conséquence, on attendit le retour de Vespucci et de Capponi, congédiés par Charles VIII. Quel que fût leur rapport, Pierre craignait encore plus les conséquences immédiates d'une rupture avec Naples que les dangers éventuels d'une invasion française qu'il s'obstinait à ne pas juger imminente. Le 14 juillet, il fit répondre que les circonstances n'ayant pas changé, il ne pouvait que répéter la réponse donnée deux mois plus tôt à D'Aubigny. Pour faire croire à Matheron qu'il parlait au nom de tous et faire illusion sur les sentiments du peuple de Florence, Pierre avait convoqué les principaux de la ville, « mais l'ambassadeur était trop bien informé de tout, et il n'y avait pas moyen de le tromper (4) ».

Le temps des négociations diplomatiques était passé. D'Aubigny était rentré à Milan, non plus pour remplir le rôle d'ambassadeur, mais pour diriger de là les troupes françaises qui avaient déjà passé les Alpes et prendre le commandement de celles qui devaient défendre la Lombardie contre les Napolitains (5).

---

(1) Du même au même, Milan, 22 juillet 1494. Archives de Milan, *Potenze estere*, *Francia*.
(2) Sanuto, p. 50. — Reçu de 22.720 ducats et 2/3 de ducat donné à Charles VIII par Neri Capponi, Rome, 27 janvier 1495. *Il Saggiatore*, anno II, vol. II, p. 17-26. Roma, 1845, in-8°.
(3) Desjardins, I, 414.
(4) Parenti, fol. 43 v°, 44 r°.
(5) Sanuto, p. 50. — Charles VIII à D'Aubigny et à Du Bouchage, Pont-d'Ain, 1ᵉʳ juillet 1494.

En montant sur le trône, Alfonse de Naples n'avait eu garde de ralentir les préparatifs de défense commencés par son père. Il avait surtout poussé l'armement de la flotte afin d'être en état de tenter le plus tôt possible un coup de main sur Gênes, auquel il attachait une très grande importance; mais en même temps il jugeait, non sans raison, qu'il lui serait encore plus profitable de conquérir le bon vouloir de Ludovic le More, et il recommandait aux Florentins d'agir en ce sens (1). Le langage que tenait alors Ludovic était d'ailleurs bien fait pour exciter les espérances du roi de Naples. C'était le moment où il cherchait à endormir les ambassadeurs napolitains en leur parlant de sa sympathie pour Alfonse, en leur donnant le conseil de chercher un appui auprès de Maximilien; il faisait étalage du service qu'il prétendait avoir rendu au roi Alfonse en déterminant Charles VIII à suivre la voie de mer, afin de retarder encore la venue des Français (2). Bien qu'Alfonse ajoutât à ces trompeuses marques de bienveillance plus de créance qu'il ne convenait, il ne négligeait pas cependant d'entretenir de bons rapports avec le Pape, de mettre son armée sur le pied de guerre et de préparer un plan de campagne par terre. Ce plan consistait à laisser cinquante escadrons pour la garde du royaume et à se porter au-devant de l'ennemi avec près de 30.000 hommes. Au cas où les Français auraient voulu s'avancer en suivant le versant nord des Apennins jusqu'aux Romagnes, le roi de Naples comptait aller s'établir en forces à Bologne; s'ils pensaient au contraire à passer par la Lunigiane, Alfonse avait l'intention de franchir les Apennins par la route de Pontremoli et de descendre jusqu'en Lombardie.

La nouvelle des projets d'Alfonse fit naître chez Ludovic une de ces paniques auxquelles il était sujet; il se crut déjà attaqué par les forces réunies du Pape et du roi de Naples. Le bruit de l'engagement du marquis de Mantoue que les Vénitiens auraient cédé au roi Alfonse, lui fit craindre également quelque menace de leur côté. Jetant le masque, il se prit à malmener (*aburattare*) les ambassadeurs napolitains, qu'il avait cajolés jusque-là, tandis qu'il requérait les bons offices de ceux de Florence et de Venise auprès de leurs gouvernements. Sans plus tarder, il écrivit au duc de Ferrare

Traduction italienne aux Archives de Florence, *Carteggio Mediceo*, filza 50, n° 297. Le roi ordonnait par cette lettre à Du Bouchage de revenir aussitôt en France.

(1) Desjardins, I, 449.
(2) Pierre Alamanni à Pierre de Médicis, Vigevano, 7 et 8 avril 1494. Archives de Florence, *Carteggio Mediceo*, filza 50, n°ˢ 281 et 279.

de mettre ses troupes sur pied et entra lui-même en conférences avec ses capitaines (1).

Alfonse comprit sans peine qu'il n'avait plus de ménagements à garder; le comte de Cajazzo, qui commandait les lances lombardes soldées par Charles VIII, appartenant à la maison de San-Severino et se trouvant être vassal du roi de Naples, celui-ci le cita à comparaître devant lui. Il donna l'ordre à ses ambassadeurs de quitter Milan et fit saisir les revenus du duché de Bari, fief auquel Ludovic devait le titre qu'il portait habituellement (2). L'orateur milanais à Naples fut à son tour rappelé; dès les premiers jours de juin, la rupture était complète, et il ne restait plus qu'à recourir aux armes.

La flotte napolitaine fut prête la première. Elle se composait d'au moins 86 voiles (3) réunies sous le commandement de Don Frédéric, frère du roi, et portant une bonne artillerie. Elle sortit du port le 22 juin et se dirigea vers la côte siennoise, où l'on devait engager 5.000 soldats (4). Quant à l'armée de terre, elle se trouvait alors réunie dans l'Abruzze. Mais avant de procéder plus avant, Alfonse résolut de consacrer l'accord qui existait entre lui et Alexandre VI par une entrevue où ils se concerteraient sur les mesures à prendre. Tous deux se rencontrèrent à Vicovaro, le 14 juillet, et passèrent trois jours dans des conférences auxquelles personne ne fut admis (5). Après cette entrevue, le roi de Naples se décida à rester aux environs de Tagliacozzo, sur les confins de l'Abruzze, avec une partie de son armée, pour protéger en même temps les États pontificaux et les siens, tandis que Virginio Orsini, son connétable, avec 200 hommes d'armes et une partie des chevau-légers d'Alfonse, devait rester dans la campagne de Rome, où l'on redoutait quelque entreprise des Colonna. C'était, en effet, sur leurs terres, à Frascati, puis à Genzano, que le cardinal Ascagne s'était

(1) Pierre Alamanni à Pierre de Médicis. Dépêche dont la date et la dernière partie manquent, mais qui doit se placer vers le 18 ou le 19 avril 1494. Archives de Florence, *Carteggio Mediceo*, filza 50, n° 286.

(2) Extrait d'une dépêche chiffrée du cardinal Ascagne à Ludovic le More, Rome, 12 juin 1494. Archives de Milan, *Potenze estere, Roma*. — Pierre Alamanni à Pierre de Médicis, Milan, 18 juillet 1494. Archives de Florence, *Carteggio Mediceo*, filza 50, n° 326. — Sanuto, p. 54 et 55.

(3) Tel est le chiffre donné par Passero cité par M. de Cherrier (I, 406). La chronique de *Notar Giacomo* compte 96 voiles, et Sanuto, qui n'indique pas les chiffres complets, parle de 51 vaisseaux.

(4) Guichardin, liv. I.

(5) *Burchardi diarium*, II, 180-185. — Sanuto, p. 54.

retiré lorsque, le 28 juin, le soin de sa sûreté lui avait fait quitter Rome (1). Leurs engagements envers le roi de France n'avaient d'ailleurs pas tardé à être découverts. Prosper Colonna n'ayant pas dénoncé ceux qu'il avait anciennement conclus avec le roi de Naples, celui-ci lui avait signifié dans le courant de juillet l'ordre de marcher contre Ludovic. Prosper refusa d'obéir et l'on n'eut pas de peine à pénétrer les motifs de son refus. N'ayant plus rien à ménager, les Colonna et leurs partisans se retirèrent dans leurs châteaux de manière à barrer le passage aux troupes napolitaines (2).

Pendant ce temps, le gros de l'armée des alliés, composé de 70 escadrons napolitains, du reste des chevau-légers et du plus grand nombre des soldats du Saint-Siège, augmenté des troupes que les Florentins devaient fournir, allait se diriger vers Bologne pour porter la guerre en Lombardie et tenter de rétablir Jean-Galéaz-Marie dans son autorité, avant l'arrivée du roi de France. Ce corps devait avoir pour chef le propre fils d'Alfonse, Don Ferrand, duc de Calabre, assisté de capitaines renommés tels que Nicolas Orsini, comte de Pitigliano, dont le Pape avait cédé les services au roi de Naples, et le Milanais Jean-Jacques Trivulce, qui n'éprouvait aucun scrupule à porter les armes contre ses compatriotes (3). A ceux qui seraient tentés d'excuser Trivulce sous le prétexte que l'expédition à laquelle il prenait part avait pour but d'affranchir son souverain légitime de l'oppression de Ludovic et de combattre les complices des envahisseurs, nous devons rappeler qu'il n'éprouva pas plus de scrupules, six ans plus tard, à se faire lui-même l'instrument d'une invasion étrangère et à travailler à mettre un roi de France sur le trône de Milan.

Il importait avant tout d'agir vite; mais la route de Lombardie n'était pas entièrement assurée. De l'autre côté des Apennins, les alliés se croyaient en mesure de compter sur Cesena, restée sous l'autorité directe du Pape, et sur Faenza dont le seigneur, Astorre Manfredi, était à la solde de Florence. Mais Imola, Forli, Bologne pouvaient arrêter la marche de l'armée. De ces villes, les deux premières avaient été jadis données au comte Jérôme Riario, et, depuis la mort de celui-ci, elles étaient gouvernées par sa veuve Catherine Sforza, au nom de leur fils Octavien. Cette femme savait joindre la finesse

---

(1) *Burchardi diarium*, II, 110. — Parenti, *Istorie Fiorentine*, Ms. de la Bibliothèque Magliabecchiana, II, 11, 129, fol. 42 v°, 43 r°.
(2) Parenti, fol. 44 r°.
(3) Guichardin, liv. I.

de son sexe, de son temps et de son pays, à une énergie toute virile, dont elle avait donné jadis une marque singulière (1). Aux sollicitations du Pape et de Ludovic qui avaient tenté chacun de l'attirer dans leur parti, elle avait répondu par un faux-fuyant, disant qu'elle suivrait l'exemple du maître de Bologne, Bentivoglio. Celui-ci, tout en ne se compromettant pas plus vis-à-vis des agents milanais ou français que vis-à-vis des envoyés du Pape, de Florence ou du roi de Naples, était parvenu à ne décourager ni les uns ni les autres. En vain Alexandre VI lui avait offert le titre de vicaire pontifical de

Catherine Sforza, veuve du comte Jérôme Riario. Médaille attribuée à Nicolo Fiorentino.

Bologne, deux châteaux, 30.000 ducats, et le chapeau pour un de ses fils; Alfonse, de son côté, avait promis de donner une de ses filles avec des terres rapportant plus de 10.000 ducats à un autre fils de Bentivoglio. Rien ne l'avait ébranlé; il fortifiait Bologne et attendait son heure, afin de vendre son alliance le plus cher possible. Tel était également le motif qui faisait agir la dame de Forli; on crut que tous deux céderaient lorsqu'ils verraient les troupes alliées sous leurs murs, et l'armée se mit en marche (2).

Pensant peut-être les entraîner en faisant sortir leur puissante voisine de sa neutralité, le roi de Naples envoya une nouvelle ambassade à Venise.

(1) Voyez Sismondi, *Histoire des républiques italiennes*, VII, 251, note 2.
(2) Sanuto, 55-56. — Cherrier, I, 412-413.

Mais les Vénitiens, qui n'ignoraient pas les intentions de Maximilien quant à ce qui les concernait, voulaient réserver toutes leurs forces disponibles et déclaraient leur intention de rester spectateurs impassibles du drame qui allait se dérouler sous leurs yeux (1). Ils répondirent, le 24 juillet, en assurant Alfonse de l'amitié platonique de la République, en l'invitant à ne pas s'effrayer outre mesure des armements du roi de France; l'argent manquait déjà à ce prince, et l'on pouvait espérer que les rois d'Espagne et des Romains ne souffriraient pas que l'Entreprise s'accomplît. Quant à la Seigneurie, elle faisait, disait-elle, les vœux les plus ardents pour le maintien de la paix. C'était par des assurances analogues qu'elle avait répondu aux questions de Ludovic. Pour mieux prouver ses aspirations pacifiques, elle écrivit au Pape une lettre sur l'effet de laquelle elle ne devait pas se faire beaucoup d'illusions, lettre par laquelle elle engageait Alexandre VI à réconcilier Ludovic avec Alfonse (2). Cependant, voyant que le duc de Calabre allait porter la guerre sur leurs frontières, les Vénitiens envoyèrent quelques troupes à Ravenne et dans le Polésine afin d'être prêts à toute éventualité (3).

Alfonse n'avait pas manqué de chercher des secours en dehors de l'Italie. Il avait supplié encore une fois le roi de Castille, son parent, de venir en aide à la maison d'Aragon en portant la guerre au delà des Pyrénées, de façon à retenir Charles VIII en France (4). Enfin il n'avait pas craint de s'adresser aux ennemis héréditaires de la chrétienté, aux Turcs; il est vrai qu'en cela il avait eu pour complice le chef suprême de l'Église catholique.

Malgré la prise d'Otrante, le vieux roi Ferrand avait entretenu avec les Infidèles d'assez bonnes relations pour qu'on le crût en état de les appeler à défendre son royaume contre les troupes françaises (5). Bajazet d'ailleurs y avait tout intérêt, puisque l'Entreprise de Naples n'était que le préliminaire de la croisade; le bruit se répandit même en Italie qu'Alfonse allait conclure « un bon accord avec le Turc (6) ». Ce bruit était fondé; sous

(1) « *Quasi ludi spectatores* ». Senarega, dans Muratori, *Scriptores*, XXIV, 539 B.
(2) Romanin, V, 42.
(3) Sanuto, 60, 62.
(4) *Ibidem*, 52-53.
(5) Sigismond Golfo au marquis de Mantoue, Ferrare, 7 janvier 1494. Archives de Mantoue, E XXXI, 3.
(6) Florimond Brognolo à la marquise Isabelle de Gonzague, Rome, 1er mars 1494. *Ibidem*, E XXV, 3.

prétexte de présenter au roi de Naples les condoléances du Sultan à l'occasion de la mort de son père, un ambassadeur turc vint, dès le mois de mars, lui offrir un secours de vingt à trente mille chevaux (1). Un mois plus tard, il en vint un second chargé de faire des offres plus considérables encore (2). Alfonse accepta, et ce même Camille Pandone que Charles VIII venait de faire reconduire à la frontière (3), reçut l'ordre de partir pour Constantinople (4).

Le Pape était si loin de désapprouver ces négociations entre Chrétiens et Infidèles qu'il écrivit à Bajazet pour lui recommander le nouveau roi de Naples (5). Bientôt il n'hésita pas à recourir lui-même au prince musulman. La recommandation d'Alexandre VI ne devait pas être l'une des moins puissantes auprès du Sultan, car il avait entre les mains une arme redoutable : c'était l'infortuné Djem, dont la seule présence en Orient eût suffi pour causer un soulèvement général. Bajazet attachait tant d'importance à ce que son frère restât prisonnier qu'il payait au Saint-Père pour sa garde une somme annuelle de 40.000 ducats. Le Pape crut pouvoir tirer parti de sa situation vis-à-vis de Bajazet. Au mois de juin 1494, se fondant « sur la bonne amitié qui régnait entre eux », il réclama le paiement anticipé d'une année de la pension de Djem, afin de subvenir aux frais de défense nécessités par la venue de Charles VIII. Son envoyé, le Génois Georges Buzardo, devait exposer au Sultan que l'expédition française avait pour but d'enlever Djem au souverain pontife afin de le diriger ensuite sur la Turquie, et que le projet du roi de France était de soumettre tout l'Orient à la loi chrétienne. Alexandre VI n'osait pas demander que des soldats musulmans vinssent combattre sous les étendards du Vicaire de Jésus-Christ; mais il ne dédaignait pas de se servir indirectement de cette éventualité comme d'un épouvantail destiné à attirer dans son alliance certaine puissance chrétienne un peu trop récalcitrante. « Voulant quant à présent borner là nos demandes d'argent, » disait-il dans son instruction à Georges Buzardo, « tu insisteras pour que Sa Hautesse oblige les Vénitiens

---

(1) Isabelle de Gonzague au marquis de Mantoue, Naples, 20 avril 1494. *Ibidem*, E XXIV, 3.
(2) Jérôme Stanga au marquis de Mantoue, Naples, 20 avril 1494. *Ibidem*, E XXIV, 3.
(3) Voyez plus haut, p. 300.
(4) Ludovic le More à Galéaz de San-Severino, Vigevano, 22 avril 1494. Archives de Milan, *Potenze estere, Francia*.
(5) Lettre du 12 mai 1494, citée par Gregorovius, *Histoire de Rome*, édition italienne, VII, 209, note 1.

à se ranger avec nous, ce que jusqu'à cette heure ils ont refusé de faire, s'obstinant, malgré nos exhortations, à rester en parfaite intelligence avec notre ennemi. Il nous est impossible d'arrêter sans leur aide l'invasion de nos états... Fais en sorte que le négociateur turc, qu'on enverra à Venise, annonce que le roi Alfonse et nous-même sommes de bons amis du Sultan, et que ce prince regardera nos ennemis comme les siens (1). »

Malgré les offres qu'il avait faites à Alfonse, Bajazet, dont les dispositions pacifiques ont été rendues célèbres par un mot de Machiavel (2), ne se décida pas à envoyer des soldats au delà de l'Adriatique, mais il accueillit les demandes du Pape. Lorsque Buzardo revint en Italie au mois de novembre, un ambassadeur turc se rendait à Venise; un autre se dirigeait vers Naples, tandis qu'un troisième, porteur des 40.000 ducats demandés, devait accompagner à Rome l'envoyé pontifical. On verra plus tard par suite de quelles circonstances ces 40.000 ducats ne furent jamais versés dans le trésor de l'Église (3).

1) Cherrier, I, 416-417.
2) « Encore un sultan pacifique comme celui-ci, et on n'eût point entendu parler du nouvel empire ottoman. » *Discorsi sopra Tito Livio*, I. chap. XIX.
(3) Sanuto, p. 125.

CHAPITRE X.

LE DÉPART DE CHARLES VIII.

Le grand écuyer à Gênes. — Projet d'attaque maritime de la Rivière par les Napolitains unis aux bannis génois. — Ludovic organise la défense des possessions milanaises. — Arrivée du duc d'Orléans à Asti. — Son entrevue avec Ludovic à Alexandrie. — L'argent fait défaut. — Charles VIII et ses ministres. — Nouveaux emprunts. — Briçonnet revient au parti de la guerre. — Nouvel expédient des ennemis de l'Entreprise. — Amours du roi à Lyon. — Rôle de MM. de Myolans et de Clérieux. — Mesures prises par Charles VIII en vue de son départ. — Échec de la flotte napolitaine à Porto-Venere. — Protestations de Ludovic. — Ambassade d'Alonso da Silva. — Nouvelles tentatives auprès des Florentins. — Charles VIII à Vienne et à Grenoble. — Derniers préparatifs. — Séparation du roi et d'Anne de Bretagne.

Le grand écuyer, Pierre d'Urfé, avec MM. de Beaumont et de la Primauldaye, était à Gênes depuis la fin de mai. Moyennant un intérêt usuraire de 14 pour cent pour quatre mois, il avait réussi à y négocier, chez le banquier Antoine Sauli, un emprunt de 70.000 francs d'or dont 20.000 payables à Rome (1). Trois navires étaient allés chercher à Aigues-Mortes l'artillerie que l'on avait amenée de Lyon par le Rhône. On comptait que les vaisseaux français, armés en Bretagne et en Normandie, auraient rejoint, vers le milieu de juillet, à Gênes, ceux que l'on armait dans cette ville. On trouvait d'ailleurs dans le port ligurien tout ce qui était nécessaire à la mise en état de la flotte. Seules, les rames firent défaut pendant quelque temps, mais la difficulté fut bientôt surmontée (2). Enfin, le duc d'Orléans était en route pour Gênes.

Cependant rien n'allait assez vite au gré de Ludovic le More. L'escadre qu'il avait promise au roi de France et qu'il avait fait armer par

---

(1) Commines; II, 331; III, 370. — Senarega, *De rebus genuensibus*, dans Muratori, XXIV, 539. — Desjardins, I, 306, 395.

(2) Senarega, 539-540.

les soins du commissaire milanais, Corradolo Stanga, était prête depuis le 25 juin (1); mais il ne la jugeait pas suffisante pour empêcher l'exécution d'un audacieux projet d'Alfonse que La Rovère avait dévoilé et que le cardinal connaissait mieux que personne, car c'était lui-même qui en était l'auteur. Ce projet consistait à s'emparer de Gênes avant que les soldats français y fussent réunis et avant que la flotte fût complètement armée, de manière à rendre impossible l'attaque du royaume de Naples par mer que méditait Charles VIII. Dans ce dessein, Alfonse avait secrètement fait alliance avec l'ancien doge de Gênes, le cardinal Campo-Fregoso, avec Obietto de Fiesque et les autres bannis génois. Ceux-ci, montés sur la flotte de Don Frédéric, devaient être débarqués sur la côte génoise, où ils susciteraient un soulèvement contre les Adorni (2). La prise de Gênes, l'entrée de l'armée de Romagne en Lombardie, si elles s'opéraient assez tôt pour permettre aux alliés de s'établir solidement au nord des Apennins, pouvaient ruiner les espérances du souverain français en le confinant dans le bassin du Pô. Afin de compléter ce plan en ne laissant aucun ennemi derrière soi, de grands efforts étaient faits par Alfonse pour écraser les Colonna ou pour les entraîner dans son parti. La situation du cardinal Ascagne, réfugié au milieu d'eux, devenait très périlleuse.

Ludovic dut faire face à tous ces dangers. Pour contenir le Pape en l'effrayant, il supplia Charles VIII de menacer sérieusement Alexandre VI de l'appel au concile. Le prétexte était tout trouvé, des lettres du roi ayant été interceptées sur les terres de l'Église. Le duc de Bari demandait en même temps que Charles envoyât sur-le-champ à Ascagne les 30.000 ducats de la solde des Colonna, pour que ceux-ci ne fussent pas tentés de céder aux offres napolitaines et qu'ils pussent se mettre en état de défense. Le duc de Bari jugeait même le cas si pressant qu'il avait déjà fait lui-même une avance de 8.000 ducats. Contre l'attaque méditée du côté des Romagnes, il allait, conformément à un avis secret du duc de Ferrare, envoyer le gros de ses troupes du côté d'Imola afin d'empêcher Catherine Riario de se déclarer pour les Aragonais. Il désirait aussi acheminer vers le Parmesan les hommes d'armes français qui étaient déjà passés en Piémont depuis un certain temps. Mais ceux-ci, faute d'ar-

(1) Sanuto, 58.
(2) Guichardin, liv. I.

gent, ne pouvaient quitter leur quartier, et les 4.000 fantassins qui devaient les appuyer n'étaient pas encore levés (1). Cependant Charles VIII approuva ces projets, il écrivit aux capitaines des hommes d'armes d'aller se mettre à la disposition de D'Aubigny; à celui-ci, il commanda de se conformer aux désirs de Ludovic. Enfin il ordonna de faire partir immédiatement les 30.000 ducats pour Rome, et M. de Piennes se mit en route pour aller rejoindre le duc d'Orléans et l'empêcher de s'attarder dans ses domaines d'Asti (2).

Le plus pressé était, en effet, de mettre la Ligurie à l'abri d'un coup de main. Ludovic savait que la flotte de Don Frédéric avait pris la mer, et que les bannis génois y étaient embarqués. En même temps qu'il expédiait à Gênes 3.000 hommes de ces milices irrégulières orientales appelées *Stradioti* ou *Mammaluchi* que les princes italiens commençaient à prendre à leur solde (3), il envoyait en toute hâte un second commissaire, Laurent de Mozzanica, prendre de nouvelles mesures de défense (4). Profitant en outre de ce que Du Bouchage rentrait en France, il le chargea d'une lettre destinée à faire comprendre au roi le péril où se trouvait l'Entreprise et à lui dénoncer de nouveau les négligences et les infidélités de ses ministres (5). Toutefois les craintes du duc de Bari pour la sûreté de la Rivière de Gênes étaient probablement exagérées; car les Adorni prévenaient au même moment Charles VIII que la défense des côtes était organisée de manière à faire échouer toutes les tentatives de la flotte napolitaine et des bannis (6). L'événement leur donna raison.

Le duc d'Orléans avait franchi les Alpes. A cette nouvelle, Ludovic avait quitté Milan pour aller attendre le prince français à Alexandrie. Sur sa route, il rencontra les 3.400 Suisses du bailli de Dijon qui se rendaient à Gênes pour s'y embarquer (7). Cette preuve matérielle des mesures prises par Charles VIII pour assurer la sécurité des états milanais était

---

(1) Ludovic à Belgiojoso, 4 juillet 1494. Archives de Milan, *Potenze estere, Francia*.

(2) Belgiojoso à Ludovic, 7, 11 et 14 juillet 1494. *Ibidem*.

(3) Alamanni à Pierre de Médicis. Post-scriptum du 5 juillet rajouté à une dépêche datée de Vigevano, 4 juillet 1494. Archives de Florence, *Carteggio Mediceo*, filza 50, n° 295. — Senarega, 540 B.

(4) Sanuto, 58-59.

(5) Ludovic à Belgiojoso, Alexandrie, 9 juillet 1494. Archives de Milan, *Potenze estere, Francia*.

(6) A. Gelli, dans l'*Archivio storico Italiano*, 3ᵉ série, tome XVI, p. 403, note 1.

(7) Alamanni à P. de Médicis, Vigevano, 5 et 6 juillet, Milan, 12 juillet 1494. Archives de Florence, *Carteggio Mediceo*, filza 50, nᵒˢ 296 et 323.

de nature à rendre confiance au More et à lui faire accepter plus facilement l'entrevue qu'il allait avoir avec son rival, et qu'il représentait aux Florentins comme un devoir auquel l'obligeaient la parenté des maisons d'Orléans et Visconti-Sforza, ainsi que la déférence due au représentant de Charles VIII (1). Cette entrevue, qui eut lieu le 13 juillet, fut une sorte de conseil de guerre tenu entre le duc de Bari et le futur commandant de la flotte de Gênes. Celui-ci, de son côté, ne dut pas y apporter plus de cordialité que son interlocuteur. Les fêtes, les démonstrations de loyauté par lesquelles Louis d'Orléans avait été accueilli quatre jours auparavant, lors de son entrée dans Asti, n'avaient pu que lui remettre en mémoire ses droits sur un état bien autrement riche et bien autrement désirable. Cependant, quelles que fussent dès lors les prétentions du prince qui prenait depuis longtemps dans les actes le titre de *dux Mediolani*, quelle que fût la méfiance de son rival, l'alliance de Charles VIII avec Ludovic le More les obligeait tous deux à dissimuler leur aversion réciproque. Cette alliance d'ailleurs ne devait plus subsister longtemps : sept ans plus tard, le duc d'Orléans, devenu roi de France, était maître de Milan tandis que Ludovic languissait dans le donjon de Loches.

Les premiers jugements portés sur Louis d'Orléans par les Italiens n'avaient rien de favorable. « Il a une petite tête où beaucoup de cervelle ne peut guère trouver à se loger, » disait à Pierre Alamanni un de ceux qui avaient accompagné Ludovic à Alexandrie. Quant au duc de Bari, si l'on ignore ce qu'il pensait de la personne même de son rival, on peut être sûr qu'il remportait de son entrevue avec lui une impression plus désagréable encore. Il avait espéré que le duc d'Orléans n'arriverait que bien muni d'argent ; car il y avait encore beaucoup d'anciennes dépenses à régler, des levées d'infanterie et des achats de vivres à faire. Au lieu de cela le prince lui avait demandé un prêt de 60.000 ducats (2), et cette demande, concordant avec ce qu'il savait déjà des difficultés financières qui entravaient la mise à exécution de l'Entreprise, avait renouvelé toutes ses inquiétudes. Une lettre de Belgiojoso, arrivée à Alexandrie le jour même de l'entrevue, vint encore augmenter son trouble.

Son fidèle ambassadeur lui mandait que rien n'avait encore été fait

---

(1) Du même au même. Post-scriptum du 5 juillet rajouté à une dépêche datée de Vigevano, 4 juillet 1494. *Ibidem*, n° 295.
(2) Du même au même, Milan, 18 juillet 1494. *Ibidem*.

pour mettre le cardinal Ascagne en sûreté. Il confirmait la demande de 60.000 ducats faite par le duc d'Orléans. Quant aux sommes avancées déjà par Ludovic, et qui devaient être remboursées au milieu de juillet, on voulait être autorisé maintenant à ne plus les restituer qu'en novembre. Ainsi tous les ordres du roi, toutes les assurances des ministres, toutes les promesses faites à Galéaz, tout cela était resté vain. A quoi donc avait-il servi d'ouvrir les yeux de Charles VIII sur la conduite de ses ministres?

Briçonnet avait prétendu que les 800.000 écus que l'on devait lever en France suffiraient à tout; mais savait-on seulement quelles sommes avaient été déjà perçues? Et cependant la moitié du total aurait dû être réunie à cette époque. La demande d'emprunt faite à Ludovic lui donnait à croire que cette levée n'avait pu s'effectuer. Ne savait-il pas que les hommes d'armes de l'ordonnance eux-mêmes n'étaient pas payés?

D'ailleurs, l'infidélité des ministres ne s'exerçait pas seulement de ce côté et Ludovic sentit renaître toutes ses craintes Dans la journée du 14 juillet, il n'écrivit pas à Belgiojoso moins de sept dépêches dans lesquelles une anxiété réelle perçait sous les expressions d'un désespoir voulu. En présence des retards qui s'étaient produits dans la levée des troupes, des désordres apportés dans les préparatifs de la flotte par l'insolence de D'Urfé vis-à-vis des commissaires milanais, comment être certain que les vaisseaux de Bretagne arriveraient jamais? Il fallait, disait-il, mettre un terme à tout cela et ne pas hésiter à perdre Briçonnet auprès du roi, si cela était nécessaire.

Quant à l'emprunt qu'on lui demandait, le duc de Bari avait d'abord déclaré la chose impossible. Le paiement de la dot de Blanche Sforza, les avances faites au roi de France pour les engagements de troupes italiennes et l'armement de la flotte de Gênes, avaient épuisé ses ressources (1). Cependant l'urgence était telle que, dès le jour même, Ludovic revenait sur ses premières déclarations. Une fois que l'on aurait fait partir les troupes destinées à compléter l'armée de Gênes, et que l'on aurait envoyé au cardinal Ascagne les 30.000 ducats des Colonna, il consentait à procurer à Charles VIII, par voie d'emprunt remboursable au mois d'août, les sommes nécessaires à l'entrée en campagne du duc d'Orléans. Comme cautions,

---

(1) Ludovic à Belgiojoso, Vigevano, 6 mai 1494. Archives de Milan, *Potenze estere, Francia*. Alamanni à Pierre de Médicis, Vigevano, 22 juin 1494. Archives de Florence, *Carteggio Mediceo*, filza 50, n° 321.

il demandait le duc de Bourbon, Briçonnet, Étienne de Vesc et quelques autres seigneurs que Belgiojoso désignerait. Son trésor étant vide, il annonçait l'intention de tirer cet argent de ceux qui gouvernaient ses finances. Le procédé donne à penser que le duc de Bari avait peu de confiance dans la probité de ses agents; mais il le croyait assez efficace pour en recommander l'emploi à Charles VIII : « Que le roi s'enferme dans une chambre avec ses généraux des finances, disait-il, et qu'il en fasse autant en les menaçant de leur retirer leurs charges s'ils font mine de refuser (1). »

Du reste, les emprunts forcés étaient déjà l'un des principaux moyens par lesquels le roi de France comptait se procurer de l'argent. Ceux que l'on avait imposés aux provinces ne suffisaient pas : quelques villes même, telles que Paris, Orléans et Rouen, avaient refusé d'en verser leur part et n'avaient cédé qu'à la force (2). On en était venu à imposer aux particuliers des prêts dont le roi fixait le chiffre lui-même (3). Il ne pouvait se faire que ces expédients ne produisissent rien; d'où venait donc la pénurie du trésor? D'où venait que les sommes dont le roi ordonnait l'expédition ne partaient pas, alors même que ceux qui l'entouraient avaient promis d'exécuter ses ordres?

C'est que, malgré les révélations faites sur leur compte par Galéaz de San-Severino, Briçonnet et ses complices n'avaient pas tardé à reprendre leurs anciens errements. Quant à Charles VIII, il estimait sans doute que son rôle était de commander, s'en remettant à ses ministres du soin de lui exposer les faits et d'obéir à ses commandements. Malgré sa persistance dans ses desseins, le jeune roi avait le tort de s'en rapporter toujours à ses serviteurs pour l'exécution même de ses ordres, comme pour le choix des moyens d'exécution; non pas qu'il fût incapable de veiller par lui-même à ces détails, — on le vit bien lorsque Belgiojoso et Galéaz lui ouvrirent les yeux sur les coupables menées de D'Esquerdes et de Briçonnet, — mais son penchant naturel l'en éloignait, et bientôt sa trop grande bonté et son excessive confiance reprenaient le dessus. Belgiojoso s'épuisait à lui mettre de nouveau sous les yeux les preuves de l'infidélité de son entourage et à

---

(1) Voyez les sept dépêches adressées d'Alexandrie, le 14 juillet 1494, par Ludovic à Belgiojoso. Archives de Milan, *Potenze estere, Francia.*
(2) Desjardins, I, 304, 308, 310, 312, 398.
(3) Charles VIII à Jean Bourré. (A. de Boislisle, *Notice sur Étienne de Vesc*, p. 84 note 8.) Le maréchal de Gié prêta 40.000 livres. (R. de Maulde, *Procédures politiques du règne de Louis XII*, p. XLVII.)

le supplier de punir les coupables. « Il me répondait alors que je le laissasse faire, écrivait l'ambassadeur milanais dans un moment de découragement, et qu'il saurait les faire obéir. Puis après avoir dit quelques paroles sévères, il cherchait à les prendre par la douceur plutôt que par d'autres procédés... Comme il n'y a pas de régularité dans la transmission des ordres, on ne peut jamais savoir à qui revient la responsabilité, et tous se la rejettent de l'un à l'autre. C'est le cas pour cette question des gens d'armes. Les maréchaux de qui ils dépendent accusent les commissaires chargés de les faire passer en Italie; les commissaires accusent les gens d'armes. De la sorte, on ne sait à qui s'en prendre. Quant aux finances, le roi ne sait rien de ses revenus ni de leur perception. Lorsque je demande pourquoi l'argent n'a pas été envoyé, on s'excuse en disant qu'on n'a pas pu le réunir aussi vite, malgré tous les soins que l'on y a mis, ajoutant toujours qu'il n'y aura plus de retards. En fait, ce roi est trop bon (1). »

Pour ce qui était des difficultés financières, les premières remontrances de Belgiojoso avaient déjà produit un bon effet, avant même que l'on eût reçu les lettres si pressantes envoyées par Ludovic, à la suite de son entrevue avec le duc d'Orléans. Comme toujours, l'ambassadeur milanais dut s'adresser directement au roi pour mettre un terme aux délais ou aux fins de non-recevoir qu'on lui opposait sans cesse. Sur l'ordre formel de Charles VIII, le duc de Bourbon et ceux qui étaient chargés des finances avisèrent aux moyens de se procurer de l'argent. Afin de n'imposer de nouvelles charges au peuple qu'à la dernière extrémité, on décida de recourir d'abord à des aliénations du domaine, à une mise en ferme des revenus royaux (2) et à la vente de certains droits du souverain. On comptait réunir ainsi, en un mois ou deux, une somme de 800.000 ducats. En attendant, on résolut d'emprunter immédiatement les 30.000 ducats des Colonna, qui, en dépit de toutes les promesses, n'étaient pas encore partis. Mais l'argent comptant était devenu rare; les opérations des banquiers florentins, prêteurs habituels de la couronne, se trouvaient suspendues; il fallut payer un intérêt de seize pour cent pour un mois (3). Enfin, le sénéchal de Beaucaire, dont l'ardeur pour l'Entreprise ne s'était jamais démentie,

---

(1) Belgiojoso à Ludovic, Lyon, 15 juillet 1494. Archives de Milan, *Poten{e estere, Francia*.
(2) Cherrier, I, 421, note 2.
(3) Belgiojoso à Ludovic, Lyon, 16 et 19 juillet 1494. Archives de Milan, *Poten{e estere, Francia*.

avait tant fait auprès de Briçonnet que celui-ci s'était complètement rallié aux projets du roi. C'était là une conquête dont nous n'avons pas à expliquer l'importance. A peine faite, elle faillit être compromise. Ayant appris que Ludovic l'accusait d'être la cause principale de tous les retards et d'avertir le Pape de tout ce qui se passait à la cour de France, l'évêque de Saint-Malo s'en irrita fort et laissa voir encore une fois de mauvaises dispositions à l'égard du duc de Bari. Il fallut tout le tact d'Étienne de Vesc et de Belgiojoso pour parvenir à le calmer (1).

On espérait donc ne plus voir se produire les retards que les ennemis de l'Entreprise avaient su faire naître, grâce à l'excessive indulgence de Charles VIII et à son indifférence pour tout ce qui touchait aux détails d'exécution. Malheureusement, ce souverain de vingt-quatre ans avait une autre faiblesse que les adversaires de ses projets surent également exploiter. La jalousie de la jeune reine n'imposait pas de grandes contraintes à des amours que le roi ne prenait point la peine de dissimuler (2). A Lyon comme en Touraine, Charles était entouré de plusieurs maîtresses, et l'on n'a sans doute pas oublié quelle étrange marque de faveur il avait donnée au gendre de Ludovic le More (3). Cependant « les bonnes grâces d'aulcunes dames lyonnoises » peu rebelles dont parle Desrey (4), n'auraient pas suffi à le retenir, si deux amis notoires de la maison d'Aragon, MM. de Myolans et de Clérieux, ainsi que quelques autres ennemis de l'Entreprise, n'avaient imaginé une intrigue dans laquelle ils jouèrent le moins avouable des rôles.

Ils mirent sur le chemin du roi une femme de très basse condition dont les charmes éveillèrent chez lui la passion la plus vive. Comme Charles VIII se lassait vite des beautés facilement conquises, Myolans et Clérieux firent en sorte que ses espérances fussent toujours encouragées sans être jamais satisfaites. L'amour du roi s'en accrut; bientôt il passa ses journées dans la maison d'une devineresse chez qui logeait celle qu'il aimait; il y prenait ses repas, il allait jusqu'à y tenir le Conseil (5). Quand Belgiojoso le suppliait de se mettre en route, il cherchait des prétextes pour gagner du temps. Mais l'ambassadeur milanais savait que certains

---

(1) Du même au même, Lyon, 18 juillet 1494. Archives de Milan, *Potenze estere, Francia*.
(2) « *Altro peccato non è in lui che qualche figlia.* » Desjardins, I, 340.
(3) Voyez plus haut, p. 342.
(4) Godefroy, I, 192.
(5) Belgiojoso à Ludovic, Lyon, 18 juillet 1494. Archives de Milan, *Potenze estere, Francia*.

sentiments l'emportaient chez lui sur tous les autres; il fit appel à son honneur et le roi l'écouta. Il lui dit qu'il s'était attiré l'admiration universelle par la constance avec laquelle il avait persisté dans ses projets d'expédition, malgré l'opposition unanime de ses sujets. « Mais voici que ce que n'ont pu faire tous les seigneurs de France, une femme le fait en vous empêchant de passer en Italie. La chrétienté tout entière a les yeux tournés vers Votre Majesté; je vous laisse à penser, Sire, quelle réputation sera la vôtre si l'on peut dire que, pour une femme, vous négligez de secourir le seigneur Ludovic et son frère, le cardinal, dans le péril où ils se sont mis afin de servir Votre Majesté, et que, pour une femme, vous aurez perdu un aussi grand et aussi beau royaume que celui de Naples. » L'ambassadeur milanais exposa ensuite que Myolans et Clérieux n'avaient eu d'autre but que de ruiner l'Entreprise en mettant le roi en rapport avec celle qu'il aimait; il lui apprit que c'était eux qui causaient la résistance opposée à ses désirs. « Pour un mois de plaisir que vous donnera cet amour, s'écria-t-il, vous vous exposez à perdre les plaisirs de toute une vie, avec l'honneur et le crédit. » Le roi rougit et, sur-le-champ, il déclara qu'il voulait achever d'assurer le gouvernement de son royaume pendant son absence, et que, sans plus tarder, il se mettrait en route. Belgiojoso ne s'y trompa pas : « Monseigneur, écrivit-il à Ludovic, tenez pour certain que les choses vont marcher désormais (1). »

Deux jours après, le 19 juillet, Charles VIII prit des dispositions en vue de son départ : il annonça au Conseil qu'il confierait la régence au duc Pierre de Bourbon (2). Divers seigneurs furent chargés de veiller à la défense et au gouvernement des provinces. La Bourgogne fut confiée à Baudricourt; la Bretagne à MM. d'Avaugour et de Rohan; D'Orval eut la Champagne; l'amiral de Graville, la Normandie et la Picardie, et M. d'Angoulême, la Guyenne et l'Angoumois (3). Dans un autre conseil tenu chez le cardinal de Rouen, on prit les mesures que réclamait l'imminence de l'expédition (4). D'ailleurs les événements se précipitaient; on apprit tout à coup que les Napolitains venaient d'ouvrir les hostilités (5).

(1) Du même au même. Tours, 17 juillet 1494. Archives de Milan, *Potenze estere, Francia*.
(2) Du même au même, Lyon, 19 juillet 1494. *Ibidem*.
(3) Desrey, dans Godefroy, p. 192.
(4) Belgiojoso et Maffeo de Treviglio à Ludovic, Lyon, 25 juillet 1494. Archives de Milan, *Potenze estere, Francia*.
(5) Belgiojoso à Ludovic, Lyon, 24 juillet 1494. *Ibidem*.

La flotte de Don Frédéric avait quitté Livourne, mais elle était arrivée trop tard pour faire une tentative contre Gênes. Les Suisses du bailli de Dijon et les troupes lombardes occupaient déjà la ville, et le duc d'Orléans y arrivait au moment où les vaisseaux napolitains apparaissaient dans les eaux génoises. Il fallut tenter un soulèvement dans la rivière du Levant dont on croyait les habitants favorables à Obietto de Fiesque. La flotte se présenta devant Porto-Venere, petit port que sa forteresse et sa situation, à l'entrée du golfe de la Spezia, rendaient une excellente base d'opérations. Mais là aussi on arrivait trop tard : 400 hommes d'infanterie avaient eu le temps de s'enfermer dans la place. Lorsque, le 16 juillet, la ville fut sommée d'ouvrir ses portes au cardinal Campo-Fregoso et aux bannis, les parlementaires venus à bord de la flotte napolitaine demandèrent un délai d'une nuit avant de répondre et, le lendemain, la réponse se fit à coups de canon. Les Napolitains tentèrent un assaut qui fut vigoureusement repoussé par les habitants unis à la garnison génoise; ils durent regagner leurs navires après trois heures de combat. Cependant les paysans descendaient des montagnes; Jean-Louis de Fiesque, bien que gravement malade, s'était fait transporter à la Spezia pour s'opposer au débarquement de son frère Obietto; les Français demandaient à marcher à la défense de leurs alliés. Une flotte franco-génoise sortit du port; quand elle arriva devant Porto-Venere, les Aragonais, qui se sentaient inférieurs en nombre, avaient déjà levé l'ancre et cinglaient vers Livourne (1).

L'attaque de Porto-Venere avait eu lieu sans déclaration de guerre préalable. Ludovic en profita pour protester hautement auprès du Pape et d'Alfonse, au nom du duc de Milan et au sien. Affirmant comme toujours qu'il n'avait accordé à Charles VIII que le concours auquel l'obligeait l'investiture de Gênes, il disait n'avoir donné au roi de Naples aucun prétexte légitime de l'attaquer. Loin d'imiter la conduite déloyale de son adversaire, il lui déclarait officiellement la guerre, dont il prétendait d'ailleurs lui laisser la responsabilité (2).

Quant à Charles VIII, l'échec des Napolitains l'avait comblé de joie; il montrait un tel désir de se mettre en route que, quelques-uns de ses con-

---

(1) Senarega, dans Muratori, *Scriptores*, XXIV, 540. — Sanuto, p. 65. — Guichardin, liv. I.
(2) Les protestations en date du 17 et du 18 juillet [1494] se trouvent, ainsi que les réponses du Pape et d'Alfonse, dans Baluze, *Miscellanea*, édit. Mansi, I, 595-597.

seillers ayant parlé d'envoyer la flotte attaquer les vaisseaux de Don Frédéric réfugiés à Livourne, il crut voir dans leur projet une nouvelle manœuvre destinée à retarder encore son départ : « Personne, s'écria-t-il avec emportement, ne saura me détourner de ma résolution. Que la flotte fasse ce qu'elle voudra, je veux aller en Italie parler à mon cousin le seigneur Ludovic, et j'exécuterai tout ce qu'il me conseillera pour cette Entreprise. » Séance tenante, il fixa son départ au 28 juillet (1).

Cette déclaration ne devait plus laisser de place aux espérances des adversaires de l'expédition. D'ailleurs, s'ils étaient parvenus quelquefois à répandre dans le public des bruits suivant lesquels « l'ung jour estoit l'allée rompue, l'aultre renouvellée (2) », on doit reconnaitre que, même dans les moments où le roi paraissait le plus absorbé par ses amours ou par ses plaisirs, il n'avait jamais rien dit ni rien fait qui pût donner à croire que ses résolutions fussent ébranlées; il n'avait jamais cessé de parler de son départ comme d'un événement plus ou moins rapproché (3). Les tentatives venues de l'étranger avaient échoué devant son opiniâtreté, comme celles qui s'étaient produites à l'intérieur du royaume.

Jusqu'aux derniers temps, Charles VIII avait cru pouvoir compter entièrement sur l'amitié de l'Espagne que lui garantissaient les stipulations du traité de Barcelone. En vertu de ce traité, il avait envoyé, le mois précédent, Charles d'Ancézune inviter Ferdinand le Catholique à coopérer à l'expédition et à recevoir les vaisseaux français dans les ports de Sicile (4). Tout récemment encore le roi de Castille s'était retranché derrière les obligations du même traité pour opposer un refus formel aux demandes de secours que lui avait adressées le père d'Alfonse de Naples. Depuis, un revirement, auquel Alexandre VI ne dut pas rester étranger, s'était produit dans son esprit. Un ambassadeur espagnol, Alonso da Silva, fit son entrée à Lyon dans le courant de juillet, et le discours qu'il prononça dès sa première audience ne fut guère qu'une paraphrase des brefs naguère adressés à Charles VIII par le Pape. Son maître, dit-il, approuvait fort l'expédition contre les Infidèles et il offrait volontiers d'y coopérer. Quant aux prétentions françaises sur Naples, elles étaient aussi dangereuses que

---

(1) Belgiojoso et Maffeo de Treviglio à Ludovic, Lyon, 26 juillet 1494. Archives de Milan, *Potenze estere, Francia*.
(2) Commines, II, 331.
(3) Belgiojoso à Ludovic, Lyon, 14 juillet 1494. Archives de Milan, *Potenze estere, Francia*.
(4) Çurita, *Historia del rey Don Hernando I*, Çaragoça, 1580, fol. 38, col. 2.

mal fondées. Si cependant Charles VIII ne se décidait pas à y renoncer, le roi Catholique lui conseillait de soumettre auparavant ses droits à un arbitrage, à celui du Pape, par exemple. Si le souverain pontife se prononçait en faveur des droits du roi de France, Ferdinand se disait prêt à les appuyer. Du reste, il déclarait n'être plus lié par le pacte de Barcelone, Charles VIII ayant négligé d'envoyer sous trois mois l'adhésion des bonnes villes au traité. Bien qu'il appréciât à sa valeur l'amitié de la France, l'amitié du Pape devait primer toutes les autres; il était obligé de défendre l'Église dont Naples était un fief, et Alexandre VI le requérait déjà de venir le protéger contre ceux qui occupaient Ostie (1).

Loin d'être ébranlé par ces déclarations qui ressemblaient assez à des menaces, Charles VIII n'en tint aucun compte et persista plus que jamais dans ses résolutions (2). D'ailleurs les souverains espagnols trouvaient, malgré tout, quelque intérêt à le ménager, et Don Alonso avait une faveur à lui demander en même temps que des représentations à lui faire. Des projets de mariage étaient à peu près arrêtés entre les cours d'Espagne et d'Allemagne; mais, d'après les stipulations des traités de Senlis et de Barcelone, ces mariages ne pouvaient se conclure sans le consentement du roi de France. On avait d'abord compté que Maximilien l'obtiendrait sans peine dans l'entrevue qu'il aurait dû avoir avec Charles VIII. L'entrevue n'ayant pas eu lieu, force fut de le demander directement; mais comme, d'une part, Charles mettait pour condition préalable qu'on lui accorderait l'entrée des ports de Sicile; comme, d'autre part, les Espagnols ne voulaient la lui concéder qu'au cas où il ferait reconnaître ses droits par un arbitre auquel il était déterminé à ne point les soumettre, la demande ne pouvait aboutir. Charles VIII, blessé, conçut un moment le projet d'envoyer sa flotte occuper de vive force les ports de Sicile dont Ferdinand lui refusait l'entrée (3). Il se contenta, lorsqu'il fut arrivé à Vienne, de faire dire à Don Alonso qu'il était libre de se retirer, et qu'un ambassadeur français irait porter la réponse royale en Espagne. Alonso da Silva, qui croyait sa présence à la cour profitable à son maître, déclara qu'il ne partirait point, et qu'il pouvait tout aussi bien qu'un Fran-

(1) Curita, *Historia del rey don Hernando I*, fol. 39 r° et v°.
(2) Belgiojoso à Ludovic, Lyon, 24 juillet 1494. Archives de Milan, *Potenze estere, Francia*.
(3) Belgiojoso et Maffeo de Treviglio à Ludovic, Lyon, 28 juillet 1494. *Ibidem*. — Çurita, fol. 38 v° à 41 r°.

çais porter à Ferdinand la réponse de Charles VIII. Il persista dans cette ferme attitude et, malgré tout ce ce que sa situation avait de difficile, il suivit encore le roi jusqu'à Asti (1).

Charles ne croyait pas que les rois Catholiques iraient jusqu'à rompre l'alliance de Barcelone ; mais il ne se faisait aucune illusion sur leur amitié. Il est vraisemblable, du reste, que si les souverains espagnols s'étaient montrés favorables à l'Entreprise, le roi de France n'aurait peut-être pas eu la sagesse de faire opposition aux mariages autrichiens ; car ses relations avec Maximilien se maintenaient sur le pied le plus cordial. On en voit la preuve dans l'accueil qu'il faisait au même moment à Érasme Brasca, l'envoyé milanais que le roi des Romains avait chargé de passer à Lyon avant de venir le rejoindre en Flandre (2).

L'attitude de Pierre de Médicis était toujours la même. En vain Charles VIII lui écrivait des lettres amicales, on ne parvenait pas à lui arracher une réponse positive, et Ludovic se plaignait de ce que le gouvernement florentin contrevenait aux stipulations de la ligue, en laissant le roi Alfonse faire des levées de troupes sur son territoire. Comme les Huit de Pratique cachaient les propositions qui leur avaient été faites par les ambassadeurs de France et de Milan, ceux-ci demandèrent une audience publique afin de pouvoir s'expliquer devant la Seigneurie tout entière. Le 6 août, ils posèrent nettement la question : les Français et leurs alliés devraient-ils considérer les Florentins comme des amis ou comme des ennemis? Pierre de Médicis était absent ; il était allé, à Borgo-San-Sepolcro, conférer avec le duc de Calabre, qui se rendait à l'armée de Romagne ; la réponse fut ajournée. Dans la Seigneurie même, la majorité était favorable au parti français ; néanmoins, Pierre, encouragé par l'évêque d'Arezzo, Gentile Becchi, ne voulait à aucun prix se séparer du roi de Naples ni surmonter sa haine contre Ludovic le More. Il fit durer son séjour à Borgo-San-Sepolcro de manière à n'avoir pas à se prononcer lui-même en présence des ambassadeurs et à laisser à la Seigneurie la responsabilité qu'elle allait prendre, aussi bien vis-à-vis d'eux que vis-à-vis du roi de Naples. Enfin la Seigneurie déclara que le peuple florentin étant l'ennemi des Génois, la flotte génoise ne pourrait être admise dans

---

(1) Çurita, fol. 41 v, col. 1 et 2.
(2) Galéaz de San-Severino à Ludovic, 24 juin 1494. — Belgiojoso et Maffeo de Treviglio à Ludovic, Lyon, 25 et 27 juillet 1494. Archives de Milan, *Potenze estere, Francia*.

les ports de Toscane; mais que, si les Français se présentaient seuls, on les recevrait conformément aux anciennes relations des deux peuples (1). La réponse était assez vague pour que le roi de France eût à cœur d'en obtenir une plus formelle.

Malgré son empressement à quitter Lyon, Charles VIII passa encore plus de trois longues semaines à Vienne (2). Ces inexplicables lenteurs désespéraient Ludovic le More et donnaient courage à ses ennemis. Alfonse et le Pape en concluaient que l'Entreprise pouvait encore n'être pas mise à exécution (3). Cependant, à Vienne, on ne les oubliait pas. Contre le roi de Naples, on essayait encore une fois d'obtenir l'aide de Venise en lui réitérant les offres déjà faites par M. de Cytain; contre le Pape, on encourageait les Colonna à la résistance, et l'on interdisait plus strictement qu'on ne l'avait encore fait le séjour des prélats français à Rome ainsi que la sortie de l'argent destiné au trésor pontifical (4).

La peste qui sévissait depuis plusieurs mois dans le midi de la France avait déjà failli faire partir Charles VIII de Lyon deux mois plus tôt; mais l'épidémie ayant subitement diminué, le roi n'avait pas su s'arracher aux séductions qui le retenaient (5). Ces séductions n'existaient pas à Vienne, et déjà la cour se préparait à gagner Grenoble, lorsque la peste, en se montrant dans la ville, détermina Charles VIII à hâter son départ (6). Le 22 août, il couchait à la Côte-Saint-André, et, le lendemain, il faisait à Grenoble une entrée solennelle. Charles VIII passa six jours dans le palais du Parlement de Dauphiné, car il avait encore plus d'une mesure à prendre. Il confia la garde du Dauphin à Du Bouchage et lui remit des instructions minutieuses dans lesquelles il semble avoir voulu imiter les précautions exagérées dont son enfance avait été entourée (7); il expédia aux bonnes villes des lettres par lesquelles il leur apprenait que le gouvernement était remis, en son absence, au duc de Bourbon (8). Enfin

---

(1) Parenti, fol. 45 r°, 47 r°.
(2) Du 28 juillet au 22 août.
(3) Ludovic à Belgiojoso et à Maffeo de Treviglio, Colorno, 21 août 1494. Archives de Milan, *Potenze estere, Francia.*
(4) Belgiojoso et Maffeo de Treviglio à Ludovic, Vienne, 10 et 15 août 1494. *Ibidem.*
(5) Belgiojoso à Ludovic, Lyon, 13 juillet 1494. *Ibidem.*
(6) Belgiojoso et Maffeo de Treviglio à Ludovic. Post-scriptum de la dépêche du 15 août citée dans l'avant-dernière note.
(7) B. de Mandrot, *Ymbert de Batarnay*, p. 183.
(8) Cherrier, I, 430.

DERNIERS PRÉPARATIFS.

il dut s'occuper de modifier ses équipages en vue du passage des Alpes.

Lorsque, dès le commencement de l'année, le roi de France avait ordonné de visiter et de réparer les chemins qui faisaient communiquer le Dauphiné avec l'Italie, il avait recommandé qu'on examinât quel serait le plus praticable pour l'artillerie (1). Sur les quatre routes alors connues,

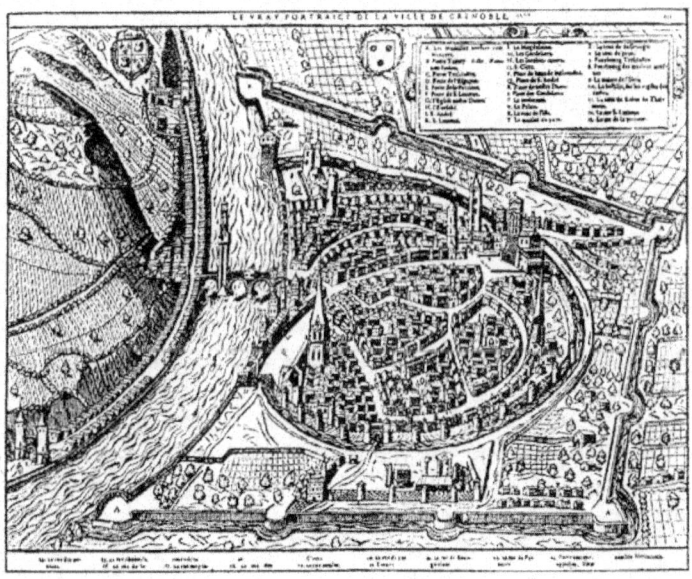

Vue de Grenoble. Réduction d'une estampe du XVIe siècle.

le Mont-Genèvre, le Pertuis du Viso tout récemment achevé, le col de l'Agnel et le col de l'Argentière, la première était encore, vingt ans plus tard, la seule route des Alpes où l'on pût faire passer des engins de guerre (2). En 1494, Charles VIII s'était décidé à envoyer toute sa grosse artillerie par mer; néanmoins, comme le Mont-Genèvre était, dès cette époque, « le meilleur et le plus aisé passage », c'était par là que le roi comptait se

---

(1) Le Parlement de Dauphiné à Charles VIII, Grenoble, 26 mars 1494. Archives de l'Isère, B, 2992. (Document communiqué par M. Pilot de Thorey.)

(2) *Totale et vraye description de tous les passaiges.....* [par Jacques Signot], Paris, Toussaint Denis, 1515, fol. iij r°.

rendre au delà des monts. Dès l'arrivée à Grenoble, on jugea plus prudent de charger tous les bagages à dos de mulets, « ainsi qu'au pays de Savoie on a accoutumé de pratiquer ». Deux muletiers du pays, Guillaume et Gautier, furent chargés de diriger cet énorme convoi, et le soin de régler les étapes fut confié à un certain Louis de Valetault, que ses voyages en Italie désignaient pour les fonctions de maréchal des logis (1).

Anne de Bretagne, qui avait voulu accompagner son époux jusque-là, tint à le recommander elle-même à ceux qu'il allait emmener avec lui. Elle chargea Belgiojoso de dire à Ludovic qu'elle s'en rapportait à l'affection et à la loyauté du duc de Bari, pour veiller à la sûreté de Charles VIII; elle le fit en des termes « si élégants et si appropriés » que l'ambassadeur ne put s'empêcher d'en témoigner son admiration (2). Cette reine de dix-neuf ans pensait à tout : elle entoura le roi de certaines femmes de confiance qui devaient préparer ses repas, lui servir de lavandières et gouverner pendant le voyage les détails de son service intime (3). Par elles, la pauvre Anne, qui n'avait que trop lieu d'être jalouse, espérait peut-être aussi surveiller la conduite de son volage époux. Le caractère de Charles VIII autoriserait à le supposer. Ses penchants n'étaient un mystère pour personne, et il souffrait qu'on y fît allusion devant lui. Au moment même où il montait à cheval pour quitter Grenoble, un poète qui devait l'accompagner en Italie, André de la Vigne, lui offrit une ballade dans laquelle il lui reprochait, en fort mauvais vers, d'avoir trop longtemps oublié Mars pour Vénus :

> Prince royal, puisque Vénus on laisse
> Pour le Dieu Mars que vous tenez en lesse,
> Gardez-le bien qu'aultre part ne s'accroche.
> Mais tant qu'il est soubz vostre main en presse,
> Dites à tous de volonté expresse :
> Marchez, marchez, car le temps trop s'approche.

Cette ballade, dans laquelle on engageait le roi à laisser la déesse des

---

(1) *Vergier d'honneur*, édit. originale. — Desrey (édit. Cimber et Daujou, p. 205) donne à Valetault le nom de Pierre.

(2) Belgiojoso et Maffeo de Treviglio à Ludovic, La Côte-Saint-André, 22 août 1494. Archives de Milan, *Potenze estere, Francia*.

(3) Sanuto, p. 70.

SÉPARATION DU ROI ET DE LA REINE.

Amours se morfondre à la fenêtre (1), ne dut pas déplaire à la jeune reine. Quant au roi, s'il accepta de bonne grâce les conseils sur ce chapitre, il ne les suivit qu'à moitié; si Mars accueillit bien les hommages du vainqueur de Fornoue, certain livre de souvenirs indiscrètement ramassé par un estradiot durant la bataille, donne à penser que Vénus n'avait pas cessé de régner sur le cœur de Charles VIII (2).

Pendant l'absence de son mari, il semble que la place d'Anne de Bretagne dût être auprès de son fils, mais la volonté du roi était qu'elle se rendît auprès du duc et de la duchesse de Bourbon. La reine eût sans doute préféré le séjour d'Amboise à celui de Moulins, car sa belle-sœur se croyait encore quelquefois au temps où elle exerçait le gouvernement au nom de son frère, et voulait, comme dit Brantôme, « user un peu de quelque prérogative et auctorité à l'endroit de la reyne Anne. Mais elle trouva bien chaussure à son pied, comme l'on dict. Car la reyne Anne estoit une fine Bretonne, comme j'ay dict, et qui estoit fort superbe et altière à l'endroict de ses esgaux; de sorte qu'il fallut à madame de Bourbon caler et laisser à la reyne sa belle-sœur tenir son rang et maintenir sa grandeur et majesté comme estoit de raison; ce qui lui debvoit fort fascher... » Charles VIII, en effet, pour rendre plus complète la sûreté du petit Charles-Orland, voulait qu'on le maintînt dans un isolement égal à celui où il avait passé son enfance.

Le 29 août, les époux se séparèrent : Anne partit pour Moulins tandis que le roi se dirigeait vers Embrun, où il allait visiter au passage le sanctuaire que Louis XI avait tenu en si grande vénération. Mais là comme à Gap, comme à Briançon, comme dans toutes les stations qu'il fit avant de franchir la frontière, il ne voulut pas séjourner plus d'une nuit. Le temps des délais était passé; le 29 août 1494 fut réellement la première journée de ce voyage d'Italie que tant de gens avaient regardé comme une chimère.

(1)   Laissez Vénus cropir à la fenestre
    Et pour voz yeulx d'aultre gibier repaistre
    . . . .
    Marchez avant, roy qui portez le ceptre !
        (*Vergier d'honneur*.)

(2) Marquis Girolamo d'Adda, *Indagini sulla libreria Visconteo-Sforzesca*, Appendice, p. 98.

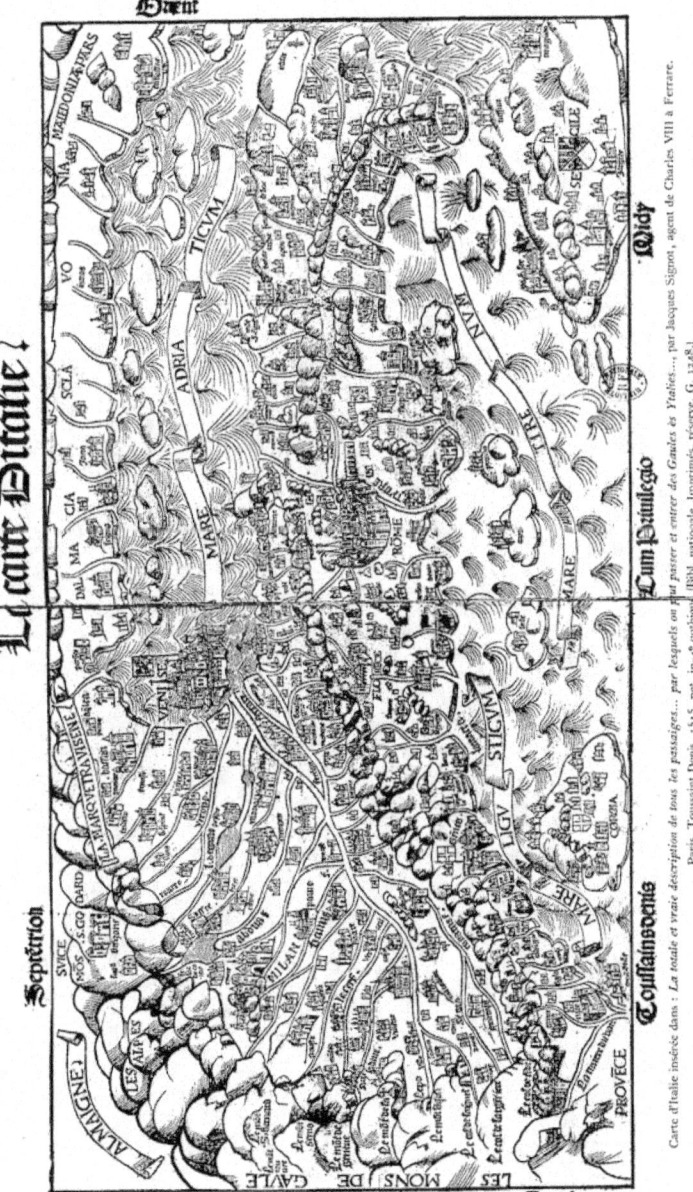

Carte d'Italie insérée dans : *La totale et vraie description de tous les passaiges... par lesquels on peut passer et entrer des Gaules és Ytalies...* par Jacques Signot, agent de Charles VIII à Ferrare. Paris, Toussaint Denis, 1515, pet. in-4° gothique. (Bibl. nationale. Imprimés, réserve, G. 1248.)

LIVRE III.

L'EXPÉDITION DE NAPLES.

CHAPITRE I.

L'ENTRÉE DE CHARLES VIII EN ITALIE.

Conseil de guerre. — Situation des armées en Romagne. — Négociations de Ludovic avec Bologne, Imola, Cesena. — Charles VIII à Turin et à Chieri. — Sa rencontre avec Ludovic. — Charles VIII à Asti. — Victoire de Rapallo. — Cession des droits du dernier Paléologue. — Maladie de Charles VIII. — Intrigues des ennemis de Ludovic. — Maladie du duc d'Orléans. — Efforts de Pierre de Médicis auprès des Vénitiens et de Ludovic. — Ses intrigues avec le duc d'Orléans. — Le Pape et Alfonse s'y associent. — Constance d'Étienne de Vesc. — Inébranlable fermeté de Charles VIII. — Son refroidissement à l'égard de Ludovic. — Commines à Venise. — Charles VIII à Casal. — Entrée à Pavie. — Entrevue avec le duc de Milan. — Lettre de Charles VIII au Pape. — Charles VIII à Plaisance. — Offres d'accommodement faites par le Pape et par la reine douairière de Naples. — Pierre de Médicis mis en demeure de se prononcer. — Intervention de Commines. — Lorenzino et Jean de Médicis fuient à Plaisance. — Ludovic le More, duc de Milan.

Le duc d'Orléans avait trouvé à Gênes plus de difficultés qu'il ne s'y attendait: la première était, comme toujours, le manque d'argent pour mettre les hommes d'armes en état de s'embarquer. Les

canons étaient bien arrivés de Provence, mais on n'avait pas encore reçu les vivres. Les vaisseaux ne pouvaient suffire à transporter tous les chevaux; enfin les fourrages faisaient défaut. Était-on en mesure de prendre la mer dans de semblables conditions? Au commencement d'août, le prince revint à Alexandrie se concerter avec le duc de Bari. Les principaux capitaines français qui avaient déjà passé les Alpes, D'Aubigny, D'Urfé, MM. de Piennes, de Châtillon et de Luxembourg, assistèrent à ce conseil de guerre où l'on régla définitivement l'entrée en campagne.

Dans une première séance tenue le 4 août, Ludovic avait déclaré que l'on ne devait pas encore songer à l'embarquement. Le lendemain toutefois, le duc d'Orléans ayant reçu des lettres du roi de France annonçant que toutes les mesures venaient d'être prises en vue de pourvoir aux besoins de l'armée de mer, le conseil, à l'unanimité, jugea que l'on pouvait s'occuper du départ. En conséquence, il fut décidé que, dès le 6 août, Louis d'Orléans se rendrait à Asti et qu'il y ferait la paye de ses hommes d'armes, de façon à ce qu'ils pussent se mettre en route le 8. Pour obvier à l'insuffisance des moyens de transport pour les chevaux, il fut réglé que les capitaines n'en emmèneraient que six, et les hommes d'armes, quatre seulement. Quant aux chevaux des archers, on dut en choisir mille des meilleurs; les autres, abandonnés et vendus sur place, seraient remplacés après l'arrivée dans le royaume de Naples. Les troupes furent divisées en deux colonnes : l'une eut ordre de passer par les terres de la marquise de Montferrat pour aller s'embarquer à Savone; l'autre devait se diriger sur Gênes, par Gavi et Serravalle. D'Urfé à Gênes, François de Luxembourg, assisté d'un commissaire génois, à Savone, surveilleraient l'embarquement. Le lundi 11 août, le duc d'Orléans reviendrait à Alexandrie d'où il se rendrait à son poste.

Pour les troupes de terre, rien ne faisait obstacle à leur départ. D'Aubigny affirma qu'elles avaient reçu leur solde et qu'elles n'attendaient que les ordres de route. A celles qui étaient au nord du Pô, on commanda de traverser le pays de Novare et de Pavie, de passer le Pô devant Plaisance et de suivre la direction de l'ancienne voie romaine *Æmilia*; à celles qui se trouvaient sur l'autre rive, de prendre par Alexandrie et Tortona. Toutes feraient leur jonction dans le Parmesan avec les troupes levées en Lombardie. Une fois réunies, elles devaient, suivant les circonstances, arrêter la marche de l'ennemi ou aller envahir le royaume de Naples (1). Ces prescriptions paraissent avoir été ponctuellement exécutées en général; cependant le duc d'Orléans ne partit que le 16 août.

Sur terre comme sur mer, il était temps de commencer la campagne. Les Napolitains avaient franchi l'Apennin; le 14 août, ils avaient rejoint, auprès de Pennabilli, les troupes du duc d'Urbin et de Pitigliano. Les Florentins n'avaient pas encore envoyé un homme, bien que Pierre de Médicis eût été passer quatre jours en conférences avec le duc de Calabre, à Borgo-San-Sepolcro (2), et que son alliance avec Naples devînt de plus en plus étroite. Cependant les coalisés formaient déjà 46 escadrons, ils en attendaient encore 24, sans compter ce qui pourrait venir de Toscane (3). Le 21, les 70 escadrons étaient au complet (4) et l'on comptait y joindre 3.000 fantassins levés dans la région même où l'on allait opérer. Les recruteurs chargés de les engager se rencontrèrent plus d'une fois avec les recruteurs milanais (5).

Les troupes lombardes étaient en effet déjà rassemblées dans le Parmesan sous les ordres du comte de Cajazzo. Elles se montaient alors à 1.010 hommes d'armes et à 1.000 fantassins (6). Bien que, dans ces troupes, 500 lances seulement eussent été levées au nom de Charles VIII, c'était le roi de France qui devait supporter tous les frais de cette petite armée. Ludovic tenait à le faire constater aux Italiens et, pour le mieux démontrer, il demanda que D'Aubigny ou Montpensier apportât une bannière aux armes de France. Comme on lui répondit qu'une bannière de ce genre constituait l'étendard royal et ne pouvait jamais être séparée de la personne du roi, il pria que l'on apportât tout au moins une bannière aux armes du royaume de Naples. Peut-être le duc de Bari voulait-il répondre de la sorte à la manifestation de Trivulce, qui marchait sous

---

(1) Ludovic à Belgiojoso et à Matteo de Treviglio, Alexandrie, 5 août 1494. — Procès-verbal du conseil de guerre. Alexandrie, 5 août 1494. Archives de Milan, *Potenze estere, Francia*.

(2) Parenti, *Istorie Fiorentine*. Florence, Bibliothèque Magliabecchiana, ms. II. II. 129, fol. 45 et 46.

(3) Sanuto, p. 67. — La *squadra* italienne comprenait 15 ou 16 hommes d'armes, c'est-à-dire environ 60 combattants. Voyez une lettre de P. Alamanni et A. Niccolini à Pierre de Médicis, Vigevano, 30 août 1494. Archives de Florence, *Carteggio Mediceo*, filza 50, n° 287.

(4) Ludovic à Belgiojoso et Matteo de Treviglio, Colorno, 21 août 1494. Archives de Milan, *Potenze estere, Francia*.

(5) Sanuto, 68.

(6) Ce qui donne un total d'environ 5.040 combattants.

les enseignes du duc de Milan, au milieu des troupes aragonaises (1)?

Plusieurs compagnies françaises, entre autres celles de D'Aubigny, de La Trémoïlle, de M. de Guise, étaient sur le point d'arriver à Parme. Sans les attendre, le comte de Cajazzo quitta Ponte d'Enza le 21 août. Il avait ordre de se porter aussi loin qu'il le pourrait sans danger, en passant par Ferrare dont on était sûr, et par Bologne et Imola que l'on ne désespérait pas de gagner. Ludovic venait en effet de s'établir pour quelques jours à Parme, afin d'être mieux à portée de s'entendre avec Bentivoglio et avec Catherine Sforza. Mais l'un et l'autre persistaient dans leur réserve vis-à-vis des deux partis. La veuve du comte Jérôme Riario avait refusé 8.000 ducats que lui proposait le roi de Naples; le duc de Bari crut devoir surenchérir; son offre de 12.000 ducats fut également refusée (2). Mais tout le monde n'était pas aussi résolument insensible à l'or du régent de Milan : moyennant le paiement d'une troupe de 200 fantassins et de 40 chevau-légers, un certain Tiberto Brandolini promit de faire en sorte que Cesena se déclarât pour Charles VIII au moment où paraîtraient les soldats français et lombards (3). Au bout de quelques jours, Ludovic rentrait à Vigevano et presque aussitôt, apprenant que le roi de France allait quitter Grenoble, il se hâtait d'envoyer à sa rencontre Galéaz de San-Severino (4). Enfin le 3 septembre, le duc de Bari pouvait annoncer à son frère le cardinal que le but de leurs efforts communs était atteint : « Je reçois à l'instant des lettres de nos amis m'apprenant que le roi Très Chrétien est arrivé, le 1er, à Briançon, et qu'il devait, le lendemain, se rendre à Oulx qui est tout près de Suse. On peut donc dire qu'il est à l'heure présente en Italie... On reconnaîtra maintenant que je disais vrai en assurant que le roi viendrait; il est temps que quiconque ne veut pas périr se hâte de régler sa conduite en conséquence (5). » Pour hâter les effets qu'il attendait de la venue de. Charles VIII, Ludovic envoya un émissaire spécial en porter la nouvelle au Pape.

(1) Sanuto, p. 68.
(2) Ludovic à Belgiojoso et Maffeo de Treviglio. Sur le Pô, devant Plaisance, 26 août 1494. Archives de Milan, *Potenze estere, Francia*.
(3) Du même aux mêmes, Colorno, 21 août 1494. *Ibidem.* — Sanuto, p. 93.
(4) Du même aux mêmes, Vigevano, 29 août 1494. *Ibidem.*
(5) Ludovic au cardinal Ascagne Sforza, Vigevano, 3 septembre 1494. Archives de Milan, *Potenze estere, Francia*.

Le jour même où Ludovic écrivait à Ascagne, le jeune roi franchissait la Gravière, petit ruisseau qui formait la limite de ses domaines du côté du Piémont, et entrait à Suse, sur les terres du duc de Savoie (1). Mais bien qu'il se trouvât sur le territoire étranger, il rencontrait le même accueil que dans les villes de son royaume.

Depuis le règne de Louis XI, le duché de Savoie était resté plus ou moins sous la dépendance de la France. Le duc Charles avait essayé de s'affranchir lors des démêlés relatifs à l'hommage de Saluces; mais depuis sa mort, le pouvoir était exercé, au nom de son fils, Charles, par sa veuve, Blanche de Montferrat, de concert avec son oncle, Philippe de Bresse, qui se trouvait alors au service de la France. Blanche n'avait garde de brouiller son fils avec son puissant cousin. Dès la première requête, elle n'avait pas hésité à oublier un traité d'alliance qu'elle avait conclu l'année précédente avec Naples (2). D'ailleurs ses sujets ne cachaient pas leurs sympathies pour le roi de France, et l'entrée que Charles VIII fit dans Turin, le 5 septembre, fut presque celle d'un suzerain. Depuis le peuple qui l'acclamait dans les rues jusqu'aux seigneurs qui l'attendaient au château, autour de leur petit duc, « tous s'offrirent avec ladite dame d'aider et secourir le roy, tant de leurs gens que de leurs biens avec grande démonstration et signe d'amour (3) ». De son côté, la duchesse avait tenu à entourer cette entrée de toutes les magnificences : les rues étaient ornées de tapisseries, des mystères étaient représentés sur de grands échafauds, des tables dressées sur les places. Blanche elle-même était allée à la rencontre de Charles VIII vêtue d'un habit de drap d'or couvert de pierreries. « Elle portait sur son chef un gros tas d'affiquets subrunis de fin or remplis d'escarboucles, de balais et hyacintes, avec des houppes dorées, gros fanons et bouquets d'orfèvrerie, mignardement travaillez; elle avait à son col des colliers à grands roquets garnis de grosses perles

---

(1) La veille au soir, pendant que le roi était à Oulx, on lui avait amené un paysan qui passait pour être le chef d'une des communautés d'hérétiques Vaudois répandus dans les vallées voisines. Ce malheureux, après avoir été interrogé, fut livré au prévôt et pendu. « C'est, dit M. de Cherrier (I, 433), par cet acte de rigueur exercé *en pays étranger*, sur un homme qui n'était pas son sujet, que Charles VIII marqua ses premiers pas en Italie. » D'autres auteurs, et parmi eux l'un de nos plus grands historiens, ont partagé l'indignation de M. de Cherrier, oubliant que le haut du bassin de la Doire Ripaire ne fut séparé du Dauphiné et annexé au Piémont que par, le traité d'Utrecht, en 1713.

(2) Cherrier, I, 435.

(3) Desrey, *Archives curieuses de l'histoire de France*, I, 210.

orientales, des bracelets de mesme en ses bras et autres parures fort rares... (1). » Après avoir servi à mieux honorer son hôte, ces bijoux furent peut-être de ceux qui permirent à la duchesse de prouver la sincérité de son dévouement : elle dut, en effet, prêter au roi des pierreries qu'il mit en gage pour 12.000 ducats (2).

Partout, en Piémont, on rencontra le même accueil. M. de Saint-Malo, que l'on ne peut certes pas accuser d'entraînement en faveur de l'Entreprise, était obligé de convenir que « le Roy ni sa compagnie ne trouvent point de différence au royaume tant on y est bien venu, prisé et honoré (3) ». A Chieri, les enfants vinrent au-devant de Charles VIII en portant les armes de France; une petite fille, Leonetta Tana, lui adressa un compliment en vers. D'ailleurs les acclamations des habitants de Chieri étaient sincères. Ils conservaient encore la mémoire du séjour que Louis XI, alors dauphin, avait fait dans leur ville quand il était venu en Italie pour essayer de reprendre Gênes (4). Une inscription numérale rappelant le séjour du père et du fils fut encastrée dans le mur du palais Solaro habité par Charles VIII. Plusieurs des citoyens de Chieri suivirent l'armée jusqu'à Naples; l'un d'eux fut même créé chevalier au retour. De son côté, le roi ne se montrait pas ingrat : son hôte, Jean Solaro, reçut des lettres de naturalité pour un de ses fils et, pour lui-même, les titres de maître d'hôtel et de conseiller de Charles VIII (5).

Les témoignages de sympathie devaient accompagner les Français au delà des limites du Piémont; on allait en rencontrer de nouveaux dans toute cette région de pays frontières que la politique traditionnelle de nos rois avait attirés sous leur dépendance plus ou moins directe. Tandis que la duchesse de Savoie donnait les marques de dévouement que l'on sait, le marquis de Saluces servait dans l'armée royale; la marquise de Montferrat, qui avait ressenti plus d'une fois les effets de la protection royale à laquelle son mari l'avait recommandée en mourant, mettait les états de son fils à la disposition du roi (6); enfin Asti était resté aux mains du duc d'Orléans comme un poste avancé de la France, et la mouvance

(1) Desrey, *Archives curieuses de l'histoire de France*, p. 209.
(2) Commines, II, 332.
(3) Godefroy, *Histoire de Charles VIII*, p. 689.
(4) Voyez plus haut, p. 54-55.
(5) Bosio, dans les *Miscellanea di Storia italiana*, X, p. 865-866.
(6) Godefroy, p. 690.

de la Ligurie ne permettait pas seulement d'étendre jusqu'à la Méditerranée la zone soumise à l'influence française; c'était par elle que le duché de Milan y avait été entraîné.

Avant même d'arriver à Turin, Charles VIII avait envoyé à Ludovic Belgiojoso et le sénéchal de Beaucaire. Celui-ci revint à Chieri prévenir son maître que les ducs de Bari et de Ferrare s'étaient rendus à Annone, château du duché de Milan très voisin d'Asti, et que tous deux comptaient se porter à sa rencontre. Aussitôt le roi expédia La Trémoïlle au-devant de Ludovic, tandis que le maréchal de Gié et le cardinal de La Rovère précédaient à Asti le reste de la cour (1). Le lendemain, 9 septembre, les ducs allèrent attendre Charles VIII à deux milles au delà d'Asti. Quand il parut, ils voulurent mettre pied à terre pour le saluer, mais le roi ne le permit pas. Il leur serra la main « à la française » et les fit mettre à ses côtés pour entrer dans la ville (2).

Après tant d'efforts, tant de traverses et d'incertitude, Ludovic touchait au but. Le roi Très Chrétien avait enfin « passé »; il était là, chevauchant à côté de lui. Dans cet homme petit et chétif, dont l'aspect étrange excitait presque la répulsion des Italiens de cette époque, si sensibles à la beauté physique qu'ils la mentionnaient dans les épitaphes avant les qualités morales des défunts, dans ce jeune roi trop confiant dont il méprisait la franchise et la légèreté, il voyait à portée de sa main l'instrument irrésistible de ses vengeances et de ses ambitions. Lui qui avait jusque-là dissimulé, autant qu'il l'avait pu, les appels qu'il adressait à Charles VIII, il se vantait maintenant de son pouvoir sur lui. « C'est moi qui l'ai amené, disait-il, et je le mènerai encore plus loin (3). » Toutefois son triomphe était mélangé de quelque crainte. Les ennemis de Ludovic une fois mis hors d'état de nuire, le roi de France se laisserait-il arrêter avant la réalisation complète des espérances que l'on avait encouragées chez lui? Le duc de Bari ne tarda pas à s'apercevoir que, si son allié se laissait facilement influencer quant au choix des moyens, il ne variait jamais quant à l'objet final de ses résolutions.

Béatrice d'Este avait suivi son mari à Annone. Elle y reçut Charles VIII

---

(1) Charles VIII à Ludovic, Chieri, 8 septembre 1494. Archives de Milan, *Carteggio de' Principi*. — Sanuto, p. 85.

(2) Morleto Ponzone à la marquise de Mantoue, Annone, 11 septembre 1494. Archives de Mantoue, E, XLIX, 3.

(3) Desjardins, I, 567.

avec une grande magnificence, entourée de quatre-vingts dames qu'elle avait fait venir de Milan, d'Asti et d'Alexandrie. Le roi mit galamment la barette à la main « et les baisa toutes successivement, en commençant par la duchesse et par la femme du seigneur Galéaz. Ensuite on resta dans une grande salle à se divertir; on y fit danser Madame la duchesse, et ils s'accommodèrent aussi bien que s'ils eussent déjà passé un an ensemble (1). » Le duc d'Orléans n'était pas là pour prendre sa part de ces fêtes, ni pour recevoir le roi dans cette ville d'Asti dont il était le seigneur, mais il lui envoya, comme présent de bienvenue, un bulletin de victoire.

A la nouvelle du passage de Charles VIII en Italie, Don Frédéric avait compris qu'il fallait sortir au plus vite de l'inaction où il était resté depuis l'échec de Porto-Venere. Le débarquement qu'il voulut risquer avait encore moins de chances de réussir que le premier. On ne pouvait plus penser, en effet, qu'à occuper une ville sans défense, car tous les points fortifiés de la Rivière avaient reçu une double garnison. Le 2 septembre, vers le soir, les vigies établies sur les principaux promontoires signalaient l'approche de la flotte aragonaise. Le lendemain, en apprenant que les bannis génois, Obietto de Fiesque, Fregosino, fils naturel du cardinal Campo-Fregoso, et Jules Orsini avaient débarqué avec 4.000 hommes à Rapallo, le duc d'Orléans était monté sur une grosse galéasse appartenant à Commines (2); il avait pris la mer avec 1.000 Suisses, dix-huit galères, six galéasses, tandis que M. de Piennes et le bailli de Dijon avec le reste des Suisses, Antoine-Marie de San-Severino conduisant les soldats milanais, Jean Adorno et Jean-Louis de Fiesque à la tête des troupes génoises, s'avançaient par la route de la Corniche. Le vent était faible; la flotte ne put entrer que le vendredi, 5 septembre, dans le golfe de Rapallo, qu'elle trouva libre, le mauvais état du mouillage ayant contraint les vaisseaux aragonais à se retirer à Sestri-Levante. Elle jeta l'ancre au plus près du rivage, afin de tenir l'ennemi sous le feu de ses canons, position sans danger pour elle, car la ville était complètement dépourvue d'artillerie. Les bannis se retranchèrent de leur mieux. Du côté de Gênes, Rapallo était protégé par un ruisseau. Ils s'éta-

---

(1) Morleto Ponzone à la marquise de Mantoue, lettre citée dans l'avant-dernière note. — L'ajustement de Béatrice est minutieusement décrit dans la *Relation des habillements d'une duchesse d'Italie* que Godefroy croit à tort être la fille de la duchesse d'Amalfi (Godefroy, Preuves, p. 709). Le roi en fut si frappé qu'il en fit faire une peinture qu'il envoya à Moulins. (*Ibidem*, p. 710.)

(2) Commines, II, 335.

blirent solidement dans une vieille tour commandant l'unique pont par lequel on pût le traverser.

Cependant les troupes de terre arrivaient ; elles avaient franchi les hauteurs de Ruta qui séparent le golfe de Gênes de celui de Rapallo, et occupaient une colline boisée, séparée du ruisseau par une petite plaine, tandis qu'elle dominait au sud-est la plage de San-Michele. Le duc d'Orléans, qui s'était fait débarquer, ne comptait attaquer que le 9 septembre, lorsque, les Suisses de l'avant-garde s'étant trop approchés du pont, le combat se trouva engagé à l'improviste. Resserrés dans un espace trop étroit pour y combattre à l'aise, les Suisses fléchirent d'abord ; mais par un vigoureux retour, ils s'emparèrent du pont. L'artillerie couvrait de feu la ville, et les assiégés, craignant d'être pris à revers par Jean-Louis de Fiesque qui arrivait par les montagnes avec 600 hommes, ne pensèrent plus qu'à fuir. Obietto et ses fils s'étaient sauvés des premiers ; ils errèrent plusieurs jours dans les montagnes avant de trouver l'occasion d'aller rejoindre Don Frédéric. Orsini, Fregosino et une quarantaine d'autres prisonniers de marque tombèrent aux mains des vainqueurs (1). Les vaisseaux aragonais ne parurent que le lendemain matin en vue de Rapallo ; mais le duc d'Orléans ayant mis hardiment à la voile pour aller leur offrir la bataille, malgré l'infériorité numérique de sa flotte, ils virèrent de bord et se réfugièrent de nouveau dans le port de Livourne (2). Don Frédéric y resta longtemps encore cherchant vainement à compléter son infanterie sur les côtes pisanes ou corses (3). Il n'était plus à craindre ; la Ligurie se trouvait désormais à l'abri de ce coup de main imaginé par Ferrand, et sur lequel son successeur avait principalement compté pour arrêter le roi de France.

Le lendemain même de l'affaire, on vit arriver à Asti « un faux courrier, lequel comme tout éperdu et avec quelque écrit fait à dessein, » annonça que les Français avaient essuyé sur mer une défaite complète. Tandis que le roi assemblait son Conseil en toute hâte, le courrier de Louis d'Orléans vint apporter la nouvelle certaine de la victoire. Charles VIII, transporté de joie, en fit part aussitôt au duc de Bourbon, et appela le duc d'Orléans auprès de lui (4).

(1) Senarega, dans Muratori, *Scriptores*, XXIV, 541-542.
(2) Godefroy, 99-100.
(3) Parenti, fol. 49 r°, 51 r°-v°.
(4) Godefroy, p. 197.

L'effet moral de la victoire de Rapallo fut immense. A Florence, la plupart des citoyens s'en réjouirent, tandis que Pierre de Médicis se rendit en toute hâte à Pise, pour y mettre les côtes en état de résister à une attaque des Génois ou du duc d'Orléans (1). La puissance de l'artillerie française, dont on n'avait pas idée en Italie, répandit partout la stupeur; mais, comme jadis du temps de René II, la furie des troupes ultramontaines n'excita pas moins d'effroi parmi leurs alliés que parmi leurs ennemis. L'impression était toujours la même lorsque les Italiens se trouvaient en contact avec des gens d'armes étrangers. Les ennemis n'avaient cependant pas perdu plus de deux cents hommes; mais on n'était pas encore habitué à cette « nouvelle et sanglante manière de faire la guerre ». Il est vrai que les Suisses apportaient dans leurs façons d'agir une brutalité qui fut sans doute pour beaucoup dans les accusations de sauvagerie portées par les Italiens contre les troupes françaises en général. Certaines finesses ne pouvaient d'ailleurs pénétrer dans ces épais cerveaux: les Suisses ne parvenaient pas à distinguer nettement parmi ces hommes, parlant une même langue qu'ils ne comprenaient pas, ceux qu'ils devaient épargner. C'est ainsi qu'à Rapallo, en poursuivant des ennemis réfugiés dans un hôpital, il leur arriva, dit-on, de tuer par surcroît plusieurs des malades qui y étaient hébergés. Comme ils s'étaient mis à piller les maisons, Jean-Louis de Fiesque essaya en vain de leur faire entendre que les habitants n'étaient pas responsables de l'occupation de leur ville par les bannis. Les Suisses le comprirent d'autant moins qu'ils voyaient les Génois enlever jusqu'aux vêtements de leurs prisonniers; ils furent sur le point de massacrer ce fâcheux.

Dès le retour à Gênes, la haine qu'ils avaient inspirée faillit compromettre l'accord des Français et des Génois. A propos d'une dispute qui avait éclaté entre trois Suisses et le propriétaire d'une nacelle qu'ils avaient dérobée pour la vendre, le bruit courut tout à coup que les montagnards étrangers égorgeaient les Génois. Aussitôt le peuple se mit à donner la chasse aux Suisses isolés; une vingtaine furent assassinés dans les tavernes d'où ils ne sortaient guère lorsqu'ils ne se battaient pas. Le mouvement menaçait de se transformer en sédition, lorsque Jean Adorno fit saisir les plus turbulents. Deux d'entre eux furent condamnés à mort et durent leur grâce à la généreuse intervention du duc d'Orléans.

La prise de Rapallo était le premier pas sur ce chemin détourné qui

---

(1) Parenti, fol. 49 r°.

devait conduire à Constantinople en passant par Naples. Plus d'un aurait préféré voir le roi de France prendre un chemin plus direct. Au moment où les premières troupes françaises apparaissaient sur les hauteurs de Ruta, à Rome, un adversaire de l'Entreprise, Raymond Péraud, cardinal de Gürck, s'occupait, à l'insu même de Charles VIII, de lui assurer des droits immédiats au trône de Byzance. Apôtre passionné de la guerre contre les Turcs, le cardinal de Gürck regardait l'expédition de Naples comme un retard dangereux, capable de compromettre à tout jamais le succès de la Croisade. Aussi avait-il pris une part active à toute les négociations par lesquelles le Pape s'était appliqué, depuis le commencement de l'année, à diriger contre l'Orient les préparatifs que Charles VIII avait faits contre Naples. C'était dans ce dessein qu'il s'était rendu en Allemagne lors des projets d'entrevue entre le roi de France et le roi des Romains (1). Un instant, Maximilien avait paru entrer dans les vues du Pape (2), mais son bon vouloir s'était borné à des paroles. Depuis le retour de Raymond Péraud à Rome, d'autres tentatives, commencées de divers côtés, n'avaient pas mieux abouti. Charles VIII était déjà en Italie, lorsque l'infatigable cardinal crut avoir trouvé le moyen de faire dévier vers la Grèce l'armée qui se trouvait déjà en Ligurie et en Lombardie.

Si l'on créait au roi de France des droits au trône de Constantinople plus directs encore que ceux qu'il prétendait avoir sur le trône de Naples, ne pouvait-on pas espérer que, séduit par l'éclat du titre impérial, il abandonnerait, ou du moins il ajournerait, la conquête de l'Italie méridionale, pour s'assurer sans retard celle de Byzance? Or, il y avait de par le monde un héritier des derniers empereurs grecs, André Paléologue, connu en Occident sous le nom de seigneur de Morée et de Despote de Serbie, que l'on avait déjà vu à Tours trois ans auparavant (3). Il avait offert au roi un autour blanc, mais on est en droit de supposer que, malgré son goût pour la chasse, le fils de Louis XI avait eu, en payant les frais de voyage du Despote, d'autres intentions que celle d'acquérir un oiseau rare; en tout cas, la visite du Grec était restée sans résultats. Depuis ce temps, il vivait à Rome, où la cour pontificale lui rendait des honneurs particuliers (4). Sans

---
(1) Schneider, *Die kirchliche und politische wirksamkeit des legaten Raimund Peraudi*, p. 36. Halle, 1882, in-8°.
(2) Voyez plus haut, p. 349-350.
(3) Voyez plus haut, p. 226.
(4) *Diarium Burchardi*, édition Thuasne, II, 65.

attendre le consentement de Charles VIII, le cardinal de Gürck obtint d'André Paléologue un abandon conditionnel au roi de France de tous ses droits sur l'empire de Constantinople et de Trébizonde et sur le despotat de Serbie, moyennant une pension de 4.300 ducats, le commandement de 100 lances, le don d'une terre produisant 5.000 ducats de revenu et la rétrocession de la Serbie, contre l'hommage annuel d'une haquenée blanche. L'acte de cession, rédigé devant deux notaires le 6 septembre 1494, dans l'église de Saint-Pierre *in Montorio*, devait être considéré comme valable si le roi n'avait pas déclaré formellement y renoncer avant la prochaine fête de la Toussaint (1). Le Pape dut voir sans déplaisir cette transaction de tous points conforme à sa politique; il n'y était pas fait la moindre allusion à l'Entreprise de Naples et l'on y mentionnait les préparatifs militaires de Charles VIII comme des mesures ayant pour objet la défense de la chrétienté et l'expulsion des Turcs (2). Tout au plus, le souverain pontife aurait-il pu craindre que Maximilien ne lui reprochât d'avoir contribué à élever un second empereur en face de l'Empereur unique. Dans ce cas, Alexandre VI aurait pu recourir à sa ressource habituelle : montrer que son nom n'était pas même prononcé dans l'acte et désavouer le cardinal de Gürck.

Quant à Charles VIII, le mirage de la couronne impériale ne parvint pas à lui faire oublier ses premiers projets; mais, toujours soucieux de la légalité, il accepta volontiers des droits dont il ne devait pas tarder à se prévaloir.

Au moment où tout faisait espérer le succès, un accident imprévu faillit ruiner complètement l'Entreprise. Le 13 septembre, le roi fut pris d'une fièvre violente. Son médecin, ce Théodore Gaynier de Pavie qu'il employait quelquefois dans des missions politiques (3), crut d'abord à un simple coup de soleil, et les principaux personnages de l'entourage du roi continuèrent à s'occuper des affaires de l'expédition. Le lendemain même, Briçonnet, Étienne de Vesc, le maréchal de Gié, MM. de Piennes et de Champeyroux, tinrent conseil avec Ludovic sur le parti que le roi devrait prendre. Le projet primitif était que Charles VIII allât directement d'Asti s'embarquer à Gênes, et l'on se rappelle combien Belgiojoso et Galéaz

---

(1) La minute originale est à la Bibliothèque nationale. Voir le mémoire de Foncemagne dans les Mémoires de l'Académie des Inscriptions, XVII, 539-578.

(2) « ... Pro universa christianorum fidelium tutela..... et ad invadendum profligandumque crudelissimum christianorum hostem. » Foncemagne, *loco citato*, p. 572-573.

(3) Voyez plus haut, p. 222.

Portrait de Charles VIII avec les insignes impériaux. Collection Gaignières. Bibl. nationale.

avaient insisté pour que l'on choisît cette voie. Déjà les Génois avaient fait, pour recevoir le souverain français, des préparatifs de toute sorte (1), et, lors de son entrée à Asti, Charles VIII persistait encore dans son intention de se rendre à Gênes après une courte visite à la marquise de Montferrat. Il avait même décidé, pour montrer quel était le but suprême de son expédition, de porter, lors de son entrée dans la capitale de la Ligurie, un vêtement couvert de croix de Jérusalem (2). Cependant, depuis Rapallo, la mer étant libre, on jugeait préférable de faire par terre la principale attaque (3). Dans ce cas le roi se joindrait à cette armée et ferait route par la Toscane afin de réduire au passage les Florentins à la nécessité de se déclarer. Ce fut en ce sens que fut prise la résolution définitive.

Le 17, la maladie fut reconnue pour être la petite vérole, sous sa forme la plus bénigne, il est vrai, car, au bout de quatorze jours, le roi était guéri; pour achever de se remettre, il alla demeurer au couvent de la Madeleine, agréablement entouré de jardins (4). L'étude des événements qui se produisirent pendant son inaction forcée démontre d'une manière positive que, sans l'invincible persévérance de Charles VIII, l'Entreprise de Naples n'aurait jamais abouti.

Aussitôt que le roi tomba malade, elle fut sur le point d'être arrêtée. Tandis que les uns demandaient l'abandon pur et simple des projets de conquête, les autres essayaient de leur donner une autre direction. Le duc d'Orléans, fort du prestige qu'il devait à sa récente victoire, reprenait certaines espérances que le roi l'avait contraint d'abandonner. Ne pourrait-il pas employer à s'emparer du duché de Milan les forces réunies pour détrôner Alfonse de Naples? Le meilleur acheminement vers ce but n'était-il pas de brouiller Charles VIII avec Ludovic le More? Philippe de Bresse, la duchesse de Savoie, la marquise de Montferrat, tous ennemis du duc de Bari, encourageaient le duc d'Orléans à tenter l'aventure. Ludovic commençait à être sérieusement inquiet; presque tous les jours il venait d'Annone à Asti, mais l'accueil qu'il y recevait était loin de le satisfaire; c'était à peine si on le laissait voir le roi. Il savait bien d'ailleurs à qui s'en prendre (5). De son côté, le duc de Ferrare quittait Asti fort mécontent.

(1) Senarega, dans Muratori, XXIV, 542.
(2) Godefroy, 690.
(3) Morleto Ponzone à la marquise de Mantoue, 11 sept. 1494. Arch. de Mantoue, E, XLIX, 3.
(4) Sanuto, 87, 88 et 90.
(5) Lettre d'Antoine de Bibbiena citée par A. Gelli (*Archivio storico italiano*, 3ᵉ série, XVI, p. 407, note 1).

Il s'était mis entièrement à la disposition de Charles VIII avec l'espoir d'obtenir le commandement de l'armée de terre, mais la place était déjà prise et le roi n'avait aucune raison de retirer sa confiance à Montpensier. Celui-ci était sur le point de partir d'Asti pour aller rejoindre l'armée de Romagne (1). Le duc de Ferrare, déjà inquiet de voir les Vénitiens former dans le Polésine un petit corps d'observation (2), revint plein de dépit à Ferrare le 22 septembre (3). « En général, disait un Florentin, je crois que tous ces gens ne se réjouissent plus trop de la venue des Français (4). »

Les soldats eux-mêmes ne se plaisaient pas en Italie. Ils souffraient de la chaleur; tous les vins de l'année étaient aigres, « ce que nos gens ne trouvaient point bon (5) ». Les habitants, choqués de la rudesse de ces étrangers, intimidés par leur aspect martial, effrayés par tout ce que l'on racontait de leur sanglante manière de combattre, commençaient à leur faire mauvais accueil. Des rixes n'avaient pas tardé à s'élever (6). A l'armée de Romagne, des jalousies régnaient déjà entre les soldats des deux nations (7). Bref, presque tous les Français auraient accepté l'idée de repasser les monts, et, de même que Commines, plus d'un « croyait fermement que le roi ne passerait point outre (8) ». Le bruit s'en répandit dans toute l'Italie; Alfonse, à qui l'on avait dit que Charles VIII était très refroidi au sujet de l'Entreprise, s'adressa au marquis de Mantoue afin que celui-ci profitât de sa parenté avec Gilbert de Montpensier pour connaître la vérité (9). A Venise, on parla même d'un arrangement presque conclu, suivant lequel le roi de France rentrerait chez lui en laissant purement et simplement les choses dans l'état où elles étaient avant sa venue (10). Ces bruits n'étaient pas fondés, mais d'autres combinaisons étaient mises en avant.

Le 21 septembre, le jour même où le roi se levait pour la première

(1) *Notices et documents publiés à l'occasion du cinquantenaire de la Société de l'histoire de France*, p. 289.
(2) Parenti, fol 50 v°.
(3) Sanuto, 87-88.
(4) Desjardins, I, 566.
(5) Commines, II, 333.
(6) Sanuto, p. 90.
(7) *Ibidem*, 76 et 96.
(8) Commines, II, 343.
(9) Georges Brognolo au marquis de Mantoue, S. Germano, 28 septembre 1494. Archives de Mantoue, E, XXV, 3.
(10) Antoine Salimbene au marquis de Mantoue, Venise, 23 septembre 1494, E, XLV, 3.

fois, le duc d'Orléans tombait malade d'une fièvre double quarte qui devait le retenir longtemps à Asti. Le cardinal de La Rovère alla prendre à sa place la direction de la flotte (1). Mais la maladie qui servait de prétexte à Louis d'Orléans pour ne pas exercer son commandement ne devait pas interrompre ses intrigues.

Pierre de Médicis crut qu'il était encore temps de faire une dernière tentative auprès des puissances restées jusqu'à ce jour en dehors de l'alliance aragonaise. Les efforts de ses ambassadeurs, Jean-Baptiste Ridolfi et Pierre Soderini, ceux de l'évêque de Calahorra, légat du Saint-Siège, n'avaient pas réussi à faire sortir les Vénitiens de leur neutralité. Pour justifier sans doute son attitude vis-à-vis des Italiens, la Seigneurie de Venise avait affecté de ne pas croire à la venue des Français, auxquels il manquait le principal, disait-elle, c'est-à-dire l'argent. Après l'entrée de Charles VIII en Piémont, un dernier et pressant appel resta également infructueux, la Seigneurie prétendant que le petit nombre des soldats français était une preuve que Charles VIII ne venait pas avec des intentions de conquête, « mais plutôt pour voir l'Italie (2) ».

Le chef de l'état florentin tenta de s'adresser directement à Ludovic le More. Sur son ordre, Ridolfi quitta Venise pour se rendre à Annone; mais le duc de Bari nourrissait contre Pierre de Médicis une haine implacable; il avait des relations suivies avec le parti hostile au fils de Laurent, en particulier avec ses cousins Jean et Lorenzino (3), et, même dans ce moment où il n'était pas sans inquiétude du côté de Charles VIII, il n'hésita pas à jeter le masque vis-à-vis des Florentins. Il parla de la modération des Français, qui, malgré l'obstination de Pierre à ne pas se séparer des Aragonais, offraient encore de le traiter en ami, pourvu qu'il leur accordât le passage et les vivres. « S'il s'y refuse encore, dit le duc à Ridolfi, avant quinze jours, le roi Très Chrétien sera sur vos terres et j'y serai avec lui (4). »

---

(1) Sanuto, p. 88-89.
(2) Desjardins, I, 512. — Voyez M. Guasti, dans l'*Archivio storico italiano*, nuova serie, XIV, 2ᵉ parte, p. 50-51.
(3) Gelli, dans l'*Archivio storico italiano*, 3ᵉ série, XVI, p. 408, note 4.
(4) Desjardins, I, 566-567. — Comment concilier cette attitude de Ludovic avec le langage que lui prête Rucellai? Suivant cet auteur, le duc de Bari, effrayé par la victoire de Rapallo, aurait proposé dès lors à Pierre de Médicis d'unir leurs efforts pour arrêter la marche de Charles VIII, proposition que Pierre se serait hâté de faire connaître à l'ambassadeur français par un procédé que l'on rencontre plus souvent dans les romans que dans l'histoire. (*Bernardi Oricellarii de Bello Italico commentarius*, Londres, 1733, in-4°, p. 22-24.)

Il n'y avait plus rien à faire de ce côté. Pierre de Médicis avait épuisé les insuffisantes ressources de son imagination politique, lorsque Jean Bentivoglio lui suggéra une nouvelle manœuvre. Malgré son attitude ambiguë, le maître de Bologne conservait, paraît-il, de secrètes préférences pour les Aragonais; l'expédient qu'il proposait avait des chances réelles d'être efficace. Il consistait à profiter de la froideur que l'on disait commencer à naître entre Charles VIII et Ludovic. Dans ce dessein, Bentivoglio conseillait à Alfonse et à Pierre d'entrer en relations avec le duc d'Orléans, la duchesse de Savoie, M. de Bresse et la marquise de Montferrat, tous hostiles au duc de Bari, pour les exciter « à s'emparer de l'oreille du roi » et à mettre leur ennemi hors de la faveur de Charles VIII (1). Le conseil fut aussitôt suivi, et Pierre fit faire secrètement des ouvertures à Louis d'Orléans. Le prince n'était que trop disposé à les écouter; il réunit autour de lui un petit groupe d'affidés, dont le plus important était Briçonnet qui n'avait oublié ni ses rapports avec Florence, ni sa rancune contre Ludovic, ni surtout ce chapeau de cardinal que la reconnaissance d'Alexandre VI pouvait mettre sur sa tête. Ce groupe espérait que, harassé de toutes les difficultés d'argent au milieu desquelles on se débattait, effrayé par les autres difficultés matérielles que le duc de Bari avait jusque-là dissimulées, le roi consentirait à renoncer à l'Entreprise de Naples, pourvu qu'on lui offrît des conditions honorables.

Prié d'expliquer quelles seraient les conditions qu'il jugerait suffisantes, le duc d'Orléans proposa d'abord que le roi de Naples fît hommage à Charles VIII et lui versât une forte somme d'argent, ainsi qu'un tribut annuel. On n'eut pas de peine à démontrer au prince que l'idée de l'hommage était irréalisable, car, en admettant même qu'Alfonse y consentît, le Pape ne voudrait jamais se dessaisir de la mouvance de Naples (2). Enfin, Louis d'Orléans croyait que l'on ferait bien de lui attribuer à lui-même, en vertu de ses droits héréditaires, une partie du Milanais. A son gré, cet arrangement ne pouvait pas déplaire au roi de Naples, qui devait mieux aimer le voir en possession de ce pays que leur ennemi commun, Ludovic; il lui semblait aussi

---

(1) Antoine de Bibbiena à Pierre de Médicis, 27 septembre 1494, cité par Gelli, *loco citato*, p. 407, note 1.
(2) Desjardins, I, 574-575.

que le roi de France y pourrait trouver une suffisante satisfaction d'amour-propre. Comme premier gage de sa bonne volonté, le duc d'Orléans se vanta d'un acte qui n'était pas moins qu'une félonie envers son souverain. « Malgré ma fièvre, dit-il, j'aurais bien pu aller reprendre le commandement de la flotte ; mais je ne veux pas être exposé à rien faire contre vous (1). »

L'intrigue ne tarda pas à s'étendre : le Pape et Alfonse y prirent bientôt part. Dans l'entourage du roi de France, le duc d'Orléans n'était malheureusement pas le seul à entretenir des relations coupables avec les adversaires de Charles VIII. Commines n'avait jamais cessé d'être en rapports avec Pierre de Médicis; d'accord avec M. de Saint-Malo, il s'adressait au chef de l'état florentin pour faire recommander au Pape d'envoyer un légat auprès du roi (2). Philippe de Bresse et Myolans étaient de ceux sur qui l'on comptait pour diriger toutes ces manœuvres (3). Alfonse avait un agent secret auprès de M. de Bresse « dont le cerveau inquiet était capable de remuer le monde », et il lui faisait même passer de l'argent que l'on croyait indispensable pour mener l'affaire à bonne fin (4).

Au milieu de l'hésitation et de la déloyauté générales, un seul homme, Étienne de Vesc, était toujours resté fidèle aux projets d'expédition. S'il ne peut être complètement à l'abri du reproche de cupidité que lui adresse Commines, il donnait un exemple de constance à peu près unique dans l'entourage du roi. Il avait eu le tort d'accepter jadis des présents de Ludovic (5); mais, pour les mériter, il n'avait rien fait qui fût nuisible aux intérêts de son maître; il voyait au contraire, dans l'alliance avec le duc de Bari, un moyen d'amener le triomphe d'une politique qu'il avait toujours préconisée (6). Alors que Briçonnet et tant d'autres s'étaient laissé ébranler, il n'avait jamais cessé un moment de travailler à rendre l'Entreprise possible. Charles VIII n'avait eu besoin d'aucune suggestion pour concevoir le projet de la conquête de Naples; mais les trahisons et l'inertie volontaire des siens seraient

(1) *Ibidem*, 479.
(2) Kervyn de Lettenhove, *Lettres et Négociations de Philippe de Commines*, II, 124 et 127.
(3) Commines, II, 350.
(4) Desjardins, I, 460-462.
(5) Voyez plus haut, p. 240.
(6) Voyez plus haut, p. 204.

peut-être parvenues à faire avorter son entreprise, si le sénéchal de Beaucaire ne s'était trouvé là pour déjouer leurs intrigues et faire exécuter les ordres du roi en dépit des obstacles. Ludovic le More n'avait confiance qu'en lui, et dans ce moment difficile où les intrigues de ses ennemis l'empêchaient de trouver auprès du roi, malade, le libre accès des premiers jours, il déclarait vouloir se guider d'après les conseils du sénéchal (1).

De son côté, Charles persistait dans son dessein avec une inébranlable fermeté. En vain la reine et le duc de Bourbon le suppliaient de revenir en France (2); en vain la plupart de ses conseillers insistaient pour qu'il allât au moins passer l'hiver en Provence (3). Au plus fort de sa maladie, il envoyait chercher à la Chartreuse de Pesio les prophéties du bienheureux Antoine Le Coq d'Avigliana, que son père avait jadis connu, afin sans doute d'y chercher quelque parole qui pût se rapporter à son entreprise (4). Encore retenu au lit, il reprit la direction des affaires militaires et maritimes. A peine remis, il demandait à voir Ludovic, pour lui faire oublier par de bonnes paroles le mauvais accueil qu'il avait reçu pendant sa maladie (5). Un autre jour, comme on lui conseillait encore de ne pas pénétrer plus avant en Italie, il se retourna vers une image de la sainte Vierge qui se trouvait dans la salle et fit le serment de ne pas reculer d'un pas avant d'être entré dans Rome (6). Enfin, lorsque Laurent Spinelli, l'ancien chef de la banque de Lyon, qui dirigeait les négociations entamées avec le duc d'Orléans et M. de Bresse (7) en vue d'arriver à un accommodement, crut le moment venu d'offrir, au nom d'Alfonse, un tribut annuel de 3oo ooo ducats, Charles VIII refusa de l'entendre « pour ce qu'il lui sembla chose n'estre raisonnable (8) ».

Du jour où l'impulsion royale avait manqué, tout ce qui touchait à

---

(1) Ludovic à Belgiojoso. Asti, 29 septembre 1494. (Archives de Milan, *Potenze estere, Francia.*)
(2) Sanuto, 90.
(3) Desjardins, I, 519.
(4) *Miscellanea di storia italiana*, X, 870, note 2.
(5) Ludovic à Belgiojoso. Asti, 29 septembre 1494. (Archives de Milan, *Potenze estere, Francia.*)
(6) Senarega, dans Muratori, *Scriptores*, XXIV, 543 D.
(7) Desjardins, I, 461-462. — Commines, II, 350.
(8) La Pilorgerie, *Campagne et bulletins de la Grande armée d'Italie*, p. 85.

l'exécution de l'Entreprise s'était trouvé suspendu. Gilbert de Montpensier dont on avait cependant annoncé le 11 septembre le départ pour la Romagne(1), Commines déjà désigné pour aller prendre à Venise la place laissée vacante depuis le retour de M. de Cytain, n'avaient pas quitté Asti. Mais, avant même que le roi fût complètement rétabli, le 20 septembre, Montpensier parlait de son départ imminent, et cinq jours plus tard, tandis qu'il cheminait vers la Romagne, Commines se mettait en route par Brescia, Vérone, Vicence et Padoue (2); enfin, le 26, le cardinal de La Rovère s'en allait à Gênes suppléer le duc d'Orléans. Quant à l'argent, ce fut le duc de Bari qui le procura. Moyennant de bonnes cautions, il garantit un emprunt de 57 500 écus fait à quatre marchands milanais, et promit d'employer 50 000 ducats en dépenses de guerre, dont il rendrait compte au roi. Sur cette somme, 30 000 ducats devaient être envoyés au général des finances, Bidan, pour les troupes de Rome (3). Le bruit public grossit beaucoup le service rendu par le duc aux Français; on alla jusqu'à parler d'une avance de 150 000 et même de 400 000 ducats (4).

Ludovic lui-même, peu satisfait de l'accueil qu'il venait de recevoir pendant la maladie du roi, avait fait mine de vouloir quitter Annone sans le revoir (5). Cependant, il reparut bientôt à Asti. Il était aux côtés de Charles VIII lorsque celui-ci reçut Georges Pisani, qui venait au nom des Vénitiens le féliciter de son rétablissement (6). D'autres ambassadeurs arrivèrent à la petite cour d'Asti; il en vint même un de la part du marquis de Mantoue, et cela au moment où le marquis reprochait à la Seigneurie de Venise son inaction en face des envahisseurs de l'Italie (7). Sanuto va jusqu'à prétendre que l'ambassadeur mantouan avait ordre de

(1) Morleto Ponzone à la marquise de Mantoue. Asti, le 11 septembre 1494. (Archives de Mantoue, E XLIX 3.).
(2) *Notices et documents publiés à l'occasion du cinquantenaire de la Société de l'Histoire de France*, p. 289. — Desjardins, I, 570. — Commines, II, p. 404.
(3) Asti, 27 septembre 1494. (Bibliothèque nationale, latin 10133, fol. 490 r° v°.)
(4) Donato de Pretis au marquis de Mantoue. Milan, 10 octobre 1494. (Archives de Mantoue, E XLIX 3.)
(5) Ludovic à Belgiojoso, 29 septembre 1494 (Archives de Milan, *Potenze estere, Francia*).
(6) Sanuto (p. 90) doit se tromper lorsqu'il fixe la réception de Pisani au 3 octobre, car il mentionne en termes exprès la présence de Ludovic le More, et ce jour-là le duc de Bari était à Vigevano. (Du même au même, Vigevano, 3 octobre 1494. *Ibidem*.)
(7) Sanuto, p. 90. — Desjardins, I, 514.

mettre les états de son maître à la disposition du roi. Doit-on croire capable d'une semblable duplicité l'un des rares hommes de ce temps qui se soient conduits en bons Italiens et, chose plus exceptionnelle encore, en loyaux soldats? Peut-être, après tout, François de Gonzague n'agissait-il qu'à l'instigation d'Alfonse de Naples (1), et n'avait-il pour but que de faire constater par son envoyé Jacques d'Andria si

Vue de Vérone, tirée du *Supplementum Chronicarum*, édition de 1490.

le roi persistait réellement à pousser plus loin en Italie. En ce cas, l'agent du marquis dut savoir bientôt à quoi s'en tenir : deux jours après lui avoir donné audience, Charles VIII écrivait au duc de Bourbon qu'il allait partir le lendemain ou le surlendemain pour aller à Parme, de manière à se rapprocher de l'armée de Romagne, avant de prendre un parti quant à sa marche ultérieure (2). Ce parti devait certainement être déterminé par l'attitude des Florentins, à qui le roi

---

(1) Voyez plus haut, p. 361.
(2) *Archives des Missions*, II⁰ série, t. II, p. 385.

voulait bien offrir une dernière chance de salut. Très peu de temps avant son départ, un ambassadeur, M. de Gimel, se mit en route pour aller demander encore une fois à Pierre de Médicis s'il voulait, oui ou non, accorder aux Français le passage et les vivres (1).

Mais, pour se rendre dans le Parmesan, Charles VIII prenait un chemin qui n'était assurément pas le plus court. Il disait vouloir rendre visite, en passant, à la marquise de Montferrat et à son malheureux cousin, le duc de Milan. Ce projet n'avait rien qui pût plaire à Ludovic le More : la marquise était son ennemie déclarée, et il y avait à peine deux mois qu'il s'était plaint d'elle au roi de France (2). Quant au duc de Milan, et surtout à Isabelle d'Aragon, que ne pouvait-on pas craindre de leurs rancunes contre celui qui les tenait presque prisonniers dans le château de Pavie? C'était pour éviter ce danger que Belgiojoso et Galéaz de San-Severino avaient maintes fois reçu l'ordre d'insister auprès du roi sur les mauvaises dispositions du duc et de la duchesse envers lui et envers le duc de Bari (3); c'était pour empêcher toute rencontre entre les cousins que Ludovic avait mis tant d'ardeur à recommander au roi d'aller sans retard s'embarquer à Gênes et qu'il s'était empressé de se porter lui-même à sa rencontre; c'était enfin dans le même dessein que, lorsque la victoire de Rapallo avait fait abandonner la route de mer, il avait été d'avis que Charles VIII se rendît directement en Toscane. Mais, soit que le nouveau projet émanât de l'initiative royale, soit qu'il eût été suggéré par les ennemis de Ludovic le More, la résolution du roi était prise, et il n'y avait pas à essayer de l'y faire renoncer. Il ne résultait pas de là que le duc de Bari fût complètement en disgrâce, car Charles VIII comptait s'arrêter au passage dans son beau domaine de Vigevano. Néanmoins, le tuteur de Jean-Galéaz avait pris peur, et, sous prétexte d'aller faire les préparatifs nécessaires à la réception d'un si grand prince, il avait voulu s'éloigner au plus vite ; les conseils d'Étienne de Vesc l'avaient seuls déterminé à revenir prendre congé du roi (4). Au fond, Ludovic avait raison : il devait

---

(1) Cherrier, I, 458.
(2) Ludovic à Belgiojoso, Bernate, 24 juillet 1494. (Archives de Milan, *Potenze estere, Francia.*)
(3) Du même au même, Cusago, 18 juillet 1494. (*Ibidem.*)
(4) Du même au même, 29 septembre 1494. (*Ibidem.*)

bientôt s'apercevoir que son allié n'avait plus en lui l'aveugle confiance qu'il lui avait témoignée jusque-là.

L'inquiétude commençait d'ailleurs à gagner ceux mêmes qui avaient d'abord affecté une tranquillité plus ou moins réelle. A Venise, les déclarations faites par Commines avaient convaincu la Seigneurie que l'Entreprise serait plus sérieuse qu'elle ne l'avait voulu croire. Dans sa première entrevue, obtenue le 3 octobre, l'ambassadeur français avait protesté contre les propos mensongers de ceux qui attribuaient à Charles VIII l'intention de se rendre maître de l'Italie tout entière. Devant une commission chargée de recevoir ses communications plus intimes, le sire d'Argenton s'efforça d'anéantir les craintes que la République aurait pu concevoir en voyant tomber Naples aux mains d'une puissance plus redoutable encore que celle des Aragonais. Le roi, disait-il, offrait même, pour rassurer complètement les Vénitiens, de leur remettre certains ports de la Pouille, jusqu'au jour où l'on serait en état de les échanger contre des provinces enlevées aux Turcs. Ne pourrait-on pas, en retour, prêter à Charles VIII un concours même peu considérable, dont l'effet moral serait de décourager Alfonse? La conquête de Naples, d'ailleurs, n'était que le prélude d'entreprises bien autrement vastes et bien autrement profitables aux intérêts généraux de la chrétienté (1).

Le Sénat fit une réponse courtoise, dans laquelle il évita tout ce qui pouvait le compromettre. L'alliance avec la France subsistant toujours, elle n'avait, disait-il, besoin ni d'être renouvelée ni d'être achetée par la concession des ports de la Pouille. La fidélité des Vénitiens était tellement inébranlable qu'ils résistaient aux sollicitations qu'Alfonse leur adressait au même moment. Quant au concours demandé, les menaces des Turcs ne permettaient de rien distraire des forces de la République (2). En outre la Seigneurie eut l'adresse de laisser croire à l'ambassadeur qu'elle ne jugeait pas « que le roy allât guères loin ». En réalité, les offres qu'elle avait reçues lui avaient enfin ouvert les yeux : le lendemain même du jour où elle avait donné réponse à l'ambassadeur, elle faisait avertir Ludovic que, puisqu'il s'était récemment déclaré prêt à rendre la paix à l'Italie, le moment était venu

(1) Cherrier, I, 450-451.
(2) *Ibidem*, 452.

d'arrêter la marche du roi de France et de le renvoyer dans son royaume (1).

A Venise même, certaines voix officieuses priaient Commines d'engager le roi à faire la paix (2). Du reste le penchant naturel de l'ambassadeur l'entraînait déjà de ce côté. Ludovic, qui avait ses raisons pour se méfier de lui, avait chargé son envoyé à Venise, Thaddée Vimercati, de le surveiller étroitement. Mais Commines, tout en se plaignant d'avoir sans cesse le Milanais « sur les talons (3), » parvenait quelquefois à lui échapper. Il en profitait alors pour communiquer avec l'orateur florentin et pour transmettre à Pierre de Médicis des conseils de toute sorte sur les meilleurs moyens de faire échouer l'Entreprise de Charles VIII, et jusqu'à des recommandations concernant la défense des places florentines contre les Français (4).

En dépit de toutes les manœuvres et de toutes les perfidies, Charles s'était remis en marche et, se, dirigeant vers l'Apennin, il était sur le point d'entrer en Toscane. Le jour même de son départ d'Asti, le 6 octobre, il avait couché à Moncalvo, où l'attendait la marquise de Montferrat, avec son fils et son oncle Constantin Arniti, pour lui faire escorte le lendemain jusqu'à Casal. La petite cour du Montferrat était toute grecque : Marie était fille d'Étienne, Despote de Serbie ; Constantin, qui partageait le gouvernement avec elle, appartenait à la famille des Comnène. Par eux, le roi pouvait nouer des relations avec ces populations de la péninsule hellénique que l'on disait prêtes à se soulever. De leur côté, Marie et Constantin n'étaient pas moins impatients de recevoir Charles VIII. La marquise avait déjà envoyé son oncle à Turin pour mettre ses états à la disposition de la France; elle l'avait envoyé une seconde fois avec le jeune marquis à Asti, pendant la maladie du roi, pour le solliciter de venir jusqu'à Casal (5). L'accueil que Charles VIII reçut le 7 octobre dans la capitale du Montferrat ne fut pas moins cordial que celui qu'on lui avait fait à Turin. La marquise ne se borna pas à imiter les magnificences de sa belle-sœur, la duchesse de Savoie; elle prêta

---

(1) Gelli, dans l'*Archivio storico italiano*, 3ᵉ série, t. XVI, p. 408.
(2) Desjardins, I, 527.
(3) Kervyn de Lettenhove, II, 123.
(4) Desjardins, I, 529.
(5) Sanuto, 87-91.

comme elle ses bijoux pour servir de gage à un emprunt d'égale valeur (1). Elle fit mieux encore : pour rendre plus efficace la protection de la France, à laquelle son mari l'avait recommandée en mourant, elle pria le roi de prendre officiellement le Montferrat sous sa sauvegarde. Charles VIII accepta, et, dès le lendemain, il envoya au jeune marquis « de riches et nouveaux habillements à la mode de France, faisant paroistre sa libéralité à son endroit et comme il le prenoit et recevoit sous sa garde et protection (2) ».

Après trois jours passés au milieu des fêtes, le roi se remit en route, et, tout en chassant, il entra sur les terres du duc de Milan. Ce fut alors qu'il laissa voir quel revirement s'était opéré dans son esprit à l'égard du duc de Bari. Dès la première couchée, au château de Mortara, en présence même de Ludovic qui était venu l'attendre à Cozzo, il exigea que les portes fussent fermées pendant la nuit et fit veiller sa garde en armes (3); à mesure qu'il se rapprochait de celui qu'il prétendait jadis « traiter comme un père », sa méfiance paraissait s'accroître. Ce fut en vain que Ludovic et Béatrice d'Este le reçurent avec des honneurs exceptionnels dans ce somptueux château de Vigevano qui faisait l'admiration des Italiens, Charles VIII n'en exigea pas moins qu'on lui remît toutes les clefs du château et que ses gardes fissent des rondes pendant la nuit. On s'imagine ce que devaient être les appréhensions du duc de Bari. L'espoir qu'il avait eu jadis de contenir à son gré le roi de France était désormais évanoui. A l'ambassadeur de Venise, qui choisit ce moment pour engager Ludovic à faire retourner en France le dangereux allié qu'il avait attiré en Italie, le duc avoua qu'il n'en était plus maître. Il ne parvenait même pas à retarder cette entrevue avec Jean-Galéaz, qu'il redoutait plus que toute autre chose. Vainement il proposa au roi de lui faire visiter Milan; la réponse fut qu'on n'avait plus de temps à perdre. D'ailleurs, il avait encore besoin des Français pour se mettre à l'abri des attaques de Pierre de Médicis. Celui-ci lui avait fait dire, pendant le séjour de Charles VIII, que, s'il voulait remplir l'Italie de Français, le roi de Naples et les Florentins étaient résolus à la

---

(1) Commines, II, 333.
(2) Desrey, 215.
(3) Sanuto, 670. — *Storia del Cagnola*, dans l'*Archivio storico italiano*, t. III, p. 190.

remplir de Turcs (1). Il n'y avait plus à reculer; le jour même où cette communication lui était parvenue, le 13 octobre, Ludovic partait avec le roi de France.

L'entrée à Pavie, qui eut lieu le lendemain, fut plus triomphale encore que les précédentes. Le clergé et les citoyens vinrent à la rencontre du roi et le conduisirent jusqu'à la cathédrale, à travers les rues tendues de tapisseries (2). Ludovic avait fait préparer les logements de Charles VIII dans la ville, loin du château où languissait l'infortuné Jean-Galéaz. Mais le roi voulut demeurer sous le même toit. On ne pouvait pas traiter un grand prince, cousin du duc, comme Philippe de Commines à qui l'on n'avait pas permis quelques jours plus tôt de présenter ses hommages au souverain de Milan; il fallut céder. Charles se fit, comme toujours, remettre toutes les clefs avant d'entrer; sans se préoccuper des plaintes de Ludovic, qui affectait de paraître offensé de toutes ces précautions, il établit aux portes une double garde de ses propres soldats (3) et, dès le même soir, il alla voir sa tante, la duchesse douairière Bonne de Savoie.

Ludovic n'eut garde de ne pas assister à l'entrevue qui eut lieu le lendemain entre les deux cousins germains. Jean-Galéaz, épuisé par la maladie, ne quittait plus son lit; contenu par la présence de son oncle, il n'osa se plaindre de lui. Tout ce qu'il put faire, ce fut de recommander au roi son jeune fils, qui se trouvait auprès de lui. Charles VIII, visiblement touché, prit l'enfant dans ses bras et promit de le considérer comme le sien. A ce moment, la malheureuse Isabelle d'Aragon, plus hardie que son époux, se jeta aux pieds du roi en le suppliant d'épargner son père et son frère. « Il lui respondit qu'il ne se povoit faire; mais elle avoit meilleur besoing de prier pour son mary et pour elle, qui estoit encore belle dame et jeune (4). » Charles VIII, en effet, regardait son expédition comme l'accomplissement d'un devoir, et il ne se serait pas plus décidé à y renoncer qu'à rompre, malgré ses défiances croissantes, l'union qu'il avait contractée avec le duc de Bari. Quelques personnes crurent, à la suite de cette

---

(1) Foucard, *Pubblicazione del carteggio diplomatico d'Italia dal 1495 al 1496*, p. 40.
(2) Sanuto, 671. — Desrey, 216.
(3) Commines, II, 343.
(4) *Ibidem*, II, 344.

entrevue, qu'il pourrait terminer sa querelle avec Alfonse par un accommodement (1). Elles eussent perdu toute espérance, si elles avaient pu voir la lettre menaçante que le roi écrivit, du château de Pavie, au Pape, le jour même de sa visite à Jean-Galéaz-Marie.

Depuis le 18 septembre, les Colonna s'étaient emparés d'Ostie, et ils y avaient planté les étendards du roi de France et du cardinal de La Rovère. Alexandre VI les avait sommés de lui restituer cette ville, la clef du Tibre, et il avait lancé un bref contre Prosper et Fabrice

Vue de Pavie au commencement du seizième siècle, d'après la *Cosmographie* de Belleforest.

Colonna, Antoine, Trojano et Troïlo Savelli, et contre Jérôme Tuttavilla, ce fils italianisé du cardinal d'Estouteville, leur prescrivant de faire leur soumission dans un délai de six jours, sous peine d'être déclarés rebelles, de voir leurs biens confisqués et leurs demeures détruites (2). Ne se fiant pas à sa seule autorité morale, il avait organisé un corps de troupes (3), et il avait désigné le cardinal de Sienne, pour aller en qualité de légat protester auprès de Charles VIII. Telles furent les nouvelles qui motivèrent la lettre de Pavie. Le roi déclara que les

---

(1) Desjardins, I, 586.
(2) *Burchardi diarium*, II, 186, 189-192.
(3) Parenti, fol. 51 v°. L'un des principaux chefs de ces troupes était Jacques Conti, qui avait cependant des engagements vis-à-vis du roi de France.

Colonna étant à son service, non pour nuire à Sa Sainteté ni à l'Église, « mais seulement pour le bien d'icelle et recouvrement de mon royaume de Naples, lequel, à bon et juste titre, me compecte et appartient », il considérerait toute attaque dirigée contre eux comme une attaque contre lui-même et comme une déclaration formelle en faveur d'Alfonse. Il somma le Pape de rester neutre, et refusa de recevoir le cardinal de Sienne, dont les sympathies aragonaises étaient trop connues. Pour ôter à Alexandre VI tout espoir d'échapper à sa visite, il lui fit part du vœu qu'il avait contracté de venir à Rome « visiter les saints et dévotz lieux qui y sont », vœu qu'il espérait bien pouvoir accomplir avant Noël. Enfin, il s'étonnait fort que l'on n'eût pas encore mandé à Rome le cardinal grand-maître de Rhodes; il avait, en effet, exprimé plus d'une fois le désir de régler avec lui la prochaine expédition contre les Turcs (1). Mais quand Alexandre VI reçut la lettre royale, il avait déjà fait démolir deux maisons appartenant à Prosper Colonna et à Jérôme Tuttavilla, et le cardinal de Sienne était déjà parti (2).

Quant à Charles, il avait bientôt quitté Pavie. Ludovic tenait, en effet, à ce que la triste scène du 15 octobre ne se renouvelât pas. Il emmena le roi passer la journée du lendemain au milieu des splendeurs de la Chartreuse (3), et, le 17, les deux princes se mirent en route pour Plaisance, où ils entrèrent le 18.

Charles VIII cheminait au milieu d'une véritable petite armée de plus de sept mille chevaux, suivi d'une artillerie de quarante pièces et d'un nombreux charroi. Le cortège s'avançait avec une certaine pompe destinée à frapper l'imagination des Italiens. On le reconnaissait de loin à ses étendards de soie blanche chargés de l'écu de France couronné et des devises : *Voluntas Dei* ou *Missus a Deo*. Entouré de ses gens, qui portaient sur leurs habits l'initiale de son nom entrelacée avec celle du nom de la reine, vêtu de noir, il chevauchait la plupart du temps en s'entretenant avec son compagnon de lit, le comte de Ligny; d'autres fois, il montait dans une voiture attelée de chevaux d'une

---

(1) Charles VIII à Alexandre VI; Charles VIII au cardinal de Saint-Denis, son représentant permanent à Rome. Château de Pavie, 15 octobre [1494]. (Bibliothèque nationale, Fr. 2933, fol. 153-156.)

(2) *Burchardi diarium*, II, 192-193.

(3) Sanuto, 672.

grande beauté. Les dimanches, le voyage était interrompu. A Plaisance, on retrouva une autre partie de l'armée et un bon nombre de Suisses. A la suite des combattants venaient une quantité d'ouvriers de toutes sortes et « force courtisanes françaises ». Tout ce monde causait aux Italiens une impression étrange, mélangée à la fois d'admiration, de terreur et de mépris. « Ces Français, dit Sanuto, sont une gent très orgueilleuse, très courageuse et gaillarde; ils portent de grandes pantoufles aux pieds et fort larges, et leurs étriers sont très longs. Ils ont des bottes par-dessus les grèves, de grands chapeaux sur la tête et des habits courts à larges manches. Ils sont enclins à la luxure, et mangent et boivent volontiers. Bref, c'est une race fort déréglée (1). »

Charles VIII devait faire à Plaisance le séjour qu'il avait d'abord compté faire à Parme. Il allait y recevoir de nouvelles propositions d'accommodement. La veille même de son entrée, un envoyé du Pape et un ambassadeur de la reine douairière de Naples étaient arrivés ensemble à Plaisance. La veuve de Ferrand offrait son intervention pour amener un dénouement pacifique. Le roi répondit qu'il ne pouvait rien écouter avant d'avoir conquis ce qui lui appartenait; mais que l'on pouvait se fier à lui pour être « toujours gracieulx aux dames et pour les traicter ainsi qu'il appartient ». Il ne se vantait pas, d'ailleurs; l'un de ses premiers actes, en arrivant à Naples, fut de conserver à la reine douairière l'apanage dont elle jouissait.

Quant à l'envoyé du Pape, c'était un moine français, Jean de Mauléon, qui avait naguère pris part aux négociations du traité de Barcelone. Il était porteur d'un bref par lequel Alexandre VI engageait encore une fois le roi de France à renoncer à ses projets, pour envoyer une armée contre les Turcs, qui menaçaient alors la Hongrie. Il va sans dire que Charles ne se laissa pas plus émouvoir par ce bref que par les précédents. Comme le Pape pensait à lui envoyer son neveu, le cardinal de Monreale, en qualité de légat, le roi déclara qu'il ne recevrait pas le cardinal qui avait couronné Alfonse. Alexandre VI avait sans doute alors le dessein de tenter ce que pourrait son intervention personnelle, car Jean de Mauléon s'informa secrètement de l'accueil qui serait fait au Souverain-Pontife s'il venait con-

(1) Sanuto, 673.

férer avec le roi à Sienne ou à Florence. On lui donna d'ailleurs les assurances d'un profond respect et d'une sincère bonne volonté envers le Saint-Siège; mais les choses en restèrent là (1). Les prétendues craintes d'Alexandre VI ne l'empêchaient pas d'avoir avec le Sultan les rapports que l'on sait, mais le péril turc était un prétexte que les chancelleries du temps ne manquaient pas d'invoquer à tout propos. Les Vénitiens s'en étaient déjà servi pour s'excuser vis-à-vis de Commines de ne pas aider matériellement à l'expédition; ils y eurent de nouveau recours, maintenant qu'ils commençaient à redouter le succès des Français. Un envoyé de la Seigneurie communiqua au roi, le 19 octobre, des lettres concernant les menaces des Infidèles; mais cette communication resta sans grand effet. Charles ne répondit qu'en remerciant l'orateur et en l'assurant « qu'il pourvoirait à tout (2). » Il devenait de plus en plus évident que l'on ne parviendrait pas à empêcher le roi de franchir les Apennins, et les nouvelles qui lui arrivaient de Toscane n'étaient pas faites pour l'en détourner.

Le dernier envoyé français, M. de Gimel (3), était arrivé le 4 octobre à Florence, où il avait retrouvé l'ambassadeur permanent (4). Après trois jours passés en conférences secrètes avec Pierre de Médicis, les deux orateurs français déclarèrent à la Seigneurie, dans une audience publique, qu'ils venaient, pour la dernière fois, demander si les Florentins consentaient à accorder les vivres et le passage, et à rompre avec le roi Alfonse. On remit d'abord la réponse jusqu'au 10, sous prétexte qu'il importait de consulter plusieurs citoyens notables qui se trouvaient alors à la campagne; puis, le délai expiré, on déclara aux deux orateurs que, vu l'importance de la chose, les gouvernants n'étaient pas encore bien d'accord, et qu'on enverrait un ambassadeur porter la réponse à Charles VIII. Les agents français partirent dès le lendemain, en laissant voir qu'un pareil procédé n'était pas moins outrageant pour eux que pour leur maître (5). Le

---

(1) La Pilorgerie, *Campagnes et bulletins de la Grande armée d'Italie*, p. 85. — Sanuto, 673.
(2) Sanuto, 673.
(3) Voyez plus haut, p. 414.
(4) Cet ambassadeur devait être toujours Matheron. Cependant, d'après Sanuto, Matheron aurait quitté Florence pour Gênes depuis le 20 août, en même temps que l'orateur milanais. (Sanuto, p. 68.)
(5) Parenti, fol. 51 v°, 52 v°, et 55 r°.

peuple ne comprenait rien à l'obstination de Pierre de Médicis : « Ne pas donner le passage, disait un brave apothicaire florentin, parut à tout le monde une grande et dangereuse sottise (1). »

Un essai non officiel de conciliation, tenté vers le même moment, ne réussit pas mieux. Vesc et Briçonnet avaient pensé que Commines, grâce à ses anciennes relations avec la maison de Médicis, aurait peut-être plus d'influence sur le chef de l'état florentin. Dès son

Médaille d'Antoine de Gimel.

arrivée à Venise, le sire d'Argenton écrivit en ce sens à Pierre de Médicis; mais celui-ci persistait dans son aveugle attachement à la maison d'Aragon; il chargea Pierre Capponi de transmettre à Commines une réponse presque insultante. Et cependant Charles VIII ne demandait alors que le libre passage; tout au plus aurait-il exigé la remise de Livourne entre ses mains. Un mois plus tard, Pierre venait lui-même offrir au roi toutes les places florentines que les Français n'occupaient pas encore (2).

Avant d'aller rejoindre Charles VIII, M. de Gimel et son collègue

(1) Luca Landucci, *Diario fiorentino*, publié par Iodoco del Badia, Firenze, 1883, p. 70.
(2) Commines, II, 358-359.

firent une visite à **Lorenzino de Médicis**, que son exil retenait toujours loin de Florence. Ils en avaient d'avance averti la Seigneurie, qui n'osa les en empêcher. Deux jours après leur départ, Lorenzino, accompagné de son frère Jean, rompit son ban et prit la route de Plaisance, sans paraître s'inquiéter des représailles que l'on pourrait exercer sur sa femme, sur ses enfants et sur ses biens, qu'il laissait derrière lui (1). Il venait mettre à la disposition du roi les terres de son beau-frère, le seigneur de Piombino, « et faire quelque bon service ». Cette offre, jointe aux offres analogues que faisaient les Anciens de Lucques de tout leur territoire, ne compensait pas cependant le refus de passage dans lequel persistait Pierre de Médicis (2). Sachant ses pires ennemis auprès de Charles VIII, connaissant le mécontentement qui régnait partout à Florence, prévoyant qu'une révolution se préparait contre lui, Pierre envoya à Plaisance, sous un déguisement, Niccolini et Pierre Alamanni, qui ne purent rien obtenir. Il sortit encore de son apathie pour essayer d'intéresser le duc de Ferrare en sa faveur. Quant à l'ambassadeur qui devait porter sa réponse au roi de France, il n'était pas encore désigné : ce fut le vieil évêque d'Arezzo, Gentile Becchi, qui se mit en route le 22 octobre (3). Il devait redire encore une fois ce que tant d'autres avaient dit avant lui : que la situation de la République ne lui permettait pas de s'engager, mais qu'elle tenait à persévérer dans son attachement traditionnel à la Majesté très chrétienne (4).

Cependant, une grave nouvelle était parvenue à Plaisance le 21 octobre : le duc de Milan se mourait. Ludovic, fort peu rassuré sur le maintien de ses bons rapports avec Charles VIII, avait tenu à le suivre, aussi bien pour lui marquer son dévouement que pour surveiller ses rapports avec les puissances italiennes (5). Vu les circonstances, il n'hésita pas à laisser ce soin à Galéaz de San-Severino, et il partit en toute hâte pour Pavie. Ayant appris sur la route que son neveu était déjà mort, il se rendit aussitôt à Milan (6). Le moment était

(1) Parenti, fol. 53 v°.
(2) Sanuto, 674 et 101. — La Pilorgerie, 88 et 89.
(3) Sanuto, 106. — Parenti, fol. 54 r° et v°.
(4) Desjardins, I, 419-422.
(5) Il était auprès du roi lors de l'audience donnée à Jean de Mauléon. (La Pilorgerie, 85.
(6) Commines, II, 345.

venu où il allait pouvoir jouir des prérogatives souveraines en même temps que de l'autorité qu'il exerçait depuis bientôt quinze ans. Du côté de l'Empire, tout était en règle. Le duc de Bari avait en effet plus que la simple promesse d'investiture donnée par Maximilien, lors de son mariage avec Blanche Sforza. Le 5 septembre 1494, pendant que Charles VIII entrait à Turin, le roi des Romains avait accordé à Ludovic le duché de Milan pour lui et sa descendance mâle ; une simple pension de 12 000 ducats était stipulée pour Jean-Galéaz-Marie et pour ses enfants (1). Bien que cet acte n'eût, comme nous l'avons dit ailleurs, rien que de parfaitement légal au point de vue du droit impérial, Maximilien dut éprouver quelque scrupule à dépouiller ainsi l'homme dont il avait consenti à épouser la sœur. Il avait même, sur ce point, la conscience si peu calme, qu'il éprouva, un mois plus tard, le besoin d'expliquer la mesure qu'il venait de prendre, en disant que c'était une règle dans l'Empire, de ne jamais investir d'un fief celui qui l'avait factieusement usurpé et qui l'avait reçu de qui n'en pouvait disposer, comme les Sforza l'avaient reçu du peuple de Milan (2). L'argument pouvait facilement être retourné contre Ludovic lui-même, qui n'occupait le pouvoir que par une usurpation.

Il ne semble pas que cet acte d'investiture fût parvenu à la connaissance du roi de France. Le More n'osait sans doute pas plus le lui avouer qu'il ne pensait à s'en prévaloir auprès des Milanais. Beaucoup d'entre eux prévoyaient bien que le duc de Bari se substituerait à l'enfant que son neveu avait laissé ; néanmoins, il crut devoir jouer vis-à-vis d'eux une odieuse comédie. Le 22 octobre, deux cents des principaux du duché furent réunis au Château de Milan, et Ludovic dans un discours où il n'eut garde d'oublier les services qu'il avait rendus à l'état leur proposa de proclamer le fils du duc défunt. Mais quelques-uns de ses amis protestèrent, et, prétendant que la gravité des circonstances ne permettait pas que le pouvoir tombât aux mains d'un enfant, ils le supplièrent de prendre le sceptre ducal. Personne n'osa contredire. Ludovic, feignant de ne céder qu'aux instances des Milanais, revêtit une robe de drap d'or et, sans plus tarder, se rendit à Saint-Ambroise en appareil ducal, au milieu des acclama-

---

(1) Lünig, *Codex Italiæ diplomaticus*, I, 489.
(2) Lünig, I, 493. — Ulmann, *Kaiser Maximilian I*, t. I, p. 225-226.

tions de ses courtisans (1). Quant au peuple, le sentiment qui dominait chez lui paraissait être l'étonnement (2). Il n'avait pas été question du diplôme du 5 septembre; seulement, le nouveau duc eut soin de déclarer secrètement, devant notaire, qu'il prenait le pouvoir en vertu de l'investiture impériale (3), et il ne se hasarda à porter dans les actes le titre de duc de Milan que lorsque son ambassadeur lui en eût transmis l'autorisation de la part du roi des Romains (4).

A Venise, on avait connu le projet du duc de Milan en même temps que la mort de son neveu. « A la vérité dire, rapporte Commines, il en desplaisoit au duc et Seigneurie de Venise, et me demandèrent si le Roy tiendroit point pour l'enfant; et combien que la chose fût raisonnable, je leur mis en doubte, veu l'affaire que le Roy avoit au dict Ludovic (5). » Le sire d'Argenton ne se trompait pas. Charles VIII avait pleuré en apprenant la mort de son cousin; il avait fait célébrer un service funèbre et distribuer de grandes aumônes pour le repos de son âme (6); mais il accueillit avec une apparente satisfaction la nouvelle de l'élévation de Ludovic. Les principaux de sa cour, MM. de Saint-Malo et de Beaucaire, le maréchal de Gié montrèrent les mêmes sentiments. Cependant le Roi n'oubliait pas les promesses qu'il avait faites à Pavie. « Il s'attendrit seulement quelque peu sur le compte des enfants du feu duc, écrivit Galéaz de San-Severino à Ludovic, disant qu'il souhaitait que Votre Excellence les considérât comme les siens; ce dont je l'assurai (7). »

La maladie et la mort du pauvre duc de Milan s'étaient produites à un moment si opportun, que le bruit se répandit partout qu'elles étaient dues à un poison lent. On affirmait que le médecin de Charles VIII, Théodore Guaynier, avait reconnu chez le prince mourant des symptômes visibles d'empoisonnement. Un billet déposé sur le cercueil de Jean-Galéaz-Marie contenait une accusation à laquelle

---

(1) Cherrier, I, 465.
(2) Sanuto, 675.
(3) Guichardin.
(4) Erasmo Brasca à Ludovic. (Bibliothèque nationale de Paris, *Archivio Sforzesco*, vol. 28, fol. 392.)
(5) Commines, II, 345.
(6) Desrey, 217.
(7) Galéaz de San-Severino à Ludovic. Plaisance, 23 octobre 1494. (Bibliothèque nationale, fonds italien, 1610, fol. 386.)

la reine des Romains ajouta foi. Elle s'efforça de séparer son époux de celui qu'elle considérait comme le meurtrier de son frère. Maximilien, après avoir longtemps résisté, finit par consentir à entrer en relations secrètes avec la veuve et la mère du jeune duc; mais Ludovic parvint à découvrir ces relations; à force d'argent et d'adresse, il réussit à les empêcher d'aboutir (1). Charles VIII ne crut certainement pas alors à la culpabilité de Ludovic, car nous connaissons assez son caractère chevaleresque pour ne pas admettre qu'il ait pu jamais consentir à rester l'allié d'un assassin. Il est d'ailleurs aujourd'hui prouvé que, si le duc de Bari n'avait pas craint de se faire le geôlier de son neveu, il n'avait pas osé se faire son meurtrier (2).

On aurait pu croire Ludovic au comble de ses vœux. Pierre de Médicis était hors d'état de résister aux Français; le Pape et le roi de Naples, tremblants devant la puissante armée de l'envahisseur, étaient presque décidés à reconnaître le nouveau duc de Milan en se réconciliant avec lui. Déjà, frère Jean de Mauléon, rebuté par Charles VIII, l'avait, au nom du roi d'Espagne, prié de s'entremettre pour ménager la paix (3); mais le titre de duc de Milan, la réputation d'être l'arbitre de l'Italie, ne semblaient pas suffire à son ambition. De certaines paroles mystérieuses qui lui échappaient, rapprochées des propos tenus jadis, on concluait qu'il avait demandé à Maximilien la couronne de roi de Lombardie (4). Toutefois, au milieu de ses chimères les plus ambitieuses, le duc de Milan n'oubliait pas qu'il était lui-même à la merci de son formidable allié. Charles VIII quittait Plaisance pour entrer à main armée sur le territoire des Florentins; il réclamait la présence de Ludovic. Bien que cet appel fût la preuve d'une certaine méfiance, bien que trois jours à peine se fussent écoulés depuis son arrivée à Milan, le duc partit sans oser se faire attendre (5).

(1) Ulmann, I, 226-227.
(2) Magenta, *Gli Visconti e gli Sforza*, I, 535 et suiv.
(3) Desjardins, I, 586. — Gelli, 409, note I.
(4) Desjardins, I, 585. — Magenta, II, 464.
(5) *Storia del Cagnola*. (*Archivio storico italiano*, III, 192.)

CHAPITRE II.

LA CHUTE DE PIERRE DE MÉDICIS ET LA RÉVOLTE DE PISE.

Plan d'attaque des Français. — Armée de Romagne. — Armée d'Ostie et du royaume de Naples. — Armée de Lunigiane. — Nouvelles mesures financières. — Conseil de guerre de Plaisance. — Montpensier entre sur le territoire florentin. — Prise de Mordano en Romagne. — Retraite du duc de Calabre. — Charles VIII quitte Plaisance. — Passage de l'Apennin. — Prise de Fivizzano. — Siège de Sarzana. — Pierre de Médicis se rend auprès de Charles VIII. — Retour de Ludovic auprès de Charles VIII. — Le duc de Milan s'éloigne du roi de France. — Les fourriers de Charles VIII à Florence. — Attitude des soldats français. — Première ambassade de Savonarole. — Retour de Pierre de Médicis. — Les Médicis sont chassés de Florence. — Pillage des maisons des Médicis. — Charles VIII à Lucques. — Arrivée des ambassadeurs siennois et florentins. — Charles VIII à Pise. — Savonarole reçu par Charles VIII. — Révolte de Pise.

Le plan d'attaque des Français commençait à se dessiner. Tandis que l'armée de d'Aubigny et de Cajazzo tenait tête au duc de Calabre en Romagne, l'armée de mer, réduite à un rôle secondaire depuis la victoire de Rapallo et la retraite de la flotte napolitaine, allait se diviser en plusieurs corps. L'un, qui se montait à près de 2 000 hommes, sous les ordres des deux frères Gratien et Menaud de Guerre, de Robert de la Marck et du seigneur de Domjulien, portait le nom d'armée d'Ostie. Partis de Gênes vers le 20 octobre, ceux qui la composaient passèrent paisiblement en vue de Porto-Pisano, où se morfondait la flotte napolitaine (1); puis ils allèrent débarquer à Nettuno, de manière à opérer leur jonction avec les Colonna et à former, après cette réunion, un corps de plus de 5 000 combattants, commandés par Fabrice Colonna, pour les Italiens. Pendant que Menaud de Guerre resterait dans Ostie, avec 300 arbalétriers, les autres devaient tenir le Pape en respect et menacer le royaume de Naples.

Quelques jours plus tard, un second corps, dans lequel se trouveraient le prince de Salerne, le comte de Chiaramonte et les autres émigrés napolitains, irait, avec 3 000 hommes, tenter de susciter, sur un point de la côte de Naples, un soulèvement analogue à celui que les bannis génois n'avaient pas su faire réussir à Rapallo. On comptait, de la sorte prendre le royaume entre deux feux.

Enfin, le reste de l'infanterie réunie à Gênes et toute la grosse artillerie avaient ordre de se rendre, par mer, à la Spezia pour rejoindre dans la Lunigiane l'armée qui, sous le commandement de Gilbert de Montpensier, allait envahir la Toscane, et qui devait, en continuant sa marche à travers l'Italie, rallier successivement les deux autres (2).

Il fallait de l'argent pour ébranler toutes ces troupes. Les levées de subsides que l'on faisait ne rentraient pas assez vite. Charles VIII sollicita des Vénitiens un prêt de 50 000 ducats sur gage de joyaux; il va sans dire que la Seigneurie, sans refuser formellement, trouva moyen de s'excuser pour le présent (3). On dut encore tirer de France de nouveaux deniers au moyen d'une opération qui pouvait n'être qu'un emprunt déguisé : une ordonnance royale, rendue à Plaisance le 23 octobre 1494, autorisa l'aliénation de biens domaniaux, sous faculté de réméré, jusqu'à concurrence de 120 000 écus.

(1) Portovenere, dans l'*Archivio storico italiano*, VI, IIe partie, p. 285.
(2) Parenti, fol. 56 r°. — La Pilorgerie, p. 86. — Cherrier, I, 475-477.
(3) Sanuto, p. 100.

Enfin Charles s'adressa au clergé de France pour lui demander un prêt, qui ne fut jamais levé (1).

Lorsque le roi prit ces mesures financières, on savait qu'il allait descendre en Toscane. Au moment de son arrivée à Plaisance, on n'était pas encore fixé sur ses intentions personnelles. Il n'était plus guère possible de croire qu'il restât en arrière; mais passerait-il les Apennins, ou se rendrait-il à l'armée de Romagne? Ne pousserait-il pas jusqu'à Venise, afin de donner à la République qu'il affectait de traiter en alliée la même marque de confiance qu'à ses autres alliés qu'il avait visités sur son passage (2)?

La question fut tranchée, en présence du duc de Bari, dans un conseil de guerre tenu à Plaisance, avant que l'on connût l'état désespéré de Jean-Galéaz. Charles VIII avait demandé aux principaux de son entourage leur opinion sur la marche à suivre dorénavant. Comme, au fond, il était bien résolu à s'avancer avec son armée jusqu'à Naples, ceux-ci, malgré les efforts qu'ils avaient faits dans les derniers temps pour l'en empêcher, n'osèrent pas contredire ouvertement à ses désirs, et parlèrent tous comme si leurs opinions y eussent été conformes, « requérans qu'il y fust en personne et que son affaire s'en porterait mieux ». Quant à Ludovic il espérait que les Français conquerraient pour son compte Pise et les villes enlevées par les Florentins aux Génois, comme Sarzana et Pietrasanta (3).

Gilbert de Montpensier était resté jusque-là dans le Parmesan, où son beau-frère, le marquis de Mantoue, serait venu lui faire visite si la Seigneurie vénitienne le lui avait permis (4). Il n'y avait plus de motif pour retenir le capitaine général de l'armée de terre dans le voisinage de la Romagne. Aucun fait d'armes sérieux ne s'était produit de ce côté. Il semblait qu'on ne voulût point demander le succès aux combats et qu'on l'attendît tout entier du parti que prendraient Bentivoglio et la dame de Forli. Le complot formé à Cesena par Tiberto Brandolini, à l'instigation de Ludovic, avait été découvert (5); cepen-

---

(1) *Ordonnances*, XX, 356. — Cherrier, I, 474.
(2) Desjardins, I, 530.
(3) La Pilorgerie, 87. — Commines, II, 347-348.
(4) Jacques d'Adria au marquis de Mantoue. Venise, 20 octobre 1494. (Archives de Mantoue, E, XLV, 3.)
(5) Sanuto, 93.

dant, l'armée du duc de Calabre avait quelque peu reculé devant les Français unis aux Milanais. Sans plus tarder, Charles VIII donna à Montpensier le commandement de son avant-garde et l'envoya rejoindre en Lunigiane les troupes qui allaient venir de Gênes par la Spezia.

Les Florentins n'avaient pas cru d'abord que Charles VIII passât l'Apennin avant le printemps. A peine avaient-ils commencé, depuis les premiers jours d'octobre, à mettre Sarzana et Pietrasanta en état de défense. Cependant, tout le monde à Florence désapprouvait la conduite de Pierre de Médicis. Beaucoup s'en effrayaient, d'autres s'en réjouissaient, jugeant que la colère qu'elle exciterait chez le roi de France aurait pour conséquence d'accélérer l'invasion de la Toscane, et, par suite, le renversement des Médicis, la soumission du pays à Charles VIII, « choses, dit Parenti, que la plupart des citoyens désiraient, tant le joug de la maison de Médicis était devenu pesant ». Si tel était le sentiment de la métropole, à plus forte raison Pierre n'était-il pas sûr des villes soumises à Florence. Corsini, dépêché aux Lucquois pour les maintenir dans des sentiments de fidélité, n'avait pas eu assez d'influence sur eux pour les dissuader d'envoyer une ambassade à Plaisance (1). Deux commissaire florentins durent aller à Pise, pour empêcher les habitants de se mettre en révolte ouverte. A Sarzana même, on découvrit des intelligences entre la place et les Français (2).

On ne tarda pas à s'apercevoir que la résistance ne serait guère possible. Le passage des Apennins et le haut de la vallée de la Magra, jusqu'à Pontremoli, étaient alors sous la domination milanaise. Le 20 octobre, Montpensier franchit le col de la Cisa. A peine arrivées aux frontières florentines, ses troupes s'emparèrent sans difficulté de plusieurs petites places, et, le 22, elles étaient parvenues aux portes de Sarzana (3). Le roi l'apprit à Plaisance, un matin, à son lever; pendant son dîner, il reçut la nouvelle d'un succès plus important.

Mordano, sur le territoire d'Imola, venait d'être pris et mis à sac par les Français, le 20 octobre (4). Cet événement allait avoir des consé-

---

(1) Voyez Sanuto,, p. 673.
(2) Parenti, fol. 52 r°, et 54 v°.
(3) Portovenere, dans l'*Archivio storico italiano*, VI, IIe part., p. 284-285.
(4) La Pilorgerie, 86-87. — Sanuto, 95-96.

quences considérables : l'armée ennemie rétrograda vers les montagnes et, dès les jours suivants, Bubano et Bagnara se rendirent. Toutes ces villes appartenaient à la veuve du comte Jérôme Riario, la dame de Forli, qui avait été contrainte de sortir de sa neutralité pour faire cause commune avec le duc de Calabre. Elle se hâta de conclure la paix, le 23 octobre, avec les Français et le duc de Milan. Ce fut le commencement de la ruine pour l'armée napolitaine; le frère du marquis de Mantoue, qui amenait un contingent de six cents chevaux, rebroussa chemin en apprenant cet accord. Seul, Jean Bentivoglio persistait dans son équivoque neutralité, malgré le chapeau cardinalice que le Pape lui envoyait pour son fils, malgré l'offre du commandement des troupes florentines que lui faisait Pierre de Médicis. Le duc de Calabre, comprenant qu'il était hors d'état de résister aux Français, se retira jusqu'à Castrocaro, château des Florentins, situé au delà de Forli (1). Quelques jours plus tard, l'accommodement de Pierre de Médicis avec le roi de France le réduisit à abandonner définitivement la Romagne et à faire retraite sur Rome (2). De l'audacieux plan de défense conçu par le vieux roi Ferrand pour arrêter l'envahisseur, avant que sa flotte eût quitté Gênes et que ses soldats fussent sortis du bassin du Pô, il ne restait plus rien. Du côté de la Lunigiane, les Français avaient déjà franchi l'Apennin.

Charles VIII n'avait pas attendu les heureuses conséquences de la prise de Mordano pour aller rejoindre Montpensier. Le 23 novembre, il sortait de Plaisance (3), non plus dans le pacifique appareil qu'il avait déployé en traversant la Lombardie, mais armé de toutes pièces, malgré l'avis unanime de ses médecins, qui redoutaient pour lui la pesanteur d'une armure complète. « Je suis prêt à vous obéir en tout, leur dit-il, excepté dans les choses de la guerre. » La seule concession qu'il voulut bien faire, ce fut de ne pas porter de heaume (4).

D'ailleurs ce belliqueux accoutrement n'était pas nécessaire, car on

---

(1) Sanuto, 96-97.
(2) Guichardin. — Parenti, foi. 57 v°.
(3) Les habitants lui offrirent à son départ « plusieurs grands et excellents fromages du pays, aussi grands quasi que des meules de moulin, lesquels, par rareté, il envoya de là au royaume de France pour en faire présent à la reyne ». (Godefroy, 200-201.)
(4) Donato de Pretis au marquis de Mantoue. Milan, 1er novembre 1494. (Archives de Mantoue, E, XLIX, 3). — La Pilorgerie, 88. — Sanuto, 101.

allait cheminer plusieurs jours encore sur un territoire soumis au duc de Milan. Il pouvait même paraître impossible de parcourir autrement qu'en ami ces régions montagneuses, que les obstacles naturels rendaient extrêmement faciles à défendre. Depuis Fornoue, à Terenzo, à Berceto, Charles VIII ne rencontra plus que des villages, dans lesquels « il estoit assez étroitement logé avec tout son train ; mais il falloit prendre patience selon la nécessité du pays où on se rencontroit (1) ». Ce raffiné, qui aimait à faire répandre des fleurs sur son lit (2), ne redoutait pas plus un mauvais gîte qu'il ne redouta, neuf mois plus tard, de faire la même route en sens inverse, au milieu de populations hostiles, sachant le chemin barré à la descente par la plus formidable armée que l'Italie eût réunie depuis longtemps, et traînant avec soi de pesants canons par des sentiers à peine praticables aux mulets. Lors du premier passage, les circonstances étaient tout autres ; la route se trouvait libre jusqu'aux portes de Sarzana ; toute la grosse artillerie venait par mer, en même temps que les soldats de Gênes, et les opérations de guerre ne devaient commencer qu'après la jonction du roi avec Montpensier et avec les troupes débarquées à la Spezia. A ce moment, l'armée comprendrait à peu près 17 000 hommes, parmi lesquels l'élément italien ne serait représenté que par les 200 lances et les 200 chevau-légers de Galéaz de San-Severino. Le reste se composait d'environ 1 500 lances françaises, 4 000 Suisses et 3 000 arbalétriers ; l'artillerie compterait 9 serpentins, 4 couleuvrines et 40 faucons (3).

Le 28 octobre, Charles VIII franchissait le col de la Cisa, et le soir, à Pontremoli, il retrouvait les honneurs auxquels on l'avait habitué depuis son entrée en Italie (4). Avant son arrivée, Montpensier avait remporté de nouveaux succès. Conduit par Gabriel Malaspina, marquis de Fosdinovo, qui s'était joint à lui, il était allé assiéger une place appartenant aux Florentins, Fivizzano. La ville, prise d'assaut le 26 octobre, avait été saccagée avec une fureur que les Italiens ont souvent reprochée aux Français, mais qui était plutôt le fait des gens du marquis de Fosdinovo (5). On imposa une forte rançon à la

(1) Godefroy, 202.
(2) Voyez plus haut, p. 342, note 2.
(3) La Pilorgerie, 88.
(4) Godefroy, 202.
(5) « ... opera de vicini nostri di Fosdinovo piu che de Franzesi... » Parenti, fol. 57 v°.

ville, et le commandant, Laurent Guidotti, fut emmené comme otage avec neuf autres prisonniers (1). Peu à peu, tous les châteaux de la Lunigiane tombèrent aux mains des Français. Il ne restait plus guère que Sarzana et Pietrasanta, à qui la force de leur situation permettait de résister plus longtemps. Sarzana surtout, dominée par sa citadelle de Sarzanella, commandait le raccordement de la route de Pontremoli avec celle de Gênes à Pise. Cette place importante avait jadis appartenu aux Génois, et Ludovic, qui espérait sans doute la voir tomber sous sa domination, engageait fort Charles VIII à ne pas passer outre sans l'avoir enlevée aux Florentins (2). Déjà les Français étaient sous ses murs; le comte Checco de Monte-d'Oglio, qui en défendait les approches avec 200 hommes environ, avait été battu dans un combat où étaient tombés la plupart des siens (3). Le roi voulut se rendre de sa personne devant Sarzana pour y mettre le siège; dès le lendemain de son arrivée à Pontremoli, il alla coucher à Aulla, château des Malaspina, protégés du duc de Milan (4). Mais il n'eut pas besoin d'employer la force pour entrer en possession de Sarzana et de Pietrasanta.

Pierre de Médicis comprit trop tard qu'il ne pouvait plus empêcher les Français d'envahir la Toscane, et que le retour de ses cousins aux côtés de Charles VIII serait le signal de son renversement. A Florence même, son autorité commençait à être ébranlée. Comme il demandait aux douze procurateurs un crédit pour les dépenses militaires, l'un d'eux, Laurent Lenzi, osa dire que la résistance au roi de France pourrait bien causer la ruine de la cité. C'était là, du reste, le sentiment général; le crédit fut refusé. Les Huit de Pratique, terrifiés par une lettre de l'ambassadeur florentin à Milan, insistèrent pour que Pierre cédât à Charles VIII (5). Le fils de Laurent tint bon; puis, tout à coup, se sentant perdu, il voulut renouveler vis-à-vis du roi de France la démarche qui avait jadis si bien réussi à son père vis-à-vis de Ferrand.

Depuis quelque temps déjà, il avait entamé avec Charles VIII,

---

(1) Parenti, *loco citato*. — Portovenere, dans l'*Archivio storico italiano*, VI, IIe part., 285.
(2) Romanin, V, 50. — Desjardins, I, 579.
(3) Parenti, fol. 57 v°.
(4) Godefroy, 116 et 202.
(5) Parenti, fol. 56 v°, et 58 r°.

et surtout avec le comte de Bresse et M. de Myolans, par l'entremise de Niccolini, de Pierre Alamanni, puis de Laurent Spinelli, des pourparlers secrets qui n'avaient pas abouti, mais qui n'étaient cependant pas rompus (1). Le 26 octobre, à la suite de son échec, il quitta subitement Florence pour se rendre au camp français. Le même jour, il s'arrêtait à Empoli, d'où il écrivit à la Seigneurie pour expliquer son départ précipité. « J'espère, disait-il, en livrant ma personne à la Majesté très chrétienne, apaiser plus facilement la colère et la haine qu'elle a conçues contre notre cité (2). » Tandis qu'il se donnait à ses concitoyens pour une victime volontaire se dévouant afin d'assurer leur salut, il essayait de faire croire à Alfonse que le parti qu'il venait de prendre était une nouvelle marque de sa fidélité. « Les forces me manquent pour servir le roi de Naples, disait-il ; je me suis résolu à me montrer encore son serviteur par cet acte de désespoir..... Peut-être le servirai-je plus utilement dans l'humble situation où je vais me trouver en présence du roi de France qu'à la tête de l'état (3). » Les lettres, d'ailleurs, ne coûtaient rien au fils de Laurent de Médicis; au même moment, il écrivait à son ennemi Ludovic une lettre, « qui n'était pas seulement celle d'un ami, mais celle d'un serviteur dévoué (4) ».

D'Empoli, Pierre se rendit immédiatement à Pise, puis à Pietrasanta pour y attendre un sauf-conduit qu'il avait envoyé demander par deux trompettes. Ce fut là qu'il apprit les progrès des Français : l'armée avait déjà dépassé Sarzana, qui était toujours assiégée; Ortonovo, Nicolo, s'étaient rendus, de même que Castelnovo, dont la forteresse seule résistait encore. Pierre écrivit aussitôt pour qu'on vînt la secourir, ainsi que Pietrasanta et Pise. Il avait, dès lors, le projet de livrer ces places à Charles VIII; mais il importait qu'elles ne fussent pas déjà prises au moment où il traiterait : « Car, disait-il à son ami Bibbiena, je perdrais ma peine et peut-être ma vie si je n'avais à donner que ce qui m'aurait été enlevé par force (5). » Cependant, il n'avait reçu de ses concitoyens aucun pouvoir, et rien ne l'autorisait à disposer

---

(1) La Pilorgerie, 88. — Commines, II, 350. — Voyez plus haut, p. 410.
(2) Desjardins, I, 587.
(3) Desjardins, I, 589-590.
(4) Morleto Ponzone à la marquise de Mantoue, 1ᵉʳ novembre 1494. (Archives de Mantoue, E XLIX 3.)
(5) Desjardins, I, 591.

de places qui leur appartenaient; mais l'indigne fils de Laurent n'avait alors qu'un but : acheter, par sa docilité, l'appui de Charles VIII, pour être maintenu à la tête de l'état florentin. Comment expliquer autrement la soudaineté avec laquelle il prit ce parti aussitôt qu'il vit son autorité méconnue dans sa patrie (1), le secret de son départ combiné de façon à éviter que ses compatriotes ne le fissent accompagner par des ambassadeurs, qui eussent gêné ses manœuvres, et l'empressement avec lequel il alla au devant de toutes les exigences françaises, afin d'avoir tout conclu avant même que ces ambassadeurs eussent été désignés?

Vingt-quatre heures se passèrent à attendre le sauf-conduit. Dans son anxiété, Pierre se figurait que ses trompettes avaient été pendus ; enfin, le 30 octobre, il vit arriver un héraut français, suivi de près par MM. de Saint-Malo et de Piennes, chargés de l'amener auprès du roi. Celui-ci se trouvait alors à San-Stefano, où furent arrêtées le lendemain les conditions de l'accord. Sarzana, Sarzanella, Librafratta, Pietrasanta, Pise et Livourne devaient être remises aux Français pour tout le temps de l'expédition de Naples, comme gage d'un prêt de deux cent mille ducats; c'était, en fait, livrer la Toscane à Charles VIII. Ceux qui traitèrent avec le chef du gouvernement florentin étaient loin de s'attendre à ce qu'il acceptât sans faire d'objections des conditions aussi onéreuses; « mais, afin de se maintenir à la tête de l'état, Pierre était prêt à faire toute chose, honorable ou non, pourvu que le roi l'y invitât (2) ». Il aurait même voulu transformer immédiatement cet accord en un traité définitif; ce furent les Français qui l'arrêtèrent, en lui demandant s'il avait les pouvoirs nécessaires. Il envoya en toute hâte à Florence requérir l'autorisation d'agir en qualité de délégué de ses concitoyens. Cette autorisation ne fut jamais accordée (3); mais les villes soumises aux Florentins n'en ouvrirent pas moins leurs portes aux Français.

Pierre de Médicis venait à peine de s'accorder avec Charles VIII

---

(1) C'est à tort que Guichardin croit que le bruit de la perte de Fivizzano fut pour quelque chose dans la détermination de Pierre de Médicis. Cette nouvelle n'arriva à Florence que le lendemain du départ de Pierre. Voyez Parenti, fol. 67 v°.

(2) Parenti, fol. 61 v°.

(3) Desjardins, I, 591-593. — Commines, II, 351. — Portovenere, 286. — Parenti, fol. 58 v° et 59 r°.

lorsqu'il put se rencontrer avec le nouveau duc de Milan. Arrivé le
31 octobre à Villafranca, Ludovic s'était rendu immédiatement au
quartier général du roi de France. Il y vit son ancien ennemi humilié,
désormais impuissant à nuire, et réduit à rechercher sa bienveillance.
Il ne résista pas, dit-on, au plaisir de lui faire sentir son triomphe
par quelques mordantes railleries (1); cependant, sa satisfaction était
tempérée par de nouvelles inquiétudes. Il se trouvait en face d'un
danger qu'il avait jadis prévu et contre lequel il avait cherché un
remède dans l'union avec Maximilien : son trop puissant allié allait se
voir maître de l'Italie Jusqu'à ce moment, Ludovic avait espéré que
Charles VIII rencontrerait une résistance assez sérieuse pour faire
retarder la continuation de la campagne jusqu'au printemps suivant.
D'ici là, Alfonse effrayé, le roi de France lassé, auraient cherché sans
doute à terminer pacifiquement leur querelle. Amis et ennemis n'auraient pu manquer d'avoir recours aux bons offices du duc de Milan,
qui se fût trouvé du même coup l'arbitre de la Péninsule (2). Or, la
partie de la Lunigiane comprise entre Sarzana et Pise était un des
points les plus propices à la résistance; c'était un pays marécageux,
malsain, où l'armée n'eût pu trouver à se nourrir. Au centre, la forte
place de Pietrasanta interceptait la route, et sur beaucoup de points il
n'y avait pas d'autre passage qu'une étroite chaussée au milieu des
marais où, comme le dit Commines, « une charrette gectée au travers
et deux bonnes pièces d'artillerie eussent gardé d'y passer sans y
trouver remède (3) ». La lâcheté de Pierre de Médicis avait livré tout
ce pays aux Francais ; le chemin était désormais libre jusqu'aux
frontières des États romains.

On sait, du reste, que lorsque Ludovic avait poussé Charles VIII
à descendre en Lunigiane, il n'avait pas seulement voulu interposer
l'armée française entre lui et les Florentins et l'occuper pendant longtemps à la conquête de ce pays ; il avait espéré qu'elle s'emploierait à
mettre Sarzana, Pietrasanta, peut-être même Pise et le port de
Livourne, sous la domination milanaise. Le désir d'obtenir cette magnifique aubaine fut sans doute l'une des causes de son retour à

---

(1) Guichardin.
(2) Corio, édition de Venise, 1565, p. 1071.
(3) Commines, II, 445.

l'armée. Mais ses prétentions furent rejetées; le temps de la confiance était passé. La froideur que Charles VIII avait laissé voir à Ludovic depuis son passage à Pavie allait en augmentant; de son côté, le duc de Milan semblait craindre maintenant de loger dans les mêmes lieux que le roi. Il se bornait à lui faire de courtes visites, retournant tous les soirs coucher soit à Villafranca, soit à Fosdinovo. Beaucoup de seigneurs commençaient à croire que le duc de Milan « jà eust voulu le Roy hors d'Italie (1) ». N'avait-on pas vu déjà les gens de Pontremoli, comme naguère ceux de Gênes, se prendre de querelle avec les Suisses et en tuer plusieurs presque sous les yeux de Ludovic (2)? Dans ces circonstances la remise aux Milanais des places cédées par Pierre de Médicis aurait été dangereuse pour l'avenir. Tout ce que le nouveau duc obtint, ce fut le renouvellement à son profit de l'investiture de Gênes moyennant un prêt de trente mille ducats, « et merveilleusement mal content se partit du Roy pour le reffuz, disant que ses affaires le contraignoient de s'en retourner; mais oncques puis le Roy ne le veit (3) ».

Ludovic allait désormais se rapprocher de ses ennemis pour travailler contre les intérêts de Charles VIII. Ce fut le 6 novembre qu'il reprit le chemin de Milan (4); le 13, il avait déjà rappelé ses troupes de l'armée de Romagne comme de celle de Toscane (5). Bientôt il reçut les avances de ses adversaires; le Pape, puis le duc de Calabre et Alfonse lui-même le félicitèrent de son avènement au trône ducal. Le roi de Naples alla jusqu'à lui annoncer l'envoi prochain d'une ambassade, et le duc de Milan fut si joyeux de cette nouvelle, qu'il laissa voir la lettre d'Alfonse à plusieurs personnes (6). Enfin, le 2 décembre, il était déjà question d'une ligue entre l'Espagne, Venise, le roi de Naples et le duc de Milan (7). Néanmoins, Ludovic tenait encore

---

1) Commines, II, 352.
(2) *Ibidem*, II, 349. — Sanuto, 105.
(3) Commines, II, 353. — Cherrier, I, 478-479.
(4) Donato de Pretis au marquis de Mantoue. Milan, 6 novembre 1494. (Archives de Mantoue, E xlix 3.)
(5) Morleto Ponzone à la marquise de Mantoue. Milan, 13 novembre 1494. (*Ibidem.*)
(6) Donato de Pretis au marquis de Mantoue. Milan, 29 novembre 1494. (*Ibidem.*) — Sanuto, 116-117.
(7) Georges Brognolo au marquis de Mantoue. Rome, 2 décembre 1494. (Archives de Mantoue, E XXV 3.)

à conserver auprès de Charles VIII les apparences de l'amitié, et lorsque, vers la fin de l'année, il s'excusait auprès du roi de ne pas aller le rejoindre à Rome, il donnait pour prétexte qu'il était plus à même de le servir en ne quittant pas la Lombardie (1).

Pierre de Médicis dut reprendre la route de Florence vers le moment où le duc de Milan se sépara de Charles VIII. Il allait trouver un grand changement dans les dispositions de ses concitoyens : tous à présent étaient unanimes à le haïr. Et cependant, quelle diversité dans leurs manières d'envisager les événements! Presque tous ceux qui avaient tenu pour lui jusque-là ne déploraient pas moins que les autres l'abandon des forteresses. Ceux qui n'avaient cessé de déplorer la prépondérance de la maison de Médicis prenaient leur parti d'entrer sous la domination du roi de France, pourvu qu'il les débarrassât d'une tyrannie détestée. Enfin, d'autres voyaient dans les événements qui s'accomplissaient autour d'eux la réalisation des prophéties de Savonarole, et l'autorité du prieur de Saint-Marc s'en accroissait. Lui-même déclarait que c'était là le châtiment qu'il avait prédit. Le 1er novembre, pendant que Pierre de Médicis était auprès de Charles VIII, le grand dominicain s'écriait du haut de la chaire de Sainte-Marie-des-Fleurs : « Voilà que l'épée s'est montrée, les prophéties se réalisent, les châtiments commencent ; c'est le Seigneur qui conduit ces armées. O Florence! le temps des chants et des danses est passé; le temps est venu de pleurer amèrement tes fautes. Ce sont tes péchés, ô Florence! ce sont tes péchés, ô Rome! ce sont tes péchés, ô Italie! qui sont la cause de ces châtiments (2)! »

Avant même de connaître les conditions acceptées par Pierre, on savait que Charles VIII comptait venir à Florence ; on s'attendait même à le voir entrer vers le 9 novembre, et, le 2, la Seigneurie avait envoyé sept ambassadeurs sur les traces de Pierre de Médicis pour assurer le roi que le peuple florentin l'accueillerait avec joie. Ceux-ci devaient, suivant les circonstances, se présenter seuls ou conjointement avec Pierre, et accompagner ensuite Charles VIII jusqu'à son entrée dans la ville (3) ; le roi refusa de recevoir cette ambas-

(1) Rosmini, *Dell' istoria di Gian-Giacomo Trivulzio*, II, 206, n° 50.
(2) Villari, *Jérome Savonarole*, traduit par Gustave Gruyer, I, 253-254.
(3) Desjardins, I, 597.

sade (1). On ignore le motif de ce refus; mais il ne serait pas impossible que Pierre y eût été pour quelque chose. Le soin qu'il avait pris, jusque-là, d'être seul à traiter avec les Français, autoriserait à le croire. En tout cas, le roi était bien résolu à venir à Florence; deux jours après le départ des sept ambassadeurs, on vit arriver ses fourriers. Une ordonnance de la Seigneurie avait établi dix commissaires chargés de veiller à ce que les citoyens leur ouvrissent leurs maisons. La craie à la main, sous les yeux des habitants surpris et humiliés, ils marquaient les logements, « celui-ci pour tel seigneur, celui-là pour tel autre baron (2) ». Pour le roi, on disposait le palais des Médicis (3). En présence de ces indices matériels de l'occupation étrangère, les Florentins s'émurent. Par crainte de violences, beaucoup envoyèrent au dehors leurs effets les plus précieux; presque tous cachèrent leurs filles dans les couvents. Ceux même qui ne crurent pas devoir prendre ces précautions éprouvaient une inquiétude que les partisans de Pierre de Médicis contribuaient à entretenir. Afin d'excuser leur chef, ils prétendaient que c'était Charles VIII qui avait exigé la livraison des forteresses, le prêt de deux cent mille ducats, enfin toutes les concessions lâchement offertes par l'indigne fils de Laurent (4). Ce fut sans doute par eux que se répandit dans le peuple le bruit que le roi avait promis le sac de Florence à ses soldats. Ils espéraient probablement que leurs concitoyens, en ne voyant pas s'accomplir ces sinistres prédictions, attribueraient leur salut à Pierre de Médicis. La créance accordée à leur dire faillit plus tard causer les plus grands malheurs.

Dès le lendemain, les soldats de l'avant-garde entrèrent dans la ville. Si les Français s'installèrent sans façon dans les maisons, s'ils négligèrent quelquefois de payer leurs hôtes, il est un genre de reproches qui, malgré tout ce que l'on a répété sur leur compte, paraît devoir leur être épargné. L'honnête apothicaire Landucci, qui se plaint que lorsqu'ils payaient quelque chose, « ils payaient les cornes et mangeaient le bœuf », reconnaît « qu'il n'y en eut pas un qui dît une

(1) Parenti, fol. 61 v°.
(2) Landucci, *Diario fiorentino*, publié par Iodoco del Badia, p. 72.
(3) Aujourd'hui palais Riccardi.
(4) Parenti, fol. 60 r° et v°.

parole déshonnête à une femme »; et quelques années plus tard rapportant les atrocités de toute sorte commises par les soldats de César Borgia, il s'écrie encore : « Quand le roi de France passa par ici, on n'entendit pas parler de la plus petite affaire de femmes *(non si senti pure un caso di donne ben piccolo)*; au contraire les Français furent dans beaucoup de maisons en compagnie de femmes de bien, et ils ne firent rien de mal (1). » Et ce ne fut pas seulement à Florence qu'ils

Portrait de Savonarole.
Tiré des *Illustrations des écrits de Savonarole*, par G. Gruyer.

gardèrent cette attitude réservée : un autre contemporain, un Siennois celui-là, après s'être plaint longuement de l'insolence des soldats de Charles VIII, reconnaît que, sur ce point délicat, ils méritèrent tous les éloges, « ce qui n'aurait certes pas été le cas des Italiens en France, ajoute-t-il ingénument. S'il parut si pénible de recevoir les Français chez soi, c'est que nous n'en avions pas l'habitude et que nous n'aimons pas à obéir à ceux qui commandent durement et avec arrogance. Cependant, plusieurs contrées d'Italie subirent de bien autres maux

(1) Landucci, *Diario florentino*, p. 72 et 226.

de la part des Espagnols, et même de la part des Italiens (1). » D'ailleurs Commines, tout en ne cachant pas que nos soldats n'étaient pas toujours irréprochables au point de vue du pillage, proteste que les accusations de violences faites aux femmes étaient de pures calomnies. « Quant aux femmes ils mentoient, dit-il; mais du demourant, il en estoit quelque chose (2). »

En même temps que les premières troupes françaises, arriva Laurent Tornabuoni, chargé de demander les pouvoirs nécessaires pour que Pierre pût traiter au nom du peuple florentin; mais personne ne voulait ratifier les onéreuses conditions acceptées par Pierre de Médicis. Dans les séances mêmes du Conseil, des voix s'élevèrent pour déclarer que le chef de la maison de Médicis était désormais incapable de diriger l'état, et qu'il était temps de se soustraire à « ce gouvernement d'enfants (3) ». Le 5 novembre, on nomma cinq nouveaux ambassadeurs, chargés d'implorer la clémence de Charles VIII et munis de pleins pouvoirs pour faire tout ce qu'ils jugeraient utile au salut de la patrie, s'il en était temps encore, c'est-à-dire si l'arrangement accepté par Pierre de Médicis n'était pas irrévocable (4). Tornabuoni n'osa pas retourner auprès de son ami. Quant aux ambassadeurs, c'étaient Pierre Capponi et Tanai de Nerli, qui tous deux avaient le plus violemment dénoncé la conduite du maître de Florence; puis Pandolfo Rucellai, Jean Cavalcanti, enfin Jérôme Savonarole. La popularité du grand dominicain s'était encore accrue depuis que les événements étaient venus justifier ses prédictions. « Nous le croyons prophète, « disait Landucci, et lui ne le nie pas dans ses sermons (5). » Il avait d'abord refusé la mission toute politique qu'on voulait lui confier; mais, après avoir passé quelque temps en prière, il céda aux instances des Florentins. Tandis que les autres ambassadeurs montaient à cheval pour aller à la rencontre de Charles VIII, le frère se mettait en route à pied avec trois de ses religieux; et cependant les prédications incessantes auxquelles il s'était livré dans les trois premiers jours du mois,

---

(1) Tizio (Sigismond), *Historia Senensium*, Ms. Chigi, G II 36, t. VI, fol. 227 v°.
(2) Commines, II, 347.
(3) Villari, *Jérôme Savonarole*, I, 256-257.
(4) Desjardins, I, 600.
(5) Landucci, p. 71 et 72.

pour exhorter le peuple à l'apaisement et à la concorde, l'avaient presque épuisé (1).

Tout le peuple aspirait à recouvrer son ancienne liberté; il attendait avec impatience l'arrivée de Lorenzino et de Jean de Médicis, qui devaient, avec Briçonnet, précéder le roi dans Florence, lorsque l'on apprit, non sans inquiétude, que Pierre allait revenir. Le 8 novembre, en effet, trois jours après le départ de Savonarole, il rentrait dans son palais. Vainement, il fit jeter, en signe de réjouissance, des dragées par les fenêtres, distribuer du pain, du vin et des aumônes. Froidement accueilli par le peuple, délaissé par plusieurs de ses amis, ce ne fut qu'entouré de satellites armés, le visage inquiet et la parole troublée, qu'il se rendit devant la Seigneurie pour s'y disculper d'avoir été au devant des exigences de Charles VIII. De part et d'autre, la méfiance était extrême; le bruit se répandit que Pierre voulait reprendre le pouvoir par la force. On en donnait pour preuve la présence aux portes de la ville des soldats de Paul Orsini, qu'il avait rappelés; on parlait d'offres qu'il aurait vainement faites aux capitaines français déjà présents dans la ville, d'armes rassemblées dans son jardin, de levées d'infanterie dans la campagne. Ses ennemis prétendirent même qu'il allait mettre, pendant la nuit, le feu aux quatre coins de Florence.

Lorsque, le lendemain, Pierre se présenta au Palais public, il le trouva fermé et gardé. Pendant qu'il discutait avec ceux qui lui en défendaient l'accès, ses estafiers tirèrent l'épée. Aussitôt des fenêtres du Palais s'élevèrent les cris de *Popolo! Popolo!* Effrayé, Pierre répéta le même cri pour essayer d'ameuter le peuple en sa faveur; quelques pierres, jetées à ses estafiers, furent la seule réponse qu'on lui fit. Il quittait la place, lorsqu'un envoyé du Palais, pénétrant jusqu'à lui au milieu de la foule, l'avertit que la Seigneurie consentait à le recevoir, mais seul et sans armes. Pierre ne voulut pas accepter, et regagna sa demeure. Il venait de s'éloigner, lorsque parut le Bargello, son partisan, avec une soixantaine de soldats. Le moment était passé où ce secours aurait pu être utile; le peuple affluait sur la place, qui retentissait de l'ancien cri : *Popolo e libertà!* Le Bargello dut se retirer. François Valori, l'un des sept orateurs envoyés, le 2 novembre, à

(1) Parenti, fol. 60 v°, 61 r°. — *Compendium revelationum*, édition de Florence, 1495, fol. 6 v°.

Charles VIII, rentrait à cet instant dans la ville. Sans descendre de cheval, il courut à la place, prit la tête du mouvement et mena les insurgés occuper le palais du Bargello et saisir les armes de ses soldats.

La ville entière se soulevait. En vain les Tornabuoni et quelques rares amis s'armèrent et vinrent se ranger devant le palais Médicis en criant: *Palle!* on ne leur répondait pas. Le peuple avait assommé un pauvre diable qui avait eu la témérité de pousser le cri de ralliement des Médicis (1). Pierre monta à cheval et fut plusieurs fois au moment de se rendre sur la place pour essayer de reprendre le pouvoir, mais ses amis étaient trop peu nombreux; les troupes sur lesquelles ils avaient compté n'étaient pas encore arrivées de Pistoja et du Mugello. Son frère le cardinal, envoyé par lui pour essayer de négocier un accommodement avec la Seigneurie, avait dû reculer devant la multitude furieuse, qui faillit le tuer sur place. Enfin, apprenant que leurs têtes venaient d'être mises à prix, l'ancien maître de Florence et le cardinal s'enfuirent par la porte San-Gallo, que leur frère Julien et Paul Orsini avaient occupée.

Pendant ce temps, le peuple pillait les jardins des Médicis et les demeures du Bargello et de quelques autres de leurs amis, avec une telle fureur que les pierres elles-mêmes furent enlevées. « Le butin fut immense, car tous étaient riches, » dit Parenti (2). Quant au palais Médicis, comme on le préparait en vue du séjour du roi de France, Pierre en avait retiré les raretés sans nombre qui le remplissaient et les avait, pour la plupart, déposées dans des couvents. Il en avait mis une partie dans une autre de ses maisons qui fut saccagée par la populace. Ses médailles, ses camées, ses collections, l'argent de sa banque, furent confisqués par la Seigneurie. Cependant, plusieurs objets de prix avaient été laissés au palais; un sieur de Ballassat, maître d'hôtel de Charles VIII, qui y organisait les logements du roi, se les appropria sans scrupule, sous prétexte que la banque de Lyon lui devait une grosse somme d'argent (3).

Comment se fait-il, pourtant, que les Italiens accusent encore aujourd'hui

---

(1) Parenti, fol. 75 v°.
(2) *Ibidem*, fol. 65 r°.
(3) Commines, II, 361-362. — Parenti, fol. 65 v° et 66 r°. — Tizio, fol. 221.

Charles VIII « d'avoir mis à sac les trésors d'art et les richesses réunies dans le palais Médicis » (1)? Le roi, au contraire, s'inquiéta, dès son arrivée, de savoir ce qu'étaient devenus les médailles et les objets d'art de l'ancien maître de Florence; mais il pensait si peu à dépouiller Pierre, qu'il refusa l'offre de la Seigneurie qui voulait lui donner le palais Médicis (2), et qu'il exigea la levée de la confiscation prononcée contre les fils bannis de Laurent. La Seigneurie rendit, en effet, quelques vases précieux, que l'on trouva plus tard dans une cachette. Quant au reste, aux peintures, aux statues, aux tapisseries, elle repoussa les

Fuite de Pierre de Médicis, d'après Raphaël.

propositions d'achat que Ludovic le More lui adressait par l'intermédiaire de Caradosso, et elle les fit vendre à l'encan le 9 juillet et le 11 août 1495 (3).

Il ne semble pas, d'ailleurs, que l'exemple donné par les Florentins et par M. de Ballassat ait séduit beaucoup des soldats français déjà établis dans la ville (4). Pendant la journée du 9 novembre, quel-

---

(1) A. Portioli, *Archivio storico Lombardo*, I, p. 229. — Villari, *Jérôme Savonarole*, I, 285-286. M. Villari a lu si légèrement Commines, qu'il met sur le compte du roi le méfait de Ballassat.

(2) Sanuto, p. 136.

(3) Ces ventes avaient sans doute pour objet de procurer l'argent nécessaire au remboursement des créanciers des Médicis, dont la Seigneurie devait protéger les intérêts, en vertu de l'article 23 du traité conclu avec Charles VIII. La bibliothèque faillit avoir le même sort; elle fut sauvée par Savonarole. (Landucci, p. 111 et 114. — Müntz, *Les Précurseurs de la Renaissance*, p. 216-217.)

(4) Commines, qui était du reste à Venise à l'époque de ces événements, ajoute seulement,

ques-uns d'entre eux, ne comprenant rien aux cris de *Popolo!* et de *Palle!* qu'ils entendaient de part et d'autre, crurent bon de crier *France!* et de prendre le parti de Pierre de Médicis. « Mais, dit Landucci, je crois qu'on leur fit comprendre que c'était affaire entre citoyens, et qu'ils se tromperaient en marchant contre le Palais de la Seigneurie. Ils rentrèrent chez eux et sans armes; ils se promenaient par la ville (1). » Les Florentins tenaient d'ailleurs à rester en bons termes avec le roi de France, et, la révolution à peine accomplie, un de leurs premiers soins avait été de charger François Pepi et Braccio Martelli de se rendre auprès de lui (2).

Après être resté six jours à Sarzana, Charles VIII y avait laissé comme gouverneur ce seigneur de Cytain qui avait rempli, avant Commines, les fonctions d'ambassadeur à Venise (3); et, le 6 novembre, il allait coucher à Massa, au pied des montagnes de Carrare (4). Le 7, à Pietrasanta, des ambassadeurs lucquois étant venus lui exprimer le désir qu'avaient leurs compatriotes de le recevoir dans leurs murs, il résolut de s'y rendre avant d'aller à Pise. Dès le lendemain, le jeune roi faisait dans Lucques une de ces entrées triomphales sur lesquelles il devait commencer à être blasé. Les armes de France, que les citoyens accourus à sa rencontre portaient sur la poitrine, lui remirent-elles en mémoire les droits que ses ancêtres avaient acquis sur Lucques, et que son père avait un moment pensé à faire valoir (5)? Rien ne le fait croire : le *Volto Santo*, ce crucifix miraculeux si célèbre en France sous le nom de *Voult de Lucques*, paraît avoir beaucoup plus occupé son esprit, et le *Tempietto*, que Civitale venait de construire dans la cathédrale pour abriter l'image vénérée, reçut l'une des premières visites de Charles VIII.

Cependant, le roi ne passa pas tout le temps de son séjour dans les fêtes ou dans les actes de dévotion ; au palais épiscopal, où il

---

après avoir rapporté la conduite de M. de Ballassat : « D'autres firent comme lui » (II, 361). Mais Parenti, que l'on ne peut certes pas accuser de partialité pour les Français, met le pillage des jardins et des palais sur le compte des seuls Florentins. (Voyez les passages déjà cités.)

(1) Landucci, p. 76.
(2) Parenti, fol. 65 v°. Cette ambassade ne paraît pas s'être réalisée.
(3) Sanuto, 109.
(4) Godefroy, p. 203.
(5) Voyez plus haut, p. 10 et 40.

logeait, il vit se succéder plusieurs ambassades. Trois envoyés siennois vinrent mettre leur patrie à sa disposition et lui offrir les vivres et le passage. Le roi leur fit le meilleur accueil, mais il ne voulut pas recevoir l'archevêque de Sienne, le cardinal Piccolomini, que le Pape avait chargé de voir s'il n'y aurait pas encore quelque moyen d'accommoder la querelle entre Charles VIII et Alfonse (1). Charles lui fit dire que, s'il le respectait comme cardinal, il ne pouvait accueillir comme légat le neveu de ce Pie II qui avait été jadis l'ennemi de son père et le protecteur des Aragonais. Il ajoutait, d'ailleurs, qu'il comptait, sous peu, se rendre à Rome, pour y traiter directement avec le Souverain-Pontife. Le cardinal repartit sur-le-champ pour Sienne (2).

Les quatre ambassadeurs florentins, qui voyageaient à cheval, devaient nécessairement dépasser Savonarole. Arrivés à Lucques, ils se bornèrent à présenter leurs hommages au roi, et le suivirent à Pise, où le Frère vint les rejoindre (3). Après avoir obtenu des Lucquois un prêt de 20 000 ducats et la remise de la forteresse de Montegiojoso, où il laissa une garnison (4), Charles partit, en effet, pour Pise, le 9 novembre. Il y arriva le même jour. Les troupes de Montpensier, qui occupaient la ville depuis une semaine (5), les capitaines florentins qui maintenaient les Pisans dans la dépendance de Florence, tout le clergé, vinrent à sa rencontre et lui firent cortège jusqu'au logis qu'on lui avait préparé dans une maison appartenant à Pierre de Médicis (6). Ce fut là qu'il reçut Savonarole et les autres ambassadeurs. Le dominicain prit le premier la parole; il salua Charles des titres de « roi très chrétien et de grand ministre de la justice divine », et il implora sa clémence en faveur du peuple florentin, qui, s'il avait péché envers lui, n'avait, du moins, péché que par erreur (7). Puis, les autres envoyés par-

---

(1) Le cardinal, désigné le 17 octobre 1494, avait quitté Rome le 18. (*Burchardi diarium* II, 192-193.)
(2) Sanuto, 110. — Tizio, fol. 218 v°. — Cherrier, II, 12.
(3) Villari, *Jérôme Savonarole*, I, 259.
(4) Sanuto, 111.
(5) Portovenere, 286.
(6) Sanuto, 111.
(7) *Compendio di revelazione*, édition de Florence, 1495, fol. 8 v°.

lèrent dans le même sens, de manière à rejeter sur Pierre toute la responsabilité de la résistance que les Français avaient rencontrée ; ils assurèrent que leurs concitoyens se réjouissaient de recevoir le roi, et exprimèrent le désir de substituer un traité définitif à l'accord provisoire conclu avec Pierre de Médicis (1).

Le roi n'avait jamais cru que les Florentins fussent complices de l'inepte politique de leur chef ; les lettres qu'il avait reçues de ses envoyés en Italie contenaient toutes l'assurance que le peuple restait fidèle à son attachement traditionnel aux successeurs de Charlemagne. Aussi répondit-il qu'il n'était nullement venu pour faire tort aux Florentins, mais qu'il s'étonnait qu'ils ne lui eussent pas accordé plus tôt le passage et les vivres ; quant au reste, il conclurait à Florence même un traité définitif. Après l'audience, comme il avait reconnu chez Savonarole les marques de l'inspiration prophétique qu'il avait si souvent vénérée chez François de Paule, Charles fit appeler le Frère et resta longtemps enfermé avec lui (2). Pour donner une preuve de ses bonnes intentions, il chargea l'évêque de Saint-Malo, le maréchal de Gié et trois autres ambassadeurs d'accompagner à Florence les mandataires de la Seigneurie. Deux jours plus tard, les envoyés toscans et français entraient à Florence ; Capponi et ses collègues rapportaient la meilleure impression de l'accueil qu'ils avaient reçu et des dispositions de Charles VIII à protéger leur liberté, « dispositions telles que l'on n'en pourrait désirer de meilleures (3) ».

Pendant qu'ils revenaient à Florence, Pise recouvrait sa liberté. Les Pisans, contraints par les commissaires florentins d'ouvrir leurs maisons aux Français, d'abord choqués du sans-façon avec lequel les soldats étrangers s'installaient dans leurs demeures (4), s'étaient cependant pris de sympathie pour le roi. Dans cet homme silencieux, à l'abord facile « rempli de piété et d'âme, sans avarice comme sans

---

(1) Sanuto se trompe en disant que les ambassadeurs expliquèrent au roi qu'il n'y avait, dans la révolution du 9 novembre, rien qui pût l'offenser. Cette révolution se produisait au moment même où les ambassadeurs furent reçus par Charles VIII.

(2) Burlamacchi, *Vita di Savonarola*, dans Baluze, *Miscellanea*, édition Mansi, I, 545, col. 1.

(3) Parenti, fol. 66 r°. — On voit combien le récit de ce contemporain diffère de la version généralement acceptée et reproduite en dernier lieu par M. Villari. (*Jérôme Savonarole*, I, p. 267).

(4) Portovenere, p. 286.

faste (1) » le malheureux peuple crut voir le libérateur qui l'affranchirait de l'odieuse tyrannie florentine. Des excitations intéressées lui venaient d'ailleurs de Milan. Ludovic, malgré le refus qu'il venait d'essuyer, n'avait pas renoncé à ses espérances; n'osant plus s'adresser directement au roi, il lui faisait réclamer Sarzana et Pietrasanta par les Génois, ses vassaux (2). Quant à Pise, il s'y prit d'une manière plus habile. Il crut que, si les Pisans obtenaient du roi leur liberté, il n'aurait pas de peine à les attirer sous sa domination. Son gendre, Galéaz de San-Severino, qui suivait toujours le roi, devait être l'instrument de cette intrigue. A peine arrivé, Galéaz réunit chez lui les principaux citoyens et les excita à se révolter contre Florence, en demandant au roi de les mettre en liberté. Ceux-ci n'avaient pas besoin de beaucoup d'encouragement. Pendant que Charles VIII visitait la cathédrale, le Campo-Santo et la citadelle, le peuple le suivait en criant : *Libertà! libertà!* Les seigneurs français étaient en butte aux sollicitations des habitants chez lesquels ils logeaient, et qui imploraient leur intercession auprès du roi (3). Tous se laissaient émouvoir au récit des misères subies par leurs hôtes. Lorsque le soir, tandis que Charles dînait à l'*Opera del Duomo*, une députation, conduite par Simon Orlandi, vint lui présenter les supplications des Pisans, le maître des requêtes, Jean Rabot, que ses missions diplomatiques en Italie avaient peut-être mieux mis à même de connaître ces misères, se fit l'interprète de toute la cour en priant le roi d'octroyer aux députés la liberté qu'ils demandaient. « Et le Roy, qui n'entendoit pas bien ce que ce mot valloit, et qui, par raison, ne leur povoit donner liberté (car la cité n'estoit point sienne, mais seulement y estoit receu par amytié et à son grant besoing) et qui commençoit de nouveau à congnoistre les pitiez d'Italie et du traictement que les princes et communaultez font à leur subjectz, respondit qu'il estoit content (4). » S'emparant de cette parole vague, qui pouvait passer pour un assentiment, Rabot la répéta à la foule réunie sous les fenêtres de l'*Opera del Duomo*.

Aussitôt, transporté d'allégresse, le peuple se répandit dans la ville,

---

(1) Portovenere, p. 288.
(2) Parenti, fol. 73 r° et v°. — Sanuto, p. 113.
(3) Sanuto, 112.
(4) Commines, II, 355.

détruisant partout les insignes de la souveraineté étrangère. Au Ponte-Vecchio, le *Marzocco*, le lion florentin, se dressait sur une colonne de marbre; les Pisans le jetèrent bas, le précipitèrent dans l'Arno, après l'avoir traîné dans la boue, et le remplacèrent d'abord par l'étendard royal, et plus tard par une statue équestre de Charles VIII, l'épée au poing, tenant le *Marzocco* renversé sous les pieds de son cheval. « Depuis, ajoute philosophiquement Commines, quant le Roy des Rommains y est entré, ilz ont faict du Roy comme ils avoient faict du lyon : et est la nature de ce peuple d'Italie de ainsi complaire aux plus fors; mais ceulx-là estoient et sont si mal traictez, que on les doibt excuser (1). » Cependant, un monument de la reconnaissance des Pisans, plus périssable qu'une statue équestre, subsistait encore à peu près intact lors du voyage de Montaigne en Italie. C'était une peinture commémorative qui décorait la pièce où Charles VIII avait diné. On avait seulement barbouillé, dans l'inscription qui en expliquait le sujet, les lignes relatives à la restauration de la liberté pisane (2). D'autres témoignages de la part attribuée par les Pisans à Charles VIII dans la restitution de leur liberté sont également parvenus jusqu'à nous; ce sont des monnaies portant, d'un côté, l'image de la Vierge protectrice de la ville; de l'autre, les fleurs de lis avec la légende : *Karolus rex, Pisanorum liberator* (3).

On a souvent regardé la faveur accordée par Charles VIII à la révolte de Pise comme une déloyauté envers les Florentins; on a reproché au roi de France d'avoir disposé de ce qui ne lui appartenait pas. Cependant, il ne paraît pas avoir mérité de semblables reproches. En admettant même que l'accord conclu avec Pierre de Médicis, accord dont les conditions ne sont pas exactement connues, constituât un engagement assez réel pour restreindre la liberté du roi, celui-ci n'avait pas eu l'intention d'y manquer. Se méprenant sur le sens des prières

---

(1) Commines, II, 355. — Sanuto, 113-114.
(2) Müntz, *La Renaissance*, p. 505, note 1. — Cette peinture, restaurée en 1695, peut se voir encore aujourd'hui dans la maison de l'*Opera del Duomo*.
(3) Cartier, *Notice sur les monuments numismatiques de l'expédition de Charles VIII en Italie*. Blois, 1848, in-8, p. 17. — Cet auteur s'est trompé en disant que c'est Charles VIII qui fit frapper ces monnaies; il va même jusqu'à parler d'une « ordonnance royale datée de Pise, le 13 novembre 1494 ». Or, le roi n'était plus à Pise depuis le 11 novembre. Il ne faut voir dans la frappe de ces monnaies que l'un des moyens auxquels les Pisans eurent recours pour forcer la main au roi de France et le contraindre à les prendre sous sa protection.

des Pisans, il crut peut-être qu'on lui demandait de s'interposer pour que la suzeraineté florentine s'exerçât d'une façon moins dure. En tout cas, il n'était pas entré dans ses vues d'annuler cette suzeraineté. Sans doute, il vit d'abord avec plaisir les feux de joie que le peuple avait allumés sous ses fenêtres pour lui prouver sa reconnaissance; mais lorsqu'il apprit les désordres qui s'étaient passés dans la ville et l'abus que l'on avait fait des vagues paroles de bienveillance qui venaient de tomber de ses lèvres, il voulut empêcher le renvoi des commissaires florentins, et refusa de régler les nouvelles conditions du gouvernement de Pise avant d'en avoir conféré lui-même, à Florence, avec la puissance suzeraine (1). Le mal était fait cependant, et il était presque impossible de le réparer. Charles VIII partit dès le lendemain, après avoir mis une garnison française, sous les ordres de Robert de Balzac d'Entragues, dans la citadelle neuve que les Florentins avaient ordonné qu'on lui remît en même temps que celle de Livourne (2). Quant aux deux commissaires français qu'il laissait derrière lui, Jean Rabot et Jean Fléard, tous deux conseillers au Parlement de Grenoble, ils se bornèrent à prendre des mesures pour la sûreté et la liberté des Florentins résidant à Pise. Abandonnés à eux-mêmes, les Pisans élurent une Seigneurie analogue à celle de Lucques (3), mais ils n'en continuèrent pas moins à se mettre de force sous la protection du roi de France.

(1) Sanuto, 114. — Guichardin. — Villari, *Jérôme Savonarole*, I, 270.
(2) Extrait du *Priorista* d'Agnolo et François Gaddi, dans l'*Archivio storico italiano*, t. IV, IIe partie, p. 46. — Portovenere, p. 289.
(3) Sanuto, p. 114. — Jean Rabot et Jean Fleard au Parlement et à la Chambre des comptes de Grenoble. Pise, 13 novembre 1494. (Archives de l'Isère, deuxième *generalia*, fol. ij^{cv} v°; communiqué par M. Pilot de Thorey.)

Monnaie de Pise aux armes de Charles VIII.

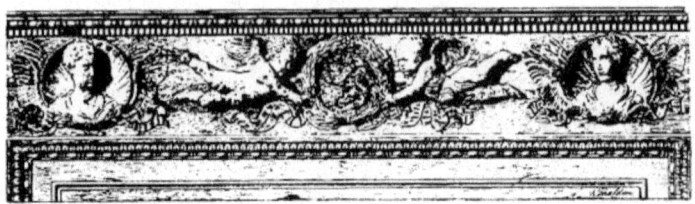

CHAPITRE III.

CHARLES VIII A FLORENCE.

Effets de la révolte de Pise. — Refroidissement réciproque des Florentins et de Charles VIII. — Charles VIII à Pontassigna. — Seconde ambassade de Savonarole. — Envoi de Buondelmonti et de Rucellai. — Nomination de vingt commissaires chargés de traiter avec le roi. — Excitations de Ludovic. — Ambassade de Soderini, évêque de Volterra, et de Guillaume Capponi. — Entrée de Charles VIII à Florence. — Intrigues des partisans de Médicis — Les Florentins déclarent ne vouloir à aucun prix accepter le retour de Pierre de Médicis. — Paroles rassurantes de Charles VIII. — Injuste méfiance des Florentins à son égard. — Préparatifs de défense contre une attaque imaginaire des Français. — Demandes d'appui aux autres puissances italiennes. — Nouveaux efforts des partisans de Pierre de Médicis. — Conditions demandées par Charles VIII. — Surexcitation des Florentins. — Échauffourée du Borgo-Ognissanti. — Pierre Capponi. — Signature et ratification du traité. — Entrevue du Pape et d'Ascagne Sforza. — Envoi du cardinal de Gürck à Florence. — Charles VIII exprime de nouveau son intention d'aller à Rome. — Le cardinal de Gürck passe au parti français. — Arrestation de Georges Buzardo au retour de son ambassade en Turquie. — Manifeste de Charles VIII affirmant sa résolution d'entreprendre une croisade. — Inquiétude des Vénitiens. — Ambassades vénitienne et génoise. — Savonarole engage Charles VIII à partir. — Le roi quitte Florence.

Le bruit des événements de Pise, suivis bientôt d'une révolution analogue à Pietrasanta (1), en paraissant justifier la méfiance que Pierre avait su faire naître chez ses concitoyens à l'égard de Charles VIII, allait produire un effet encore plus dangereux que le roi ne pouvait se l'imaginer. Cette méfiance, un moment dissipée grâce aux paroles rassurantes qu'avaient rapportées de Pise Savonarole et ses collègues, redevint si vivace, qu'elle commençait à prévaloir sur le penchant naturel que le peuple florentin avait toujours conservé pour la France. Elle s'accrut d'autant plus qu'un changement complet se produisit presque en même temps dans l'attitude bienveillante gardée par

(1) Guasti, *Archivio storico italiano*, nuova serie, t. XIV, II° partie, p. 60.

Charles VIII depuis son entrevue avec Pierre de Médicis. Malgré l'empressement qu'il avait mis à quitter Pise, malgré le désir d'entrer à Florence qu'il avait plus d'une fois manifesté, malgré les préparatifs déjà commencés pour le recevoir, arrivé presque aux portes de la ville, à Pontassigna, Charles VIII s'était arrêté. C'est que des lettres de Pierre de Médicis lui avait représenté la révolution du 9 novembre comme dirigée contre lui (1). M. de Bresse et ses amis, qui avaient déjà servi l'ancien maitre de Florence lors des intrigues nouées à Asti avec le duc d'Orléans, tâchèrent de convaincre Charles VIII que le rétablissement de Pierre était nécessaire au triomphe de sa propre cause. Sans se laisser persuader, le roi commençait à penser que les accusations portées contre Pierre n'étaient peut-être pas toutes fondées; il se demandait, d'ailleurs, s'il n'aurait pas à réduire par la force cette cité qu'on lui disait hostile. A tout hasard, il voulut donner le temps à ses soldats de se réunir autour de lui ; suivant les circonstances, son armée servirait, soit à donner plus d'éclat à son entrée, soit à présenter aux Florentins une force assez imposante pour les contraindre à se montrer dociles. On doit croire, cependant, qu'il espérait éviter cette nécessité ; car il ne jugea pas nécessaire de rappeler Montpensier qui marchait déjà sur Sienne par le val d'Elsa, ni de faire avancer son artillerie qui était restée à Pise (2). Néanmoins, les désastreuses conséquences de cette politique à double face, toujours suivie par Pierre de Médicis, se faisaient sentir même après son renversement. Les sentiments de méfiance réciproque, le malentendu qu'il avait fait naître entre Français et Florentins, faillirent plus d'une fois provoquer un conflit dans lequel l'indépendance de sa patrie aurait risqué de périr.

La situation de la ville, à cette époque, a été dépeinte avec une singulière précision par un contemporain : « Nous avions sur les bras, dit Parenti, la puissance du roi de France avec tous ses gens. A peine pouvions-nous suffire à trouver les moyens de leur fournir le nécessaire; au dedans, nous étions dans la division et dans le péril le plus grand ; de sorte que nous vivions dans une inquiétude et dans une

---

(1) Parenti, fol. 66 r°.
(2) *Priorista di A. et F. Gaddi* (*Archivio storico italiano*, t. IV, IIe partie, p. 47. — Portovenere, 290.)

peur merveilleuses. Toutefois, nous fiant aux promesses du roi très chrétien, nous eûmes recours à Sa Majesté en lui envoyant des ambassadeurs (1). » Cependant, Lorenzino de Médicis apporta quelque espoir à ses concitoyens. Son exil n'étant pas révoqué, il s'arrêta hors des portes de la ville, à La Gora, où il dîna le 12 novembre. Aux amis qui vinrent le voir en grand nombre, il donna des paroles rassurantes et rendit compte des efforts qu'il avait faits pour leur conserver la liberté (2). Dans ces circonstances critiques, les Florentins eurent recours à l'homme dont le prestige presque surnaturel était reconnu par Charles VIII comme par eux-mêmes. Le 13 novembre, ils prièrent Savonarole de se rendre à Pontassigna, et désignèrent pour l'accompagner Laurent Lenzi, Pierre Vettori, Bernard Rucellai (3) et Benoît Nerli, auxquels on adjoignit trois jurisconsultes : François Gualterotti, Pierre Corsini et Neri Capponi (4).

Afin de bien disposer le roi, la Seigneurie l'avertit qu'elle venait de révoquer la sentence de bannissement prononcée naguère contre Lorenzino et Jean de Médicis, et de rappeler tous les Pazzi et les Neroni. Elle savait, d'ailleurs, quelles influences s'agitaient dans le camp français, et elle avait prévenu l'un des ambassadeurs, Rucellai, que M. de Bresse passait pour favoriser la cause de Pierre de Médicis; mais l'effet des lettres de Pierre était encore trop récent. Lorsque les envoyés demandèrent à Charles VIII s'il entrait dans ses vues d'encourager la rébellion des Pisans, et s'il ne consentirait pas à prêter son appui aux Florentins pour les ramener dans le devoir, il répondit qu'il voulait protéger ce peuple qui s'était donné à lui, et que cette question serait réglée avec toutes les autres après son entrée dans Florence (5). Telle fut la réponse qu'il répéta le lendemain aux ambassadeurs pisans, qui étaient venus lui demander la confirmation

---

(1) Parenti, fol. 67 r°.

(2) *Ibidem*, fol. 66 v°.

(3) Bernard Rucellai, dans son *Commentarius de Bello italico*, se tait complètement su cette ambassade, pour ne parler que de celle du 15 novembre, dont il fit également partie avec Barthélemy Buondelmonti. Ce n'est pas, du reste, la seule inexactitude que l'on rencontre dans son ouvrage, qui est plutôt un pastiche des auteurs latins qu'une œuvre véritablement historique.

(4) La Seigneurie expédia le même jour Barthélemy Buondelmonti au roi de France, dans un dessein que nous ignorons. (Guasti, *loco citato*, p. 58-59.)

(5) Guasti, 59. — Parenti, fol. 67 r°.

immédiate de leur liberté (1). Même sous l'empire de sa mauvaise humeur contre les Florentins, Charles reconnaissait implicitement leur suzeraineté sur Pise, puisqu'il refusait de régler la question à lui seul, et qu'il sentait la nécessité de la traiter avec eux. N'est-ce pas là une nouvelle preuve de ce souci de la légalité que nous avons eu tant de fois déjà l'occasion de signaler dans les actes de Charles VIII ?

Cependant, on continuait dans Florence à faire des préparatifs en vue de l'entrée du roi. Les rapports avec le camp français se rétablissaient; le 13 novembre, arriva le cardinal de Saint-Pierre-ès-Liens, débarqué le 11 à Pise. Le lendemain, ce fut Jean de Médicis que l'on accueillit « comme s'il eût été le libérateur de la patrie »; enfin, deux envoyés français vinrent communiquer la réponse que le roi avait faite aux Pisans (2). Le 15 novembre, Barthélemy Buondelmonti et Bernard Rucellai se présentèrent de nouveau devant Charles VIII pour l'assurer que la ville, comptant sur la générosité du successeur de Charlemagne, accepterait volontiers toutes les conditions qu'il lui plairait d'imposer, pourvu que l'indépendance de l'état fût sauvegardée. Le roi évita de rien répondre qui pût l'engager pour l'avenir. Rucellai et Buondelmonti se retirèrent pleins de terreur, croyant plus que jamais que les Français ne cherchaient qu'une occasion de saccager leur patrie (3).

Il fallait obéir à la nécessité, laisser le roi entrer dans Florence et traiter aux conditions qu'il imposerait. Pendant que Rucellai était à Pontassigna, le conseil général des citoyens de Florence délibérait sur la conduite à tenir au cas où Charles VIII exigerait de l'argent, la remise de certaines places comme garantie de sa sûreté personnelle, ou bien, au cas où il formulerait quelque demande telle que l'intégrité de l'état en fût menacée. On nomma, dans chacun des quatre quartiers, cinq commissaires chargés de traiter avec le roi ou ses délégués, après qu'il aurait fait son entrée. Quant au détail des conditions, on reconnut que l'on serait contraint de tout accepter, car on était

---

(1) Portovenere, 289. — Parenti, fol. 67 v°.
(2) Parenti, fol. 67 v°.
(3) Ce qu'on vient de lire est le résumé des discours plus qu'invraisemblables dans les termes que Rucellai prétend avoir été prononcés par Charles VIII et par lui-même (p. 46 et 51). Quant à l'ambassade, beaucoup plus importante, qui arriva le lendemain à Pontassigna, Rucellai n'en dit rien.

entièrement à la merci du roi de France. Cependant, au milieu de leur détresse, les Florentins reçurent une promesse d'appui de celui-là même qui avait contribué à leur enlever Pise : une lettre de Ludovic le More les félicitant d'avoir reconquis leur liberté, lettre dans laquelle il se disait prêt à employer toutes ses forces contre quiconque prétendrait y porter atteinte, leur parvint à ce moment. « Laquelle chose, dit Parenti, nous rendit quelque courage pour résister aux demandes du roi au cas où elles eussent été aussi déshonnêtes que l'on pouvait le conclure de l'attitude de plusieurs de ses ministres(1). »

Le même soir, François Soderini, évêque de Volterra, Guillaume Capponi, seigneur d'Altopascio, Nicolas Altoviti, Antoine Strozzi, Leonetto de' Rossi et Laurent Morelli reçurent l'ordre de se rendre le lendemain à Pontassigna. Ils devaient déclarer à Charles VIII le grand désir qu'avait le peuple florentin de le recevoir dans ses murs, et lui démontrer, au cours de la conférence, que la cité comptait sur lui pour tout ce qui pouvait assurer et augmenter sa liberté. On pensait qu'il serait facile aux ambassadeurs d'en venir à le prier de prendre les dispositions nécessaires pour que l'exemple de Pise, déjà suivi par Pietrasanta, ne devînt pas contagieux, et pour rétablir la souveraineté florentine dans son intégrité. Ils étaient chargés, en outre, d'obtenir la mise en liberté de Marino Tomacelli, ambassadeur de Naples auprès de la Seigneurie, qui, sorti de Florence à l'approche de Charles VIII, était tombé aux mains des Français; attirer l'attention du roi sur les désordres des soldats qui passaient par le val d'Elsa, et lui présenter Octavien de Manfredi, fils du seigneur de Faenza (2).

Le 16 au soir, les cinq orateurs rentrèrent à Florence. Ils annoncèrent que le roi ferait son entrée le lendemain; que Tomacelli serait remis en liberté; que leurs autres requêtes avaient été bien accueillies; mais que sur le point le plus important, celui qui touchait Pise et les villes soumises, ils n'avaient obtenu qu'une réponse vague. Néanmoins, on reprit confiance (3), et l'on se hâta d'achever les préparatifs commencés depuis le 11 octobre en vue de l'entrée de Charles VIII. Dans toutes les voies que le cortège royal devait parcourir, on répan-

(1) Parenti, fol. 68 r° et v°.
(2) Guasti, loco citato, p. 60.
(3) Parenti, 69 r°. — Sanuto, 112 et 113.

Vue de Florence au quinzième siècle. D'après une gravure en bois du Musée de Berlin.

dit du sable sur les dalles pour que les chevaux pussent cheminer plus sûrement; certaines rues, telles que Por'-Santa-Maria, furent couvertes de toiles, comme celles que les marchands tendaient pour abriter leurs boutiques contre les rayons du soleil; les maisons furent revêtues de tapisseries. Sur la façade du Palais public, on suspendit un énorme écu de France, tandis que des armoiries semblables, mais plus petites, se voyaient dans toute la ville. On dressait des *edifizii*, ces représentations figurées de scènes religieuses ou allégoriques que l'on élevait sur les places dans les fêtes italiennes. Enfin, une partie du mur de la ville fut abattue à côté de la porte San-Frediano, tandis que cette porte elle-même, par laquelle Charles VIII devait entrer, était décorée des armes royales.

Le 17 novembre, dans l'après-midi, pendant que les Français se formaient en colonne à Monticelli, le cortège des Florentins se portait à leur rencontre. C'était d'abord le clergé, puis une troupe nombreuse de jeunes gens et de citoyens, tous à cheval et richement vêtus à la française, derrière lesquels s'avançait le cardinal de Saint-Pierre-ès-Liens. En dernier lieu, venait la Seigneurie, groupée autour de l'étendard des *Collegi* (1). A la porte San-Frediano, la Seigneurie prit place sur une tribune; le clergé s'arrêta, tandis que la troupe brillante des cavaliers sortait des murs pour aller rejoindre l'avant-garde française. Le cortège des Florentins devait, en effet, prendre la tête du défilé et guider, pour ainsi dire, l'armée royale dans les rues de la cité.

Une averse jeta la confusion dans les rangs des prêtres qui devaient marcher les premiers. Tous avaient revêtu leurs plus beaux ornements, ceux que l'on ne montrait d'habitude qu'à la fête du patron de Florence, saint Jean. Dès les premières gouttes, clercs et moines se hâtèrent de mettre leurs chapes à l'envers et de chercher un abri. Arrêtés, séparés par les chevaux de ceux qui les suivaient, on les vit courir de çà et de là et se disperser dans les rues voisines. La procession fut manquée; mais la pluie cessa, l'ordre fut bientôt rétabli, et l'imposant cortège se mit en mouvement.

Lorenzino de Médicis, rentrant comme en triomphe dans cette ville

---

(1) Les *Collegi* étaient des magistrats florentins adjoints à la Seigneurie.

dont l'accès lui était encore interdit quatre jours auparavant, s'avançait le premier. Pour faire sa cour au peuple, il avait renié le nom glorieux du Père de la Patrie, et se faisait appeler maintenant *Lorenzo de' Popolani*. Les cavaliers florentins s'étaient mis à sa suite et marchaient deux à deux. Un intervalle les séparait des hommes de guerre du roi.

Bien que diminuée des troupes de Montpensier et de toute l'artillerie, l'armée royale allait présenter aux Florentins un spectacle que quelques-uns avaient peut-être pu contempler à l'étranger, mais qu'aucun d'eux n'avait encore vu dans son propre pays. Sans doute, une belle troupe de cavalerie n'était pas chose rare en Italie; mais l'infanterie n'était, la plupart du temps, qu'une cohue de paysans et d'aventuriers raccolés en hâte au moment où l'on commençait la campagne, et souvent sur le terrain même des opérations. Qu'avait-elle de commun avec les bandes régulières et aguerries qui franchissaient déjà la porte San-Frediano?

« Un vacarme tel que, lorsqu'on s'engagea dans les rues, il semblait devoir faire écrouler les maisons », annonçait l'approche des gens de pied. Quatre hommes frappant à deux mains sur d'énormes tambours, presque aussi gros que des tonneaux, et deux fifres produisaient tout ce bruit. Immédiatement derrière eux, sept sergents marchant sur la même ligne occupaient toute la largeur de la rue. Ils portaient de grands chapeaux, des cottes d'armes pailletées, ouvertes de façon à laisser voir la cuirasse, des chausses de fines mailles, et tenaient en main ce qu'un témoin, auquel les choses de l'agriculture étaient sans doute plus familières que celles de la guerre, appelle « certaines armes en manière de serpes, toutes dorées et très brillantes, qui semblaient assez gênantes à porter, mais fort propres à briser une porte ». La première troupe était tout entière munie de ces sortes de guisarmes. Ensuite venaient des arbalétriers, des archers, à pied également, précédés de tambours. « tous battant comme s'il se fût agi de faire une vente ». L'étrangeté de certains détails frappait d'étonnement les Italiens : devant les mousquetaires, marchait une espèce de géant tenant un épieu emmanché d'un jeune chêne non redressé et revêtu de son écorce ; les Suisses, qui suivaient les mousquetaires, étaient armés de pertuisanes très courtes et grosses comme des soliveaux. Derrière eux venaient la bande des piquiers avec leurs étendards, leurs guidons et leurs flûtes, puis un corps uniformément vêtu aux couleurs du roi, portant une courte dague au côté, des chausses de drap d'or, une chaîne d'or au cou; c'étaient les hallebardiers, entremêlés de « joueurs d'épée à deux mains ». Le groupe des capitaines, MM. de Clèves, le comte de Nevers, le sire de Lornay, écuyer de la reine, et le bailli de Dijon, fermait le défilé des gens de pied.

Un trompette précédait le premier corps de cavalerie; c'étaient soixante hommes d'armes admirablement montés sur de puissants chevaux. Ils portaient de grands panaches, des soubrevestes mi-parties d'or et de couleur, une masse de fer sur la cuisse et un estoc au côté. D'autres venaient à leur suite : les archers d'ordonnance tenaient leurs arcs bandés et leurs trousses de flèches garnies. Une troupe de clairons, de trompettes et de tambourins marchait devant les 800 lances de l'Ordonnance, la fleur de l'armée, « tous gentilshommes et de maison, de grande valeur et vertu : ils ne recherchaient qu'à acquérir de l'honneur et de la réputation dans le service du roi. » Après une bande de 200 arbalétriers, les archers de la garde s'avançaient quatre par quatre ; à la vue de leurs hoquetons couverts d'orfèvrerie, les spectateurs n'hésitèrent pas à les croire tous « comtes ou seigneurs pour le moins ». Le corps qui venait ensuite ne le cédait pas en magnificence à celui-ci. Derrière les trompettes de la Seigneurie, uniformément vêtus à la livrée blanche et violette, comme les trompettes du roi auxquels ils étaient mêlés, on voyait les gentilshommes de la garde royale, puis les princes et les seigneurs de la cour. Parmi eux, on se montrait deux Italiens : Galéaz de San-Severino et Don Ferrand, fils du duc de Ferrare. Enfin, entre deux haies de laquais à pied, vêtus d'or et de velours, précédé de ses pages à cheval, sous un dais porté par les *Collegi*, on vit paraître le roi.

Il montait un magnifique cheval noir, ce *Savoie* sur lequel il devait combattre à Fornoue. Par-dessus son armure, couverte d'ornements dorés, de perles et de pierreries, il portait une jaquette de brocart d'or et un long manteau de velours bleu. Un grand chapeau blanc à plumes noires, surmonté de la couronne, était retenu sous son menton par des rubans. Devant lui, le grand-écuyer portait l'épée royale, et le grand-prévôt et ses gens veillaient à la sûreté de sa personne.

Toutes les cloches sonnaient. La Seigneurie descendit de son estrade pour complimenter le roi et lui présenter les clefs des portes San-Frediano, San-Gallo et San-Pier-Gattolino ; mais au moment où Luc Corsini allait lire le discours qu'il avait préparé au nom de ses collègues, une seconde averse le fit rester court, en renouvelant le désordre qui avait déjà dispersé la procession. La réception allait être manquée, si l'intendant du palais, François Gaddi, n'eût eu la présence d'esprit de se frayer un chemin au milieu des chevaux effarés et d'adresser à Charles, en français, quelques paroles de circonstance (1).

Le cortège se remit en marche. Une foule de seigneurs ecclésiastiques et laïques superbement vêtus, les chevaliers de l'Ordre, les membres du Grand-Conseil, les gens de justice et de finance, se pressaient à la suite du roi. Enfin, après quelques escadrons d'arrière-garde, la troupe immense des valets, des ouvriers de toute sorte, des vivandiers et des ribauds suivait la longue file des bagages.

Le défilé des soldats avait duré si longtemps (2) que Charles VIII ne franchit la porte San-Frediano qu'une heure avant le coucher du soleil. Il s'engagea dans le Borgo San-Giacomo (3), traversa l'Arno sur le Ponte Vecchio, et, par Por' Santa-Maria et la Via Vaccherreccia, il arriva sur la place de la Seigneurie. Déjà, au Ponte alla Trinità, il avait fort admiré un char couvert de tapisseries et sur lequel était figurée l'Annonciation, telle qu'on la représentait à certains jours devant l'église de l'Annunziata. Le spectacle qu'il découvrit en arrivant devant le Palais public dut lui plaire encore plus. Des géants et d'autres êtres fantastiques parcouraient la place ; sur un char triomphal, des jeunes gens étaient groupés autour d'une colossale fleur de lis d'or couronnée de palmes argentées et de branches d'olivier. Tous saluèrent le roi du cri de « Bienvenu soit le restaurateur de la liberté ! » et se mirent à chanter ses louanges en s'accompagnant de divers instruments. De la place, le cortège alla gagner les *Fondamenti*, cette rue circulaire qui contourne l'abside du Dôme, et parvint devant le Baptistère au moment où le soleil se couchait.

(1) *Priorista di A. et F. Gaddi*, dans l'*Archivio storico italiano*, t. IV, IIe partie, p. 47.
(2) Il y avait 8 000 chevaux et 4 000 piétons. (*Ibidem.*)
(3) Aujourd'hui Via San-Frediano.

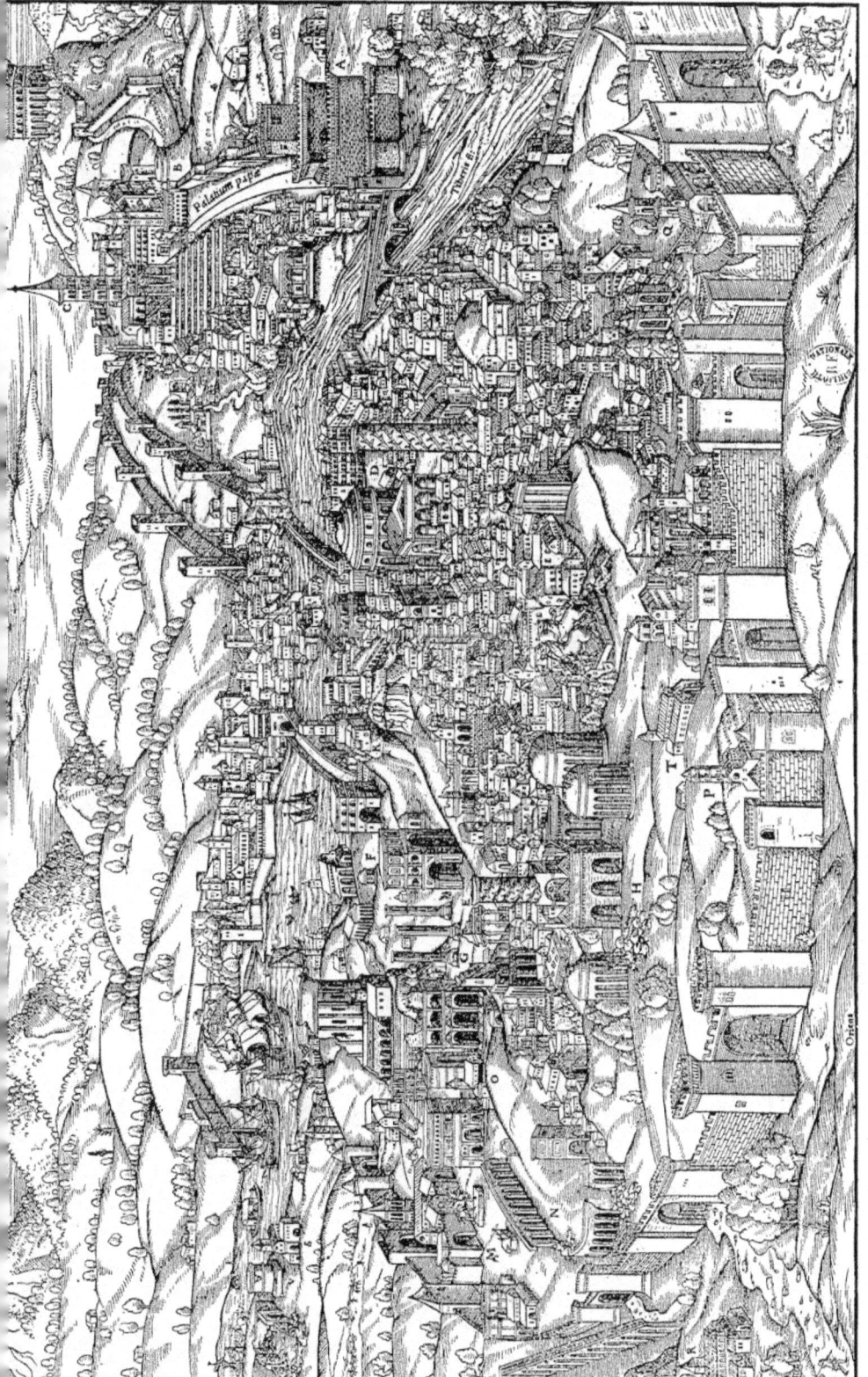

Vue de Rome au commencement du seizième siècle. Fac-similé de la gravure publiée par Sébastien Münster.

Le roi mit pied à terre devant le portail de Sainte-Marie-des-Fleurs, où l'attendaient l'évêque ainsi que la Seigneurie, venue de la porte San-Frediano par des rues détournées. L'intérieur de l'église était tout illuminé : sur chacune des colonnes du chœur, un ange se dressait portant un chandelier. Au milieu de la foule qui encombrait la nef, deux lignes de torches bordaient un étroit passage réservé pour le roi : « Ce fut par là, raconte Landucci, qu'il se rendit au maître-autel, avec ses barons et les gens de son pays, au milieu d'un tel tumulte de cris de *Viva Francia!* qu'il n'y en a jamais eu plus grand au monde. Songez qu'il y avait là tout Florence, tant dans l'église que dehors. Tout le monde criait, petits et grands, vieux et jeunes, tous d'un vrai courage, sans adulation. Lorsqu'on le vit à pied, il perdit un peu de son prestige aux yeux du peuple ; car, en vérité, c'était un très petit homme. Néanmoins, il n'y avait personne qui ne l'aimât de bon cœur et comme on le devait. De la sorte, il aurait été facile de lui faire entendre que tout le monde a des lis plein le corps et que tout le monde est vraiment porté pour lui(1) ; si bien qu'il devrait nous aimer singulièrement et se fier à nous en toute chose ; et c'est la vérité, et il verra par la suite la grande fidélité des Florentins. Sorti de l'église, il remonta à cheval et alla descendre au palais de Pierre de Médicis, toujours aux cris de *Viva Francia!* Jamais il n'y eut si grande allégresse, ni tant d'honneurs rendus de bon cœur et sans rien affecter ; nous mettions en lui toutes nos espérances de paix et de repos. Finalement, il n'en fut pas ainsi, puisqu'il nous enleva Pise et la donna aux Pisans, ce qu'il ne pouvait et ne devait faire, car il donna ce qui n'était pas à lui(2). »

La nuit était tombée, mais la ville entière était illuminée (3), Charles se fit remettre à cheval, car sa petite taille ne lui permettait pas d'y remonter seul, et, par la Via de' Martelli, il franchit le court espace qui le séparait du palais Médicis. La rue était couverte de tentures bleues fleurdelisées ; une frise chargée des armoiries du roi et de celles de la Commune régnait au-dessus de la porte décorée

---

(1) « ... Che ogniuno ha el corpo pieno di gigli e che ogniuno gli va in verità. »
(2) Landucci, p. 80.
(3) Une ordonnance de la Seigneurie avait prescrit à tous les citoyens de tenir cinq chandelles allumées aux fenêtres de leurs maisons. (Parenti, fol. 70 r°.)

de festons, aux côtés de laquelle s'élevaient deux colonnes portant les mêmes armoiries. La décoration intérieure du palais n'était pas moins digne de l'hôte qu'il allait recevoir. Mais, son plus bel ornement, celui que le roi aurait le plus désiré voir, avait disparu. Lorsqu'à peine arrivé, Charles VIII demanda où étaient les médailles,

Jean Matheron de Salignac. Médaille attribuée à Niccolo Fiorentino.

les camées, les collections de toute sorte réunies par Pierre de Médicis, on ne put les lui montrer, et pour cause. En revanche, on prétendit lui faire hommage du palais qui les avait contenus; mais il n'y voulut jamais consentir. C'eût été, en effet, se rendre complice de la confiscation prononcée contre Pierre de Médicis, confiscation dont il se préparait à exiger la levée(1).

(1) Les sources d'après lesquelles nous avons raconté l'entrée de Charles VIII à Florence sont d'abord le récit d'un témoin oculaire reproduit dans Sanuto (p. 133 et suivantes), le récit de Parenti (fol. 69 r°, etc.), ceux d'André de la Vigne (Godefroy, 118), de Landucci et d'Agnolo et Francesco Gaddi.

Le lendemain, après que le roi eut entendu la messe à San-Lorenzo, la Seigneurie, suivie d'une députation de trois cents citoyens, se rendit au palais Médicis, où Luc Corsini put enfin prononcer le discours que la pluie avait si fâcheusement interrompu la veille. Comme naguère Savonarole, il y traita le roi de libérateur, non seulement de Florence,

Revers de la médaille de Jean Matheron de Salignac.

mais encore de l'Italie entière, qui mettait en lui toutes ses espérances de paix et de repos.

Le président des comptes de Provence, Matheron, fut l'interprète des remerciements du roi. Il assura que nulle part son maître n'avait été aussi bien reçu, et déclara formellement, en son nom, que la cité pouvait compter sur ses bienfaits; puis, sur l'ordre exprès de Charles VIII qui le lui donna à voix basse, il dit que le roi ferait droit à toutes les requêtes que l'on voudrait lui présenter. « En somme, dit Parenti, il était impossible d'employer des paroles plus satisfaisantes, ni de faire des offres plus gracieuses. Nous nous retirâmes pleins de joie (1). » On commença, sans plus tarder, à débattre les conditions du traité, pour lequel les Florentins se louèrent fort de l'appui qu'ils trouvèrent chez Galéaz de San-Severino (2), à qui, pour mieux cacher la part qu'il avait prise à la rébellion de Pise, Ludovic avait recommandé d'agir en ce sens auprès du roi.

Depuis le 9 novembre, dans leurs discours, ainsi que dans les devises inscrites sur leurs monuments, les Florentins affectaient soigneusement de considérer le roi comme leur libérateur; ils pensaient l'associer, de la sorte, à la révolution qui avait chassé les Médicis. De son côté, Charles VIII avait évité, jusque-là, tout ce qui pouvait ressembler à un engagement. Certes, il n'avait aucune raison d'aimer Pierre de Médicis; il avait été le premier, à Sarzana, à lui déclarer qu'il ne pouvait pas conclure un traité définitif avec un représentant sans mandat du peuple florentin; et Pierre de Médicis savait si bien qu'il ne devait pas compter sur son appui, que c'était pour cela qu'il avait essayé de ressaisir l'autorité avant son arrivée. Néanmoins, dans sa générosité, le roi se considérait comme engagé d'honneur à veiller, sinon à la restauration, du moins au salut et au bien-être du coupable repentant. Sans doute, il n'était pas resté indifférent aux lettres de Pierre, qui lui représentaient la révolution du 9 novembre comme dirigée contre lui; mais, même à ce moment, il avait écouté les paroles pacifiques des ambassadeurs florentins. Seulement, avant de traiter définitivement, il avait voulu entrer dans Florence, pour se rendre compte par lui-même des dispositions du peuple envers son ancien chef. Son entrée l'avait entièrement satisfait. Tout allait donc pour le mieux, lorsque les intrigues des Médicis vinrent, encore une fois, tout gâter.

Les partisans de Pierre, sa femme, sa mère, Laurent Tornabuoni, Giannozzo Pucci, connaissaient bien les sentiments de Charles VIII à son égard. Aussi ne lui demandaient-ils pas de le restaurer. Ils se bornaient à dire que les accusations de tyrannie portées contre lui par les Florentins étaient injustes, et ils n'imploraient pour lui que l'autorisation de venir se justifier devant le roi de France, promettant qu'il se soumettrait à son sort, pour peu que le roi le trouvât mérité.

(1) Parenti, fol. 70 r°.
(2) Guasti, p. 61.

Au cas où Pierre parviendrait à prouver son innocence, il n'aurait recours à Charles VIII, que pour le prier de le réconcilier avec ses concitoyens. Tel était l'objet des requêtes, assez justes en apparence, dont étaient assaillis le roi et les principaux de sa cour; ceux-ci, au dire des chroniqueurs florentins, ne restèrent pas insensibles aux présents d'argent et de joyaux, dont les femmes de la maison de Médicis pouvaient, paraît-il, encore disposer. Quelques-uns, comme M. de Bresse, avaient déjà montré beaucoup de bonne volonté pour Pierre, et les dispositions de ce seigneur étaient entretenues par Laurent Tornabuoni chez lequel il logeait. Quant à leur maître, on n'en appelait jamais en vain à son équité. Une lettre fut écrite à Pierre, que l'on croyait encore à Bologne, pour qu'il revînt aussitôt se mettre sous la sauvegarde du roi; mais le fugitif n'était déjà plus à Bologne, et la lettre dut le suivre jusqu'à Venise (1). Quand il la reçut, il n'était plus temps pour lui d'en profiter. Mais ses partisans, qui croyaient bientôt le voir de retour, reprirent confiance, se figurant qu'une fois qu'ils auraient retrouvé leur chef, il ne serait pas difficile de susciter une émeute, dans laquelle les soldats français se laisseraient entraîner à prendre parti pour les Médicis.

On devine quelle fut la terreur des Florentins lorsqu'ils apprirent que le tyran allait revenir, et revenir, disait-on, avec la faveur de Charles VIII. La Seigneurie ne perdit pas de temps; le 20 novembre, dans la nuit, elle expédia secrètement Bernard Rucellai à Ludovic le More, pour le supplier d'intervenir auprès du roi en faveur de Florence et de contre-balancer l'influence de « quelqu'un » — sans doute M. de Bresse — qui dirigeait alors la politique du roi (2); et dès le lendemain, à une heure exceptionnellement matinale, elle convoqua au Palais public une assemblée générale des *Richiesti*. Le gonfalonier exposa les faits qui étaient venus à la connaissance de la Seigneurie. Si l'on refusait de consentir à ce que Pierre revînt se justifier, dit-il, il était à craindre que le roi ne s'irritât de ce refus, qu'il considérerait comme un acte de partialité; si l'on consentait, on exposait la ville aux

(1) Parenti (fol. 70 v°) dit que la lettre fut écrite par les *mandatarii*, sans que l'on sache exactement si ce fut par ceux du roi ou ceux de Pierre. — Guichardin dit que ce fut par le roi et M. de Bresse; mais il a rapporté ces faits avec plus de précision apparente que de vérité. C'est ainsi qu'il les rattache tous à l'époque du séjour du roi à Pontassigna.
(2) Guasti, 62-63.

horreurs de la sédition, du pillage et du massacre. L'imminence même du danger inspira aux citoyens assemblés une courageuse résolution. Le premier à donner son avis, Pierre Soderini, évêque de Volterra, s'écria : « Nous aimons mieux mourir généreusement, les armes à la main, en défendant notre liberté, que de consentir à laisser rentrer le tyran dans nos murs. » Aussitôt, Côme de' Pazzi se prononça énergiquement dans le même sens. Pendant qu'il parlait encore, il se produisit un incident insignifiant en lui-même, mais qui, dans l'état de surexcitation des esprits, fut interprété de la façon la plus sinistre, et fit croire aux Florentins que les violences allaient commencer.

La porte du Palais était ordinairement ouverte à tous venants. Une dispute s'étant élevée entre les gardiens et deux Français à qui on refusait l'entrée, à cause de l'assemblée qui se tenait alors, le bruit courut que c'étaient des envoyés de M. de Bresse, chargés de provoquer des troubles et d'empêcher ainsi les délibérations du Conseil. Un tumulte s'éleva aussitôt sur la place. La crainte pour les Florentins de voir leur ville mise à sac par les Ultramontains se réveilla plus forte que jamais; les boutiques se fermaient, les marchands cachaient leurs étoffes et leurs objets précieux (1). Croyant à une révolte, les Français logés dans la ville, craignant pour la sûreté du roi, montèrent à cheval et occupèrent les ponts, tandis que l'infanterie se rangeait en bon ordre autour du palais Médicis. La moindre circonstance aurait suffi pour produire un conflit terrible. Tous les Florentins présents au Conseil interrompirent Côme de' Pazzi : « Maintenant, il faut des actes et non des paroles! » s'écrièrent-ils; et, se rendant aux pieds de la Seigneurie, ils lui exprimèrent leur résolution de mourir, s'il en était besoin, pour défendre leur liberté, et la prièrent de faire savoir immédiatement au roi qu'ils ne consentiraient jamais au retour de Pierre de Médicis, retour dont les suites inévitables seraient la ruine de la patrie et l'égorgement des citoyens, et qu'ils espéraient que Sa Majesté, une fois informée des scandales et des troubles qui en résulteraient, n'y consentirait pas non plus.

Sur l'heure, trois prélats furent désignés pour se rendre auprès de

---

(1) Landucci, p. 82.

Charles VIII. En même temps, un exprès était envoyé à Savonarole pour qu'il employât l'influence reconnue qu'il exerçait sur le roi. Les délégués se mirent en marche, escortés par tous ceux qui avaient pris part au Conseil, formant une troupe de plus de cent personnes. Charles les reçut dans le vestibule du palais Médicis. Après qu'ils lui eurent fait connaître les vœux du peuple florentin, il chargea deux commissaires de s'accommoder avec eux et de leur donner satisfaction; « car, dit-il, ma volonté n'est point de faire de nouveaux changements, mais d'apaiser les discordes, de supprimer les causes de troubles et de mettre la paix entre les citoyens. Cependant, je ne trouvais ni injuste ni scandaleux que Pierre de Médicis revînt se disculper et mener ici la vie d'un bon citoyen. S'il avait voulu se mal conduire, j'y aurais mis bon ordre. » Charles, d'ailleurs, ne s'en tint pas seulement à des paroles; il consentit à ce qu'il ne fût plus question de Pierre ni de son rappel avant quatre mois.

Certes, on pourrait croire que les Florentins durent faire éclater leur gratitude en entendant un langage aussi bienveillant. Il n'en fut rien : « Cette conclusion, dit Parenti, rendit un grand calme à nos esprits et nous causa une grande satisfaction. Néanmoins, nous découvrîmes les mauvaises intentions du roi et de ses ministres (1). » Les Florentins se trouvaient alors dans un état d'esprit qui n'est que trop fréquent au lendemain d'une révolution : une exaspération sans bornes contre le régime déchu, une méfiance folle contre quiconque ne partage pas cette exaspération, et une confiance démesurée en soi-même, confiance qui conduit aussi bien à des actes héroïques qu'à de criminelles audaces. Leur haine contre tout ce qui portait le nom de Médicis était si aveugle, qu'ils allèrent jusqu'à faire effacer sur le tombeau du grand Côme le titre de *Père de la patrie;* « car ce titre, il ne l'a pas mérité; il a mérité plutôt celui de tyran (2). » Ils ne pouvaient comprendre que Charles VIII, qui avait eu si fort à se plaindre de Pierre, ne partageât pas leur rancune. Pour les satisfaire, il aurait fallu s'associer aux cruelles mesures prises contre les Médicis. Dans la générosité du roi envers un ancien ennemi, ils ne voyaient qu'une preuve de faiblesse, et ils en concluaient que Charles

(1) Parenti, fol. 72 v°.
(2) Müntz, *Les Précurseurs de la Renaissance,* p. 218.

était une pauvre intelligence, entièrement dominée par des ministres aux gages des vaincus (1).

A partir de ce jour, la méfiance remplaça dans le cœur des Florentins le fond d'attachement que la plupart d'entre eux portaient par tradition au roi de France. Tous les actes de Charles VIII furent plus ou moins pris en mauvaise part. Les occasions de mécontentement ne devaient, d'ailleurs, être que trop fréquentes; on sait, en effet, combien des soldats étrangers, séjournant même en pays ami, ont de peine à ne pas blesser les susceptibilités de leurs hôtes. En dépit du langage rassurant tenu par le roi, les Florentins persistèrent à se croire menacés d'une restauration de Pierre de Médicis et du sac de la ville par les Français. Aussi se préparèrent-ils à la résistance. On remplit le Palais public de vivres, d'armes et de munitions ; des commissaires furent envoyés dans la campagne pour lever tout ce qu'ils pourraient de gens de pied et les amener le surlendemain aux portes de Florence. Les principaux citoyens furent invités à cacher des hommes armés dans leurs maisons et à se tenir prêts à accourir sur la place dès le premier coup de cloche. Le souvenir des Vêpres siciliennes hantait tous les esprits, et quelques *bravi* projetaient déjà d'assassiner les Français isolés qu'ils rencontreraient la nuit. En présence de tous ces préparatifs hostiles, l'armée royale organisa des patrouilles de jour et de nuit qui arrêtaient tous ceux qu'elles rencontraient armés, et leur enlevaient leurs armes (2).

Ne se fiant pas seulement à la force matérielle, les Florentins s'adressèrent à Belgiojoso, à Galéaz de San-Severino, à l'ambassadeur de Ferrare et au cardinal de La Rovère, pour qu'ils protestassent auprès du roi contre le retour de Pierre, en lui démontrant qu'il s'exposerait, s'il continuait à le protéger, à mécontenter toutes les puissances de l'Italie. Chacun d'eux parut tout disposé à les seconder.

Cependant, comptant sur l'irritation que l'attitude des Florentins devait faire naître chez le roi, les femmes de la maison de Médicis et leurs amis redoublaient leurs efforts auprès des ministres français. Ils travaillaient de tout leur pouvoir à leur persuader qu'avec Pierre à la tête des affaires, les Français feraient la loi dans la cité, tandis qu'ils

---

(1) Parenti, fol. 72 v°.
(2) Landucci, p. 83, 85 et 86.

Le Palais Médicis à Florence, aujourd'hui Palais Riccardi.

ne pourraient jamais se fier au peuple et à ses brusques revirements. On comprend qu'au milieu de cette méfiance universelle, les négociations du traité fussent bien laborieuses.

Et pourtant les conditions proposées par les Français ne contenaient rien de contraire au nouvel ordre de choses établi par la révolution du 9 novembre, ni à la reconnaissance de la souveraineté florentine sur Pise. Charles se bornait à réclamer la levée de la déclaration de rébellion et de confiscation prononcée contre les Médicis, ainsi que la permission, pour la femme et les enfants de Pierre, d'habiter en paix leur maison. Bien qu'il reconnût le lien qui unissait Pise à Florence, il voulait que cette ville restât à sa disposition jusqu'à la fin de la campagne en même temps que Sarzana et Pietrasanta (1); il demandait encore que les Florentins lui payassent une indemnité de cent-cinquante mille ducats; enfin il réclamait le droit d'être représenté auprès de la Seigneurie par un agent qui interviendrait dans toutes les délibérations. Cette dernière condition, exorbitante si elle eût été proposée par tout autre que le roi de France, n'avait rien de bien extraordinaire de la part du prince à qui toute nouvelle Seigneurie florentine était tenue de prêter serment de fidélité. D'ailleurs, devant l'étrange aveuglement des Florentins, qui persistaient, en dépit des assurances royales, à croire Charles VIII favorable au rétablissement des Médicis, il était naturel que celui-ci prît ses précautions contre les emportements de ses trop défiants alliés et qu'il tînt à conserver auprès d'eux un homme qui les éclairât sur ses véritables intentions. Toutes ces conditions, sauf la moins importante peut-être (2), se retrouvèrent sans modification aucune dans le traité définitif. Et, cependant, les Florentins étaient encouragés à la résistance. En réponse à l'ambassade de Rucellai, le duc de Milan déclarait qu'il n'entrait point du tout dans ses intentions de laisser diminuer en quoi que ce fût l'autorité des Florentins; qu'il était prêt à leur venir en aide, et qu'il mandait à ses troupes de Romagne de se tenir à leur disposition. De leur côté, les ambassadeurs vénitiens qui venaient d'être dépêchés à Charles VIII faisaient à la Seigneurie les promesses les plus rassurantes (3).

(1) « Pisa, benche non libera, a discretione sua quasi restassi. » Parenti, fol. 73 v°.
(2) Le chiffre de l'indemnité fut abaissé de 30,000 ducats.
(3) Tout ce qui précède est raconté d'après la chronique de Parenti, fol. 70 v°-74 r°.

Les choses en étaient là le 24 novembre. De part et d'autre, on ne s'envisageait qu'avec méfiance, et les Florentins étaient arrivés à un état d'anxiété que ceux-là seuls peuvent connaître qui ont traversé des moments où l'existence même de leur patrie s'est trouvée en jeu ; moments terribles où tout ce que l'on craint paraît possible, et où le fait le plus insignifiant en lui-même prend souvent une importance excessive. On s'abordait en se demandant si le roi avait signé le traité de paix, et tout le monde augurait mal de la lenteur des négociations. Charles VIII devait, ce jour-là, dîner avec la Seigneurie au Palais public ; on disait même qu'il avait exigé qu'on retirât toutes les armes qui s'y trouvaient, et qu'il ne voulait venir que bien accompagné. Tout à coup, les cris de : *Fermez ! fermez !* retentirent dans Florence, et toutes les boutiques furent closes sans que la plupart des citoyens sussent quelles étaient les causes de cette panique (1). Mais, depuis quelques jours, les Florentins vivaient dans un tel état de surexcitation inquiète, que le moindre événement achevait de troubler leur raison. Il avait suffi, le 21, de deux soldats français aux portes du Palais public pour que le conseil des *Richiesti* crût son indépendance en péril ; il n'en fallut pas plus pour donner naissance à l'échauffourée du 24. Un Français passait dans la rue avec un prisonnier qu'il avait fait en Lunigiane et qui n'avait pas encore pu lui payer complètement sa rançon. Quelques enfants ayant voulu délivrer le captif, il en résulta un attroupement. Le tumulte gagna de proche en proche et grandit de telle sorte, que les Français, qui n'ignoraient pas tous les préparatifs de défense ou d'attaque faits dans les jours précédents, prirent les mêmes précautions que le 21.

Cette fois, le sang coula ; lorsque les Suisses, campés près d'Ognissanti, s'engagèrent dans le Borgo-Ognissanti pour se rendre à leur poste, ils furent accueillis par une grêle de pierres lancées du haut des maisons. Le roi, cela va sans dire, n'alla pas ce jour-là dîner au Palais public, et il laissa voir une irritation facile à concevoir. Les Florentins comprirent que, dans cette affaire, c'étaient eux qui, en somme, avaient été les agresseurs ; ils s'efforcèrent de prouver que l'échauffourée pouvait bien avoir été provoquée par les partisans des Médicis,

(1) Landucci, p. 85.

afin d'amener un conflit entre les Français et le peuple (1). Charles VIII se montra clément, et tout s'apaisa pour ce jour-là. S'il cherchait, comme le disaient les Florentins, une occasion de mettre la ville à sac, quel meilleur prétexte aurait-il pu trouver que celui qu'on venait de lui fournir ?

Enfin, le lendemain, le traité fut signé. Néanmoins, au dernier moment, une action courageuse assurément, mais en réalité seulement explicable par le malentendu qui subsistait dans l'esprit des Florentins, faillit encore une fois tout compromettre.

Les commissaires des deux nations s'étant mis d'accord sur tous les articles du traité se rendirent au palais Médicis, pour en donner communication au roi. « La lecture terminée, écrit Cerretani, le roi dit que le traité ne lui plaisait pas, et se leva en prononçant quelques paroles menaçantes. A cette vue, Piero di Gino Capponi, irrité de force vilaines paroles dites par les seigneurs français, saisit brusquement le texte des articles, et, le déchirant en cent morceaux, s'écria : « Prince « très chrétien, nous sonnerons nos cloches et vous vos trompettes ; « on verra ce peuple en armes ! » D'autres citoyens accompagnèrent cet acte de propos pleins de courage et de noblesse ; Piero, après quelques autres discours méprisants, tourna le dos au roi, et prit le chemin de l'escalier. Son autorité était grande ; tous le suivirent (2). » Surexcité par l'anxiété dans laquelle tous ses compatriotes vivaient depuis quelques jours, Capponi crut sans doute voir dans le mouvement d'humeur de Charles VIII la confirmation des mauvais desseins qu'on lui prêtait. Il s'imagina que le roi cherchait, au dernier moment, un prétexte pour ne pas se lier par le traité qu'on lui apportait à signer, et rester libre d'user de violence envers Florence. Il s'attendait à ce que ses fières paroles fussent le signal de la lutte ; il mérite donc pleinement la réputation qu'a value à son nom le souvenir d'un glorieux élan de patriotisme.

Ses craintes, toutefois, étaient purement chimériques. Il est inutile de rappeler ici les véritables dispositions de Charles VIII. Quelle cause de mécontentement le roi avait-il pu trouver dans le traité qu'on venait de lui soumettre ? On ne voit qu'une seule différence entre les

---

(1) Parenti, fol. 74 r° et v°.
(2) Cerretani, Bibliothèque nationale de Florence, ms. cod., II, III, 74, fol. 212.

propositions françaises, telles que les mentionne Parenti, et le traité définitif; c'est dans le chiffre de l'indemnité, qui avait été abaissé de 150 000 à 120 000 florins. D'autre part, le seul historien qui ait pris soin de rapporter à quelle occasion se produisit l'acte héroïque de

Le Marzocco de Donatello, au Musée national de Florence.

Capponi, Nardi, dit en termes exprès que ce fut à propos du règlement de l'indemnité (1). Il est naturel que le roi ait manifesté son étonnement en voyant que ses volontés, sur ce point, n'avaient pas été suivies; il n'est pas moins naturel qu'il ait ensuite facilement consenti à un sacrifice purement financier. D'ailleurs, la hardiesse était faite

(1) Nardi, *Istorie*, édition Arbib, I, p. 48.

pour lui plaire. Il connaissait Capponi, qui était venu en ambassade auprès de lui; il l'avait même assez apprécié pour que M. de Saint-Malo eût pensé, dès cette époque, à faire du noble Florentin un instrument de la politique française (1). Au lieu de s'emporter, Charles sourit, et rappelant tout aussitôt le bouillant Capponi : « Ah! Chapon, Chapon! lui dit-il, avec un de ces jeux de mots qu'il ne dédaignait pas, vous êtes un mauvais chapon!» Le même jour, le traité fut signé sans difficulté (2).

Les Florentins, partageant la méprise de Capponi relativement aux mauvais desseins du roi, crurent qu'il avait sauvé leur indépendance; en réalité, il leur épargna trente mille ducats. Bientôt, cependant, une légende se forma qui n'ajoutait rien assurément au courage de leur concitoyen, mais qui donnait à Charles VIII un rôle fort peu digne d'un roi de France. D'après cette légende, que Guichardin a vulgarisée et qui paraît avoir été universellement acceptée jusqu'ici, l'acte de Capponi se serait produit, non pas au moment où on allait signer le traité, mais tout au début des pourparlers, alors que le roi faisait connaître les conditions qu'il demandait. Tout en se gardant bien de rapporter ces conditions, Guichardin les dit tellement exorbitantes, que Capponi, arrachant au secrétaire royal, non plus le traité déjà consenti par lui-même et par ses collègues, mais le texte même des propositions de Charles VIII, l'aurait déchiré sous ses yeux en prononçant les paroles que l'on sait. S'il en eût été ainsi, l'injure eût été si grave, que Capponi aurait mérité l'accusation « d'extrême folie » portée contre lui par quelques-uns de ses contemporains (3), et que, malgré sa longanimité habituelle, il n'y a pas à douter que le roi n'eût fait sur-le-champ arrêter l'audacieux. La clémence en pareil cas aurait été une faiblesse.

Il est vrai que les Florentins se seraient expliqué cette faiblesse comme ils s'expliquèrent que Charles VIII n'ait point usé envers eux des violences auxquelles ils s'attendaient. Selon eux, le roi de France et toute son armée n'étaient retenus que par la crainte d'avoir le des-

---

(1) Desjardins, I, 393-394. Voyez aussi plus haut, p. 355.
(2) « Pacificamente et lietamente », dit Nardi (I, 44).
(3) Voyez le singulier dialogue de Jacques Pitti, intitulé : *Apologia de' Cappucci*, dans l'*Archivio storico italiano*, t. IV, IIe part., p. 281.

sous dans une lutte à main armée. Confiants dans les préparatifs qu'ils avaient faits depuis plusieurs jours, les Florentins croyaient leur plan de bataille si bien combiné, qu'ils se figuraient être sûrs de la victoire. Au premier coup de cloche, tous les citoyens avaient ordre de se réunir sur la place. On pensait qu'aussitôt les troupes étrangères, logées dans tous les quartiers, se rassembleraient autour du palais Médicis pour protéger le roi en abandonnant le reste de la ville. De la sorte, on espérait tenir les Français bloqués autour de la résidence royale, dans des rues étroites où il leur serait impossible de se servir de leurs chevaux, les écraser avec l'aide des gens de la campagne et « réduire le roi à la dernière extrémité », avant que les troupes françaises de Romagne eussent eu le temps d'arriver (1).

Ce plan enfantin montre combien les citoyens de Florence étaient étrangers aux choses de la guerre. Ils ne s'étaient pas rendu compte que les Ultramontains suivraient la tactique toute différente qu'ils avaient déjà mise en pratique dans les journées du 21 et du 24 novembre. Loin de se grouper sottement dans un coin de la ville, les Français avaient pris soin de s'assurer des communications. En même temps qu'ils faisaient garder le palais Médicis, ils avaient occupé les ponts; quelle que fût leur infériorité numérique, quelque réelles que fussent les difficultés qu'ils eussent rencontrées en combattant contre un ennemi réfugié dans des maisons, ils auraient toujours eu la ressource de se maintenir dans les parties de la ville qu'ils occupaient, et de conserver les portes ouvertes jusqu'à l'arrivée des troupes de Romagne, qui étaient déjà dans le Mugello; de celles de Montpensier, qui se trouvaient encore dans le val d'Elsa; enfin, de leur formidable artillerie, qui n'était guère qu'à une journée de marche (2). Au bout de deux jours, Montpensier et d'Aubigny auraient rejoint leurs compatriotes, et les terribles canons français, que Soderini avait si bien décrits à ses concitoyens quelques mois plus tôt, n'auraient pas eu de peine à « réduire à la dernière extrémité » le malheureux peuple florentin.

Heureusement, le roi n'avait aucune raison d'en venir à ces violences. Abstraction faite de la différence, après tout peu importante,

---

(1) Parenti, fol. 76 v°.
(2) Elle avait quitté Pise le 24 novembre. (Portovenere, p. 290.)

dans le chiffre de l'indemnité, les conditions du traité étaient assez honorables pour lui pour qu'il eût lieu d'en être satisfait. Pise, Livourne, Sarzana, Sarzanella, Pietrasanta, restaient entre les mains du roi pendant la durée de l'expédition de Naples ; toutes les autres places devaient être immédiatement restituées aux Florentins. Le roi avait le droit de se faire représenter auprès de la Seigneurie par deux commissaires, sans lesquels celle-ci ne pouvait traiter aucune affaire intéressant les Français. Un lieutenant royal, chargé de terminer tous les différends qui s'élèveraient entre les habitants et les garnisons des places occupées par les Français, devait avoir les mêmes droits que les deux commissaires, et résider comme eux à Florence, si bon lui semblait. Pendant toute la durée de l'expédition, le choix du capitaine des armes de la République serait soumis à l'approbation du roi. Enfin, les Florentins accordaient à Charles VIII le libre passage sur leurs terres et les vivres, moyennant payement, aussi bien pour aller à Naples que pour en revenir et pour y retourner. Quant aux cent vingt mille florins, ils devaient être payés en trois termes : cinquante mille dans la quinzaine, quarante mille en mars, et trente mille en juin.

On ne trouvait dans le traité rien qui pût entraver les généreuses intentions du roi à l'égard des Médicis. La Commune révoquait les mesures par lesquelles ils avaient été déclarés rebelles, leurs têtes mises à prix et leurs biens confisqués ; elle s'engageait à ne pas prononcer contre Pierre d'autre peine que le bannissement à plus de cent milles des frontières florentines, limite qu'il pourrait cependant franchir dans le cas où il serait en la compagnie de Charles VIII. Il lui était même permis de traverser une fois le territoire de sa patrie, sous la conduite d'un commissaire de la Seigneurie, pour se rendre auprès du roi. Celui-ci s'engageait à ne pas demander avant quatre mois la levée de la sentence de bannissement ; après ce délai, il serait libre de faire une proposition en ce sens à la Seigneurie, qui en délibérerait.

En retour, le roi permettait aux Florentins de voyager et de trafiquer librement dans ses états, d'y posséder des bénéfices et d'y jouir des mêmes privilèges que les Français, « au nombre desquels il voulait désormais qu'on les comptât ». Il se chargeait d'accommoder leurs difficultés avec les Génois, et il autorisait la ville à prendre pour armoiries celles de France, avec une bande chargée du mot *Libertas* en lettres d'or (1).

De part et d'autre, on avait hâte d'en finir. Dès le lendemain, 26 novembre, à l'issue d'une messe célébrée dans Sainte-Marie-des-Fleurs, le roi et la Seigneurie jurèrent, entre les mains du cardinal de Gürck, d'observer fidèlement le traité. Des sonneries de cloches et des feux de joie manifestèrent l'allégresse générale (2).

Raymond Péraud, cardinal de Gürck, était depuis quelques jours à Florence, où le Pape l'avait envoyé à Charles VIII. Devant les progrès du roi, Alexandre VI ne savait à quoi se résoudre; il ne pouvait prendre sur lui de rompre avec Alfonse, mais il tremblait en voyant les vaisseaux français apporter de nouveaux renforts aux Colonna et aux défenseurs d'Ostie (3). Il lui semblait sentir déjà la tiare prête à tomber de sa tête. Au milieu de ces incertitudes, Ascagne lui fit demander une entrevue, qu'il accorda. Le vice-chancelier, muni d'un sauf-conduit, vint à Rome dans la soirée du 2 novembre; il vit Alexandre VI, et demeura jusqu'au lendemain dans le palais pontifical. Que se passa-t-il entre les deux adversaires? On ne sait. Le Pape raconta qu'Ascagne était venu l'engager à se séparer d'Alfonse ou, tout au moins, à se déclarer neutre; il prétendait avoir répondu en se disant prêt à perdre la tiare, l'état et la vie, et, s'il y était réduit, à quitter l'Italie plutôt que d'abandonner le roi de Naples. Il alla même jusqu'à faire demander, quelques jours après, aux Vénitiens, s'il pourrait trouver asile auprès d'eux (4). Cependant, le cardinal assista, le lendemain de son arrivée, à un consistoire, où il fut chargé de se rendre auprès de Charles VIII, en qualité de légat. Il en sortit portant sur son visage une expression de contentement qui fut remarquée; d'ailleurs, à Rome même, beaucoup de gens croyaient qu'Alexandre VI était secrètement d'accord avec Ascagne (5).

Le même jour, celui-ci prit la route d'Ostie; mais, pour des motifs

(1) Le texte du traité a été publié, accompagné d'un commentaire par le marquis Gino Capponi, dans l'*Archivio storico italiano*, I. p. 348-375.
(2) Guasti, p. 64. — Parenti, fol. 75 r°.
(3) Sanuto, 116.
(4) Romanin, V, 49-50.
(5) Sanuto, 115. — *Burchardi diarium*, II, 194-195, et dépêche de Guidotti, publiée dans le même volume, p. 646-647.

restés inconnus, il ne s'acquitta jamais de sa mission; ce fut le cardinal de Gürck qui se rendit à Florence pour y remplir le rôle que Charles VIII n'avait pas laissé prendre au cardinal de Sienne(1). Pour retarder la marche du roi, Alexandre VI avait imaginé de renouveler une proposition déjà faite à Plaisance par Jean de Mauléon. Il offrait de venir à sa rencontre, sous prétexte de l'assurer par lui-même de ses dispositions à lui faciliter la guerre contre les Infidèles. Charles ne tomba pas dans le piège; il remercia le Pape de la bonne volonté qu'il montrait à seconder ses projets de croisade; mais il refusa nettement de le voir ailleurs qu'à Rome. « Touchant la venue de vostre dite Saincteté devers moi, ne sommes pas dignes et ne nous appartient tant d'onneur; par quoy supplions vostre dite Saincteté qu'il lui plaise nous actendre en son palays appostolique, auquel sommes délibérez de lui faire la révérence telle qu'il appartient, car nous désirons faire et nous gouverner envers elle comme son bon et dévot fils, et la révérer et honnourer ainsi que sommes tenu, espérant aussi que icelle vostre dicte Saincteté cognoistra par effect tout le contraire de ce que aucuns lui ont par cy-devant donné à entendre, comme avons dit et donné charge audit cardinal escripre plus applain à icelle vostre Saincteté, et qu'elle sera informée par noz ambaxadeurs, lesquels dedens deux jours envoyerons devers elle, auxquels avons donné puissance de besoingner avec vostre dicte Saincteté, bonne, ferme et seure paix, combien qu'il n'est aucunement besoing, car jamais nostre entencion n'a esté de faire chose quelconque au préjudice ne dommaige de vostre dicte Saincteté ne du Saint-Siège appostolique..... (2). »

Comme pour rendre plus complet l'échec de la politique pontificale, Raymond Péraud passa au parti du roi, auprès de qui il resta jusqu'à son entrée dans Rome. Ludovic connut ce revirement, et prévit qu'il aurait pour conséquence un rapprochement entre le cardinal de Gürck et celui de Saint-Pierre-ès-Liens (3). Quelques-uns crurent qu'il provenait de ce que le légat, en sa qualité de Français,

---

(1) Voyez plus haut, p. 447.

(2) Cette curieuse lettre, dont nous devons la communication à M. Pilot de Thorey, se trouve aux Archives de l'Isère, dans le deuxième *generalia*, fol. 202. Elle y est datée de « Florence, le xxixᵉ jour de novembre 1494 ». Comme à cette date Charles VIII n'était plus à Florence, elle est sans doute du xix ou du xxiv novembre.

(3) Romanim, V, 56.

n'avait pas su résister à l'influence de ses compatriotes (1). Telle n'était pas la vérité : Raymond Péraud avait voué sa vie à l'œuvre de la croisade contre les Turcs. S'il travaillait à un accord entre le Pape, Alfonse et Charles VIII, c'est qu'il pensait faciliter ainsi la réalisation de son rêve. On conçoit aisément qu'il ait discontinué ses efforts en apprenant que le Pontife qu'il servait était le complice des Infidèles.

Vers le milieu du mois de novembre, trois ambassadeurs turcs étaient débarqués à Ancône. L'un avait pris le chemin de Venise ; l'autre s'était dirigé vers Traetto où le roi Alfonse le reçut en grande pompe. L'envoyé musulman venait promettre aux Napolitains le secours qu'ils avaient sollicité. Cependant, les promesses de Bajazet ne se réalisèrent jamais. Malgré les garanties offertes par Alfonse, qui s'était, paraît-il, engagé à remettre entre ses mains Otrante et Brindisi, le Sultan n'osa risquer ses troupes en Italie, et les Aragonais furent réduits à leurs propres forces (2).

Le troisième ambassadeur accompagnait Georges Buzardo, ce secrétaire que le Pape avait envoyé au Commandeur des croyants (3). Tous deux s'étaient mis en route pour Rome avec les 40 000 ducats demandés par Alexandre VI. Le 20 novembre, près de Sinigaglia, ils tombèrent dans une embuscade préparée par le préfet de Rome, Jean de la Rovère, frère du cardinal de Saint-Pierre-ès-Liens. Buzardo fut pris, dépouillé et jeté en prison. Quant au turc, la vitesse de son cheval lui permit de s'enfuir à Ancône, d'où il fit connaître son aventure à Venise et à Rome. La Seigneurie vénitienne trouva fort mauvais que Jean de la Rovère, qui était à sa solde, se fût permis une semblable injure envers le Pape et envers le Sultan, avec lesquels elle tenait également à rester en bons termes. Elle lui fit signifier qu'il eût à rendre l'argent ; mais La Rovère répondit que ce n'était point comme soldat de Venise qu'il avait opéré la saisie des 40 000 ducats, mais comme seigneur de Sinigaglia, dont il avait reçu l'investiture sous Sixte IV. Le Pape se trouvant lui devoir depuis longtemps pareille somme, il n'avait pas d'autres moyens de se faire payer. Bref, il déclarait ne vouloir rien rendre, tout en se disant

---

(1) Sanuto, 139.
(2) *Ibidem*, 120, 121, 125.
(3) Voyez plus haut, p. 373.

d'ailleurs le très humble serviteur de l'illustrissime Seigneurie. Les Vénitiens le cassèrent aux gages; mais le préfet était sûr de retrouver bientôt l'équivalent de ce qu'il perdait. Les 40 000 ducats, la personne même du secrétaire pontifical, semblaient moins précieux à ses yeux que la correspondance d'Alexandre VI avec Bajazet. Cinq jours ne s'étaient pas écoulés depuis l'arrestation, que cette correspondance était à Florence, où un notaire en faisait des copies authentiques. Si l'on se rappelle que le cardinal de Saint-Pierre-ès-Liens se trouvait en ce moment à Florence, on n'aura pas de peine à croire que son frère n'avait pas dû agir de sa propre initiative. Peu de temps après, le préfet de Rome entrait au service de Charles VIII, qui l'envoyait soulever l'Abruzze, dont il l'avait fait capitaine (1).

Le cardinal de Gürck n'avait pas de termes assez violents pour qualifier l'infâme conduite du Pape (2). Quel contraste entre l'attitude anti-chrétienne du chef de l'Église et la constance de Charles VIII dans son projet de croisade! Celui-ci venait justement de publier, le 22 novembre, un manifeste dans lequel il affirmait, plus solennellement que jamais, que le but réel de son expédition était la ruine de la puissance turque et la délivrance des Saints Lieux L'occupation du royaume de Naples, dont ses prédécesseurs avaient reçu vingt-quatre fois l'investiture, n'était qu'un acheminement nécessaire à cette grande entreprise, et le roi déclarait positivement qu'il n'ambitionnait aucune autre conquête, et que, loin de suivre l'exemple des princes aragonais, il n'entendait porter aucun préjudice à la ville de Rome ni aux autres terres de l'Église. Il demandait seulement que le Pape et le Sacré-Collège lui accordassent la même faveur que celle qu'ils avaient déjà faite à son adversaire Alfonse : le libre passage sur les terres de l'Église, et des vivres moyennant payement. En cas de refus, il annonçait l'intention de passer outre, et de se procurer, comme il pourrait, les vivres nécessaires à son armée, laissant la responsabilité des conséquences à ceux qui tenteraient de l'arrêter, et se réservant de protester à la face de l'Église universelle et de tous

---

(1) Sanuto, 125-126. — *Burchardi diarium*, 202-211.

(2) « ... Ad infamiam improperabat... » Raymond Péraud disait même avoir vu dans les papiers de Buzardo une lettre par laquelle Bajazet offrait 200 000 ducats au Pape pour faire mourir Djem (*Burchardi diarium*, II, p. 668.)

les princes chrétiens, qu'il appellerait à concourir à sa pieuse entreprise.

Ce manifeste, publié en latin et en français, fut répandu à profusion ; on eut même recours à l'imprimerie pour le mieux vulgariser (1). Il importait, en effet, de rassurer les puissances européennes que la marche triomphale de Charles VIII commençait à inquiéter. Beaucoup d'Italiens aussi, qui avaient cru d'abord que les Ultramontains « ne passeraient Ferrare qu'ils ne fussent tous tuez », se demandaient maintenant si l'Entreprise de Naples n'était pas le prétexte d'une « entreprise d'Italie ». Les Vénitiens n'avaient pas été les derniers à s'émouvoir. Ils envoyaient Sébastien Badoer et Benoît Trevisan au duc de Milan pour s'entendre avec lui sur le meilleur moyen de parer aux dangers qui menaçaient l'Italie (2) ; et, quelques jours auparavant, ils avaient essayé d'arrêter la marche de Charles VIII en usant encore une fois du plus rebattu des épouvantails politiques de ce temps, de celui qui permettait de préparer des armements sans que les chrétiens eussent le droit de s'en offenser : l'imminence d'un invasion turque en Occident. Il est vrai que, cette fois, le danger n'était pas tout à fait chimérique, car les appels adressés au Sultan par le Pape et par Alfonse n'étaient pas restés sans effet. Des avis de Constantinople, que le Sénat s'était hâté de transmettre à Charles VIII, l'avaient informé des préparatifs faits par les Musulmans, des rassemblements de troupes à Durazzo et à la Valone (3), enfin du départ des trois ambassadeurs turcs adressés au Pape, au roi de Naples et à la République elle-même. Le but de leur mission n'était pas connu, disaient les Vénitiens, mais on pouvait être sûr qu'elle ne comportait rien de bon. En même temps, le Sénat faisait partir Antoine Loredan et Dominique Trevisan, désignés déjà depuis le 20 octobre, pour se rendre auprès de Charles VIII. Ils devaient le supplier de porter promptement remède aux périls qui menaçaient l'Italie, lui citer l'exemple des Grecs, qui, pendant les disputes entre des empereurs

---

(1) Il en existe un exemplaire, imprimé en français, à la Bibliothèque nationale. Le texte latin a été reproduit plusieurs fois, entre autres par Malipiero, II, 325-327, et par Sigismondo de Conti, II, 73-76.

(2) Sanuto, 122. — Romanin, V, 50.

(3) Aujourd'hui Aviona, dans la baie du même nom, sur la côte orientale du canal d'Otrante.

rivaux, s'étaient vus asservis par les Turcs qu'ils avaient appelés. « Quant à nous, disait la Seigneurie, bien que nous conservions les apparences de la paix avec le Sultan, il est cependant nécessaire que nous nous armions; les dépenses considérables de cet armement, les lourdes charges qui pèsent sur nos sujets, ne nous permettent pas de satisfaire à la demande d'un prêt de 50 000 ducats faite par M. d'Argenton (1). »

L'ignorance plus ou moins réelle affectée par les Vénitiens, relativement à la mission de l'ambassadeur turc qui leur était envoyé, ne dut pas être de longue durée. Le 27 novembre, celui-ci se présenta devant la Seigneurie et la supplia de venir en aide aux alliés des Infidèles, c'est-à-dire au Pape et au roi de Naples. La réponse officielle du doge fut, comme toujours, « très sage », dit Sanuto; il déclara que la bonne amitié qui régnait entre la République et le roi de France ne lui permettait que de continuer ses efforts pour mettre la paix entre les parties contendantes (2).

On sait déjà comment Jean de la Rovère s'était chargé de mettre à profit les informations communiquées à Charles VIII, informations qui peuvent avoir été pour beaucoup dans la publication du manifeste royal. Quant aux envoyés vénitiens, qui devaient suivre le roi jusqu'à Naples, ils arrivèrent à Florence au milieu des troubles du 21 novembre. Français et Florentins étaient trop occupés pour les recevoir; ils durent descendre à l'hôtellerie. Le roi ne les vit que le 25, après avoir signé le traité (3); il les accueillit avec bienveillance, ignorant sans doute qu'ils avaient, pendant les jours précédents, encouragé les Florentins dans leur attitude hostile (4).

Quatre ambassadeurs génois étaient aussi venus saluer Charles VIII à Florence; ils passèrent quelques jours à le prier de leur faire rendre les villes de Lunigiane, alors occupées par les Français, et qui leur avaient jadis appartenu. Leur mission n'eut aucun succès; l'un d'eux, Luc Spinola, fut créé chevalier, et ce fut tout (5).

Cependant, les Florentins avaient hâte de voir les Français hors de

---

(1) Registre secret du Sénat, 15 novembre 1494, cité par Romanin (V, 48-49).
(2) Sanuto, 124. — Romanin, V, 50.
(3) Parenti, 75 v°. — Sanuto, 138-139.
(4) Parenti, fol. 73 v°.
(5) Senarega, dans Muratori (*Scriptores*, XXIV, 544, C D).

la ville. Le traité était à peine signé, qu'ils envoyèrent encore Savonarole à Charles VIII, pour le supplier de partir. « Tu perds ton temps, lui dit le dominicain, au préjudice de ton salut spirituel et de ta gloire mondaine; tu oublies le devoir que la Providence t'a imposé. Écoute maintenant la voix du serviteur de Dieu : poursuis ta route sans retard. Ne cause pas la ruine de cette cité, et n'excite pas contre toi la colère du Seigneur (1). » Les reproches de Savonarole peuvent cependant paraître prématurés; on ne voit guère, en effet, que le roi ait pu s'attarder beaucoup depuis la conclusion officielle du traité, puisqu'il partit le 28 novembre, deux jours après la cérémonie de Sainte-Marie-des-Fleurs. Conformément au traité, Charles laissait à Florence deux commissaires, M. de la Motte et le président de Dauphiné, Jean Matheron (2). Celui-ci remplissait déjà depuis plusieurs mois les fonctions d'ambassadeur à Florence, et il s'en était acquitté avec tant de modération et de bienveillance envers les Florentins, que plusieurs, parmi les Français, l'accusaient de s'être laissé corrompre. De son côté, la Seigneurie désigna, pour aller rejoindre le roi et l'accompagner dans sa marche vers Naples, l'évêque de Volterra, Soderini, et Neri Capponi (3).

Avant son départ, Charles fit commander à ses soldats de payer tout ce qu'on leur avait fourni, et chargea des commissaires spéciaux de veiller à ce que cet ordre fût exécuté (4). Il semble, d'ailleurs, que si les troupes s'étaient assez bien comportées dans la ville, où elles étaient sous les yeux du roi, il n'en avait pas été de même dans les campagnes. La Seigneurie s'était déjà plainte des excès commis par les soldats de Montpensier dans le val d'Elsa; le roi, du reste, avait ordonné que ces excès fussent sévèrement punis, et il avait chargé les autorités florentines de lui désigner les coupables (5). Cependant, tout en déplorant en général les maux qui résultèrent de la présence des Français pendant un mois sur le territoire florentin, tant dans les campagnes que dans les villes, le chroniqueur Parenti est contraint de

(1) Villari, *Jérôme Savonarole*, I, 285. — Landucci, p. 87.
(2) Sanuto, 141. — La Motte, envoyé bientôt en ambassade à Milan, fut remplacé par le général de Bretagne, le catalan Jean Francés.
(3) Guasti, p. 64.
(4) Parenti, fol. 75 v°.
(5) Guasti, p. 62.

reconnaître que le roi ordonna d'indemniser les habitants, et il fait en même temps un autre aveu, d'où il résulte que les accusations de violences portées contre les Français furent moins motivées qu'on pourrait le croire. « Ce qu'il y eut de plus étonnant, dit-il, c'est que, parmi cette grande multitude de gens assemblés, il n'y eut à regretter que la mort de dix hommes, *tant Italiens que Français* (1). » Si l'on se rappelle que, lors de l'échauffourée du 24 novembre, les Suisses restèrent pendant une heure dans une rue étroite, exposés à une grêle de projectiles lancés de toutes les fenêtres, on peut supposer à bon droit que les soldats du roi comptaient pour le plus grand nombre parmi ces dix morts, et qu'il reste bien peu de meurtres à leur imputer. « Grâces soient donc rendues au Dieu tout-puissant, s'écrie pieusement le chroniqueur florentin, pour les bienfaits qu'il nous a accordés, non à cause de nos mérites, mais à cause de sa clémence et de sa bonté infinies. En vérité, il est à croire que, malgré l'excès de nos péchés, les jeûnes et les bonnes œuvres imposés à notre peuple par frère Jérôme Savonarole nous avaient fait trouver grâce auprès de Lui. Qu'il soit béni *in secula seculorum !* »

Dans le texte du traité conclu entre les Florentins et Charles VIII, il est dit que si Charlemagne, Charles le Grand, a été le restaurateur matériel de la ville, Charles VIII, qui a été le restaurateur de la liberté florentine, a mérité d'être appelé Plus grand et Très grand, *Major et Maximus*. « Ce sont là, dit le génois Senarega, des titres que le roi dut plutôt à l'adulation des Florentins qu'à sa propre volonté (2). » Néanmoins, en pensant aux effroyables conséquences d'un conflit entre les Florentins et les Français, aux trésors pillés, aux palais incendiés, aux marbres du Dôme ou aux portes du Baptistère éclatant sous les boulets, à la ruine complète qui eût menacé la ville, au temps d'arrêt qui en fût résulté dans la marche de la civilisation, il semble qu'on ne puisse trouver de termes assez vifs pour exprimer sa reconnaissance envers celui qui épargna au monde un semblable désastre, et l'on est tenté de parler le même langage que les rédacteurs du traité. Quant au peuple florentin, enivré de son courage, de sa résolution de combattre jusqu'à la mort pour empêcher le retour d'une

---

(1) Parenti, fol. 57 v°.
(2) Senarega, dans Muratori, *Scriptores*, XXIV, 543 D. — Voyez l'article 2 du traité.

tyrannie, qu'en réalité Charles VIII ne songeait pas à lui imposer, il crut être l'auteur de son propre salut, et ne se douta jamais que si sa patrie existait encore, il le devait à ce souverain de vingt-quatre ans, assez maître de lui pour résister à la colère en voyant ses paroles royales accueillies avec une injurieuse défiance, alors même qu'elles contenaient des assurances de paix; assez clément pour ne pas répondre par de cruelles représailles à la sanglante émeute d'Ognissanti, pour pardonner même le meurtre de quelques-uns de ses soldats; assez généreux pour sourire aux hardiesses de Capponi; assez étranger enfin aux basses cupidités pour tenir en bride les convoitises du soldat éveillées à la pensée des richesses que l'on disait amoncelées dans Florence. C'était là, certes, un bienfait de la Providence pour lequel Parenti aurait pu adresser au ciel ses plus ardentes actions de grâces.

CHAPITRE IV.

LA MARCHE SUR ROME.

L'armée de Romagne traverse la Toscane. — Montpensier s'avance par Sienne vers les terres de l'Église. — Le *Monte dei Nove* et les Français. — Charles VIII à Sienne. — Arrivée du cardinal de San-Severino et d'un envoyé napolitain. — Difficultés entre les Pisans et les Florentins. — Prise de Julie Farnèse. — Charles VIII à Viterbe. — La Trémoille et Ganay envoyés au pape. — Alexandre VI essaye de se réconcilier avec les Sforza. — Arrestation d'Ascagne et des Colonna. — Renvoi des ambassadeurs français. — Entrée du duc de Calabre à Rome. — Effets de l'arrestation au camp français et à Milan. — Charles VIII à Bracciano. — Opérations du maréchal de Rieux sur la rive gauche du Tibre. — Le comte de Ligny à Ostie. — Avortement de toutes les tentatives pontificales. — Appel aux Espagnols et aux Allemands habitant Rome. — Projet de retraite du Pape dans les états napolitains. — Le duc de Calabre quitte Rome. — Le Pape se décide à laisser entrer les Français.

Depuis le départ du duc de Calabre, le rôle de l'armée de Romagne était achevé. Quelques places, comme Bertinoro, Cesena, tenaient encore pour le Pape; mais leurs garnisons n'étaient pas en état de nuire et, pour le vain plaisir de s'en rendre maître, il eût fallu immobiliser des troupes qui pouvaient être bien plus utilement employées ailleurs. D'Aubigny reçut l'ordre de venir rallier l'armée que conduisait le roi. Aussitôt, laissant derrière eux leur artillerie, qu'on se réservait de faire plus tard venir par mer, ses soldats passèrent les Apennins et se répandirent dans le Mugello et dans le Casentino. Le 27 novembre, quelques-uns parurent à Dicomano dans le Mugello. Leur passage dura plusieurs jours, et ne s'accomplit pas sans quelques violences. A Corella, où l'on avait fait mine de leur résister, ils tuèrent une douzaine de personnes. Ailleurs, des piétons français, dévalisés par des paysans, refusèrent de quitter le pays avant d'avoir été indemnisés, et il fallut que le gouvernement florentin leur envoyât 400 ducats (1). Il tardait aux Toscans de se sentir débarrassés de tous ces étrangers. Aussi, quand d'Aubigny exprima l'intention d'aller saluer la Seigneurie au passage, les Florentins, qui venaient de voir partir Charles VIII, et qui ne se souciaient nullement de recevoir de nouveaux soldats dans leurs murs, s'excusèrent sur les difficultés qu'ils auraient à trouver des vivres suffisants. Le 2 décembre, ils chargèrent Nicolas Strozzi d'aller prier le général français de ne pas se détourner de sa route (2). D'Aubigny céda de bonne grâce et se dirigea, par le Val d'Arno-di-sopra, vers les terres siennoises, où les troupes de Montpensier l'avaient depuis longtemps précédé.

Dès le 9 novembre, en effet, pendant que le roi était à Pise, une avant-garde de 1 200 cavaliers français fit son entrée à Sienne. Huit jours plus tard, arrivait le bâtard de Bourbon, avec 3 500 chevaux; enfin, le 19, Montpensier lui-même, avec son infanterie. Le commandant en chef ne passa que trois journées à Sienne, et poursuivit son chemin vers Montepulciano; mais d'autres troupes continuèrent à traverser la ville. Au milieu d'elles, sous une escorte de mille chevaux, les Siennois virent passer la grosse artillerie, que Charles VIII n'avait fait partir de Pise que le 24 novembre. C'étaient trente pièces de bronze, montées sur des affûts à roues et ti-

---

(1) Sanuto, 668-669. — Landucci, 87-89. — Parenti, fol. 78 r°.
(2) Guasti, p. 65.

rant des boulets de fer de cinquante livres. Pendant une nuit, on les parqua sur le pré de Porta-Nuova, et, dès le lendemain, elles reprirent la route de Rome (1). Le 1ᵉʳ décembre, il arriva encore de nouveaux hommes d'armes, mais ce n'étaient plus des soldats de Montpensier. Les nouveaux venus faisaient partie de l'armée qui entourait le roi.

La faction qui dominait alors à Sienne, celle du Mont des Neuf (*Monte dei Nove*), craignant que les bannis n'intéressassent Charles VIII en leur faveur, s'était hâtée de lui envoyer une ambassade à Lucques (2). Trois hommes du parti des Neuf, ce Pandolfo Petrucci qui devait, six ans plus tard, devenir seigneur de Sienne et le modèle des tyrans, au dire de Machiavel, Antoine Bicci et Jacques Petrucci, avaient même projeté une révolution, qui leur eût gagné l'appui du roi de France et celui de Ludovic le More. Un certain Gui de Tiferno était venu, de leur part, s'aboucher avec Belgiojoso, afin d'obtenir de Charles VIII qu'il leur donnât pour seigneur Galéaz de San-Severino; un secours de 300 piétons français aurait suffi pour faire réussir l'entreprise. On ne sait si la chose fut jamais soumise au roi; mais Galéaz, qui ne l'avait nullement repoussée, dut reculer devant la certitude de rencontrer une hostilité violente chez la plupart des Siennois (3).

Quand les orateurs siennois revinrent de Lucques, ils ramenèrent avec eux deux ambassadeurs français. Les Neuf leur firent grand accueil, et, pour prouver aux bannis que l'on savait réunis à Colle leur bonne intelligence avec Charles VIII, ils n'hésitèrent pas à faire proclamer, *au nom du roi*, l'interdiction absolue à tout rebelle de paraître sur le territoire de Sienne. Toutefois, le dévouement intéressé des chefs du parti dominant n'allait pas bien loin, car lorsque les ambassadeurs demandèrent pour leur maître 30 000 ducats et la remise de quelques ports, ils montrèrent si peu d'empressement, que la réponse fut ajournée à l'époque de la venue du roi (4). Charles VIII, d'ailleurs, laissait voir les meilleures dispositions envers les Siennois.

---

(1) Tizio, fol. 222 r° à 225 r°. — Allegretto Allegretti, dans Muratori (*Scriptores*, XXIII, 834-835).
(2) Voyez plus haut, p. 447.
(3) Sigismondo Tizio, *Historia Senensium*, ms. Chigi, G II, 36, t. VI, fol. 225 v°.
(4) Tizio, fol. 226 r° et v°. — Allegretti, p. 834 c.

Ceux-ci s'étaient plaints auprès de lui des ravages exercés par les troupes de Montpensier dans les campagnes; ils avaient réclamé contre l'arrestation du Napolitain Antoine de Venafro, juge des réformations à Sienne, que Montpensier avait fait arrêter comme Aragonais, dans le palais même du Gouvernement, et qu'il avait emmené à sa suite. Charles fit aussitôt remettre le prisonnier en liberté (1). Encouragés par le succès de leurs premières demandes, les Siennois en-

La Chartreuse de Florence, vue du côté de Galuzzo. (Extrait du *Tour du Monde*.)

voyèrent jusqu'à Florence deux ambassadeurs, chargés d'escorter le roi sur leur territoire, et le prièrent de ne faire entrer avec lui dans la ville que le plus petit nombre possible de ses soldats. Soit que cette requête eût été présentée trop tard, soit que Charles ne l'eût pas accueillie, près de dix mille Français affluèrent dans Sienne du 29 novembre au 1ᵉʳ décembre.

Le roi, qui avait couché à la Chartreuse d'Ema le soir du jour où il avait quitté Florence, arriva le samedi à San-Casciano, et, suivant son habitude, il s'y arrêta toute la journée du dimanche. Puis, continuant

(1) Tizio, 224 v° et 225 r°. — Allegretti, 834 b.

son chemin par Poggibonsi, où il reçut l'hospitalité de Pierre-Bernard Squarcialupi (1), il arriva le 2 décembre à Sienne. Charles était entouré de l'archevêque de Vienne, Angelo Cato, de Briçonnet, de M. de Bresse, et de Stuart d'Aubigny, qui l'avait rejoint. Pour lui faire plus d'honneur, les habitants avaient jeté bas les battants de la porte Camollia et dressé deux arcs de triomphe décorés, l'un, de la louve Siennoise, l'autre, des statues de Charlemagne et de Charles VIII lui-même. Sur la porte, un jeune garçon représentant la Vierge, souveraine de la ville, souhaita la bienvenue au roi, en lui rappelant la prétendue fondation de Sienne par les Gaulois Sénonais. Charles se rendit d'abord à la cathédrale, à laquelle il voulut donner le dais aux armes de France et de Bretagne sous lequel il avait fait son entrée dans Sienne, puis, au palais épiscopal où il devait loger. Il refusa courtoisement les cadeaux que les magistrats lui avaient destinés, et abandonna volontiers les demandes que ses envoyés avaient faites en son nom. « Votre ville appartient à la Vierge, dit-il; je veux donc la laisser intacte. Je ne tiens ni à votre argent ni à vos ports, car je vous sais bons Français. Vous me trouverez bon Siennois et toujours disposé à vous aider (2). » La cession de mille mesures de blé contre promesse de remboursement fut tout ce qu'il exigea, et les Siennois, par reconnaissance, y joignirent le don gratuit de mille mesures en plus (3).

Une autre preuve de la bonne volonté du roi fut l'accueil qu'il fit au cardinal de Sienne. Il se dit heureux de le voir comme personne privée, le priant de l'excuser si le titre de légat l'avait forcé de l'éconduire à Lucques. Il consentit, du reste, à donner audience à un autre cardinal, qui le vint trouver à Sienne au nom du Pape. Il est vrai que, pour ne pas s'exposer une seconde fois à l'affront qu'il avait subi, Alexandre VI avait eu soin de choisir un ami d'Ascagne Sforza, le cardinal de San-Severino, titulaire de l'évêché français de Maillezais. Celui-ci était accompagné d'un représentant d'Alfonse de Naples, et tous deux devaient, par l'entremise des ambassadeurs

---

(1) Tizio, fol. 227 r°.
(2) Tizio, fol. 228. — Sanuto, p. 145.
(3) Parenti, fol. 81 v°. — Sanuto, p. 146. — Quoi qu'en dise Sanuto, il ne paraît pas exact que Charles ait demandé le rappel des bannis.

vénitiens, tâcher de négocier avec le roi quelque accommodement

La Porta Camollia, à Sienne.

qui l'empêchât d'aller plus loin. Le roi répondit, comme il l'avait déjà fait plus d'une fois, qu'il ne voulait entendre parler de rien, avant d'être allé à Rome célébrer la fête de Noël avec le Pape. San-Severino repartit aussitôt, et franchit en trente-six heures les cent milles qui séparent Sienne de Rome (1).

Les ambassadeurs affluaient autour de Charles VIII. Outre ceux qui devaient le suivre pendant son expédition, comme les orateurs milanais, vénitiens, florentins et portugais (2), il ne reçut pas, pendant son séjour à Sienne, moins de six envoyés pisans. Ceux qui étaient venus le trouver à Pontassigna, et qui l'avaient suivi à Florence, n'avaient pas pu obtenir que leur indépendance fût reconnue dans le traité du 26 novembre. Laissant un d'entre eux, Pierre de' Griffi, accompagner les Français à Sienne (3), les deux autres reprirent la route de Pise. Se croyant sûrs de l'appui du roi, leurs compatriotes avaient rompu complètement avec leurs oppresseurs. Dans la ville, les commissaires français avaient empêché que les biens des Florentins fussent pillés; malheureusement, leur autorité ne s'étendait pas sur les campagnes où les paysans ne se firent pas faute de saccager les maisons des Florentins. Pontedera avait été pris par les Pisans, unis aux gens des campagnes, qui le dévastèrent et emmenèrent prisonniers les Florentins qui s'y trouvaient. Bientôt, Montopoli et presque tout le territoire étaient tombés entre leurs mains, sauf Campiglio. Sur ces entrefaites, les deux ambassadeurs qui revenaient de Florence apportèrent la nouvelle que le traité ne consacrait nullement l'indépendance pisane, et que les places appartenant aux Florentins devraient leur être restituées.

Un fait, que l'on peut considérer comme une représaille de la prise de Pontedera, exaspéra les Pisans. Pendant que le roi était à San-Casciano, vingt-cinq jeunes gens des principales familles de Pise, vêtus d'étoffes de soie bleue aux armes de France, étaient allés, au nom des Anciens, lui porter un présent de gibier. A leur retour, tous furent pris aux environs de San-Miniato et enfermés dans le château de Ciuli par le marquis Galeotto Malaspina, condottiere au service de Florence. A cette nouvelle, le peuple de Pise voulut, de plus belle, se ruer sur le quartier de Chinzica habité par les Florentins; mais les Anciens et les commissaires français firent tendre les chaînes du Ponte-Vecchio, occuper les rues par des soldats, et l'on parvint à étouffer le mou-

---

(1) Sanuto, 146-147.
(2) Tizio, fol. 229 r°.
(3) Portovenere, p. 290.

vement. Cependant, l'arrestation des jeunes Pisans était un outrage qui touchait le roi de France en quelque mesure. Prévenu le jour même de son entrée à Sienne, Charles fit appeler, dès le lendemain, Lorenzino de Médicis et Guillaume de' Pazzi; il leur reprocha sévèrement l'injure que les Florentins lui avaient faite, alors qu'il venait à peine de quitter leur ville, et menaça d'en tirer vengeance. Cette énergique attitude produisit son effet: avant son départ de Sienne, Charles vit revenir Lorenzino et Guillaume de' Pazzi. Ils lui annoncèrent la mise en liberté des jeunes Pisans, et, pour effacer la mauvaise impression que le roi avait dû recevoir, ils lui firent, sur l'indemnité que Florence avait encore à payer, un second versement qui aurait dû n'avoir lieu que quatre mois plus tard (1).

Cependant les Pisans ne prenaient pas leur parti de retomber sous la domination florentine. Charles VIII ne leur avait pas encore fait connaître officiellement les conditions du traité. Désireux d'être fixés sur leur sort, ils envoyèrent encore au roi quatre ambassadeurs, auxquels se joignit l'un des deux commissaires français. Il y avait deux jours qu'ils étaient partis, lorsque, le 4 décembre, un héraut royal vint apporter le texte de la convention du 26 novembre. En même temps, ordre était envoyé aux garnisons françaises de restituer aux Florentins toutes les places qu'on leur avait enlevées. Charles faisait donc tout ce qui dépendait de lui pour exécuter fidèlement le traité; mais les Pisans se montrèrent fort peu disposés à s'y conformer; ils expédièrent encore à Sienne deux nouveaux ambassadeurs, accompagnés du second des commissaires français. De leur côté, les Florentins refusaient de croire à la bonne volonté de Charles VIII. L'inquiétude que leur causait la question de Pise était telle qu'elle faisait oublier les dissentiments qui commençaient à les diviser. Ils négociaient avec le duc de Milan, qui, toujours prêt à se mêler de tout ce qui touchait à la Lunigiane, mettait en mouvement quelques troupes du côté de Pontremoli, sous prétexte de venir en aide aux Florentins. Ils se disaient résolus à reprendre par la force les places occupées par les Pisans, et menaçaient de ne pas observer le traité si, de son côté, le roi ne le faisait pas mieux accepter (2). Malgré tout, les Pisans

(1) Portovenere, p. 290-292. — Tizio, fol. 227-229.
(2) Portovenere, 290-292. — Tizio, fol. 227-229. — Parenti, fol. 80 r° 81 r°-v°. — Guasti, 65.

s'obstinaient à ne pas tenir compte des ordres réitérés du roi, et ce ne fut qu'au bout de quinze ans que Pise retomba aux mains des Florentins.

Les troupes de Montpensier avaient déjà franchi plus des deux tiers de la distance qui sépare Sienne de Rome. Nulle part, elles n'avaient rencontré de résistance sérieuse. Le duc de Calabre et le comte de Pitigliano avaient eu l'intention d'occuper fortement Viterbe; mais, avant même qu'ils fussent arrivés, le 27 novembre, les habitants avaient ouvert leurs portes aux Français (1). La marche des Français avait été si rapide, qu'elle leur permit de faire une prise de grande importance. On s'attendait si peu à voir paraître les Ultramontains dans ces régions, que Julie Farnèse, maîtresse du Pape, était allée assister aux noces d'un de ses parents, entre Montefiascone et Acquapendente. Elle revenait paisiblement à Rome, lorsqu'elle tomba dans un parti d'hommes d'armes de M. d'Alègre. Le roi, prévenu sur-le-champ, ne voulut pas la voir. Conduite à Viterbe, elle y passa quelques jours avec les demoiselles de sa suite, se louant fort de la galanterie des seigneurs français qui renoncèrent généreusement, dit-on, aux trois mille ducats de sa rançon, et la firent reconduire à Rome avec quatre cents hommes d'escorte (2).

Un instant, les Italiens avaient pensé que l'armée s'arrêterait pour prendre ses quartiers d'hiver; mais la saison était exceptionnellement belle, et, comme le dit Sanuto, « les Français se plaisaient à guerroyer; nés sous un autre climat, il leur semblait que ce fût l'été (3) ». Le prince de Salerne, venu de Gênes à Piombino par mer, avait rejoint Charles VIII à Sienne, pendant que ses soldats s'avançaient le long de la côte (4). Le roi était impatient d'atteindre son avant-garde et de marcher sur Rome. Le 4 décembre, il partit de Sienne et se dirigea vers les terres de l'Église (5). Les habitants des villes pontificales ne le reçurent pas avec moins d'honneurs que ceux du reste de l'Italie. A Acquapendente, on lui apporta respectueusement

---

(1) Tizio, fol. 228 r°. — Sanuto, 147.
(2) Tizio, fol. 228 r°. — Sanuto, 141-142.
(3) Sanuto, 147.
(4) Portovenere, 290.
(5) Godefroy, 121.

les clefs de la cité; à Viterbe où il arriva le 10 décembre, on le mena en grande pompe loger à l'évêché, « un très beau lieu près la porte romaine ».

Le moment approchait où Charles VIII allait pouvoir accomplir le vœu qu'il avait fait à Asti; mais le Pape tremblait à l'idée de recevoir ce pèlerin redoutable et trop bien accompagné. Pendant que le roi de France était encore à Florence, Alexandre VI avait essayé d'en appeler à Maximilien, et, profitant de la présence à Rome de Rodolphe d'Anhalt, il lui avait dénoncé l'audace de Charles VIII, dans un entretien auquel assistaient les orateurs napolitains. « Non seulement, dit le Souverain-Pontife, le roi Charles cherche à se rendre maître des cités et des terres italiennes dépendantes du Saint Empire romain, mais peut-être tend-il encore à usurper le nom et le titre de chef de ce même Empire. Pour moi, j'aurais l'épée sur la gorge que je n'y consentirais jamais. » Rodolphe d'Anhalt se chargea de supplier Maximilien de veiller au salut de l'Église, de l'Empire et de l'Italie (1).

Avant d'entrer à Viterbe, Charles avait envoyé à Rome M. de la Trémoïlle et le président de Ganay; ceux-ci devaient s'adjoindre le général des finances, Bidan, et solliciter du Pape le passage, les vivres, la remise de Djem et l'investiture du royaume de Naples. Ils trouvèrent toute la ville dans le plus grand trouble. La garnison d'Ostie empêchait les vaisseaux de remonter le Tibre. Du côté de la terre, les Colonna interceptaient les approvisionnements en faisant des chevauchées jusqu'aux portes de Rome; la disette commençait à se faire sentir. On réparait les murailles, on tenait les portes fermées, on en avait même muré quelques-unes. Le château Saint-Ange se remplissait secrètement des vivres et des munitions nécessaires à une longue résistance. Cependant, Alexandre VI n'était pas encore fixé sur la conduite qu'il tiendrait. Dans son émoi, il avait pensé à quitter Rome pour se réfugier à Venise ou à Naples, quand le cardinal de San-Severino, frère de Galéaz, lui conseilla de se réconcilier avec Ascagne, qui, par sa propre influence et par celle de son frère, pouvait beaucoup, disait-il, auprès du roi de France.

---

(1) *Burchardi diarium*, à la date du 24 novembre 1494, II, 198-199.

Quoi qu'il lui en coûtât, le Pape voulut tenter cette dernière chance; il rappela encore une fois le vice-chancelier, qui fit publiquement sa rentrée dans Rome le 2 décembre (1). Toutefois, Ascagne ne voulut pas prendre personnellement part aux négociations, qui furent conduites en son nom par les cardinaux de San-Severino et Lonati, tandis que le Pape était représenté par Jean Lopez, évêque de Pérouse; le cardinal de Carthagène et l'orateur espagnol, Garcilaso de la Vega, devaient servir de médiateurs. Le vice-chancelier acceptait de se rendre auprès du roi de France, et se chargeait de le décider à renoncer à ses demandes, en se contentant du passage sur les terres de l'Église, sans venir à Rome. De plus, il faisait, au nom du duc de Milan et des Vénitiens, des offres qui n'étaient pas à dédaigner. Ces deux puissances consentaient à prendre la défense d'Alexandre VI, au spirituel et au temporel; elles se disaient prêtes à rompre avec Charles VIII s'il faisait la moindre violence au Pape, pourvu, cependant, qu'elles n'eussent pas à venir en aide au roi Alphonse, contre lequel Charles pourrait continuer la guerre à ses risques et périls. En échange, Ascagne demandait une déclaration formelle d'alliance avec son frère et avec lui-même; l'envoi immédiat à Milan du cardinal de Valence, qui y résiderait jusqu'au jour où le duc de Gandia pourrait y venir en qualité de capitaine-général des forces ducales et pontificales; la remise d'Ostie et de cinq autres forteresses; l'engagement des Colonna aux frais communs du Pape et du duc de Milan; la restitution à cette famille des places qui lui avaient été enlevées; une rupture complète avec les Orsini; enfin, ce qui était peut-être plus exorbitant que tout le reste, la promesse, de la part du Pape, de ne plus nommer un seul cardinal sans l'approbation préalable de Ludovic et d'Ascagne.

Alexandre VI ne pouvait pas consentir à se mettre aussi complètement sous la dépendance du duc et du vice-chancelier. Il riposta par des contre-propositions infiniment plus modérées : l'autorisation aux Sforza de désigner un cardinal à élire; la promesse pure et simple de ne choisir dorénavant pour cette dignité aucun de leurs ennemis; l'envoi temporaire du cardinal de Valence à Milan, comme gage de

---

(1) *Burchardi diarium*, II, 199. — Parenti, fol. 82 v°.

Tombeau d'Ascagne Sforza à Sainte-Marie-du-Peuple, d'après Tosi.

leur nouvelle amitié; la permission pour Ascagne d'aller occuper Ostie; la remise de quelques autres places; l'offre aux Colonna d'une solde égale à celle des Orsini, et l'engagement d'aider Ludovic et Ascagne contre tous, sauf contre le roi d'Espagne. Quant au reste, Alexandre VI entendait rester libre d'aider de ses soldats le roi Alfonse et de ne pas donner à Charles VIII l'investiture de Naples. Il lui semblait, de la sorte, qu'il pourrait facilement déterminer Milan et Venise à se prononcer en faveur d'Alfonse (1).

Les choses en étaient là quand arrivèrent les ambassadeurs français. Alexandre VI, toujours hésitant, ne répondit pas tout de suite à leurs demandes; cependant, quelques-uns de ses derniers actes étaient de nature à leur donner des espérances. Le rappel d'Ascagne à Rome, une trêve de quelques jours avec les Colonna, paraissaient autant d'avances faites au parti français, tandis qu'en réalité ces mesures n'avaient été prises que pour faciliter les négociations avec Ascagne, négociations qui semblèrent un moment sur le point d'aboutir. Le vice-chancelier et Prosper Colonna devaient, en effet, partir le 10 décembre pour Viterbe, lorsque Alexandre VI prit tout à coup un parti aussi énergique qu'imprévu.

De toutes les puissances qu'il avait suppliées de venir à son aide, depuis Venise et l'Espagne jusqu'à la Turquie et Naples, une seule, la dernière, était disposée à lui prêter un secours immédiat. Plutôt que de se mettre sous la protection un peu trop hautaine du duc de Milan, le Pape aima mieux se fier au bon vouloir d'Alfonse, qui, en prenant la défense du Saint-Siège, travaillait à la sienne propre. Pour cela, il lui fallait tromper les espérances d'Ascagne et de ses partisans; mais il crut avoir trouvé le moyen de paralyser leur dépit et de reprendre Ostie par surcroît, et même de s'assurer des otages au cas où il exciterait la colère de Ludovic. Le 29 décembre, au moment où Ascagne et Prosper Colonna, qui venaient prendre congé du Pape, se présentaient au Vatican en même temps que les cardinaux de San-Severino et Lonati, l'évêque de Cesena et Jérôme d'Estouteville, qui y avaient été spécialement convoqués, tous furent arrêtés. Le lendemain, dans un consistoire auquel assistèrent les car-

---

(1) Çurita, fol. 50 v° et 51 r°.

dinaux prisonniers, Alexandre VI déclara que, vu les dangers dont l'Église était entourée, il avait voulu s'assurer la présence auprès de lui de ces grands personnages, afin de profiter de leurs conseils. Ascagne, dont il avait fait le plus pompeux éloge, eut l'habileté de répondre sur le même ton; il se déclara prêt à mettre toutes ses facultés au service de l'Église, du Pape et du Sacré Collège. Après la séance, le vice-chancelier et le cardinal de San-Severino se virent conduits dans les appartements supérieurs du palais, où ils restèrent sous bonne garde. Lonati, remis en liberté, fut dépêché aux Colonna, avec mission de faire rentrer Ostie sous la domination du Saint-Siège. Quant aux deux seigneurs laïques, on les conduisit au château Saint-Ange, par le corridor fortifié qui mettait le Vatican en communication avec la forteresse. A la suite du consistoire, Alexandre VI congédia les ambassadeurs français, en leur signifiant qu'il n'entendait accorder à leur maître ni le passage ni les vivres. Ceux-ci partirent le jour même avec une forte escorte de soldats pontificaux (1).

On ne tarda pas à savoir d'où venait au Pape cette audace inattendue. Le 10 décembre même, on vit entrer dans Rome le duc de Calabre avec cinquante-cinq escadrons et cinq mille hommes de pied (2). C'était la plus grande partie des troupes qu'il avait commandées en Romagne; il manquait pourtant celles du duc d'Urbin et de quelques autres seigneurs. Toutefois, les cardinaux n'avaient pas plus de confiance en ces soldats venus pour les défendre qu'ils n'en montrèrent plus tard lorsque les Français occupèrent la ville; ils tremblaient pour leurs richesses, et se barricadaient la nuit dans leurs palais (3).

Charles, fort irrité, envoya un héraut au Pape. Il demandait l'explication des violences dont était victime un cardinal qui avait l'honneur d'être son parent, requérait une mise en liberté immédiate, et menaçait de venir lui-même le délivrer. La réponse fut que le Pape enverrait des légats justifier sa conduite, et que les cardinaux, arrêtés pour désobéissance à l'Église étaient cependant bien traités et gardés

---

(1) Çurita, fol. 51 rº, col. 1 et 2. — Georges Brognolo au marquis de Mantoue, Rome, 10 décembre 1494 (Archives de Mantoue, E xxv 3). — Commines doit se tromper lorsqu'il dit (II, 370) que les ambassadeurs furent arrêtés aussi, et presque aussitôt relâchés sur l'ordre du Pape.
(2) *Burchardi diarium*, II, 209.
(3) Sanuto, 149-150.

dans le voisinage du Saint Père. Les trois légats furent désignés le 13 décembre : c'étaient Lionel Chieregati, évêque de Concordia, l'évêque de Narni, et Balthasar Gratien de Villanova, ce confesseur du Pape qui avait fait, l'année précédente, une assez triste figure à Tours et à Moulins (1). Ils devaient expliquer les motifs des arrestations ordonnées par Alexandre VI, et tâcher de s'aboucher avec les ambassadeurs vénitiens pour amener Charles VIII à un accord avec le Pape et le roi de Naples (2). Il n'y avait guère de chances que leur mission aboutît; mais, comme le dit Commines (3), c'était la coutume en Italie de toujours « pratiquer ».

Le Pape s'était figuré que l'emprisonnement des cardinaux et des chefs des Colonna aurait pour conséquence le recouvrement d'Ostie et le soulèvement des populations de la campagne contre les Français (4); mais dans cet espoir il risquait à coup sûr, en arrêtant Ascagne, de se brouiller sans retour avec le duc de Milan, au moment où celui-ci commençait à s'éloigner de Charles VIII. La Seigneurie de Venise s'en montra fort inquiète (5). La faute était si grave, que beaucoup de gens crurent à un accord préalable entre Alexandre VI et Ludovic le More, et considérèrent l'arrestation comme un moyen de jouer le roi de France (6). Alexandre VI aurait bien voulu blesser le moins possible les très naturelles susceptibilités du duc de Milan. Il résolut de lui annoncer lui-même la mesure qu'il avait prise à l'égard d'Ascagne : « Considérant, lui écrivit-il, les grands troubles et difficultés des affaires présentes, nous avons décidé, dans le seul intérêt du bien, de retenir auprès de nous notre très cher fils Ascagne, ton frère, cardinal vice-chancelier de la sainte Église romaine, que nous aimons comme nous-même, afin de l'avoir dorénavant auprès de nous en toute circonstance... Nous avons pensé devoir t'en informer, pour que tout soit commun entre nous, et nous t'adjurons de te consacrer uniquement à la pacification et au repos de l'Italie (7). »

(1) Voyez plus haut, p. 296 et 309.
(2) Sanuto, 152.
(3) Commines, II, 370.
(4) Voyez la dépêche de Brognolo, citée p. 499, note 1.
(5) Romanin, V, 59.
(6) « Opinione *etiam* fu che d'accordo ne fussi il duca di Milano et, sotto questa coverta, ingannare volessino il re di Francia » (Parenti, fol. 84 r°). — Commines, II, 370.
(7) Sanuto, p. 150.

De son côté, Galéaz de San-Severino avait quitté précipitamment Viterbe, dès qu'on y avait connu les arrestations ; quatre jours après, il arrivait à Vigevano. Ludovic entra en fureur ; devant les ambassadeurs vénitiens, comme dans la lettre qu'il écrivit au Pape, il menaça non seulement de seconder le roi de France plus résolument qu'il ne l'avait encore fait, mais de soulever Maximilien et toutes les puissances de la chrétienté. Il donna l'ordre aux chevau-légers du comte de Cajazzo de se préparer à marcher sur Rome, et parla d'envoyer de l'argent à Charles VIII pour qu'il mît aussitôt son armée en mouvement (1).

Celui-ci n'avait pas attendu les excitations du duc de Milan ; le 15 décembre, il avait quitté Viterbe et gagné Nepi par Ronciglione, tandis que ses soldats se répandaient sur les terres de Virginio Orsini. Bien que ce seigneur fût alors au service de Naples, il permit à son fils Charles d'ouvrir aux Français les portes de Campagnano, l'Anguillara et Bracciano, et de leur fournir des vivres que l'armée avait eu jusque-là grand'peine à se procurer. Cet exemple fut suivi par tous les petits seigneurs du pays, et le roi entra paisiblement, le 19 décembre, à Bracciano (2). Sans qu'il eût une seule fois tiré l'épée, tous les obstacles s'étaient abaissés devant lui ; le même jour, les Romains avaient vu ses éclaireurs paraître sur le Monte-Mario et descendre jusque dans les *Prati*, aux alentours du Château Saint-Ange (3).

L'armée française s'était de nouveau divisée ; on était maître de tout le territoire compris entre le Tibre et la Méditerranée. Corneto et Cività-Vecchia avaient fait leur soumission ; mais la rive gauche du Tibre et l'Apennin étaient toujours occupés par les Orsini et les troupes napolitaines. Seul, le préfet de Rome, Jean de la Rovère, passé au service de Charles VIII, occupait, avec une petite troupe, les environs d'Aquila où il attendait les Français (4). Le maréchal de Rieux, avec un corps d'environ 2800 chevaux et 3500 hommes d'infanterie, eut ordre de l'aller rejoindre. Il passa le Tibre à la nage au-dessus d'Orte, prit trois châteaux dont l'occupation était nécessaire à l'installation d'un pont de bois pour les bagages, et tenta le passage

---

(1) Romanin, V, 59. — Sanuto, 151-153.
(2) Godefroy, 122.
(3) *Burchardi diarium*, II, 211.
(4) Jean Sforza au Pape. Pesaro, 11 décembre 1494. (Archives secrètes du Vatican.)

de la Nera; mais la résistance des soldats napolitains le contraignit de remonter la rive gauche de la rivière, dans la direction de Narni (1).

De l'autre côté de Rome, les Colonna occupaient toujours Ostie. Pour les mettre en état de prendre, au besoin, Rome à revers, pendant que les troupes du roi l'attaqueraient par le Nord, le comte de Ligny leur amena un fort détachement de Suisses, en passant le Tibre à Porto. Un vent contraire retarda l'exécution de ce dessein (2). Quant à Ostie même, le cardinal de Saint-Pierre-ès-Liens se mit en devoir d'y rentrer avec Perron de Baschi, qui venait de débarquer à Piombino, apportant à Charles VIII vingt mille ducats sur l'argent prêté par Ludovic (3).

Tout se préparait donc pour faire expier chèrement au Pape l'emprisonnement d'Ascagne. Les nouvelles que Chieregati et ses compagnons avaient rapportées de Viterbe n'étaient pas de nature à laisser beaucoup d'espoir. Charles persistait à réclamer la mise en liberté immédiate des prisonniers et l'expulsion des troupes aragonaises; il ne voulait entendre parler d'aucun accommodement avant d'avoir été reçu dans Rome (4). Cependant, Alexandre VI, encouragé par la présence du duc de Calabre, semblait résolu à persévérer dans la résistance. Afin, sans doute, d'entraîner Maximilien et les rois catholiques, qu'il savait maintenant disposés à prendre sa défense, il fit venir les principaux des Allemands et des Espagnols présents à Rome, pour les inviter à s'organiser militairement, en vue du siège imminent et des dangers qui les menaçaient de la part des soldats de Charles VIII. Le pontife négociait aussi avec ses prisonniers. Ascagne ne se laissait pas gagner; dans toutes les occasions où les cardinaux captifs étaient amenés en présence du Pape, au consistoire ou aux offices, le vice-chancelier engageait avec Alexandre d'ardentes discussions. Le troisième dimanche de l'Avent, pendant la messe solennelle, tous deux étaient si absorbés qu'ils ne s'interrompirent pas à l'Élévation et ne songèrent même pas à se lever (5).

Avec les Colonna, le Pape put croire qu'il réussirait mieux. Le

---

(1) La Pilorgerie, 129, 131, 132. — Sanuto, 154.
(2) Godefroy, 205-206. — *Burchardi diarium*, II, 211.
(3) Commines, II, 367.
(4) Sanuto, 154.
(5) *Burchardi diarium*, II, 201-202.

cardinal Lonati avait, il est vrai, complètement échoué dans sa mission ; les défenseurs d'Ostie refusaient de livrer la place avant que Prosper Colonna eût été remis en liberté (1). Voyant qu'ils ne se laissaient pas effrayer, le Pape tenta de les séduire en offrant à Prosper de passer à son service et à celui du duc de Calabre, moyennant une solde de trente mille ducats, le payement de vingt mille écus que devait encore le roi de France, et la restitution de toutes les terres des Colonna occupées par les Aragonais. Prosper parut se laisser séduire ; il promit de décider son frère Fabrice à remettre, sous deux jours, Ostie entre les mains du Pape, et, le 18 décembre, il fut rendu à la liberté (2).

Le Pape, croyait-il véritablement à la parole de Prosper Colonna ? On ne sait. Toujours est-il que l'on vit ses craintes renaître au moment où il venait de s'accorder avec lui. Le 18 décembre même, il fit tout préparer pour être en mesure de quitter Rome à l'improviste (3). Était-ce aussi dans l'espoir de réussir, ou simplement pour « pratiquer », qu'il délivrait le cardinal de San-Severino, et qu'il l'envoyait à Bracciano renouveler auprès de Charles VIII les propositions déjà faites par Lionel Chieregati : offre d'un tribut annuel de la part du roi de Naples et intervention du Pape pour une ligue générale de toutes les puissances chrétiennes en vue de la Croisade ? Ces propositions étaient, cette fois, accompagnées d'une promesse qui pouvait passer pour une avance formelle au roi de France : Alexandre VI s'engageait à mettre Ascagne en liberté sous quatre jours. Charles VIII remercia le Pape de ses bonnes intentions envers le cardinal Sforza. Pour le reste, il ne répondit qu'en demandant à être admis dans Rome, protestant toujours, d'ailleurs, qu'il ne voulait porter aucun dommage au Saint-Siège, et s'offrant même à prendre sa défense (4).

Les autres tentatives du Pape ne furent pas plus heureuses. Les principaux des Allemands établis à Rome, auxquels le maître des cérémonies, Burchard de Strasbourg, avait répété les conseils d'Alexandre VI, ne montrèrent aucun empressement à les suivre (5). Le

(1) Çurita, fol. 51 r°, col. 2.
(2) Sanuto, 155.
(3) *Burchardi diarium*, II, 211.
(4) Charles VIII à Alexandre VI. Bracciano, 21 décembre 1494. (Archives secrètes du Vatican.) — Sanuto, 155-156.
(5) *Burchardi diarium*, II, 213.

cardinal de Gürck se chargea, d'ailleurs, de dissiper les craintes que les paroles d'Alexandre VI avaient pu faire naître dans leur esprit. Il leur écrivit que Charles avait recommandé de traiter les Allemands, comme tous les habitants de Rome du reste, avec les mêmes égards que ses propres sujets. Raymond Péraud lui-même en avait transmis l'ordre à Montpensier (1). En cas de danger, il recommandait aux sujets de l'Empire de se réfugier dans son palais.

Les Allemands, au moins, n'avaient pas fait de promesses ; Prosper Colonna, qui était cependant lié par un traité formel, ne servit pas mieux les intérêts du Saint-Siège. Il s'était bien rendu à Ostie auprès de son frère; mais il y était à peine depuis quatre ou cinq jours, que le cardinal de Saint-Pierre-ès-Liens fit son entrée dans la ville. La garnison, se trouvant maintenant grossie d'environ 500 hommes d'armes, de 2 000 Suisses, de capitaines comme Yves d'Alègre et le comte de Ligny, déclara qu'elle ne voulait point se soumettre au Pape, et accepta Menaud de Guerre pour son commandant. Prosper se décida facilement à rompre ses engagements avec le Saint-Siège, et rejoignit à Marino les autres Colonna, qui avaient réuni à Genzano 2 000 hommes de pied dont Perron de Baschi venait d'apporter la solde (2).

Alexandre VI pouvait voir, des fenêtres de son palais, la cavalerie française venir offrir à ses défenseurs un combat que ceux-ci n'acceptaient point ; il redoutait quelque attaque tentée par les troupes d'Ostie, de l'autre côté de Rome, vers la porte Saint-Paul (3). Les vivres devenaient de plus en plus rares, et la luxueuse cour romaine, « accoutumée à toutes les délices (4) », supportait mal les privations. Le duc de Calabre exhortait Alexandre VI à excommunier Charles VIII et à se retirer dans les états de son père. Alfonse, en effet, avait proposé au Pape de le recevoir dans son royaume avec les prisonniers qu'il lui plairait d'emmener ; il lui offrait 50 000 ducats de pension, la forteresse de Gaëte et 10 000 ducats pour la sûreté de Djem ; enfin, il prenait l'engagement de ne pas séparer sa cause de

---

(1) Le journal de Burchard (II, 213) porte par erreur *Montpellier*.
(2) Sanuto, 156. — Commines, II, 368.
(3) *Burchardi diarium*, II, 211.
(4) Sanuto, 148.

celle du Pape. Le projet de traité, accepté en principe par Alexandre VI, existe encore ; il porte seulement la signature du duc de Calabre et la date du 25 décembre, jour où il devait sans doute être présenté à la signature pontificale (1).

Mais le Pape craignit, s'il abandonnait Rome, de perdre la tiare du même coup ; par un revirement subit, il prit le parti d'accéder aux demandes de Charles VIII en délivrant Ascagne et en renvoyant les troupes aragonaises.

Quant aux Romains, un écroulement qui se produisit alors sur un point des murailles de la ville leur parut un indice de la volonté divine ; plus d'un parmi eux répétait que les pierres elles-mêmes s'abaissaient pour livrer passage au roi de France (2).

Le matin de Noël, Alexandre VI réunit les cardinaux, en présence du duc de Calabre, et leur exposa ses résolutions. Afin de ménager autant que possible le prince aragonais, il lui donna l'investiture du duché de Calabre. Charles VIII avait, sur la demande du Pape, accordé un sauf-conduit moyennant lequel le prince et ses soldats pourraient se retirer sans être attaqués (3), et, le jour même, le fils d'Alfonse partit, suivi de ses soldats et de ses capitaines, Pitigliano, Trivulce et le marquis de Pescaire ; plusieurs cardinaux lui firent la conduite. Ascagne, remis en liberté le matin, le quitta le premier pour rentrer dans son palais ; celui qui alla le plus loin fut le cardinal de Monreale, qui se sépara de lui à la porte San-Lorenzo pour gagner Bracciano, tandis que l'armée napolitaine se dirigeait vers Tivoli (4).

Dès le lendemain matin, le maréchal de Gié, le président de Ganay et Étienne de Vesc étaient reçus par le Pape. Leur suite s'empara

(1) Ce projet de traité, publié par le P. Theiner (*Codex diplomaticus dominii temporalis*, III, 510), fut rédigé avant la mise en liberté de Prosper Colonna. Voyez le premier article. — Le Pape l'avait approuvé, ainsi que l'indique la mention *Placet*, inscrite en face de chaque article.

(2) Sanuto, 163.

(3) Guichardin prétend que le duc de Calabre aurait refusé ce sauf-conduit. En tout cas, il est certain que, par deux lettres écrites, le 24 décembre, à MM. de Ligny et d'Alègre, Charles VIII ordonna de laisser passer le lendemain le duc de Calabre et ses gens sans les inquiéter. Ces lettres sont aux Archives secrètes du Vatican.

(4) *Burchardi diarium*, II, 214-215. — Sanuto, 161. — Commines, II, 371-372. — La Pilorgerie, 144-145. — Guichardin, et beaucoup d'historiens après lui, ont prétendu que Charles VIII entrait dans Rome par une porte au moment où le duc de Calabre sortait par une autre. Le roi n'arriva que six jours plus tard.

sans façon des sièges destinés aux prélats, au grand scandale du maître des cérémonies, Burchard. Mais Alexandre VI craignait si fort de blesser les Français, qu'il tança sévèrement Burchard : « Vous me faites perdre l'esprit, s'écria-t-il, laissez-ies s'asseoir où ils voudront (1). » Les négociations se poursuivirent activement; néanmoins, l'accord ne se faisait pas. Les difficultés portaient sur le sort de Djem, que le roi voulait avoir entièrement à sa disposition, tandis que le Pape n'entendait le lui céder qu'au moment où l'on entreprendrait la croisade; en outre, Charles demandait qu'on lui donnât quatre places de sûreté que le Pape refusait. On disait encore qu'il exigeait qu'on lui livrât le château Saint-Ange. Enfin, las d'attendre et de discuter vainement, le roi remit la conclusion définitive à l'époque où il serait dans Rome; il donna seulement au Pape l'assurance qu'il ne lui ferait aucun tort, ni au spirituel ni au temporel, et déclara vouloir entrer le 1er janvier (2).

Alexandre céda; il s'enferma dans son palais avec sa garde espagnole, fit garder le Borgo par un millier de chevau-légers et par quelques piétons, et abandonna aux Français tous les quartiers de la rive gauche. Le roi même, qu'Ascagne et les cardinaux de son parti auraient voulu voir habiter le Vatican, dut s'établir au palais de Saint-Marc (3). Une commission, composée du cardinal de Saint-Denis, du gouverneur et des Conservateurs de Rome, fut chargée de veiller au logement des soldats et au maintien du bon ordre. Dès le 27 décembre, 1500 hommes d'armes français furent admis dans la ville; le maréchal de Gié et M. de la Trémoille vinrent marquer les logements, « aussi privément et familièrement comme ils eussent fait en des villes de France ». A partir de ce moment, les soldats commencèrent à entrer par petits groupes, précédant Montpensier que l'on attendait d'heure en heure (4).

---

(1) *Burchardi diarium*, II, 215.
(2) Sanuto, 162-163.
(3) Aujourd'hui palais de Venise.
(4) Gregorovius, VII, 424. — Sanuto, 162. — Godefroy, 206. — Georges Brognolo au marquis de Mantoue. Rome, 29 décembre 1494 (Archives de Mantoue, E xxv 3.)

CHAPITRE V.

CHARLES VIII A ROME.

Entrée de Charles VIII. — Violences commises dans Rome par les Colonna et par les Suisses. — Sévérité du roi. — Négociations entre Alexandre VI et Charles VIII. — Résistance du Pape. — Il se réfugie au château Saint-Ange. — Charles VIII se refuse à faire déposer le Pape — Reprise des négociations. — L'accord se fait entre le Pape et le roi. — Conditions de cet accord. — Retraite subite d'Ascagne. — Entrevue du Pape et du roi. — Briçonnet cardinal. — Charles VIII au Vatican. — Charles VIII fait acte d'obédience. — La messe pontificale. — Rentrée du cardinal de Gürck au Vatican. — Nouvelles tentatives d'accommodement avec Naples. — Charles VIII et l'empire de Constantinople. — La flotte du prince de Salerne jetée sur les côtes de Sardaigne. — Nouvelle rixe entre les Suisses et les Espagnols. — Charles VIII se prépare à marcher sur Naples. — Succès du maréchal de Rieux dans les Abruzzes. — Aquila se déclare pour Charles VIII. — Alfonse se prépare à la résistance. — Remise de Djem à Charles VIII. — Charles VIII quitte Rome.

Le 31 décembre 1494, comme le maître des cérémonies pontificales, Burchard, se rendait auprès de Charles VIII pour régler avec lui le cérémonial de son entrée, il rencontra sur la route le roi lui-même, qui, voulant profiter des heureuses conjonctions astrologiques de cette journée, s'était décidé à devancer de vingt-quatre heures la date indiquée. Charles déclara tout aussitôt qu'il entendait entrer sans aucun appareil; puis il dépêcha en quelques mots les députés de Rome, qui s'étaient mis en route au même moment que le maître des cérémonies pour venir le saluer au nom de leurs concitoyens, et, rappelant Burchard, il le fit cheminer à ses côtés pendant plus de quatre milles, en l'accablant de questions sur les cérémonies pontificales, le genre de vie du Pape ou du cardinal de Valence, et sur d'autres sujets analogues.

La nuit était tombée lorsque Charles VIII entra dans Rome par la porte du Peuple. Bien que l'on ne s'attendît pas encore à le voir arriver, bien que la plupart des membres du Sacré-Collège n'eussent pas eu le temps d'aller à sa rencontre, son entrée ne manqua pas de majesté. Une foule immense se pressait sur son passage, en le saluant des cris de *Francia! Francia! Colonna! Vincula!* Toutes les fenêtres étaient illuminées et de grands feux éclairaient les rues. Partout les Romains avaient arboré les armes de France (1). A la lueur des torches, on vit défiler les hommes d'armes, l'infanterie, puis l'artillerie, enfin le roi, au milieu de sa garde, entouré de huit cardinaux. C'étaient La Rovère, qui arrivait d'Ostie, les cardinaux de Saint-Denis, de Gürck, de San-Severino, Savelli, Colonna, Lonati, enfin Ascagne, rencontré à peu de distance de Rome. Tous l'accompagnèrent jusqu'au palais de Saint-Marc. Reçu à la porte par le cardinal de Bénévent qui en était le propriétaire, Charles, avec son habituelle courtoisie, fit mine de céder le pas au cardinal ; puis il soupa et passa la soirée au milieu de ses courtisans, plaisantant familièrement avec eux et les « caressant sous le menton; toutes choses qui montrent, disait un témoin italien, que c'est un roi doux et humain (2) ». L'étonnement devait être grand, en effet, chez ceux à qui on avait représenté le roi de France comme « un tyran perfide, ingrat, avare, cruel.... entièrement barbare, étranger à toute humanité comme à toute moralité », enfin comme « un monstre de la nature (3) ».

Par ordre du Pape, les clefs de la ville avaient été remises au maréchal de Gié, comme elles l'avaient été, quelques jours auparavant, au duc de Calabre. Toute la nuit, les portes de Rome restèrent ouvertes, car les soldats ne cessaient d'affluer. Ceux qui étaient déjà entrés furent sur pied jusqu'au matin pour garder les chevaux, les canons, et organiser les logements. Le lendemain, on vit encore arriver 5 000 Suisses en belle ordonnance, et l'on abattit quelques maisons autour du palais de Saint-Marc pour établir le parc d'artillerie. En somme, l'armée française tout entière était dans Rome, moins les soldats envoyés à Ostie, ceux qui avaient suivi le maréchal de Rieux, et les petites garnisons que l'on avait laissées dans quelques forteresses. Il allait être bien difficile de maintenir l'ordre parmi cette foule armée, dispersée dans une ville aussi vaste et aussi agitée que l'avait toujours

---

(1) Sanuto, 162.
(2) *Ibidem*, 164-165. — *Burchardi diarium*, II, 216-217.
(3) *Ricordi storici di Alamanno Rinuccini*, cités dans l'*Archivio storico italiano*, t. IV, partie 2, p. 31, note 1.

été Rome. Les Français, il est vrai, « se portèrent honnestement jusques au devoir » ; mais il ne devait pas en être de même des « Allemans et Suisses, qui ne craignoient ne Dieu ne dyable (1) ». Les Colonna, d'ailleurs, leur donnèrent l'exemple ; trois jours après l'entrée de Charles VIII, une bande de Colonna et de soldats de l'armée pilla les maisons de deux prélats romains. Aussitôt, le roi rendit une ordonnance qui punissait de mort quiconque se serait introduit violemment dans une maison (2). Cette sévère mesure ne tarda pas à être appliquée ; le 8 janvier 1495, des faits plus graves se produisirent. Une synagogue et des habitations du quartier juif furent mises à sac ; celles de plusieurs chrétiens eurent le même sort ; quelques Romains furent massacrés, et un tumulte s'éleva entre les Italiens et les Suisses. Au nombre des maisons pillées se trouvait celle de Vanozza, la mère trop connue des fils d'Alexandre VI.

Charles, fort irrité de cette désobéissance, envoya le maréchal de Gié rétablir l'ordre et saisir les criminels, parmi lesquels il se trouva des Italiens et jusqu'à deux nègres. Cinq des plus coupables furent pendus dès le lendemain aux fenêtres de diverses maisons par ordre du prévôt de l'hôtel. De plus, le roi commanda, sous peine de la vie, à tous ceux qui détenaient des objets pillés, de les restituer dans un délai de trois jours. Chose incroyable ! « il en fut rendu beaucoup », dit Sanuto. Pour mettre les juifs en sûreté, Charles leur ordonna de porter une croix blanche sur l'épaule, et défendit de faire aucun mal à ceux que distinguerait cette marque. Enfin, pour assurer le bon ordre dans la ville, il interdit de cheminer sans lumière après le coucher du soleil, et chargea quatre troupes de 500 cavaliers, commandées chacune par un capitaine français, de faire des patrouilles pendant la nuit (3). En fait, le roi de France était le véritable maître de Rome. Il en donna la preuve par ce qui était à cette époque l'indice visible de l'autorité, en faisant élever au *Campo de' Fiori* et à la *Piazza Giudea* deux fourches patibulaires (4), montrant manifestement en cela, comme le dit André de la Vigne, « qu'il avoit à Rome, comme à Paris, haute, moyenne et basse

---

(1) Lettre écrite de Rome, le 19 janvier 1495, à *Regne*, banquier à Lyon. Archives de l'Isère, 2⁰ *generalia*, f⁰ ij⁰ viij.
(2) Sanuto, 167. — *Burchardi diarium*, II, 218.
(3) *Burchardi diarium*, II, 219-220. — Sanuto, 171. — La Pilorgerie, 147. — Godefroy, 125.
(4) *Burchardi diarium*, II, 235.

justice (1) ». Peut-être les comparaisons que les Florentins avaient faites entre lui et Charlemagne lui avaient-elles remis en mémoire le titre d'empereur, qui lui manquait encore ; déjà, l'autorité qu'il s'attribuait dans la Ville éternelle était plus grande que la puissance de Charlemagne quand il n'était que patrice de Rome.

Mais Alexandre VI ne se trouvait pas dans la même situation qu'Adrien Ier ou que Léon III ; Maximilien était un empereur beaucoup plus réel que Constantin V ou que l'impératrice Irène, et, tandis que le fils de Pépin avait pris à Rome l'attitude de protecteur du Pape, Alexandre se demandait si Charles VIII, entouré de ses pires ennemis, n'allait pas le déposer. Il devait cependant tâcher de s'accommoder avec lui ; il envoya donc des prélats de sa cour pour lui souhaiter la bienvenue, et lui fit proposer une entrevue, où ils ne se rendraient chacun qu'avec quatre personnes. Le lendemain de l'entrée du roi et les jours suivants, les cardinaux vinrent saluer Charles VIII, portant eux-mêmes la queue de leur robe, comme lorsqu'ils se présentaient chez le Pape. Malgré cette marque de déférence, malgré les avertissements donnés par Burchard pendant sa marche sur Rome, le roi, au grand étonnement des Italiens, ne les traita nullement sur ce pied de quasi-égalité auquel les princes de l'Église prétendaient avec les souverains autres que l'Empereur, prétention que nos rois n'admirent jamais ; il les reçut assis, au milieu des huit autres cardinaux qui lui avaient fait escorte lors de son entrée, et qui se tenaient debout autour de lui. L'un des plus empressés à venir fut le fils du Pape, César Borgia, cardinal de Valence, qui, le 1er janvier, voulut présenter ses hommages à Charles VIII pendant que ce prince entendait la messe à Saint-Marc ; mais la foule se trouva si grande, qu'il put à peine le joindre. Partout, d'ailleurs, Charles VIII était entouré d'une multitude de seigneurs et de prélats attirés, non plus par la curiosité, comme le peuple, mais par l'ambition. Le centre de Rome n'était plus au Vatican, mais au palais de Saint-Marc. Pierre de Médicis, arrivé le 2 janvier, s'y montrait tous les jours (2). Cardinaux,

---

(1) Godefroy, 124.

(2) Profitant des conditions du traité de Florence, Pierre, après avoir quitté Venise vers le 14 décembre, avait traversé le territoire toscan, sous la garde de deux commissaires florentins. Il avait profité de son passage à Città di Castello pour écrire à la Seigneurie une lettre où il essayait de se justifier. (Parenti, fol. 76ro, 86vo. — Sanuto, 167. — A. Sallinbene au

nobles romains, ambassadeurs, chefs de bande, tous s'agitaient autour du jeune conquérant; cependant, les espérances qu'ils avaient mises en lui se trouvèrent presque toutes trompées. Charles ne devait rien

Le petit Palais de Venise, du côté de San-Marco.

faire pour déposer le Pape, ni pour rendre à Pierre le gouvernement de Florence.

Dès les premiers jours, César Borgia commença les négociations de l'accord; le roi chargea le cardinal de Parme, d'Aubigny, le président

marquis de Mantoue. Venise, 14 décembre 1494. Archives de Mantoue, E XLV, 3. — Gregorovius, VII, 432.)

de Languedoc, Bernard Lauret, le président de Ganay et Perron de Baschi de faire connaître les conditions qu'il mettait à la conclusion de la paix. Ces conditions, au nombre de trois, étaient que le cardinal de Valence fût désigné pour le suivre à Naples, en qualité de légat ; que les troupes françaises occupassent le château Saint-Ange; enfin, que Djem fût remis entre ses mains. Le Pape commença par tout refuser, disant que le choix des légats appartenait au Consistoire ; que le château Saint-Ange était occupé par le Saint-Siège, au nom de toutes les puissances chrétiennes, et que le moment n'était pas venu de livrer Djem. Cependant, il promit d'assembler le lendemain le Consistoire et de faire savoir les résolutions que l'on y prendrait (1).

Le roi ne voulait pas sortir du palais de Saint-Marc avant d'avoir réglé sa situation vis-à-vis du Saint-Père; mais il n'avait pas défendu à ses barons d'aller recevoir la bénédiction pontificale. Le 5 janvier, ceux-ci se présentèrent en grande foule pour baiser le pied du Pape. Engelbert de Clèves y vint, ainsi que don Ferrand, fils du duc de Ferrare, et bien d'autres encore. L'empressement était si grand, qu'au bout d'une heure d'audience, Alexandre VI eut un de ces évanouissements auxquels il était sujet. La syncope ne dura pas moins de trois heures. Quand il revint à lui, il voulut néanmoins tenir le Consistoire, et rassembla seize cardinaux autour de son lit. Ceux-ci approuvèrent sa conduite, et furent d'avis que le château Saint-Ange ne devait, en aucun cas, être abandonné aux étrangers. Les quatre envoyés français, suivis bientôt de quatre cardinaux, vinrent dire à Charles VIII qu'il lui fallait se contenter du libre passage à travers les États romains. Le roi, très mortifié, fit attendre longtemps les cardinaux et les congédia brusquement : « Allez, leur dit-il; j'enverrai mes barons dire au Pape quelle est ma volonté (2). »

Tout se trouvait de nouveau en suspens entre Charles et Alexandre VI. Le 7 janvier, le Pape se fit transporter au château Saint-Ange par la galerie couverte. Il n'avait autour de lui que sa garde espagnole et quelques soldats qui occupaient le Borgo; aussi, le disait-on prêt à lancer l'excommunication contre le roi très chrétien et son armée. On prétendait qu'afin d'empêcher les Français de bombarder le château, il

---

(1) Sanuto, 167.
(2) *Burchardi diarium*, II, 219. — Sanuto, 170-171.

Cortile du Palais de Venise, à Rome.

ferait exposer sur les murs le Saint-Sacrement et les têtes de saint Pierre et de saint Paul. Il ne manquait pas de gens, en effet, qui conseillaient au roi d'employer la force contre un ennemi aussi faible ; deux fois même l'artillerie fut sur le point de quitter le parc établi à Saint-Marc (1) ; mais jamais Charles ne voulut consentir à d'inutiles violences. Ce fut alors que les Suisses et leurs complices crurent le moment favorable pour piller les maisons des juifs ; on sait avec quelle rigueur ils en furent punis.

Si le Pape avait entre les mains une arme morale, l'excommunication, le roi de France pouvait disposer d'une autre arme du même genre. « Nostre Saint-Père, écrivait Saint-Malo à la reine, est plus tenu au roy qu'on ne pense, car si ledit seigneur eust voulu obtempérer à la plupart de messeigneurs les cardinaulx, ils eussent fait ung autre Pappe en intention de réformer l'Église ainsi qu'ilz disoient. Le roy désire bien la réformacion, mais ne veut point entreprendre de sa depposicion, quelque chose qu'il (Alexandre VI) luy fait de adhérer à son ennemy, et ce qu'il fait contre le roy (2). » Il s'est encore trouvé, de nos jours, des historiens pour reprocher au roi sa modération. « Si Charles VIII, dit M. Gregorovius, avait secondé les idées des cardinaux opposants, il eût assurément accompli dans l'Église une révolution plus considérable encore que celle que son invasion produisit en Italie. Il semblait qu'une main divine eût conduit le roi très chrétien jusqu'à Rome pour réformer la curie corrompue, et, sans doute, le monde qui aspirait à la réforme, lui eût conféré cette dictature que, dans les temps passés, plus d'un grand empereur saxon ou franconien avait exercée au bénéfice de la chrétienté. Il possédait effectivement la force nécessaire pour délivrer l'Église de la personne d'Alexandre VI ; et si, en 1495, Charles VIII avait été capable d'une forte résolution, l'odieuse figure de César Borgia n'eût jamais apparu dans l'histoire. Mais pouvait-on rien attendre de semblable de la part d'un homme jeune, incapable, et qui ne rêvait que vaines conquêtes (3) ? »

Si ce jeune homme eût été aussi épris de vaine gloire qu'on l'a

---

(1) Commines (II, 385) dit en propres termes : *Deux fois fut l'artillerie preste*, ce qui ne signifie point du tout qu'elle fut braquée sur le château Saint-Ange, comme on l'a toujours répété.
(2) La Pilorgerie, 135.
(3) Gregorovius, édition italienne, VII, 429-430.

généralement prétendu, la déposition d'un Pape, l'abaissement de ce souverain devant qui les rois eux-mêmes devaient s'incliner, avait certes de quoi séduire son orgueil. Renverser les rôles de Charlemagne et de Léon III, créer un Pape, n'était-ce pas justifier les paroles adulatrices des Florentins, en se montrant plus grand que le grand Empereur? Mais, à ne considérer la chose qu'au point de vue politique, cette satisfaction d'orgueil eût été, de la part de Charles VIII, une insigne folie. Déjà Maximilien, jaloux de son pouvoir impérial; les rois d'Espagne, dont les ambassadeurs étaient dès ce moment en route pour sommer le jeune triomphateur de s'arrêter; le duc de Milan, les

Médaille d'Alexandre VI, avec revers représentant le château Saint-Ange.

Vénitiens, tremblant à la seule idée de le voir « seigneur des Italies », toutes les puissances, enfin, s'agitaient au bruit de ses succès imprévus. Croit-on qu'elles eussent été disposées à consacrer l'autorité supérieure que Charles VIII se serait arrogée par la déposition du Pape, en lui conférant la dictature universelle? La révolution proposée par les prélats dissidents, loin d'aboutir à une réforme, n'eût fait que renouveler, en les aggravant, les malheurs du Grand Schisme.

D'ailleurs, en admettant même que les puissances fussent restées paisibles spectatrices d'une révolution opérée dans le gouvernement de l'Église, quel avantage aurait retiré Charles VIII de la création d'un nouveau Pontife, qui n'eût pu être que La Rovère ou Ascagne Sforza? Le vice-chancelier partageait les idées de son frère; une fois Pape, il aurait employé ses forces à s'affranchir de la tutelle française.

Quant à La Rovère, on le vit à l'œuvre ; toute sa politique, quand il fut devenu Jules II, se résume dans ce cri célèbre : *Fuori i barbari!*

Charles eut le bon esprit de préférer, aux conseils intéressés de La Rovère et d'Ascagne, les avis de ceux qui l'engageaient à s'accorder avec le Pape, avis peut-être aussi peu désintéressés, mais assurément plus conformes à ses propres intérêts. Il maintint ses demandes quant à Djem et au cardinal de Valence, mais il cessa de réclamer le château Saint-Ange. L'importance de cette forteresse, que les Italiens croyaient capable de résister pendant six mois (1), était, en fait, à peu près nulle. Les murailles s'écroulaient d'elles-mêmes. Dans la nuit du 9 au 10 janvier, il en tomba un large pan, avec trois des soldats qui y veillaient. Les Français y virent une preuve que « le lieu n'étoit pas deffensable (2) », et les Romains, en rapprochant cet accident du premier écroulement qui s'était produit dans les murs de Rome à l'arrivée de Charles VIII, crurent y reconnaître un indice de la volonté divine (3). L'apparente concession faite par le roi de France devait, du reste, être largement compensée par la remise de plusieurs places des États pontificaux, qu'il aurait le droit d'occuper pendant toute la durée de l'expédition.

Les négociations furent reprises (4), et, le 11 janvier, Alexandre VI promit au comte de Bresse de couronner Charles VIII roi de Naples, *sine alterius prejudicio*, de livrer Djem, et de ne rien faire contre les cardinaux opposants. Ceux-ci n'ambitionnaient qu'une chose : la déposition du Pape. Furieux de voir leurs espérances frustrées, ils prétendaient que le roi s'était engagé à ne rien conclure sans leur assentiment. Une conférence définitive devait avoir lieu le soir même entre les commissaires pontificaux et les commissaires français ; ils s'arrangèrent de façon qu'elle n'eût pas lieu (5) ; mais tous leurs efforts n'aboutirent qu'à retarder de deux ou trois jours la signature du traité. Charles VIII considérait déjà les négociations comme terminées.

---

(1) Brognolo au marquis de Mantoue, 4 janvier 1494. Dépêche citée par Gregorovius, VII, 431, note 3.

(2) Commines, II, 385.

(3) *Burchardi diarium*, II, 220. — Sanuto, 171. — La Pilorgerie, 148.

(4) Les négociateurs français étaient : MM. de Bresse, de Foix, de Gié, de Ligny et l'évêque d'Angers, Jean de Rély. (Godefroy, 123.)

(5) *Burchardi diarium*, II, 220-221.

Le 13, pour la première fois, il sortit du palais de Saint-Marc; les jours suivants, on le revit encore, visitant les églises, les monuments antiques, ce que l'on appelait alors « les Merveilles de Rome (1) », l'*Ara Cœli*, le Capitole, la Minerve, le Colisée. Une fois, on lui donna le divertissement, tout romain, d'un combat de grands chiens contre des taureaux (2). « Partout, écrivait Briçonnet à la reine, il y a eu presse de Rommains à le veoyr; il est aymé et voulentiers veu, plus en partie que celluy qui en est seigneur. » Il paraît, cependant, que les sévères ordonnances du roi n'étaient pas rigoureusement appliquées, car l'évêque de Saint-Malo ajoutait : « Si justice régnoit mieux qu'elle ne fait, on seroit bien venu partout et adoré; mais les pilleries et rançonnemenz qu'on fait, dont pugnicion ou réparacion n'est point faicte, donnent ung mauvais bruyt (3). »

Enfin, le 15 janvier, les conditions du traité furent arrêtées; les rapports réciproques du Pape et du roi devaient être dorénavant ceux d'un père et d'un fils, et Charles s'obligeait à défendre le Saint-Siège contre les Turcs, au cas ou ceux-ci l'attaqueraient. Le libre passage et les vivres, moyennant payement, étaient assurés à l'armée. Civita-Vecchia restait aux mains du roi, et Ostie conservait sa garnison; Cesena, les villes de la Marche d'Ancône et du Patrimoine recevraient des gouverneurs nommés par Charles VIII, qui aurait aussi la nomination d'un légat à son choix pour les provinces de Campagne et de Maritime. Les Colonna, les Savelli, les cardinaux de Gürck et de la Rovère rentraient dans leurs biens, leurs dignités, et le Saint-Père leur accordait un pardon général, ainsi qu'aux villes de l'Église qui avaient ouvert leurs portes aux Français. César Borgia, cardinal de Valence, accompagnerait le roi en qualité de légat; Djem était remis aux Français, qui devraient, après l'expédition de Naples, le restituer au Pape. De plus, celui-ci continuerait à percevoir les 40 000 ducats payés par Bajazet pour la garde de son frère. Quant à ceux que le préfet de Rome avait enlevés à Georges Buzardo, la question de la restitution serait soumise au jugement du roi. Enfin, Charles VIII s'engageait à faire lui-même l'obédience filiale, qu'il avait toujours

---

(1) Voyez Müntz, *La Renaissance*, p. 508.
(2) Godefroy, 123-126.
(3) La Pilorgerie, 136.

refusée depuis son avènement (1). Quant à l'investiture du royaume de Naples, on n'avait que la vague promesse faite le 11 au comte de Bresse; mais tout le monde croyait que le Pape l'accordait (2). Charles VIII devait, d'ailleurs, en réitérer lui-même la demande; mais Alexandre VI fut assez habile pour éviter de donner une réponse immédiate.

Enfin, un dernier article, assez peu clair, pouvait permettre d'espérer que le Pape s'entendrait ultérieurement avec le roi pour quelque réforme dans la discipline de l'Église, ou du moins pour faire observer dorénavant les règles suivant lesquelles devaient s'opérer la réunion du conclave et l'élection des souverains pontifes (3). C'était trop peu pour satisfaire les cardinaux, qui avaient espéré voir déposer Borgia. Dès le lendemain, Ascagne prétendit que son frère était malade et l'appelait à Milan. Il partit brusquement pour Sienne, avec le cardinal Lonati. Les autres restèrent, mais ne dissimulèrent pas leur dépit (4).

Le 16 janvier, pendant que le Pape se préparait à quitter le château Saint-Ange pour rentrer dans sa demeure habituelle, le roi abandonna le palais de Saint-Marc pour aller faire sa première visite au Souverain-Pontife, et loger auprès de lui au Vatican. Après avoir entendu la messe à Saint-Pierre, dans la chapelle française de Sainte-Pétronille, il alla au-devant d'Alexandre VI, qui venait du château Saint-Ange par la galerie couverte. La rencontre eut lieu au bout du jardin secret du palais. Alexandre VI, par orgueil sans doute, feignit de ne point voir les deux premières génuflexions du roi; mais, avant la troisième, il se découvrit, s'avança vers lui, l'embrassa de manière à l'empêcher de lui baiser le pied et la main, et le força de se couvrir; puis, succombant à une émotion, réelle ou jouée, il fut pris d'un de

---

(1) Cherrier, II, 84-85. — Archives nationales, K 76, n° 1.

(2) Cesare Foucard. *Publicazione del carteggio diplomatico conservato negli archivi publici d'Italia dal 1493 al 1496*. Napoli, 1879, p. 44.

(3) « Et quant au tractament des articles du conclave, nostre Saint-Père sera content de remettre ceste matière de la volonté de Sa Sainteté et du roy, et comme par eux sera ordonné. » *(Burchardi diarium*, édition Thuasne, II, 666, note 1. — Archives nationales, K 76, n° 1.)

(4) Jean Palmier à son frère, visiteur des gabelles du Dauphiné. Florence, 19 janvier 1495. Archives de l'Isère, 2ᵉ *generalia*, fol. ij^e ix. (Communiqué par M. Pilot de Thorey.) — Foucard, *Publicazione del carteggio diplomatico*, p. 43. — *Burchardi diarium*, II, 221. — Sanuto, 186.

ses évanouissements habituels. Il fallut que le roi et le cardinal de San-Severino le soutinssent dans leurs bras.

Avant même qu'on se fût remis en chemin pour entrer au Vatican, Charles demanda au Pape d'élever Briçonnet au cardinalat, Alexandre l'accorda sur-le-champ. On passa aussitôt dans la salle dite du Perroquet. Le cardinal de Valence retira sa simarre rouge; le cardinal de Sainte-Anastasie prêta un chapeau, et, dans un consistoire improvisé, le nouveau prince de l'Église fut revêtu des insignes de sa dignité. Ensuite, le Saint-Père voulut reconduire son hôte jusqu'à l'appartement qu'on lui avait préparé auprès du sien ; Charles lui-même dut le supplier de n'en rien faire. Ce ne fut pas, d'ailleurs, le seul honneur extraordinaire que le roi de France reçut au Vatican : la garde de la porte principale et celle de toutes les issues conduisant à son logis furent remises à ses Écossais. Le jeune souverain se laissa-t-il prendre à ces trompeuses marques d'amitié, aux visites familières que le Pape vint lui faire? Sans doute il écrivait à son beau-frère qu'il avait trouvé « grant recueil, de l'honneur largement » et « très bonne affection » ; il admirait ses appartements dans les *Stanze nuove* du Vatican, qu'il déclarait « ung très beau logis, et aussi bien accoustré de toutes choses que palais ne chasteau que je vis jamais ». Tout cela, cependant, ne lui faisait pas oublier la grande entreprise pour laquelle il avait quitté son royaume, et, dans la même lettre, il laissait paraître le désir de mettre fin le plus tôt possible à « son affaire d'icy » et de marcher sur Naples (1).

Le surlendemain eut lieu la ratification officielle du traité, qui jusque là n'avait été signé que séparément par chacune des parties contractantes. Un détail fut longuement débattu ; l'article relatif à la cession de Djem mentionnait que le roi devait rendre son prisonnier au bout de six mois, et fournir, comme caution de son engagement, des prélats et des seigneurs, dont le Pape fixerait lui-même le nombre. Alexandre VI demandait jusqu'à quarante cautions ; le président de Ganay, qui assistait le roi, n'en voulait donner que dix. Enfin, après trois heures de discussion, les deux textes du traité, l'un en français, l'autre en latin, furent ratifiés et certifiés par deux notaires.

(1) La Pilorgerie, 152-153. — *Burchardi diarium*, II, 211-224. — Foucard, *Publicazione del carteggio diplomatico*, 43-44. — Sanuto, 185-186.

Le 19 janvier, le roi fit en personne l'acte d'obédience ; pour ne point se conformer à l'humiliante étiquette romaine, suivant laquelle il aurait dû s'asseoir dans les rangs des cardinaux, il avait résolu de rester debout, au côté du Pape, pendant toute la cérémonie, tandis que le président de Ganay, agenouillé devant le Saint-Père, porterait la parole à sa place. De plus, afin de bien montrer sa prééminence sur les princes de l'Église, il fit longuement attendre les cardinaux chargés de l'amener au Consistoire. Conduit devant le trône pontifical, il baisa successivement le pied, la main et la joue du Pape, et se plaça, comme il l'avait dit, debout, à la gauche du trône pontifical. Ganay s'approcha et se mit à genoux ; puis, au lieu de prononcer les paroles de l'obédience, il requit Alexandre VI d'accorder auparavant trois grâces à Charles VIII : la confirmation de tous les privilèges concédés par les souverains pontifes aux rois de France et à leur famille, l'investiture de Naples et l'annulation de l'article du traité qui avait donné matière à discussion la veille. Alexandre répondit qu'il accordait volontiers la première ; que la seconde, lésant les intérêts d'un tiers, devait être longuement discutée dans le Conseil des cardinaux, avec l'aide desquels il s'efforcerait de complaire au roi ; enfin, qu'il était prêt à s'entendre avec lui sur la troisième, pour laquelle il ne doutait pas d'obtenir le consentement du Consistoire. Charles se contenta de ces réponses dilatoires, et, toujours debout, il prononça en français ces paroles : « Saint Père, je suis venu pour faire obédience et révérence à Votre Sainteté, de la façon que l'ont faite mes prédécesseurs rois de France. » A son tour, Ganay reprit ces paroles en latin, avec quelques développements. Une courte allocution du Pape, dans laquelle Charles était traité de fils aîné de l'Église, mit fin à la cérémonie (1).

Charles VIII devait, le lendemain, toucher les écrouelles dans la chapelle de Sainte-Pétronille ; il y vint plus de cinq cents malades, « ce qui mettait les Italiens dans une extraordinaire admiration de voir cette vertu miraculeuse du roy (2) ». Le même jour, Alexandre VI voulut célébrer à Saint-Pierre une messe solennelle en présence de son hôte. Celui-ci quitta la place qu'il occupait à côté du trône pontifical,

(1) *Burchardi diarium*, II, 226-230.
(2) Godefroy, 126.

pour donner lui-même à laver à l'officiant (1). Après la cérémonie, il y eut ostension des grandes reliques, du Fer de lance et de la Sainte-Face ; puis, le Pape monta à la loge de la bénédiction pour prononcer une indulgence générale qui fut publiée en latin, en italien et en français (2). Ensuite, on tint un Consistoire dans lequel La Rovère et Raymond Péraud refusèrent de siéger (3). Le dernier, cependant, avait assisté à la messe pontificale ; il avait même voulu se réconcilier avec le Saint-Père, à qui il vint le 22 janvier demander sa bénédiction ; mais, en présence d'Alexandre VI, il oublia son rôle de pénitent pour prendre tout à coup le rôle d'accusateur. Emporté par la colère, il traita de fourbe le Pontife indigne, et se mit à lui reprocher tous ses crimes : simonie, luxure, intelligences avec les Infidèles. Cette scène étrange se passa devant les cardinaux Orsini et de Saint-Georges, et ne fut connue que par les indiscrétions de leurs gens (4). Quant aux autres cardinaux opposants, les uns avaient quitté la ville, comme Ascagne et Lonati ; les autres ne firent rien pour se rapprocher d'Alexandre VI.

Leur mécontentement ne parvint pas à troubler l'accord qui semblait régner désormais entre le roi et le Saint-Père. Un second cardinal, Philippe de Luxembourg, évêque du Mans, fut nommé, à la requête de Charles VIII (5). Plus d'une fois, le Pape profita du voisinage pour aller, seul avec un cardinal ou avec deux de ses camériers, faire visite à son hôte royal ; à d'autres moments, c'était Charles qui se rendait, sans plus d'appareil, dans les appartements pontificaux (6). Un jour même, ils passèrent plus de quatre heures en tête-à-tête. On devinait que le sujet de ces longs entretiens devait être les graves questions sur lesquelles le traité du 15 janvier était resté muet. Dans Rome, le bruit courait que le Pape cherchait à s'interposer entre les rois de France et de Naples pour amener un accommodement moyennant les conditions déjà offertes à Charles VIII lors de son passage à Plaisance. De nouvelles propositions en ce sens avaient même été mises en avant

---

(1) M. Gregorovius (VII, 434) se trompe en disant que le roi prit place après le premier des cardinaux.
(2) *Burchardi diarium* II, 231-232. — La Pilorgerie, 156-158. — Sanuto, 187.
(3) Sanuto, 187.
(4) *Burchardi diarium*, II, 233.
(5) *Ibidem*, 233. — Sanuto, 189.
(6) La Pilorgerie, 154.

au cours des négociations qui précédèrent le traité du 15 janvier. Alexandre VI s'était servi de Briçonnet pour faire savoir au roi qu'Alfonse se déclarait prêt à lui payer une indemnité d'un million de ducats et un tribut annuel de 100000 francs au moins, dont la Seigneurie de Venise et le roi d'Espagne seraient les principaux garants, pourvu que les Français renonçassent à la conquête de Naples. Charles n'avait rien voulu accepter (1). Le Pape ne réussit pas mieux lorsqu'il renouvela lui-même des tentatives en ce sens; et, cependant, on disait qu'il ajoutait aux offres du roi de Naples la promesse de sanctionner la cession des droits du dernier Paléologue en couronnant Charles VIII empereur de Constantinople. Mais Charles, loin de se laisser éblouir par un vain titre, n'entendait pas abandonner l'héritage des Angevins. Quant à l'empire grec, « je veux d'abord le conquérir, disait-il, et c'est alors que je prendrai le titre d'empereur (2) ».

Il pensait sans doute agir de même pour le royaume de Naples, espérant que, lorsqu'il s'en serait rendu maître, il saurait bien obtenir l'investiture, malgré l'art avec lequel le Pape avait toujours évité de le satisfaire sur ce point. A la dernière demande publique qui lui avait été adressée lors de la prestation d'obédience, Alexandre VI avait évité de répondre d'une façon positive, en disant que la question ne pouvait être tranchée qu'en Consistoire, « mais qu'il s'efforcerait, avec les cardinaux, de complaire au roi autant qu'il lui serait possible (3). » Sur cette question, comme sur celle de l'appel des Français, le Pape s'était arrangé de manière à ne pas décourager le roi de France, sans cependant se compromettre vis-à-vis d'Alfonse. Néanmoins, son attitude vis-à-vis de Charles VIII avait été telle, que l'ambassadeur du duc de Ferrare, Sigismond Cantelmo, écrivait à son maître : « On sait, par des voies secrètes, que le roi a été investi du royaume de Naples et créé empereur de Constantinople, titre auquel le Despote lui a cédé tous ses droits, moyennant une pension de 5000 ducats (4). » Le bruit courut même à Venise que Charles VIII avait fait frapper à Rome des monnaies portant la légende : *Karolus imperator* (5).

(1) La Pilorgerie, 148.
(2) Sanuto, 188.
(3) *Burchardi diarium*, II, 229.
(4) Foucard, p. 46.
(5) Malipiero, VII, partie I, p. 329. — Charles VIII n'a jamais battu monnaie à Rome, et

L'objet principal des négociations avec le Pape, objet clairement déterminé par le roi lui-même (1), se trouvait désormais atteint : le passage était assuré. Les troupes avaient hâte de quitter Rome, où les approvisionnements devenaient de plus en plus difficiles. Le bois de chauffage, en particulier, était tellement rare dans ce vaste désert sans forêts formé par la campagne de Rome, que les soldats avaient été réduits à brûler les arbres des jardins et jusqu'aux poutres et aux fenêtres des maisons. Cependant, de l'argent était arrivé de France, et les soldats avaient reçu leur paye. Les vivres étaient encore chers; mais une flotte de vingt-deux petits navires provençaux venait d'en apporter à Ostie (2).

La flotte du prince de Salerne et de M. de Sérenon n'eut pas un sort aussi heureux que celui du convoi de Provence. Composée tout entière de gros navires, elle portait 1 500 Français, qui devaient, on se le rappelle, soulever les populations des côtes napolitaines. De jour en jour, on attendait de ses nouvelles; enfin, tout à la fin de son séjour, le roi apprit qu'ayant subi de grandes avaries, elle avait été jetée sur les rives de Sardaigne. Un navire avait même été perdu. Le temps nécessaire à la flotte pour se réparer fut si long, qu'elle ne parut en vue de Naples que lorsque les Français en étaient déjà maîtres (3).

Rien ne retenait plus Charles VIII à Rome; la présence de l'armée, celle des Suisses surtout, pouvait, en se prolongeant, causer de sérieuses difficultés. Le 22 janvier, une rixe éclata entre les Suisses et les Espagnols du château Saint-Ange, auxquels se joignit une partie de la populace. Deux Suisses furent jetés dans le Tibre; ce qui n'empêcha pas le roi d'en faire décapiter deux autres, pour les

aucune de ses monnaies frappées en Italie ne porte cette légende. Il n'est pas impossible, du reste, que le bruit rapporté par Malipiero ait eu son origine dans une mauvaise lecture de la belle devise des monnaies françaises : *Christus vincit, Christus regnat, Christus imperat.* L'abréviation des deux derniers mots : XPS IMP, a pu être prise, dans le peuple, pour celle des mots : KAROLVS IMPERATOR.

(1) « Mon frère, veu la grande déclaration que Nostre dit Saint-Père a faite jusques-cy de porter et favoriser mon adversaire en gens, places, argent et autres aides et pratiques qu'il a menées et conduittes secrètement à mon désavantage et préjudice, je suis conseillié surtout envers lui asseurer mon passage et mon cas. Car si je ne le faisoye, vous entendez assez l'inconvénient et mal qui en pourroit advenir. » Charles VIII au duc de Bourbon. La Pilorgerie, 145-146.

(2) Cesare Foucard, p. 46. — La Pilorgerie, 136. — Sanuto, 184.

(3) Sanuto, 188 et 191. — Commines, II, 368.

punir d'avoir transgressé ses défenses (1). Depuis quelques jours déjà, la rareté des vivres avait déterminé Charles VIII à faire partir un certain nombre de ces turbulents montagnards, ainsi qu'une bonne partie de l'artillerie et de ses autres troupes. En outre, l'armée s'était vue grossie d'une foule d'aventuriers et de bannis italiens, que l'attrait du succès, l'appât du butin et l'espoir de grands changements politiques avaient attirés à sa suite. On n'avait que faire de « toute cette canaille », comme le dit Sanuto; en cas de besoin, on pouvait compter sur les soldats que le duc d'Orléans gardait autour de lui à Asti, sur les troupes qui se formaient alors en France, et sur les volontaires français qui passaient les monts. Charles donna l'ordre de chasser toute cette tourbe inutile; son armée avait déjà bien assez de peine à se nourrir. En quittant Rome, le duc de Calabre avait tout détruit sur son passage, maisons, récoltes et vivres. Sur le reste de la route, jusqu'à Naples, son père avait fait brûler les fourrages, retourner les champs ensemencés, combler les puits, couper les aqueducs, brûler les habitations, de sorte que l'avant-garde française s'avançait au milieu d'un désert et que quelques soldats avaient même rebroussé chemin (2). Ces mesures désespérées s'expliquaient de la part des Napolitains, par suite des graves échecs qu'ils avaient subis du côté des Abruzzes.

Le corps du maréchal de Rieux avait surmonté tous les obstacles. Narni avait été mis à sac; Terni avait ouvert ses portes. De là, le maréchal était revenu sur Rome, en enlevant Monte-Rotondo et les châteaux voisins, et il avait lui-même apporté au roi la nouvelle de ses succès; mais, loin de s'attarder au milieu des courtisans, il se préparait, dès le 8 janvier, à rejoindre son armée pour marcher sur Aquila. Son lieutenant, le lorrain Domjulien, avait, pendant son absence; battu les soldats napolitains, qui défendaient les abords de Tagliacozzo, pris cette ville et soumis les petites places des environs. Le duc de Calabre et le prince Frédéric d'Altamura, qui avaient voulu tenter un coup de main sur Sora, fief du préfet de Rome, avaient été repoussés (3). Bientôt Aquila se soumit d'elle-même. Palamède de

---

(1) *Burchardi diarium*, II, 233.
(2) Sanuto, 173, 183, 184, 190. — La Pilorgerie, 142. — Foucard, 44.
(3) Sanuto, 174. — La Pilorgerie, 129-133.

Forbin, qui était venu jadis dans ces régions, au temps du roi René et de Jean de Calabre, s'était établi à Sinigaglia. De là, il avait noué des intelligences avec les habitants d'Aquila, si bien qu'un beau jour ceux-ci chassèrent leur gouverneur aragonais et mirent Forbin à sa place ; ils envoyèrent dire à Charles VIII qu'ils se donnaient librement à lui, mais que la rareté des vivres leur faisait désirer de ne pas recevoir de soldats français. Leur prière fut accueillie, et l'exemple d'Aquila ne tarda pas à être suivi ; de tous côtés, les paysans imitaient les insignes de l'armée victorieuse, afin de donner à croire qu'ils en faisaient partie, et avant que le roi eût quitté Rome, toute la région des Abruzzes était soumise. D'un côté, les Français s'étaient avancés jusqu'au Ponte della Torre, où ils avaient battu les troupes de Pitigliano et de Jacques Conti ; de l'autre, jusqu'à Traetto et jusqu'à l'embouchure du Garigliano, qu'un corsaire catalan, Perucha, avait été chargé de défendre. Le duc de Calabre occupait encore San-Germano (1).

Quant à Alfonse, pour subvenir aux frais de la guerre, il avait vendu des châteaux et levé des emprunts forcés sur les juifs et sur les *Marrani*, ces nouveaux chrétiens, à peine convertis, que les conquêtes de Ferdinand et d'Isabelle avaient chassés d'Espagne. On disait qu'il allait confier le gouvernement au duc de Calabre et partir lui-même, avec 3 000 Basques récemment engagés, pour se mettre à la tête de son armée (2) ; on avait même vu le fils d'Alfonse quitter précipitamment le quartier général de San-Germano pour aller conférer quelques heures avec lui. Ces bruits avaient sans doute pour origine le projet d'abdication que le roi de Naples, ne tarda pas à réaliser.

Cependant, le 24 janvier au soir, Charles VIII avait quitté le Vatican pour retourner habiter le palais de Saint-Marc. Le lendemain, il se montra à côté du Pape, traversant Rome en grande pompe pour aller s'agenouiller, sous le même dais qu'Alexandre VI, devant l'autel de Saint-Paul (3). Le jour suivant, il revint encore au palais pontifical, mais ce fut pour se faire remettre Djem. Celui-ci lui baisa l'épaule, ainsi qu'au Pape, qu'il pria de le recommander au roi. Charles lui

---

(1) Sanuto, 173, 187, 188, 191. — La Pilorgerie, 147. — Foucard, 48.
(2) Sanuto, 175.
(3) *Burchardi diarium*, II, 234. — Sanuto, 191.

prit la main, prononça quelques paroles bienveillantes et le fit aussitôt conduire à son logis. D'ailleurs, les symptômes de départ se multipliaient. Les Français venaient en foule prendre congé du Pape. Tous reçurent quelque bienfait; les uns eurent des bulles gratuites d'absolution, des indulgences; d'autres, des *Agnus Dei*, des chapelets (1). Enfin, le 28 janvier, Charles se mit en route.

Il avait été déjà, la veille, recevoir la bénédiction pontificale; au moment de partir, il se rendit au Vatican, en grande pompe, suivi de sa garde et de ses seigneurs. Charles VIII et Alexandre VI passèrent quelques instants seul à seul, puis ils firent entrer le cardinal de Valence, qui resta un quart d'heure enfermé avec eux. Le Saint-Père remit ensuite au roi, devant tous les cardinaux, la bulle qui lui accordait le passage sur les terres de l'Église; il ne voulut pas consentir à se laisser baiser le pied par le souverain français, et passa dans une galerie d'où il pouvait voir le départ du cortège. Charles, vêtu de drap d'or et de satin cramoisi, par-dessus son armure, montait un cheval noir; à ses côtés, s'avançaient le cardinal de Valence et Djem, accompagné des Turcs de sa suite : témoignage vivant de ses succès passés et gage de ses triomphes à venir. Les uns, hélas! ne devaient pas être plus réels que ne l'avaient été les autres; la bienveillance du Pape n'existait qu'en apparence, et, deux jours après, son fils s'évadait du camp français.

(1) Sanuto, 192.

CHAPITRE VI.

LES PRÉLIMINAIRES DE LA LIGUE DE VENISE. — LA MARCHE SUR NAPLES.

Étonnement causé par les succès de Charles VIII. — Inquiétudes de l'Espagne. — Ferdinand le Catholique cherche à former une ligue contre la France. — Il négocie avec Venise. — Négociations entre Milan et les autres états italiens. — Nouvelle attitude de Maximilien vis-à-vis de Charles VIII. — Mission de du Bouchage. — Excitations espagnoles. — Venise centre des négociations de la ligue. — Abdication d'Alfonse. — Avènement de Ferrand II. — Il réclame le secours des Turcs. — Charles VIII quitte Rome. — Ultimatum espagnol. — Fuite de César Borgia. — Prise de Montefortino. — Départ des ambassadeurs espagnols. — Duplicité de Maximilien. — Positions des armées françaises et napolitaines au commencement de février 1495. — Prise de Monte-San-Giovanni. — Occupation de San-Germano. — Premiers actes de Charles VIII dans son nouveau royaume. — Reddition de Capoue. — Trivulce passe aux Français. — Soulèvement du peuple de Naples. — Ferrand II se réfugie au château de l'Œuf. — Députations napolitaines envoyées à Charles VIII. — Entrée de Charles VIII à Naples.

La marche triomphale de Charles VIII à travers les états italiens excita partout en Europe un étonnement indicible. On ne s'était rendu compte ni du profond désarroi politique de l'Italie, dissimulé sous les dehors de la prospérité matérielle et sous l'éblouissant éclat de la culture intellectuelle et des arts à leur épanouissement, ni de l'immense supériorité militaire de la France, supériorité telle que, presque sans combats, l'armée de Charles VIII n'avait eu qu'à se montrer pour que les troupes italiennes se dispersassent devant elle; on ne s'était pas rendu compte surtout de la tenace volonté du roi, contre laquelle, à Amboise comme à Lyon, à Asti comme à Plaisance, les efforts des ennemis de l'Entreprise étaient restés impuissants. En Italie aussi bien qu'ailleurs, on n'avait guère voulu croire que Charles VIII pût sortir du bassin du Pô. De là était venue la facilité avec laquelle plusieurs états avaient promis leur neutralité ou même leur concours.

Aussi, à l'étonnement se mêlait chez toutes les puissances un sentiment de jalouse inquiétude. La première à le ressentir avait été l'Espagne; avant même que Charles VIII eût passé les monts, Ferdinand le Catholique commençait à regretter l'adhésion qu'il avait donnée lors du traité de Barcelone. Le vainqueur des Maures redoutait-il de se voir supplanter dans la place éminente que ses triomphes sur les Musulmans lui avaient assurée dans le monde chrétien? Peut-être craignait-il que Charles, une fois maître de l'Italie méridionale, ne menaçât la Sicile et la Sardaigne? On se rappelle que, dès le mois de septembre 1494, il avait envoyé, à Lyon, don Alonso da Silva. Charles avait fort mal accueilli cette ingérence de l'Espagne, mais il ne s'en était pas inquiété outre mesure. Il pensait, sans doute, que la nécessité d'obtenir son consentement au projet de mariage entre les enfants de Maximilien et de Ferdinand lui fournissait un moyen suffisamment efficace pour retenir les rois catholiques? Peut-être même avait-il eu la naïveté de croire que Ferdinand se ferait scrupule de manquer aux engagements du traité de Barcelone. Il se trompait; mais à elle seule, l'Espagne, quelque puissante qu'elle fût, n'était pas assez forte pour faire la loi à la France. Afin de combattre Charles VIII, il ne fallait pas moins qu'une coalition européenne. Ce fut à organiser cette coalition que Ferdinand employa désormais son activité.

Il était d'ailleurs nécessaire de trouver un prétexte pour rompre l'alliance. On n'avait pas eu de peine à en rencontrer un, et le Pape lui-même l'avait sans doute indiqué. Profitant d'un article du traité de Barcelone suivant lequel il devait son concours à Charles VIII contre toutes les puissances, sauf contre le Pape, Ferdinand allait se poser en protecteur du Saint-Siège, menacé par les armes françaises; mais il ne fallait pas qu'Alexandre VI, cédant à terreur, s'accordât avec l'envahisseur. Aussi le roi d'Espagne, qui connaissait la lâcheté de son protégé, engageait-il le Pape à quitter Rome et à se retirer dans quelque place plus facile à défendre, où tous les cardinaux seraient forcés de le suivre, sous peine d'être dépouillés de leur dignité. Il se disait, d'ailleurs, prêt à consacrer toute ses forces à la défense du Souverain-Pontife et de ses domaines. Il faisait même préparer une flotte; vers la fin de décembre, il en remit le commandement au premier de ses capitaines, au vainqueur de Grenade, Gonzalve Hernandez de Cordoue, avec ordre de la conduire en Sicile, pour mettre cette île à l'abri d'une attaque imprévue, pour surveiller, à tout hasard, les succès des Français et prendre, au besoin, la défense du Saint-Siège (1).

Cependant, Charles VIII était au moment d'entrer sur les terres de l'Église; déjà Ferdinand pensait à forcer la frontière de France par la Navarre et à mettre la main sur tout ce dont il pourrait s'emparer. Cette fois encore, la rupture serait restée tout à fait sans motifs; il valait mieux l'ajourner à l'époque où le roi de France aurait envahi les domaines pontificaux. En attendant, il résolut de lui envoyer deux des anciens négociateurs du traité de Barcelone, Antoine de Fonseca et Jean d'Albeon (2).

Les intérêts des souverains aragonais de Naples ne tenaient qu'une place fort secondaire dans les préoccupations du monarque espagnol. Cependant, Alfonse ne désespérait pas d'obtenir leur concours; il s'était figuré que les Français ne pourraient pas dépasser Sienne avant la fin de l'hiver, et que ce délai lui laisserait le temps d'entrer en confédération avec le roi Ferdinand. Il demandait, pour le duc de Calabre, la main de l'infante Doña Maria, sans dot d'aucune espèce, promettant, en retour, de lui constituer un douaire et d'indemniser la couronne d'Aragon des frais que lui avait jadis imposés la conquête de Naples. Une alliance avec Alfonse eût été un manquement si formel au traité de Barcelone, que Ferdinand ne tenait pas à la contracter trop tôt. Sous prétexte de mettre ses soldats à la disposition immédiate du souverain napolitain, le roi catholique exigea que plusieurs places calabraises fussent occupées par ses troupes. Alfonse n'y pouvait consentir; les choses en restèrent là pour le moment.

D'ailleurs, le roi de Naples et le Pape lui-même n'étaient bons qu'à fournir des prétextes à une intervention; ils n'étaient ni assez puissants ni assez habiles pour seconder utilement Ferdinand dans l'organisation de la ligue générale qu'il voulait former contre les Français. De plus, les progrès de Charles VIII ne leur laissaient plus assez d'indépendance, tandis qu'il y avait au nord de la Péninsule, sur les confins de l'Empire, bien loin des armes françaises, une puissance

(1) Çurita, fol. 48 r°, col. 2.
(2) *Ibidem*, fol. 50 r°, col. 2.

la première de l'Italie peut-être, assez habile pour avoir su conserver une situation neutre, mais qui ne demandait qu'à sortir de sa neutralité aussitôt qu'elle s'en verrait le pouvoir sans s'exposer à être attaquée par Maximilien; car elle n'ignorait assurément pas qu'il avait été jadis question d'elle dans les négociations entre le roi de France et le roi des Romains. Ce fut donc du côté de Venise que Ferdinand tourna ses efforts. D'ailleurs, tout en conservant avec Charles VIII les apparences de l'amitié, tout en chargeant les ambassadeurs qu'elle entretenait auprès de lui de le féliciter de ses succès, elle s'en inquiétait depuis longtemps déjà, et ne se faisait pas faute d'en signaler aux souverains italiens les dangereuses conséquences. Elle travaillait même à exciter le peuple contre les Français, auxquels elle faisait une réputation de violence et de férocité (1). Ferdinand envoya secrètement proposer aux Vénitiens de former une ligue générale contre la France (2).

Mais, de ce côté, Ferdinand avait été devancé; longtemps avant l'arrivée de l'ambassadeur espagnol, la Seigneurie avait reçu de Ludovic le More, inquiet de la présence du duc d'Orléans à Asti, l'offre de renouer l'alliance particulière qui avait jadis existé entre Milan et Venise (3). Trop heureux d'une avance qui leur épargnait une dangereuse initiative, les Vénitiens s'étaient empressés de répondre en lui envoyant Sébastien Badoer et Benoit Trevisan. Entrant dans les vues de Ludovic, les orateurs vénitiens insistèrent encore sur la grandeur des dangers qui menaçaient tous les états de la Péninsule, si l'on ne trouvait pas un moyen d'arrêter promptement la marche du roi de France. Ils s'efforcèrent de démontrer au duc de Milan que c'était à lui que devait revenir l'honneur de sauver l'Italie.

Dans la réponse qu'il leur fit, le 2 décembre, le duc tenta de

---

(1) Il est à noter, en effet, que c'est surtout dans des documents vénitiens que l'on rencontre les accusations de violences faites aux femmes, auxquelles nous avons opposé des témoignages émanés des pays mêmes occupés par les Français (Sanuto, 111 et 344-345). Ces accusations étaient si courantes à Venise, que Commines crut devoir protester contre elles dans une lettre adressée à Ludovic le More (Kervyn de Lettenhove, II, 149, et *Mémoires*, II, 347). Les fausses nouvelles étaient, du reste, un moyen politique habituel à la Seigneurie. On en trouve encore une preuve dans le bruit accueilli par un chroniqueur vénitien, Malipiero, bruit suivant lequel Charles aurait fait frapper à Rome des monnaies où il prenait le titre d'empereur.
(2) Çurita, fol. 47 r°, col. 1.
(3) Romanin, V, 54.

prouver que tout ce qu'il avait fait avait été pour le plus grand bien des Italiens. Les dangers que l'on redoutait, il avait été, disait-il, le premier à les prévoir, et la mission de Béatrice d'Este à Venise, l'année précédente, n'avait pas eu d'autre objet que de les signaler à la Seigneurie. Si Venise et les autres états avaient voulu l'écouter, on n'en serait pas venu au point où l'on se trouvait. S'il avait recommandé l'entreprise de Sarzana, c'était pour détourner le roi de celle de Naples. Qui pouvait prévoir que cette place, que l'on jugeait en état d'arrêter l'armée pendant deux mois au moins, se rendrait sans combat? Quant à Florence, il avait conseillé de l'arracher à la tyrannie des Médicis et d'y restaurer la liberté. Depuis, il avait obtenu que Sarzana serait rendue aux Génois; mais Charles VIII n'avait pas plus tenu sa promesse qu'il n'avait suivi les conseils de Ludovic.

Du reste, ce roi très chrétien n'était, au dire du duc de Milan, qu'un jeune homme sans esprit de gouvernement, soumis à l'influence de deux partis, celui du comte de Bresse et celui de Briçonnet et du maréchal de Beaucaire, qui le dominaient alternativement. On ne pouvait avoir aucune confiance en sa parole; son « insolence » égalait sa « cruauté ». Pour ce qui était de son orgueil et de son ambition, ils dépassaient toute imagination. Et, dans un accès de vanité blessée, qui montre combien l'ancien régent de Milan comprenait peu quelle énorme distance le séparait du roi de France, Ludovic s'écriait : « Croiriez-vous que lorsque nous étions assis ensemble, il lui est arrivé quelquefois de me laisser seul dans la chambre, comme une bête, pendant qu'il s'en allait faire collation avec ses amis? » Quant aux conseillers du jeune roi, ils ne pensaient qu'à l'emporter sur leurs rivaux et à s'enrichir, sans tenir compte de l'intérêt de la France.

Sur ce point, Ludovic disait vrai; mais il allait trop loin lorsqu'il déclarait que « tous, pris ensemble, ne feraient pas la moitié d'un homme sage ». Pour montrer leur imprévoyance, le duc avait la maladresse de réduire à un chiffre invraisemblable l'effectif de l'armée française, sans se douter qu'il rendait les prodigieux succès de celle-ci encore plus extraordinaires. Selon lui, Charles VIII n'aurait amené en Italie que quinze cents lances et trois ou quatre mille Suisses, c'est-à-dire qu'il n'y aurait eu que douze ou treize mille hommes dans cette armée, dont les divers corps avaient, en même temps, chassé de Romagne le duc de Calabre, traversé victorieusement la Lunigiane, occupé Florence, et dont l'avant-garde était déjà sur le territoire de Sienne.

Ludovic se savait trop nécessaire pour prendre la peine de justifier le rôle qu'il avait joué jadis dans ses rapports avec Charles VIII. Par contre, il se complaisait à énumérer les trahisons qu'il préparait ou qu'il avait déjà commises envers ce prince, qui le traitait encore en allié, trahisons dont il exagérait fort les effets : désarmement de la flotte de Gênes, afin que le roi Alfonse pût employer toutes ses forces à défendre sa frontière terrestre ; rappel des troupes milanaises de Romagne, pour que le duc de Calabre pût se réunir à son père ; encouragements secrets au roi de Naples ; recommandation à Ascagne de se réconcilier avec le Pape ; avis au roi des Romains d'envoyer à Charles des ambassadeurs qui viendraient prendre leur mot d'ordre à Milan.

Malgré tout, il n'aurait pas été fâché de pouvoir donner le change sur sa conduite passée, et il se vantait d'une indépendance d'allures qu'il n'avait jamais montrée à l'égard des Français. Commines, inquiet des préparatifs militaires qu'il voyait faire à Venise, jugeait bien que ces préparatifs étaient plutôt dirigés contre ses compatriotes que contre les Turcs. L'ambassadeur avait écrit au duc de Milan, sous prétexte de lui demander conseil en cette occurrence, mais surtout pour lui montrer qu'il n'était pas dupe et pour protester contre les bruits calomnieux que les Vénitiens faisaient courir sur le compte des soldats de Charles VIII (1). « Je lui ai répondu, disait Ludovic à Badoer et à Trevisan, que l'illustrissime Seigneurie faisait bien de prendre ses précautions, et de se tenir prête à tout événement ; que les tristes façons d'agir de ces Français, à Florence et ailleurs, en étaient la cause, et que, pour moi, j'en voulais faire autant en mettant mes gens d'armes sur le pied de guerre (2). » C'était là un pur mensonge; loin de prendre cette franche attitude, Ludovic écrivait au sire d'Argenton des lettres où il recourait à mille prétextes pour expliquer ses rapports avec les Vénitiens (3), et il affectait

---

(1) Kervyn de Lettenbove, II, 148.
(2) Romanin, V, 57.
(3) Commines, II, 414.

de prendre part aux succès de Charles VIII en faisant célébrer, par des processions et des feux de joie, l'entrée des Français à Rome (1). Et, pourtant, bien peu de jours auparavant, il disait aux Vénitiens : « Si ce roi très chrétien veut marcher sur Rome, mon avis est que votre gouvernement et le mien lui fassent savoir que, le Pape étant le chef de la chrétienté, nous ne voulons pas qu'il soit molesté en quoi que ce soit. Si le roi prétend qu'il va à Rome en ami, il n'est pas convenable qu'on se rende chez un ami contre sa volonté. S'il dit y aller pour réformer l'Église, ce n'est pas là son affaire, car, soit dit entre nous, il a plus grand besoin d'être réformé que de réformer les autres (2). »

Ce n'était pas seulement avec Venise que Ludovic avait entamé les négociations préliminaires d'une ligue générale. Il avait aussi fait des avances aux Florentins, et même au Pape, son ancien ennemi; il avait surtout profité de ses bonnes relations avec le roi des Romains pour le brouiller avec Charles VIII. Dans l'intérêt de la guerre aux Turcs, Maximilien avait peine à se séparer du roi de France. Le cardinal de Gürck s'employait d'ailleurs sans relâche à maintenir cette union. Il écrivait lettres sur lettres au roi des Romains, et celui-ci répondait encore, au mois de décembre (3), qu'il comptait descendre en Italie, avec son armée, au mois d'avril suivant, pour aller, à Rome, s'entendre avec le souverain français sur ce qui importait à l'honneur de la chrétienté. En attendant, Maximilien chargeait le cardinal de demander en son nom, à Charles VIII, s'il persévérait dans le projet de tenter avec lui une croisade contre les Infidèles, croisade pour laquelle il voulait gagner l'adhésion de l'Espagne, de la Hongrie, de la Pologne et des états italiens. Toutefois, il protestait contre l'intention attribuée au roi de France de prendre le titre d'*Imperator Græcorum*, l'intérêt même de la chrétienté exigeant qu'il n'y eût qu'un seul empereur chrétien. Raymond Péraud devait obtenir de Charles le sacrifice de ses prétentions au titre impérial, et venir ensuite à Florence attendre Maximilien avec quelques ambassadeurs français.

(1) Cherrier, II, 97.
(2) Romanin, V, 56.
(3) Telle est vraisemblablement la date d'une lettre citée par M. Ulmann (I, 272, note 2), à qui nous empruntons les détails qui vont suivre.

La croisade était maintenant la seule entreprise en vue de laquelle le roi des Romains voulût agir de concert avec Charles VIII; car ses sentiments étaient bien changés depuis le temps où il pensait à conquérir Venise, pendant que son allié s'emparerait de l'Italie méridionale. Il envisageait maintenant, du même point de vue que le Pape et les Vénitiens, la guerre aux Turcs, pour laquelle il était jadis prêt à sacrifier les intérêts des Aragonais. Seulement, là où Alexandre VI ne voyait qu'un moyen d'empêcher l'exécution de l'Entreprise de Naples, le fils de Frédéric III trouvait en même temps celui de réaliser le rêve de toute sa vie.

Est-ce à cette grande affaire de la croisade que se rapportent les négociations mystérieuses où le duc de Milan servit d'intermédiaire entre le roi de France et Maximilien, et dans lesquelles un rôle important était réservé à du Bouchage, resté jusqu'alors auprès du dauphin? Au moment où un envoyé allemand venait d'aller à Pontremoli conférer avec Charles VIII (1), un messager du roi de France franchit les Alpes, vers le milieu de novembre, pour instruire Ymbert de Batarnay de ce qu'on attendait de lui. En même temps, Ludovic écrivait au gouverneur du dauphin pour le presser de partir aussitôt pour l'Allemagne, et chargeait Érasme Brasca, son représentant auprès de Maximilien, de seconder l'ambassadeur français « dans cette affaire, qui, disait-il, est de grande importance, et fera plus d'honneur que tout autre au roi très chrétien (2) ».

Cependant, le roi n'avait pas donné à du Bouchage l'ordre de se mettre en route; au milieu de janvier, il n'était pas encore résolu à confier au gouverneur de son fils une mission en Allemagne. Par suite de quelles circonstances le départ du négociateur français n'eut-il lieu qu'au mois de février suivant? On n'a, sur ce point, qu'une phrase très vague de Sanuto. Parlant de cette ambassade et de celle que Charles adressa vers le même temps au roi d'Espagne, l'annaliste vénitien dit qu'elles furent envoyées trop tard pour être de quelque utilité.

Pendant près de huit mois, Maximilien avait interrompu toutes relations avec Venise, lorsque, le 5 novembre 1494, tandis qu'il était à

---

(1) Sanuto, 106.
(2) B. de Mandrot, *Ymbert de Batarnay, seigneur du Bouchage*, lettres de Ludovic à du Bouchage et à Brasca. Milan, 13 novembre 1494, p. 359-360.

Anvers, il fit demander au doge Barbadigo si la Seigneurie accueillerait volontiers une ambassade impériale. Le doge s'empressa d'accepter. Les envoyés furent désignés, et, le 17 janvier suivant, le roi des Romains leur remit des instructions pour conclure avec Venise une entente particulière. Il y demandait le passage pour lui et pour son armée, afin d'aller, au carême suivant, se faire couronner à Rome, et même, s'il était nécessaire, *afin de chasser les Français d'Italie*. Pour rassurer les Vénitiens qui pouvaient avoir conservé quelque souvenir de ses anciens projets, il prenait soin de déclarer qu'il ne s'unirait jamais à Charles VIII pour leur nuire (1).

Qui donc avait pu causer un changement aussi complet dans les dispositions de Maximilien ? Était-ce Ludovic ? Celui-ci n'aurait pas été fâché qu'on le crût ; « J'ai engagé le roi des Romains, disait-il aux Vénitiens le 3 décembre, à envoyer au roi de France des ambassadeurs qui recevraient de moi leurs instructions. Je ne doute pas qu'ils viennent, et je sais bien ce que j'ai à leur dire (2). » Cependant, la lettre de Maximilien au doge était déjà antérieure de près d'un mois à ces paroles, et il semble que l'on doive attribuer le revirement du roi des Romains au prince qui, depuis le mois de septembre, travaillait à retenir ou à détourner Charles VIII, à Ferdinand le Catholique qui avait avec le roi des Romains des intérêts communs, créés par le projet de mariage entre leurs enfants. Ferdinand avait même employé le procédé le plus efficace de la diplomatie de cette époque : il avait acheté les conseillers du roi des Romains déjà gagnés par Charles VIII, en leur faisant des promesses supérieures à celles qu'ils avaient reçues. Il avait fait mieux : il avait payé comptant. Le principal obstacle vint de Maximilien lui-même, qui ne pouvait se décider à renoncer à conquérir Venise. Là n'était pas d'ailleurs la seule difficulté ; le roi catholique jugeait trop bien de la puissance française pour se risquer à l'attaquer seul. Il comptait peu sur la plupart des états italiens. Le Pape était presque hors d'état de rien faire ; Ludovic ne lui inspirait aucune confiance ; Florence et la Toscane lui paraissaient complètement dominées par les Français. Seule, Venise joignait à des dispositions

---

(1) Ulmann, I, 277-278.
(2) Romanin, V, 54.

hostiles à Charles VIII une situation indépendante, ainsi que des

Ferdinand le Catholique, d'après l'*Iconografia española* de Carderera.

forces et des richesses suffisantes pour être une alliée considérable. Le projet de Ferdinand était de faire entrer dans l'alliance générale le roi d'Angleterre et Maximilien, tous deux intéressés, à des degrés divers, à l'abaissement de la puissance française, et de déterminer le roi

Isabelle la Catholique, d'après l'*Iconografia española* de Carderera.

des Romains à se mettre à la tête de la ligue. Pour cela, il fallait obtenir de Maximilien qu'il sacrifiât un de ses projets les plus chers : celui d'aider le prétendu duc d'York, l'imposteur Perkin Warbeck, à détrôner Henri VII. Sur ce point, le roi des Romains ne voulut point céder. Henri VII n'avait pas encore oublié le service que Charles VIII lui avait rendu en l'avertissant des projets de Maximilien ; aussi, l'Angleterre n'entra-t-elle dans la ligue que beaucoup plus tard, au mois de juillet 1496. Quant à Venise, le prince autrichien avait déjà pris son parti, et ses rapports avec la Seigneurie étaient devenus tout à fait amicaux, avant même que la ville des lagunes vît arriver l'ambassadeur espagnol (1).

Don Laurent Suarez de Figueroa, accompagné de son fils Gonzalve Ruiz, avait quitté Madrid depuis deux mois, lorsqu'il fit son entrée à Venise, le 5 juin 1495. L'objet de sa mission, que l'on tint aussi secret que possible, était d'engager les Vénitiens à se liguer avec le Pape et à prendre l'initiative de la résistance à Charles VIII. Au cas où ils se déclareraient en ce sens, il leur promettait le concours effectif de son maître, qui envoyait en effet, en Sicile, Gonzalve de Cordoue avec une flotte toute prête à s'unir à celle des Vénitiens (2). Un autre ambassadeur espagnol, don Juan de Deça, vint faire des propositions semblables au duc de Milan, et lui montrer le meilleur moyen de salut dans une coalition avec Maximilien. Ludovic voulait bien de la coalition, mais il aurait souhaité n'en pas prendre la responsabilité, et surtout il aurait désiré que le roi des Romains et le roi d'Espagne portassent la guerre sur le territoire français, car il craignait fort de les voir venir combattre Charles VIII en Italie. « A vous parler franchement, disait-il un jour aux ambassadeurs vénitiens, je crois que si les Allemands descendaient en Italie, ils ne vaudraient guère mieux que les Français. Au lieu d'une fièvre, nous en aurions deux (3). »

Malgré les marques d'amitié que la Seigneurie ne cessait de lui donner, Commines avait, dès le mois de novembre, conçu quelque méfiance. Bientôt Venise se trouva le centre où convergeaient toutes les ambassades des ennemis de la France. Outre les représentants permanents du roi de Naples et des autres puissances italiennes, il y avait deux nouveaux envoyés milanais, l'évêque de Côme, Antoine

---

(1) Çurita, fol. 59 r° et v°. — Ulmann, I, p. 275.
(2) Çurita, fol. 60 r°, col. 2. — Sanuto, p. 178-179.
(3) Romanin, V, 62.

Trivulce et Fernand Bernard Visconti, puis Figueroa et sa suite ; enfin, on attendait une mission allemande dont l'évêque de Trente, Ulrich de Lichtenstein, était le chef. Mais personne n'osait encore se déclarer ouvertement contre le roi de France. Le seigneur d'Argenton ne put tirer de l'orateur espagnol autre chose qu'une vague assurance. « On verra, dit Figueroa, de grandes choses en Italie au printemps. » Quant au roi Ferdinand le Catholique, « il n'aurait jamais cru que Charles VIII passât les Alpes (1) ».

Charles VIII estimait sans doute que le meilleur moyen de combattre les menées de ses ennemis était d'accentuer ses progrès de plus en plus. L'effet apparent, produit à Venise par la nouvelle de son accord avec le Pape, semblait lui donner raison. Malgré la terreur que cet événement leur causait, la Seigneurie et le doge en firent part à l'ambassadeur milanais et à Commines avec les démonstrations extérieures de la joie la plus vive (2). Les ambassadeurs vénitiens qui suivaient le roi de France reçurent l'ordre de le féliciter au nom de la République ; le duc de Milan fit, de son côté, sonner les cloches de sa capitale et allumer des feux de joie ; mais, en même temps, il proposait aux Vénitiens de déchaîner, sur le royaume de France, Maximilien et Ferdinand le Catholique. « L'unique remède, le remède sauveur, disait-il, c'est de faire en sorte que le roi des Romains et celui d'Espagne — qui, je puis vous l'affirmer, s'entendent fort bien ensemble — commencent les hostilités en France ; car tenez pour certain que, quand même le roi Charles serait maître de tout le royaume de Naples, quand même il ne lui resterait plus que la capitale à conquérir, il abandonnerait tout pour aller défendre son propre royaume, qui lui tient plus au cœur. Mais, pour que ces princes ne puissent nous accuser de les abandonner au moment où ils entrent en danse, il nous faudrait leur promettre de l'argent pour qu'ils pussent mener à bien leur entreprise. A mon avis, il vaut mieux faire quelque dépense de ce côté et laisser la peste chez eux que d'allumer un autre incendie chez nous (3). »

(1) Kervyn de Lettenhove, II, 148-149, 151.
(2) Kervyn de Lettenhove, II, 155.
(3) Romanin, V, 62. — Les termes italiens sont encore plus énergiques : « Faria molto piu per noi spender qualche danaro di là e lassar la rogna fra loro, che tirar un altro foco a casa nostra. »

Malgré l'accord qui s'établissait entre les ennemis de la France, malgré les négociations entamées entre Naples et l'Espagne, Alfonse sentait que les secours lui viendraient trop tard. L'entrée des Français à Rome lui ôta ses dernières espérances ; il ne sut pas résister aux haines qu'il avait excitées dans son propre royaume par sa cruauté et son avarice ; la nuit, il lui semblait entendre les arbres et les pierres crier *France!* (1) Cédant à la terreur, il résolut d'abdiquer. Déjà, le 9 janvier, on avait vu son fils quitter en toute hâte le camp de San-Germano pour venir passer quelques heures auprès de lui. Le bruit s'était alors répandu qu'Alfonse, retrouvant les qualités militaires dont il avait jadis fait preuve devant Otrante, abandonnait à son fils la direction des affaires pour aller prendre sa place à la tête de l'armée, avec 3.000 Basques qui étaient venus se mettre à sa solde (2). Mais, comme le dit Commines, « jamais homme cruel ne fut hardy (3) ». Depuis quelques jours déjà, il n'avait plus le courage de s'occuper du gouvernement, et tout le poids en retombait sur son frère Frédéric, prince d'Altamura. Quand il apprit la conclusion du traité entre le Pape et Charles VIII, le roi de Naples ne pensa plus qu'à fuir. Sa belle-mère, sœur du roi Ferdinand le Catholique, son fils le duc de Calabre, le suppliaient à genoux de rester ; c'est à peine s'il les traita mieux que ses courtisans, qu'il menaçait de jeter par les fenêtres pour peu qu'ils fissent mine de le retenir ; et, toujours poursuivi par la même hallucination : « N'entendez-vous pas, disait-il, comme tout le monde crie *France!* » Le 21 janvier, il abdiqua en faveur du duc de Calabre, et, bourrelé de remords, il s'embarqua, déclarant qu'il voulait consacrer le reste de sa vie à expier ses péchés dans un monastère. Ses pieuses résolutions ne lui firent pas négliger d'emporter des bijoux, des tapisseries, sa bibliothèque, « l'une des belles choses de l'Italie », ni même ses vins, « qu'il avait plus aymez que aultre chose ». Quelques mois après, il expirait dans le couvent de Mazzara en Sicile (4).

Le peuple profita de son départ pour essayer de piller les juifs ; mais l'énergie du duc de Calabre étouffa l'émeute. La personne du

---

(1) Commines, II, 381.
(2) Sanuto, 174-175.
(3) Commines, II, 383.
(4) Sanuto, 193. — Commines, 382-383.

fils d'Alfonse inspirait plus de sympathie que celle de son père. Il supprima quelques impôts, mit en liberté certains barons encore prisonniers, et, deux jours après l'abdication d'Alfonse, pendant que celui-ci était encore retenu au château de l'Œuf par les vents contraires, Ferrand II prit solennellement possession de la couronne en chevauchant à travers sa capitale pour visiter les cinq *seggi* ou cercles de la noblesse, suivant l'usage des rois de Naples. A ses côtés marchaient l'ambassadeur de Venise et l'archevêque de Tarragone, représentant le roi d'Espagne. C'était montrer de quelles puissances il attendait désormais du secours. Il n'entendait d'ailleurs perdre aucune des bonnes relations que son père avait su se créer, et il ne dédaignait pas plus que lui le concours des Infidèles. A peine couronné, le 27 janvier, il écrivait à Camille Pandone, alors ambassadeur à Constantinople, de presser l'exécution des promesses jadis faites au roi Alfonse. Les progrès des envahisseurs s'accentuaient de plus en plus; la présence de Djem au milieu d'eux démontrait que la Turquie n'était pas moins menacée que les états napolitains. Dans son anxiété, Ferrand déclarait ne pouvoir suffire à défendre tous les points menacés, et recommandait à son ambassadeur d'employer jusqu'à l'importunité pour obtenir l'envoi d'un corps d'armée turc. « Agissez donc, lui écrivait-il, pressez, allez, volez même s'il le faut(1). » Il écrivait aussi une lettre suppliante aux souverains espagnols (2). Toutefois, l'espoir des renforts turcs ou castillans n'empêchait pas le prince aragonais de payer de sa personne. Le 28 janvier, il abandonnait sa capitale pour retourner à San-Germano(3).

Le même jour, le roi de France quittait Rome par cette porte Latine que Charles d'Anjou avait franchie, plus de deux cents ans auparavant, pour aller conquérir Naples. L'avenir ne devait pas paraître moins brillant à Charles VIII qu'au frère de saint Louis; autour de lui cheminait l'armée la plus imposante que l'Italie eût vue depuis des siècles. Toutes les puissances avaient dû plier devant lui; le Pape lui-même avait cédé, et l'on venait d'apprendre l'abdi-

---

(1) Fusco, *Intorno alle monete di Carlo VIII*, Naples, 1846, in-4°, 132-133.
(2) 9 février [1495]. Minutes de lettres de Pontano, jadis conservées dans la bibliothèque du duc de Cassano-Serra.
(3) Sanuto, 194.

cation d'Alfonse (1). Encore quelques efforts, le trône des Angevins serait réuni à celui des Valois, et l'on pourrait, avec le concours du roi des Romains, se préparer à la délivrance des Saints Lieux. Le roi de France avait compté sans la trahison du Pape et sans le manque de foi des princes qui avaient signé avec lui les traités de Barcelone et de Senlis. Il n'ignorait pas, cependant, leurs menées et le dépit que ses succès leur avaient causé. On lui avait fait craindre que, sous couleur de prendre la défense du Saint-Siège, ils ne se déclarassent contre lui; Charles s'imaginait qu'il suffirait de leur faire connaître l'état réel de ses relations avec Alexandre VI pour leur retirer tout prétexte à intervention. Avant même d'avoir conclu son accord avec le Pape, il avait déjà ordonné à Jean Charpentier de remplir cette mission auprès du roi d'Angleterre, et à Jean Nicolay de se rendre auprès de Ferdinand le Catholique (2); mais il était trop tard pour conjurer l'orage qui se préparait, et le roi de France allait, au sortir de Rome, en rencontrer les premiers avant-coureurs.

Le royal cortège s'avançait le long de la Voie latine, lorsqu'il fut rejoint au bout de quelques milles par une troupe de cavaliers : c'était les deux ambassadeurs espagnols, Antoine de Fonseca et Jean d'Albeon, qui, après avoir traversé le midi de la France, la Lombardie et la Toscane, venaient d'arriver à Rome quelques instants après le départ de Charles VIII. Sans descendre de cheval, ils se mirent à sa poursuite, l'atteignirent, lui remirent leurs lettres de créance, et, sans plus attendre, ils prétendirent lui signifier de restituer immédiatement Ostie au Saint-Siège, sous peine de se voir déclarer la guerre par les rois catholiques. Confondu de cette audace, Charles refusa de les entendre avant d'être arrivé à Velletri, et continua son chemin vers Marino, où il coucha le même soir.

Le lendemain, à Velletri, les Espagnols furent reçus par le roi. Ils se plaignirent d'abord du peu d'égards montrés à Alonso da Silva, lors de son ambassade. En second lieu, ils déclarèrent que, par l'occupation des terres de l'Église et par la violence dont il avait usé à l'égard du Saint-Siège, Charles VIII avait contrevenu aux articles du

---

(1) La nouvelle de cette abdication parvint à Rome le jour même du départ de Charles VIII. (*Burchardi diarium*, II, 237.)

(2) A. M. de Boislisle, *Notice sur Étienne de Vesc*, p. 103, note 1, et La Pilorgerie, 137.

traité de Barcelone. Quant à l'expédition de Naples, elle avait été entreprise sans que les prétentions du roi eussent été justifiées par voie de droit ; ils le sommaient donc de déposer aussitôt les armes, pendant que l'on s'occuperait de négocier entre lui et les Napolitains une paix pour laquelle Ferdinand le Catholique offrait sa médiation ; ils requéraient aussi le roi de France de réparer ses torts envers le Saint-Siège, en restituant Ostie et en renvoyant le cardinal de Valence.

Le roi répondit de manière à prouver qu'il n'ignorait ni les rapports qui existaient entre l'Espagne, Naples et Rome, ni l'envoi d'une flotte espagnole en Sicile. Il nia qu'Alonso da Silva eût été maltraité en quoi que ce fût, affirma que ses droits au royaume de Naples étaient assez manifestes pour n'avoir pas besoin d'être discutés ; il refusa tout accord avec le roi de Naples, mais promit que, si celui-ci consentait à lui rendre la couronne, il pourrait être sûr de trouver en France un établissement digne de sa naissance. Les ambassadeurs s'efforcèrent de justifier leur maître, et l'entretien ne fut pas poussé plus loin ce jour-là (1).

Charles devait apprendre bien vite que le roi d'Espagne n'était pas le seul à vouloir rompre ses engagements avec lui. La nuit qui suivit l'entrée des Français à Velletri, le cardinal de Valence disparut, sans qu'on pût savoir ce qu'il était devenu ; déguisé en laquais de l'écurie royale, il s'était laissé glisser au pied des murs de la ville. Deux chevaux l'y attendaient, et, tout d'une traite, il était venu se cacher à Rome dans la maison de l'auditeur de rote, Antoine Florès. Cette fois, le roi comprit ce que valaient les promesses italiennes. « Quelles mauvaises gens que ces Lombards, et le Saint-Père tout le premier ! » s'écria-t-il. Sur-le-champ, il écrivit au cardinal de Saint-Denis, qu'il avait laissé auprès du Pape, et fit accompagner sa lettre de deux hérauts. Alexandre VI, que quelques-uns accusaient cependant d'avoir revu son fils, feignit de ne rien savoir et d'ignorer quelle pouvait être la retraite du cardinal. Deux prélats allèrent porter à Velletri ses excuses et l'expression de ses regrets. Il envoya même un légat à Spolète, où l'on disait que César s'était réfugié, pour le contraindre de revenir auprès

(1) Çurita, fol. 54 v° et 55 r°. — Sanuto, 196 et 204.

de Charles VIII ; il va sans dire qu'on ne l'y trouva pas. Les *caporioni* de Rome, à qui le cardinal de Saint-Denis avait communiqué les plaintes du roi de France, chargèrent deux autres envoyés d'assurer Charles de leur dévouement (1). Celui-ci, se voyant privé de l'otage qui lui garantissait la fidélité du Saint-Siège, dépêcha le comte de Bresse à Rome pour demander l'envoi d'un légat dont la personne fût assez importante aux yeux du Pape ou de ses alliés pour présenter les mêmes garanties, le cardinal Orsini, par exemple, ou le cardinal de Monreale. Alexandre VI n'y voulut jamais consentir ; il offrit de désigner l'un de ses neveux, qui n'était pas même cardinal. Philippe de Bresse repartit sans avoir rien obtenu (2).

Le roi n'avait pas voulu quitter Velletri avant d'avoir reçu la réponse du Saint-Siège, mais ses troupes avaient continué à s'avancer. Engelbert de Clèves, avec ses lansquenets, avait enlevé Montefortino le 31 janvier. C'était une place appartenant à Jacques Conti, de la faction des Colonna, qui, après s'être mis à la solde de la France et après avoir reçu le collier de l'Ordre, avait embrassé de nouveau le parti aragonais. Pour le punir, on livra la ville au pillage. La citadelle, qui résista plus longtemps, se rendit dès que l'artillerie française eût été mise en batterie, et deux fils de Jacques Conti tombèrent aux mains des conquérants, qui leur imposèrent une rançon de 2 000 ducats (3). Au point de vue de la puissance militaire, Charles VIII conservait toujours sa supériorité. A quoi bon s'attarder à de vaines réclamations auprès du Pape, quand une marche rapide pouvait, en mettant Naples aux mains des Français, déconcerter leurs ennemis ? Le 2 février, on partit pour Valmontone.

Ce fut là que le roi, évitant toute tergiversation, déclara franchement ses volontés aux ambassadeurs espagnols. Ceux-ci niaient les droits de Charles VIII sur Naples, et prétendaient que, si le royaume pouvait échoir à d'autres princes que ceux qui l'occupaient, c'était à Ferdinand le Catholique, neveu de cet Alphonse qui avait su jadis s'en rendre maître. Charles répondit qu'au point où il en était arrivé, il entendait poursuivre jusqu'au bout sa conquête, quitte à faire

---

(1) Sanuto, 197-198. — *Burchardi diarium*, II, 238-240.
(2) Sanuto, 208. — *Burchardi diarium*, II, 240.
(3) Sanuto, 207. — *Vergier d'honneur*, édition Cimber et Danjou, 324-325.

examiner ensuite la validité de ses droits. De plus, au lieu du Pape, que les Espagnols désignaient comme le juge naturel dans un examen de ce genre, il disait ne vouloir accepter pour arbitre que le Parlement de Paris. Dans ces conditions, il était impossible de s'entendre. Fonseca déclara que l'on ne pouvait plus en appeler qu'au jugement de Dieu, et repartit aussitôt pour Rome (1).

Maximilien, plus engagé que Ferdinand le Catholique vis-à-vis du roi de France, n'agissait pas avec la même franchise. Sa conduite à cette époque montre d'étranges contradictions, que la nécessité de

Artillerie de siège. Bois tiré du *Supplementum Chronicarum*, édition de 1486.

gagner le bon vouloir de la Diète, sur le point de se réunir à Worms, ne suffit pas à justifier. A Valmontone, Charles reçut encore de lui des communications amicales que vinrent lui apporter Jean Bontemps, trésorier de Bourgogne, et un avocat bourguignon. Les envoyés du roi des Romains étaient arrivés à Rome la veille du départ des orateurs chargés par Alexandre VI de nier toute complicité dans la fuite du cardinal de Valence (2).

(1) Certains historiens, Paul Jove et Çurita entre autres, prétendent que Fonseca aurait à ce moment déchiré l'original du traité de Barcelone. C'est là évidemment une légende inspirée par l'épisode de Pierre Capponi. On ne peut guère s'imaginer que l'ambassadeur espagnol ait apporté tout exprès d'Espagne le texte original, pour avoir l'occasion de le déchirer sous les yeux du roi de France. Outre que cet acte théâtral n'eût ajouté que peu de chose aux déclarations qu'il venait de faire, il aurait été bien naïf de détruire le document qui assurait à l'Espagne la possession du Roussillon et de la Cerdagne.

(2) *Burchardi diarium*, II, 239. — La précision des termes de Burchard ne permet guère

Ils avaient fait route avec eux jusqu'à Velletri, qu'ils avaient quitté en même temps que le roi. Si l'on en croit le vaniteux langage tenu par Ludovic aux Vénitiens, Bontemps avait dû passer par Milan afin d'y recevoir les instructions du duc. Il ne fit rien cependant pour arrêter Charles VIII, et son attitude fut celle du représentant d'une puissance amie. Il annonça que la Diète, dernièrement prorogée, allait s'ouvrir à Worms, que Maximilien viendrait ensuite à Rome pour y recevoir la couronne impériale et proclamer la guerre sainte contre les Infidèles. « Faites en sorte, lui dit Charles, que le roi des Romains vienne bientôt à Rome, car je tiens absolument à me trouver à son couronnement pour lui faire honneur. » Le roi de France ne fut pas le seul à se laisser prendre au langage pacifique des envoyés de Maximilien : les mieux informés parmi les Italiens les croyaient venus pour confirmer l'alliance existant entre les deux souverains. Comme pour autoriser cette croyance, ils suivirent le camp français jusqu'à Veroli (1).

Peut-être, après tout, Ludovic avait-il conseillé l'attitude de Bontemps ; lui-même usait d'une semblable dissimulation. Quatre jours plus tard, le roi était rejoint par le comte de Cajazzo, commandant des troupes milanaises à son service, qui lui amenait 300 hommes d'armes et quelques arbalétriers à cheval (2). Ces troupes arrivèrent à temps pour assister à un hardi fait d'armes dans lequel les soldats ultramontains déployèrent cette impétuosité qui terrifiait les Italiens.

Depuis les succès du maréchal de Rieux et la marche rapide du corps français qui s'était avancé le long de la côte jusqu'à l'embouchure du Garigliano, ce cours d'eau et sa partie supérieure, le Liris, formaient la ligne de défense napolitaine. La route que suivait Charles VIII, de Valmontone à Ceprano, aboutissait, à peu près au centre de cette ligne, un peu au nord du confluent du Liris, avec le Sacco. Ce point, très favorable à la résistance, était celui dont la conquête devait, de l'avis général, coûter le plus d'efforts. Ferrand occupait près de là une situation extrêmement forte, au passage de

---

d'admettre, comme le fait M. Ulmann (*Maximilian I*, p. 281-282), que Charles ait reçu coup sur coup deux ambassades du roi des Romains.
(1) Sanuto, 206.
(2) *Ibidem*, 207.

San-Germano ; sur sa gauche, un massif de montagnes et la vallée du Garigliano, sur sa droite, les chaînons de l'Abruzze étaient des obstacles naturels assez difficiles à franchir pour l'abriter longtemps contre une attaque de flanc de la part des troupes de la côte ou de celles de l'Abruzze. Son front était protégé par le Liris ; enfin les approches de cette rivière et la route même que Charles VIII

Siège d'une ville au quinzième siècle, tiré de la *Mer des histoires*.

avait à parcourir étaient défendues, sur le territoire même des États pontificaux, par des forteresses que tenaient des seigneurs napolitains, ou des Romains dévoués à la cause aragonaise, quoique vassaux du Saint-Siège.

La plupart de ces châteaux se rendirent ou ne firent que peu de résistance ; Supino, Ceccano, Possa, fiefs de Jacques Conti et du comte de Fondi, tombèrent de la sorte aux mains des Français (1). Cependant, le plus fort, Monte-San-Giovanni, tout rapproché de la fron-

(1) Sanuto, 208.

tière napolitaine, restait encore à conquérir. Il appartenait au marquis de Pescaire, passait pour imprenable et contenait une nombreuse garnison, terreur des pays environnants déjà soumis au roi de France. On ne pouvait négliger de se rendre maître d'une place aussi importante. Sommé d'ouvrir ses portes et de fournir des vivres à l'armée, le châtelain, confiant dans la force de ses murailles, fit couper le nez et les oreilles aux deux malheureux trompettes qu'on lui avait expédiés, et les renvoya sans autre réponse au camp français (1). Cet acte d'atroce sauvagerie ne devait pas rester impuni : la ville fut investie par Montpensier, et, le 9 février, le roi, qui était depuis trois jours à Veroli, vint diriger en personne les opérations du siège. On le voyait partout occupé à encourager les assiégeants. Animés par sa présence, impatients de venger leurs compagnons, les soldats ne demandaient qu'à combattre. Ce fut Louis de la Trémoïlle qui eut les honneurs de la journée. Dès le matin, pour stimuler chez ses hommes cette joyeuse hardiesse dont il devait donner lui-même un si bel exemple avant Fornoue, au passage des Apennins, il avait fait porter du vin dans les batteries. Au bout de quatre heures de canonnade, il s'élança à la tête de l'une des trois colonnes d'attaque, et mit, le premier, le pied dans la place. A peine son guidon était-il planté sur une brèche, que l'on vit son enseigne flotter sur une autre brèche, car c'étaient encore des gens de sa compagnie qui guidaient la seconde colonne (2). La furie des assaillants fut telle, qu'en moins d'une heure la ville se trouva prise. « Je vous assure, mon frère, écrivit Charles VIII au duc de Bourbon dans une lettre qui respire l'enivrement d'un soir de victoire, que je veis le plus bel esbat du monde, et ce que jamais n'avoye veu, et aussi bien et hardiment assaillir qu'il est possible (3). »

L'enthousiasme du jeune roi se comprend d'autant mieux qu'il n'avait pas assisté au terrible carnage qui suivit la prise de la ville. Il impor-

---

(1) Sanuto, 209.

(2) Tous ces détails proviennent du curieux livre de comptes de Chazerat, maître d'hôtel de Louis de La Trémoïlle, dont nous devons la communication à M. le duc de La Trémoïlle. « Ce jour, » y lit-on à la date du 9 février, « entra Monseigneur, avec son guidon, le premier en la place, et son enseigne la première par l'autre brèche, et furent ce jour plusieurs hommes d'armes et archers de Monseigneur mors et blessez. » Et, au chapitre de la dépense, on trouve pour le même jour : « En vin au matin porté au siège, xxxiij bocatz, à x d., = xxvij s. vj d. — Plus que porté audit siège que à la souppée, lx bocatz, = xl s. »

(3) La Pilorgerie, 177.

tait de faire un exemple en châtiant les auteurs du barbare attentat commis sur la personne des parlementaires français. Tout ce qui portait les armes fut passé au fil de l'épée ou jeté par-dessus les murailles. Quant aux femmes et aux enfants, le seigneur de Taillebourg eut ordre de les protéger contre toute violence. Près de 900 hommes furent mis à mort. Les Français, qui n'avaient perdu qu'une quarantaine des leurs, trouvèrent dans la ville un riche butin, et surtout des blés et du vin. Ces provisions leur permirent de se refaire des privations qu'ils avaient souffertes en traversant ce pays ravagé à dessein par les ennemis (1).

Le soir, Charles retourna coucher à Veroli; les nouvelles qu'il y

Monnaies d'Aquila, aux armes de Charles VIII.

reçut étaient de nature à accroître encore sa joie. Les gens d'Aquila lui envoyaient, comme gage de leur fidélité, des monnaies qu'ils avaient déjà fait frapper à ses armes, et, bien loin de là, de l'autre côté de Naples, les habitants de Salerne se déclaraient pour lui; mais des nouvelles plus heureuses encore allaient venir de l'avant-garde. Aussitôt après la prise de Monte-San-Giovanni, le comte de Guise avait franchi le Liris et s'était emparé de Roccasecca et de Rocca-Guglielma, abandonnées sans combat par les puissantes garnisons qui auraient dû les défendre. Pontecorvo, ville du Saint-Siège enclavée dans le territoire napolitain, avait ouvert ses portes. Rieux, qui s'avançait par les montagnes pour tenter de prendre San-Germano à revers, battit une reconnaissance ennemie et lui fit quelques prisonniers. Le roi se pré-

(1) La Pilorgerie, 176-179. — Sanuto, 209-210. — *Vergier d'honneur*, édition Cimber et Danjou, p. 327-328.

paraît à tenir conseil pour arrêter le plan d'attaque contre San-Germano, que l'on regardait comme la véritable clef du royaume de Naples; mais, avant même que le conseil eût été réuni, dans la nuit du 11 au 12 février, on apprit que toute l'armée de Ferrand II s'était retirée, et que San-Germano était occupé par les soldats du comte de Guise (1).

La stupéfaction causée par la chute de Monte-San-Giovanni, que l'on avait cru inexpugnable; la terreur inspirée par le massacre qui en avait été la suite, avaient déterminé cette retraite. Quarante escadrons et quatre mille piétons fuyaient vers Capoue. Les Français leur donnèrent la chasse, s'emparèrent des bagages du corps de Pitigliano, de plusieurs pièces d'artillerie, et firent quelques prisonniers (2).

Deux jours après, le roi de France était reçu en maître à San-Germano (3). Les habitants, précédés d'enfants vêtus de blanc et portant des rameaux d'olivier, allèrent à sa rencontre en chantant le *Te Deum* et en répétant le verset *Benedictus qui venit in nomine Domini*. Charles s'arrêta près de deux jours et fit, pour la première fois, acte de roi de Naples dans son nouveau royaume. Par un édit, il rappela tous les bannis, et rétablit tous ceux qui avaient été victimes de confiscations dans les biens que leurs familles avaient possédés au temps de la reine Jeanne. Pour laisser un témoignage de sa générosité à la première ville napolitaine où il eût été reçu, il exempta perpétuellement les habitants de San-Germano d'une taille de 1500 ducats, qu'ils devaient chaque année à la couronne, ainsi que d'un autre impôt temporaire qu'ils avaient à payer pendant vingt-cinq ans. Il accorda aussi des privilèges aux habitants d'Aquila, qui s'étaient déclarés pour lui depuis quelque temps déjà. Ces libéralités étaient autant d'encouragements à l'adresse des autres villes du royaume. C'est sans doute dans un dessein analogue que des récompenses furent concédées aux seigneurs italiens partisans de la France : Prosper et Fabrice Colonna eurent le comté de Fondi. Au préfet de Rome

---

(1) La Pilorgerie, 179-180. — Sanuto, 215.
(2) Sanuto, 215. — Rosmini, *Dell' istoria di Gian-Jacopo Trivulzio*, II, 208.
(3) Nous ignorons absolument sur quelle autorité M. Cipolla peut s'appuyer pour accuser les Français d'avoir saccagé San-Germano. « La sventurata città », écrit-il, p. 714, « fu posta à sacco. » La ville, ainsi qu'on va le voir, ne fit que profiter du passage de Charles VIII. En revanche, Parenti rapporte (fol. 97 r°) que les Napolitains, avant de se retirer, pillèrent l'abbaye du Mont-Cassin.

furent attribués Monte-San-Giovanni et les autres châteaux du marquis de Pescaire. Enfin, les moines du Mont-Cassin, qui s'étaient joints au peuple de San-Germano pour aller au-devant du conquérant, reçurent, dès le lendemain, la visite de Charles VIII (1).

Pendant ce temps, Montpensier et d'Aubigny s'assuraient de toutes les places du voisinage. Déjà l'Abruzze entière avait été soumise par le préfet de Rome; les Colonna, joints à des troupes françaises, occupaient peu à peu et sans coup férir les châteaux de la terre de Labour. Nulle part on ne rencontrait de résistance. Le 16 février, Gaëte se rendait, sauf la citadelle, à qui sa situation exceptionnelle permettait de tenir encore longtemps (2). Naples allait bientôt se trouver entourée, et le malheureux Ferrand avait les Français « à sa droite, à sa gauche et devant lui (3) ». Le succès final n'était plus douteux, et les ambassadeurs vénitiens ne manquaient pas de présenter à Charles VIII les hypocrites félicitations de leur gouvernement.

Ferrand avait été poursuivi par les soldats de M. de Guise jusqu'au portes de Capoue, où il s'était renfermé avec l'intention de résister. Son armée s'y était augmentée de 2 000 fantassins du pays, envoyés par don Frédéric. Malgré son artillerie, malgré la présence de ses troupes et celle de capitaines comme Virginio Orsini, Pitigliano et Trivulce, les habitants lui donnèrent à entendre que l'armée napolitaine n'était pas de force à tenir tête aux Français, et que, quant à eux, leur fidélité à la maison d'Aragon n'allait pas jusqu'à affronter les conséquences d'une prise à main armée. Le pauvre prince le comprit; il partit pour Naples, sous prétexte d'aller chercher des renforts, et permit aux Capouans de traiter avec Charles VIII, s'il n'était pas revenu le 18 février dans l'après-midi. D'ailleurs, les nouvelles qu'il recevait de la capitale lui faisaient craindre un soulèvement, que sa présence parviendrait peut-être à prévenir.

Avant que Ferrand eût quitté Capoue, un héraut français avait déjà sommé la ville de se rendre. Aussitôt, Trivulce était allé trouver Charles VIII à Calvi. Il lui avait assuré que les Capouans étaient prêts à le recevoir; il avait même fait, relativement à la paix, certaines

---

(1) Sanuto, 216-217. — *Vergier d'honneur*, édition Cimber et Danjou, 330.
(2) Sanuto, 226.
(3) *Ibidem*, 216.

ouvertures que l'on pouvait croire inspirées par Ferrand; enfin, il n'avait pas oublié de recommander au roi ses intérêts et ceux de ses compagnons. Charles avait répondu, comme toujours, qu'il traiterait généreusement le prince aragonais; qu'il lui constituerait même, en France, une seigneurie digne de lui; mais qu'il n'entendait pas le laisser posséder une seule maison dans ses anciens états. Quant aux condottieri au service de Naples, du moment qu'ils se soumettraient, ils pouvaient être sûrs d'être bien traités. Lorsque Trivulce rapporta ces réponses à Capoue, il trouva toute la ville en tumulte. Ferrand était parti pour Naples, et les soldats avaient profité de son départ pour piller les écuries et les logements royaux. Les habitants, se croyant abandonnés par leur souverain, demandaient à se rendre, et ne voulaient plus garder de troupes napolitaines dans leurs murs. Celles-ci se dispersaient de tous côtés. Virginio Orsini et Pitigliano s'enfuirent à Nola. Trivulce, plus prudent, retourna sur ses pas et passa au roi de France. La haine que le capitaine milanais avait vouée à Ludovic le More fut sans doute pour beaucoup dans sa défection (1).

Quand, le 18 février, Ferrand revint vers Capoue avec 2 000 Espagnols, les habitants, qui négociaient avec les Français, lui envoyèrent signifier qu'ils ne voulaient plus le recevoir. Le malheureux roi dut rétrograder sur Aversa et rentrer le lendemain à Naples. Le même jour, M. de Piennes et Fabrice Colonna franchirent les portes de la ville, précédant Charles VIII de vingt-quatre heures (2). Celui-ci, accueilli triomphalement, résolut de ne pas s'arrêter plus d'une nuit dans sa nouvelle conquête, les avis qu'il recevait de Naples lui donnant à espérer que les habitants de la capitale n'étaient pas moins disposés à le recevoir avec enthousiasme.

Ferrand II était revenu à Naples, mais déjà la ville entière se soulevait. De tous côtés retentissaient les cris de : *Francia! Francia!* La populace s'était ruée sur les maisons des juifs et des *marrani*,

---

(1) Guichardin, l. I. — Sanuto, 226-227. — Rosmini, *Dell' Istoria di Gian-Jacopo Trivulzio*, I, 226-227. Cet auteur, quoiqu'il donne beaucoup de détails, ne doit être employé qu'avec précaution, car il suit exactement le récit de Rebucco, chambellan de Trivulce, et son panégyriste de parti pris. D'après lui, ce serait sur l'ordre même de Ferrand que Trivulce aurait changé de drapeau.

(2) Rosmini, II, Preuves, 218, n° 57. — Sanuto, 228.

afin de les saccager ; les pillards se battaient entre eux pour s'arracher mutuellement le fruit de leurs rapines. L'anarchie était si grande, que la garnison, impuissante, s'était enfermée dans les points fortifiés : la Torre-San-Vincenzo, Pizzofalcone, le Castel Nuovo et le château de l'Œuf. Toutes ces forteresses, il est vrai, étaient en bon état de défense et pouvaient tenir longtemps. La plus sûre était le château de l'Œuf, bâti sur un îlot et complètement isolé de la terre, avec laquelle il ne communiquait que par une chaussée aboutissant à un pont-levis. La reine douairière, sa fille, le fils du Pape, don Geoffroi, prince de Squillace, sa femme et don Frédéric y avaient cherché un asile. Mais la plus utile était le Castel Nuovo, qui, par sa situation au cœur de la ville et sur le bord de la mer, commandait à la fois le port et la cité. On y avait accumulé, en artillerie et en vivres, des ressources presque inépuisables, et, pour plus de sûreté, on avait eu soin que, parmi les 800 hommes de garnison, les Italiens fussent en minorité ; le reste se composait de 300 Espagnols et de 350 Allemands.

Ferrand avait d'abord été rejoindre sa famille au château de l'Œuf. Son retour n'avait pas arrêté l'émeute ; il ne pouvait plus communiquer que par mer avec le Castel Nuovo; et même, comme il revenait dans cette dernière forteresse pour y prendre quelques-uns de ses effets les plus précieux, on lui lança de terre une pertuisane qui faillit le transpercer. Le 19 février, le peuple essaya de piller les douanes; il pilla le château de Capuana, les maisons des princes, les écuries royales, contenant les plus beaux coursiers de l'Italie. Une sortie que le roi et le marquis de Pescaire commandèrent eux-mêmes l'épée à la main et la dague au poing, à la tête de 400 Suisses, leur permit de reprendre trente-deux chevaux (1). Triste destinée d'un prince valeureux qui voyait son royaume tomber aux mains des étrangers, tandis qu'il ne pouvait déployer son courage que contre ses propres sujets !

La situation était désespérée; Ferrand voulut regagner le château de l'Œuf. Il garda cinq galères afin d'être en état de fuir par mer ; il permit au cardinal de Gênes et à Obietto de Fresque, chefs des Génois réfugiés, de prendre un navire, et fit brûler tous les vaisseaux en construction à l'Arsenal, ainsi que la plupart de ceux qui étaient à

---

(1) *Diurnali di Giacomo Gallo*, édition Volpicella, Napoli, 1846, in-8, p. 9.

flot. Les derniers prisonniers angevins qui survivaient encore furent mis en liberté, sauf les comtes de Conza et de Capasso et leurs enfants. Afin sans doute de s'assurer des otages, le roi voulut emmener avec lui le comte de Sessa et les fils des princes de Salerne et de Rossano. Cependant, il n'entrait point dans ses vues que les châteaux de Naples ouvrissent leurs portes aux Français. Il donna le commandement du Castel Nuovo au plus fidèle comme au plus vaillant de ses capitaines, au marquis de Pescaire. Ferrand n'avait pas le choix, d'ailleurs : en ce moment même, Pitigliano et Virginio Orsini, réfugiés à Nola, tombaient entre les mains du chevalier français Louis d'Ars, après avoir vainement essayé de négocier avec les vainqueurs. Quant à Trivulce, il marchait maintenant sous la bannière de Charles VIII (1).

Le malheureux fils d'Alfonse faillit ne pas pouvoir quitter la forteresse. Au moment où il allait s'embarquer, les mercenaires de la garnison, qui avaient vu charger sur des galères tout ce que le château contenait de précieux, craignirent d'être privés du prix de leurs services et firent mine de le retenir. Il fallut user d'artifice : on leur dit qu'il restait encore beaucoup d'objets de valeur et qu'on les leur abandonnait. Tous laissèrent le roi, pour aller s'emparer sur l'heure du riche butin qu'on leur promettait, et Ferrand put se retirer sans difficultés au château de l'Œuf.

Le 20 février, Charles VIII était à Aversa. Un héraut qu'il envoya le même jour demander la soumission des Napolitains fut accueilli avec enthousiasme. Les soldats le suivaient de près. Le premier à entrer fut un banni napolitain, Mathieu Coppola ; après lui, vint le maréchal de Gié, avec une quarantaine de cavaliers, précédant Montpensier, Clérieux et Ganay, qui vinrent prendre possession des portes, afin d'empêcher que les Suisses n'entrassent dans la ville avant qu'elle fût occupée par les troupes françaises, et n'achevassent de piller ce que la populace n'avait pas encore pris. Plus de trois cents Napolitains étaient allés recevoir Gié hors des murs. Bon gré, mal gré, au milieu des cris de *Francia!* ils le conduisirent à San-Lorenzo, et remirent l'autorité entre ses mains (2).

(1) Sanuto, 228-229. — *Notar Giacomo*, 187. — La Pilorgerie, 193.
(2) La Pilorgerie, 193-195.

Les habitants avaient aussitôt désigné une ambassade de quarante personnes de tous les rangs, à la tête desquelles était le comte de Maddaloni, pour se rendre à Aversa. Les envoyés prièrent le roi de retarder son entrée de quelques jours et de venir s'établir au Poggio Reale, jusqu'à ce qu'on eût organisé un accueil digne de lui. Le lendemain, au Poggio Reale, de nouveaux députés vinrent saluer Charles VIII : ils exprimèrent, en termes exagérés, la joie que leur causait sa venue, baisèrent la terre devant lui, touchèrent de leurs lèvres ses vêtements et ses mains, et lui présentèrent une série de requêtes tendant au maintien des privilèges du royaume et de la capitale et à la confirmation des biens et des rangs des habitants. La première requête, également à l'honneur de ceux qui la faisaient et du prince assez généreux pour qu'on ne craignît pas de la lui soumettre, concernait le roi déchu et sa famille. L'université des gentilshommes et des citoyens de Naples recommandait au vainqueur Ferrand II, don Frédéric, son oncle, la reine douairière et sa fille, ainsi que les gens de leurs maisons, et demandait qu'ils pussent se retirer en sûreté avec leurs biens et les vaisseaux qui les portaient (1). Rien n'était plus conforme aux dispositions de Charles VIII, qui s'empressa de tout ratifier (2).

Les députés avaient insisté pour que le roi restât au Poggio Reale jusqu'au 25 février, jour où il serait entré dans la ville sur un char de triomphe, suivant l'usage des conquérants napolitains. Les Napolitains avaient même commencé à jeter bas une partie des murailles pour lui faire plus d'honneur (3). Mais la garnison aragonaise du Castel Nuovo tirait déjà sur les quartiers avoisinants, et nombre d'habitants s'embarquaient pour échapper à ce bombardement (4). Montpensier fit aussitôt pointer les canons français sur le Castel Nuovo. Charles voulut activer par sa présence les opérations du siège, et dès le dimanche, 22 février, vers quatre heures du soir, il entra dans Naples à la tête de quatre-vingt-dix cavaliers seulement. Bien qu'il eût résolu de « ne faire, ne tenir forme d'entrée », l'enthousiasme du peuple napoli-

---

(1) Voyez Volpicella, à la suite des *Diurnali di Giacomo Gallo*, p. 42.
(2) Sanuto, 232-233. — *Notar Giacomo*, 187.
(3) Sanuto, 236.
(4) *Ibidem*, 233.

tain, si facile à émouvoir, et qui d'ailleurs l'attendait comme les juifs attendaient le Messie (1), dut compenser largement à ses yeux les cérémonies et les pompes qui l'eussent entouré quelques jours plus tard. « Jamais peuple ne monstra tant d'affection à roi ne à nation comme ilz monstrèrent au roi, » dit Commines (2). Pour mieux montrer que cette entrée n'avait rien d'officiel, Charles ne parcourut point la ville, et se logea au palais de Capuana, le plus rapproché des portes (3).

Le chimère était devenue un fait; cette « chose impossible » dont parlait Commines était réalisée. Une semaine après avoir franchi la frontière napolitaine, le roi de France était dans sa nouvelle capitale. Depuis le Garigliano, la marche en avant n'avait été qu'une sorte de promenade, et les jeunes seigneurs ne prenaient même plus la peine de revêtir le harnais militaire. Un chroniqueur du pays nota qu'ils ne portaient point ces lourds éperons de fer qui servaient à aiguillonner le cheval de guerre, mais ces petites broches de bois, insérées entre la semelle et le corps du soulier, dont on touchait les mules en allant par la ville (4). Ce détail était si caractéristique, que le Pape en fit la remarque : « Les Français, disait-il, sont venus avec des éperons de bois et la craie dans la main des fourriers pour marquer les logements (5). » En moins d'un mois, deux rois avaient fui devant Charles. De si prodigieux succès, remportés par un souverain aussi jeune et aussi « povrement pourveu et conduict », sur des princes « si saiges, si riches et si expérimentés », ne pouvaient s'expliquer que par l'intervention directe de la puissance divine. « Ainsi, vous entendez, écrivait de Florence le président de Dauphiné, Jean Palmier, à son frère, comme, Dieu grâce, le royaume est gaigné, et que à Dieu, non à aultre, en est la louange et gloire, dont tous les subgetz de son pays s'en doyvent

---

(1) La Pilorgerie, 199, 194.
(2) Commines, II, 392.
(3) La Pilorgerie, 198. — Un des bulletins publiés dans le même recueil (p. 201-203) contient un récit très détaillé de l'entrée de Charles VIII, récit évidemment mensonger, car, contrairement à tous les témoignages authentiques, et notamment à celui des chroniqueurs napolitains, il y est dit que l'entrée du roi fut une entrée solennelle, avec processions, arcs de triomphe, pièces machinées, et même qu'elle fut immédiatement suivie d'un sacre auquel procéda un cardinal légat. En réalité, il semble que le roi se soit rendu directement au château de Capuana, sans même s'arrêter dans une église, quoi qu'en dise Guichardin.
(4) *Diarii di Giacomo Gallo*, p. 10.
(5) Commines, II, 379.

réjoyr et rendre grâces à Dieu, et mesmement qu'il nous a donné vie et estre que soyons de son temps et puissions veoir la exaltacion de chrestienté, laquelle se doit faire par son moyen et exécucion. Et povons dire que c'est le Charles qui doit par sa prudence exaulcer la maison de France plus que jamais aultre ne fist et qui doit réduyre les circoncifz à la foy chrestienne (1). »

(1) Pierre Palmier à son frère Jean Palmier à Lyon. Florence, 25 février 1495. (Archives de l'Isère, *Deuxième generalia*, fol. ij^cxxix; communiqué par M. Pilot de Thorey.)

Monnaies de Solmona aux armes de Charles VIII.

CHAPITRE VII.

CHARLES VIII A NAPLES.

Fuite de Ferrand II à Ischia. — Siège et reddition du Castel Nuovo. — Siège du château de l'Œuf. — Soumission spontanée du royaume. — Projet de débarquement à Ischia. — Désordre du royaume à l'arrivée de Charles VIII. — *Capitoli* accordés à la ville de Naples. — Libéralité du roi. — Révocation des concessions faites avant l'entrée à Naples. — Récompenses aux Français et aux Italiens. — Générosité de Charles VIII envers les seigneurs aragonais. — Organisation du gouvernement. — Conseil du roi. — Lieutenant général et vice-rois. — Grands officiers. — Conseil sacré. — Charges et biens donnés aux Napolitains. Maladie de Charles VIII. — Les Français à Naples. — Le Mal de Naples. — Amours du roi. — Léonore de Marzano. — Complot contre la vie du roi. — Revirement d'opinion chez les Napolitains. — Conspiration aragonaise.

Charles VIII était dans Naples, mais les châteaux qui l'entouraient du côté de la mer étaient toujours aux mains des Aragonais. Aussi, ne voulait-il faire dans la ville cette cavalcade solennelle, qui constituait pour les souverains napolitains la prise de possession de la couronne, qu'une fois qu'il se serait rendu maître des forteresses. Celles-ci, le Castel Nuovo surtout, causaient par leur artillerie de grands dommages dans la ville. Le lendemain de l'entrée du roi, un projectile vint défoncer, pendant les vêpres, le toit de l'église Santa-Maria-Nuova. Le même jour, il y eut, sur les ouvrages extérieurs du château, deux escarmouches où périrent quelques Suisses du roi. Aussitôt les soixante-dix grosses pièces qui suivaient Charles VIII furent mises en batterie à côté de celles que Montpensier avait déjà disposées, et le bombardement commença. Il paraît que, dès ce jour, le marquis de Pescaire comprit que la résistance ne pourrait pas se prolonger. Il se rendit au château de l'Œuf pour conférer avec Ferrand II, et, avant la fin de la journée, le prince aragonais s'embarqua sur les cinq galères qu'il s'était réservées et se rendit d'abord à Procida, puis à Ischia, avec la reine douairière et tous les membres de la maison royale. Les yeux fixés sur la ville qu'il abandonnait aux vainqueurs, il répéta plusieurs fois ces paroles du Psalmiste : *Nisi Dominus custodierit civitatem, frustra vigilat qui custodit eam* (1). A Ischia, la garnison ne voulait pas le recevoir; admis enfin dans la place avec un seul de ses compagnons d'infortune, il dut mettre lui-même le poignard sur la gorge du commandant pour faire ouvrir les portes à ceux qui le suivaient (2). Quant au marquis de Pescaire, il revint au Castel-Nuovo.

Le 24 février, Gabriel de Montfaucon, Jean de la Grange et « plusieurs aultres gens de bien » parvinrent à s'emparer de la citadelle, cet ouvrage que les Suisses avaient vainement attaqué la veille (3). Trivulce, maintenant à la solde de Charles VIII, alla sommer Pescaire de rendre le château dans un délai de vingt heures : « Ni dans vingt heures, ni dans vingt jours, ni dans vingt mois, ni dans vingt ans, ni jamais! » se serait écrié le capitaine aragonais; et comme Trivulce cherchait à l'effrayer en le menaçant d'un massacre général au cas où la place serait prise d'assaut : « Le roi Charles sera le bienvenu s'il me met à mort,

---

(1) Psalm. 126, verset 2.
(2) Guichardin, livre I, *Notar Giacomo*, 187. — Sanuto, 234-241.
(3) *Vergier d'honneur*, 337-338. — Sanuto, 242.

répondit-il, car je suis résolu à me faire tuer. » On ne peut s'empêcher de douter de l'authenticité de ces fières paroles lorsqu'on voit l'auteur qui les rapporte contraint d'avouer qu'avant le coucher du soleil, Pescaire s'était enfui du Castel Nuovo au château de l'Œuf, que les Français ne bombardaient pas encore, d'où il alla rejoindre Ferrand à Ischia (1).

De part et d'autre, on se canonnait avec fureur; les défenseurs de la citadelle avaient, en se retirant au Castel Nuovo, brûlé les maisons qui se trouvaient dans l'enceinte extérieure et tiraient sur les quartiers voisins; mais l'artillerie française était autrement puissante. Celle des forteresses qui résista le plus longtemps à son feu ne tint pas plus de onze jours. La première à se rendre fut la Torre-San-Vincenzo, qui capitula le 25 février (2). Dès le lendemain, les défenseurs du Castel Nuovo demandèrent à parlementer. On leur accorda vingt-quatre heures de trêve; Engelbert de Clèves, son frère, le grand-écuyer de la reine, le bailli de Dijon et M. de Ligny commencèrent à traiter avec eux; mais, pendant la nuit, trois galères amenèrent dans le château 250 nouveaux soldats. Les négociations furent rompues et le bombardement recommença le lendemain. Enfin, une partie des murs étant en ruines et une quarantaine des assiégés ayant été tués par les boulets, on rouvrit les négociations (3). Une nouvelle trêve de vingt-quatre heures fut conclue le lundi 2 mars, et le 3, il fut convenu qu'elle serait prolongée de quatre jours. A l'expiration de ce délai, si les assiégés n'avaient reçu aucun secours d'Ischia, ils s'engageaient à livrer la place avec l'artillerie et les vivres qu'elle contenait. La garnison devait recevoir trois mois de solde et la permission

(1) Il convient, pour cette époque, de n'accepter les récits de Sanuto que sous bénéfice d'inventaire. C'est ainsi que la plupart des accusations portées par Sanuto contre les Français et contre le roi sont manifestement fausses. Il représente Charles VIII comme trop poltron pour oser s'approcher des châteaux assiégés (p. 242), et se livrant au plaisir pendant que ses gens se battaient (p. 244); mais il se contredit lui-même ailleurs (p. 247). Le roi, en effet passait ses journées aux batteries à encourager les canonniers; il y jouait, il y dînait même (*Vergier d'honneur*, 339, 340, 341, 342, 345, 346; — La Pilorgerie, 211, etc.). Quant aux gibets plantés en vue du Castel Nuovo et à la menace de Trivulce jurant que le roi ferait couper Pescaire en quatre quartiers, ce sont des fables grossières répandues à dessein pour ameuter les populations contre les Français.

(2) Sanuto, 242-243. — La Pilorgerie, 207. — Notar Giacomo ne rapporte la capitulation qu'au 12 mars (p. 188).

(3) *Vergier d'honneur*, 339. — Sanuto, 243, 247.

de se retirer avec ce que chaque homme pourrait emporter sur lui. Le 7, la forteresse fut rendue. Le maréchal de Gié et le sénéchal d'Armagnac y entrèrent les premiers et y trouvèrent, outre le matériel de guerre, beaucoup d'objets que Ferrand n'avait pu emporter, entre autres, des étoffes d'or et de soie (1). Le roi vint visiter le château, dont il confia la garde à MM. de Crussol et de Montfaucon (2).

La forteresse de Pizzofalcone s'était rendue sans difficulté. Charles, certain que le Castel Nuovo ne serait pas secouru, avait commencé, dès le 4 mars, le siège du château de l'Œuf, qui seul résistait encore. Isolée de toute part, cette forteresse, bâtie sur un écueil, ne communiquait avec le rivage que par un pont-levis et une étroite chaussée; la garnison avait muré la porte du côté de la terre. Mais la possession de Pizzofalcone, cette falaise rocheuse qui s'élève à l'extrémité du quai de Santa-Lucia, permettait un tir plongeant sur l'intérieur même du château. En même temps, des batteries plus rapprochées avaient été dressées sur le bord de la mer. Le roi passait là toutes ses après-midi; il dînait dans la tranchée, il y jouait au flux, encourageant les canonniers, les récompensant lorsqu'ils avaient fait quelque beau coup, et se tenait si près de l'ennemi, que l'un de ses gens put lancer une flèche dans une meurtrière du château (3).

Déjà, dans les premiers temps de son séjour à Ischia, le souverain déchu avait envoyé un héraut demander au roi de France de lui laisser quelque partie de son royaume. Charles répondit, comme il avait déjà répondu à Trivulce, qu'il n'accorderait pas au vaincu la moindre parcelle de ses anciens états, mais qu'il était prêt à lui constituer un grand établissement en France (4). Peut-être les comparaisons que l'on ne cessait de faire entre ses conquêtes et celles de Charlemagne lui avaient-elles donné l'espoir de trouver en Ferrand

(1) La Pilorgerie, 207 et 209. — *Vergier d'honneur*, 340-341-344. — *Diurnali di Giacomo Gallo*, 10. — Notar Giacomo, p. 188. — Sanuto se contredit complètement au sujet de cette reddition; il prétend, dans un certain passage de son récit, que les canons français avaient à grand' peine endommagé les merlons et les fenêtres du château, et que l'unique cause de la reddition fut la discorde qui éclata entre les Espagnols et les Suisses de la garnison, (p. 249-250). Ailleurs, il rapporte que toute une partie du château était ruinée et brûlée (p. 247).
(2) *Vergier d'honneur*, 341.
(3) La Pilorgerie, 211. — Sanuto, 258.
(4) Sanuto, 244.

un nouveau Wittikind. Cependant, le roi de Naples résolut de tenter une nouvelle démarche, et il en chargea son oncle don Frédéric, prince de Tarente. Le prince avait jadis vécu à la cour de Louis XI, qui l'avait marié avec une fille du duc de Savoie ; il comptait, parmi les vainqueurs, beaucoup d'alliés et d'anciens amis. Personne n'était mieux que lui en mesure de remplir cette délicate mission. Le 5 mars, il parut devant le château de l'Œuf avec sept ou huit galères, et demanda que des otages français vinssent à bord pendant qu'il irait porter à Charles VIII des propositions de paix. Le roi était aux tranchées, comme à son ordinaire ; il désigna comme otages MM. de Guise et de Ligny, ainsi que le chambellan Charles de Brillac, et reçut Frédéric avec affabilité ; il refusa de se laisser baiser le pied, mais ne put empêcher le prince de lui baiser la main. Tous deux prirent des mules, puis, mettant pied à terre sous un arbre, ils commencèrent une longue conversation seul à seul.

De même que lors des négociations précédentes, Ferrand offrait de reconnaître Charles pour son suzerain et de lui payer un tribut. Il demandait encore à conserver le titre de roi, mais il proposait cette fois d'abandonner entièrement Naples aux vainqueurs, qui occuperaient aussi toutes les places qu'il leur plairait. Pour son compte, Frédéric suppliait qu'on lui laissât les fiefs d'Altamura et de Maddaloni, qui lui venaient de sa mère. « De luy-mesme, sans appeler personne, » le roi répondit qu'il n'entendait rien abandonner de ce qu'il regardait comme son légitime héritage; mais que, si Ferrand consentait à venir en France, il lui promettait un domaine de trente mille livres de rente, trente mille livres de pension, des gens d'armes et la main de Suzanne de Bourbon. Quant à Frédéric, il devrait suivre son frère et échanger ses terres napolitaines contre des biens d'un revenu double, situés au delà des Alpes. Le roi parlait avec sa fermeté habituelle ; le prince « bien saigement se contenait selon leurs parolles ». Au bout d'une heure et demie, MM. de Montpensier, de Foix, de la Trémoïlle, de Myolans, de Clérieux, le maréchal de Gié, furent appelés à prendre part à la discussion ; enfin le prince, sans rien dire qui pût l'engager, reprit la mer pour retourner à Ischia, promettant de rapporter sous deux jours la réponse de son neveu(1). Le 7 mars, il se présenta de nou-

(1) La Pilorgerie, 208-209, 412. — *Vergier d'honneur*, 342-344, 345. — Sanuto, 259-260.

veau; mais de part et d'autre on ne voulait rien céder. Les négociations furent définitivement rompues.

Le tir avait été suspendu des deux côtés pendant ces pourparlers.

Vue de Naples au seizième siècle, d'après la *Cosmographie* de Belleforest.

Le 10 mars, l'artillerie française se remit à battre les murs du château de l'Œuf. Dès la première journée, un pan de muraille fut détruit; quarante-huit heures après, une tour tombait; mais la hauteur du rocher, la mer qui l'entourait, rendaient l'escalade impossible. Cependant, le bombardement était si furieux que, le troisième jour, les assiégés demandèrent une trêve de deux semaines, au bout de laquelle ils promettaient de se rendre s'ils n'étaient pas secourus. Le roi ne voulut leur donner qu'une semaine ; ils ne pouvaient qu'accepter, et, le 22 mars, le dernier des châteaux de Naples fut remis entre les mains des Français (1).

Les habitants des provinces ne se montraient pas moins bien disposés que ceux de la capitale à reconnaître l'autorité du roi de France. « Jamais peuple, dit Commines, ne montra tant d'affection à roy ne à nation comme ils monstrèrent au roy et pensoient estre tous hors de tyrannie et se prenoient eulx-mêmes (2). » De résistance il n'en était plus question. Orsini et Pitigliano, pensant peut-être à suivre l'exemple de Trivulce, avaient voulu demander un sauf-conduit; mais avant de l'avoir obtenu, ils étaient enlevés dans Nola par quelques cavaliers du comte de Ligny et emmenés prisonniers, d'abord à Mondragone, puis à Naples, où Charles les fit remettre en liberté, sans toutefois leur permettre de sortir de la ville, de peur qu'ils n'allassent se joindre à ses ennemis (3). La forteresse de Gaète se rendit le 27 mars (4). Stuart d'Aubigny, Perron de Baschi, MM. de Guise et de l'Esparre avaient été chargés d'aller recevoir la soumission des provinces. Partout les habitants venaient à leur rencontre en criant *Noël et France!* et levaient l'étendard des fleurs de lis; ceux qui ne connaissaient pas les armes de France portaient des bannières rouges à la croix blanche (5). Avant la chute du château de l'Œuf, on avait déjà les meilleures nouvelles de la Calabre et de la Pouille (6). Bientôt on vit arriver les députés des villes les plus éloignées, telles que Tarente, Otrante et Gallipoli, qui venaient traiter directement de leur soumission au roi (7). Tout ce mouvement n'avait rien que de spontané, car les commissaires français n'étaient accompagnés d'aucunes troupes, et les quelques places qui ne voulurent pas se rendre ne furent pas attaquées. C'est ainsi que Brindisi fut

---

(1) *Diurnali di Giacomo Gallo*, p. 10. — La Pilorgerie, 209. — Sanuto, 262. — *Vergier d'honneur*, 347.
(2) Commines, II, 392.
(3) Sanuto, 264.
(4) La Pilorgerie, 213.
(5) Sanuto, 243.
(6) La Pilorgerie, 210.
(7) Sanuto, 266. — La Pilorgerie, 213-214.

conservé aux Aragonais par Camille Pandone. Reggio s'était livré de lui-même, mais la garnison tenait toujours la forteresse au nom du roi Ferrand. Amantea et Tropea levèrent d'abord les enseignes de Charles VIII ; puis, apprenant que celui-ci les avait données au comte de Précy au lieu de les joindre au domaine royal, ces deux villes reprirent celles du souverain déchu (1).

Ces places, situées à l'extrémité du royaume, n'avaient pas, aux yeux de Charles VIII, une importance beaucoup plus grande que l'île de Lipari, qu'il négligea de faire sommer ; il paraît toutefois avoir eu plus de souci d'occuper Ischia, qui offrait au roi Ferrand un refuge un peu trop voisin de Naples. Le commandant de la forteresse passait pour être en rapport avec lui ; mais l'infidélité de cet officier fut bientôt découverte, et, les vaisseaux napolitains ayant été détruits par Ferrand lors de sa fuite, il fallut attendre qu'on eût formé une nouvelle flotte pour tenter un débarquement de vive force. Le roi déchu séjourna deux mois dans l'île, et put partir pour Messine au commencement d'avril sans avoir été inquiété (2).

Néanmoins, Charles n'avait plus à s'occuper de conquérir son nouveau royaume ; il devait maintenant chercher à se l'attacher en l'organisant et en y établissant un gouvernement tout opposé à la tyrannie aragonaise. Celle-ci avait pesé sur tous les citoyens, depuis les évêques et le haut clergé privés du droit de nommer aux bénéfices, quelquefois exilés ou jetés en prison, jusqu'aux moines chassés de leurs couvents et dépouillés de leurs biens ; depuis les barons persécutés ou mis à mort pour leurs tendances angevines jusqu'au peuple écrasé d'impôts, hors d'état de gagner sa vie par suite de l'accaparement au profit de la couronne de tous les genres de commerce, même les plus humbles, celui des légumes, par exemple (3). Comment s'étonner que les Napolitains aient salué avec enthousiasme celui qui s'annonçait comme leur libérateur ? « Je ne viens pas, disait le roi de France, attiré par la cupidité ni par le désir d'usurper ce qui ne m'appartient pas, mais pour le bénéfice de tous, pour délivrer ce royaume de la tyrannie, surtout pour rétablir les barons dans leurs

---

(1) Sanuto, 266. — Commines, II, 393.
(2) Sanuto, 309.
(3) Michel Riccio, cité par M. de Boislisle dans *Étienne de Vesc*, 259-260.

fiefs et restituer à chacun ce qui lui appartient (1). » Ce langage si « humain », au dire même des adversaires de Charles VIII, fut d'autant mieux accueilli que, chez le roi, l'intérêt ne se traduisait pas seulement par de vagues expressions de pitié ou de sympathie. « Lequel royaume, écrivait-il le 28 mars au duc de Bourbon, j'ai trouvé en si grant désordre et les gentilshommes et subjetz tant oppressez que plus n'en pouvoyent. Pour leur donner à congnoistre le bon vouloir et affection que j'ay envers eulx, je leur ay, par délibération du conseil, osté ung tas de charges et exactions extraordinaires, jusques à la somme de deux cens soixante mille ducatz par an, dont ilz ont esté fort contens (2). » Charles avait déjà donné aux Napolitains des gages de sa bonne volonté. Avant qu'il eût accordé à ses nouveaux sujets ce grand allègement dans les charges qui pesaient sur eux, dès son entrée à San-Germano, ses premiers actes avaient été des actes de clémence ou de libéralité.

Sa conduite ne s'était pas démentie depuis son arrivée à Naples. Le 5 mars, tout d'abord, il avait confirmé les *Capitoli* qui lui avaient été présentés au Poggio-Reale par les délégués de la capitale (3). Toutes les requêtes contenues dans ce document concernant la famille royale aragonaise, la conservation des biens et des privilèges du clergé, des seigneurs et du peuple, avaient été accordées. Charles avait même poussé le respect des propriétés jusqu'à consentir au maintien d'une institution si contraire aux mœurs ultramontaines que les Napolitains craignaient de la voir tomber par le seul fait de la conquête française : nous voulons parler de l'esclavage, qui existait toujours en Italie (4). Le roi avait seulement exigé, et c'était là une précaution qui mérite assurément d'être approuvée, que les possesseurs de biens féodaux lui demandassent des lettres de confirmation de leurs fiefs. Quant aux terres des barons angevins confisquées par les rois aragonais, il les

---

(1) Sanuto, 248.
(2) La Pilorgerie, 214.
(3) Ce document a été publié d'abord par M. S. Volpicella, à la suite des *Diurnali di Giacomo Gallo*, p. 42; puis par M. de Boislisle, à la suite de son *Étienne de Vesc*, p. 230.
(4) « *Item*, supplicano che tuti sclavi tanto bianchi como nigri, masculi et femine, et de qualsevoglia natione se siano, per la felice adventu de Sua Maestà in Napoli, non se intendano franchi, ma restano in loro pristina servitù, como so stati per lo passato e so al presente. *Placet regie Majestati*. » (Boislisle, p. 235.)

rendit à ceux qui les avaient possédées du temps de la reine Jeanne (1). Il avait également consenti à restituer aux monastères les biens dont ils avaient été spoliés, sauf toutefois ceux sur lesquels auraient été édifiés des palais royaux, s'engageant d'ailleurs, en ce cas, à indemniser les communautés lésées. Il avait de même requis tous ceux qui tenaient des charges de justifier qu'ils en avaient été régulièrement investis. Enfin, amnistie complète était accordée à quiconque avait servi les Aragonais.

Quoi qu'on en ait dit, Charles tint toutes ses promesses : la reine douairière se vit conserver le douaire qui lui avait été assuré ; ses serviteurs reçurent un sauf-conduit (2). Bien plus, un ambassadeur espagnol qui lui avait été dépêché, étant tombé aux mains des Français, le roi lui permit d'aller à Ischia remplir sa mission auprès d'elle (3). Les Napolitains avaient prié le jeune souverain de leur rendre le droit de lever certaines taxes usurpées par la couronne aragonaise ; de leur confirmer l'exemption du logement des gens de guerre ; enfin, de ne pas les oublier dans la répartition des offices vacants. Satisfaction leur fut donnée sur tous ces points : la perception de la taxe du *Buon denaro* fut rendue aux citoyens de Naples ; les soldats français furent dispersés dans les cités d'Aversa, Nola, Capoue et Gaète, bien que leur présence dans Naples fût presque indispensable pour le siège des châteaux qui résistaient encore à cette époque. Quarante offices vacants furent distribués à des gentilshommes de la ville, dix autres à des plébéiens (4).

Le roi confirma aussi l'un des privilèges les plus précieux des Napolitains : privilège qui leur permettait de porter devant les tribunaux suprêmes de leur cité toutes les causes dans lesquelles ils étaient intéressés. Mais il ne voulut point consentir à ce que les magistrats qu'il aurait à nommer dans la ville se recrutassent uniquement parmi les docteurs napolitains, ainsi que le demandaient les habitants, sous le prétexte assez fondé que des nationaux « seraient plus experts que personne des constitutions, usages et coutumes du royaume ».

---

(1) Sanuto, 260-261.
(2) Archives de Naples, privilèges de la *Sommaria 32*, fol. 22, 26 février 1495. — Voyez aussi Ciarlante.
(3) Sanuto, 266.
(4) *Ibidem*, 245-248.

Charles répondit seulement que les anciennes coutumes seraient respectées. Les tribunaux de ses nouveaux états lui inspiraient, paraît-il, assez peu de confiance, et il pensait à y appeler quelques magistrats français. « Mon frère, écrivait-il au duc de Bourbon, le 28 mars, j'ay trouvé par deça la justice en si mauvais ordre, que pis ne pouvoit estre. Il me reste à trouver quelque nombre de gens clercz et savans pour la redresser, car ceulx du pays le désirent singulièrement. De ma part, je le veuil bien faire. A ceste cause, je vous prie, mon frère, enquérez-vous par delà quelz gens de robe longue il y a qui voulussent servir de par deça. Je désireroye singulièrement que le premier président de Bourgogne y vînt. Je luy donneroye l'office de protonotaire du royaume, qui est le chief du grant Conseil, à grant et honorable estat. Cela vault de gages par chacun an deux mille cent et quatre-vingtz ducatz. Vous lui en pourrez escripre oultre ce que je lui en escripz, et vous me ferez savoir par la poste de sa voulonté en toute diligence, et semblablement les noms de ceulx qui y voudront venir, pour que je puisse ordonner de leur fait et appoinctement (1). »

Cependant, cet appel adressé par Charles VIII aux magistrats français ne provenait pas d'une préférence irréfléchie pour ses compatriotes, mais du désir de faire triompher partout ces principes d'équité qui le guidaient dans chacun de ses actes. Un article spécial des *Capitoli* octroyés à la ville de Naples portait que le roi consentait à annuler toute concession indue de terres ou d'offices faite depuis son entrée dans le royaume. Charles, en effet, était d'une bonté qui allait quelquefois jusqu'à la faiblesse; il savait si peu refuser, qu'un Napolitain, qui le suivit depuis en France et qui nous a laissé de curieux mémoires, lui dit un jour, en plaisantant, que s'il eût été femme, son penchant à satisfaire tout le monde aurait mis sa chasteté en grand péril (2). A mesure que les terres s'étaient soumises à lui, il les avait rendues à leurs anciens seigneurs ou, si les familles angevines qui les avaient possédées étaient éteintes, il en avait fait des largesses aux Français qu'il voulait récompenser (3). Ceux-ci, généralement assez peu munis

---

(1) La Pilorgerie, 215.

(2) Boislisle, 260. — M. de Boislisle est le premier qui ait fait usage du curieux récit de Michel Riccio, et qui en ait publié des fragments.

(3) Sanuto, 261.

CAPITOLI ACCORDÉS A NAPLES.

d'espèces, demandaient à l'envi de ces belles terres qu'ils avaient hâte, de vendre à vil prix. Dans le désordre des premiers moments, on avait quelquefois disposé de biens dont les légitimes propriétaires existaient encore. D'autres avaient été purement et simplement occupés par des gens pressés, qui ne s'étaient point donné la peine de demander le consentement du roi. Mais Charles était encore plus juste que généreux; à peine arrivé à Naples, le 16 mars, il avait tenu sa promesse, en révoquant, par une mesure générale, toutes les concessions d'offices faites par lui ou par ses lieutenants avant son entrée dans sa capitale (1). Quant aux dons de terres, il suffisait que des irrégularités lui fussent signalées pour qu'il s'empressât de les réparer; les registres d'*Esecutoriali* conservés aux archives de Naples en font foi (2). Les Français, sans doute, n'eurent pas à se plaindre; presque tous obtinrent leur récompense sous forme de titre, de fief, d'office ou de pension. Pour ne citer que ceux qui avaient joué un rôle principal dans l'expédition de Naples, Étienne de Vesc, que Commines accuse si maladroitement d'avoir fait l'entreprise pour gagner un duché, en reçut deux : ceux d'Ascoli et de Nola, ainsi que les comtés d'Avellino et d'Atripalda; d'Aubigny eut le marquisat d'Yraccia; M. de Bresse, la principauté de Squillace, qui appartenait au fils du Pape, don Geoffroy, réfugié à Ischia ; Perron de Baschi, le comté de Sarno; Pierre Briçonnet, général de Languedoc, frère du cardinal, ceux de Martina et de Francavilla; Clérieux, le marquisat de Cotrone; M. de Ligny, le comté de Conversano; le bailli de Dijon, ceux d'Arena et de Stilo. Il n'y eut pas jusqu'aux archers et jusqu'aux plus humbles officiers de l'hôtel du roi qui n'eussent leur part de la conquête (3).

Les Italiens qui avaient aidé les Français furent également récompensés. Dès qu'il avait su l'entrée du roi à Naples, Ludovic le More s'était hâté de réclamer son duché de Bari et son comté de Rossano, confisqués par les Aragonais; Charles, qui ne devait pourtant plus avoir beaucoup d'illusions sur le compte du duc de Milan, n'hésita pas à les lui restituer (4). Le comte de Cajazzo fut également réintégré dans le

---
(1) Boislisle, p. 245.
(2) *Ibidem*, p. 118, note 1. — Sanuto (p. 245) cite une irrégularité de ce genre, qui fut réparée au profit du prince de Salerne.
(3) Boislisle, 107-109.
(4) Sanuto, 249.

fief dont il portait le nom. L'abbaye du Mont-Cassin fut donnée à La Rovère. Les Colonna obtinrent plus de trente châteaux : Fabrice reçut la confiscation de Virginio Orsini; Prosper, le duché de Traetto, Fondi et les autres terres des Conti et des Cajetani. Cependant, il ne faudrait pas croire que les Napolitains fussent oubliés : les princes de Salerne et de Bisignano, le duc de Melfi, reprirent possession de leurs terres et de tous leurs privilèges. Non seulement le roi tint la promesse qu'il avait faite aux Angevins, non seulement il leur rendit leurs domaines en y ajoutant souvent de nouveaux dons, mais les seigneurs aragonais eux-mêmes eurent part à ses largesses : les Caraffa, qui tenaient de la maison d'Aragon quarante mille ducats de revenu, furent si bien traités, que Commines, dans son parti pris d'incriminer tout ce qui a été fait à Naples, prétend qu'ils le furent mieux que tous les Angevins(1). La générosité de Charles VIII alla jusqu'à lui faire donner à ses anciens ennemis des commandements dans son armée (2). Les bannis génois eux-mêmes, Obietto de Fiesque, le vaincu de Rapallo, et son oncle le cardinal de Gênes, admis à faire leur paix avec le vainqueur, eurent également part à ses faveurs. Les fiefs vacants n'auraient pas suffi à toutes ces largesses; aussi le roi y mploya-t-il presque tout le domaine de la couronne. Il ne garda que Naples et douze autres villes (3), et cependant il trouvait, dans les offices qu'il pouvait distribuer; une ample matière à ses libéralités.

Il semble que les institutions napolitaines, en général, n'aient pas été modifiées pendant l'occupation française. Seulement, la plupart des personnages mis à la tête du gouvernement furent des Français. Les membres du conseil du roi, MM. de Saint-Malo et de Bresse, Étienne de Vesc, Gié, La Trémoïlle, d'Aubigny, Montpensier, Ligny, Myolans et le président de Ganay, eurent la haute direction des affaires (4); bientôt leur nombre s'augmenta d'un Napolitain, le célèbre écrivain Gioviano Pontano, l'ancien secrétaire de Ferrand, qui n'avait pas suivi son maître à Ischia. C'était sur l'avis de ces conseillers que Charles avait tout d'abord supprimé 260 000 ducats d'impôts (5). Dès l'origine,

(1) Commines, II, 397.
(2) Michel Riccio, dans Boislisle, *Étienne de Vesc*, p. 261.
(3) Sanuto, 261.
(4) Boislisle, 113.
(5) Voyez plus haut, p. 566.

le roi avait désigné Montpensier pour exercer, en son absence, la lieutenance-générale du royaume; il lui donna encore la vice-royauté de Naples, et confia celle de Calabre à d'Aubigny, et celle de Pouille à L'Esparre. La plupart des grands officiers étaient aussi des Français (1). Mais, au-dessous des hautes fonctions qu'ils exerçaient, presque toutes les places furent remplies par des Napolitains; la composition du premier tribunal de l'état, le Conseil sacré, auquel ressortissaient toutes les cours du royaume, en est une preuve. Malgré le peu de confiance qu'inspiraient au roi les magistrats napolitains, on n'y comptait, sur treize membres, que deux ou peut-être trois Français, et cinq des membres nationaux en avaient déjà fait partie sous les Aragonais (2). Ainsi se trouve encore démentie une de ces affirmations sans preuves lancées par Commines, et toujours répétées depuis, même par les Français : « A nul ne fut laissé office ne estat..... Tous estatz et offices furent donnez aux François, à deux ou à trois (3). » Il est certains registres de la chancellerie de Naples où l'on trouve, presque à chaque page, la trace des confirmations et des

(1) Il est fort difficile d'établir la liste des titulaires des sept grands offices de Naples pendant l'occupation française; plusieurs de ces offices restèrent d'ailleurs vacants. Voici quelques indications que nous avons recueillies sur cette matière :

Grand connétable : d'Aubigny. (Commines, II, 428.)

Grand justicier. — Notar Giacomo dit que, lors du couronnement de Charles VIII, on vit à ses côtés *Bonpensere per justicere*, ce qui pourrait faire croire que M. de Montpensier ne faisait que remplir ce jour-là les fonctions de justicier, sans être réellement titulaire de cette charge, dont un bulletin, publié par M. de la Pilorgerie, lui donne formellement le titre (p. 279).

Grand amiral : le prince de Salerne (Notar Giacomo, 190). — Cette charge est, je ne sais pourquoi, attribuée à Étienne de Vesc par Sanuto (246), et par un bulletin publié par M. de la Pilorgerie (p. 200).

Grand chambellan : Étienne de Vesc (Boislisle, 111, note 3).

Grand protonotaire. — Charles pensait à donner ces fonctions au président de Bourgogne (voyez plus haut, p. 568). Ce ne fut qu'au moment de son départ qu'il chargea Jean Rabot de les exercer provisoirement (Godefroy, Preuves, 717); aussi Rabot n'est-il qualifié que de *rector protonotarii officii* dans Toppi (*De origine tribunalium urbis Neapolis*, II, 159).

Grand sénéchal. — Deux bulletins (La Pilorgerie, 209 et 281) attribuent à M. de Précy le titre de grand sénéchal, que Sanuto (246) donne tantôt au comte de Ligny, tantôt (606) à Précy, et qui, d'après une pièce citée par M. de Boislisle (210, note 2), aurait été porté par François d'Alègre.

Grand chancelier. — Le chancelier fut Jacques Carraciolo, comte de Brienze (Boislisle, 134); mais ses fonctions avaient été un instant remplies par le dauphinois Jean Fléard (Toppi, II, 242).

(2) Toppi, *De origine tribunalium*, II, 400.

(3) Commines, II, 397.

concessions d'offices accordées par Charles VIII à ses nouveaux sujets (1). Florimond Robertet, qui dirigeait la secrétairerie royale, ne cessait de faire expédier des actes de ce genre (2). On s'imagine facilement ce que dut être l'activité de ses bureaux à cette époque, les affaires de toute espèce passant, en effet, « par la court de chancellerie chez le roy comme au royaulme de France (3) ». Or, bien des questions restaient à résoudre à la suite des temps troublés que l'on venait de traverser : c'étaient, outre des injustices à réparer, des privilèges de villes à confirmer ou à octroyer, le commerce à rétablir et à protéger (4). Il n'y eut pas jusqu'aux Juifs, si maltraités par le peuple de Naples, qui ne ressentissent les heureux effets du nouvel ordre de choses. Charles maintint la taxe générale extraordinaire dont Alfonse les avait frappés, mais il prétendit les défendre contre ses propres soldats. Il donna l'ordre de restituer tout ce qui leur avait été injustement enlevé ; il annula tous les contrats qu'on leur avait extorqués ; enfin, il fit mettre en liberté quelques israélites détenus sans motifs par les Français (5).

Quant au clergé, Charles n'avait pas négligé de tenir ses promesses envers lui. L'archevêque de Naples s'était vu maintenir tous les privilèges concédés à ses prédécesseurs par les Angevins (6). Les monastères rentraient dans les biens que leur avaient enlevés les Aragonais (7).

Certes, il n'y eut pas trop de trois mois pour mener à bonne fin le siège des châteaux, dont le roi dirigea lui-même les opérations, et pour régler toutes les affaires intérieures. Il faut, en vérité, tout le fiel d'un Commines pour accuser Charles VIII de n'avoir pensé qu'à

---

(1) Voyez par exemple, aux Archives de Naples, le registre *Esecutoriali*, 1495, n° 11 (ancien X), fol. 43-44, 45, 60, 65, 66, 70 v°, 71 v°, 73, 78, 92 v°, 93, 109, 114 v°, 130, 133, 135 v°, 146, 153 v°, 156, etc.
(2) Sanuto, 245.
(3) *Vergier d'honneur*, 348.
(4) Boislisle, 248.
(5) 4 avril 1495, et 24 mars 1495 (Archives de Naples, *Reg. privilegiorum della Sommaria*, 1494-95, novo n° 32, *Commune*, 36, fol. 144.)
(6) *Privilegiorum della Sommaria*, 1494, novo n° 32, fol. 2 et 3.
(7) Archives de Naples : diplomes originaux en faveur de S. Martino, 2662, 2704, 2711, etc.; de S.-Severino et S.-Sosia, 2667 et 2706; de S.-M. de Monte-Oliveto, 2702; de S.-Pierre *ad aram*, 2709 *bis* et suivants; de S. Pierre martyr, 2712, 2718; de S. Jean *a Carbonara* 2713, etc., etc.

Christ au tombeau, de Guido Mazzoni, dit le Modanino, au Monte Oliveto de Naples.
Les quatre premières figures sont les portraits de Sannazaro, Pontano, Alfonse II et Ferrand, duc de Calabre.

« passer temps (1) ». Cependant, ces graves occupations ne l'empêchaient pas de jouir de tous les charmes de sa conquête. La beauté du pays, la douceur du climat, le séduisaient moins encore que la splendeur des palais napolitains et que les merveilles de toute sorte qui y étaient réunies (2). Le *Poggio Reale* lui plaisait particulièrement; ce fut là qu'il se fit transporter lorsque, peu de temps avant la prise du château de l'Œuf, il fut surpris, en pleine tranchée, par les premiers symptômes d'une fièvre éruptive, due peut-être aux fatigues qu'il s'imposait. Trois jours de repos suffirent à le remettre sur pied, et Charles lui-même put bientôt faire part, à son beau-frère, de sa prompte guérison en des termes dont la gaieté fait penser aux lettres de Henri IV. « Mon frère, écrivait-il au duc de Bourbon, je vous advertiz que pour habillier mon visage, il ne suffisoit pas que j'eusse eu la petite vérole, mais j'ai eu la rougeole, de laquelle, Dieu mercy, je suis guéry (3). »

Autour de lui se pressait une cour jeune et galante, fière de ses triomphes, enrichie des récentes libéralités royales, avide de plaisirs, mais surtout passionnée pour le jeu. La Trémoïlle qui n'y allait jamais de main morte, qu'il s'agît de guerre ou d'autre chose, ne perdit pas moins de neuf cents écus dans le seul mois de mars (4). Le roi, qui le prenait souvent pour partenaire, partageait son ardeur pour ce genre de plaisir; il « jouait au flux près des canons » pendant le siège du château de l'Œuf, et ne cessa, depuis la prise de la forteresse, de se livrer à sa distraction favorite. Toutefois, ces faciles amusements ne faisaient pas oublier aux seigneurs français ce qui était pour eux le plaisir suprême : le 29 mars, de grandes joutes, qui devaient durer dix jours, furent solennellement annoncées pour le 22 avril (5). Beaucoup, cependant, se laissaient déjà prendre aux

---

(1) Commines, II, 426.
(2) Il va sans dire que nous n'avons pas à parler ici des sentiments éveillés chez les Français par la vue des chefs-d'œuvre de toute sorte au milieu desquels ils se trouvaient transportés, et de l'influence que ces chefs-d'œuvre ont pu exercer sur ce que l'on a appelé la Renaissance française. M. le duc de Chaulnes avait jugé que cette question si importante devait être traitée séparément; nous nous bornerons donc à renvoyer le lecteur au livre de M. Müntz : *La Renaissance en Italie et en France à l'époque de Charles VIII*, dont le nôtre n'est que le modeste pendant.
(3) La Pilorgerie, 215, 221. — Sanuto, 263.
(4) Comptes de Chazerat; communiqués par M. le duc de la Trémoïlle.
(5) La Pilorgerie, 211. — *Vergier d'honneur*, 348-349.

luxueuses habitudes italiennes. On avait trouvé dans le Château-Neuf d'énormes quantités d'étoffes précieuses, et plus d'un Français avait quitté son habit de drap pour parader, dans les rues de Naples, vêtu de soie et d'or (1).

C'était surtout parmi les soldats que se faisait sentir l'énervante influence de ce beau pays, toujours funeste aux armées étrangères qui y ont séjourné. Plus heureux néanmoins que les guerriers d'Annibal, ils surent montrer à Fornoue une vigueur que les Carthaginois n'avaient jamais pu reconquérir. Réduits à l'oisiveté, ils trouvaient, dans l'abondance et le bon marché des vins, l'occasion de faciles débauches. Tout autour de la place du Môle, les vivandiers français avaient, au grand détriment des cabaretiers du pays, ouvert des tavernes que les soldats fréquentaient de préférence (2). Faut-il croire, comme l'insinue Sanuto, que dans ces orgies « Vénus fit cortège à Bacchus » ? Sans doute, et c'est l'historien vénitien lui-même qui le rapporte, une foule de courtisanes suivaient l'armée; mais le fait même de leur présence ne rend-il pas invraisemblables les accusations de violence contre les femmes du pays, les calomnies de commande que la Seigneurie de Venise répandait sur le compte des Français, et que Sanuto ne manque pas de répéter (3)? On pourrait d'ailleurs y opposer le témoignage tout contraire de Michel Riccio, témoignage émané, sans doute, d'un partisan des Français, mais qui concorde trop bien avec les textes formels que nous avons cités ailleurs pour être négligés. « Le roi et les siens, dit le magistrat napolitain, s'abstinrent à ce point de tout outrage envers les femmes, que, dans l'espace de trois mois, et parmi cette multitude de soldats répandus dans Naples et dans les environs, il n'y eut qu'un seul attentat à la pudeur, et ce fut sur la personne d'une servante, attentat dont l'auteur fut, sur l'ordre du roi, mis à mort sans miséricorde. Ceux-là donc mentent effrontément qui accusent les Français de n'avoir pas respecté l'honneur des femmes. Dieu m'est témoin que j'ai bien souvent entendu les Napolitaines s'étonner de ce que les Français fuyaient leur aspect. C'était là, certainement, le résultat d'un ordre du roi, qui veillait à l'honneur de tous (4). »

(1) Sanuto, 250. — (2) *Ibidem*, 240. — (3) *Ibidem*, 344-345.
(4) Michel Riccio, dans Boislisle, *Étienne de Vesc*, p. 260.

Toutefois, s'il n'est pas probable que, pendant leur séjour à Naples, les troupes se soient portées à des violences qu'elles n'avaient commises nulle part jusqu'alors, on ne s'étonnera pas qu'elles n'aient pas su résister aux séductions d'un certain genre qu'elles devaient rencontrer dans l'une des villes où les mœurs ont, de tout temps, été le plus corrompues. Ceux qui succombèrent en furent cruellement punis. C'est de cette époque, en effet, que date la propagation de ce terrible fléau appelé *Mal de Naples* par les Ultramontains, *Mal français* par les Italiens, fléau que l'on a dit rapporté du Nouveau-Monde par les compagnons de Christophe Colomb, mais dont l'existence en Italie plusieurs années avant la découverte de l'Amérique est aujourd'hui un fait prouvé (1). Les Suisses, qui étaient toujours les plus mauvais sujets de l'armée, en souffrirent plus que les autres soldats; un historien, leur compatriote, va jusqu'à prétendre que sur 8 000 enfants des Cantons qui suivirent Charles VIII, 148 seulement revirent leur patrie, *morbo vero Gallico plerisque absumptis* (2).

Charles, qui sur les bords du Rhône, presque sous les yeux d'Anne de Bretagne, s'était laissé vaincre par les attraits « d'aulcunes dames Lyonnoises, » ne pouvait pas rester insensible aux beautés des Napolitaines. Son penchant à la galanterie n'était un mystère pour personne, et la femme d'un des principaux seigneurs angevins, la duchesse de Melfi, résolut d'en tirer parti. Elle avait, d'un premier mariage, une fille, Léonore de Marzano, aussi remarquable par ses charmes que par ses talents. Le père de Léonore, de qui elle se trouvait être l'unique héritière, avait jadis reçu d'Alfonse la confiscation du comté de Celano; mais le légitime propriétaire, Roger, comte de Celano, revenu avec Charles VIII, s'était hâté de rentrer en possession de son bien. La duchesse n'avait cependant pas perdu l'espoir de reconquérir l'héritage de sa fille. Son mari actuel, Trojano Caracciolo, fils de ce Jean Caracciolo, duc de Melfi, mort prisonnier des Aragonais, s'était vu confirmer sans difficulté dans tous ses biens (3); mais cette fois il s'agissait de dépouiller un Angevin. Léonore fut pré-

---

(1) Cipolla, 712.
(2) *Henrici Sviceri chronologia Helvetica*, sub anno 1494-1495, dans les *Scriptores de rebus Helvetiarum*, Tiguri, Orell, 1735, in-fol.
(3) Archives de Naples, *Privilegi della Sommaria*, 1494-95, novo n° 32, fol. 1, 2 et 4.

sentée au roi par sa mère. Elle montait à cheval avec une hardiesse toute virile; un jour, au Poggio Reale, elle étonna toute la cour par la grâce et l'adresse avec laquelle elle mania, non point une paisible haquenée, mais un puissant coursier de Pouille. Ni les airs de manége les plus compliqués, ni les sauts les plus dangereux ne la faisaient hésiter. « Laquelle chose, dit l'auteur du *Vergier d'honneur*, estoit merveilleuse à veoir d'une fille faire ces choses si courageuses (1), et cuyde que, au siège de Troye la Grant, les dames qui vindrent au secours desditz Troyens n'eussent sceu faire la centiesme partie des choses qu'elle faisoit (2). » Rien ne plaisait plus au roi que ce genre de talent, auquel Galéaz de San-Severino avait dû jadis la meilleure part de sa faveur. Éperdument épris, n'écoutant que sa passion, le roi enleva Celano au comte Roger et le rendit à la belle écuyère, qui passa bientôt pour sa maîtresse reconnue (3).

Cet amour ne fut pas le seul, paraît-il. Abstraction faite de la faute politique qu'il fit commettre à Charles VIII, il n'avait par lui-même rien qui fût en désaccord avec les mœurs des princes italiens de ce temps. On n'a donc pas lieu de croire qu'il fût pour quelque chose dans une conspiration qui se serait tramée à Naples, avant la fin de mars, contre les jours du roi de France. Un moine découvrit à temps le complot; deux des conjurés furent arrêtés. Sanuto, qui extrait ces détails d'une lettre adressée à la Seigneurie, néglige de dire à quel parti appartenaient les assassins (4).

Il est certain, d'ailleurs, qu'une réaction contre Charles VIII commençait à se produire à Naples même. Le peuple perdait de son enthousiasme des premiers jours; mis en goût par la générosité de son nouveau maître qui, nous l'avons dit, avait dès le début considérablement allégé le poids énorme des taxes aragonaises, il semble qu'il se fût cru désormais exempté de tout impôt, et il se refroidit beaucoup lorsque Charles réclama le payement des droits sans lesquels aucun état ne saurait subsister. A défaut des barbaries inadmissibles rapportées par Sanuto, certains désordres avaient dû se produire par-

---

(1) Nous proposons cette correction, au lieu de la leçon évidemment fautive, *oultrageuses*.
(2) *Vergier d'honneur*, 348. — Voyez aussi p. 341.
(3) Sanuto, 261. — Commines, 397.
(4) Sanuto, 267.

mi les soldats, chez qui la discipline se trouvait d'autant plus relâchée que leur paye était plus irrégulière. Le roi d'ailleurs les avait punis sévèrement en faisant pendre six des coupables (1). En outre, la fierté des vainqueurs, qui, prisant avant tout les qualités militaires, regardaient à peine comme des hommes les fils d'une nation qu'ils avaient soumise avec si peu d'efforts (2), contribua peut-être plus que tout le reste à mécontenter ce « peuple connu, entre tous ceux de l'Italie, pour son inconstance et son engouement pour tout ce qui est nouveau, choses ou maîtres (3) ». La libéralité même du vainqueur, qui par les *capitoli* signés lors de son entrée à Naples, avait rendu à la faction populaire tous les droits dont elle avait été privée par les Aragonais, était pour la noblesse une cause de désaffection (4).

Les seigneurs aragonais, ceux surtout que Charles VIII avait eu la générosité d'accueillir, le comte de Brienze entre autres, encourageaient ces sentiments. Tout en acceptant les largesses du prince français, ils ne cessaient d'être en rapport avec Ferrand. Le fils d'un marchand de bois, Thomas de Mercugliano, leur servit d'intermédiaire. Perdu de dettes, ne pouvant que gagner à un changement quelconque, il allait et venait entre Ischia et la terre ferme. Un certain manchot, Jacques Guindacci, son correspondant à Naples, avait été, avec lui, le premier promoteur du complot. D'abord restreinte à quelques hommes de basse condition, qui n'avaient d'autre but que de dépouiller les Français et leurs partisans aussitôt que paraîtraient les vaisseaux de Ferrand, la conjuration ne tarda pas à s'étendre. Plusieurs seigneurs y entrèrent; cependant, ils n'osaient pas mettre leurs projets à exécution tant que Charles VIII était là. Ils comptaient seulement livrer un certain nombre de places à l'ancien souverain dès que le conquérant aurait quitté le royaume (5). On savait, du reste, que cette époque était prochaine, le roi de France ayant lui-même déclaré depuis longtemps ses intentions.

(1) Sanuto, 345, 367.
(2) Commines, II, 397.
(3) Guichardin, livre II.
(4) Volpicella, préface de l'édition des *Diurnali di Giacomo Gallo*, p. 4.
(5) Michel Riccio, fol. 10 r° et suivants du manuscrit.

CHAPITRE VIII.

LA LIGUE DE VENISE.

Projets de retour en France. — Commencement d'exécution donné aux projets de Charles VIII sur l'Orient. — Mort de Djem. — Relations de Venise avec les Turcs. — Charles VIII persiste dans ses projets de croisade. — Effroi causé par les succès du roi. — Venise, centre des négociations de la ligue. — Rôle de Commines. — Le cardinal Briçonnet à Florence, à Pise et à Rome. — Le comte de Saint-Pol à Rome. — Conclusion de la ligue de Venise. — Communication en est faite à Commines, puis à Charles VIII. — Charles VIII et Maximilien. — Mission de Jean Bourdin à Venise. — Le retour en France est décidé. — Joutes à Naples. — Entrée solennelle de Charles VIII. — Envoi de M. de Bresse à Rome. — Charles VIII quitte Naples.

Ludovic avait dit vrai quand il avait assuré aux Vénitiens que Charles VIII reviendrait

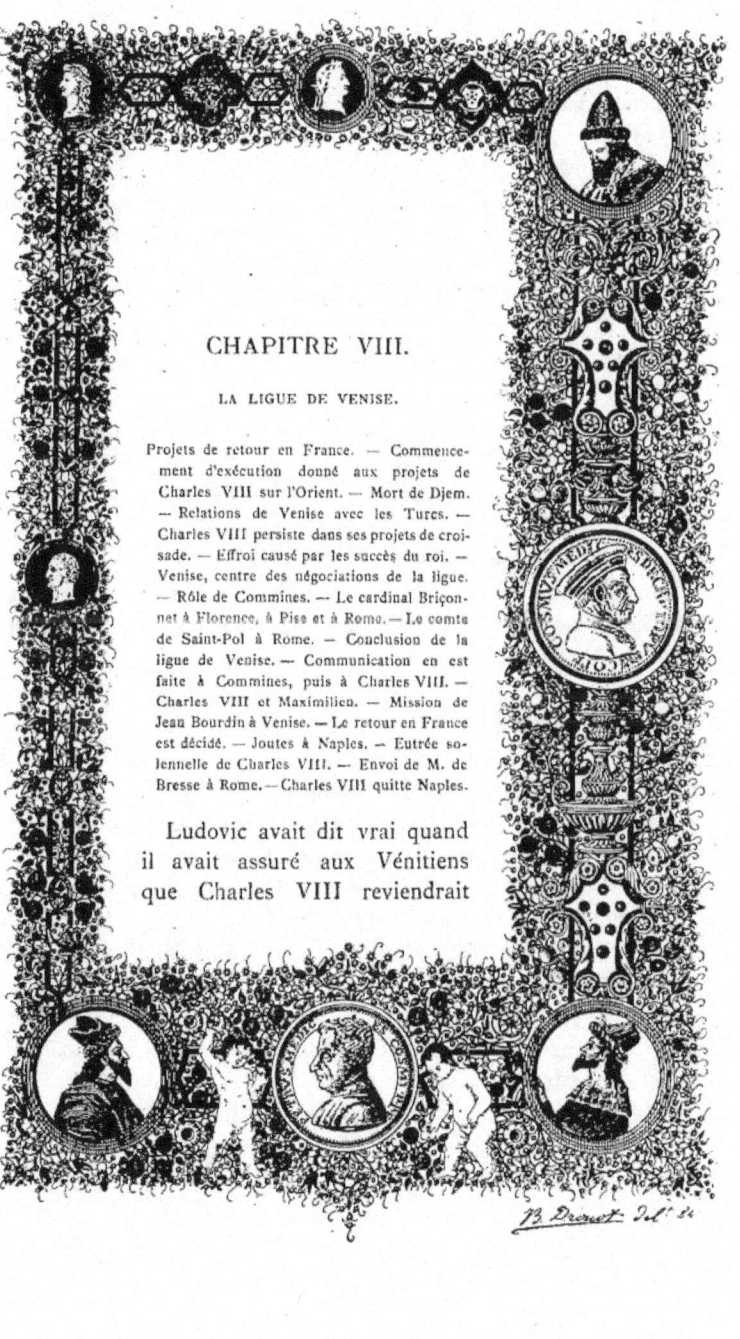

dès que les frontières de France paraîtraient menacées. Quatre jours après avoir congédié Fonseca et D'Albeon dans les termes que l'on sait, avant même d'avoir quitté les États pontificaux, le roi, prévoyant déjà les conséquences de sa rupture avec l'Espagne, avait exprimé l'intention de repasser les Alpes aussitôt qu'il aurait ceint la couronne de Naples (1). Seulement, le duc de Milan s'était trompé dans ses calculs lorsqu'il avait cru que le roi négligerait d'achever auparavant sa conquête. Le royaume une fois occupé, il fallait en assurer la défense. D'ailleurs, la nouvelle attitude des puissances italiennes ne permettait plus de compter sur leur concours pour l'accomplissement des projets de Charles VIII. De toute façon, de nouveaux subsides et de nouvelles troupes devenaient indispensables. Les Français ne se souciaient d'accorder ni les uns ni les autres (2), et la présence du souverain qui pouvait seul les y contraindre était réclamée par la reine et par le duc de Bourbon.

Mais, si dans l'entourage du roi tout le monde était d'accord sur la nécessité de ce retour, on s'entendait beaucoup moins sur le chemin par lequel il devait s'exécuter. Les uns voulaient que ce fût par mer. Pierre de Médicis, qui obsédait les Français de ses demandes de restauration, souhaitait que ce fût par Florence. La Rovère inclinait pour Rome, où l'on pourrait, au passage, détrôner Alexandre VI. Le cardinal de Gênes et Obietto de Fiesque, maintenant réconciliés avec Charles VIII, le suppliaient de venir à Gênes. Trivulce, dans son implacable haine contre Ludovic le More, recommandait la route de Lombardie. Seul, le cardinal de Gürck insistait pour que l'on ne rentrât pas en France sans avoir passé par Constantinople (3). Du reste, les projets de retour du roi n'impliquaient nullement qu'il eût renoncé à la croisade. Celle-ci tenait toujours la même place dans ses préoccupations; il pensait toujours à la réaliser, une fois qu'il en aurait assuré les moyens. Les ambassadeurs vénitiens ne s'y trompaient pas, et ils écrivaient dans ce sens à leur gouvernement (4).

Contrairement à tout ce qu'on a dit, les préparatifs les plus réels

(1) Charles VIII à Jean Bourré. Ferentino, 6 février 1495. Publié par M. Marchegay, dans sa troisième notice sur Jean Bourré.
(2) Sanuto, 266.
(3) *Ibidem*, 267.
(4) *Ibidem*, 231.

avaient été faits dès cette époque pour la guerre contre le Turc. Le séjour de Charles VIII à Casal n'avait pas été une simple marque de la protection accordée par le roi au jeune marquis de Montferrat. Constantin Arniti, de la famille des Comnène, oncle et conseiller de la marquise régente, avait encore de nombreuses attaches avec la Serbie, la Macédoine et les pays du littoral de l'Adriatique. Ce fut à lui et à l'archevêque de Durazzo que fut confié le soin de soulever les populations chrétiennes de ces régions. La révolte une fois déclarée, il eût été facile aux troupes françaises, maîtresses du royaume de Naples, de débarquer à Avlone que soixante milles à peine séparaient de la côte d'Otrante, et, grâce à l'influence de Djem sur les musulmans de la péninsule hellénique, on aurait vu bientôt Bajazet réduit à la dernière extrémité. Tout était en bon chemin : les chrétiens grecs s'agitaient; les préparatifs avaient été faits à Venise même, dans le plus grand mystère. Il fallait, en effet, se méfier de la Seigneurie qui, malgré les apparences, entretenait avec les Turcs des rapports secrets non moins intimes que le Pape ou les derniers rois aragonais de Naples. Déjà Constantin, après être resté plusieurs jours caché dans la maison de Commines, avait pris la mer; il croisait à quelques lieues de la côte turque, attendant l'archevêque qui devait le rejoindre avec un grand chargement d'armes destinées aux insurgés. Mais celui-ci s'attardait à Venise, en dépit des conseils de Commines qui redoutait ses imprudences de langage. Ce retard fit tout avorter (1).

Un événement funeste pour les projets du roi en Orient venait de se produire au palais de Capuana, presque sous les yeux de Charles VIII. Djem, malade depuis son départ de Rome, venait de mourir, le 25 février, et avec lui disparaissait le principal élément du succès de la croisade. Charles ne le comprenait que trop : la douleur qu'il en ressentit, les précautions qu'il prit pour dissimuler le plus longtemps possible la mort de son prisonnier, montrent combien il avait à cœur la guerre contre les Infidèles. Les bonnes relations d'Alexandre VI avec Bajazet firent supposer que le prince turc avait été empoisonné avant d'être livré au roi de France; les Français ne furent pas les seuls à le dire, mais le fait est loin d'être prouvé (2).

(1) Commines, II, 400-402.
(2) Cherrier, II, 135. — Romanin, V, 61, n. 2. — A. M. de Boislisle, *Étienne de Vesc*, p. 120.

Dès que la mort de Djem fut connue à Venise, la Seigneurie se hâta d'en informer Bajazet. Afin d'être plus sûre que personne ne se créerait à la reconnaissance du Sultan des titres antérieurs aux siens en lui communiquant une aussi heureuse nouvelle, elle avait ordonné de ne laisser sortir de la lagune aucun navire autre que celui qui portait son messager. Le malheur voulut que l'archevêque de Durazzo choisît précisément ce jour-là pour se mettre en route. Son vaisseau fut arrêté, sa mission découverte, lui-même fut jeté en prison, et ne fut délivré, sur les instances de Commines, que lorsque les Vénitiens eurent averti les commandants des ports turcs d'avoir à se tenir sur leurs gardes. Constantin, désormais sans appui, serait tombé aux mains des Infidèles, si, prévenu à temps, il n'avait pu se réfugier en Pouille (1).

La Seigneurie ne s'était pas exagéré la joie que devait causer à Bajazet la nouvelle qu'elle allait lui transmettre; mais, pour en tirer tout le parti qu'il espérait, il fallait que le Sultan pût montrer à ses sujets le cadavre de Djem. Un ambassadeur fut envoyé à Naples pour essayer de l'obtenir; il devait offrir en échange au roi très chrétien les plus précieuses de ces reliques qui servaient comme de monnaie courante dans les rapports entre les sultans et les princes occidentaux. Charles ne voulut rien entendre (2). Malgré le retard forcé que la mort de Djem et l'accord des Vénitiens avec les Musulmans apportaient à la guerre contre le Turc, il continuait encore à s'occuper de la préparer. Le cardinal Raymond Péraud ne cessait, d'ailleurs, de l'y encourager. De nouveaux et pressants appels étaient adressés au grand-maître de Rhodes pour qu'il vînt apporter au roi le concours de son expérience; des intelligences étaient nouées avec le soudan d'Égypte; des ordres avaient été expédiés pour l'équipement d'une grosse flotte. On continuait à échauffer les esprits en publiant les nouvelles qui pouvaient faire espérer un soulèvement en Orient. Enfin, par le cardinal de Gürck et par les ambassadeurs qui allèrent à Rome réclamer l'investiture de Naples, Charles sollicita deux fois le concours pontifical pour cette croisade, qu'Alexandre VI lui avait tant de fois prêchée depuis deux ans. Le Pape répondit en

---

(1) Commines, II, 400-403. — Kervyn de Lettenhove, II, 175.
(2) Sanuto, 348-350.

demandant le corps de Djem, valeur négociable dont Bajazet offrait un bon prix (1). Il était lui-même un des adhérents de la ligue qui se formait alors contre le roi de France, et qui, en l'obligeant à consacrer toutes ses forces à la défense de son royaume et même de sa sûreté personnelle, recula de plusieurs siècles la ruine de l'empire turc.

L'étonnement des puissances italiennes, déjà si grand lors de l'entrée de Charles VIII à Rome, fut porté à son comble par la rapide conquête du royaume de Naples. A Venise, on affecta, comme toujours, de s'en réjouir avec Commines; cependant on ne put s'empêcher de lui faire remarquer que les châteaux de Naples tenaient encore et qu'ils étaient de force à résister longtemps. Au fond, la Seigneurie gardait encore l'espoir de conclure la ligue générale avant que les châteaux fussent réduits à capituler; aussi quand, au bout de quelques jours, on apprit la reddition des forteresses, la déception fut si grande parmi les membres du gouvernement vénitien, qu'ils en parurent un moment comme accablés. Le sire d'Argenton nous a laissé de cette journée un de ces saisissants récits qui font regretter que ses facultés diplomatiques n'aient pas été à la hauteur de son talent d'écrivain. « Ilz m'envoyèrent quérir derechief à ung matin, et les trouvay en grant nombre, comme de cinquante ou de soixante, en la chambre du prince qui estoit mallade de la colicque ; et il me compta ces nouvelles, de visaige joyeulx ; mais nul en la compaignie ne se scavoit faindre si bien comme luy. Les ungz estoient assis sur ung marchepied des bancs et avoient la teste appuyée entre leurs mains, les aultres d'une aultre sorte, tous demonstrans avoir grant tristesse au cueur : et croy que quant les nouvelles vindrent à Romme de la bataille perdue à Cannes contre Hannibal, les sénateurs qui estoient demourez n'estoient pas plus esbahys ne plus espoventez qu'ilz estoient : car ung seul ne feit semblant de me regarder, ny ne me dict ung mot que luy, et les regardoye à grant merveille (2). »

Charles VIII devenait trop grand ; l'effroi rapprocha toutes les puissances. Depuis le 15 février, l'ambassade allemande, conduite par

---

(1) La Pilorgerie, 208, 216-217. — Sanuto, 259, 277, 279. — Schneider, *Die kirchliche und politische Wirksamkeit des Legaten Raimond Peraudi*, 208.

(2) Commines, II, 418.

l'évêque de Trente, était arrivée à Venise; elle avait parlé d'alliance, mais la Seigneurie ne voulait entrer que dans une ligue générale, sur les conditions de laquelle on était loin d'être d'accord (1). Ce fut Ludovic qui, le premier, sentit qu'il fallait se hâter de conclure. Le jour même où il avait appris l'entrée de Charles VIII à Naples, pendant que par son ordre les cloches de Milan sonnaient à toute volée en signe de réjouissance publique, il communiquait aux ambassadeurs vénitiens « la mauvaise nouvelle » qu'il venait de recevoir, et il insistait sur la nécessité de ne plus perdre un instant (2). En même temps qu'il écrivait à Commines, pour l'assurer que « personne au monde ne se réjouissait plus que lui des succès du roi de France », ne se plaignant que du retard que l'on avait mis à lui en envoyer la notification officielle (3), il expédiait à Venise l'évêque de Côme et Bernardin Visconti. Ceux-ci arrivèrent le 4 mars, et, tout aussitôt, ils commencèrent à négocier.

Ce furent d'abord des conférences secrètes, qui se tinrent pendant la nuit et auxquelles, pour moins se compromettre, les divers ambassadeurs se firent représenter par leurs secrétaires. Commines eut vent de ces conciliabules; il sut que l'orateur napolitain y portait des paquets de lettres de son maître, et que les envoyés allemands devaient régler leur conduite d'après les inspirations de Ludovic. Les Milanais, qu'il essaya de faire parler, cherchèrent à lui faire croire que leur mission n'était que la réplique obligée à l'ambassade vénitienne envoyée pour féliciter Ludovic de son avènement au trône ducal; ils prétendaient ne pas savoir ce que venaient faire les ambassadeurs espagnols et allemands, et affectaient de demander à Commines s'il pourrait les renseigner sur ce point. Le sire d'Argenton pouvait d'autant moins croire à leur ignorance, que la conduite du gouvernement vénitien à son égard commençait à éveiller ses soupçons.

L'ambassadeur français se trouvait dans une situation assez étrange. Ne recevant aucune communication de son gouvernement, il n'avait pas eu de rapports officiels avec la Seigneurie depuis son audience solennelle, et son rôle s'était réduit à celui d'observateur. Il était le

---

(1) Ulmann, 282.
(2) Romanin, V, 66.
(3) Kervyn de Lettenhove, II, 169.

premier à en ressentir un certain embarras, et il ne dut pas être très surpris lorsqu'on lui fit savoir officieusement qu'il serait peut-être mieux à sa place auprès de Charles VIII, qu'il pourrait aider de ses conseils. Le sire d'Argenton répondit qu'il ne s'éloignerait pas sans l'ordre du roi, ou sans celui de la République, jugeant que l'on voulait se débarrasser de lui pour négocier plus à l'aise avec les représentants du roi d'Espagne et du roi des Romains. Quelques sommes d'argent habilement placées lui permirent de se convaincre que l'on travaillait à former une ligue générale, dont les premiers articles étaient arrêtés en principe. Les choses étaient tellement avancées, que l'orateur français crut nécessaire de laisser voir aux Milanais qu'il n'était pas leur dupe. Ceux-ci nièrent avec de « grans sermens », mais leur mensonge était évident.

« Le lendemain, dit Commines, aliay à la Seigneurie leur parler de ceste ligue et dire ce qu'il me sembloit servir au cas : et, entre autres choses, je leur dis que en l'allyance qu'ilz avoient avec le roy, et qu'ilz avoient eue avec le feu roy Loys son père, ilz ne povoient soustenir les ennemys l'ung de l'aultre, et qu'ilz ne povoient faire ceste ligue dont l'on parloit que ce ne fust aller contre leur promesse. Ilz me feirent retirer, et puis, quant je revins, me dict le duc que je ne debvois poinct croire tout ce que l'on disoit par ladicte ville, car chascun y estoit en liberté et povoit chascun dire ce qu'il vouloit : toutesfois qu'ilz n'avoient jamais pensé faire ligue contre le roy, ne jamais ouy parler ; mais au contraire qu'ilz disoient faire igue entre le roy et ces aultres deux roys et toute l'Italie, et qu'elle fust contre ledict Turc, et que chascun porteroit sa part de la despence ; et s'il y avoit aucuns en Italie qui ne voulsissent payer ce qui seroit advisé, que le roy et eulx l'avanceroient, et tiendroient les places en Pouille en gaige, comme font à ceste heure : et le royaume seroit recongneu de luy, du consentement du Pape et par certaine somme de deniers l'an, et que le roy y tiendroit trois places(1). »

Commines, se laissant prendre aux égards personnels qu'on lui manifestait, eut le tort de croire à la sincérité des Vénitiens en proposant cet accommodement. « Pleust à Dieu que le roy y eust voulu en-

---

(1) Commines, II, 415-416.

tendre lors! » s'écriait-il. Cependant il n'osa prendre sur lui d'accepter leurs propositions. Il pria les Seigneurs d'attendre, pour conclure la ligue, qu'il eût averti le roi ; il leur demanda de lui déclarer franchement leurs griefs contre son maître ; et ceux-ci, n'imitant point la maladroite dissimulation des Milanais, ne firent pas difficulté de les lui dire. Ils feignirent de prendre l'occupation des places pontificales et florentines et les affaires de Pise pour autant d'indices que le roi, loin de ne vouloir, dans la péninsule, que le royaume de Naples, comme il l'avait proclamé tant de fois, entendait maintenant s'emparer de « tout ce qu'il pourroit en Italie et ne demander rien au Turc ». Ils se plaignaient aussi que la présence du duc d'Orléans à Asti fût une menace permanente pour Ludovic le More. Bien qu'ils eussent promis de ne rien faire avant que M. d'Argenton eût eu le temps de recevoir une réponse de Charles VIII, les ambassadeurs eurent, à partir de ce jour, des conférences quotidiennes, qu'ils ne prirent plus la peine de cacher. Commines l'écrivit au roi ; mais il n'en obtint qu'une « mesgre response ».

Parmi les grandes puissances italiennes, Florence était seule à rester étrangère aux négociations de Venise ; et cependant les retards apportés à la restitution de Pise entretenaient contre les Français une haine qui ne diminuait pas ; mais la cause même de son mécontentement se trouvait être en même temps la cause et la garantie de sa fidélité. Si elle rompait avec le roi de France, elle perdait l'espoir de remettre la main sur la ville révoltée. La bonne volonté de Charles VIII envers les Florentins était, d'ailleurs, beaucoup plus réelle qu'ils ne le voulaient croire, et l'intérêt même du roi était de les ménager ; car, dans toute l'Italie, il n'y avait que Florence dont il pût encore recevoir des subsides. N'avait-il pas écrit aux Pisans, pour les sommer de cesser les hostilités contre leurs anciens suzerains, une lettre que son ambassadeur leur avait portée le 24 décembre en compagnie des commissaires florentins ? Mais les Pisans faisaient la sourde oreille ; ils recevaient des troupes de Sienne, de Lucques et de Gênes. De leur côté, les Florentins chargèrent Pierre Capponi de la direction de la campagne (1). Enfin, le 5 février, le nouveau cardinal de Saint-

---

(1) Parenti, fol. 86ro, 87ro-vo, 91vo.

Malo, Briçonnet, arriva à Florence. Il venait tâcher d'arrêter les hostilités, assurer les Florentins que l'intention du roi était bien de leur restituer Pise et leur demander une avance sur les sommes qu'ils ne devaient payer qu'au mois de mars (1).

Les Florentins, toutefois, n'entendaient pas se contenter de promesses. Ils voulaient Pise sur-le-champ, sinon ils ne consentiraient pas à donner un ducat. S'enivrant de leur colère, ils retombèrent dans ces exagérations qui auraient pu leur coûter si cher lors du passage de Charles VIII, parlèrent de « mourir » plutôt que de se laisser humilier, et accusèrent le roi de manquer aux engagements pris sur l'autel de Sainte-Marie-des-Fleurs (2). Rien n'était plus injuste que cette accusation, si souvent répétée depuis. L'article 3 du traité de Florence était formel : Pise et Livourne ne devaient être restituées qu'après l'achèvement de l'expédition de Naples (3); et quant à la suzeraineté de Florence sur ces villes, que le même article consacrait en principe, Charles VIII avait déjà plus d'une fois signifié aux Pisans qu'ils eussent à la reconnaître. Briçonnet eut beau dire qu'il n'y avait point de date fixée pour la restitution, les Florentins en concluaient que cette restitution devait avoir lieu dès qu'il leur plairait de la requérir. Le cardinal déclara qu'il n'avait qu'à quitter Florence, et demanda son congé, qu'on lui accorda sur l'heure (4).

Leur colère calmée, les négociateurs toscans comprirent quelle faute ils commettraient en se brouillant avec Charles VIII (5), de qui dépendait l'accomplissement de toutes leurs espérances. Ils renouèrent leurs rapports avec le cardinal, et lui promirent les subsides qu'il demandait pourvu qu'il amenât les Pisans à reconnaître leur suzeraineté. La proposition fut acceptée : un neveu de Briçonnet se rendit, le 15 février, dans la ville rebelle, et, deux jours plus tard, l'ambassadeur français vint lui-même, avec trois commissaires de la Seigneurie, parler raison aux Pisans. Son voyage n'eut guère d'autre résultat que la mise en liberté des prisonniers florentins, les citoyens de Pise s'étant bornés à déclarer qu'ils allaient envoyer une ambassade à

(1) Desjardins, I, 612.
(2) Parenti, fol. 95-96rº.
(3) Voyez le texte de cet article dans l'*Archivio storico italiano*, I, 364-365.
(4) Parenti, fol. 95rº-96rº.
(5) *Ibidem*, fol. 98rº.

Charles VIII, qui pourrait à son gré disposer de leur patrie (1). En revenant à Florence, Briçonnet reçut la nouvelle de l'entrée du roi à Naples; il en profita pour hâter son départ, et, le 27 février, il se remit en route, emportant un acompte de 22 000 ducats sur le versement que les Florentins n'auraient dû faire que le mois suivant. Il avait promis d'engager le roi à employer la force pour faire obéir les Pisans. De leur côté, les Florentins décidèrent d'envoyer à Charles VIII une ambassade qui, sous prétexte de le féliciter de ses succès, lui porterait leurs réclamations (2).

En passant à Rome, le cardinal parvint, malgré la puissance de dissimulation d'Alexandre VI, à recueillir quelques bruits relatifs à la ligue et à la part qu'y prenait le Souverain-Pontife. Il résolut de s'en éclaircir, et, le lendemain de son arrivée à Naples, le 15 mars, il dit à brûle-pourpoint aux ambassadeurs vénitiens qu'il avait entendu parler à Rome d'une certaine alliance qui se tramait dans leur pays contre Charles VIII : « Mais, ajoutait-il, le roi est très puissant ; il a pour lui Dieu et la justice. J'ai ouï dire que Maximilien en était; on ignore qu'avec une lettre le roi en ferait ce qu'il voudrait. Pour le roi d'Espagne, nous sommes en paix avec lui; nous lui avons donné le Roussillon et la Cerdagne; je ne croirai jamais qu'il veuille rompre avec nous. Votre Seigneurie est notre alliée, et n'a aucune raison de faire une ligue contre nous. Quant à Ludovic, serait le premier à en pâtir; le duc d'Orléans n'est-il pas tout près de lui, à Asti? » Et, comme les ambassadeurs juraient qu'ils ne savaient rien de semblable : « Pourtant, reprit le cardinal, M. d'Argenton dit que l'on parle de cette ligue en plein Rialto (3). »

Le Pape avait, lui aussi, un représentant à Venise. Il ne demandait qu'à entrer dans la confédération; mais il n'osait se prononcer, de peur d'être le premier exposé à la colère du roi de France. Un instant, il avait eu l'idée de quitter Rome pour se mettre en sûreté; mais Ascagne Sforza, réconcilié avec lui, l'en avait dissuadé, en lui montrant le danger qu'il y aurait à livrer Rome aux cardinaux hostiles, qui pourraient élire un nouveau pape. De là venaient ses hésitations;

---

(1) Portovenere, 297 et 299.
(2) Parenti, fol. 96 au 98^{r°}, 99^{r°}. — Desjardins, I, 609 et 613.
(3) Sanuto, 257, 262-263.

les ambassadeurs de la Seigneurie, Jérôme Giorgi et Paul Pisani, arrivés à Rome depuis le 7 mars, ne parvenaient pas à obtenir une réponse formelle. Cependant Alexandre VI ne pouvait pas rester longtemps sans se prononcer. Par un scrupule de conscience bien rare chez un conquérant, Charles VIII ne croyait pas pouvoir se passer d'une investiture en règle accordée par le Pape, légitime suzerain de Naples. Alexandre VI était venu à bout d'éluder toutes les demandes en ce sens qui lui avaient été faites pendant le séjour des Français à Rome. Mais le roi, qui ne voulait pas quitter Naples sans avoir, dans un couronnement solennel, pris officiellement possession de ses nouveaux états, lui envoya le comte de Saint-Pol, réclamer de nouveau l'investiture (1). A Venise et à Milan, où le Pape s'était adressé dans son trouble, on lui avait répondu par le conseil de donner de bonnes paroles jusqu'à ce que la ligue fût conclue, quitte à s'exprimer plus clairement ensuite, mais de n'accorder l'investiture en aucun cas.

Arrivé le 28 mars, l'ambassadeur français avait aussitôt exposé ses requêtes. Son maître, disait-il, était tout prêt à marcher contre les Infidèles, et il demandait que Sa Sainteté, comme chef de la chrétienté, engageât tous les potentats à lui prêter leur concours. Il sollicitait l'investiture de Naples et l'envoi d'un légat chargé de procéder à son couronnement, ainsi qu'on lui en avait fait la promesse. En cas de refus, Charles se verrait obligé de venir, lui-même, recevoir la couronne des mains d'Alexandre VI. Au cours de la conférence, le comte de Saint-Pol avait laissé voir que le roi n'ignorait pas ce qui se tramait à Venise, mais qu'il voulait croire que le Saint-Père ne s'associerait jamais à rien qui lui fût contraire.

La réponse d'Alexandre VI fut toute dilatoire; il assura qu'il se réjouissait infiniment des succès du roi, et qu'il seconderait de tous ses efforts une guerre contre les Turcs. Quant à l'investiture, il feignit de ne pas comprendre dans quelles conditions elle lui était demandée : « Écrivez, dit-il, que je la donnerai. Mais, afin que tout se passe conformément aux saints canons, il faudra que j'entende les parties pour savoir si personne ne s'en trouvera lésé. Dites aussi au roi qu'il ne s'expose pas, en venant à Rome, à ne plus m'y trouver peut-être. Enfin,

(1) *Burchardi diarium*, II, 248.

avertissez-le qu'il est vrai qu'on me presse fort d'entrer dans une ligue qui se forme entre les premiers potentats du monde. » Si le Pape osait parler ouvertement de la ligue, c'était parce qu'il avait enfin envoyé son adhésion à son ambassadeur et qu'il croyait le traité déjà conclu (1). D'ailleurs, le comte de Saint-Pol ne pouvait pas se faire d'illusion sur l'attitude d'Alexandre VI. Le lendemain de son arrivée, il avait vu envoyer au doge de Venise la Rose d'or, que le Pape bénissait solennellement chaque année ; il savait que le cardinal de Valence ne prenait même plus la peine de se cacher. Enfin, en pleine place Saint-Pierre, les Espagnols de la garde pontificale massacraient une bande de Suisses qui traversaient paisiblement la ville pour regagner leur pays; ils ne firent même pas grâce à une femme qui se trouvait parmi leurs victimes. Ailleurs, des gentilshommes français étaient attaqués, tués ou dévalisés (2).

A Venise, les pourparlers étaient sur le point d'aboutir ; les ambassadeurs du roi des Romains, loin de faire des difficultés, ne s'occupaient plus que de presser les négociations. Ludovic avait écrit à la Seigneurie qu'il lui donnait plein pouvoir de disposer à son gré de ses états. Pendant quatre jours de suite, il y eut conseil des *Pregadi*. Commines enrageait de ne rien savoir; on ne l'appelait plus au Conseil, et ses rapports avec les ambassadeurs milanais étaient devenus de plus en plus rares. Le 31 mars, n'y tenant plus, il se rendit auprès de la Seigneurie pour demander des explications. Quel pouvait être l'objet de la ligue? Que craignait-on, du moment que Charles VIII était dans les meilleures dispositions vis-à-vis de Venise, et qu'il s'apprêtait d'ailleurs à revenir en France? Le doge lui fit une de ces réponses que les chroniqueurs vénitiens qualifient invariablement de « très sages »; il accusa vaguement le roi d'avoir manqué à sa parole en retenant certaines forteresses pontificales ou florentines. L'ambassadeur français rentra chez lui sans être plus instruit (3). A l'en croire, cependant, il aurait tout deviné, et son temps se serait passé à envoyer dépêches sur dépêches au roi, au duc d'Orléans, au duc de Bourbon, à la marquise de Montferrat, afin de mettre Asti à l'abri d'un coup de main

---

(1) Sanuto, 277-279. — Alexandre VI à Ferdinand et Isabelle, Rome, 14 avril 1495. Archives nationales, K 1710, n° 12.
(2) Sanuto, 279. — *Burchardi diarium*, II, 248-249.
(3) Romanin, V, 66-67. — Sanuto, 270-271.

des Milanais; car, cette place une fois perdue, nul secours ne pouvait plus venir de France (1).

Le lendemain soir, la ligue fut signée dans la chambre du doge, et les ambassadeurs y restèrent jusqu'à deux heures de la nuit pour souscrire et sceller l'instrument définitif. Conclue pour vingt-cinq ans, elle ne comprenait que des puissances ayant des intérêts en Italie : le Pape; le roi des Romains, que sa suzeraineté théorique sur certaines terres de la péninsule faisait rentrer dans cette catégorie; Ferdinand et Isabelle d'Espagne, souverains de la Sicile et de la Sardaigne; Venise et le duc de Milan. Son objet était « le maintien de la paix en Italie, le salut de la chrétienté, la défense des honneurs dus au Saint-Siège et des droits de l'Empire romain », et surtout « la protection réciproque des états confédérés *contre les agressions d'autres potentats qui possédaient alors des états en Italie*, même si ces potentats venaient à les perdre pendant la durée de la ligue ». En cas d'attaque de l'un des membres de la ligue, le contingent que devait fournir chacun des autres confédérés était de 8 000 chevaux et de 4 000 fantassins. Seul, le Pape n'en fournirait que la moitié, mais il promettait d'employer les armes spirituelles contre les ennemis de ses alliés. Des subsides ou des vaisseaux pouvaient au besoin être fournis à la place des troupes. D'autres puissances pourraient, à leur tour, être admises dans la ligue aux mêmes conditions. De plus, chacune des parties contractantes serait libre d'étendre la protection des confédérés à de petits états inférieurs. Enfin, Maximilien était assuré du libre passage pour aller se faire couronner à Rome. Venise et Milan s'engageaient, en ce cas, à lui fournir une escorte de 400 cavaliers (2).

Comme il n'y avait, en dehors de l'alliance, que les Florentins et Charles VIII qui possédassent des états en Italie, il était évident, d'après les termes mêmes du traité, que la ligue était dirigée contre le roi de France. Les confédérés prétendaient, néanmoins, qu'elle avait un caractère purement défensif, et le doge insista sur ce point lorsqu'il notifia le lendemain, à Commines, la conclusion de l'alliance. Mais il y avait encore des articles secrets (3), dont il n'est que trop facile de

(1) Commines, II, 419.
(2) Lünig, *Codex Italiæ diplomaticus*, XXIV.
(3) On ignore quelle était la teneur de ces articles secrets, et M. Ulmann a démontré

deviner l'objet, car déjà les alliés se préparaient à la guerre. L'Espagne envoyait sa flotte sur les côtes de Calabre ; Venise expédiait des troupes à Rome, sous prétexte de protéger le Saint-Siège ; Milan allait suivre cet exemple. Tout cela pouvait, à la rigueur, passer pour des mesures de défense ; mais que dire de l'attitude de Ludovic ? Dès qu'il sut que le traité était signé, le More écrivit à Venise qu'il était d'avis de ne pas perdre de temps, et que, pour sa part, il mettait, sans plus tarder, ses soldats sur le pied de guerre pour aller prendre Asti au duc d'Orléans (1). D'ailleurs, l'accablement de Commines et la colère que laissa voir Charles VIII en apprenant l'existence de la ligue s'expliqueraient difficilement s'ils ne l'avaient pas considérée comme un acte offensif. René de Lorraine ne s'y trompa point non plus. Il comprit si bien quel était l'objet réel du traité de Venise, qu'il s'offrit aux confédérés comme candidat au trône d'où l'on voulait chasser le roi de France ; mais les ouvertures qu'il fit faire à Ludovic ne furent pas accueillies (2).

Enfin, une démarche publique de la Seigneurie indiqua de la façon la moins équivoque que le but véritable de la ligue était d'expulser Charles VIII d'Italie. Après la fuite de son maître, l'ambassadeur napolitain, Jean-Baptiste Spinola, était resté à Venise, où il vivait en simple particulier. Dès le 1ᵉʳ avril, il fut appelé au Conseil et, depuis lors, il fut traité en représentant officiel d'une puissance reconnue.

On a souvent dit que la ligue de Venise était la première manifestation de l'idée d'un équilibre européen. Le mot est peut-être bien moderne, si l'on entend par là cette conception, théoriquement désintéressée, d'une pondération entre les puissances, qui sert de prétexte aujourd'hui à toutes les luttes internationales. Si l'on qualifie d'idée d'équilibre l'instinct de conservation qui porte plusieurs états à se coaliser contre un autre dont la puissance devient trop grande à leur gré, cette idée est vieille comme le monde : on n'avait pas attendu l'année 1495 pour la concevoir. Le texte du traité assurait, il est vrai, la protection réciproque des territoires appartenant aux états confédérés ; mais quand on voit Venise s'emparer des ports de la Pouille et,

que l'on ne doit point accepter comme authentique le prétendu résumé qu'en a donné Guichardin. (*Kaiser Maximilian*, I, p. 286 et suiv.)
(1) Sanuto, 286-287.
(2) *Ibidem*, 321.

toutes les fois qu'il s'agit de reconquérir une ville pour le compte du duc de Milan ou du roi de Naples, insinuer que les habitants aimeraient bien mieux passer sous la domination de la République que de revenir à leurs premiers maîtres; Maximilien projeter le partage de la France; les rois catholiques préparer l'annexion de la Navarre et de certaines parties du Languedoc, on ne peut se dissimuler que la convoitise ait été pour beaucoup dans la conclusion de la ligue. Ne serait-il pas plus juste de dire que cette alliance fut la première des coalitions européennes contre la France, conséquences naturelles de la prédominance prise dans le monde par notre pays; coalitions qu'il eut le dangereux honneur de voir trop souvent se renouveler contre lui?

Les membres du gouvernement vénitien allaient pouvoir prendre leur revanche de cette triste journée où ils n'avaient pas su cacher à Commines la stupeur où les jetait le triomphe de Charles VIII. Le 1er avril, ils firent appeler l'ambassadeur de France : « Magnifique ambassadeur, lui dit le doge, nous vous avons prié de venir parce que l'amitié qui nous lie à la Majesté de votre roi nous fait un devoir de lui communiquer tout ce qui nous arrive. Sachez donc qu'hier, au nom de l'Esprit-Saint, de la glorieuse Vierge Marie et de l'évangéliste Monseigneur saint Marc, notre patron, une ligue a été conclue entre Sa Sainteté, le roi des Romains, le roi et la reine d'Espagne, notre Seigneurie et le duc de Milan. Cela nous l'avons fait pour la protection de nos états, le développement de la foi et de l'Église et la défense de l'Empire romain. Faites-en part à la Majesté de votre roi. » Le doge n'avait pas encore fini de parler que déjà la grosse cloche de Saint-Marc et toutes celles de la ville sonnaient en signe d'allégresse.

Commines resta stupéfait et ne sut pas le dissimuler. « Il y a longtemps, Sérénissime Prince, répondit-il, que je soupçonne quelque chose de semblable, mais jamais je n'ai cru à la conclusion. Que fera mon roi au milieu de vous tous? Comment pourra-t-il revenir? — S'il revient en ami, reprit le doge, personne ne l'importunera; mais si c'est en ennemi, tous les confédérés se doivent un mutuel appui. Cependant, écrivez au roi que, par cette ligue, nous n'avons nullement l'intention de rompre avec lui. Nous l'avons faite pour la protection de nos états, et d'autant plus volontiers que l'on n'entend plus parler comme jadis de l'expédition contre les Infidèles. » Commines était si troublé, qu'il ne releva pas l'impudence de cette insinuation portée par ceux-là mêmes qui avaient fait arrêter l'archevêque de Durazzo et travaillé de tout leur pouvoir à faire échouer la croisade. Il oublia de faire les saluts d'usage, sortit de la salle et descendit machinalement l'escalier; puis, comme un homme qui revient à lui, il fit demander l'un des secrétaires de la Seigneurie et le pria de lui répéter les paroles du doge. Enfin, il remonta dans sa barque et, jetant son bonnet sur le plancher, il commanda qu'on le ramenât à son logis de Saint-Georges-Majeur. En véritable Vénitien du quinzième siècle, Sanuto blâme fort ces faiblesses. « Il ne sut pas feindre comme on le doit en pareil cas, » écrit-il. Par contre, il se plaît à louer la conduite des ambassadeurs milanais, qui, toutes les fois que Commines leur parlait de la ligue, affirmaient que leur duc n'y était pour rien. « Ils agissaient comme agissent les sages dans le gouvernement des états; ils persuadent à leurs ennemis qu'ils veulent faire une chose, puis ils en font une autre (1). »

Au moment où Commines sortait de la salle du Conseil, il aperçut Spinola, qui avait quitté ses habits de deuil pour revêtir une belle robe neuve. L'ambassadeur de Ferrand fut à son tour introduit devant le doge; mais le langage qu'on lui tint fut, au dire de Sanuto, tout autre que celui qu'on avait adressé à M. d'Argenton. Il ne put cependant obtenir que son maître fût admis dans la ligue (2). On aurait eu trop mauvaise grâce à prétendre, après cela, que l'alliance n'était pas dirigée contre le roi de France. Après lui, tous les ambassadeurs furent appelés successivement pour recevoir la même communication. Dans la journée, ils parcoururent les canaux dans des barques magnifiquement parées et remplies de musiciens. La ville entière était en liesse. On s'imagine du reste ce qu'avait de pénible la situation de Commines; une maladie, plus ou moins réelle, lui vint en aide, et il prit le parti de se mettre au lit.

Pas plus que son représentant, Charles VIII n'avait cru à la prochaine réalisation de la quintuple alliance. Pour l'empêcher, il comptait envoyer La Trémoille à Milan et Myolans à Venise; mais la ligue se trouva

(1) Sanuto, 285-286.
(2) Commines, II, 422. — Sanuto, 286.

conclue avant même que les envoyés se fussent mis en route. Le 5 avril, les ambassadeurs vénitiens accrédités auprès du roi allaient sortir du palais de Capuana, où ils avaient été lui parler de la prochaine mission de Myolans, lorsqu'ils apprirent que des dépêches de Venise venaient d'arriver à leur logis. Soupçonnant qu'ils auraient peut-être à en faire part au roi, ils les envoyèrent chercher et en prirent connaissance dans le palais même. C'était la nouvelle de la conclusion de la ligue. Charles dînait. Ils résolurent d'attendre qu'il eût quitté la table et de lui demander sur-le-champ une audience particulière. Admis dans une chambre où ne se trouvaient que le cardinal de La Rovère et le sénéchal de Beaucaire, Dominique Trevisan, qui parlait français, emmena le roi dans un coin et lui annonça que la ligue était signée. Il s'empressa d'ajouter que, loin d'être conçue dans un dessein hostile à Sa Majesté, elle n'avait d'autre but que la protection des états italiens en présence des préparatifs turcs. « Eh quoi ! s'écria le roi, est-ce que je n'ai pas, moi aussi, des états en Italie ? J'ai fait demander à la Seigneurie de m'avertir si elle pensait à entrer dans une ligue quelconque ; et ce n'est que lorsque tout le monde le sait que l'on vient me le dire ? C'est une grande honte ! Moi qui vous ai toujours tout communiqué, dorénavant je suivrai l'exemple de la Seigneurie et je ne vous dirai plus rien. Ne sait-elle pas que je puis empêcher ses galères de faire le voyage de Flandre ? » Et, par une allusion évidente aux manœuvres grâce auxquelles les Vénitiens avaient fait échouer ses tentatives de soulèvement des Grecs : « Elle prétend, ajouta-t-il, avoir fait cette ligue parce que les Turcs arment une flotte ! Elle a bien peur des Turcs, elle qui voudrait qu'ils vinssent ici ! — Votre Majesté, répondirent les ambassadeurs, n'a point eu de guerre avec les Turcs comme nous l'avons subie pendant dix-sept ans. »

Puis, répétant toujours : « Par ma foi ! c'est une grande honte ! » le roi se rapprocha de la fenêtre où il avait laissé Vesc et La Rovère. Le sénéchal ne s'emporta pas moins que lui ; le cardinal, au contraire, s'efforçait de le calmer : « Sire, disait-il, il n'en résultera rien de mauvais ; ils n'ont eu que de bonnes intentions. » Mais Charles ne se laissait pas apaiser. « Le roi d'Espagne ! s'écriait-il, à qui j'ai donné Perpignan et Elne ! Maximilien ! que je pourrais retenir avec une seule lettre ! » Quant au Pape et à Ludovic, il les qualifiait plus que durement et se répandait surtout en menaces contre le duc de Milan. Il rappelait que, lui aussi, on l'avait prié d'entrer en ligue avec la Hongrie, le Portugal, l'Angleterre, l'Écosse, et qu'il s'y était refusé. « Mais maintenant, ajoutait-il, puisque la Seigneurie a trouvé bon de former cette ligue sans nous en donner avis, nous ferons ce qu'il nous plaira sans lui en rien faire savoir. » Devant ce débordement d'indignation, les orateurs n'avaient qu'à se retirer. Le roi, appuyé à la fenêtre, se retourna à peine lorsqu'ils prirent congé de lui. Rentrés chez eux, ils écrivirent aussitôt pour demander leur rappel (1).

Parmi les propos arrachés à Charles par la colère, il y en avait un qui dut frapper les ambassadeurs vénitiens, car ils avaient entendu Briçonnet le tenir quelques jours auparavant : « Il suffirait d'une lettre pour retenir Maximilien. » Pour nous le sens de ces paroles n'est pas douteux. Le roi se rappelait que, pour ne pas manquer à ses devoirs d'amitié envers la République, il avait refusé l'année précédente son consentement à l'alliance que Maximilien lui proposait contre Venise; et ce consentement, il pensait qu'il était encore temps de le donner (2). L'état de ses relations avec le roi des Romains lui permettait, en effet, de l'espérer. Non seulement l'ambassade de du Bouchage avait eu lieu, mais Maximilien y avait répondu en envoyant un orateur au duc de Bourbon et en proposant une conférence à Genève. Charles devait tout naturellement penser à profiter de ces circonstances favorables pour combattre les effets de la ligue de Venise. Le 26 avril, il annonça son intention de se trouver à Genève vers la fin de juin, et quelques jours plus tard, il entretenait encore le duc de Bourbon des espérances qu'il fondait sur cette entrevue (3). « Là, disait-il, nous pourrons conclure ensemble plusieurs bonnes choses au service de Dieu, au bien de l'Église et de la chrestienté. » L'objet de la conférence était de « conclure et de mettre à exécution une expédition contre les Infidèles (4) ». De là à reprendre

---

(1) Sanuto, 294-295.
(2) M. Ulmann a cru que ce propos pouvait contenir une allusion à un abandon de la Bourgogne, qui n'entra pas plus à ce moment que l'année précédente, dans les vues de Charles VIII. (*Kaiser Maximilian*, I, 271.)
(3) Charles VIII au duc de Bourbon. Naples, 26 avril et 8 mai [1495]. Bibliothèque nationale, ms. français 3924, fol. 3$^{r•}$ et 4$^{r•}$.
(4) Kervyn de Lettenhove, II, 193.

l'ancien projet d'une action commune contre les chrétiens amis des Turcs, tels que le Pape ou les Vénitiens, il n'y avait qu'un pas. Peut-être même Charles fit-il à ce moment au roi des Romains l'offre formelle dont Maximilien parlait plus tard au doge de Venise? « Il nous a offert, lui dit-il, vous et vos domaines (1). » Si les Vénitiens n'avaient pas compris tout d'abord quel pouvait être le contenu de la lettre que Charles menaçait d'écrire à Maximilien, ils durent en être bientôt éclaircis, car le roi ne craignit pas de leur faire entendre qu'il n'avait tenu qu'à lui de déchaîner contre eux toutes les forces autrichiennes.

Quand sa première indignation fut tombée, Charles pensa peut-être qu'il vaudrait mieux obtenir que son retour ne fût point inquiété. Au moment où Trevisan et Loredan allaient quitter Naples, il leur déclara qu'il comptait toujours sur l'alliance vénitienne, sans laquelle il ne serait pas venu en Italie, et qu'il allait envoyer un de ses secrétaires à la Seigneurie (2). Le secrétaire en question, Jean Bourdin, arriva le 22 mai, à Venise, et, dès le lendemain, Commines et lui se rendirent ensemble devant le Sénat. En transmettant les plaintes de leur maître au sujet du manque d'égard, dont la Seigneurie s'était rendue coupable en concluant la ligue sans l'en avertir, ils montrèrent combien cette conduite différait de celle de Charles, que son amitié pour les Vénitiens avait jadis empêché d'accepter les propositions d'alliance d'un grand personnage, son égal, « dans une affaire dirigée contre eux et relative à certaines terres qu'ils possédaient et que d'autres prétendaient devoir leur appartenir ». Néanmoins, bien qu'il ne fût pas conforme à la dignité d'un roi de France de paraître se justifier, Charles VIII jugeait que, s'adressant à une Seigneurie aussi sage, il pouvait sans inconvénient lui exposer ses projets et lui rappeler ses actes passés.

Les ambassadeurs partirent de là pour réfuter les accusations portées par les confédérés, et qui presque toutes avaient leur origine à Venise. Ils rappelèrent que ni dans le Montferrat, ni dans le Milanais, on n'avait eu aucune sorte de violences à reprocher aux Français. Ailleurs le roi n'avait manqué à aucun de ses engagements. A Lucques, par exemple, la citadelle librement remise entre ses mains avait été rendue moins de deux mois après. Les Florentins avaient spontanément offert

(1) Ulmann, I, 271, note 2.
(2) Sanuto, 325, 340-341, 351.

plusieurs de leurs forteresses, qu'on avait depuis proposé de restituer. Les châteaux pontificaux étaient déjà rendus, conformément aux conventions faites avec le Saint Siège. Le roi voulait maintenant retourner en France, sans demander ni subsides ni nouvelles garanties. Il comptait bien trouver partout le passage libre, même dans les états du duc de Milan. Quant à ses projets ultérieurs, ils n'avaient pas changé. En ce moment même, des négociations étaient engagées avec le roi des Romains pour convenir avec lui d'une entrevue dans laquelle les deux souverains pussent organiser une expédition générale contre les Infidèles. En conséquence, Charles VIII demandait dans quelle mesure la Seigneurie entendait participer à cette entreprise.

La réponse des Vénitiens fut, comme toujours, très courtoise en apparence; ils assurèrent que si le roi tenait tous ses engagements envers le Pape et les Florentins, il pourrait se retirer sans être inquiété; mais que les rassemblements de troupes à Asti, le grand nombre de soldats qui se préparaient à l'accompagner pendant son retour, les obligeaient à prendre des mesures pour leur propre sûreté. Ils déclarèrent qu'ils seraient heureux de voir la paix se faire entre le roi des Romains et Charles VIII, cherchèrent à excuser leurs bons rapports actuels avec les Infidèles, en rappelant les dix-huit années de la guerre qu'ils avaient soutenue contre eux, et se dirent prêts à prendre part à une croisade, pourvu que le Pape et deux ou trois princes missent avec eux la main à l'œuvre. Mais l'allusion aux « terres que d'autres prétendaient devoir leur appartenir », allusion qui ne pouvait s'appliquer qu'aux réclamations de Maximilien sur le comté de Goritz, les fit sortir de leur retenue habituelle. « Ils m'ont répondu avec colère, dit Commines, que, depuis que cette cité existe, ils ont sans cesse fait leur devoir pour rester en paix avec leurs voisins, et que, lorsqu'ils n'ont pu faire autrement, ils ont su combattre; que tout ce qu'ils ont acquis ils le possèdent justement, et qu'ils sont prêts à défendre tout ce qu'ils possèdent comme ils l'ont acquis, c'est-à-dire de leur sang te de leurs biens, contre quiconque voudrait les attaquer (1). »

La mission de Jean Bourdin n'eût-elle eu que cet effet, on pouvait croire que l'affirmation des projets réels de Charles VIII serait de nature à tranquilliser les confédérés. Ne répétaient-ils pas à tout

(1) Kervyn de Lettenhove, II, 192-194, etc.

propos que l'alliance était dirigée contre les Turcs? L'évêque de Concordia, Lionel Chieregati, l'avait proclamé dans un discours prononcé devant le Pape et les cardinaux, à l'occasion de la ligue de Venise ; il avait même formellement invité le roi de France à s'y associer (1). Si les confédérés avaient été de bonne foi, ils n'auraient plus osé prétendre que Charles VIII avait oublié l'Orient pour subjuguer l'Italie tout entière. Charles avait de trop bonnes raisons de ne plus se fier à la bonne foi des « Lombards ». Il avait, comme par acquit de conscience, fait expliquer ses véritables intentions à la Seigneurie de Venise; mais il croyait si bien à la nécessité d'un prompt départ, qu'il s'était mis en route sans attendre les résultats de la mission de Bourdin.

D'ailleurs, Ferrand II avait quitté Ischia pour s'en aller à Messine avec toute sa famille, et l'expédition projetée contre cette île perdait toute son importance. La flotte armée pour attaquer Ischia reçut l'ordre d'embarquer pour la France tout ce qui aurait embarrassé l'armée dans son retour, c'est-à-dire une partie de l'artillerie et certains trophées que le roi tenait à remporter, aussi bien pour témoigner de sa conquête que pour orner ses palais et servir de modèles aux artistes français. De ce nombre étaient les portes de bronze du Castel Nuovo et la statue de bronze d'Alfonse Ier; mais ces précieuses dépouilles tombèrent aux mains des Génois avant d'être arrivées en vue des côtes de Provence (2). Quant à l'armée, elle devait reprendre la route de terre. Déjà presque tous les Français cherchaient à réaliser, avant leur départ, le produit des largesses royales, en vendant les biens qu'ils avaient reçus.

A Naples, les effets de la ligue commençaient à se faire sentir. Les représentants des puissances confédérées se retiraient : Cajazzo donna l'exemple en partant le 8 avril avec ses chevau-légers (3); les ambassadeurs vénitiens restèrent les derniers; mais leur situation était presque aussi difficile que celle de Commines à Venise. Comme lui, ils étaient insultés dans les rues (4). On jouait devant le roi des farces

---

(1) *Sigismondo dei Conti*, pièces justificatives, p. 439 de l'édition de Rome.
(2) Sanuto, 309, 314, 340, 348.
(3) *Ibidem*, 296.
(4) *Ibidem*, 308, 309, 314.

où, « suivant l'habitude française », on tournait en ridicule le doge, le Pape, le roi d'Espagne et le roi des Romains (1). Ils obtinrent bientôt leur rappel; cependant, ils assistèrent, avant de partir, à ce tournoi solennel

Bas-relief de la porte de bronze du Castel Nuovo, percé par un boulet, lors du bombardement de 1503.

annoncé depuis le 29 mars, et par lequel les Français tenaient à célébrer leur conquête.

Les joutes eurent lieu devant l'*Incoronata*. Ouvertes à tout venant, elles durèrent du 22 avril au 1er mai. « A ce tournoi, dit Sanuto, il

(1) Burchard, qui rapporte ce fait dans son *Diarium*, se trompe certainement en le plaçant au 15 mars, date antérieure à la conclusion de la ligue. (II, 246.)

n'y eut pas de prix ; mais on luttait pour l'honneur et en réjouissance de la victoire remportée par le roi. » Les Français auraient voulu combattre à fer émoulu ; mais dès le second jour, le roi ordonna

Bas-relief de la porte de bronze du Castel Nuovo.

l'emploi de lances courtoises, et, pour les épées, ne permit que les coups de taille. Plusieurs Italiens, Camille Vitelli, don Ferrand d'Este, fils du duc de Ferrare, le prince de Bisignano, le duc de Melfi, et quelques autres, furent au nombre des jouteurs. Les principaux champions ultramontains étaient Montpensier, le grand bâtard de Bourbon,

Clérieux, le comte de Ligny et le sénéchal de Beaucaire. Au gré des Français, la fête avait été fort belle ; car, ainsi que l'écrivait l'un d'eux, « il avait été donné de grands coups, et la plupart des tenants avaient été blessés ». Quant aux Napolitains, ils avaient eu grand'peur. Durant une joute dans laquelle des champions suisses et français étaient aux prises, une dispute s'éleva entre les soldats des deux nations, et ne tarda pas à se transformer en rixe sanglante. Il fallut que le roi lui-même montât à cheval pour s'interposer entre les combattants. Mais déjà les Napolitains, croyant que la rixe allait être le signal du pillage de leur ville, s'étaient réfugiés dans leurs maisons, et Charles dut les faire assurer par leurs chefs de quartiers qu'ils n'avaient rien à craindre (1).

Ce tournoi ne devait précéder que de quelques jours une cérémonie plus pacifique, mais non moins imposante, celle par laquelle Charles VIII devait prendre officiellement possession de la couronne. Les orateurs des puissances liguées avaient décidé Alexandre VI à ne jamais accorder l'investiture au roi de France (2). Celui-ci ne devait pas l'ignorer, car il avait vu arriver successivement son ambassadeur ordinaire, l'archevêque d'Embrun et le cardinal de Saint-Denis, qui avaient quitté Rome, l'un le 13, l'autre le 22 avril (3). Ils avaient pu lui dire quelle animosité contre les Français régnait dans l'entourage du Pape, surtout depuis que les troupes offertes par Venise se rapprochaient de Rome. Le roi résolut de se passer de l'investiture. Le Pape retomba dans ses habituelles frayeurs. La ligue, disait-il, ne se pressait pas assez d'assurer sa défense, et Charles VIII allait rentrer à Rome d'un jour à l'autre. Ascagne, maintenant réconcilié avec lui, les orateurs des puissances confédérées, le Consistoire, les représentants du peuple de Rome, parvinrent à grand'peine à lui rendre courage et à l'empêcher de se séparer de la ligue (4).

La cérémonie eut lieu le 12 mai. Suivant l'usage des rois de Naples, Charles devait faire dans la ville une entrée solennelle et visiter successivement les cinq *seggi* de la noblesse. Après avoir entendu la

(1) Sanuto, 314, 315. — Notar Giacomo, 189. — Giacomo Gallo, 131. — *Le Vergier d'honneur*, 352. — La Pilorgerie, 281.
(2) Sanuto, 293.
(3) *Ibidem*, 310-311.
(4) *Ibidem*, 326-327.

messe à l'Annunziata, il revint au Poggio Reale, rendez-vous désigné de tous les seigneurs français et italiens. Ceux qui l'aperçurent, quand il parut revêtu de ses vêtements de cérémonie, purent se convaincre qu'en dépit de toutes les menaces il n'avait rien abandonné de ses projets ni de ses espérances. Ses habits étaient ceux d'un empereur : un grand manteau d'écarlate fourré d'hermine couvrait ses épaules. De sa main droite, il tenait le globe impérial; de la main gauche, le sceptre. La couronne en tête, il monta à cheval sous un dais porté par les plus grands seigneurs napolitains. Devant lui marchaient le prévôt de l'hôtel, avec ses archers à pied; puis Montpensier, comme vice-roi et lieutenant-général; les titulaires des grands offices du royaume, ou ceux qui en faisaient les fonctions. Parmi eux, Étienne de Vesc portait l'épée de grand-connétable, en l'absence de d'Aubigny, retenu dans sa vice-royauté de Calabre. A la suite du roi venaient ses parents, MM. de Bresse, de Foix, de Luxembourg, de Vendôme, en grands manteaux comme le sien; enfin, les chevaliers de l'Ordre et les gentilshommes. L'archevêque de Naples et tous les ordres religieux de la ville précédaient le cortège. M. de Piennes et le maître des monnaies, Moreau, faisaient l'office de maîtres des cérémonies, et recommandaient aux Français confondus dans la foule de laisser librement approcher les Napolitains, pour qu'ils pussent à leur aise contempler leur nouveau souverain. A chacun des *seggi*, les seigneurs du pays, amenés au roi par les maîtres des cérémonies, lui présentaient leurs enfants pour qu'il les armât chevaliers. Enfin, on se rendit à la cathédrale, et là, devant le maître-autel, où étaient exposés le chef et le sang de saint Janvier, Charles fit à ses sujets le serment de « les gouverner et entretenir en leurs droits ». Les jours suivants furent employés à recevoir l'hommage des villes et des seigneurs du pays (1).

Cependant, cette prise de possession ne remplaçait pas le couronnement, que le Pape pouvait seul accorder. Charles, qui espérait peut-être l'obtenir à son passage à Rome, résolut de faire une dernière tentative. Il chargea le cardinal de Saint-Denis, M. de Bresse, et François de Luxembourg, de le précéder. Le cardinal de la Rovère, qui les suivait, ne voulut pas se risquer au delà de Grotta-Ferrata. Cette prudence n'avait rien d'exagéré : l'excitation était si grande à

(1) *Le Vergier d'honneur*, 360-363. — Notar Giacomo, p. 190-191.

Rome, qu'un héraut dépêché par les ambassadeurs fut dépouillé. Un malheureux cuisinier de M. de Bresse, chargé d'aller faire à l'avance les préparatifs nécessaires, fut rencontré par quelques Espagnols de la garde pontificale, qui le tuèrent sur la place. En apprenant ces agressions, les envoyés français s'arrêtèrent, et n'entrèrent dans la ville qu'après y avoir été formellement invités par le Saint-Père. Le 20 mai, lendemain de leur arrivée, ils purent exposer l'objet de leur mission : le roi demandait la couronne de Naples et l'investiture, pour laquelle il promettait de payer les 50 000 ducats de cens annuel, et d'en rembourser 100 000, encore dus par Ferrand et Alfonse. Il priait Alexandre de lui accorder, soit à Rome, soit ailleurs, une entrevue où ils pourraient s'entendre sur l'affaire des Turcs. En cas de refus, il menaçait de se présenter aux portes du Vatican avec toute son armée. Le Pape cherchait toujours à se compromettre le moins possible; il réunit le Consistoire et dit qu'il enverrait des ambassadeurs au roi; qu'il restait l'arbitre de la question d'investiture, et qu'il devait encore entendre la partie adverse; enfin, qu'il avait à consulter ses confédérés (1).

Quant au libre passage, Charles était en droit d'y compter, non seulement sur le territoire de l'Église, mais même sur celui de tous les états italiens. Les Vénitiens répétaient que l'accession à la ligue n'impliquait nullement une rupture avec la France; mais leurs préparatifs belliqueux étaient si considérables, qu'il était difficile d'y voir de simples mesures défensives, ainsi qu'ils l'affirmaient, et que leur promesse de ne pas inquiéter les Français, s'ils se présentaient en amis, n'avait guère l'apparence de devoir être tenue.

D'ailleurs, un autre des confédérés commençait déjà les hostilités contre Charles VIII. La flotte espagnole venait de prendre Ferrand II à Messine et de le débarquer sur la côte de Calabre, à Terranuova, près de Monteleone (2). Charles hésita un moment sur le parti auquel il fallait s'arrêter; puis, comprenant sans doute que s'il restait à Naples, il donnerait aux autres membres de la ligue le temps de l'attaquer par le Nord, plutôt que d'être pris entre deux feux, il s'en tint à la résolution de revenir en France chercher de nouvelles ressources en hommes et en argent.

(1) Sanuto, 347.
(2) *Ibidem*, 316 et 348.

Néanmoins, il ne partit pas sans avoir assuré la défense de son nouveau royaume. Tout le gouvernement subsistait tel qu'il avait été organisé après la conquête. Pour le diriger, Charles laissait,

Charles VIII. Tapisserie appartenant à M. de Schickler.

comme son lieutenant-général, Montpensier, vice-roi de Naples, grand-justicier, capitaine du Castel Nuovo, qui alliait malheureusement à de grandes qualités militaires des mœurs d'une mollesse excessive. « Il ne se levait qu'il ne fût midi (1). » Une armée d'environ 7 000 chevaux et de près de 5 000 fantassins demeurait

(1) Commines, II, 428.

sous les ordres du lieutenant-général; celle qui devait suivre le roi comptait à peine quelques centaines d'hommes en plus; mais elle était uniquement composée de troupes ultramontaines, tandis que les Italiens entraient pour un tiers dans le corps d'occupation (1). Bien que les assurances plus ou moins sincères des confédérés eussent pu faire espérer, si on les avait prises au pied de la lettre, que Charles VIII ne serait pas inquiété durant son retour, à moins qu'il ne fît acte d'hostilité, c'était du côté du Nord que les menaces étaient le plus graves; et lorsque le roi quitta, le 20 mai, cette ville enchantée qu'il ne devait plus revoir, il ne savait point s'il n'allait pas trouver la route barrée par les armées réunies de Venise, de Milan, et peut-être même de celui qu'il espérait, malgré tout, rencontrer dans une pacifique entrevue, de l'empereur élu, Maximilien.

Risquer une pareille rencontre pouvait sembler de la témérité; mais la constante fortune du jeune conquérant l'autorisait à tenter l'aventure. S'il récapitulait ses souvenirs depuis l'époque où il avait passé les Alpes, quelle suite de prodigieux tableaux devaient repasser dans sa mémoire! C'étaient d'abord les princes d'Italie accourant à sa rencontre pour le saluer dès son entrée; puis tout pliant devant lui : Pierre de Médicis venant de lui-même faire sa soumission et remettre Florence entre ses mains; Rome, la ville des Merveilles, ouvrant ses portes sans résistance; le Pape forcé de l'accueillir dans son propre palais; enfin, le royaume de Naples tout entier soumis en quelques jours. Dans tous ces romans chevaleresques que le roi aimait à se faire lire, trouvait-on de plus brillantes aventures? Ce royaume, dont il était maintenant le maître, ne valait-il pas ceux que les paladins allaient jadis conquérir? Ces ruines étonnantes, ces grottes percées par le magicien Virgile, ces montagnes en feu, ces fontaines bouillantes que Charles VIII avait vues sur les rivages de Pouzzoles et de Baia(2), le cédaient-elles aux prodiges de la forêt de Brocéliande? Ces jardins admirables, ces palais remplis de trésors, étaient-ils moins magnifiques que ceux de l'empereur Hugon? Pour compléter la ressem-

---

(1) Les totaux approximatifs que l'on peut établir au moyen d'un bulletin publié par M. de la Pilorgerie (p. 275) et d'une liste reproduite par Sanuto (p. 605) donnent 12 600 hommes pour l'armée qui suivit Charles VIII, et 11 700 pour le corps d'occupation.

(2) *Le Vergier d'honneur*, 357-359.

blance entre les épopées qui avaient enflammé son imagination et la réalité qui s'était déroulée sous ses yeux, il ne manquait que les grands coups d'épée; car, — ce n'était point là le fait le moins merveilleux de cette merveilleuse histoire, — sauf la prise de Monte-San-Giovanni et celle des châteaux de Naples, la conquête s'était faite presque sans combats. Mais ce dernier trait d'analogie avec les preux légendaires ne devait pas manquer au fils du positif Louis XI. Deux mois ne s'étaient pas écoulés, qu'après avoir traversé toute l'Italie sans encombre avec la poignée de soldats qu'il avait amenée de Naples, après s'être encore affaibli en envoyant un corps marcher sur Gênes. Charles mettait lui-même l'épée à la main et se frayait un passage à travers une armée trois fois plus forte que la sienne.

Monnaie de Naples, aux armes de Charles VIII.

CHAPITRE IX.

LA BATAILLE DE FORNOUE.

Attaque d'Asti par les Milanais. — Le duc d'Orléans à Novare. — Retour de Charles VIII à Rome. — Mission de Perron de Baschi auprès du Pape. — L'Esparre fait prisonnier près de Brindisi. — Commines quitte Venise. — Charles VIII à Sienne. — Projet d'expédition contre Gênes. — Affaires de Pise. — Ambassade florentine. — Savonarole et la ligue. — Ligny, capitaine des Siennois. — Entrevue du roi et de Savonarole. — Retour de Charles VIII à Pise. — Négociations en vue d'une trêve entre Pise et Florence — Marche des confédérés à la rencontre de Charles VIII. — Renforts envoyés à l'expédition contre Gênes. — Prise de Fontremoli. — Gié se jette au delà des Apennins. — La Trémoille fait passer l'artillerie. — Nouvelles de la victoire de Seminara. — Hésitations à Venise. — Offre d'assassiner Charles VIII. — Les confédérés prennent position à Giarola. — Gié paraît devant Fornoue. — Férocité des Estradiots. — Marche de Charles VIII sur Fornoue. — Campement sur la rive droite du Taro. — Commines demande le libre passage aux confédérés. — Il tente de reprendre les négociations le matin de la bataille. — Les Français passent sur la rive gauche du Taro. — Disposition des armées. — Attaque du centre et de l'arrière-garde par Gonzague et Fortebraccio. — Les chevau-légers, l'infanterie et les Estradiots se jettent sur les bagages. — Gonzague et Fortebraccio sont mis en fuite. — Cajazzo repoussé par l'avant-garde. — Danger où se trouve le roi. — Les Français restent maîtres du champ de bataille. — Les confédérés s'attribuent la victoire.

Si le duc d'Orléans était resté inactif à Asti pendant tout le temps de l'expédition, il allait avoir à jouer un rôle très important par suite du nouvel état de choses que la ligue de Venise venait de créer. De la conservation d'Asti devait dépendre le maintien des communications entre la France et l'armée royale. Aussi Ludovic, pensant trouver l'occasion de remettre la main sur un riche territoire trop longtemps séparé de l'héritage des Visconti, et de fermer aux Français les passages des Alpes, résolut-il de s'en emparer sans retard. Le 6 avril, il mit Galéaz de San-Severino à la tête de 3 000 chevaux et de 4 000 fantassins et l'envoya sommer Louis d'Orléans de livrer Asti et ses dépendances, « non pour déclarer la guerre, mais pour prendre ses sûretés » (1). Il s'engageait même à laisser le prince se retirer en paix, s'il s'exécutait de bonne grâce. Cette demande pacifique était d'ailleurs appuyée par quelques batteries de canons que Galéaz établissait dans le voisinage. C'était à peu près de la sorte que les Vénitiens comptaient agir avec Charles VIII, lorsqu'ils avaient assuré à Commines que son maître ne serait pas inquiété pendant son retour, s'il ne prenait pas l'initiative de l'attaque.

Louis d'Orléans n'était pas d'humeur à se laisser faire. Prévenu par Commines, il avait aussitôt écrit au duc de Bourbon et au parlement de Dauphiné pour demander des renforts; il avait reçu quelques hommes d'armes et levé quelques troupes aux environs d'Asti. Sans s'effrayer des bruits répandus par les Italiens qui prétendaient que Ludovic allait venir l'assiéger en personne, et que Maximilien était sur le point de passer les Alpes avec 30 000 hommes, le prince français répondit qu'il se défendrait (2). Au fond, il n'était pas fâché de voir croître, entre Charles VIII et Ludovic le More, une mésintelligence qui ne pouvait que servir ses vues ambitieuses sur le duché de Milan. Aussi ne cessait-il de demander au duc de Bourbon des secours qui le missent en état de conserver Asti au roi, « car c'est ici, disait-il, que gît toute son affaire. » Il offrait de vendre ses terres et ses meubles pour lever des hommes en Suisse, mais surtout il demandait qu'on fît diligence et que les gens d'armes composant les renforts marchassent jour et nuit sans attendre leurs bagages (3).

Cependant Ludovic prétendait n'avoir envoyé des troupes autour d'Asti que pour se mettre à l'abri des mauvais desseins du duc d'Orléans. Le doge tint le même langage à Commines, lorsque celui-ci vint lui demander des explications au sujet de l'entrée des troupes dans l'Astesan (4). Voyant que sa sommation n'avait eu d'autre effet que d'inspirer plus de résolution à son adversaire, le More fit entendre qu'il rappellerait ses soldats, pourvu que le duc d'Orléans consentît à renvoyer les siens en France. Cette proposition ne fut pas mieux accueillie que ne l'avait été la première; les Milanais res-

---
(1) Sanuto, 321.
(2) Le duc d'Orléans au duc de Bourbon, Asti, 17 avril 1495, dans les *Archives des Missions*, 2ᵉ série, II, 383.
(3) *Ibidem*, 386-387. — Godefroy, preuves 701-702.
(4) Sanuto, 324.

tèrent en observation et passèrent un long temps à escarmoucher sans oser commencer une action sérieuse, au grand dépit de certains orateurs des puissances liguées qui estimaient que l'on devait à tout prix se rendre maître d'Asti et fermer complètement les passages des Alpes (1).

Louis d'Orléans commençait à recevoir des renforts du Dauphiné; 2 000 Suisses lui arrivèrent vers le même temps. L'intention du Roi était que son beau-frère concentrât tous ces secours à Asti et allât ensuite l'attendre sur le Tessin, en évitant d'en venir aux mains avec les Milanais (2). Du reste l'armée lombarde se désorganisait; beaucoup de soldats, qui ne recevaient pas leur solde, la quittaient de jour en jour, tandis que l'armée d'Asti s'augmentait notablement. (3) Le marquis de Saluces l'avait rejointe avec 500 fantassins, la marquise de Montferrat se montrait favorable. Le duc d'Orléans se sentit assez fort pour transgresser la défense que lui avait faite Charles VIII, en portant à son tour la guerre sur le territoire ennemi. Grâce aux intelligences qu'il parvint à nouer avec un citoyen de Novare, Opizino Casabianco, 500 de ses hommes d'armes furent introduits dans cette ville, l'une des plus importantes du duché, et le 13 juin, il fit lui-même son entrée avec le marquis de Saluces à la tête de 3 000 chevaux et de 4 000 fantassins. La citadelle tenait encore pour le duc de Milan. Ludovic fit dire à Galéaz d'envoyer aussitôt une partie de ses troupes à Novare; il parla même de s'y rendre en personne. Mais Galéaz répondit qu'il n'était pas en forces; le More, à bout d'argent, détesté de ses sujets, ne parvenait pas à trouver les ressources nécessaires. Les défenseurs de la forteresse furent obligés de capituler au bout de quelques jours (4). A Milan, le mécontentement du peuple était tel que le duc, désormais reconnu par toutes les puissances, solennellement muni le 26 mai de l'investiture impériale, osait à peine sortir du château (5). Si Louis d'Orléans, au lieu de s'enfermer dans Novare, se fût hardiment présenté devant la capitale, pendant que les troupes de Galéaz étaient encore auprès d'Asti dans

(1) Sanuto, 295, 313, 320-321, 330-331, 333.
(2) Commines, II, 443. — Sanuto, 361.
(3) Sanuto, 363, 371.
(4) *Ibidem*, 382, 395, 397.
(5) *Ibidem*, 397.

leurs cantonnements d'Annone, il eût été accueilli « à plus grant joye qu'il ne fut oncques à son chasteau de Blois (1) ». Ce grand succès aurait pu excuser sa désobéissance aux ordres de Charles VIII qui avait compté sur ses troupes pour traverser la Lombardie à la tête d'une armée suffisamment imposante. Par suite de cette malencontreuse occupation de Novare, ce fut avec une poignée d'hommes épuisés par le passage des Apennins que le roi dut affronter les forces réunies des Italiens confédérés.

En s'éloignant de Naples, Charles suivit exactement la route qu'il avait prise en venant, et se dirigea d'abord sur Rome. Le Pape n'eut pas le courage de l'y attendre; les Vénitiens d'ailleurs l'engageaient fort à se retirer. Connaissant sa lâcheté, ils redoutaient qu'il ne s'accordât avec le roi, quand il se verrait entouré de troupes françaises. Le 27 mai, Alexandre VI, accompagné de presque tout le Sacré-Collège, de ses gardes et des soldats envoyés par Venise et par Milan, se mit en route pour Orvieto, laissant Rome à la garde du cardinal de Sainte-Anastasie (2). Le cardinal de Saint-Denis et les ambassadeurs français, sortis de Rome deux jours avant le départ du Pape, en transmirent la nouvelle à Charles VIII, qui trouva en outre, à Valmontone, une députation des Romains chargée de l'assurer de leur bonne volonté, et de le prier de ne pas autoriser les Suisses à s'introduire dans la ville. Le 1er juin, Charles entrait pacifiquement à Rome, suivi des cardinaux de Saint-Pierre-ès-Liens, de Saint-Denis et de Gênes. Le cardinal de Sainte-Anastasie vint à sa rencontre et lui offrit d'habiter le Vatican, que le Pape n'avait quitté, disait-il, que pour le mettre à sa disposition; mais le roi, refusant cette offre, alla tout d'abord à Saint-Pierre rendre grâces à Dieu de ses conquêtes, et descendit au palais du cardinal de Saint-Clément, dans le Borgo. Il fit plus d'une fois paraître du regret de ne pas se retrouver avec le Saint-Père et résolut d'envoyer Perron de Baschi à Orvieto. Dès le lendemain, il retira, conformément à ses promesses, les garnisons de Terracine et de Cività-Vecchia, et ne laissa que celle d'Ostie, qui pouvait en cas de besoin assurer une retraite au cardinal de la Rovère. Comme le Pape avait emmené ses gardes espagnoles et comme les Suisses n'avaient

---

(1) Commines, II, 444.
(2) Sanuto, 357-358.

pas été admis dans la ville, l'attitude des troupes françaises fut si complétement pacifique, que, suivant le mot d'un Italien, « on aurait dit des religieux ». Quelques Suisses, qui ne faisaient pas partie de l'armée royale, ayant soulevé un certain tumulte auprès de Saint-Jacques-des-Espagnols, deux des coupables furent aussitôt pendus. D'ailleurs, à peine arrivés, les soldats commencèrent à sortir de Rome, et le roi lui-même se remit en route au bout de deux jours (1).

Pendant ce temps, Perron de Baschi, arrivé le 4 juin à Orvieto, déclara au Saint-Père les désirs de son maître. Celui-ci répondit « très sagement », et, malgré les instances de l'ambassadeur, partit le lendemain pour Pérouse, afin de s'éloigner encore plus du roi de France. Un événement, qui se produisit vers le même moment, fit évanouir le dernier espoir que Charles VIII avait pu conserver d'obtenir du Pape une entrevue. Les soldats de l'avant-garde arrivés devant Toscanella, place pontificale, avaient demandé le passage et les vivres, moyennant payement, ainsi qu'ils y avaient droit d'après les traités. Les habitants n'ayant répondu à ces deux requêtes que par des refus, les soldats, déjà mis en méfiance par la disparition de quelques-uns des leurs, assassinés dans les bois qu'ils traversaient isolément, entrèrent par force dans la ville et la mirent au pillage. Le roi se courrouça fort de cette désobéissance à ses ordres, que les confédérés pouvaient regarder comme une provocation. Quant à lui, toujours exact à tenir ses engagements, il retira du château de Viterbe la petite garnison française qu'il y avait laissée lors de son premier passage, et le remit aux gens du Pape (2). Les confédérés n'obéissaient pas aux mêmes scrupules que lui; une flotte vénitienne avait déjà paru sur les côtes de Pouille, et, forts de son appui, les défenseurs aragonais de Brindisi venaient, par un heureux coup de main, de faire prisonnier M. de l'Esparre, vice-roi de la province. La nouvelle de ce premier retour offensif, tenté par des Italiens contre les Français, parvint au roi avant qu'il eût quitté Viterbe (3); c'était à ses yeux une raison de plus de presser sa marche pour aller chercher en France les secours nécessaires à la défense du royaume de Naples.

(1) Sanuto, 364-365. — *Vergier d'honneur*, 366. — Malipiero, I, 345.
(2) Sanuto, 367-369.
(3) *Ibidem*, 273. — *Vergier d'honneur*, 368.

Le 13 juin, il entra dans Sienne, où il retrouva Commines. Celui-ci avait quitté Venise dans les premiers jours du mois, aussitôt que la mission de Jean Bourdin avait été accomplie. Il n'avait pu arracher à la Seigneurie une réponse formelle, quant à l'attitude qu'elle comptait tenir pendant le retour de Charles VIII. Il avait vu arriver les Estradiots, armer la flotte de Pouille, et ces préparatifs n'avaient rien qui pût le rassurer. Ce fut seulement lors de son passage à Padoue qu'un des provéditeurs, avec qui il entretenait des relations particu-

Entrée d'un ambassadeur français à Sienne, peinte sur la reliure d'un registre de la *Biccherna*, pour 1496.

lières, lui affirma que les Vénitiens ne passeraient pas l'Oglio si les Français n'attaquaient pas le duc de Milan (1). Après avoir traversé Ferrare et Bologne, Commines se rendit à Florence, où il devait attendre les ordres du roi. Il profita de son séjour pour faire visite à Savonarole. Émerveillé de la prescience de ce voyant, il lui demanda « si le roy pourroit passer sans péril de sa personne, veu la grant assemblée que faisoient les Vénissiens, de laquelle il sçavoit mieulx à parler que moy, qui en venoye. Il me répondit qu'il auroit affaire en chemin, mais que l'honneur luy en demoureroit, et n'eust-il que

(1) Kervyn de Lettenhove, II, 196-203.

cent hommes en sa compaignie ; et que Dieu qui l'avoit conduist au venir le conduiroit encores à son retour ». Cependant le Frère ajouta que, pour avoir négligé la réforme de l'Église et pour n'avoir pas su réprimer les excès de ses soldats, « Dieu avoit donné sentence contre luy, et brief auroit un coup de fouet (1) ». Le coup de fouet ne se fit guère attendre : sept mois plus tard le petit dauphin mourait à Amboise ; l'année suivante un second dauphin expirait après quelques jours d'existence, et Charles VIII restait sans héritiers directs.

Commines s'était toujours montré l'ami des Florentins ; ceux-ci ne négligèrent pas d'entretenir ses bonnes dispositions, avant son départ pour Sienne où le roi lui donna rendez-vous. Cependant, quelque fond qu'ils fissent sur son amitié, ils connaissaient trop bien M. d'Argenton pour la croire indépendante de ses intérêts matériels. Aussi n'apprirent-ils pas sans émoi que ses bagages avaient été pillés au sortir de Florence. Les objets volés furent d'ailleurs retrouvés et la bonne volonté de Commines n'en fut pas altérée ; arrivé auprès du roi, il insista pour que les Pisans fussent abandonnés à leurs suzerains.

Charles VIII était entré à Sienne, le 13 juin, au milieu des mêmes honneurs qu'à son premier passage. La ville était toujours partagée entre la faction populaire, celle des Réformateurs et la faction alors dominante du *Monte dei Nove*. Une troupe de 300 fantassins, grâce à laquelle celle-ci se maintenait au pouvoir, avait été dissoute avant l'arrivée du roi, sur les instances de l'orateur français. Cependant, Charles déclara aux Siennois, qui lui exposaient leurs griefs contre les Neuf, qu'il ne pouvait être un juge compétent de leurs démêlés ; et lorsque l'un d'entre eux, Jacques-Angelo Boninsegni, lui demanda de leur donner un capitaine français avec quelques troupes ultramontaines pour les maintenir en liberté sous le protectorat de la France, il refusa en disant qu'il ne voulait porter atteinte aux droits de personne. Soit que ce langage eût rassuré les Siennois sur les intentions de Charles VIII à leur égard, soit que la présence de soldats étrangers leur parût une garantie contre la prédominance d'un parti redouté, tous finirent par se rallier à la proposition de Boninsegni ; et,

(1) Commines, II, 438.

dès le lendemain, à la suite d'une fête au Palais public, dans laquelle parurent, contrairement aux usages du pays, cinquante des plus belles et des plus nobles dames, ils prièrent le roi de leur laisser deux cents Suisses et un capitaine à leur solde (1).

L'intervention dans les difficultés intérieures de Sienne était, du reste, une des affaires les moins graves que Charles VIII eut à régler pendant les quatre jours qu'il passa dans cette ville. Gênes, dont l'importance pouvait être grande au point de vue des communications entre la France et le royaume de Naples, était toujours déchirée par les partis. Le cardinal de Gênes et Obietto de Fiesque, le vaincu de Rapallo, secondés cette fois par Julien de la Rovère, reprirent au profit du roi de France, légitime suzerain de Gênes, le projet qu'ils avaient tenté, l'année précédente, de mettre à exécution pour le compte du roi de Naples. Ils assuraient qu'il serait facile d'arracher leur patrie aux Adorni, partisans de la domination milanaise. On s'agitait déjà en Ligurie; on disait que Baptistin Campo-Fregoso, l'ancien doge banni de Gênes, avait occupé Monaco au nom de Charles VIII. Ludovic, dans son anxiété, envoyait de l'argent à ses commissaires; Venise, mettait à profit ses rapports d'amitié avec le Sultan pour que les Turcs n'inquiétassent pas les forteresses génoises de Scio. Les Génois, disait la Seigneurie, seraient alors libres d'unir leurs forces à celles de la ligue dirigée contre le roi de France, ligue qui était le seul moyen d'empêcher ce prince de dominer toute l'Italie et de se ruer ensuite sur les états musulmans (2). Le cardinal de Gênes soutenait que les circonstances étaient favorables. Le roi qui apprit alors l'occupation de Novare crut sans doute qu'il fallait en profiter pour agir contre le duc de Milan; il consentit à envoyer à Gênes quelques centaines d'hommes avec M. de Bresse, La Rovère, le cardinal de Gênes, Obietto et les autres bannis qui prirent aussitôt la route de Pise et de Lucques (3). Une petite flotte qui venait de Naples sous les ordres de Myolans fut également dirigée vers les côtes de Ligurie (4). On se promettait l'appui de troupes savoyardes; mais cette

---

(1) Ms. de Tizio, fol. 253ro-256ro.
(2) Sanuto, 496 et 400.
(3) Ils passèrent à Pise le 17 juin 1495. Portovenere, 312.
(4) Parenti, fol. 130ro. — Portovenere, 312.

entreprise, sur laquelle on fondait de grandes espérances, devait aboutir à un échec.

Les affaires de Pise causaient alors à Charles VIII de sérieux embarras; contrairement à ses ordres maintes fois répétés depuis le 4 décembre 1494, jour où un héraut français était allé signifier aux Pisans qu'ils eussent à se soumettre aux Florentins, la garnison française, récemment renforcée de 600 hommes venus de Naples, faisait cause commune avec les citoyens. La responsabilité en doit évidemment retomber sur le capitaine à qui le roi avait confié la garde de la citadelle, ce Robert de Balzac d'Entragues qui allait terminer ses fonctions en vendant pour son compte aux Pisans la forteresse que le roi lui avait commandé, sous peine de rébellion, de remettre aux Florentins (1). Du reste, la plupart des Français, émus au récit des souffrances subies par les Pisans au temps de la tyrannie florentine, ne cachaient pas leurs préférences, et les soldats livrèrent eux-mêmes à d'Entragues ceux de leurs officiers qui voulaient, conformément aux intentions royales, restituer Vico aux légitimes suzerains. Aucun compte n'avait été tenu d'une lettre par laquelle Charles déclarait aux Seigneurs de Pise, qu'il ne permettait pas que l'on attaquât les Florentins, et les sommait de suspendre les hostilités jusqu'à sa venue (2). Cependant les Florentins ignoraient ou voulaient ignorer les efforts tentés par le roi pour leur donner satisfaction; ils persistaient dans leur interprétation du traité et réclamaient immédiatement la restitution des forteresses occupées par les Français. De plus, Pierre de Médicis marchait à la suite de Charles, qui comptait l'emmener en France. Tout le monde savait, en Italie, que la situation du misérable fils de Laurent était fort loin d'être celle d'un favori (3); mais l'aveugle terreur que sa présence inspirait à ses compatriotes n'était égalée que par l'absurde présomption de Pierre qui conservait, malgré tout, l'espérance d'être un jour restauré dans son ancien pouvoir. On vit se renouveler la panique qui avait marqué les derniers temps du séjour des Français à Florence; on se reprit à appeler des condottieri, à remplir les mai-

---

(1) Landucci, 116, 117, 122.
(2) Portovenere, 312.
(3) Sanuto, 347.

sons de soldats, à emmagasiner des provisions et des munitions, à préparer des barricades dans les rues, bref à mettre la ville en état de se défendre, au cas où Charles VIII aurait eu l'idée de vouloir lui imposer de nouveau le tyran déchu. Il va sans dire que Venise et les états confédérés encourageaient les Florentins à se méfier des Français et qu'ils leur représentaient l'adhésion à la ligue comme le seul moyen de sauvegarder leur indépendance (1).

Trois ambassadeurs florentins, Dominique Bonzi, Julien Salviati et André de' Pazzi, partis le 5 juin, étaient allés trouver Charles VIII à Viterbe. Ils l'avaient détourné de venir à Florence, en lui insinuant que l'allégresse des citoyens pourrait être troublée par la pensée que Pise et les forteresses n'étaient pas encore rendues. Ils avaient essayé de justifier les armements et les mesures de défense en les disant nécessitées par les propos de Pierre de Médicis et des siens qui se vantaient d'être bientôt rétablis, avec l'appui du roi, dans un degré d'honneurs supérieur encore à celui où ils étaient montés jadis : « Vous direz, portaient leurs instructions, que tout ce peuple est si jaloux de sa liberté récemment conquise, qu'il est résolu à ne plus la perdre autrement qu'avec sa vie. » Les ambassadeurs offrirent enfin, si le roi restituait immédiatement les forteresses, de s'engager, au nom des Florentins, à ne pas entrer dans la ligue de Venise et à lui fournir, outre les 30 000 ducats qui lui étaient dus encore, un prêt de 70 000 ducats et un contingent de 300 hommes d'armes et de 2 000 hommes de pied, sous les ordres du vaillant condottiere François Secco (2). Charles s'était d'abord montré disposé à consentir. Il ne tenait à conserver que Sarzana, Sarzanella et Pietrasanta qui pouvaient lui être utiles dans ses desseins contre Gênes. Arrivé à Sienne, il mit la chose en délibération. Commines et plusieurs membres du Conseil furent d'avis d'accepter les propositions florentines et de garder seulement Livourne jusqu'à ce que l'on fût à Asti. Mais M. de Ligny, favorable aux Pisans, l'emporta, et le roi, tout en affirmant qu'il restituerait les forteresses dans le délai prescrit par le traité, déclara aux ambassadeurs que ce ne serait jamais, en tout cas, avant son arrivée à Asti (3). Quant à Pierre de

---

(1) Sanuto, 387. — Parenti, fol. 127ᵛ°, 128.
(2) Desjardins, I, 618-620. — Commines, II, 435.
(3) Parenti, fol. 129ʳ°. — Desjardins, I, 620, note 2.

Médicis, comme Charles n'entretenait envers lui que les sentiments de la plus stricte humanité, on l'expédia aussitôt à Lucques avec défense de passer sur le territoire florentin (1).

Ces deux décisions étaient l'une et l'autre entièrement conformes aux articles 3 et 18 de la convention du 26 novembre. Mais les Florentins, sans tenir compte de l'empressement mis par Charles VIII à leur donner satisfaction pour ce qui regardait Pierre de Médicis, accusèrent de plus belle le roi de manquer à ses engagements. Savonarole était presque seul à ne pas s'associer à ces récriminations. Quelque temps auparavant, il avait ajouté foi aux mauvais bruits qui couraient sur le compte du roi, et il lui avait écrit le 26 mai pour le menacer de la colère divine, s'il prétendait s'approprier les forteresses et sacrifier la liberté des Florentins à l'ambition de Pierre de Médicis (2). Depuis, le Frère, persuadé sans doute de la réalité des bonnes intentions de celui qu'il croyait toujours appelé à réformer l'Église, prêchait publiquement que Florence devait lui rester fidèle. Les confédérés sachant bien que, sans Savonarole, ils seraient parvenus à entraîner les Florentins, résolurent de combattre son influence. Ils firent partir sans retard le général des Camaldules, Pierre Delfino, très bien vu sur les bord de l'Arno où il avait longtemps séjourné; mais l'autorité du Frère était si grande que les Florentins, surmontant leur rancune contre les Français, se soumirent à ses conseils (3). D'ailleurs le roi qui commençait à sentir la nécessité de se presser, et que rien n'appelait à Florence, décida de se rendre directement à Pise. Les Florentins ne manquèrent pas d'attribuer cette résolution à la frayeur que leur belliqueuse attitude avait inspirée à Charles VIII (4).

Une autre affaire avait encore été soumise aux délibérations du Conseil du roi. Convenait-il d'accorder aux Siennois les troupes et le capitaine qu'ils demandaient? La proposition, si l'on en croit Commines, provenait de M. de Ligny qui, espérant devenir seigneur de la ville, avait organisé, par l'entremise de Gaucher de Dinteville, une intrigue pour se faire donner la charge de capitaine. Le sire d'Ar-

---

(1) Cherrier, II, 194.
(2) Villari, traduction française, II, 11-12.
(3) Sanuto, 387. — Parenti, fol. 129v°.
(4) Parenti, fol. 130r°.

genton se trouva justement être le premier à opiner; il répondit que le roi n'avait qu'à passer son chemin sans risquer de blesser Maximilien en prenant le protectorat d'une ville de l'Empire qui était en même temps la plus changeante de toutes celles de l'Italie. Charles fut de cet avis. On n'avait pas trop, en effet, de tous les soldats amenés de Naples pour faire face aux forces de la ligue que l'on allait trouver de l'autre côté de l'Apennin. La nouvelle de l'occupation de Novare que l'on reçut alors à Sienne ne permettait plus guère d'espérer que les confédérés laisseraient passer les Français sans encombre.

Commines, qui avait apporté un état des troupes levées par les Vénitiens, aurait voulu que l'on quittât Sienne au bout de deux jours, car les armées confédérées n'étaient pas encore réunies. Ce n'était pas que les soldats italiens lui parussent bien redoutables, mais il craignait que les lansquenets de Maximilien n'eussent le temps d'arriver (1). Cependant Charles VIII ne se mit en route qu'au bout de quatre jours, le 17 juin, après avoir, malgré l'avis de son Conseil, donné M. de Ligny pour capitaine général aux Siennois. Le même jour, celui-ci reçut solennellement le bâton de commandement, et, laissant la garnison française sous les ordres de son lieutenant Villeneuve, il se hâta de rejoindre le roi. C'était un triomphe pour les Réformateurs et pour la faction populaire; six semaines plus tard, celle des Neuf ayant repris le dessus, Villeneuve demanda son congé et partit avec ses soldats (2).

A Poggibonsi, Charles rencontra Savonarole, qui était venu lui-même le sommer de bien agir avec Florence, et lui rappeler les châtiments du ciel qui l'attendaient, s'il manquait à ses promesses ou à l'accomplissement de sa mission divine. Le roi accueillit le Frère avec les témoignages du plus grand respect; il voulut être entendu par lui en confession, et recevoir la communion de sa main. Il tint à le garder auprès de lui jusqu'à Castel-Fiorentino et, comme il l'avait déjà dit plus d'une fois, il affirma en sa présence qu'il tiendrait ses engagements quand le temps serait venu. Savonarole, que n'aveuglait point le parti pris de la plupart des Florentins, s'en retourna satisfait de cette réponse; et lorsque, du haut de la chaire de

(1) Commines, II, 436.
(2) Tizio, fol. 256r°-257. — Allegretto Allegretti dans Muratori, *Scriptores*, XXIII, 851-853.

Sainte-Marie-des-Fleurs, il rendit compte de son voyage, il exhorta le peuple, qui se pressait autour de lui, à persévérer dans ses prières; car Dieu, disait-il, les avait exaucées. Malgré toute son autorité, il ne parvint pas à faire partager sa confiance dans la parole royale, à ceux de ses auditeurs que la restitution immédiate de Pise aurait seule pu satisfaire. « Bref, Frère Jérôme perdit plutôt qu'il ne gagna à son voyage auprès du roi (1). »

Deux jours après, Charles, qui avait suivi le val d'Elsa jusqu'à l'Arno, faisait son entrée dans Pise. Tandis que les Florentins regardaient la soustraction de Pise à leur suzeraineté presque comme un fait accompli, et qu'ils prétendaient que Charles VIII avait fait entrer la ville rebelle dans l'apanage du dauphin (2), les Pisans se considéraient comme si peu délivrés de la tyrannie florentine, qu'ils ne cessaient de supplier le roi de les mettre en liberté. Ils s'efforçaient de l'entraîner à se compromettre en leur faveur, comme jadis les Florentins après l'expulsion de Pierre de Médicis, et sans plus de raison qu'eux, ils proclamaient Charles le restaurateur de leur indépendance. Sur toutes les tours, ils avaient arboré la bannière royale ; aux murs de toutes les maisons, ils avaient suspendu l'écu de France. Au bout du Ponte Vecchio, sur un arc de triomphe tendu de draperies d'azur aux fleurs de lis d'or, ils avaient dressé une statue équestre de Charles VIII, l'épée tendue vers Florence, foulant aux pieds de son cheval le *Marzocco* florentin et la guivre milanaise. Les nobles Pisans qui attendaient à la porte pour conduire le roi jusqu'à son logis le félicitèrent de son retour dans « sa très humble, obéissante et sujette ville ». Leurs enfants, uniformément vêtus de satin blanc fleurdelisé, criaient : « Vive France ! » et de tous côtés, tandis que Charles s'avançait à travers les rues, que de grands pins coupés dans la forêt du Gombo transformaient en allées de verdure, le peuple répondait : « Vive le roi ! Liberté ! Liberté (3) ! »

Partout le même cri retentissait aux oreilles du roi. Le lendemain, ce fut une longue procession de tout le clergé, suivi des Seigneurs de Pise, qui vint le répéter sous les fenêtres de son logis. Le soir, au milieu

---

(1) Parenti, fol. 131 r°. — Sanuto, 426-427.
(2) Parenti, fol. 131 v°.
(3) Portovenere, 312-313. — *Vergier d'honneur*, 372.

d'un bal, toutes les femmes présentes, les plus belles de la ville, se jetèrent à ses pieds et le supplièrent de ne pas laisser leur patrie retomber sous un joug détesté.

Du côté des Français, la sympathie était générale. Depuis les plus grands seigneurs, jusqu'aux archers et aux Suisses, la pitié pour les Pisans l'emportait sur le souvenir des engagements pris par le roi. Mais celui-ci n'oubliait pas la parole qu'il avait donnée aux Florentins : ni les cris du peuple, ni les supplications des siens, ni le touchant spectacle des femmes en larmes à ses genoux, ne purent lui arracher autre chose que des paroles de compassion et la promesse de s'employer à améliorer le sort des Pisans. Le 21 juin, la Seigneurie de Pise se présenta au Conseil et offrit de donner la ville à Charles VIII, pourvu qu'il ne la rendît pas à ses anciens maîtres. Le roi ne se laissa pas plus entraîner au mouvement de son cœur qu'aux instances de ses conseillers.

La plupart, en effet, surtout M. de Ligny qui tenait à se faire bien venir des Italiens, insistèrent pour qu'il acceptât. Il n'y eut que Gié, Ganay, Commines et le cardinal de Saint-Malo qui soutinssent l'avis contraire. Dans l'armée, la colère était grande contre eux, et les soldats parlaient de leur faire un mauvais parti. Le président de Ganay n'osait coucher à son logis; le cardinal fut menacé par un archer; le maréchal de Gié lui-même fut insulté. Quarante ou cinquante gentilshommes de la garde, la hache au cou, entrèrent jusque dans la chambre où le roi jouait aux tables avec M. de Piennes, pour lui dénoncer comme traîtres les conseillers amis des Florentins. Cette fois, Charles perdit patience et les renvoya « bien vertueusement (1) ». Aux Pisans, il répondit par ces paroles, qui étaient, en même temps que l'expression de sa sympathie, celle des regrets qu'il éprouvait de ne pouvoir les satisfaire, « qu'il feroit si bien que chacun seroit content, et qu'il aymoit la ville et ses habitans beaucoup plus qu'il n'en monstroit le semblant (2) ». La seule chose possible pour le moment, c'était la promesse de ne rendre la citadelle aux Florentins qu'après l'échéance des derniers délais fixés par la convention du 26 novembre. En partant, le 23 juin, il changea la garnison qu'il remplaça par des

(1) Portovenere, 313-314. — Commines, II, 440.
(2) *Vergier d'honneur*, 374.

fantassins du Berry; malheureusement, sur les instances de Ligny, il en laissa le commandement à l'infidèle d'Entragues (1).

Quatre ambassadeurs pisans suivirent Charles VIII à Lucques, où les envoyés florentins l'attendaient. Là eurent lieu de nouvelles conférences dans lesquelles le roi se fit représenter par MM. de la Trémoïlle et de Piennes, qui proposèrent une trêve de quatre mois. Les Florentins n'en voulaient accorder que deux. Ils se sentaient mal à l'aise au milieu de ce camp où presque tout le monde était favorable à leurs adversaires. Le 25 juin, ils partirent sous la garde d'une escorte française, en promettant d'envoyer la réponse de leur gouvernement dans trois ou quatre jours. Charles leur donna rendez-vous à Asti, et continua aussitôt sa marche vers l'Apennin.

Mais il semblait que les Florentins ne se crussent tenus à aucun ménagement envers Pise. De part et d'autre, on était convenu de suspendre les hostilités, au moins pendant le temps que dureraient les négociations en vue de la paix. Dès le 27, le roi écrivait aux Florentins pour se plaindre de leur peu d'exactitude à observer l'armistice. Il leur avait adressé pour son compte plusieurs demandes auxquelles il n'avait pas été satisfait, entre autres celle d'un prêt d'argent. N'osant tout lui refuser, les Florentins consentirent à lui céder les services du condottiere François Secco (2). Quant à la trêve, ils n'en parlèrent même plus, et deux des ambassadeurs pisans qui avaient accompagné Charles VIII jusqu'à Pontremoli pour attendre une réponse, désespérant de la voir arriver, se décidèrent à regagner leur patrie (3).

Les arrêts que Charles avait dû faire à Sienne et à Pise avaient été causés, non pas, comme on l'a répété maintes fois, par son désir de ne rien perdre des fêtes qu'on lui offrit dans ces deux villes (4), mais par l'obligation de discuter les graves affaires qu'il avait à régler avec les Siennois, les Pisans et les Florentins. Pour sa part, il sentait si bien la nécessité de se hâter qu'il écrivait au duc de Bourbon le

---

(1) Commines, II, 441.
(2) *Vergier d'honneur*, 375. — Sanuto, 422. — Desjardins, I, 621-623.
(3) Portovenere, 315-316.
(4) Commines, sur qui l'on se fonde pour formuler ce reproche, est si peu exact qu'il accuse Charles d'avoir perdu « six ou sept jours » dans chacune de ces villes. (II, 436 et 441.) Or, le roi passa quatre jours à Sienne et trois jours seulement à Pise.

jour de son arrivée à Pise : « Je m'en vays le plus diligemment que je puis et ne séjourneray ni arresteray en lieu ni en place que ce soit que le moins que possible me sera..... Au surplus, je partiray d'icy dedans deux jours pour m'en aller à Lucques, et de là à Pietrasanta, et de là à Serezanna et après prendre mon chemin pour m'en tirer en Asti, ainsi que je congnoistrai être pour le mieulx et j'espère, à l'aide de Dieu, aysément passer partout. Car, comme je vous ay escript, je ne quiers ne demande aucune chose à homme qui vive, qui ne me demandera rien, et qui vouldra empescher mon retour, auquel cas je mettrai peine de me deffendre et passer. Il me semble que avecques les gens de bien que j'ay icy en ma compaignie, et veu le grant et bon vouloir qu'ilz ont de me faire service, je passeray très aysément, qui que le veuille veoir(1). » On voit que le roi gardait encore quelque confiance dans la parole des Vénitiens, et qu'il ne croyait pas impossible qu'on le laissât passer sans l'attaquer. Si les confédérés avaient jamais eu réellement l'intention de ne pas troubler son retour en France, l'occupation de Novare par le duc d'Orléans les avait bien vite amenés à y renoncer et, pour le moment, ils ne pensaient qu'à écraser les Français.

La plus grande partie de l'armée était aux gages des Vénitiens ; ceux-ci avaient rapidement porté leurs forces à un total d'environ 40 000 hommes, mais toutes les troupes n'avaient pas encore rejoint, lorsque l'armée se forma sur l'Oglio. En outre, on avait détaché un corps d'Estradiots qui allèrent, avec Bernard Contarini, aider le duc de Milan à assiéger Novare, tandis qu'un petit corps restait dans le voisinage de Ferrare à observer la conduite équivoque d'Hercule d'Este (2). A la tête de ses forces, la Seigneurie avait mis le marquis de Mantoue, François de Gonzague, et deux provéditeurs, Melchior Trevisan et Luc Pisani. Le contingent milanais, commandé par le comte de Cajazzo, et celui de Bologne, conduit par Annibal Bentivoglio, étaient insignifiants en comparaison de l'armée vénitienne. Celle-ci bien entretenue et bien payée, confiante dans sa supériorité numérique, ne redoutait pas beaucoup les quelques milliers d'hommes qui accompagnaient Charles VIII. Pour l'exciter à combattre en éveillant ses

(1) La Pilorgerie, 302 et 304.
(2) Sanuto, 410-425.

convoitises, la Seigneurie répandait parmi les soldats le bruit que les Français traînaient à leur suite toutes les dépouilles de Naples ; elle faisait lire à haute voix dans le camp des lettres où l'on portait à dix mille le nombre des chevaux chargés de butin (1). Mais ces excitations dépassèrent leur but, et le jour du conflit, une masse de soldats, qui auraient pu prendre l'armée française à revers, ne

François de Gonzague, marquis de Mantoue. Médaille de Sperandio.

pensèrent qu'à se jeter sur les bagages et furent ainsi pour beaucoup dans l'échec des confédérés.

Le 15 juin, François de Gonzague rejoignit son armée à Seniga, près du confluent de la Mella avec l'Oglio; six jours après, il franchissait la rivière et se dirigeait vers Parme (2). On comptait que le comte de Cajazzo serait allé avec les troupes milanaises occuper Pontremoli et le haut de la vallée de la Magra, de manière à interdire

(1) Sanuto, 404-412.
(2) *Ibidem*, 403, 412, 413.

à Charles VIII l'accès des Apennins; Ranuzio Farnèse et Bernardin Fortebraccio, qui formaient l'avant-garde de l'armée vénitienne, se proposaient d'aller se joindre à lui (1). Mais l'hésitation régnait parmi les confédérés; on se demandait encore si Charles passerait par la côte de Gênes, s'il se dirigerait par Castelnovo di Garfagnana sur le Modénais, s'il gagnerait Tortona par le Monte Cento-Croci, ou s'il

Revers de la médaille de François de Gonzague.

suivrait tout simplement la route du col de la Cisa qu'il avait prise en venant (2). Cajazzo n'avait que 1500 hommes; au lieu de frayer la route aux Vénitiens, il leur demanda des troupes pour défendre Pontremoli et la rivière de Gênes (3). Lorsqu'il rejoignit, le 25 juin, l'armée confédérée à Ponte di Taro, entre Parme et Castelguelfo, le marquis de Mantoue ne voulut pas risquer ses soldats au delà des

(1) Sanuto, 412.
(2) *Ibidem*, 422.
(3) *Ibidem*, 413.

monts, sous prétexte que l'on n'aurait pas assez d'espace pour opérer à l'aise dans la vallée de la Magra. Ce fut là une faute qui sauva l'armée française. Si elle avait trouvé fermés ces défilés abrupts que quelques hommes suffisaient à défendre, elle n'aurait eu d'autre alternative que de prendre l'étroite route de la rivière de Gênes. Resserrée entre la mer et les Apennins, arrêtée par la place de Gênes, poussée par les confédérés, embarrassée par son artillerie et par le convoi qu'elle traînait à sa suite, elle serait tombée tout entière aux mains de ses ennemis. Mais, comme le dit Commines, Dieu montra conduire l'œuvre. Cajazzo était parti pour aller occuper Pontremoli avec ses seules forces, lorsqu'il apprit en route qu'une partie des troupes de la garnison, terrifiée par l'approche des Français, commençait à déserter. Il fit demander en toute hâte 1 000 hommes de pied aux Vénitiens. Ceux-ci ne paraissent pas les lui avoir envoyés; en tout cas, Cajazzo n'alla pas jusqu'à Pontremoli; il réclama de nouveaux renforts et se replia sur Fornoue pour les attendre (1).

Une troupe de 3 000 fantassins que les Vénitiens envoyaient pour grossir la garnison milanaise de la Spezia, de manière à couper aux Français la route de Gênes, ne parvint pas, non plus, à destination. En chemin, Pierre Schiavo qui la commandait apprit que la Spezia avait ouvert ses portes au cardinal de Gênes et à M. de Bresse; il revint aussitôt sur ses pas (2).

L'occupation de la Spezia encouragea Charles VIII à pousser vigoureusement l'expédition contre Gênes. Arrivé à Sarzana, il rappela auprès de lui le cardinal, MM. de Bresse et de Beaumont de Polignac, et soumit l'affaire à son Conseil. On venait d'apprendre la marche en avant des confédérés (3). Les membres du Conseil, jugeant que dorénavant le roi n'aurait pas trop de toutes ses forces pour se frayer un passage, l'épée à la main, déclarèrent inutile l'expédition de Gênes. Tous partageaient l'opinion de Commines : « Si le Roy gaignoit la bataille, Gennes se viendroit présenter d'elle-mesme, et s'il perdoit, il n'en auroit que faire (4). » Cependant, Charles VIII ne tint pas compte de leurs avis : il mit, sous les ordres de M. de Bresse, outre

(1) Sanuto, 433, 434, 436.
(2) *Ibidem*, 436.
(3) *Vergier d'honneur*, 376.
(4) Commines, II, 445-446.

Beaumont, François de Luxembourg, d'Aubijoux, cinq cents chevaux et deux mille arbalétriers que devait suivre la petite flotte amenée de Naples sur les côtes pisanes, par Myolans. L'armée se trouvait donc réduite à dix mille combattants à peine. En fait d'infanterie soldée, elle ne comptait plus que des Suisses. Bien des gens s'en inquiétaient dans l'entourage du roi, mais personne n'avait assez de crédit auprès de lui pour l'amener à changer d'avis : « De moy, dit Commines, il me sembloit qu'il ne me croyoit point du tout (1). »

Heureusement la résolution qui faisait défaut aux confédérés n'était pas ce qui manquait à Charles VIII. S'il considérait Gênes comme « la clef, la conservation et entretènement de son dit royaume de Naples (2) », il avait compris que Pontremoli était la clef des Apennins, et profitant de la négligence du marquis de Mantoue, il envoya sans perdre de temps le maréchal de Gié et Trivulce l'investir avec son avant-garde. La garnison milanaise ne se composait que de quelques centaines de fantassins. Elle fit mine de sortir pour escarmoucher avec les Français, mais en entendant les paysans des montagnes voisines crier *France!* elle perdit courage. Trivulce, qui avait des intelligences dans la place, obtint des habitants qu'ils se rendissent sans résistance. La garnison évacua la citadelle et alla rejoindre Cajazzo à Fornoue. Mais les Suisses voulaient venger ceux des leurs qui avaient péri lors du premier passage du roi. Au mépris de la capitulation, ils massacrèrent les habitants, pillèrent la ville et l'incendièrent avec tant de rage qu'ils brûlèrent dix des leurs, trop ivres pour échapper aux flammes. Ils commençaient même à assiéger le château, afin d'en déloger les soldats de Trivulce, lorsque le roi dépêcha de nouvelles troupes qui les arrêtèrent. Cette sauvage conduite des Suisses, outre qu'elle était de nature à confirmer les accusations de cruauté répandues sur le compte des Français, privait l'armée de grands approvisionnements détruits dans l'incendie, et cela au moment où l'on allait entrer dans un pays montagneux, peu peuplé, et dénué de toutes ressources en vivres et en fourrages (3).

(1) Commines, II, 446. — La Pilorgerie, 352.
(2) *Des nouvelles du roy depuis son partement de son royaume de Naples.* (Document conservé aux archives de l'Isère, communiqué par M. Pilot de Thorey.) Ce texte paraît être analogue à celui dont M. de la Pilorgerie a donné des extraits, p. 470 et suivantes.
(3) Sanuto, 436. — Commines, II, 448-449. — *Vergier d'honneur*, 376.

Le passage était ouvert; pour ne pas commettre une faute équivalente à celle qu'avaient commise les confédérés, il fallait le tenir libre en empêchant les ennemis de venir se poster dans les montagnes. Gié, avec cent soixante hommes d'armes et huit cents Allemands, se jeta au delà des Apennins, s'empara de Berceto et des petits châteaux qu'il trouva sur sa route, et ne s'arrêta qu'auprès de Fornoue, en vue des avant-postes des confédérés (1).

Pontremoli étant ruiné, le roi, fort irrité contre les Suisses, n'y coucha pas, et vint camper au pied même des montagnes. On allait avoir à vaincre la plus grande difficulté que l'on eût encore rencontrée. Les montagnes, en ce point, étaient à peine praticables. Commines déclarait n'avoir jamais vu ni dans les Pyrénées, ni dans les Alpes, de pente aussi escarpée. Cependant on y avait bien passé en venant, alors que l'artillerie était transportée par mer; mais, à présent, on traînait après soi, outre les petites pièces, quatorze de ces gros canons qui avaient inspiré tant de terreur aux Italiens. Comment hisser ces lourds engins sur des rochers où l'on s'émerveillait d'avoir jadis vu passer quatre petits fauconneaux? Plus d'un parlait de s'en débarrasser en les faisant sauter, afin d'aller plus vite rejoindre le maréchal de Gié; mais, pour rien au monde, le roi n'eût consenti à se priver de la supériorité que lui donnait son artillerie (2). On aurait peut-être été réduit à cette extrémité, si les Suisses, heureux de trouver une occasion d'éviter le châtiment qu'ils avaient mérité par le massacre de Pontremoli, n'eussent offert de transporter toutes les pièces, ainsi que toutes les munitions, pourvu qu'on leur accordât leur pardon. Charles accepta et chargea La Trémoïlle de diriger l'opération.

Les chroniqueurs contemporains ne dissimulent pas leur admiration pour le prodigieux labeur que les Suisses vinrent à bout d'accomplir. Ne laissant qu'un seul cheval pour diriger chaque pièce, ils s'attelaient par longues files de cinquante, quelquefois de cent couples, et au son des fifres et des tambours, s'excitant mutuellement par ces cris étranges dont leurs descendants aiment encore à faire retentir les échos alpestres, ils traînaient, sous les ardeurs d'un soleil de juillet, ces énormes doubles-canons que trente-cinq chevaux avaient peine à ébranler d'ordinaire.

(1) Commines, II, 457-458. — Sanuto, 442.
(2) Commines, II, 449, 454.

Comme il n'y avait pas de route tracée, il fallait, à tout instant,

Statue équestre du maréchal de Gié, qui se trouvait au-dessus de la porte du château du Verger.
Collection Gaignières. Bibliothèque nationale.

briser les rochers, combler les dépressions, entailler les ressauts du terrain. Ceux qui ne tiraient pas n'avaient guère moins de difficultés à porter les boulets. Ces lourdes masses de fer qui, par leur forme, ne prêtaient aucune prise, durent être mises dans les chapeaux, et portées à bout de bras. Le maître de l'artillerie, Jean de la Grange, commandait les manœuvres, mais ce fut à La Trémoïlle que revint l'honneur d'avoir mené à bonne fin cette périlleuse entreprise. Sans lui, les Suisses épuisés, dévorés par la soif dans ces régions où l'eau faisait presque entièrement défaut, auraient peut-être faibli. Personne mieux que lui ne savait encourager les soldats; comme jadis, lors de l'assaut de Monte-San-Giovanni, il fit apporter du vin aux travailleurs. Il ne dédaigna même pas de partager leurs fatigues. Dépouillé de ses armes, en chausses et en pourpoint, le vainqueur de Saint-Aubin-du-Cormier était le premier à pousser aux charrois, à haler sur les cordes, à porter les boulets, donnant partout l'exemple de la patience et de cette martiale gaieté particulière à nos armées. « Si quelqu'un arrive avant moi au sommet, je lui donne dix écus, » criait-il. Cependant, c'était peu que d'être au sommet; la descente devait présenter encore plus de périls et de difficultés. Il fallut laisser dévaler les pièces par leur propre poids, tandis que les Suisses, attelés cette fois, à l'arrière, les retenaient avec des cordes, au risque de se faire entraîner. Ce prodigieux travail dura deux jours et ne coûta pas une vie d'homme (1).

Pendant ce temps, à l'autre bout de l'Italie, les Suisses laissés dans le royaume de Naples ne se distinguaient pas moins. En Calabre, à Seminara, quelques centaines de ces montagnards, à peine soutenus par une poignée d'hommes d'armes, venaient de mettre en déroute Ferrand II et Gonzalve de Cordoue qui s'avançaient à la tête d'une armée trois fois plus nombreuse. Le prince aragonais et le capitaine espagnol avaient dû repasser en Sicile. Charles, dès qu'il en reçut la nouvelle, se hâta de faire connaître aux Suisses de son avant-garde la belle victoire de leurs compatriotes (2). Par le même courrier, on avait appris qu'un léger tumulte venait d'être promptement réprimé dans Naples, et que Gaète, révoltée, avait été bientôt reprise et durement châtiée, malgré la présence de troupes espagnoles (3). Toutes ces nouvelles, en confirmant la confiance dans la supériorité militaire des Ultramontains,

---

(1) *Vergier d'honneur*, 376-378. — *Mémoires de Louis de la Trémoïlle* (éd. Petitot, p. 422). — Commines, II, 453. — Livre de comptes de Chazerat, à la date du 1er et du 2 juillet.

(2) Charles VIII aux Suisses de son avant-garde. Pontremoli, 2 juillet 1495. Archives de l'Isère, 2e *generalia*, f° ij e xxxvij. (Communiqué par M. Pilot de Thorey.)

(3) *Vergier d'honneur*, 378. — La Pilorgerie, 353.

donnaient à espérer que, s'il fallait en venir aux mains avec les confédérés, l'issue de la lutte ne pourrait être que favorable.

La première nouvelle de la prise de Pontremoli et de la marche en avant de Gié causa une vive émotion au delà des Apennins. Milanais et Vénitiens se reprochaient mutuellement d'avoir laissé presque sans défenseurs la clef du passage en Lombardie. Fornoue, bourg situé à l'issue de la vallée que les Français devaient suivre à la descente, fut abandonné par les soldats qui en avaient la garde. A Venise, le Conseil était divisé. Certains membres croyaient que la marche en avant était une feinte destinée à attirer les confédérés vers Fornoue, pendant que le gros de l'armée française se dirigerait vers Plaisance par Borgo-Taro et les contreforts septentrionaux de l'Apennin. Pour se renseigner, les confédérés firent enlever et mettre à la torture de malheureux paysans de la montagne ; ils apprirent ainsi que les Français étaient en petit nombre, et que chevaux et gens étaient épuisés par la chaleur, la faim et la fatigue (1). Les plus timides en concluaient que les Ultramontains, exaspérés par leurs souffrances, tomberaient avec d'autant plus de rage sur l'armée de la ligue ; ils redoutaient que le moindre succès de Charles VIII ne soulevât les populations de Lombardie contre le gouvernement détesté de Ludovic. N'avait-on pas surpris les intelligences que Trivulce entretenait avec les Guelfes parmesans ? Le châtelain de Parme venait même d'être arrêté et conduit à Milan (2). Ordre fut donc envoyé au marquis de Mantoue de ne pas risquer le combat à moins d'y être forcé. Le duc de Ferrare en avertit secrètement Charles VIII (3), car, tout en se prétendant neutre, ce duc était entièrement dévoué au roi de France, qu'il avait essayé de réconcilier avec Ludovic le More (4). Un agent français, Jacques Signot, résidait sur ses terres et transmettait à Charles VIII, par l'intermédiaire de M. de Piennes, des renseignements sur la marche de ses ennemis (5).

(1) Sanuto, 444.
(2) *Ibidem*, 443 et 451.
(3) Benedetti, *Il fatto d'arme del Taro....*, tradotto da Lodovico Domenichi, réimprimé à Novare en 1863, p. 51. — Sanuto, 451.
(4) Kervyn de Lettenhove, II, 210-211.
(5) C'est ce Jacques Signot qui publia ensuite la carte d'Italie reproduite en tête de notre livre III, ainsi que *La totale et vraie description de tous les passaiges.... var lesquels on peut*

Au camp de la ligue on était beaucoup moins inquiet qu'à Venise. Les provéditeurs écrivaient que les soldats confiants dans leur nombre brûlaient de se jeter sur ces précieux bagages, dont on leur avait tant parlé. Le gouvernement vénitien, rétractant ses instructions, autorisa le capitaine général à livrer bataille. Il ordonna partout des prières et fit de grandes aumônes pour que le ciel accordât la victoire aux défenseurs de l'Italie et de la chrétienté (1). Toutefois, au milieu de ces pieuses préoccupations, le Conseil ne négligea pas d'examiner les propositions d'un honnête exilé vicentin, qui lui offrait de forcer la main à la Providence en se défaisant de Charles VIII. On l'appelait Basile della Scola, et il occupait un poste important dans l'artillerie royale (2). Son frère, Léon, était venu proposer en son nom de faire sauter toutes les poudres, de détruire tous les canons français, « ainsi que de procurer, par certains bons et prudents moyens, la mort du seigneur roi ». Le Conseil loua grandement la « fidélité » des deux frères et leur promit que, non seulement ils verraient lever leur sentence d'exil, mais qu'ils seraient récompensés de telle manière, que leurs descendants eux-mêmes ressentiraient toujours les effets de la gratitude vénitienne. Réflexion faite toutefois, Basile déclara que l'assassinat du roi présentait de trop grandes difficultés pour qu'il pût s'engager à tenir sur ce point ses promesses ; il demanda si l'on ne pourrait pas se contenter de la destruction des poudres, au moment où les Français seraient sur le point de les utiliser. On lui répondit que le marché tenait toujours, et on lui fit une petite avance de 25 ducats pour ses premiers frais (3). Soit infidélité, soit maladresse, aucune des deux promesses ne fut réalisée, et cependant le temps ne manqua point à Basile pour les mettre à exécution, car il ne quitta le camp français qu'au milieu d'août (4).

Des négociations en vue de décider Trivulce à déserter le parti de Charles VIII, pour passer à celui de la ligue, restèrent également sans

---

passer et entrer des Gaules es Ytalies. Paris, 1515, petit in-4° goth. (Voyez feuillet iiij^{re}.) Bien que la carte soit mentionnée dans le privilège, nous ne l'avons trouvée que dans un seul des six exemplaires de la Bibliothèque nationale, coté réserve C 1248.

(1) Sanuto, 445.
(2) *Ibidem*, 127.
(3) Cherrier, II, 491-494.
(4) Sanuto, 557.

résultats (1), et Venise fut réduite à employer les procédés légitimes de la guerre. Le 30 juin, les Estradiots avec 1 500 fantassins vinrent occuper de nouveau Fornoue, puis, le lendemain, l'armée passant le Taro occupa, au débouché de la vallée, une position où elle pouvait, en commandant la route de Parme, empêcher les Français de profiter de la bonne volonté des Parmesans à leur égard (2) et leur fermer l'entrée de la plaine du Pô.

La route que devait suivre Charles VIII, après avoir franchi le col de la Cisa, se continue pendant un certain temps sur les crêtes qui limitent au Sud-Est la vallée du Taro ; puis descendant à droite, vers

Médaille de Jean-Jacques Trivulce, face et revers.

Terenzo et Bardone, dans la vallée de la Sporzana, elle suit ce torrent jusqu'à son confluent avec le Taro, auprès de Fornoue. A partir de cette ville, la vallée du Taro devient tout à coup moins étroite ; la route de Parme, se continuant au pied des collines de la rive droite, passe devant Oppiano et rejoint la plaine auprès de Giarola (3). Ce fut autour de ce village que le marquis de Mantoue vint établir son camp.

Il était temps de prendre ces positions : le même jour, l'avant-garde française paraissait devant Fornoue. Reçue par les Estradiots qui y étaient arrivés la veille, elle fut forcée de rétrograder vers Terenzo. Un seul coup d'un petit passe-volant que Gié avait pu transporter avec lui suffit pour disperser ces cavaliers demi-sauvages, qui

(1) Sanuto, 451.
(2) *Ibidem*, 425. — *Il fatto d'arme del Taro*, 53.
(3) Voyez la carte de l'état-major italien au 1/100,000, feuille 73, *Fornovo di Taro*, III, S.E.

emmenaient quelques prisonniers. Quant aux morts, ils leur coupaient la tête et la portaient au bout de leur lance aux provéditeurs. Le prix régulier, payé par les Vénitiens pour chacun de ces horribles trophées, était un ducat, mais le marquis de Mantoue donna dix ducats au premier Estradiot qui lui apporta une tête de Français et lui manifesta sa satisfaction en le baisant sur la bouche (1). On se demande, en lisant le récit de pareils faits, complaisamment rapportés par Sanuto, si les Vénitiens étaient bien venus à accuser les Français de barbarie. Ces encouragements à la férocité coûtèrent d'ailleurs la vie à quelques Italiens. Pour grossir leurs recettes, certains Estradiots ne se firent aucun scrupule de glisser, parmi les têtes de Français, celles de paysans inoffensifs, voire même celle d'un pauvre curé de village qui s'était trouvé sur leur chemin (2).

Le marquis de Mantoue, comptant sans doute écraser l'armée française d'un seul coup, négligea d'attaquer le maréchal. Mais Gié, qui se voyait isolé avec 1700 hommes devant plus de 30000 ennemis, prévint en hâte le roi de France qu'il avait trouvé les confédérés en grand nombre et en forte position, et que l'on ne pourrait éviter de passer à moins d'un mille et demi de leur camp (3). A cette nouvelle, plus d'un conseiller de Charles VIII regretta bien les troupes que l'on avait envoyées à Gênes. Quant au roi, il n'hésita pas ; son artillerie était maintenant presque tout entière au delà des Apennins, il partit lui-même le 3 juillet, coucha à Cassio et rejoignit le maréchal à Terenzo le lendemain soir. Sur la route il avait rencontré La Trémoille, qui rendu « noir comme ung more » par les fatigues des jours précédents, venait lui annoncer l'heureux succès du passage des canons (4).

Les deux armées se trouvaient maintenant en présence. Les Français n'étaient pas plus de dix mille. Harassés de fatigue, sans vivres, sans fourrages, embarrassés par un énorme convoi, ils allaient avoir à s'avancer à découvert dans une étroite vallée, sous le feu d'ennemis trois fois plus nombreux, reposés, bien nourris, établis dans leurs positions comme dans une forteresse. Le combat était inévitable, et ce fut en ordre

---

(1) Sanuto, 450-452.
(2) *Il fatto d'arme del Taro*, p. 57.
(3) La Pilorgerie, 353.
(4) *Mémoires de Louis de la Trémoille*, p. 425.

de bataille que, le dimanche 5 juillet, les troupes françaises descendirent vers Fornoue. Armés dès la pointe du jour, les soldats marchaient en trois corps. A la suite de l'avant-garde, s'avançait l'artillerie, puis le centre conduit par le roi, enfin l'arrière-garde commandée par La Trémoïlle. Fornoue, où l'on arriva vers midi, se trouva être abandonné. Les habitants firent bon accueil aux Français, auxquels ils vendirent un peu de pain noir, du vin coupé de trois quarts d'eau et quelques fruits. Après leurs privations, les soldats se fussent aisément contentés de ces maigres ressources, mais ils n'osèrent trop y toucher d'abord, car on craignait le poison. Deux Suisses qui s'étaient introduits dans une cave, s'étant tués à force de boire, les soupçons redoublèrent. Le roi et les plus grands seigneurs dînèrent d'un morceau de pain apporté de la dernière couchée; puis on se remit en marche pour aller camper le plus près possible de l'ennemi (1).

La vallée inférieure du Taro dans laquelle on s'avançait maintenant en suivant la route de Parme, est dirigée du Sud au Nord et limitée par deux chaînes de collines peu élevées. Celle de droite, ou coteau d'Oppiano, domine le village du même nom ainsi que Giarola, tous deux occupés alors par l'armée de la ligue, de manière à fermer le passage aux Français resserrés entre le coteau et le torrent; celle de gauche est appelée colline de Medesano, du nom du village situé sur ses dernières pentes septentrionales, au point où elles se confondent avec la plaine du Pô. Le Taro, presque toujours praticable à gué, était sujet à des crues qui avaient couvert presque tout le sol de la vallée de grosses pierres fort incommodes pour les chevaux.

Le marquis de Mantoue, s'attendant à être attaqué, fit mettre ses troupes sur pied et s'avança à environ un mille et demi de son campement pour attendre les Français. Ceux-ci, précédés maintenant de l'artillerie, marchaient toujours en trois corps si rapprochés, que la distance d'un jet de pierre à peine les séparait les uns des autres. Ils cheminaient lentement et conservaient leur belle ordonnance, tout en poussant devant eux un millier de cavaliers italiens que Gonzague avait envoyés en éclaireurs. Au bout d'un mille de marche, ils s'arrêtèrent pour camper au milieu de saulaies, de prairies, et de fontaines

---

(1) *Vergier d'honneur*, 584. — La Pilorgerie, 354. — Commines, II, 461.

qui fournissaient de l'eau en abondance. Les Estradiots, qui du haut des collines n'avaient cessé d'épier leurs mouvements, choisirent cet instant pour tomber sur leur flanc droit que ne protégeait pas l'artillerie. Promptement dispersés, ils rapportèrent cependant quelques têtes. Voyant que la bataille ne serait pas pour ce jour-là, le marquis de Mantoue revint au camp de Giarola, laissant pour surveiller les Français son oncle, Rodolphe de Gonzague, avec vingt escadrons. L'armée de Charles VIII s'établit le plus solidement qu'elle put, le parc d'artillerie faisant face à l'ennemi, le roi au centre, l'arrière-garde vers Fornoue. Un château qui dominait le camp fut pillé et incendié par les Suisses, au grand déplaisir du roi. La crainte du poison avait empêché jusqu'à cette heure que l'on touchât aux farines, au vin et aux fourrages trouvés à Fornoue. Le soir, la faim l'emporta : les chevaux donnèrent l'exemple, et les hommes purent enfin se refaire des privations des jours précédents (1).

Charles ne s'effrayait point à l'idée de la bataille qu'il allait avoir à livrer; mais soit qu'il suivît le conseil de ceux de ses courtisans que Commines appelle « les plus saiges », soit qu'il voulût acquitter sa conscience et ménager le sang de ses soldats, en demandant qu'on le laissât passer en paix, il essaya encore une fois de négocier avec les confédérés. La veille déjà, il avait fait prier par un trompette le comte de Cajazzo, de venir lui parler, en même temps qu'il avait notifié au marquis de Mantoue la victoire de Seminara. Marchio Trevisan, l'un des provéditeurs qui n'était pas sans inquiétude sur l'effet des négociations du duc de Ferrare, n'avait pas voulu permettre au capitaine milanais de se rendre au camp français. Il avait répondu insolemment que la nouvelle de la victoire de Seminara était un mensonge, que les confédérés ne demandaient qu'à combattre, et il avait signifié que si d'autres parlementaires se présentaient, les avant-postes auraient l'ordre de les tailler en pièces (2).

Commines, à qui le roi avait proposé d'aller en parlementaire jusque dans le camp italien, afin d'observer l'état des forces ennemies, ne se

---

(1) *Vergier d'honneur*, 383. — La Pilorgerie, 354. — Commines, II, 461-463. — Sanuto, 464-465.
(2) Sanuto (454-455) se trompe en plaçant à la date du 3 juillet tous ces faits, qui se passèrent en réalité le 4.

souciait guère d'accepter une semblable mission. Il offrit seulement de profiter de ses anciennes relations pour demander à l'un des provéditeurs de venir conférer avec lui. Son offre ayant été acceptée, un trompette du roi arriva au camp confédéré le lendemain matin, au moment où les troupes françaises s'ébranlaient pour marcher sur Fornoue. Il apportait aux provéditeurs une lettre dans laquelle le seigneur d'Argenton assurait que le roi ne voulait que le passage, et s'étonnait fort que les Vénitiens, avec qui il avait toujours un traité d'alliance, eussent placé une armée sur sa route. Trevisan avait commencé par envoyer brutalement « au diable » le parlementaire et sa lettre ; cependant Luc Pisani s'était prononcé pour qu'on reçût l'un et l'autre. Bref, les Vénitiens répondirent qu'ils auraient volontiers accepté la proposition du seigneur d'Argenton, mais que les hostilités commencées par les Français contre le duc de Milan les forçaient à se conduire en ennemis ; néanmoins, ils promettaient que l'un d'entre eux viendrait parlementer à mi-chemin des deux armées. L'heure était trop avancée pour que l'on pût rien faire ce soir-là. Commines était presque seul à souhaiter que l'on négociât pour éviter un conflit à main armée ; il craignit, s'il insistait, d'être accusé de couardise, et se retira dans sa tente (1).

Vers minuit, le cardinal de Saint-Malo vint lui annoncer que le roi était résolu à poursuivre sa route le lendemain matin. L'ordre était de traverser le Taro et de passer sur la rive gauche, le long du coteau de Medesano, en face de l'armée confédérée, dont l'on serait séparé par le torrent. Le cardinal, fort étranger aux choses de la guerre, s'imaginait qu'on en serait quitte pour échanger, sans s'arrêter, quelques coups de canon avec l'ennemi. Commines, plus expert en ces matières, lui répondit que cette résolution, en rendant la bataille inévitable, coupait court aux négociations qu'il avait entreprises et demeura très inquiet sur l'issue de la journée du lendemain. Un orage terrible, qui éclata pendant la nuit, ajoutait encore à son anxiété je ne sais quelle crainte superstitieuse. « Il semblait, dit-il, que le ciel et la terre fondissent, ou que cela signifiât quelque grand inconvénient à venir. » Il entendit même s'élever des cris d'alarme,

(1) Commines, II, 463-464. — Sanuto, 455.

car on était si près de l'ennemi que les Estradiots, couverts par un petit bois, vinrent deux fois rôder autour des avant-postes (1).

Le 6 juillet, à six heures du matin, Charles entendit la messe dans une grande tente qui lui servait de chapelle; puis il fit un premier repas, s'arma et monta à cheval. Rien n'était plus martial et plus brillant que l'aspect du roi : chevauchant ce beau coursier noir que le duc de Savoie lui avait donné, le heaume en tête, contrairement à son habitude, l'épée et la dague au côté, il portait, par-dessus son armure, une jaquette à manches courtes, blanche et violette, semée de petites croix de Jérusalem brodées en or ; son panache, ainsi que les bardes de son cheval, étaient aux mêmes couleurs (2). Commines, qu'il fit appeler vers sept heures, resta confondu en l'apercevant. Au lieu de cet homme chétif, pâle, « craintif à parler », qu'il connaissait, le sire d'Argenton se trouvait en présence d'un prince au visage animé, à la parole « audacieuse et saige », transfiguré par l'attente du combat et par l'espérance de la victoire, « et sembloit bien, dit-il (et m'en souviens), que frère Hiéronyme m'avoit dict vray, que Dieu le conduisoit par la main et qu'il auroit bien à faire au chemin, mais que l'honneur luy en demoureroit ». Auprès du roi se tenaient le cardinal Briçonnet et le maréchal de Gié, encore tout échauffé d'une dispute qu'il venait d'avoir avec les comtes de Narbonne et de Guise, au sujet du commandement de l'avant-garde. Déjà l'armée s'était formée en bataille et n'attendait plus que l'ordre de passer le Taro.

Elle paraissait bien petite, cette pauvre troupe de neuf à dix mille hommes fatigués, mal nourris, qui, depuis dix mois qu'ils avaient quitté la France, venaient de traverser deux fois l'Italie dans toute sa longueur. En la voyant rangée de long de la grève et en reportant les yeux sur les lignes ennemies, occupées par plus de 30 000 soldats frais, reposés, prêts à combattre « en leur pays, sur leurs fumiers », comme le dit énergiquement l'auteur du *Vergier d'honneur* (3), Commines pensait qu'il n'aurait pas fallu moins que les grandes armées qu'il avait vues jadis sous le roi Louis et sous le duc Charles

---

(1) Commines, II, 464-465.
(2) *Vergier d'honneur*, 389.
(3) *Ibidem*, 393.

le Hardi. Peut-être aussi se disait-il qu'on eût été plus sage en poursuivant les négociations qu'il avait essayé d'entamer la veille. Le roi l'avait précisément fait appeler pour l'envoyer parlementer avec les Vénitiens. Au cas où ceux-ci auraient consenti, Briçonnet et Gié devaient prendre part à la conférence. Il était bien tard pour négocier. « Sire, je le feray voulentiers, dit Commines ; mais je ne veiz jamais deux si grosses compaignies si près l'une de l'autre qui se départissent sans combattre. »

Au fond, Charles VIII comptait bien que les pourparlers n'aboutiraient pas, et il aurait été bien déçu si l'espoir de cette grande bataille, qu'il attendait depuis si longtemps, lui avait encore une fois échappé ; mais, « se mettant en son devoir, ayant Dieu devant les yeux », il tenta ce dernier moyen de ménager le sang de ses soldats (1). D'après les historiens italiens, la démarche n'aurait eu pour objet que d'amuser les confédérés assez longtemps pour que les troupes françaises pussent s'esquiver sans être attaquées (2). De pareils stratagèmes étaient, il est vrai, familiers aux Italiens ; comme le principal objet de leurs ambitions était de s'emparer de la personne du roi, le matin même de la bataille, ils envoyèrent, sous un prétexte, un parlementaire examiner à loisir son accoutrement, ses armes et son cheval (3).

L'armée avait déjà passé le Taro. Stationnée maintenant sur les grèves de la rive gauche, elle se trouvait séparée de l'ennemi par les trois branches du torrent, encore guéables, malgré la pluie qui tombait toujours, et par un terrain boueux, rempli de pierres et de broussailles. Comme d'habitude, elle était divisée en trois corps ; mais le roi, qui avait donné lui-même l'ordre de bataille, avait particulièrement renforcé l'avant-garde, qu'il supposait devoir subir le principal effort des ennemis. Outre les hommes d'armes et les Suisses, Charles avait placé sous les ordres de Gié, qui la commandait, quelques-uns de ses arbalétriers à cheval et 300 archers de sa garde qu'il avait fait mettre à pied. Toutes ces troupes formaient « l'espérance de l'ost ». Les principaux capitaines étaient Trivulce, Angilbert de Clèves et le grand

---

(1) Rapport officiel publié par M. de Maulde dans ses *Procédures politiques du règne de Louis XII*, p. 668.
(2) Sanuto, 475.
(3) *Vergier d'honneur*, 388. — Rapport officiel, 669.

écuyer de la reine, Lornay. Le front et le flanc de la colonne étaient couverts par l'artillerie, commandée par Gui de Loizières et Jean de la Grange.

Le second corps, la *bataille*, comme on l'appelait plus spécialement, dans lequel Charles VIII devait prendre place, se composait principalement de la garde royale. M. de Foix en était le chef, et le bâtard Mathieu de Bourbon en faisait partie.

Enfin, la Trémoille et M. de Guise commandaient l'arrière-garde. Quant aux milliers de sommiers qui portaient les bagages, et à cette foule indisciplinée de non-combattants, vivandiers, femmes et aventuriers qui les suivaient, au nombre de plus de 5 000, on les dirigea vers les collines de la rive gauche; le capitaine Odet, qui en avait la garde, devait, quand on se mettrait en marche, les maintenir à une certaine hauteur, tout en cheminant parallèlement à l'armée.

Le roi traversa le torrent, lui aussi, passa ses troupes en revue et, chemin faisant, il leur adressa quelques paroles (1). Parvenu à la hauteur de l'artillerie, il donna l'ordre du départ. Les hommes d'armes firent le signe de la croix, les Suisses baisèrent la terre, et trompettes sonnant, bannières déployées, l'armée se mit en marche sur la grève.

Les ennemis avaient déjà pris leurs dispositions; au lieu de diriger leur principale attaque sur l'avant-garde française, ainsi que Charles VIII se l'était imaginé, ils résolurent de l'occuper en la faisant attaquer de flanc par le comte de Cajazzo, tandis que le marquis de Mantoue et Bernardin Fortebraccio devaient assaillir la *bataille* et l'arrière-garde, l'une et l'autre beaucoup plus faibles. Gonzague qui prétendait s'emparer de la personne du roi, estimant que « dans le premier élan, les Français sont plus que des hommes (2) », n'avait pas cru inutile de faire suivre ses gens d'armes d'une bande de chevau-légers et d'une troupe d'infanterie. Pour achever d'enfermer les Ultramontains, les Estradiots eurent l'ordre de gagner le sommet de la colline de Montebago, en faisant un grand détour qui leur permettait de tomber sur les bagages et de les prendre à revers. Des réserves devaient soutenir chacun des corps engagés; de plus, les provéditeurs restaient en observation

---

(1) Les discours attribués à Charles VIII par l'auteur du *Vergier d'honneur* et par les autres chroniqueurs diffèrent tous les uns des autres et paraissent être purement imaginaires.

(2) Lettre des provéditeurs dans Malipiero, part. I, p. 359.

La bataille de Fornoue, gravure en bois intercalée dans un exemplaire de la *Mer des Histoires* imprimé vers 1503, par A. Vérard. (Bibl. nationale. Réserve n° 221.)

sur la rive droite du torrent, et deux grosses compagnies étaient laissées à la garde du camp.

Cependant Commines et le cardinal de Saint-Malo demeuraient toujours sur la grève, au lieu même où ils avaient dicté au secrétaire du roi, Robertet, une lettre identique à celle de la veille, lettre dans laquelle ils proposaient une conférence, et assuraient, de nouveau, que le roi ne demandait qu'à passer librement. Au moment où leur missive était remise aux provéditeurs, quelques coups de canon, échangés entre l'avant-garde et les batteries confédérées établies au bord du Taro, vinrent donner un démenti aux assurances pacifiques qu'elle contenait.

Les Vénitiens demandèrent avant tout qu'on cessât le feu. Charles en envoya aussitôt l'ordre à Jean de la Grange, et l'artillerie française se tut. Mais le temps des négociations était fini; les canons vénitiens recommencèrent à tirer. Cajazzo s'écria qu'il ne s'agissait plus de parler, mais de tomber sur les Français à demi vaincus déjà. Tout le monde fut de son avis, sauf l'un des provéditeurs et Rodolphe de Gonzague, oncle du marquis, et sans prendre la peine de répondre aux parlementaires français, les confédérés se mirent en marche, en se dissimulant le plus possible derrière les bois et les buissons. Quant à leur artillerie, quelques coups bien dirigés par les canonniers de Jean de la Grange ne tardèrent pas à la démonter.

Les Français s'aperçurent bientôt du mouvement qui s'opérait sur la rive droite, et faisant un quart de conversion, les trois corps présentèrent leur front à l'ennemi. Il est probable que le marquis de Mantoue comptait traverser le torrent en face de la *bataille*, mais déjà les pluies qui n'avaient cessé de tomber avaient rendu le passage plus difficile, et il dut remonter jusqu'au point où Charles VIII l'avait franchi le matin et où Fortebraccio aurait dû seul le passer pour prendre les Français en queue (1). Les piétons avaient déjà de l'eau jusqu'à l'estomac, plusieurs furent emportés par le courant ou retenus par la boue;

---

(1) Le Taro présente aujourd'hui quatre gués dans la région où eut lieu la bataille de Fornoue; le plus rapproché de Fornoue se trouve situé en face de Bernini et est encore très fréquenté. C'est sans doute celui que franchirent les Français. — Le second, en face de Felegara, est indiqué comme difficile sur la carte de l'état-major italien. On peut supposer que c'est celui-là que le marquis de Mantoue renonça à passer. — Enfin, en continuant à descendre, on rencontre deux autres gués plus faciles, un surtout devant Oppiano. Ce serait un de ces derniers qui aurait permis au comte de Cajazzo de venir attaquer l'avant-garde.

d'autres n'osèrent continuer, mais les chevaux s'en tirèrent. Le roi, qui vit de loin les deux corps réunis menacer La Trémoïlle, tourna le dos à son avant-garde, et fit mettre la *bataille* à la gauche de l'arrière-garde. Commines, qui attendait toujours la réponse des provéditeurs, aperçut tout d'abord, à un quart de lieue en arrière, les ennemis qui s'avançaient au petit pas. Laissant le cardinal se réfugier auprès des bagages, il alla à toute bride prendre place dans la *bataille* royale, à côté des pensionnaires. Peu s'en fallut qu'il ne fût pris, il dut fuir si vite que son page, son valet et un laquais qui le suivaient, furent tués derrière lui, sans qu'il s'en aperçût.

Le roi armait des chevaliers au moment où Commines rejoignit les pensionnaires. Comme le bâtard de Bourbon lui disait que les ennemis arrivaient, il cessa et vint se ranger devant sa *bataille* et devant son enseigne ; personne, sauf le bâtard qui s'était placé un peu en avant, n'était plus rapproché des Italiens. Presque aussitôt, Gonzague et Fortebraccio firent baisser les lances et, prenant le galop, ils fondirent sur les deux corps français. A ce premier choc, succéda une mêlée à l'épée où les deux partis montrèrent une égale valeur. Pour la première fois, peut-être, depuis bien des années, les Italiens pensaient moins à faire des prisonniers qu'à tuer leurs adversaires ; tandis qu'ils criaient : *Alla morte !* Les Français répondaient : *A la gorge !* De part et d'autre, les chefs combattaient comme des soldats : le roi, qui avait couché sa lance en même temps que ses gardes, frappait maintenant à grands coups d'épée dans la mêlée, trompant les efforts du bâtard de Bourbon qui cherchait toujours à le couvrir. Le marquis de Mantoue, après avoir percé un homme d'armes de sa lance, était arrivé jusque dans les rangs français, mais, voyant son cheval mortellement blessé, il dut se faire remplacer par son oncle Rodolphe pour aller changer de monture. Du côté des Français, le bâtard, emporté au milieu des Italiens par son cheval dont le mors et la bride avaient été arrachés, fut blessé et pris. Si, à ce moment, un corps de cavalerie légère était venu attaquer les Français à revers, ceux-ci auraient été peut-être écrasés. Ils furent sauvés par la cupidité de leurs adversaires.

Pour encourager leurs soldats, les capitaines confédérés leur avaient si souvent parlé des fabuleuses richesses rapportées de Naples par les Ultramontains, que le pillage des bagages français était devenu, pour la plus grande partie des troupes italiennes, l'affaire capitale de la journée. Aussi dès qu'ils avaient aperçu le convoi qui s'avançait sur la gauche de l'armée, les chevau-légers et les piétons de Gonzague n'avaient pas su résister à leur convoitise ; laissant les hommes d'armes et la grosse cavalerie charger à leur aise, ils s'étaient élancés vers la colline. A cette vue, les Estradiots qui devaient attendre, sur le sommet du coteau, le moment où les Français auraient commencé à plier, craignant que les chevau-légers n'accaparassent tout le butin, s'abattirent, comme un vol de vautours, sur les bagages qu'ils commencèrent à piller. Soixante ou quatre-vingts valets qui accompagnaient le convoi furent égorgés, plusieurs se mirent à piller pour leur compte, les autres et toute la tourbe indisciplinée des vivandiers et des aventuriers se sauvèrent, sans que les agresseurs perdissent leur temps à faire, parmi eux, des prisonniers hors d'état de payer rançon. Par contre, M. de Saint-Malo l'échappa belle : un Estradiot qui l'aperçut entre les coffres, le reconnaissant pour un personnage d'importance, eut l'audace de venir le prendre au milieu de ses laquais pour l'emmener prisonnier. Il le tenait déjà par sa robe, lorsqu'il fut tué par les gens du cardinal. Une fois chargés de dépouilles, Estradiots, chevau-légers et piétons n'eurent d'autre souci que de revenir au camp pour y rapporter leur butin.

Réduits à leurs seules forces, les hommes d'armes engagés eurent bientôt le dessous. Fortebraccio avait été vigoureusement repoussé par La Trémoille. Quant au corps du marquis de Mantoue, au lieu d'attaquer la *bataille* de plein front, il s'était trouvé d'abord engagé avec la droite du roi, ce qui avait permis à la gauche de le déborder et de le prendre de flanc. Au bout d'un quart d'heure de mêlée, les Italiens étaient en pleine déroute. Les uns tâchaient de regagner le gué qu'ils avaient passé le matin ; les autres, plus pressés, cherchaient à traverser le torrent, au point le plus rapproché. Alors arrière-garde et *bataille*, pensionnaires, archers, Écossais, toute la garde, jusqu'à des seigneurs isolés comme Commines, tout s'ébranla pour leur donner la chasse. Charles VIII cédant aux instances de ses amis resta seul avec sept ou huit gentilshommes, au lieu où l'attaque avait été repoussée. Les valets et les piétons eux-mêmes suivirent les hommes d'armes ; avec des haches et de grandes épées, ils achevaient les Italiens, qui avaient été jetés à bas de leurs chevaux. Fortebraccio, grièvement blessé, faillit rester parmi les morts. Le brave Rodolphe de Gonzague fut tué l'un des premiers, tandis qu'il cherchait à rallier ses soldats. Mais ceux-ci ne l'écoutaient plus; en trois quarts d'heure de chasse, on les rejeta au delà du Taro. Ce fut là qu'un jeune homme de vingt ans à peine, qui faisait ses premières armes sous le comte de Ligny, enleva une enseigne de cavalerie, qu'il présenta le soir au roi. C'était un cadet de Dauphiné, que ses compagnons appelaient encore *Piquet* et qui vit dans toutes les mémoires françaises, sous le nom glorieux du *Chevalier sans peur et sans reproche* (1).

Le maréchal de Gié, avec son avant-garde, s'était avancé assez loin sur la grève, lorsque Charles VIII avait dû lui tourner le dos, pour faire face au marquis de Mantoue. Complètement séparé du reste de l'armée, il avait été attaqué par le comte de Cajazzo au même moment que l'arrière-garde, mais quelques coups de canon avaient suffi à mettre en fuite les soldats de Cajazzo. Plus effrayés que maltraités par l'artillerie, dont les poudres mouillées par la pluie faisaient peu d'effet, ils jetèrent leurs armes quand vint le moment de baisser les lances et tournèrent honteusement les talons, laissant leur chef et quelques vaillants condottieri charger presque seuls les escadrons français. Gié qui voyait en face de lui, sur l'autre rive, les fortes réserves des Italiens, eut la sagesse, peut-être excessive, de rester immobile dans ses positions. Il parvint non sans peine à empêcher ses hommes de donner la chasse aux ennemis et, malgré ses ordres, quelques-uns se détachèrent pour les poursuivre. La prudence du maréchal s'explique par le fait qu'il jugeait les réserves italiennes assez fortes pour recommencer à nouveau toute la bataille; mais celles-ci attendaient pour s'ébranler un ordre que Rodolphe de Gonzague devait venir lui-même leur porter, et bien rares furent ceux qui les quittèrent pour aller de l'autre côté du Taro porter secours à leurs compatriotes. On ignorait encore que l'oncle du marquis de Mantoue gisait parmi les morts.

Les fuyards qui avaient repassé le torrent mirent la terreur dans le camp confédéré. Des soldats des corps non engagés se sauvèrent sans même avoir vu les Français. Il y en eut qui allèrent jusqu'à Parme; d'autres ne s'arrêtèrent qu'à Reggio d'Emilia. Toute la réserve

---

(1) *Histoire de Bayart*, par le *Loyal Serviteur*, édition de la *Société de l'Histoire de France*, p. 56.

aurait peut-être suivi leur exemple; un événement imprévu, suspendit quelque peu la panique. Pitigliano, prisonnier des Français depuis la

Bois figurant la bataille de Fornoue dans les *Chroniques de Saint-Denis* de Guillaume Eustace (éd. de 1514), mais représentant en réalité la bataille d'Agnadel.

prise de Nola, profitant du moment où tous les corps de l'armée royale étaient engagés, s'évada et gagna le camp des confédérés. Il représentait les Ultramontains comme tremblants de peur et déclarait la victoire assurée, pourvu qu'un seul escadron se décidât à passer le

Taro. Mais le bâtard d'Urbin, Antoine de Montefeltro, qui commandait la réserve, n'osait bouger. Quelques capitaines de fantassins, jugeant l'occasion bonne, réclamaient aux provéditeurs un supplément de solde. Pitigliano ne parvint qu'à empêcher de nouvelles désertions.

Pendant que la *bataille* poursuivait les troupes de Gonzague, une petite bande de fuyards du corps de Cajazzo, remontant le long de la grève alors abandonnée, aperçut le roi qui, tout seul avec un valet de chambre, se trouvait un peu séparé des gentilshommes qui auraient dû veiller à sa garde. L'occasion était trop belle ; l'heureux coup de main qui s'offrait pouvait changer en désastre la victoire des Français. En un moment Charles VIII et son compagnon se trouvèrent entourés. Le roi admirablement secondé par son cheval, qui semblait combattre pour son propre compte, se défendit de manière à donner à ses compagnons le temps d'arriver. Les Italiens reprirent la fuite, et pour ne plus être exposé à de semblables surprises, Charles se décida à rejoindre le maréchal de Gié. Les Suisses de l'avant-garde le virent arriver, sans autre escorte que Bourdillon et le sénéchal d'Armagnac, encore tout échauffé du combat. La visière de son casque détachée par un coup d'épée ne tenait plus que par une charnière.

Sur toute la rive gauche, il ne restait plus d'autres Italiens que les piétons venus à la suite du marquis de Mantoue. Cachés sur le coteau pendant l'action, ils cherchaient maintenant à regagner le gué. La cavalerie française qui les rencontra, en revenant de la poursuite qu'elle avait donnée aux hommes d'armes de Gonzague, en tua quelques-uns, mais ne s'attarda guère à détruire ces pauvres gens qui ne demandaient qu'à fuir (1).

(1) Comme nous n'avons pas voulu interrompre le récit de la bataille par de perpétuels renvois, nous allons indiquer ici les principales sources à consulter. — De toutes les narrations, la meilleure et la plus claire est assurément celle de Commines. Parmi les documents italiens, le plus important est *Il fatto d'arme del Taro*, de Benedetti, mais il importe de le contrôler avec soin, car il contient des détails mensongers. C'est ainsi que Benedetti (p. 81) prétend que le roi se tenait caché parmi les gens d'armes de l'ordonnance et qu'il n'avait rien qui pût le faire reconnaître, ni panaches, ni armes, ni cheval particulièrement remarquable. Il imagine aussi, sans doute pour justifier les prétentions des confédérés à la victoire, je ne sais quel retour offensif des Vénitiens, dont il se garde bien, du reste, de donner les détails. (*Ibidem.*)

Les autres textes à étudier sont : le *Vergier d'honneur* (383-394), le Rapport officiel publié par M. de Maulde (*Procédures politiques*, p. 669), la lettre de Gilbert Pointet (La Pilorgerie, 349), enfin Sanuto (464 et suiv., et 474 et suiv.) et Malipiero (355 et suiv.). Quant à

Le champ de bataille restant aux Français, toute l'armée alla rejoindre le roi et l'avant-garde. La victoire était complète, mais elle eût été bien plus fructueuse si, profitant du trouble jeté dans le camp ennemi par les fuyards du corps de Cajazzo, Gié, au lieu de rester immobile, avait traversé le torrent. A ce moment, la panique était telle parmi les confédérés, que, malgré l'infériorité numérique de ses troupes, le maréchal n'aurait pas eu de peine à les chasser de leurs positions, et à les couper des corps de Gonzague et de Fortebraccio, qui, poursuivis l'épée dans les reins par la *bataille*, étaient obligés de faire un grand détour pour rejoindre le gué le plus rapproché de Fornoue. Au dire des Italiens eux-mêmes, la déroute de leur armée aurait eu pour conséquences inévitables le soulèvement du Parmesan et du Milanais contre Ludovic et le débloquement de Novare. Les Français se seraient alors trouvés maîtres de la Lombardie tout entière (1). Quelques capitaines reprochèrent violemment son inaction au maréchal. Cependant sa conduite trouva des défenseurs.

Charles partageait sans doute l'opinion des premiers. Était-il encore temps de se jeter sur les troupes que l'on voyait sur l'autre rive ? Telle fut la question qu'il soumit à une sorte de conseil de guerre improvisé. Les condottieri italiens au service du roi, Trivulce, François Secco, Camille Vitelli (2), furent de cet avis. Les Français trouvaient, en général, qu'on en avait assez fait, que l'heure s'avançait et qu'il fallait songer à camper. François Secco insistait, et montrant les masses mouvantes que l'on apercevait sur la route de Parme, il assurait que c'étaient des fuyards et que le moment était propice. Mais la nuit approchait, le torrent, grossi par les orages qui duraient depuis la veille, croissait d'heure en heure ; le roi dut à regret donner l'ordre de s'établir pour la nuit. Au même moment, et sans plus de succès, Pitigliano exhortait les confédérés à tenter un retour offensif (3).

Au pied de la colline qui dominait le champ de bataille, sur la route

---

Guichardin, ses renseignements ne sont que de seconde main, et, pour la plupart, empruntés à Commines.

(1) Sanuto, 444. — *Il fatto d'arme del Taro*, p. 51.

(2) Ce capitaine, devançant sa compagnie, avait rejoint l'armée juste à temps pour assister à la bataille. (Commines, 482.)

(3) Commines, 481-482. — Rapport officiel publié par M. de Maulde dans les *Procédures politiques du règne de Louis XII*, p. 670.

de Medesano, s'élevait un petit groupe de maisons (1). Ce fut là que l'on chercha un logis. On y trouva de la paille en quantité, mais il n'y eut pas assez de toits pour abriter les principaux seigneurs. Le roi coucha dans une métairie encombrée de blessés, dont il surveillait lui-même le pansement. On n'avait plus de tentes, car, par suite du pillage du convoi, ceux des bagages qui n'étaient pas perdus avaient été dispersés, et les vivres comme les objets les plus nécessaires faisaient complètement défaut. Heureux furent ceux qui purent souper d'un morceau de pain trouvé dans la poche d'un valet; beaucoup n'eurent d'autre lit que la terre détrempée. Commines dormit dans une vigne sans son manteau qu'il avait prêté au roi durant la matinée.

On n'avait rien pris aux vaincus, de peur de compromettre le succès, en s'attardant au butin, et plus d'une fois, dans la journée, le cri de : « Souvenez-vous de Guinegate ! » avait rappelé aux soldats cette victoire transformée en défaite, par la cupidité des vainqueurs (2). L'âpreté des troupes italiennes venait d'avoir un résultat analogue, et les richesses rapportées par les Estradiots ne compensaient guère l'échec subi par l'armée de la ligue. Elles permirent cependant aux Vénitiens d'inventer une fable audacieuse, par laquelle ils s'attribuaient la victoire.

Les Vénitiens avaient eux-mêmes indiqué à l'avance quel devait être l'objet de la bataille; il s'agissait d'empêcher les Ultramontains de passer et de gagner la *via Romea*, cette ancienne voie romaine qui est encore aujourd'hui la route la plus directe du Piémont à l'Adriatique (3). Les Français ayant rejeté de l'autre côté du Taro les ennemis qui voulaient les arrêter, le passage était libre et le but des confédérés était manqué. De plus, sur les trois à quatre mille morts qui gisaient sur le champ de bataille, plus des deux tiers étaient Italiens, et parmi eux des seigneurs comme Rodolphe, Jean-Marie et Gui de Gonzague; Ranuzio Farnèse, Jean Piccinino, petit-fils du grand condottiere; Galéaz

---

(1) Sans doute Felegara, à l'entrée d'une petite vallée arrosée par un ruisseau appelé *Dordone*. D'après le *Vergier d'honneur* (p. 394), la bataille aurait eu lieu à « Virgera..., joignant le Vau-aux-Rux ».
(2) Commines, II, 478.
(3) Malipiero, part. I, p. 353.

LES CONFÉDÉRÉS S'ATTRIBUENT LA VICTOIRE.

de Coreggio, d'autres encore, tandis que les Français n'avaient pas perdu un seul seigneur de marque, si l'on en excepte le bâtard de Bourbon, tombé vivant aux mains des confédérés. Aussi, dans le premier rapport envoyé au doge, les provéditeurs se bornèrent-ils à dire que, de part et d'autre, il y avait eu beaucoup de morts, mais que l'armée de la ligue était maintenant en sûreté. Quant au résultat, ils donnaient à entendre qu'ils ne savaient pas encore bien à quoi s'en tenir.

L'anxiété fut grande à Venise : des lettres arrivées de Ferrare et qui représentaient les Vénitiens comme battus, la copie d'une dépêche de Cajazzo, envoyée de Milan par Ludovic, vinrent assombrir encore la première impression (1), lorsque tout à coup la Seigneurie fit répandre le bruit que l'armée de la ligue avait été victorieuse. On en donnait pour preuve que tous les bagages du roi, sa tente, deux de ses étendards (2), son casque et son épée de parade, les ornements de sa chapelle, jusqu'à son sceau et au portrait du petit dauphin, ainsi que les dépouilles d'une foule de seigneurs français, étaient aux mains des Vénitiens. Il y avait de tout en effet, dans cet énorme butin, des livres, « des paintures de diverses façons et devises » exécutées par l'un des peintres qui avaient suivi Charles VIII, « des quartes marines et autres nouvelles choses de par dellà (3) ». Il y avait même une partie des archives du roi ; et la Seigneurie ne fut pas fâchée de rentrer ainsi en possession de certains documents compromettants pour elle ou pour ses alliés (4). Le tout fut estimé à plus de cent quatre-vingt mille ducats.

---

(1) *Il fatto d'arme del Taro*, p. 92-94. — Sanuto, 482-485.

(2) Il est permis de supposer que ces étendards avaient été pris en même temps que la tente qu'ils étaient sans doute destinés à surmonter.

(3) Voyez *Indagini sulla libreria Visconteo-Sforzesca*, par le marquis Girolamo d'Adda, II, 99-100. Dans le nombre se trouvait un curieux livre de souvenirs ainsi décrit par Benedetti, qui l'avait eu sous les yeux : « In quella preda vidi io un libro nel quale erano dipinte varie imagini di meretrici sotto diverso abito et età, ritratte al naturale secondo che la lascivia et l'amore l'haveva tratto in ciascuna città : queste portava egli seco dipinte per ricordarsene poi. » (*Il fatto d'arme del Taro*, 87.) Il peut être intéressant de montrer comment Corio, qui a fait de nombreux emprunts à Benedetti, a modifié ce passage pour le rendre plus conforme aux calomnies accréditées sur le compte des Français : « Vi fu trovato un libro nel quale sotto diversi habiti et età, al naturale erano dipinte molte femine *da loro violate* in molte città, et lo portovano con loro per memoria ». (*L'Historia di Milano*, Venise, 1565, p. 1,086.)

(4) Voyez *Un épisode des rapports d'Alexandre VI avec Charles VIII*, dans la *Bibliothèque de l'École des chartes*, année 1886, p. 512-517.

Cependant on ne disait pas, et pour cause, qu'il y eût un seul canon parmi ces prétendus trophées de victoire; mais la joie fut si grande à Venise, que nul ne pensa à en faire la remarque. D'ailleurs, afin que personne, même dans l'avenir, ne s'avisât de mettre en doute le triomphe de ses armes, la Seigneurie décida la création d'un couvent de Sainte-Marie de la Victoire, qui devait être fondé à Fornoue, mais que l'on jugea plus à propos d'installer à Venise, où il se trouverait mieux en vue (1). Le bruit avait couru un moment que le roi était pris (2); pour faire croire que cet événement n'avait rien d'invraisemblable, on promit trente mille ducats à qui livrerait Charles VIII mort, et deux châteaux en plus à qui l'amènerait vivant. Un certain Jérôme Tiepolo offrit même de parier contre tout venant que les trente mille ducats seraient gagnés avant quatre jours. Il paraît que, malgré tout, un certain nombre de Vénitiens n'étaient pas aussi optimistes, car il s'en trouva quatre cents pour tenir le pari (3).

A Ferrare, où toutes les sympathies étaient pour les Français, on se moqua fort des Vénitiens. « Nous avons appris, écrivait quelques jours après la bataille un chroniqueur ferrarais, que les Vénitiens ont fait des feux de joie, à l'occasion de la défaite qu'ils viennent de subir, afin de donner à croire à leurs sujets qu'ils ont été victorieux, et pour ne pas manquer à leur coutume, qui a été, qui est et qui sera toujours d'allumer des feux de joie, de sonner les cloches et d'ordonner des réjouissances lorsqu'ils ont fait quelque perte ou reçu de mauvaises nouvelles (4). » Cependant la légende s'accréditait. Le marquis de Mantoue, magnifiquement récompensé, triomphalement reçu sur le Bucentaure, décoré du titre de capitaine général, n'eut garde de démentir une fable à laquelle il devait sa fortune. Pour son compte, il commanda à Mantegna cette *Vierge de la Victoire*, qui, par un singulier hasard, se trouve aujourd'hui aux mains des descendants des véritables vainqueurs de Fornoue (5). Bientôt ceux-mêmes qui n'avaient assisté que de loin au combat, eurent leur part de triomphe. Après la

---

(1) Malipiero, part. I, p. 364.
(2) *Ibidem*, 355.
(3) *Ibidem*, 363-364.
(4) *Diario ferrarese*, dans Muratori, *Scriptores*, XXIV, 311 c.
(5) Le tableau de Mantegna est, on le sait, conservé au musée du Louvre.

LA VIERGE DE LA VICTOIRE
exécutée en 1495 par Andrea Mantegna pour François de Gonzague,
en souvenir de la Bataille de Fornoue (Musée du Louvre).

mort de Marchio Trevisan, de ce provéditeur qui, le jour de la bataille, n'avait pas bougé de la rive droite du torrent, on grava sur la tombe qui lui fut élevée dans l'église des *Frari*, à Venise : « Sur le fleuve du Taro, il combattit contre le roi de France victorieusement. »

CHAPITRE X.

LE TRAITÉ DE VERCEIL. — LA PERTE DU ROYAUME DE NAPLES.

Le lendemain de la bataille. — Marche sur Asti. — Échec de l'expédition contre Gênes. — Entrée de Ferrand II à Naples. — Montpensier se retire dans le Castel Nuovo. — Charles VIII à Chieri et à Turin. — Accord avec les Florentins au sujet de Pise. — Rébellion de d'Entragues. — Charles menacé d'excommunication. — La France menacée par Maximilien et par les rois catholiques. — Négociations avec les confédérés. — Opposition de l'Espagne. — Délivrance du duc d'Orléans. — Arrivée des Suisses engagés par Charles VIII. — Traité de Verceil avec le duc de Milan. — Charles VIII rentre en France. — Nouvelle mission de Commines à Venise. — Duplicité de Ludovic. — Capitulation des châteaux de Naples. — Alliance de Venise et de Ferrand II. — Résistance opiniâtre des Français. — Vente de Pise et des places de Lunigiane par d'Entragues. — Préparatifs d'une nouvelle expédition en 1496. — Capitulation d'Atella. — Mort de Montpensier. — Mort de Ferrand II et avènement de Frédéric III. — Perte de Gaëte, de Tarente et d'Ostie. — Trêve ménagée par l'Espagne en 1497. — Revirement des puissances en faveur de Charles VIII. — Coalition de la France et de l'Espagne contre Naples en 1498. — Mort de Charles VIII.

Le lendemain de la bataille, le roi quitta son triste campement pour aller se loger une lieue plus loin, à Medesano. A huit heures du matin, l'artillerie et toute l'armée étaient établies dans cette forte position, à l'extrémité de la colline qui commande à la fois la vallée du Taro et la plaine du Pô. On avait retrouvé des tentes, mais les vivres étaient toujours rares, et il n'y avait qu'un puits qui fut bientôt tari. Ce fut là que se passa toute la journée du 7 juillet.

Commines, qui croyait toujours utile de « pratiquer », fut d'avis de renouer les négociations avec les confédérés. Un trompette alla porter à Giarola un sauf-conduit, pour permettre aux parlementaires italiens de venir dans le camp français. Le marquis de Mantoue, le comte de Cajazzo et les deux provéditeurs ne voulurent accepter qu'une conférence à mi-chemin des deux armées. Commines consentit pour ne point faire le difficile ; le cardinal de Saint-Malo, le maréchal de Gié et M. de Piennes furent désignés par le roi pour l'accompagner. Parvenus sur la rive du torrent gonflé par les orages, les Italiens refusèrent de traverser; les Français firent de même. Enfin Commines passa, avec le secrétaire Robertet; il n'avait pas d'instructions; il pensait que ses compagnons, qui avaient eu à voix basse une conversation avec le roi, devaient en savoir plus que lui sur les intentions de leur maître. Mais pendant qu'il demandait aux Italiens quelles propositions ils avaient à lui faire, un héraut vint lui dire que les autres négociateurs français s'en retournaient et le laissaient libre de faire telle ouverture qu'il lui plairait. M. d'Argenton ne voulut pas s'y aventurer, et tout se passa en conversations courtoises sur la bataille de la veille. On convint de faire une trêve jusqu'à la nuit pour enterrer les morts, on se recommanda mutuellement les prisonniers; mais du côté des Français « les prisonniers estoient bien aysez à penser », car on n'en avait pas fait. Commines offrit de revenir le soir à une nouvelle conférence (1).

Au conseil qui suivit son retour à Medesano, Commines ne reçut pas encore d'instructions. Il semblait que l'on se méfiât de lui et que l'on prétendît lui laisser toute la responsabilité de ces pourparlers dont il avait pris l'initiative. Néanmoins, après une nouvelle conversation à voix basse, le roi lui dit de retourner voir ce que les ennemis auraient à dire, et le cardinal lui recommanda de ne rien conclure. Dans ces conditions, Commines savait bien qu'il perdrait son temps. Cependant il n'était pas fâché d'aller juger par ses yeux de l'impression qui régnait dans le camp italien sur la bataille de la veille et d'y saisir quelques paroles qui pussent servir de point de départ à un accommodement. Il se remit en marche, mais la nuit approchait quand il arriva au bord de la rivière, et un trompette italien vint l'avertir qu'il y aurait danger à cette heure à s'approcher des avant-postes, les Estradiots qui en avaient la garde ne connaissant personne et sabrant quiconque s'avançait vers eux. Commines retourna à Medesano, après avoir recommandé au trompette de l'at-

(1) Commines, II, 484-487. — *Vergier d'honneur*, p. 395. — Sanuto, 487. — Maulde, *Procédures politiques*, p. 670.

tendre le lendemain matin, à huit heures, sur la rive du Taro, pour le conduire à Giarola (1).

Un peu après minuit, Commines, entrant dans la chambre du roi, trouva les chambellans tout bottés qui lui dirent que Charles VIII avait résolu de partir en diligence pour Asti et lui parlèrent de rester en arrière pour continuer les conférences; mais le sire d'Argenton répondit qu'il ne voulait pas se faire tuer à son escient, et qu'il ne serait pas des derniers à cheval. Bientôt le roi s'éveilla; il fit dire une messe à laquelle il communia avec plus de cinq cents gentilshommes, monta à cheval, et, une heure avant le jour, toute l'armée, sans guides, par des chemins inconnus, des fondrières et des bois, s'éloigna du Taro et prit la route de Borgo-San-Donnino. Pour donner le change aux ennemis, un trompette sonna « Faites bon guet »; des tentes furent laissées debout et de grands feux allumés, afin de faire croire que le camp était toujours occupé. Les Italiens ne manquèrent pas de tirer parti de ces feux pour accuser les Français d'y avoir brûlé pêle-mêle leurs morts et leurs blessés (2).

Malgré toutes ces précautions, on eut une alerte. Lorsque, au lever du jour, on déboucha dans la plaine, on aperçut devant soi un corps armé que surmontait une enseigne blanche et carrée, toute semblable à celle du marquis de Mantoue. A la vue des Français, ce corps parut même se mettre en défense. Bientôt les éclaireurs se reconnurent : c'était l'enseigne de Trivulce qui avait causé la méprise. Le capitaine milanais commandait l'avant-garde qui, partie avant le gros de l'armée, avec l'artillerie et le bagage, avait déjà gagné la plaine. On fit halte à Borgo-San-Donnino, où l'on dut sonner l'alarme pour faire sortir les Suisses, qui se préparaient à piller la ville, et, sans autre incident, on alla coucher à Firenzuola (3).

On fut longtemps, dans le camp de la ligue, avant de s'apercevoir que les Français n'étaient plus là. Quand le comte de Cajazzo voulut se mettre à leur poursuite, il se trouva retenu par une nouvelle crue du Taro qui le força d'attendre jusqu'à quatre heures du soir; encore le courant était-il si violent que plusieurs de ses chevau-légers furent

---

(1) Commines, II, 487-488.
(2) *Ibidem,*, II, 488-489. — *Vergier d'honneur*, 398. — Sanuto, 488.
(3) Commines, II, 490. — *Vergier d'honneur*, 398.

emportés. Le reste de l'armée ne se mit en mouvement que le vendredi matin; on espérait cependant que les Français seraient arrêtés par quelques troupes envoyées par Ludovic, ou tout au moins par les paysans, et qu'il serait possible de les rejoindre. Mais l'armée royale conserva son avance, et l'on doit certes admirer l'ordre et la patience avec lesquels elle supporta sept longues journées de marche, au fort de l'été, à travers l'interminable plaine lombarde. Le roi, le premier, donnait l'exemple; parti avant le jour, il ne s'arrêtait jamais avant midi. Pour les vivres, on dépendait presque uniquement des gens du pays; quant au fourrage, il fallait que les plus grands seigneurs allassent eux-mêmes le ramasser pour l'apporter à leurs chevaux. La sécheresse était si grande que les soldats se jetaient dans les fossés pour en boire l'eau verte et croupie. Et cependant ils marchaient sans se plaindre, sans se disputer, sans se débander, sans laisser derrière eux ni un boulet, ni une charge de poudre, payant tout ce qu'on leur fournissait(1), gardant toujours une si fière attitude que toutes les velléités de résistance disparaissaient à leur approche. A l'arrière-garde, on voyait bien apparaître de temps en temps les chevau-légers de Cajazzo, mais ils étaient trop peu nombreux, et les Suisses, avec quelques coups d'arquebuse à chevalet, en avaient facilement raison. Quant au gros des troupes de la ligue, elles étaient à plus de vingt milles en arrière, et, quelque diligence qu'elles fissent, elles ne purent rejoindre les Français. Dans toute la retraite, on n'eut pas un homme tué.

Et cependant, dès le second jour, les Français eurent de grandes difficultés à vaincre. Ce fut d'abord un pont sur lequel l'artillerie devait passer et que l'on trouva coupé par les paysans. On parvint à le rétablir et « malgré tous les villains, ladicte artillerie passa gayement ». Durant le passage avait commencé une grosse pluie qui ne dura pas moins de quatre heures. Le sol fut bientôt si détrempé que les piétons eux-mêmes avaient peine à cheminer. Il fallut jusqu'à cinquante chevaux et autant de pionniers pour faire avancer chaque pièce. Ce fut dans cet appareil que l'on dut passer devant Plaisance. Trivulce avait des intelligences dans cette place, comme dans beaucoup d'autres

---

(1) Commines, II, 497. — Sanuto, 506.

qui se fussent volontiers livrées au roi s'il eût pris l'engagement de détrôner Ludovic au profit du fils de Jean-Galéaz-Marie; mais un frère du comte de Cajazzo, Gaspard de San Severino, surnommé Fracassa, s'y était jeté avec quatre mille hommes (1). Il n'osa pas se risquer hors des murs de la forteresse. Le soir, on campa au bord de la Trebbia; pour être mieux logé, le roi passa sur la rive gauche. Une partie de l'armée l'avait suivi, et il ne restait plus sur l'autre bord que deux cents lances françaises, les Suisses et l'artillerie, lorsque, vers dix heures du soir, une énorme crue du torrent rendit le passage impraticable jusqu'au lendemain matin. Le bonheur voulut que Fracassa ne montrât pas plus d'audace la nuit que le jour.

Tout en ne se décidant point à restaurer le fils de Jean-Galéaz-Marie, Charles ne se souciait pas beaucoup non plus de voir le duc d'Orléans sur le trône de Milan. Il tenait surtout à ne pas mécontenter les Lombards; c'est ainsi qu'à Castel-San-Giovanni où l'on dîna le 19 juillet, il ne permit pas à l'armée d'entrer dans la ville. Vivres et fourrages furent fournis par les habitants en les faisant descendre du haut des murailles (2).

Fracassa rejoint par le comte de Cajazzo avait devancé le roi et tous deux se trouvaient maintenant dans Tortona où commandait leur frère Octavien de San Severino. La garnison était nombreuse, la place très forte, le terrain favorable; car, avant d'arriver à la ville, les Français étaient obligés de passer au milieu des marais par un pont et une étroite chaussée dont une tour défendait l'entrée. L'occasion était belle pour réparer la maladresse commise à Plaisance. Aussi, le 11 juillet, l'armée trouva-t-elle les portes de la tour fermées. On les enfonça à coups de canon, et l'on massacra la garnison. Ce fut assez pour persuader aux défenseurs de la ville qu'il serait sage de ne plus s'opposer au passage du roi qui ne demandait, d'ailleurs, qu'à loger dans les faubourgs. Fracassa qui, l'année précédente, en Romagne, avait été à la solde de Charles VIII, vint au devant du roi, s'excusa de ne point le loger dans l'intérieur de la ville, se présenta même à son coucher,

---

(1) *Vergier d'honneur*, 398. — Commines (II, 492) se trompe en disant que c'était le comte de Cajazzo qui y était entré. Celui-ci, parti de Giarola la veille, à quatre heures du soir, n'aurait jamais eu le temps de devancer les Français à Plaisance.

(2) *Vergier d'honneur*, 399.

et fit apporter aux troupes force vivres et des vêtements dont elles avaient grand besoin. Le lendemain matin, les trois frères San Severino suivirent pendant un certain temps l'armée, cherchant quelque occasion favorable à une surprise, « mais, écrivit Octavien au duc de Milan, bien que les Français fussent exténués de fatigue, ils marchaient en si bon ordre que nous n'avons pu leur faire aucun mal (1) ».

Ce fut le dernier obstacle que Charles VIII rencontra sur sa route. Évitant la place forte milanaise d'Alexandrie, il fit un détour par Capriate qui était à Trivulce, puis, par Nice de la Paglia, sur les terres du Montferrat, et le 15 juillet, il entrait à Asti où les soldats pouvaient enfin se reposer de leurs fatigues. Quant à l'armée du marquis de Mantoue, renonçant à poursuivre un ennemi qu'elle ne pouvait joindre, elle avait quitté la *Via Romea* à Casteggio et s'était dirigée vers le Nord, pour se réunir aux troupes qui assiégeaient Novare.

Tout allait mal là où n'était pas le roi. Le jour même où il triomphait sur les bords du Taro, Ferrand paraissait devant Naples, et un soulèvement populaire faisait avorter l'expédition dirigée contre Gênes. Laissant Myolans et sa flottille à la Spezia, M. de Bresse et les cardinaux Fregoso et de la Rovère étaient arrivés dans les faubourgs de Gênes, à Bisagno, où ils attendaient qu'une sédition fomentée par les Fregosi leur livrât les portes de la ville. Mais le peuple, loin de se laisser séduire, vint en aide à la garnison milanaise et chassa les Fregosi. Quelques négociations tentées ensuite par les cardinaux n'avaient aucune chance d'aboutir. Cependant M. de Bresse était toujours à Bisagno, lorsque Perron de Baschi vint lui annoncer la destruction de la flotte. Une puissante escadre génoise, arrivée à Porto-Venere, avait contraint Myolans à s'enfuir d'abord à Sestri, puis à Rapallo où il resta bloqué. Pour la seconde fois depuis un an, cette baie charmante allait être témoin d'un sanglant combat. Mais tous les rôles étaient intervertis; ce n'était plus la ville, c'était la flotte française qui se trouvait menacée, à la fois, du côté de la mer par les vaisseaux génois et, du côté de la terre, par ce même Jean Adorno et ce même Jean-Louis de Fiesque qui avaient, l'année précédente, si bravement secondé le duc d'Orléans. Écrasé par le nombre, Myolans malade fut pris avec tous les siens. Ses vaisseaux furent conduits à

(1) Cherrier, II, 267-268.

Gênes; tout ce qu'ils contenaient, les poudres, les canons, les statues, les objets de toute sorte que Charles VIII avait fait rapporter de Naples, tombèrent aux mains des Génois (1). Ainsi furent reprises les portes de bronze du Castel Nuovo; rendues à Ferrand II et rétablies à leur ancienne place, elles y furent transpercées par les boulets de Gonzalve de Cordoue, lors du siège de 1503. Perron de Baschi avait été assez habile pour cacher son identité et pour s'esquiver, moyennant une petite rançon de 125 ducats. Voyant qu'il n'avait plus rien à faire en Ligurie, M. de Bresse partit pour ramener au roi les soldats qu'il avait autour de lui. Des troupes de la ligue prévenues de sa marche essayèrent de lui barrer la route; il parvint à leur échapper en se jetant dans les montagnes, et à gagner Asti.

Dans le royaume de Naples, la défaite infligée par d'Aubigny à Ferrand II et à Gonzalve de Cordoue n'avait été que trop tôt réparée. Les Vénitiens s'étaient rendus maîtres de Monopoli, et Ferrand, avec une flotte composée des neuf navires qu'il possédait encore, de trente et une caravelles espagnoles et de quelques barques prêtées par ses partisans, sans argent, presque sans soldats, vint hardiment se présenter devant Naples, où l'appelaient ceux qui avaient déjà conspiré en sa faveur pendant le séjour de Charles VIII. Sur sa route, Salerne se déclara pour lui; le 6 juillet, il était en vue de la capitale. Les châteaux l'accueillirent à coups de canon; le peuple, contenu par Montpensier qui parcourait la ville en faisant porter devant lui l'épée royale, criait encore *France!* Ferrand crut la partie perdue. Le soir, laissant sa flotte à l'ancre devant l'embouchure du Sebeto, il se retirait vers Pouzzoles d'où il pensait gagner Capoue, afin de venir ensuite attaquer Naples par terre, tandis que ses vaisseaux la menaceraient par mer; mais rappelé par un message des conjurés, il rebroussa chemin et vint rejoindre sa flotte. M. d'Alègre, avec une troupe de Français et de seigneurs angevins, faisait bonne garde du côté du Sebeto pour empêcher un débarquement, lorsqu'une forte bande d'insurgés aragonais, sortie tout à coup de la *Porta del Mercato*, tomba sur eux à

---

(1) Sanuto (p. 510) prétend qu'on y trouva 200 femmes et 20 religieuses que les Français auraient enlevées à Gaëte. Nous n'avons pas à revenir sur ces fables fabriquées à Venise, afin d'entretenir la haine contre les sauvages ultramontains. Les chroniqueurs napolitains, d'ailleurs, n'en disent rien. (Voyez Notar Giacomo, p. 193; Giacomo Gallo, p. 14.)

l'improviste. Succombant sous le nombre, ne pouvant franchir la porte qui venait d'être refermée, il leur fallut faire tout le tour des murailles pour aller rejoindre M. de Montpensier devant le Castel Nuovo. Pendant ce temps, Ferrand, accueilli par les mêmes démonstrations de joie dont les Napolitains avaient salué l'entrée de Charles VIII, pénétrait sans difficulté dans la ville et se rendait triomphalement au Castel Capuana. Étienne de Vesc qui s'y trouvait alors n'eut que le temps de s'enfuir au Castel Nuovo. Le protonotaire, Jean Rabot, fut fait prisonnier dans son lit. Le peuple qui s'était acharné à déchiqueter les cadavres des soldats de d'Alègre se mit à faire la chasse aux Français isolés, à piller les palais du prince de Salerne, du prince de Bisignano, du comte de Conza et à brûler les registres des finances et de la justice.

Toute la ville était maintenant soulevée. Montpensier qui voyait les barricades se resserrer autour de lui essaya de dégager les abords du Castel Nuovo. Tandis qu'il lançait d'Alègre dans l'étroite Via Catalana, il franchissait bravement plusieurs barricades sous une pluie incessante de projectiles lancés des toits et des fenêtres, il parvenait lui-même jusqu'à la Piazza dell' Olmo où il se maintint. Le soir venu, voyant l'inutilité de ses efforts, il regagna le château où d'Alègre, dont les troupes avaient beaucoup souffert, était rentré depuis longtemps. Le lendemain matin, le marquis de Pescaire, qui faisait élever des batteries tout autour de Castel Nuovo, voyait les Français réduits, comme il l'avait été lui-même cinq mois plus tôt, à la possession des forteresses.

Les événements de la capitale eurent leur contre-coup dans les provinces, qui jetèrent bas l'étendard de Charles VIII aussi facilement qu'elles l'avaient arboré. Dans la Principauté et la terre de Labour, Gaète et le château de Salerne restaient seuls aux Français, ainsi que Monte-Sant'Angelo et Tarente en Pouille. Dans l'Abruzze, Ortona, Chieti, Solmona et Aquila étaient aux mains des Aragonais. Les nobles de Calabre désertaient en foule l'armée de d'Aubigny, que les fièvres d'ailleurs mettaient hors d'état d'exercer son commandement. Enfin, Prosper Colonna, entraînant avec lui toute sa puissante famille et les vassaux que Charles VIII lui avait donnés, passait aux Aragonais[1].

[1] Cherrier, II, 274-279. — Michel Riccio, cité par M. de Boislisle, *Étienne de Vesc*, p. 261-265.

Pour Charles VIII, la première chose à faire était de venir en aide au duc d'Orléans assiégé dans Novare. La situation de ce prince devenait de plus en plus difficile. L'arrivée du marquis de Mantoue, le 19 juillet, rendait l'investissement complet; le peu de blé recueilli dans la place était à peine mûr, et le vin, dont les Suisses se passaient peut-être moins facilement que de solde, était encore plus rare. Heureusement, les habitants se montraient prêts à tout souffrir plutôt que de retourner sous l'autorité de Ludovic le More. Louis d'Orléans, toujours souffrant de la fièvre quarte, donnait l'exemple de la patience : le jour comme la nuit, on le voyait chevaucher par la ville pour encourager ses soldats (1). Il envoyait au roi message sur message pour obtenir du secours. Mais les troupes de Charles VIII avaient besoin de repos; beaucoup de gentilshommes français demandaient à rentrer chez eux. L'armée de la ligue, maintenant réunie tout entière autour de Novare, était trop nombreuse pour qu'il fût prudent de l'attaquer avec le petit nombre de soldats qui restaient à Asti. Charles envoya le bailli de Dijon dans les Cantons engager dix mille Suisses. Cependant la grande difficulté provenait toujours du manque d'argent: le quartier d'avril n'était pas encore entièrement payé aux gens de guerre (2). Outre les Suisses, on attendait encore des arbalétriers de Provence. Comment allait-on faire pour solder les nouvelles recrues? Charles avait beau écrire au duc de Bourbon qu'il entendait que les dépenses de la guerre passassent avant toutes les autres; il avait beau lui démontrer qu'il valait mieux faire « une bonne despense et qu'elle ne dure guières et bien l'employer, que longuement la faire traisner sans grand exploit (3) ». En France, on ne voulait plus rien donner. Les mesures prises antérieurement n'avaient pas produit tout ce qu'on espérait. De nouveau, il fallut recourir à des expédients pour faire quelques emprunts.

Cependant, le roi ne se décourageait pas. Il continuait ses préparatifs aussi bien pour secourir Novare, que pour venir en aide aux défenseurs de Naples. Il envoya Perron de Baschi à Nice former

---

(1) Benedetti, *l'Assedio di Novara*, à la suite du *Fatto d'arme del Taro*, p. 132.
(2) Cherrier, II, 282. — Charles VIII au duc de Bourbon, Chieri, 10 août [1495]. Bibliothèque nationale, ms. français, 3 924, fol. 5r°-v°, n° 11.
(3) Du même au même, 25 août [1495]. *Ibidem*, n° 13.

une flotte, dont Louis d'Arbent devait prendre le commandement, et chargea les Vitelli de diriger une expédition par terre (1). Le 17 juillet, il quitta Asti, et passa près de deux mois à aller et venir entre Chieri et Turin. Trivulce avait été envoyé en observation à Verceil et des tentatives, généralement sans grand succès, se faisaient de temps à autre pour ravitailler Novare.

L'apparente inaction de Charles VIII à cette époque a été mise sur le compte de la légèreté du jeune roi et de la passion qu'il aurait alors conçue pour une jeune dame de Chieri. Sanuto parle, il est

Face et revers d'une médaille de Charles VIII.

vrai, d'une maîtresse que Charles aurait eue dans cette ville (2); mais, il est impossible que l'objet de son amour fût, comme on l'a maintes fois répété (3) la fille de son hôte, cette Marguerite Solaro (4), qui lui débita un beau soir, à la grande admiration des assistants, « sans tousser, ni cracher », une très longue et très insipide harangue. Il eût fallu, en effet, que les charmes de Marguerite ne fussent pas moins précoces que sa mémoire, car elle n'avait que dix ans lors du passage du roi. Ce qui n'a pas empêché certains historiens de désigner, comme le fruit de ses amours, un vénérable chanoine qui occupait

---

(1) Commines, II, 500. — Bibliothèque nationale, ms. fr. 3924, fol. 7v°.
(2) Sanuto, p. 531.
(3) Cherrier, II, 291, etc.
(4) Et non pas Anne, comme l'appelle l'auteur du *Vergier d'honneur*, p. 404.

déjà une prébende à Asti, un an avant la naissance de sa prétendue mère (1). Bien des raisons du reste empêchaient le roi de recommencer les hostilités. La meilleure, c'était qu'il n'était pas encore en forces ; d'importantes négociations remplissaient d'ailleurs son temps.

Charles avait retrouvé les envoyés Florentins au rendez-vous qu'il leur avait donné, à Asti. Les puissances confédérées faisaient alors tous leurs efforts pour entraîner Florence dans la ligue; elles allaient même jusqu'à intercepter les dépêches adressées d'Asti par les ambassadeurs à leur gouvernement (2). Tout en attendant, pour prendre un parti, qu'ils fussent fixés sur les dispositions du roi, les Florentins continuaient, en dépit des conventions, à faire aux Pisans une guerre acharnée. Les garnisons qui se rendaient n'étaient pas même épargnées : à Ponte di Sacco, à Palaja, les défenseurs des places pisanes furent massacrées traîtreusement. A Ponte di Sacco, les troupes de Florence poussèrent la barbarie jusqu'à ouvrir les entrailles de soixante-dix Gascons pour y chercher l'or qu'ils auraient pu avaler (3). Charles venait justement de donner aux Florentins une preuve non équivoque de bienveillance en les exceptant des mesures de rigueur qu'il prenait contre les Italiens établis en France. Il se plaignit amèrement aux ambassadeurs, et les négociations furent un moment ralenties (4), mais il n'eut garde de saisir ce prétexte pour rompre ses engagements envers Florence, et, le 26 août, l'accord fut conclu à Turin.

Pise et Livourne étaient restituées aux Florentins, ainsi que Sarzana, Sarzanella et Pietrasanta. Au bout de deux ans, si les Génois rentraient sous l'autorité de la France, Sarzana, Sarzanella et Pietrasanta devaient être livrées au roi pour leur être transmises; dans le cas contraire, ces trois places resteraient aux Florentins. Ceux-ci s'engageaient à payer, dans un délai de vingt-quatre jours, les 30 000 ducats qu'ils devaient encore à Charles VIII, et le roi, comme gage de sa promesse, leur remettait des bijoux d'égale valeur qu'ils seraient libres de vendre si les places n'étaient pas rendues. Enfin ils promettaient aux Pisans une amnistie complète, au roi 250 hommes

---

(1) Voyez sur ce point un article de M. Bosio dans les *Miscellanea di storia italiana*, X, 871-873.
(2) Parenti, fol. 137v°.
(3) *Ibidem*, fol. 139r°. — Portovenere, 320.
(4) Parenti, fol. 141r°.

d'armes pour l'aider à secourir les Français restés à Naples, et un prêt de 70 000 ducats à douze pour cent remboursable en un an (1).

La colère fut grande parmi les confédérés, lorsqu'on apprit l'accord qui venait d'être conclu. Ludovic fit enlever tous les papiers du courrier qui en portait la nouvelle à Florence. Il fit aussi arrêter et retenir plusieurs jours l'ambassadeur Guidantonio Vespucci, et ce ne fut que par la voie de mer que M. de Lille, représentant du roi à Florence, put en être officiellement informé. Enfin le duc de Milan envoya aux Pisans Fracassa, avec un petit nombre de soldats payés par Venise (2). Peut-être aussi fut-il pour quelque chose dans la désobéissance de d'Entragues aux ordres du roi? Dix jours après la signature de la convention de Turin, Charles avait écrit au commandant de la citadelle de Pise qu'il eût à rendre cette forteresse aux Florentins, sous peine de rébellion (3); d'Entragues n'en fit rien. M. de Lille, tout malade qu'il était du mal qui devait l'enlever un mois plus tard, se fit en vain porter à Pise en litière, avec trois médecins à sa suite; le commandant ne s'émut point. Les Florentins recommençaient à accuser Charles VIII de duplicité, quand la restitution de Livourne et celle de Sarzana leur ouvrirent enfin les yeux et leur fit comprendre que le roi n'était en rien le complice de d'Entragues (4).

Pour ne pas être en reste avec ses confédérés, le Pape avait menacé les Florentins d'excommunication s'ils entraient en ligue avec l'usurpateur étranger. Quelque temps auparavant, Alexandre VI, cédant aux instances des Vénitiens, avait adressé des menaces analogues à Charles VIII. Un nonce était venu requérir le roi de France d'avoir à rappeler ses troupes de Naples et à repasser les Alpes avec toute son armée, dans un délai de dix jours, le sommant, en cas de refus de comparaître devant le Saint-Siège pour y justifier sa conduite. Charles s'écria, dit-on, qu'il ne demandait pas mieux que d'aller à Rome, mais qu'il faudrait que le Pape ne se sauvât pas devant lui, comme lorsqu'il y avait passé naguère. En réponse au bref d'Alexandre, il écrivit une lettre très fière qu'il terminait en substituant, à la formule

---

(1) Cherrier, II, 294.
(2) Parenti, fol. 143r°-v°. — Benedetti, *l'Assedio di Novara*, p. 197.
(3) Cherrier, II, 295.
(4) Parenti, fol. 145v° à 147v°.

d'usage pour la prolongation des jours du Saint-Père, cette phrase par laquelle il appelait sur l'Église la protection divine. « Saint Père, nous prions le benoît Fils de Dieu qu'il conserve longuement votre sainte Église (1). »

Mais s'il faisait peu de cas des menaces d'Alexandre VI, Charles VIII ne pouvait pas rester indifférent aux dangers qu'il redoutait du côté de l'Allemagne. Il n'était plus question de s'entendre avec Maximilien. Depuis le mois de juin, le roi des Romains avait proclamé à Worms son intention de conduire lui-même les forces de l'Empire en Italie pour en chasser les Français (2). Il avait exhorté les souverains espagnols à se joindre à lui (3), et loin de penser maintenant à dépouiller les Vénitiens, il leur découvrait son plan de campagne contre Charles VIII ; il se vantait auprès d'eux de réduire Charles à sa merci et d'être avant un an aux portes de Paris. Bien plus, il leur faisait à l'avance leur part dans la conquête qu'il rêvait ; sur la Manche, il leur offrait Boulogne ; sur la Méditerranée, Marseille et Nice (4).

Vers les Pyrénées, les rois catholiques faisaient de grands rassemblements de troupes ; ils avaient même déjà envoyé des soldats et de l'artillerie dans le Roussillon (5). Sous la menace de cette double invasion, la conduite de Charles était toute tracée. Il lui fallait regagner la France au plus vite. Rester en Italie, employer tout ce qu'on avait de forces et le peu qu'on avait d'argent à une guerre bien autrement difficile et bien autrement coûteuse que la première, puisqu'on aurait eu cette fois à combattre toutes les puissances coalisées, et cela au moment où la France était menacée d'une invasion allemande et d'une invasion espagnole, c'eût été la plus folle des témérités. On ne pouvait qu'ajourner l'expédition destinée à reconquérir le royaume de Naples, et chercher le moyen de faire avec les confédérés une paix qui rendît cette entreprise possible et sauvât le duc d'Orléans.

(1) Sanuto, 581. — Parenti, fol. 144r°.
(2) Maximilien aux Milanais. Worms, 21 juin 1495. — N° 177 d'une vente faite par Eugène Charavay, le 28 mars 1882.
(3) Maximilien à Ferdinand et Isabelle. Worms, 23 et 29 juin 1495. Archives nationales, K 1482, n°ˢ 34 et 35-K 1710, n° 34.
(4) Contarini et Trevisan à la Seigneurie de Venise. Worms, 22 et 28 août 1495. — Rawdon Brown, I, n° 654. — Brosch, *Papst Julius II*, p. 45 et 318-319, notes 45 et 46.
(5) Charles VIII au duc de Bourbon. Turin, 26 août [1495]. Bibliothèque nationale, ms. fr. 3924, fol. 6v°, n° 14.

Pour entamer les pourparlers nécessaires, les occasions ne manquaient pas, car plusieurs pratiques étaient conduites de front entre les Français et les puissances liguées. La duchesse de Savoie en menait une avec le duc de Milan. Commines qui, de son autorité privée, dirigeait toujours quelque intrigue, en avait une autre avec le duc de Ferrare. Il avait même obtenu un sauf-conduit du marquis de Mantoue; mais le cardinal Briçonnet ne voulut point le laisser faire, de peur d'embrouiller les négociations conduites par le trésorier de Savoie. Cependant rien n'avançait. On allait sans doute en venir aux mains, car les 30 000 ducats des Florentins, envoyés au bailli de Dijon, avaient produit un si bon effet dans les Cantons, qu'au lieu de 10 000 Suisses, il en venait 25 000, et que ceux qui étaient au service des Vénitiens voulaient passer au service du roi (1). Commines fut assez habile pour imposer son intervention.

La marquise de Montferrat venait de mourir. Comme il y avait quelques tiraillements au sujet de la tutelle du jeune marquis entre son oncle, Constantin Arniti, et le marquis de Saluces, Charles, à qui l'état de Montferrat était recommandé, chargea Commines d'aller à Casal accommoder le différend. Celui-ci jugea que l'occasion était bonne pour entrer en relation avec les envoyés chargés d'apporter, dans la capitale du Montferrat, les condoléances des puissances confédérées. Il offrit au roi d'engager les négociations de telle sorte que son honneur ne pût être compromis. Charles VIII le renvoya d'abord au cardinal de Saint-Malo qui prétendait tout mener par lui-même. Mais Commines qui se sentait soutenu par La Trémoïlle que l'on ne pouvait certes pas accuser de timidité, et qui devinait que le roi « n'en seroit point marry ne ses plus prouchains », lui déclara tout net qu'il poursuivrait son projet, et il partit après être convenu avec le prince d'Orange qu'il lui adresserait ses correspondances (2).

Constantin Arniti, dont Commines fit reconnaître l'autorité, ne demanda pas mieux que de lui servir d'intermédiaire auprès de Ludovic le More. Celui-ci accueillit avec empressement ses ouvertures et envoya sur-le-champ un agent, Jules Cattaneo, à Casal (3). Cepen-

---

(1) Benedetti, p. 183.
(2) Commines, II, 511-512.
(3) Kervyn de Lettenhove, 225.

dant Commines ne dit rien de ses rapports avec Cattaneo, tandis qu'il parle avec satisfaction du bon vouloir qu'il trouva chez un maître d'hôtel du marquis de Mantoue venu pour transmettre l'expression des sympathies de son maître. Les pourparlers, commencés à Casal, se continuèrent bientôt entre les deux camps. Le 12 septembre, Charles était arrivé à Verceil; mais au lieu d'être, comme on s'y attendait, le signal des hostilités, son arrivée marqua le début des négociations pacifiques.

Commines avait écrit, dès le 7 septembre, aux deux provéditeurs pour leur offrir de s'employer à faire la paix (1). La Seigneurie les y autorisa, et un certain comte Albertino Boschetti qui servait dans les troupes confédérées fut envoyé au camp français. Le prétexte de sa venue était de parler à Trivulce d'un fils qu'il se trouvait avoir dans la compagnie du capitaine milanais; mais l'objet réel, qu'il révéla au prince d'Orange, était de demander un sauf-conduit pour que le marquis de Mantoue et d'autres plénipotentiaires aussi considérables vinssent traiter de la paix. Boschetti jouait un singulier rôle : sujet du duc de Ferrare, il partageait sa haine contre les Vénitiens, et, sa mission une fois exposée, il demanda au roi un entretien particulier dans lequel il tint un tout autre langage. Selon lui, l'armée confédérée, terrifiée par la prochaine arrivée des Suisses, aurait été bientôt contrainte de lever le siège; il conseillait donc à Charles VIII de ne pas entrer en négociations, et de refuser le sauf-conduit.

Le roi mit la chose en délibération. Trivulce, qui poursuivait la ruine de Ludovic le More, Saint-Malo, les amis du duc d'Orléans voulaient la guerre. Commines leur reprocha de faire passer leurs intérêts avant ceux du roi. Charles accorda le sauf-conduit, et, dès le lendemain, le prince d'Orange, Gié, Piennes et Commines se rencontrèrent entre Borgo-Vercelli et Cameriana avec le marquis de Mantoue et Pierre Duodo, chef des Estradiots. Dès lors, les négociations se poursuivirent sans interruption; ce furent d'abord François-Bernardin Visconti et Jérôme Stanga qui vinrent au camp français. Ils exigeaient la restitution de Novare; les Français réclamaient Gênes, indûment confisquée par le duc de Milan, qui ne la tenait qu'en

---

(1) Benedetti, *l Assedio di Novara*, 204.

fief ; mais avant de rien discuter à fond, on conclut le 16 septembre une trêve qui fut plusieurs fois prolongée jusqu'au traité définitif (1). Le même jour, Ludovic et Béatrice d'Este arrivèrent au camp, et ce fut désormais en leur présence que se continuèrent les négociations.

Dès le lendemain, les commissaires français, auxquels avaient été adjoints Ganay et Morvilliers, se rendaient au logis du duc de Milan. Une rangée de sièges les attendait dans sa chambre; en face d'eux, sur d'autres sièges semblablement disposés, prirent place le représentant du roi des Romains, l'ambassadeur d'Espagne, les deux provéditeurs et l'ambassadeur de Venise, le marquis de Mantoue, puis Ludovic et Béatrice; enfin, tout au bout, l'ambassadeur de Ferrare. De ce côté, le duc était seul à porter la parole, et l'étiquette eût voulu qu'un seul Français lui répondît. Mais les Ultramontains n'étaient pas encore habitués à ce formalisme diplomatique. « Nous parlions quelques fois deux ou trois ensemble, dit Commines, et ledict duc disoit : *Ho, ung à ung!* (2) » Les Français demandaient avant tout que le duc d'Orléans fût autorisé à sortir de Novare pour venir conférer avec le roi. Après quelques difficultés, après leur avoir fait jurer qu'ils entendaient réellement procéder aux négociations en vue de la paix, et que les pourparlers entamés n'étaient pas un stratagème pour délivrer le duc d'Orléans, le marquis de Mantoue se mit lui-même entre les mains du comte de Foix, comme gage de la sûreté du prince français (3).

L'ambassadeur d'Espagne provoqua un grave incident en déclarant que l'on ne devait rien faire avant d'avoir demandé le consentement de ses souverains et de toutes les puissances liguées. Ludovic s'emporta, il s'écria que les rois catholiques n'avaient rien fait pour la ligue, et que, quant à lui qui était le plus menacé, le salut de ses états ne lui permettait pas d'attendre. Et comme, deux jours après, le même ambassadeur renouvelait ses protestations, le duc lui répéta que le texte de la ligue portait bien que nul ne pouvait faire la paix *nisi scientia sociorum*, c'est-à-dire, sans en informer ses confédérés, mais

---

(1) Commines, II, 515 et suiv. — Benedetti, 204-214.
(2) Commines, II, 319-320.
(3) *Ibidem*, 318.

que cette expression n'impliquait nullement qu'il fallût auparavant se concerter avec eux. L'ambassadeur quitta la séance (1).

Louis d'Orléans était sorti aussitôt de Novare et, trois ou quatre jours après, il fut accordé que toute la garnison pourrait se retirer. Sur 5500 hommes, il n'y en avait pas six cents en état de se défendre. Pour les chevaux, c'est à peine si on en vit quelques-uns, les autres avaient été mangés. Quant aux soldats, ils étaient si affaiblis, que plus de trois cents moururent, les uns d'épuisement, les autres d'avoir trop vite satisfait leur faim; les bords de la route de Novare à Verceil et les fumiers de la ville étaient jonchés de leurs cadavres (2).

Cependant les négociations ne se continuaient que laborieusement; Ludovic avait avec les orateurs français des conférences secrètes qui excitaient les soupçons des Vénitiens; ceux-ci proposaient que Charles VIII soumît ses prétentions sur Naples au Pape, à l'Empereur et au roi d'Espagne; au cas où ces prétentions auraient été reconnues légitimes, ils ne voulaient accorder au roi de France que la suzeraineté de Naples pour laquelle Ferrand lui payerait un tribut annuel (3). De leur côté, les Français continuaient à réclamer Gênes, Monopoli pris par les Vénitiens, le remboursement des frais de campagne depuis le départ de Pise, et la restitution des terres de Trivulce et de François Secco. Ludovic demandait le payement des sommes qu'il avait avancées, et insistait pour que Sarzana, Sarzanella et Pietrasanta fussent rendues aux Génois.

Malgré la difficulté qu'il y avait à concilier ces prétentions, tout le monde croyait à la paix, lorsque le 26 septembre arrivèrent les 25000 Suisses récemment engagés. Tout ce qui était en état de porter une arme avait quitté les Cantons. Dans le nombre, se trouvait plus d'un vieux capitaine qui avait combattu contre Charles le Téméraire, et reçu la paye du roi Louis. On avait dû fermer les passages des Alpes pour empêcher les femmes et les enfants de venir aussi. Quelques courtisans craignirent que, se voyant si nombreux, ils n'eussent l'idée d'enlever le roi et les plus grands seigneurs pour en tirer rançon. On crut prudent de n'en recevoir que 10000 à Verceil, tandis que les

---

(1) Benedetti, 218 et 221.
(2) Commines, II, 521-522.
(3) Romanin, V, 83. — Sanuto, 612-613.

autres étaient maintenus à quelque distance. Il en coûtait vraiment de ne pas employer ces admirables troupes ; Commines lui-même, qui se consacrait tout entier à la paix, fut frappé d'admiration : « Tant de beaulx hommes y avoit que je ne veiz jamais si belle compaignie, et me sembloit impossible de les avoir sceu desconfire qui ne les eust prins par faim, par froit ou par aultre nécessité (1). » Le duc d'Orléans, Ligny, l'archevêque de Rouen et quelques autres en jugeaient bien ainsi ; si Charles eût voulu les écouter, il aurait, au lieu de négocier, lancé cette avalanche humaine sur le camp confédéré.

Il refusa de se laisser entraîner. D'ailleurs Ludovic, épouvanté du terrible voisinage des Suisses, ne demandait qu'à conclure la paix. La seule difficulté venait maintenant des Vénitiens qui refusaient de traiter, comme naguère l'ambassadeur d'Espagne, sans que tous les confédérés en fussent informés (2). Ce n'était pas qu'ils souhaitassent la guerre, car déjà ils licenciaient leurs troupes ; mais ils entendaient réserver toute leur liberté d'action pour l'avenir. Enfin, le 9 octobre, Ludovic se décida à signer seul la paix avec la France.

Dans ce traité, le duc de Milan reconnaissait la suzeraineté de Charles VIII sur Gênes et sur Savone. Pendant deux ans le *Castelletto* resterait confié au duc de Ferrare qui jurerait, au nom de son gendre, d'observer fidèlement les devoirs de vassalité envers la France. Le roi était toujours libre d'équiper une flotte à Gênes. Les vaisseaux et les canons français pris à Rapallo seraient rendus.

Ludovic s'engageait à ne prêter aucune aide aux Aragonais, à défendre l'entrée de ses ports à leurs navires et à empêcher ses sujets de porter les armes contre la France. Il mettait à la disposition du roi deux gros navires pour convoyer des secours à Naples, et s'engageait à en fournir trois autres l'année suivante. Le libre passage sur les terres milanaises était assuré aux troupes françaises qui se rendraient dans le royaume de Naples, à condition qu'il ne passerait pas plus de 400 lances et de 4000 fantassins à la fois. De plus, si le roi y venait en personne, Ludovic devait l'accompagner avec toute son armée. Enfin, si Venise n'adhérait pas au traité, il joindrait 500 hommes d'armes aux troupes françaises dirigées contre elle.

(1) Commines, II, 524.
(2) Benedetti, 231 et 234.

Le duc de Milan s'engageait à rappeler Fracassa et les soldats envoyés aux Pisans, et à demander au Pape la levée des censures prononcées contre Charles VIII. Il abandonnait au roi les sommes que celui-ci lui devait encore, il payait au duc d'Orléans 500 000 ducats pour l'indemniser des dépenses qu'il avait faites à Novare, et renonçait à toute prétention sur Asti. Amnistie complète était accordée à tous ceux qui avaient servi la cause des Français.

En retour, Charles consentait au maintien de la ligue de Venise ; cependant le duc de Milan devait se séparer de la Confédération si elle entreprenait quelque chose contre lui ou contre son royaume de Naples. Novare était rendue à Ludovic, et le roi renonçait à soutenir les prétentions du duc d'Orléans sur Milan. Un délai de deux mois était accordé aux Vénitiens pour adhérer à ce traité.

En fait, Ludovic rompait complètement avec Venise, puisqu'il s'engageait même à porter au besoin les armes contre la République. Il est vrai que les confédérés avaient toujours prétendu que la ligue n'était en rien dirigée contre Charles VIII et qu'ils ne lui faisaient la guerre que parce qu'il avait laissé le duc d'Orléans commencer les hostilités contre le duc de Milan ; mais le More savait mieux que personne que la ligue n'avait pas d'autre objet que l'expulsion des Français du royaume de Naples. Il eut cependant l'audace d'appeler les provéditeurs à la cérémonie dans laquelle il jura d'observer le traité, et de leur dire qu'il n'ignorait pas les accusations de trahison portée contre lui à Venise, mais qu'il irait bientôt lui-même s'en disculper auprès de la Seigneurie.

Dès le lendemain, le camp de la ligue fut levé et les troupes regagnèrent le territoire de la République. Le marquis de Mantoue et les provéditeurs se rendirent à Vigevano, où le duc les reçut magnifiquement.

Ce n'était pas seulement à Venise que le traité déplaisait. Dans le camp français, le duc d'Orléans, qui voyait le roi se prononcer contre ses prétentions au trône de Milan, eut, à ce sujet, avec le prince d'Orange, une violente dispute ; il vint supplier le roi de continuer la campagne. Charles VIII n'avait eu d'autre but en portant la guerre dans l'Italie septentrionale que de délivrer son cousin ; il trouvait dans le traité de Verceil la satisfaction qu'il cherchait. Sa parole était donnée, rien ne pouvait la lui faire retirer. Cependant Louis d'Or-

Buste de François de Gonzague, marquis de Mantoue. Musée municipal de Mantoue.

léans s'était assuré le concours de plus de 800 hommes d'armes et de presque tous les capitaines suisses. Ces artisans de guerre se trouvaient condamnés par suite de la paix à un chômage forcé ; excités par les amis du duc d'Orléans, ils se réunirent pendant la nuit et délibérèrent. Les uns proposaient de s'emparer de Charles VIII et des principaux seigneurs pour en tirer rançon; les autres voulaient qu'on ne prît que les seigneurs; mais tous étaient d'accord pour réclamer les trois mois de solde que Louis XI leur avait jadis promis, toutes les fois qu'ils sortiraient de leur pays avec leurs bannières. Charles prévenu de leurs projets quitta Verceil le 11 octobre, et se rendit à Trino, sur les terres du Montferrat. Quant aux Suisses qui avaient été à Naples, ils se saisirent de leurs chefs, le bailli de Dijon et Lornay, en exigeant quinze jours de solde pour regagner leur pays. Les uns et les autres reçurent satisfaction; il en coûta plus de cinq cent mille francs au trésor royal (1).

Avant de repasser les Alpes, Charles voulait avoir avec le duc de Milan une entrevue qui aurait été comme la confirmation de la paix récemment conclue. Ludovic s'arrangea de manière à la rendre impossible, soit qu'il craignît, en acceptant, d'augmenter le ressentiment des Vénitiens, soit qu'il fût réellement sous l'empire d'une de ces terreurs maladives qui l'obsédaient, il prétendit que des propos menaçants pour sa sûreté avaient été tenus dans le camp français. Il osa même accuser Charles VIII d'avoir voulu, dès l'année précédente, s'emparer de sa personne, lors du passage de la cour à Pavie. Enfin, il déclara ne consentir à l'entrevue que si elle avait lieu sur un pont fermé en son milieu par une barrière. Le roi de France ne pouvait accepter ces conditions injurieuses et, le 15 octobre, il reprit le chemin de la France (2).

Quoique les Vénitiens se fussent vantés de n'avoir organisé la ligue et fait la guerre à Charles VIII que pour le salut de la chrétienté et la pacification de l'Italie, ils comptaient bien profiter des troubles de la péninsule pour s'agrandir aux dépens des autres puissances italiennes. Toutes les fois qu'ils ont à raconter la reprise par ses anciens maîtres d'une ville quelconque sur les Français, qu'il s'agisse de Gaète ou de Novare, les chroniqueurs vénitiens ne manquent pas de dire qu'un grand nombre de citoyens auraient préféré voir leur patrie rattachée au domaine de Saint-Marc. D'ailleurs la Seigneurie avait

---

(1) Godefroy, 106-107. — Commines, II, 528-529.
(2) Cherrier, II, 311.

déjà fait occuper par sa flotte plusieurs ports de la Pouille avec la ferme résolution de ne pas les abandonner. Or, Charles VIII prétendait exiger d'elle la restitution des ports, le rappel des troupes qu'elle avait envoyées dans le royaume de Naples; enfin la déclaration que Ferrand, qui n'était pas nommé dans le traité de Venise, ne faisait pas partie de la ligue. Lorsqu'il fut question d'insérer ces trois articles dans le traité de Verceil, les Vénitiens refusèrent de s'expliquer; il avait été seulement convenu, lors de la signature, que la Seigneurie aurait deux mois pour déclarer ou pour refuser son adhésion. Avant de quitter l'Italie, Charles VIII renvoya Commines à Venise, afin qu'il essayât d'amener cette puissance à se prononcer.

Arrivé le 4 novembre, le sire d'Argenton exposa le lendemain à la Seigneurie que son maître était prêt à renouer avec elle ses anciennes alliances, pourvu qu'elle acceptât les trois articles à ajouter au traité de Verceil. La réponse se fit attendre longtemps, car les Vénitiens, qui savaient les châteaux de Naples étroitement assiégés, auraient bien voulu en apprendre la reddition avant de s'engager. Au bout de quinze jours, le doge rendit une réponse dilatoire : « La République, disait-il, ne pourra se déclarer que lorsque les membres de la ligue nous auront fait connaître leur sentiment sur vos propositions; elle le peut d'autant moins à présent que les troupes du roi se livrent à des actes d'hostilité contre le Pape, notre confédéré. » Dans un entretien particulier, le doge assura qu'il ne saurait y avoir d'autres bases d'accord que celles qu'il avait déjà proposées à Commines avant la ligue de Venise (1), c'est-à-dire la reconnaissance de la suzeraineté de Charles VIII sur Naples et le payement d'un tribut annuel. L'argent de ce tribut serait avancé par les Vénitiens, qui garderaient comme garantie les ports de la Pouille, sauf Tarente abandonnée au roi de France pour servir de point de départ à son expédition d'Orient, à laquelle toutes les puissances chrétiennes, et Venise la première, seraient heureuses de coopérer (2).

Commines comprit qu'il n'avait plus rien à espérer, et il partit immédiatement pour aller rejoindre Charles VIII. Dans toute cette affaire, la Seigneurie tenait avant tout à s'assurer la possession des

(1) Voyez plus haut, p. 585.
(2) Kervyn de Lettenhove, II, 234-237.

villes maritimes de l'Adriatique. Quelques jours plus tard, elle déclara tout net à Ferrand qu'elle ne pourrait continuer à l'aider s'il ne lui donnait des sûretés suffisantes pour l'indemniser des dépenses qu'elle avait faites. Sans se faire autrement prier, Ferrand céda les ports de la Pouille, dont l'abandon formel fut consacré par un traité, le 21 janvier 1496.

Si la conduite des Vénitiens peut à la rigueur s'expliquer, celle de Ludovic est absolument injustifiable. Pour se faire pardonner par ses confédérés l'infidélité dont il s'était rendu coupable envers eux en traitant séparément, il ne trouva rien de mieux que de manquer à ses nouveaux engagements. Tandis qu'il inventait chaque jour des prétextes pour ne pas laisser partir les deux navires génois qui devaient être joints à la flotte armée pour secourir Naples, Perron de Baschi, qui était alors à Gênes, découvrit qu'on en avait, au contraire, envoyé deux autres aux Aragonais. Commines, passant à Vigevano, se plaignit de l'inexécution du traité. Le duc prétendit que s'il avait promis des navires il ne s'était pas engagé à y laisser monter des Français. « Si vous me donniez une mule pour passer les monts, répartit Commines, je serois bien avancé s'il m'étoit interdit de la monter. » A bout de prétextes, Ludovic s'emporta. Lui qui n'avait, pour ainsi dire, jamais prêté un serment qu'il ne l'eût violé, il prétendit qu'il ne pouvait trouver chez le roi « nulle seureté ni fiance ». Puis, se radoucissant, il imagina de s'en tirer par un nouveau mensonge. Au moment où Commines le quittait, il lui dit tout à coup, du ton d'un homme qui prend son parti, qu'il voulait que le roi conservât Naples, qu'il allait faire partir aussitôt les navires et que, dès qu'ils auraient appareillé, il lui en écrirait de sa main. Le courrier, disait-il, atteindrait M. d'Argenton avant même qu'il eût rejoint le roi. Plus d'une fois, en revenant à Lyon, Commines regarda derrière lui, pensant apercevoir le messager milanais; celui-ci ne parut jamais (1).

Depuis son retour sur les bords du Rhône, Charles ne cessait de penser aux moyens de ressaisir ce beau royaume d'au delà des monts qu'il ne devait plus revoir. Aussi rejeta-t-il sans hésitation les propositions vénitiennes que Commines jugeait dignes d'examen. Croyant

(1) Cherrier, II, 313-317.

la situation désespérée, le sire d'Argenton pensait qu'il valait mieux se contenter de la suzeraineté plutôt que de tout perdre; cependant il se trompe, volontairement ou non, lorsqu'il affirme dans ses Mémoires que Charles partageait au fond son opinion, mais qu'il n'osait l'avouer devant le cardinal Briçonnet. Le roi avait dans ses droits une foi trop entière pour en abandonner la moindre parcelle, et, jusqu'à sa mort, il nourrit le projet de renouveler sa conquête. Au moment même de son retour, il était si fermement résolu à recommencer la campagne qu'au lieu de faire repasser le Mont-Genèvre à son artillerie, il la laisssa au delà des Alpes, mais sur le territoire dauphinois, à Exilles, où elle se trouvait encore lorsqu'il mourut (1). Pour le moment, on s'efforçait, vainement il est vrai, de porter secours aux défenseurs des châteaux de Naples. La petite flotte préparée par Perron de Baschi sur les côtes de Provence était partie avec des vivres et 2 000 soldats; mais, arrivée devant les îles Ponza, elle aperçut devant elle une escadre napolitaine beaucoup plus forte. Contrainte de se réfugier le 16 octobre à Porto-Pisano, elle y resta bloquée par les vaisseaux aragonais, tandis que la plupart de ses soldats se dispersaient (2). Quant à la nouvelle flotte que l'infatigable Perron essayait d'armer à Gênes, on sait quels obstacles Ludovic apportait à sa formation, rendue déjà bien difficile par le manque d'argent. En vain le roi pressait le duc de Bourbon d'envoyer les 70 000 francs nécessaires. Il était déjà trop tard.

Tandis que d'Aubigny retenait Gonzalve de Cordoue dans la Calabre, Précy avait marché sur Naples. Réuni au prince de Bisignano, il avait, avec une petite troupe de Suisses, de Calabrais et un millier de chevaux à peine, dispersé l'armée aragonaise, à Eboli. Huit jours plus tard, avec le renfort que lui avaient apporté les paysans des environs, il arrivait devant Naples et pénétrait jusqu'à Chiaja, pour donner la main à Montpensier qu'il avait fait prévenir. A son grand étonnement, les canons des châteaux restaient muets, les portes ne s'ouvraient point. Depuis six jours, Montpensier, à bout de vivres,

(1) Voyez la lettre par laquelle l'archevêque de Reims, le chancelier de France, Gui de Rochefort, Louis de Luxembourg et Louis de la Trémoille annoncèrent la mort de Charles VIII au Parlement de Dauphiné. (Archives de l'Isère, B 299², fº iije lxxix ; communiqué par M. Pilot de Thorey.)

(2) Cherrier, II, 312.

sans nouvelles, avait signé une trêve de deux mois, à l'expiration de laquelle il avait promis de rendre les forteresses si Naples n'était pas dégagée. Seuls, les défenseurs du château de l'Œuf n'avaient pas voulu entrer dans la capitulation. Sur le point d'être tourné par Prosper Colonna, Précy dut se retirer le soir même. Suivi par l'armée aragonaise, il était arrivé à Sarno lorsque quelques-uns de ses hommes d'armes, surpris par une compagnie de chevau-légers napolitains, firent si bonne contenance que toute l'armée ennemie se sauva vers Naples, en entraînant avec elle le roi Ferrand et Prosper Colonna qui essayaient en vain de la retenir. Précy ne crut pas prudent de la poursuivre ; il se retira dans Ariano pour y prendre ses quartiers d'hiver.

Quant à Montpensier, désespérant de se voir secouru d'une manière efficace, il laissa 300 hommes dans le Château-Neuf et, le 27 octobre, suivi d'Étienne de Vesc, du prince de Salerne et d'environ 2 500 soldats, il profita de ce que la flotte aragonaise était allée au devant de l'escadre française de ravitaillement pour gagner Salerne par mer. Ferrand considérant la fuite de Montpensier comme une violation de la trêve fit recommencer aussitôt les hostilités. Un mois après, la Torre San-Vicenzo se rendait la première ; le 8 décembre, ce fut le tour du Castel Nuovo ; le 19, Rabodanges, commandant du château de l'Œuf, conclut une trêve de deux mois au terme de laquelle il dut se rendre. Les garnisons furent reconduites en France sur des vaisseaux. Naples tout entière était maintenant retombée au pouvoir des Aragonais (1).

Cependant l'attitude des restes de l'armée de Charles VIII était si ferme qu'ils paraissaient encore redoutables aux Aragonais. Angevins et Français formaient un total de 10 000 combattants, qui se maintenaient solidement dans les provinces où ils occupaient encore la Calabre, une partie de l'Abruzze et de la Terre de Labour et des places fortes telles que la Turpia, Tarente, Salerne et Gaète, où s'était enfermé le sénéchal de Beaucaire. D'ailleurs, au commencement de 1496, quelques secours arrivèrent de France ; une escadre parvint, malgré la flotte aragonaise, à introduire dans Gaète un renfort de 2 000 hommes et de grands approvisionnements, ce qui permit aux

(1) Cherrier, II, 318-328.

défenseurs de rompre le blocus et de s'étendre jusqu'au Garigliano. D'un autre côté, Virginio Orsini, soudoyé maintenant par le roi de France, était venu rejoindre Montpensier, et quelques succès avaient été remportés dans les Abruzzes. Peut-être les vaillants soldats de Charles VIII auraient-ils fini par triompher des Aragonais et des Espagnols, si le traité du 21 janvier 1496 n'avait assuré à Ferrand le secours des Vénitiens. Déjà le prince aragonais écrivait que si ce secours tardait encore un peu, il n'arriverait plus à temps (1); enfin, le 8 avril, le marquis de Mantoue fit son entrée dans Naples. Le Pape avait promis d'envoyer des troupes dans l'Abruzze et la Terre de Labour. Montpensier, comprenant que sa perte était certaine si un renfort considérable ne venait pas de France, chargea le sénéchal de Beaucaire d'aller, dans les conseils de Charles VIII, user de son influence pour obtenir l'envoi des secours. Vesc quitta Gaète par mer à la fin de mars et, échappant aux poursuites des Génois, il gagna Savone d'où il continua son voyage par terre.

Pendant ce temps, d'Entragues avait persévéré dans sa rébellion aux ordres du roi. Soutenu par son chef, le comte de Ligny, qui rêvait toujours quelque souveraineté en Italie, il avait conclu, le 18 septembre 1495, un traité par lequel il s'engageait à livrer la citadelle aux Pisans si, dans trois mois, Charles VIII n'avait pas paru en Toscane. Le roi somma Ligny de faire rentrer son lieutenant dans l'obéissance; il s'adressa en même temps au duc d'Orléans de qui d'Entragues était l'homme. Au bout de quelques semaines, Ligny parut s'exécuter; mais d'Entragues ne voulut pas voir le gentilhomme qu'il lui envoya. Deux autres émissaires, son propre beau-frère et M. de Gimel, furent reçus, mais ne purent le contraindre à obéir. Quand les trois mois furent écoulés, le 21 décembre, le capitaine français se fit compter 24 000 ducats et livra aux Pisans la citadelle et l'artillerie qu'elle contenait. Comme il avait eu soin d'exiger auparavant que les habitants prêtassent serment au roi de France, Charles semblait être son complice. On sait combien ce prince avait horreur de tout ce qui pouvait ressembler à une déloyauté. Il protesta de toutes ses forces devant les ambassadeurs florentins, leur promit une

---

(1) Sanuto, *I diarii*, t. I, col. 40-47.

réparation et, se laissant gagner par la colère : « Si je tenais le traître, s'écria-t-il, je lui couperais la tête moi-même. » Le criminel objet de cette indignation se garda bien de rentrer en France; il resta en Italie et continua ses opérations. Les habitants de Pietrasanta avaient reçu de Charles VIII une lettre où il leur ordonnait de prendre les armes contre le commandant français s'il refusait d'évacuer la forteresse (1). Cela n'empêcha point d'Entragues de vendre la place 27 000 ducats aux Lucquois. Mutrone et Librafatta furent cédées à un commissaire vénitien. Quant à Sarzana et à Sarzanella, les Génois les achetèrent 24 000 ducats à un autre lieutenant du comte de Ligny, le bâtard de Saint-Paul. La complicité de Ligny était trop visible : malgré l'amitié que Charles VIII avait pour lui, ce seigneur dut s'éloigner de la cour (2).

Le roi avait déclaré aux ambassadeurs florentins qu'il reparaîtrait bientôt en Italie. « Je ferai, avait-il dit, de tels préparatifs que chacun verra combien j'ai à cœur de mener à bonne fin cette nouvelle expédition. » Il trouvait, en effet, que les hostilités sur la frontière d'Espagne n'étaient pas assez sérieuses pour exiger sa présence en France. A l'arrivée d'Étienne de Vesc, il quitta la Touraine pour revenir à Lyon où se trouvèrent réunis, outre le sénéchal de Beaucaire, Trivulce, le cardinal de la Rovère, les délégués des barons napolitains et les ambassadeurs florentins. Déjà le Conseil avait décidé qu'il y avait lieu d'entreprendre une nouvelle expédition. Sauf l'amiral de Graville et ses amis, tout le monde maintenant voulait la guerre. Commines lui-même s'était laissé entraîner. Une commission avait été nommée pour régler les préparatifs; Charles disait qu'il voulait être à Turin pour la Saint-Jean et à Gênes quelques jours après, quand, tout à coup, on apprit que le roi allait de nouveau quitter Lyon sous prétexte d'aller prier devant les reliques de saint Martin à Tours et devant celles de saint Denis.

On ne s'expliqua pas ce départ, qui compromettait gravement l'expédition projetée. N'en trouverait-on pas la cause dans les mouvements que l'on surprit alors en Bourgogne? Des membres du parlement et de la chambre des comptes, tout un parti s'agitait pour livrer

(1) Cherrier, II, 494.
(2) *Ibidem*, II, 334-338.

le duché à l'archiduc, fils de Maximilien et petit-fils de Charles le Téméraire. La conspiration fut découverte, les meneurs furent arrêtés; mais était-ce le moment de partir pour une expédition lointaine? Qu'y a-t-il d'étonnant à ce que les préparatifs de la guerre d'Italie se soient trouvés interrompus pendant le voyage du roi, qui dura de la mi-juin jusqu'à l'automne? Toutefois, quelques vaisseaux portèrent des ravitaillements à Gaëte, le roi ordonna d'armer de nouveaux vaisseaux sur les côtes du Ponent, et Trivulce fut renvoyé à Asti avec deux compagnies (1).

A bout de forces, les défenseurs du royaume de Naples allaient bientôt succomber. Précy, chez qui le sentiment de la discipline n'était pas à la hauteur du courage, n'avait pas craint d'entrer en rivalité avec le vice-roi, Montpensier, et leur désaccord fut, dit-on, l'une des causes de leur perte. Bloqués tous deux dans Atella, avec les Orsini et les Vitelli, par les forces réunies de Ferrand et de Gonzalve de Cordoue, ils durent capituler le 20 juillet 1496. Moyennant que Montpensier rendrait toutes les places qui se trouvaient sous son commandement direct, le roi de Naples s'engageait à faire rapatrier les Français. Quand vint le moment de tenir sa parole, Ferrand prétendit, malgré les termes formels du traité, que la capitulation devait s'étendre aux places de Gaëte, Venosa et Tarente, ainsi qu'aux troupes que d'Aubigny commandait encore en Calabre. Il fit jeter les Orsini en prison et, par un odieux raffinement de barbarie, il interna Montpensier et ses soldats dans les marais qui s'étendent entre Pouzzoles et Baia, comptant que l'insalubrité du climat les réduirait bientôt à céder à ses volontés, ou « à crever » (2). Pour venir en aide aux miasmes mortels de ces régions, le roi de Naples avait soin de ne fournir aux malheureux Français qu'une nourriture insuffisante. Montpensier, ce sybarite qui d'habitude « ne se levait qu'il ne fût midi », fut digne du sang de saint Louis qui coulait dans ses veines; il voulut partager jusqu'au bout les souffrances de ses soldats et, après avoir refusé de profiter des moyens d'évasion que lui offrait le marquis de Mantoue, son beau-frère, il fut emporté par la fièvre le 11 novembre. La plupart de ses compagnons périrent; sur cinq

(1) Cherrier, II. 344-348, et M. de Boislisle, *Etienne de Vesc*, 157-161.
(2) « ...accio compissino di crepar... » Sanuto, *I Diarii*, I, 292.

mille, c'est à peine s'il en revint quinze cents en France, mais, dit Commines, « ils rapportèrent toutes leurs enseignes (1) ».

Cinq semaines avant Montpensier, le 6 octobre, comme par une punition divine, Ferrand II succombait au même mal, à la fièvre dont il avait contracté les germes pendant la campagne. Il mourait au moment où il était sur le point de jouir en toute sécurité de son autorité reconquise. D'Aubigny avait été forcé par Gonzalve de Cordoue de capituler à Groppoli; Gratien de Guerre obligé d'abandonner l'Abruzze s'était réfugié d'abord à Gaète puis à Rocca Guglielma; les principaux Angevins, les princes de Salerne et de Bisignano avaient dû déposer les armes.

Malgré tous ces malheurs, le souvenir du brillant passage de Charles VIII en Italie présentait un singulier contraste avec la piteuse apparition faite par Maximilien durant l'été de 1496. Appelé d'abord par tous les confédérés, mais surtout par Alexandre VI et par Ludovic, rassuré, du côté de la France, par la récente entrée de l'Angleterre dans la ligue, il s'était décidé à faire cette descente en Italie, depuis si longtemps annoncée. Au dernier moment, les Vénitiens conçurent quelque crainte et essayèrent en vain de l'en détourner. L'empereur élu n'avait pourtant rien de bien redoutable; à la fin d'août, on le vit arriver sans argent, presque sans soldats. Cependant il annonçait à grand bruit l'intention de se faire couronner à Rome, de contraindre par la force les Florentins à entrer dans la ligue, puis d'envahir la Provence, tandis que les Espagnols occuperaient le Languedoc, et que les princes Allemands entreraient en Champagne et en Bourgogne. Accueilli aussi chaleureusement que l'avait été Charles VIII par les Pisans qui crurent avoir enfin trouvé leur libérateur, il déclara la guerre aux Florentins et mit le siège devant Livourne. Loin d'arrêter au passage, ainsi qu'il l'espérait, les Français qui reviendraient de Naples par mer, ses troupes subirent de la part d'une poignée de Français, un échec considérable. Quatre cents soldats, qu'une flottille provençale conduisait à Gaète, profitèrent d'un vent favorable pour entrer dans le port de Livourne. Ils se joignirent à la garnison florentine, dispersèrent un corps d'Allemands établis devant

---

(1) Commines, II, 555. — Cherrier, II, 361.

la ville et reprirent tranquillement la mer afin de continuer leur route. Bientôt le roi des Romains, mollement secondé par les Vénitiens, vit sa flotte gravement avariée par une tempête; ses troupes n'étaient pas payées; lui-même n'avait plus de quoi subvenir à ses frais de table, et il en était réduit à mendier des prêts de deux à trois cents ducats auprès de l'ambassadeur vénitien, ou même de d'Entragues qui était venu le saluer à Pise. Humilié, dépité contre les Italiens, il leva le siège et regagna l'Allemagne dans les derniers jours de 1496 (1).

Béraud Stuart d'Aubigny. Médaille attribuée à Niccolo Fiorentino.

Ferrand II étant mort sans enfants, ce fut son oncle Frédéric, prince d'Altamura, qui lui succéda. Le nouveau roi avait jadis fait en France un long séjour pendant lequel son astrologue, Angelo Cato, lui avait prédit qu'il monterait un jour sur le trône dont trois vies d'hommes le séparaient encore. Plus humain que son neveu, il fit aux Angevins des avances qui furent généralement acceptées. D'Aubigny, avant de s'éloigner, conseilla aux défenseurs de Gaëte de ne plus continuer une lutte aussi courageuse qu'inutile, et, le 19 novembre, la citadelle ouvrait ses portes moyennant le rapatriement de sa gar-

(1) Cherrier, II, 367-376.

nison avec armes et bagages. Tarente suivit bientôt cet exemple ; elle avait d'abord voulu se rendre aux Vénitiens, mais les habitants ayant paru disposés à se livrer de préférence aux Turcs, les capitaines français traitèrent avec les Aragonais le 18 janvier 1497. Quelques semaines après, Gonzalve de Cordoue reprenait Asti à Menaud de Guerre, qui depuis deux ans tenait toujours la place au nom du cardinal de la Rovère. Et, cependant, la bannière de Charles VIII n'était pas partout abattue ; certains défenseurs opiniâtres résistaient encore dans les forteresses ; c'était Domjulien à Monte-Sant'Angelo et à Venosa, Gratien de Guerre à Rocca Guglielma et à Rocca d'Evandro, le préfet de Rome, Jean de la Rovère, à Sora, Arce et Isola. Ce furent ceux-là qui bénéficièrent d'une trêve à laquelle on décida Charles VIII à accéder.

Le parti de Saint-Malo, le parti de la paix, l'emportait en effet dans les conseils du roi, sur celui d'Étienne de Vesc. Les scènes de 1494 se renouvelaient ; le roi donnait des ordres que le cardinal n'exécutait pas, ou dont il retardait l'exécution de manière à la faire avorter. Vesc luttait et accablait souvent Briçonnet de reproches en présence du roi. Celui-ci s'emportait, mais le cardinal opposait à l'ardeur de sa volonté une force d'inertie que Vesc, à lui seul, ne parvenait pas à vaincre. Le sénéchal de Beaucaire n'avait plus, comme jadis, un Belgiojoso pour l'appuyer, et presque tout le monde était dégoûté de la guerre d'Italie. Bien qu'une attaque contre Ludovic fût entrée maintenant dans les projets de Charles VIII, le duc d'Orléans lui-même ne se souciait plus de quitter le royaume. La mort de Charles-Orland, de ce bel enfant « audacieux en parolle, qui ne craignoit point les choses que les aultres enfants ont acoustumé de craindre (1) », celle d'un second dauphin, mort après quelques jours d'existence, avaient fait de lui l'héritier présomptif de la couronne, et le duché de Milan le préoccupait, à présent, moins que le trône de France. Ses espérances de ce côté l'absorbaient à ce point qu'il ne sut même pas dissimuler sa joie devant Charles VIII qui resta longtemps depuis sans vouloir lui parler. Bien que sa maison et les troupes qu'il devait commander fussent déjà au delà des Alpes, il refusa de

(1) Commines, II, 539-540.

partir. La guerre fut menée en Ligurie d'un côté par La Rovère et le cardinal Fregoso, de l'autre par Trivulce, qui, au lieu d'unir ses forces à celles des deux cardinaux, eut le tort de les conduire sur les frontières du Milanais. Les Génois tinrent bon, et Ludovic ayant reçu des secours de Venise, Trivulce fut contraint de retourner à Asti (1).

Cependant Vesc ne se décourageait pas. Quand on apprit la capitulation de Gaëte, quand on vit revenir d'Aubigny, le Conseil crut devoir se retourner d'un autre côté et profiter des négociations entamées depuis un certain temps avec l'Espagne. Un gentilhomme de ce pays et des religieux du Montserrat étaient venus à Lyon proposer une trêve dans laquelle les puissances liguées seraient comprises, trêve qui devait être le prélude d'une pacification générale. M. de Clérieux fut envoyé en Espagne, et, le 25 février 1497, Charles VIII accepta une suspension d'armes qui le laissait libre de ravitailler les places qu'il tenait encore dans le royaume de Naples, ou de rappeler ses soldats à son gré, mais qui lui interdisait d'envoyer de nouveaux renforts. Les rois catholiques décidèrent le roi de Naples et leurs confédérés à consentir à cette trêve qui devait durer du 25 avril au 1er novembre 1497 (2).

Coïncidence singulière ! ce fut au moment où les espérances de Charles VIII sur Naples paraissaient complètement ruinées, que toutes les puissances liguées recherchèrent son appui pour l'engager à tenter en Italie de nouvelles entreprises. Le Pape lui envoyait des messagers secrets; les Vénitiens pensaient à s'unir à lui contre Milan; le roi des Romains « ne désiroit chose en ce monde tant que son amytié et que eulx deux ensemble feissent leurs besongnes en Italie (3) ». Ludovic même aurait entamé avec lui certaines pratiques (4). Quant aux rois d'Espagne, après de laborieuses négociations qui durèrent près de six mois, ils firent accepter à Charles VIII un projet d'action commune en Italie. Le 24 novembre 1497, Clérieux, du Bouchage et trois autres ambassadeurs français signèrent, à Alcala de Hénarès, un

---

(1) Cherrier, II, 383-387.
(2) A.-M. de Boislisle, *Étienne de Vesc*, p. 174-177.
(3) Commines, II, 587.
(4) Cherrier, II, 419-420.

traité d'alliance offensive contre Naples. Après la conquête, les Espagnols devaient garder la Calabre pour s'indemniser de leurs dépenses (1).

Dans le courant de janvier 1498, Charles envoya M. de Gimel prévenir les Florentins de ses nouveaux projets et leur demander leur coopération ; il s'engageait en retour à les remettre en possession de Pise. Les alliés d'ailleurs ne devaient pas lui manquer : c'était, outre les Espagnols, Maximilien qu'il laissait venger sur les Vénitiens ses mécomptes de 1496, et le Pape à qui il promettait une souveraineté pour son fils. Deux mois plus tard, tout était réglé : l'armée devait se composer de 1500 lances et de 12 000 hommes de pied ; M. de Ligny en aurait le commandement (2). Le roi se proposait de commencer la campagne avant la Saint-Jean. Reconnaissant le premier les fautes qu'il avait commises lors de la première expédition, il avait tout fait pour éviter d'y retomber (3). Il était en droit de compter que Maximilien et les rois catholiques intéressés à sa victoire ne le trahiraient plus comme jadis.

Le succès paraissait assuré. Cependant le roi ne se laissait pas uniquement absorber par les préoccupations de sa politique extérieure. Il voulait dorénavant « vivre selon les commandements de Dieu ». Il avait repris la touchante coutume de saint Louis, et donnait lui-même audience à tout venant ; il s'appliquait à préparer la réforme des finances et de la justice. S'il lui eût été donné de poursuivre sa tâche avec l'opiniâtreté dont il était capable, à quel degré de gloire serait sans doute arrivé ce souverain, qui joignait à une bonté reconnue même par le rancunier Commines, aux qualités militaires si brillamment déployées à Fornoue, la plus royale des vertus : cette volonté persévérante qui lui avait permis jadis d'exécuter l'Entreprise de Naples, malgré l'opposition plus ou moins latente de ses ministres et la répugnance de presque tout son peuple ! L'accident le plus vulgaire vint ruiner toutes ces espérances : le 7 avril 1498, Charles VIII passant sous une porte du château d'Amboise se heurta le front, et mourut neuf heures après. Le mois suivant, Savonarole périssait sur

---

(1) Sanuto, *I Diarii*, I, 709-713, 866-868.
(2) A.-M. de Boislisle, *Étienne de Vesc*, p. 178.
(3) Commines, II, 586.

un bûcher. La mort emportait ainsi, à quelques semaines de distance, l'apôtre de la réforme de l'Église et le prince qui devait en être l'instrument.

D'autres expéditions françaises furent dirigées vers l'Italie sous les successeurs de Charles VIII; mais elles n'avaient plus d'autre but que la conquête de terres italiennes. Les temps de foi étaient passés.

Tombeau de Charles VIII à Saint-Denis. Réduction d'une gravure de Jean Marot.

Le contact avec une race imbue de l'esprit païen de la Renaissance avait obscurci le sentiment de la loyauté chrétienne chez le peuple dont le nom est encore aujourd'hui, parmi les Mahométans, synonyme de chrétien. Le jour allait venir bientôt où, suivant l'exemple donné naguère par les Vénitiens et par Alexandre VI, un roi de France ne craindrait pas de s'allier aux Turcs et où l'étendard des lis flotterait à côté de celui du Croissant devant Nice. Bien d'autres maux résultèrent des guerres d'Italie; le plus grand peut-être, ce fut de voir une reine italienne monter sur le trône de Blanche de Castille, et infliger à la monarchie française la honte de ses crimes continués pendant trois règnes. Ce sont là des malheurs que ne peuvent compenser la rénovation des arts à leur déclin, ni l'adoption de certains raffinements de luxe qui ne faisaient, après tout, qu'introduire dans les mœurs de nouveaux éléments de corruption. Pendant un siècle, les Français ne furent plus eux-mêmes. Leur bon sens s'altéra, leur langue, si ferme et si mâle, devint je ne sais quel jargon à demi latin, dont ceux qui prétendaient le moins l'accepter subirent, eux aussi, l'influence. Commines mis en présence d'un livre de Rabelais ne l'eût pas mieux compris que Pantagruel n'entendait la *verbocination latiale* de l'écolier limousin. Il fallut que l'esprit français transformât l'art de la Renaissance italienne de manière à en faire presque un art national, il fallut que la logique française débarrassât le langage des formes prétentieusement classiques qui l'obscurcissaient, il fallut surtout que Henri IV rendît la France à elle-même pour que notre pays pût reprendre dans le monde son ancienne prééminence et se faire la place glorieuse qu'il occupa au dix-septième siècle.

Est-ce à dire que l'on doive rendre Charles VIII responsable des néfastes conséquences des guerres d'Italie? Sans doute, il eût mieux valu consacrer à une guerre sur les frontières de la Picardie ou de la Bourgogne les ressources employées à une lointaine expédition. Mais la responsabilité de cette expédition ne revient-elle pas tout entière à ceux qui, depuis Charles VI, n'avaient cessé d'appeler les rois de France à intervenir dans leurs difficultés intérieures, aux Italiens eux-mêmes? Si l'Entreprise de Naples ouvre la période la plus sombre de leur histoire, ne sont-ce pas en réalité les Italiens qui ont été les artisans de leurs propres malheurs?—

TABLE DES ILLUSTRATIONS.

PHOTOGRAVURES.

Charles VIII. Terre cuite du Musée national à Florence . . . . Frontispice.
Frontispice de l'Histoire de François Sforza par Jean Simonetta, traduite par Chr. Landino. 216
Ludovic le More et sa famille à genoux devant la Madone. Tableau attribué à Zenale. 274

CHROMOLITHOGRAPHIES.

Généalogie de Charles VIII. Miniature tirée de la *Mer des Histoires* 152
La Vierge de la Victoire par Andrea Mantegna 650

PLANCHES TIRÉES A PART.

Maximilien Ier. Dessin d'Albert Dürer. Collection Albertine à Vienne. 352
Carte d'Italie par Jacques Signot, agent de Charles VIII à Ferrare 393
Vue de Florence au quinzième siècle. D'après une gravure en bois du Musée de Berlin. 456
Vue de Rome. Fac-similé de la gravure publiée par Sébastien Münster. 520
La bataille de Fornoue, gravure intercalée dans un exemplaire de la *Mer des Histoires*. 640

GRAVURES DANS LE TEXTE.

Frise. Entablement d'une porte de la Chartreuse de Pavie. 1
Charles d'Anjou. Statue du Capitole. 5
Boniface VIII. Statue de bronze, par Manni. . . 9
Cul-de-lampe. Combat de cavaliers. Nielle du quinzième siècle. 11
Encadrement tiré des *Vite de' sancti padri* (Ferrare, 1497). 12
Jean-Galéaz Visconti. Recueil Vallardi, f° 67 n° 2523 19
Suscription d'une lettre de Louis d'Orléans à Jean-Galéaz Visconti. 27
Cul-de-lampe. Armoiries du roi René par Luca della Robbia 35
Frise. Bas-relief du socle de la statue de Colleone. 36
Philippe-Marie Visconti. Recueil Vallardi, f° 89, n° 2485. 39
Côme de Médicis. D'après une fresque de Benozzo Gozzoli. 47

Alfonse d'Aragon à cheval. D'après un ms. de Contrarius 65
Médaille de Jean de Calabre, par Francesco Laurana. 69
Cul-de-lampe. Pendentif du palais d'Urbin . . 72
Encadrement. Bordure des *Gesti di Fr. Sforza* par Antonio Placentino (1458), manuscrit copié par B. Gambagnola, de Crémone, en 1481, pour Ludovic le More. Bibl. nat., fonds italien n° 372. 73
Louis XI jeune. Dessin de la Biblioth. d'Arras. 77
Alfonse, duc de Calabre. 81
François Sforza. Marbre du Musée national à Florence. 87
Maximilien à dix-neuf ans 103
Cul-de-lampe. Tiré d'un livre d'Heures français du quinzième siècle 108
Frise. Bas-relief de Caradosso. Baptistère de San Satiro à Milan 109
Face et revers de la médaille faite par Pollajuolo à l'occasion de l'attentat des Pazzi. 113

TABLE DES ILLUSTRATIONS.

Philippe de Commines. Dessin de la Bibliothèque d'Atras. 117
Frédéric III. Gravure du *De Cæsaribus*... de Cuspinien. 123
Laurent de Médicis, miniature du cabinet de M. Armand. 129
Cicco Simonetta. Sculpture de la cathédrale de Côme. 133
Tombeau de Sixte IV par Antonio Pollajuolo. 139
Le roi René. Médaille attribuée à Pierre de Milan. 143
Louis XI. Étude pour sa statue funéraire. . . 147
Cul-de-lampe. Écu d'argent de Louis XI . . 151
Encadrement. Bordure d'une miniature d'Antonio da Monza. 153
Pierre de Beaujeu. Fragment d'un triptyque de Moulins. 159
Extraits d'une édition gothique relative aux États généraux de 1484. 163
Anne de Beaujeu et sa fille Suzanne. Fragment d'un triptyque de Moulins. 169
Innocent VIII. Gravure attribuée à Marc-Antoine Raimondi. 175
René II, duc de Lorraine. D'après le ms. de la Nancéide. 179
Face et revers d'une médaille de Julien de la Rovère par Sperandio. 182-183
Frise. Tirée du *Songe de Polyphile*, édition de 1499. 186
Ferrand roi de Naples. Buste du Musée national de Naples. 191
Vue de Gênes, d'après le *Liber Chronicorum*, de Hartmann Schedel. 197
Djem. Dessin de la Bibliothèque d'Arras . . . 203
Vue de Naples. Gravure du *Supplementum Chronicarum*, Venise 1490. 207
Armoiries de France et de Bretagne, d'après les *Illustrations de Gaule et singularitez de Troye*. 211
Cul-de-lampe tiré du *Songe de Polyphile*, édition de 1499. 213
Frise. En-tête du contrat de mariage de Ludovic le More et de Béatrix d'Este. British Museum de Londres. 214
Face et revers d'une médaille de Charles VIII, attribuée à Nicolo Fiorentino 220-221
Anne de Bretagne, jeune. D'après une ancienne peinture. 227
Savonarole prêchant. Gravure du *Compendio di revelatione*. 231
Cul-de-lampe. Nielle de la Bibliothèque nationale 235
Encadrement. Bordure de l'Histoire romaine d'Appien. Venise, 1478. 236
Portrait de Charles VIII. D'après un calque de M. de Bastard. 241
Signatures de Charles VIII. 245

Portrait d'Anne de Bretagne. D'après un calque de M. de Bastard. 249
Buste d'Alexandre VI. Musée de Berlin. . . . 255
Cul-de-lampe. Plat décoré des armes de Charles VIII et des attributs de la Passion. 263
Frise. Les armoiries du doge Barbarigo. Palais ducal de Venise. 264
Buste de Béatrice d'Este, au Musée du Louvre. 271
Vue de Venise. Tirée du *Supplementum Chronicarum*, éd. de 1490. 273
Face et revers d'une médaille d'Hercule Ier d'Este, par Sperandio 278-279
Face et revers d'une médaille de Jean II Bentivoglio, par Sperandio. 282-283
Un chasse à la fin du quinzième siècle. Tapisserie du château d'Haroué. 287
Encadrement. Bordure des *Gesti di Fr. Sforza*, par Antonio Placentino. 289
Une flotte au quinzième siècle, d'après le *Vergier d'honneur*. 299
Vue de Moulins. Réduction d'un dessin du Cabinet des Estampes. 311
Ornement tiré d'un ms. français du quinzième siècle. 313
Vue de Lyon au début du quinzième siècle, Tapisserie de Beauvais. 319
Canon donné par Charles VIII à M. de Pins. 325
Un tournoi vers 1500, d'après une tapisserie de Valenciennes. 329
Ornement tiré des *Heures* de Simon Vostre, 1508. 334
Médaille du cardinal de la Rovère. 347
Cul-de-lampe, Nielle de la Bibl. nationale. . 357
Les armes des Gonzague, bas-relief du Museo civico, à Mantoue. 358
Médaille de Catherine Sforza, attribuée à N. Fiorentino 371
Cul-de-lampe, tiré d'un livre d'*Heures* français du quinzième siècle. 374
Ornement tiré d'un ms. français du quinzième siècle. 375
Vue de Grenoble, réduction d'une estampe du seizième siècle. 389
Encadrement. Embrasure de fenêtre du palais d'Urbin. 393
Portrait de Charles VIII avec les insignes impériaux. Collection Gaignières. 405
Vue de Vérone, tirée du *Supplementum Chronicarum*, éd. de 1490. 413
Vue de Pavie, d'après la *Cosmographie* de Belleforest. 419
Médaille d'Antoine de Gimel. 423
Encadrement. Frontispice d'un ouvrage de Petrus Leo dédié à Charles VIII et publié à Milan. 428
Portrait de Savonarole. Gravure des *Prediche sopra li salmi*. Venise, 1539. 441

TABLE DES ILLUSTRATIONS.

Fuite de Pierre de Médicis, d'après Raphaël. 445
Cul-de-lampe. Monnaie de Pise aux armes de Charles VIII 451
Frise. Bas-relief florentin du quinzième siècle. Musée de South-Kensington. 452
Face et revers d'une médaille de J. Matheron, attribuée à Niccolo Fiorentino 462-463
Le Palais Médicis à Florence, aujourd'hui Palais Riccardi 469
Le *Marzocco* de Donatello, au Musée national de Florence 473
Cul-de-lampe. Fragment d'un bas-relief du Museo civico de Mantoue 485
Encadrement tiré d'une édition de Térence, Venise, 1499 486
La Chartreuse de Florence, vue du côté de Galuzzo. 489
La Porta Camollia à Sienne. 491
Tombeau d'Ascagne Sforza à Sainte-Marie-du-Peuple, d'après Tosi 497
Ornement tiré d'un ms. latin du quinzième siècle. 507
Le petit Palais de Venise, du côté de San Marco. 511
Cortile du Palais de Venise, à Rome 513
Médaille d'Alexandre VI, avec revers représentant le château Saint-Ange. 515
Cul-de-lampe. Bulle d'Alexandre VI 526
Ornement tiré d'un ms. latin du quinzième siècle, 527
Ferdinand le Catholique, d'après l'*Iconografia española* de Carderera. 536
Isabelle la Catholique d'après l'*Iconografia española* de Carderera 537
Artillerie de siège, fac-similé d'un bois du *Supplementum Chronicarum*, éd. de 1816 545
Siège d'une ville au quinzième siècle, tiré de la *Mer des Histoires* 547
Monnaies d'Aquila aux armes de Charles VIII. 549

Cul-de-lampe. Monnaies de Solmona aux armes de Charles VIII 557
Encadrement. Bordure du Saint Jérôme de Venise, 1498 558
Vue de Naples au seizième siècle, d'après la *Cosmographie* de Belleforest 563
Christ au tombeau entouré de divers personnages, par Guido Mazzoni, au Monte-Oliveto de Naples 573
Encadrement. Bordure d'un ms. exécuté pour Pierre de Médicis (Bibliothèque Laurentienne). . 579
Bas-reliefs de la porte de bronze du Castel Nuovo, par Guglielmo Monaco. 600-601
Charles VIII. Tapisserie appartenant à M. de Schickler 605
Cul-de-lampe. Monnaie de Naples aux armes de Charles VIII. 607
Ornement tiré d'un ms. latin du quinzième siècle. 608
Entrée d'un ambassadeur français à Sienne, peinte sur la reliure d'un registre de la *Biccherna* pour 1496 613
Face et revers d'une médaille de F. de Gonzague, par Sperandio. 624-625
Statue équestre du maréchal de Gié. Collection Gaignières. 629
Face et revers d'une médaille de Jean-Jacques Trivulce. 633
Bois figurant la bataille de Fornoue dans les *Chronique de Saint-Denis* de Guillaume Eustace (éd. de 1514). 645
Cul-de-lampe. Contre-sceau de Charles VIII. 651
Ornement tiré d'un ms. du quinzième siècle. . 652
Face et revers d'une médaille de Charles VIII. 661
Buste de F. de Gonzague, marquis de Mantoue. Musée municipal de Mantoue 671
Béraud Stuart d'Aubigny, médaille attribuée à Niccolo Fiorentino. 681
Tombeau de Charles VIII à Saint-Denis, réduction d'une gravure de Jean Marot 685

CORRECTIONS.

Page 117. *Dans la légende du portrait de Commines, au lieu de* : Musée d'Arras, *lisez* : Bibliothèque d'Arras.

Pages 241 et 249. Les feuilles 31 et 32 étaient déjà tirées lorsque mon ami M. Henri Bouchot, à qui je devais la communication des copies de M. de Bastard, a retrouvé les portraits originaux de Charles VIII et d'Anne de Bretagne dans le manuscrit latin 1190 de la Bibliothèque nationale. (Voyez *Bibliothèque de l'École des Chartes*, année 1887, p. 580.)

TABLE DES MATIÈRES.

Préface. v

LIVRE PREMIER.
L'INFLUENCE POLITIQUE FRANÇAISE EN ITALIE AVANT CHARLES VIII.

CHAPITRE PREMIER.
ORIGINES DE L'INFLUENCE FRANÇAISE EN ITALIE. — CHARLES D'ANJOU. —
LES PAPES A AVIGNON.

Déviations successives du mouvement des Croisades. — Aspirations à l'empire d'Orient de Charles d'Anjou et de Charles de Valois appelés par les papes pour défendre la cause guelfe en Italie. — Philippe le Bel et Boniface VIII. — Résidence des papes à Avignon. — Les marchands italiens en France et les aventuriers français en Italie. — Projets de Philippe VI sur l'Italie. — Acquisition de Lucques. — Royaume d'Italie projeté pour le comte d'Alençon. — Mariage de Jean-Galéaz Visconti avec Isabelle de France 1

CHAPITRE II.
LE GRAND SCHISME ET LA LUTTE DE LA SECONDE MAISON D'ANJOU
POUR LA SUCCESSION DE NAPLES.

Origines du Grand Schisme. — Louis, duc d'Anjou, et Clément VII. — Le royaume d'Adria. — Jeanne Ire de Naples. — Luttes de Louis Ier et de Louis II d'Anjou contre Charles de Durazzo. — Rivalité de Florence et de Milan. — Projet d'annexion d'une partie de la Lombardie à la France. — Mariage de Valentine de Milan. — Jean III d'Armagnac. — Projet d'expédition française en Italie pour mettre fin au schisme. — Reprise du projet de création d'un royaume d'Italie. — Les Français à Gênes. — Louis II d'Anjou, beau-père du comte de Ponthieu, plus tard Charles VII. — Fin du schisme. — Louis III d'Anjou, Jeanne II et Alfonse d'Aragon. — Adoption de Louis III. — Fusion des droits des branches d'Anjou et de Durazzo. — Le roi René à Naples. 12

CHAPITRE III.
L'UNION DE LA FRANCE AVEC FLORENCE ET MILAN JUSQU'A LA MORT DE CHARLES VII.

Charles VII et Philippe-Marie Visconti. — Projets du dauphin Louis sur l'Italie. — La succession du duché de Milan. — Alliance de Sforza et de Côme de Médicis. — Traité de Montils-lez-Tours. — Campagne de René d'Anjou en Lombardie. — La chute de Constantinople. — La paix de Lodi et la ligue italienne. — Retour de Gênes à la France. — Mort d'Alfonse d'Aragon. — Le bâtard Ferrand, roi de Naples. — Expédition de Jean de Calabre. — Perte de Gênes. — Mort de Charles VII 36

CHAPITRE IV.

INFLUENCE DES TROUBLES DE LA FRANCE SUR LES RAPPORTS DE LOUIS XI AVEC LES ÉTATS ITALIENS.

Louis XI et l'Italie. — Défaite de Jean de Calabre à Troja. — Réconciliation de Milan avec la France. — Louis XI et la guerre contre le Turc. — Morts de Pie II et de Côme de Médicis. — Consentement de Sforza au mariage de Galéaz avec Bonne de Savoie. — Ligue du Bien public. — Rapprochement de Louis XI et de Ferrand. — Secours envoyés au roi de France par Sforza et par Ferrand. — Mort de François Sforza. — Conjuration contre Pierre de Médicis. — Paix générale de 1468. — Prépondérance de Louis XI en Italie. — Relations de l'Italie avec la Bourgogne. — Galéaz Sforza et Laurent de Médicis. — Effets sur l'Italie de la rivalité de Louis XI et de Charles le Téméraire. — Rôle douteux de Galéaz. — Laurent de Médicis intermédiaire de Louis XI. — Projet de mariage entre le dauphin et la fille de Ferrand. — Ligue de Milan, Venise et Florence. — Traités de Pecquigny et de Soleure. — Projets de Charles le Téméraire sur l'Italie. — Grandson. — Réconciliation de Louis XI et du roi René. — Ferrand tente d'acheter à René les droits des Angevins. — Inquiétudes de Galéaz. — Morat. — Ambassade de Pietrasanta. — Défaite et mort de Charles le Téméraire à Nancy 73

CHAPITRE V.

LES SUITES DE LA CONJURATION DES PAZZI. — LOUIS XI ARBITRE DE L'ITALIE.

Origines de la conjuration des Pazzi. — Attitude de Louis XI vis-à-vis des puissances italiennes. — Assassinat de Julien de Médicis. — Châtiment des conjurés. — Les Florentins attaqués par le pape et par le roi de Naples. — Insuffisance de l'appui prêté à Laurent par Venise et Milan. — Motifs de l'intervention de Louis XI. — Ambassade de Philippe de Commines. — Concile d'Orléans. — Méfiance fondée de Laurent à l'égard de Louis XI. — Envoi en Italie d'une grande ambassade française. — Aspirations de Louis XI à la suprématie en Europe. — Les ambassadeurs français à Rome. — Résistance imprévue du pape. — Réveil de l'Empire. — Isolement de Laurent. — Reconnaissance de l'indépendance de Gênes par le pape. — Arrivée à Rome d'un ambassadeur anglais. — Règlement du différend remis par le pape à l'arbitrage des rois de France et d'Angleterre. — Satisfaction peu justifiée des ambassadeurs français. — Rejet par le pape du projet d'arbitrage qu'il avait accepté. — Révolution de Milan. — Ludovic le More. — Envoi de Pierre Palmier à Naples. — Voyage de Laurent de Médicis à Naples. — Sa réconciliation avec Ferrand. — Pacification de l'Italie. — Ligue de Venise avec le pape. — Contre-ligue de Naples, Florence et Ferrare. — L'appui de Louis XI recherché par les deux ligues. — Prise d'Otrante par les Turcs. — Mort du roi René. — Charles du Maine. — René duc de Lorraine au service des Vénitiens. — Guerre de Ferrare. — Louis XI invité par Sixte IV à s'emparer de Naples. — Traité d'Arras. — René de Lorraine en Italie. — Mort de Louis XI 109

LIVRE II.

LES PREMIÈRES ANNÉES DU RÈGNE DE CHARLES VIII.

CHAPITRE PREMIER.

LA POLITIQUE DE MADAME DE BEAUJEU VIS-A-VIS DE L'ITALIE JUSQU'A LA RÉVOLTE DES BARONS NAPOLITAINS.

Éducation de Charles VIII. — Les Beaujeu. — États généraux de 1484. — Mélange des affaires italiennes et des affaires françaises. — Réclamations de René de Lorraine. — Efforts d'Étienne de Vesc pour conserver la Provence à la couronne. — Ambassades italiennes. — Balue légat du pape en France. — Les diplomates italiens et les discordes de la cour. — Venise excite le roi de France à conquérir Naples et le duc d'Orléans à s'emparer de Milan. — Intrigues de Balue. — Intervention d'Anne de Beaujeu à Milan en faveur de la duchesse Bonne. — Paix de Bagnolo. — Mort de Sixte IV. — Services rendus par Balue aux Beaujeu. — Élection d'Innocent VIII. — Révolte des barons napolitains. — Innocent VIII et René II. — Appui prêté par la France au duc de Lorraine. — Ambassade de M. de Faucon. — Le pape fait la paix avec Naples. — Déception de René II 153

CHAPITRE II.

LE DÉCLIN DE L'INFLUENCE DE MADAME DE BEAUJEU.

Affaires de Saluces. — Déloyauté de Ferrand. — Les réfugiés napolitains en France. — Efforts de Laurent de Médicis pour éviter l'intervention étrangère. — Laurent se rapproche d'Innocent VIII. — Préparatifs de la France pour reconquérir Gênes. — Gênes se donne au duc de Milan. — Conférence du Pont-de-Beauvoisin. — Ludovic demande l'investiture au roi de France. — Guerre de Bretagne. — La Trémoille. — Saint-Aubin du Cormier. — Charles VIII commence à gouverner. — Sa loyauté et sa modestie. — Ambition personnelle de Madame de Beaujeu. — Sa cupidité. — Remise de Djem au pape. — Étienne de Vesc et le parti des chambellans se substituent à Madame de Beaujeu. — Discordes d'Innocent VIII et de Ferrand. — Le pape a recours à la France. — Premiers symptômes des projets de Charles VIII. — Craintes de Laurent de Médicis. — Ambassade de M. de Clérieux. — Intrigues de Balue. — Laurent offre d'accommoder le différend du pape et de Ferrand. — M. de Faucon à Milan, à Florence et à Rome. — La France se prépare à soutenir René II. — Mariage par procuration de Maximilien avec Anne de Bretagne. — Mariage de Charles VIII et d'Anne de Bretagne. 186

CHAPITRE III.

CHARLES VIII ET LUDOVIC LE MORE JUSQU'A LA MORT DE LAURENT DE MÉDICIS.

Projets de Charles VIII. — Son caractère réservé. — Caractère de Ludovic le More. — Béatrice d'Este. — Intervention de Ludovic dans les affaires du Piémont. — Demande d'explications de la France. — Envoi d'Érasme Brasca. — Les favoris de Charles VIII soudoyés par Ludovic le More. — Une ambassade française va porter à Milan l'investiture de Gênes. — Désappointement d'Innocent VIII, qui fait la paix avec Ferrand. — Conduite ambiguë de Laurent de Médicis. — Traité des droits de Charles VIII sur Naples par Liénard Baronnat. — Renouvellement de l'ancienne ligue de la France avec Milan. — Effet produit par cette alliance à Venise, à Naples et à Florence. — Mort de Laurent de Médicis'. 214

CHAPITRE IV.

L'ALLIANCE DE LA FRANCE ET DE MILAN EN 1492. — TRAITÉS D'ÉTAPLES ET DE BARCELONE.

Ambassade milanaise de 1492. — Objet de l'ambassade. — Vénalité des conseillers de Charles VIII. — Séjour des ambassadeurs à Paris. — La cour de France. — Le roi. — La reine. — Le duc et la duchesse de Bourbon. — Le duc d'Orléans. — Les favoris. — Myolans. — Admission de Ludovic le More dans la ligue entre Charles VIII et le duc de Milan. — Le duc de Ferrare. — Retour des ambassadeurs milanais. — Mort d'Innocent VIII. — Alexandre VI. — Projet d'obédience collective des puissances italiennes. — Ludovic le More et Pierre de Médicis. — Affaire de l'Anguillara. — Ambassade vénitienne à Paris. — Attitude de René de Lorraine. — Nouvelle coalition du roi des Romains, de l'Espagne et de l'Angleterre contre la France. — Traité d'Etaples. — Traité de Barcelone. — Ludovic continue à redouter la France. — Jean Cloppet à Milan. — Première mention de l'Entreprise de Naples. — Ludovic entraîné malgré lui dans le mouvement français. — Ligue entre Milan, Rome et Venise (22 avril 1493) 236

CHAPITRE V.

LE TRAITÉ DE SENLIS. — LA MISSION DE PERRON DE BASCHI EN 1493.

Le traité de Senlis. — Circonstances dans lesquelles il fut conclu. — État des partis à la cour de France. — Avantages du traité de Senlis. — Communauté d'aspirations entre Charles VIII et Maximilien. — Ludovic obtient de Maximilien l'investiture de Milan. — Mariage de Blanche Sforza. — Ambassade milanaise à Venise. — Charles VIII veut tenter l'Entreprise de Naples. — Voyage précipité de Belgiojoso. — Ludovic accepte les propositions de Charles VIII. — Béatrice d'Este à Venise. — Attitude de Ludovic vis-à-vis des puissances italiennes. — Perron de Baschi à Milan, à Venise, à Ferrare et à Bologne. — Son arrivée à Rome. — Rapprochement d'Alexandre VI et de Ferrand. — Encouragements indirects donnés par le pape à Perron de Baschi. — Conseil des affaires d'Italie. — Briçonnet. — Dépit de René de Lorraine. — Pirovano chargé de l'intérim de Belgiojoso en France. — Accueil qu'il reçoit en France. — Les ambassadeurs napolitains sont congédiés. — Retour de Perron de Baschi et de Belgiojoso. 264

CHAPITRE VI.

RUPTURE DE CHARLES VIII AVEC NAPLES. — MORT DE FERRAND.

Fermeté de Charles VIII dans ses résolutions. — Ambassade florentine. — Naïveté des ambassadeurs. — État des partis à la cour de France. — Vesc, Briçonnet, d'Esquerdes, le duc de Bourbon. — Briçonnet ambitionne le chapeau. — Refus d'Alexandre VI. — Alexandre VI et Charles VIII. — Envoi de Gratien de Villanova. — Préparatifs de l'expédition. — Le roi quitte Tours. — Il déclare vouloir commander en personne. — Ferrand se prépare à la défense. — Congé signifié aux ambassadeurs napolitains. — Pandone reconduit à la frontière. — Tergiversations des ambassadeurs florentins. — Mort de Ferrand. — Charles VIII demande au pape l'investiture de Naples. — Alexandre VI refuse. — Bref antidaté. — Le pape se prononce pour Alfonse. — Hésitations de Ludovic 289

CHAPITRE VII.

CHARLES VIII A LYON.

Les prophètes de l'Entreprise de Naples. — Saint François de Paule. — Savonarole et la réforme de l'Église. — Prophéties excitatoires de Jean Michel, de Guillaume Guilloche et de saint Cataldus de Tarente. — Présages observés en Italie. — Charles VIII déclare ses intentions aux Français. — Il prend le titre de roi de Sicile et de Jérusalem. — Assemblée des seigneurs et des prélats à Lyon (17 mars 1494). — Assemblée des députés des villes (7 avril). — Charles VIII annonce ses intentions aux Italiens, à Maximilien et aux souverains espagnols. — Instructions de ses ambassadeurs auprès du pape. — Briçonnet et d'Esquerdes reçoivent l'ordre d'activer les préparatifs. — Composition de l'armée et de la flotte. — L'argent commence à faire défaut. — Déloyauté de Briçonnet et de la plupart des ministres de Charles VIII. — Infidélité, disgrâce et mort de d'Esquerdes. — Ludovic se décide à envoyer en France son gendre Galéaz de San-Severino 313

CHAPITRE VIII.

LE PROJET D'ENTREVUE DE CHARLES VIII AVEC MAXIMILIEN.

Ambassade du prince d'Orange. — Motifs de l'entrevue. — Consentement de Maximilien. — Satisfaction de Ludovic. — Desseins de Maximilien. — Ludovic et le roi des Romains. — Accord de Naples, Rome et Florence. — Sentiment d'Ascagne Sforza. — Attitude de Ludovic vis-à-vis de l'Italie. — Choix du lieu de l'entrevue. — Arrivée de Galéaz de San-Severino. — Mauvais vouloir des ministres de Charles VIII. — Mission de du Bouchage à Milan. — Briçonnet démasqué par Galéaz. — Arrivée du cardinal de la Rovère. — Ambassade de la Trémoille et de l'archevêque de Reims en Allemagne. — Refroidissement de Maximilien. — Abandon du projet d'entrevue. — Voyage de Charles VIII en Bourgogne. — Ambassade de Vespucci et de Pierre Capponi. — Expulsion des ambassadeurs florentins et des agents de la banque des Médicis. — Fin de la mission de Galéaz. — Montpensier, capitaine général. — Le duc d'Orléans, commandant de la flotte 334

CHAPITRE IX.

LES ÉTATS ITALIENS PENDANT LES PRÉPARATIFS DE L'EXPÉDITION.

Ambassade de Stuart d'Aubigny, Matheron, Perron de Baschi et Bidan auprès des puissances italiennes. — Du Bouchage à Milan. — M. de Cytain à Venise. — Le marquis de Mantoue refuse de passer au service de la France. — Les ambassadeurs français à Ferrare et à Bologne. — Arrestation de Lorenzino et de Jean de Médicis. — Séjour des ambassadeurs français à Florence. — Leur passage à Sienne. — Leurs négociations à Rome avec le Pape et avec les Colonna. — Retour de Matheron à Florence et de d'Aubigny à Milan. — Attitude d'Alfonse de Naples. — Plan de défense. — Rupture avec Milan. — La flotte napolitaine prend la mer. — Entrevue de Vicovaro. — Retraite des Colonna dans leurs châteaux. — Les troupes pontificales et napolitaines marchent sur Bologne. — Négociations avec Bentivoglio et avec la dame de Forli. — Ambassade napolitaine à Venise. — Négociations avec le roi de Castille. — Relations d'Alfonse et du Pape avec les Turcs 358

CHAPITRE X.

LE DÉPART DE CHARLES VIII.

Le grand écuyer à Gênes. — Projet d'attaque maritime de la Rivière par les Napolitains unis aux bannis génois. — Ludovic organise la défense des possessions milanaises. — Arrivée du duc d'Orléans à Asti. — Son entrevue avec Ludovic à Alexandrie. — L'argent fait défaut. — Charles VIII et ses ministres. — Nouveaux emprunts. — Briçonnet revient au parti de la guerre. — Nouvel expédient des ennemis de l'Entreprise. — Amours du roi à Lyon. — Rôle de MM. de Myolans et de Clérieux. — Mesures prises par Charles VIII en vue de son départ. — Échec de la flotte napolitaine à Porto-Venere. — Protestations de Ludovic. — Ambassade d'Alonso da Silva. — Nouvelles tentatives auprès des Florentins. — Charles VIII à Vienne et à Grenoble. — Derniers préparatifs. — Séparation du roi et d'Anne de Bretagne 375

LIVRE III.

L'EXPÉDITION DE NAPLES.

CHAPITRE PREMIER.

L'ENTRÉE DE CHARLES VIII EN ITALIE.

Conseil de guerre. — Situation des armées en Romagne. — Négociations de Ludovic avec Bologne, Imola, Cesena. — Charles VIII à Turin et à Chieri. — Sa rencontre avec Ludovic. — Charles VIII à Asti. — Victoire de Rapallo. — Cession des droits du dernier Paléologue. — Maladie de Charles VIII. — Intrigues des ennemis de Ludovic. — Maladie du duc d'Orléans. — Efforts de Pierre de Médicis auprès des Vénitiens et de Ludovic. — Ses intrigues avec le duc d'Orléans. — Le Pape et Alfonse s'y associent. — Constance d'Etienne de Vesc. — Inébranlable fermeté de Charles VIII. — Son refroidissement à l'égard de Ludovic. — Commines à Venise. — Charles VIII à Casal. — Entrée à Pavie. — Entrevue avec le duc de Milan. — Lettre de Charles VIII au Pape. — Charles VIII à Plaisance. — Offres d'accommodement faites par le Pape et par la reine douairière de Naples. — Pierre de Médicis mis en demeure de se prononcer. — Intervention de Commines. — Lorenzino et Jean de Médicis fuient à Plaisance. — Ludovic le More, duc de Milan 393

CHAPITRE II.

LA CHUTE DE PIERRE DE MÉDICIS ET LA RÉVOLTE DE PISE.

Plan d'attaque des Français. — Armée de Romagne. — Armée d'Ostie et du royaume de Naples. — Armée de Lunigiane. — Nouvelles mesures financières. — Conseil de guerre de Plaisance. — Montpensier entre sur le territoire florentin. — Prise de Mordano en Romagne. — Retraite du duc de Calabre. — Charles VIII quitte Plaisance. — Passage de l'Apennin. — Prise de Fivizzano. — Siège de Sarzana. — Pierre de Médicis se rend auprès de Charles VIII. — Retour de Ludovic auprès de Charles VIII. — Le duc de Milan s'éloigne du roi de France. — Les fourriers de Charles VIII à Florence. — Attitude des soldats français. — Première ambassade de Savonarole. — Retour de Pierre de Médicis. — Les Médicis sont chassés de Florence. — Pillage des maisons des Médicis. — Charles VIII à Lucques. — Arrivée des ambassadeurs siennois et florentins. — Charles VIII à Pise. — Savonarole reçu par Charles VIII. — Révolte de Pise 428

CHAPITRE III.

CHARLES VIII A FLORENCE.

Effets de la révolte de Pise. — Refroidissement réciproque des Florentins et de Charles VIII. — Charles VIII à Pontassigna. — Seconde ambassade de Savonarole. — Envoi de Buondelmonti et de Rucellai. — Nomination de vingt commissaires chargés de traiter avec le roi. — Excitations de Ludovic. — Ambassade de Soderini, évêque de Volterra, et de Guillaume Capponi. — Entrée de Charles VIII à Florence. — Intrigues des partisans de Médicis. —

Les Florentins déclarent ne vouloir à aucun prix accepter le retour de Pierre de Médicis — Paroles rassurantes de Charles VIII. — Injuste méfiance des Florentins à son égard. — Préparatifs de défense contre une attaque imaginaire des Français. — Demandes d'appui aux autres puissances italiennes. — Nouveaux efforts des partisans de Pierre de Médicis — Conditions demandées par Charles VIII. — Surexcitation des Florentins. — Échauffourée du Borgo-Ognissanti. — Pierre Capponi. — Signature et ratification du traité. — Entrevue du Pape et d'Ascagne Sforza. — Envoi du cardinal de Gürck à Florence. — Charles VIII exprime de nouveau son intention d'aller à Rome. — Le cardinal de Gürck passe au parti français. — Arrestation de Georges Buzardo au retour de son ambassade en Turquie. — Manifeste de Charles VIII affirmant sa résolution d'entreprendre une croisade. — Inquiétude des Vénitiens. — Ambassades vénitienne et génoise. — Savonarole engage Charles VIII à partir. — Le roi quitte Florence 452

CHAPITRE IV.

LA MARCHE SUR ROME.

L'armée de Romagne traverse la Toscane. — Montpensier s'avance par Sienne vers les terres de l'Église. — Le *Monte dei Nove* et les Français. — Charles VIII à Sienne. — Arrivée du cardinal de San-Severino et d'un envoyé napolitain. — Difficultés entre les Pisans et les Florentins. — Prise de Julie Farnèse. — Charles VIII à Viterbe. — La Trémoille et Ganay envoyés au Pape. — Alexandre VI essaye de se réconcilier avec les Sforza. — Arrestation d'Ascagne et des Colonna. — Renvoi des ambassadeurs français. — Entrée du duc de Calabre à Rome. — Effets de l'arrestation au camp français et à Milan. — Charles VIII à Bracciano. — Opérations du maréchal de Rieux sur la rive gauche du Tibre. — Le comte de Ligny à Ostie. — Avortement de toutes les tentatives pontificales. — Appel aux Allemands et aux Espagnols habitant Rome. — Projet de retraite du Pape dans les États napolitains. — Le duc de Calabre quitte Rome. — Le Pape se décide à laisser entrer les Français 486

CHAPITRE V.

CHARLES VIII A ROME.

Entrée de Charles VIII. — Violences commises dans Rome par les Colonna et par les Suisses. — Sévérité du roi. — Négociations entre Alexandre VI et Charles VIII. — Résistance du Pape. — Il se réfugie au château Saint-Ange. — Charles VIII se refuse à faire déposer le Pape. — Reprise des négociations. — L'accord se fait entre le Pape et le roi. — Conditions de cet accord. — Retraite subite d'Ascagne. — Entrevue du Pape et du roi. — Briçonnet cardinal. — Charles VIII au Vatican. — Charles VIII fait acte d'obédience. — La messe pontificale. — Rentrée du cardinal de Gürck au Vatican. — Nouvelles tentatives d'accommodement avec Naples. — Charles VIII et l'empire de Constantinople. — La flotte du prince de Salerne jetée sur les côtes de Sardaigne. — Nouvelle rixe entre les Suisses et les Espagnols. — Charles VIII se prépare à marcher sur Naples. — Succès du maréchal de Rieux dans les Abruzzes. — Aquila se déclare pour Charles VIII. — Alfonse se prépare à la résistance. — Remise de Djem à Charles VIII. — Charles VIII quitte Rome. 507

CHAPITRE VI.

LES PRÉLIMINAIRES DE LA LIGUE DE VENISE. — LA MARCHE SUR NAPLES.

Étonnement causé par les succès de Charles VIII. — Inquiétudes de l'Espagne. — Ferdinand le Catholique cherche à former une ligue contre la France. — Il négocie avec Venise. —

Négociations entre Milan et les autres États italiens. — Nouvelle attitude de Maximilien vis-à-vis de Charles VIII. — Mission de du Bouchage. — Excitations espagnoles. — Venise centre des négociations de la ligue. — Abdication d'Alfonse. — Avènement de Ferrand II. — Il réclame le secours des Turcs. — Charles VIII quitte Rome. — Ultimatum espagnol. — Fuite de César Borgia. — Prise de Montefortino. — Départ des ambassadeurs espagnols. — Duplicité de Maximilien. — Positions des armées françaises et napolitaines au commencement de février 1495. — Prise de Monte-San-Giovanni. — Occupation de San-Germano. — Premiers actes de Charles VIII dans son nouveau royaume — Reddition de Capoue. — Trivulce passe aux Français. — Soulèvement du peuple de Naples. — Ferrand II se réfugie au château de l'Œuf. — Députations napolitaines envoyées à Charles VIII. — Entrée de Charles VIII à Naples 527

CHAPITRE VII.

CHARLES VIII A NAPLES.

Fuite de Ferrand II à Ischia. — Siège et reddition du Castel Nuovo. — Siège du château de l'Œuf. — Soumission spontanée du royaume. — Projet de débarquement à Ischia. — Désordre du royaume à l'arrivée de Charles VIII. — *Capitoli* accordés à la ville de Naples. — Libéralité du roi. — Révocation des concessions faites avant l'entrée à Naples. — Récompenses aux Français et aux Italiens. — Générosité de Charles VIII envers les seigneurs aragonais. — Organisation du gouvernement. — Conseil du roi. — Lieutenant général et vice-rois. — Grands officiers. — Conseil sacré. — Charges et biens donnés aux Napolitains. — Maladie de Charles VIII. — Les Français à Naples. — Le Mal de Naples. — Amours du roi. — Léonore de Marzano. — Complot contre la vie du roi. — Revirement d'opinion chez les Napolitains. — Conspiration aragonaise. 558

CHAPITRE VIII.

LA LIGUE DE VENISE.

Projets de retour en France. — Commencement d'exécution donné aux projets de Charles VIII sur l'Orient. — Mort de Djem. — Relations de Venise avec les Turcs. — Charles VIII persiste dans ses projets de croisade. — Effroi causé par les succès du roi. — Venise, centre des négociations de la ligue. — Rôle de Commines. — Le cardinal Briçonnet à Florence, à Pise et à Rome. — Le comte de Saint-Pol à Rome. — Conclusion de la ligue de Venise. — Communication en est faite à Commines, puis à Charles VIII. — Charles VIII et Maximilien. — Mission de Jean Bourdin à Venise. — Le retour en France est décidé. — Joutes à Naples. — Entrée solennelle de Charles VIII. — Envoi de M. de Bresse à Rome. — Charles VIII quitte Naples 579

CHAPITRE IX.

LA BATAILLE DE FORNOUE.

Attaque d'Asti par les Milanais. — Le duc d'Orléans à Novare. — Retour de Charles VIII à Rome. — Mission de Perron de Baschi auprès du Pape. — L'Esparre fait prisonnier près de Brindisi. — Commines quitte Venise. — Charles VIII à Sienne. — Projet d'expédition contre Gênes. — Affaires de Pise. — Ambassade florentine. — Savonarole et la ligue. — Ligny, capitaine des Siennois. — Entrevue du roi et de Savonarole. — Retour de Charles VIII à Pise. — Négociations en vue d'une trêve entre Pise et Florence. — Marche des confédérés à la rencontre de Charles VIII. — Renforts envoyés à l'expédition contre Gênes. — Prise de Pontremoli. — Gié se jette au delà des Apennins. — La Trémoïlle fait passer l'artillerie. — Nouvelles de la victoire de Seminara. — Hésitations à Venise. — Offre d'assassiner Charles VIII. — Les confédérés prennent position à Giarola. — Gié paraît devant Fornoue. — Férocité des Estradiots. — Marche de Charles VIII sur Fornoue. — Campement sur la rive droite du Taro. — Commines demande le libre passage aux confédérés. — Il tente de reprendre les négociations le matin de la bataille. — Les Français passent sur la rive gauche du Taro. — Disposition des armées. — Attaque du centre et de l'arrière-garde par Gonzague et Fortebraccio. — Les chevau-légers, l'infanterie et les Estradiots se jettent sur les bagages. — Gonzague et Fortebraccio sont mis en fuite. — Cajazzo repoussé par l'avant-garde. — Danger où se trouve le roi. — Les Français restent maîtres du champ de bataille. — Les confédérés s'attribuent la victoire 608

CHAPITRE X.

LE TRAITÉ DE VERCEIL. — LA PERTE DU ROYAUME DE NAPLES.

Le lendemain de la bataille. — Marche sur Asti. — Échec de l'expédition contre Gênes. — Entrée de Ferrand II à Naples. — Montpensier se retire dans le Castel-Nuovo. — Charles VIII à Chieri et à Turin. — Accord avec les Florentins au sujet de Pise. — Rébellion de d'Entragues. — Charles VIII menacé d'excommunication. — La France menacée par Maximilien et par les rois catholiques. — Négociations avec les confédérés. — Opposition de l'Espagne. — Délivrance du duc d'Orléans. — Arrivée des Suisses engagés par Charles VIII. — Traité de Verceil avec le duc de Milan. — Charles VIII rentre en France. — Nouvelle mission de Commines à Venise. — Duplicité de Ludovic. — Capitulation des châteaux de Naples. — Alliance de Venise et de Ferrand II. — Résistance opiniâtre des Français. — Vente de Pise et des places de Lunigiane par d'Entragues. — Préparatifs d'une nouvelle expédition en 1496. — Capitulation d'Atella. — Mort de Montpensier. — Mort de Ferrand II et avènement de Frédéric III. — Perte de Gaëte, de Tarente et d'Ostie. — Trêve ménagée par l'Espagne en 1497. — Revirement des puissances en faveur de Charles VIII. — Coalition de la France et de l'Espagne contre Naples en 1498. — Mort de Charles VIII. 652

TABLE DES ILLUSTRATIONS. 687

FIN.

www.ingramcontent.com/pod-product-compliance
Lightning Source LLC
Chambersburg PA
CBHW071705300426
44115CB00010B/1318